EDITION DE J. BRY AINÉ
— 1 FRANC LE VOLUME —

OEUVRES COMPLÈTES

DE

J.-J. ROUSSEAU

RÉIMPRIMÉES D'APRÈS LES MEILLEURS TEXTES

SOUS LA DIRECTION DE

LOUIS BARRÉ

illustrées par Tony Johannot, Baron et Célestin Nanteuil

TOME DEUXIÈME

SUITE DES CONFESSIONS. — RÊVERIES
BOTANIQUE. — MORCEAUX INÉDITS

PARIS
J. BRY AINÉ, LIBRAIRE-ÉDITEUR
17, RUE GUÉNÉGAUD, 17
1856

ŒUVRES COMPLÈTES
DE
J.-J. ROUSSEAU

Paris. — Typ. Gaittet et Cie, 7, rue Git-le-Cœur.

ŒUVRES COMPLÈTES

DE

J.-J. ROUSSEAU

RÉIMPRIMÉES D'APRÈS LES MEILLEURS TEXTES

SOUS LA DIRECTION DE

LOUIS BARRÉ

illustrées par Tony Johannot, Baron et Célestin Nanteuil

—

ÉDITION J. BRY

—

TOME DEUXIÈME

SUITE DES CONFESSIONS. — RÊVERIES
BOTANIQUE. — MORCEAUX INÉDITS

PARIS

J. BRY AINÉ, LIBRAIRE-ÉDITEUR

17, RUE GUÉNÉGAUD, 17

1856

LES

CONFESSIONS

DE J.-J. ROUSSEAU.

DEUXIÈME PARTIE. — LIVRE X.

La force extraordinaire qu'une effervescence passagère m'avait donnée pour quitter l'Ermitage m'abandonna sitôt que j'en fus dehors. A peine fus-je établi dans ma nouvelle demeure, que de vives et fréquentes attaques de mes rétentions se compliquèrent avec l'incommodité nouvelle d'une descente qui me tourmentait depuis quelque temps sans que je susse que c'en était une. Je tombai bientôt dans les plus cruels accidents. Le médecin Thierry, mon ancien ami, vint me voir et m'éclaira sur mon état. Les sondes, les bougies, les bandages, tout l'appareil des infirmités de l'âge rassemblé autour de moi, me fit durement sentir qu'on n'a plus le cœur jeune impunément, quand le corps a cessé de l'être. La belle saison ne me rendit point mes forces, et je passai toute l'année 1758 dans un état de langueur qui me fit croire que je touchais à la fin de ma carrière. J'en voyais approcher le terme avec une sorte d'empressement. Revenu des

chimères de l'amitié, détaché de tout ce qui m'avait fait aimer la vie, je n'y voyais plus rien qui pût me la rendre agréable : je n'y voyais plus que des maux et des misères qui m'empêchaient de jouir de moi. J'aspirais au moment d'être libre et d'échapper à mes ennemis. Mais reprenons le fil des événements.

Il paraît que ma retraite à Montmorency déconcerta M^{me} d'Épinay : vraisemblablement, elle ne s'y était pas attendue. Mon triste état, la rigueur de la saison, l'abandon général où je me trouvais, tout leur faisait croire, à Grimm et à elle, qu'en me poussant à la dernière extrémité, ils me réduiraient à crier merci, et à m'avilir aux dernières bassesses, pour être laissé dans l'asile dont l'honneur m'ordonnait de sortir. Je délogeai si brusquement qu'ils n'eurent pas le temps de prévenir le coup, et il ne leur resta plus que le choix de jouer à quitte ou double, et d'achever de me perdre, ou de tâcher de me ramener. Grimm prit le premier parti : mais je crois que M^{me} d'Épinay eût préféré l'autre ; et j'en juge par sa réponse à ma dernière lettre, où elle radoucit beaucoup le ton qu'elle avait pris dans les précédentes, et où elle semblait ouvrir la porte à un raccommodement. Le long retard de cette réponse, qu'elle me fit attendre un mois entier, indique assez l'embarras où elle se trouvait pour lui donner un tour convenable, et les délibérations dont elle la fit précéder. Elle ne pouvait s'avancer plus loin sans se commettre : mais après ses lettres précédentes, et après ma brusque sortie de sa maison, l'on ne peut qu'être frappé du soin qu'elle prend dans cette lettre, de n'y pas laisser glisser un seul mot désobligeant. Je vais la transcrire en entier, afin qu'on en juge.

« À Genève, le 17 janvier 1758 (liasse B, n° 25).

« Je n'ai reçu votre lettre du 17 décembre, monsieur, qu'hier. On me l'a envoyée dans une caisse remplie de différentes choses, qui a été tout ce temps en chemin. Je ne répondrai qu'à l'apostille : quant à la lettre, je ne l'entends pas bien ; et si nous étions dans le cas de nous expliquer, je voudrais bien mettre tout ce qui s'est passé sur le compte d'un malentendu. Je reviens à l'apostille. Vous pouvez vous rappeler, monsieur, que nous étions convenus que les gages du jardinier de l'Ermitage passeraient par vos mains, pour lui mieux faire sentir qu'il dépendait de vous, et pour vous éviter des scènes aussi ridicules et indécentes qu'en avait fait son prédécesseur. La preuve en est, que les premiers quartiers de ses gages vous ont été remis, et que j'étais convenu avec vous, peu de jours avant mon départ, de vous faire rembourser vos avances. Je sais que vous en fîtes d'abord difficulté : mais ces avances, je vous avais prié de les faire ; il était simple de m'acquitter, et nous en convînmes. Cahouet m'a marqué que vous n'avez point voulu recevoir cet argent. Il y a assurément du quiproquo là-dedans. Je donne ordre qu'on vous le reporte, et je ne vois pas pourquoi vous voudriez payer mon jardinier, malgré nos conventions, et au-delà même du terme que vous avez habité l'Ermitage. Je compte donc, monsieur, que vous rappelant tout ce que j'ai l'honneur de vous dire, vous ne refuserez pas d'être remboursé de l'avance que vous avez bien voulu faire pour moi. »

Après tout ce qui s'était passé, ne pouvant plus prendre de confiance en M^{me} d'Épinay, je ne voulus point renouer avec elle ; je ne répondis point à cette lettre, et notre correspondance finit là (*). Voyant mon parti pris, elle prit le sien ; et entrant alors dans toutes les vues de Grimm et de la coterie holbachique, elle unit ses efforts à leurs pour me couler à fond. Tandis qu'ils travaillaient à Paris, elle travaillait à Genève. Grimm, qui dans la suite alla l'y joindre, acheva ce qu'elle avait commencé. Tronchin, qu'ils n'eurent pas de peine à gagner, les seconda puissamment, et devint le plus furieux de mes persécuteurs, sans avoir jamais eu de moi, non plus que Grimm, le moindre sujet de plainte. Tous trois d'accord semèrent sourdement dans Genève le germe qu'on y vit éclore quatre ans après.

(*) Les mémoires de madame d'Épinay démentent cette assertion ; on y trouve une réponse de Rousseau citée comme « plus impertinente que toutes les autres. » Voyez la *Correspondance* (1758).

Ils eurent plus de peine à Paris, où j'étais plus connu, et où les cœurs, moins disposés à la haine, n'en reçurent pas si aisément les impressions. Pour porter leurs coups avec plus d'adresse, ils commencèrent par débiter que c'était moi qui les avais quittés. (*Voyez* la lettre de Deleyre, liasse B, n° 30.) De là, feignant d'être toujours mes amis, ils semaient adroitement leurs accusations malignes, comme des plaintes de l'injustice de leur ami. Cela faisait que, moins en garde, on était plus porté à les écouter et à me blâmer. Les sourdes accusations de perfidie et d'ingratitude se débitaient avec plus de précaution, et par là même avec plus d'effet. Je sus qu'ils m'imputaient des noirceurs atroces, sans jamais pouvoir apprendre en quoi ils les faisaient consister. Tout ce que je pus déduire de la rumeur publique, fut qu'elle se réduisait à ces quatre crimes capitaux : 1° ma retraite à la campagne ; 2° mon amour pour M^{me} d'Houdetot ; 3° refus d'accompagner à Genève M^{me} d'Epinay ; 4° sortie de l'Ermitage. S'ils y ajoutèrent d'autres griefs, ils prirent leurs mesures si juste, qu'il m'a été parfaitement impossible d'apprendre jamais quel en était le sujet.

C'est donc ici que je crois pouvoir fixer l'établissement d'un système adopté depuis par ceux qui disposent de moi, avec un progrès et un succès si rapides, qu'il tiendrait du prodige pour qui ne saurait pas quelle facilité tout ce qui favorise la malignité des hommes trouve à s'établir. Il faut tâcher d'expliquer en peu de mots ce que cet obscur et profond système a de visible à mes yeux.

Avec un nom déjà célèbre et connu dans toute l'Europe, j'avais conservé la simplicité de mes premiers goûts. Ma mortelle aversion pour tout ce qui s'appelait parti, faction, cabale, m'avait maintenu libre, indépendant, sans autre chaîne que les attachements de mon cœur. Seul, étranger, isolé, sans appui, sans famille, ne tenant qu'à mes principes et à mes devoirs, je suivais avec intrépidité les routes de la droiture, ne flattant, ne ménageant jamais personne aux dépens de la justice et de la vérité. De plus, retiré depuis deux ans dans la solitude, sans correspondance de nouvelles, sans relation des affaires du monde, sans être instruit ni curieux de rien, je vivais, à quatre lieues de Paris, aussi séparé de cette capitale par mon incurie, que je l'aurais été par les mers dans l'île de Tinian.

Grimm, Diderot, d'Holbach, au contraire, au centre du tourbillon, vivaient répandus dans le plus grand monde, et s'en partageaient presque entre eux toutes les sphères. Grands, beaux esprits, gens de lettres, gens de robe, femmes, ils pouvaient, de concert, se faire écouter par tous. On doit voir déjà l'avantage que cette position donne à trois hommes bien unis contre un quatrième, dans celle où je me trouvais. Il est vrai que Diderot et d'Holbach n'étaient pas, du moins je ne puis le croire, gens à tramer des complots bien noirs ; l'un n'en avait pas la méchanceté (*), ni l'autre l'habileté : mais c'était en cela même que la partie était mieux liée. Grimm seul formait son plan dans sa tête, et n'en montrait aux deux autres que ce qu'ils avaient besoin de voir pour concourir à l'exécution. L'ascendant qu'il avait pris sur eux rendait ce concours facile, et l'effet du tout répondait à la supériorité de son talent.

Ce fut avec ce talent supérieur que, sentant l'avantage qu'il pouvait tirer de nos positions respectives, il forma le projet de renverser ma réputation de fond en comble, et de m'en faire une toute opposée, sans se compromettre, en commençant par élever autour de moi un édifice de ténèbres qu'il me fût impossible de percer pour éclairer ses manœuvres, et pour le démasquer.

Cette entreprise était difficile, en ce qu'il en fallait pallier l'iniquité aux yeux de ceux qui devaient y concourir. Il fallait tromper les honnêtes gens ; il fallait écarter de moi tout le monde, ne pas me laisser un seul ami, ni petit ni grand. Que dis-je ! il ne fallait pas laisser percer un seul mot de vérité jusqu'à moi. Si un seul homme généreux me fût venu dire : Vous faites le vertueux, cependant voilà comme on vous traite, et voilà sur quoi l'on vous juge : qu'avez-vous à dire ?

(*) J'avoue que, depuis ce livre écrit, tout ce que j'entrevois à travers les mystères qui m'environnent me fait craindre de n'avoir pas connu Diderot (*Note du deuxième manuscrit*).

la vérité triomphait, et Grimm était perdu. Il le savait; mais il a sondé son propre cœur, et n'a estimé les hommes que ce qu'ils valent. Je suis fâché, pour l'honneur de l'humanité, qu'il ait calculé si juste.

En marchant dans ces souterrains, ses pas, pour être sûrs, devraient être lents. Il y a douze ans qu'il suit son plan, et le plus difficile reste encore à faire; c'est d'abuser le public entier. Il y reste des yeux qui l'ont suivi de plus près qu'il ne pense. Il le craint, et n'ose encore exposer sa trame au grand jour (*). Mais il a trouvé le peu difficile moyen d'y faire entrer la puissance, et cette puissance dispose de moi. Soutenu de cet appui, il avance avec moins de risque. Les satellites de la puissance se piquant peu de droiture pour l'ordinaire, et beaucoup moins de franchise, il n'a plus guère à craindre l'indiscrétion de quelque homme de bien; car il a besoin surtout que je sois environné de ténèbres impénétrables, et que son complot me soit toujours caché, sachant bien qu'avec quelque art qu'il en ait ourdi la trame, elle ne soutiendrait jamais mes regards. Sa grande adresse est de paraître me ménager en me diffamant, et de donner encore à sa perfidie l'air de la générosité.

Je sentis les premiers effets de ce système par les sourdes accusations de la coterie Holbachique, sans qu'il me fût possible de savoir ni de conjecturer même en quoi consistaient ces accusations. Deleyre me disait dans ses lettres qu'on m'imputait des noirceurs; Diderot me disait plus mystérieusement la même chose; et quand j'entrais en explication avec l'un et l'autre, tout se réduisait aux chefs d'accusation ci-devant notés. Je sentais un refroidissement graduel dans les lettres de M^{me} d'Houdetot. Je ne pouvais attribuer ce refroidissement à Saint-Lambert, qui continuait de m'écrire avec la même amitié, et qui me vint même voir après son retour. Je ne pouvais non plus m'en imputer la faute, puisque nous nous étions séparés très contents l'un de l'autre, et qu'il ne s'était rien passé de ma part, depuis ce temps-là, que mon départ de l'Ermitage, dont elle avait elle-même senti la nécessité. Ne sachant donc à quoi m'en prendre de ce refroidissement, dont elle ne convenait pas, mais sur lequel mon cœur ne prenait pas le change, j'étais inquiet de tout. Je savais qu'elle ménageait extrêmement sa belle-sœur et Grimm, à cause de leurs liaisons avec Saint-Lambert; je craignais leurs œuvres. Cette agitation rouvrit mes plaies, et rendit ma correspondance orageuse, au point de l'en dégoûter tout-à-fait. J'entrevoyais mille choses cruelles, sans rien voir distinctement. J'étais dans la position la plus insupportable pour un homme dont l'imagination s'allume aisément. Si j'eusse été tout-à-fait isolé, si je n'avais rien su du tout, je serais devenu plus tranquille; mais mon cœur tenait encore à des attachements par lesquels mes ennemis avaient sur moi mille prises; et les faibles rayons qui perçaient dans mon asile ne servaient qu'à me laisser voir la noirceur des mystères qu'on me cachait.

J'aurais succombé, je n'en doute point, à ce tourment si cruel, trop insupportable à mon caractère ouvert et franc, qui, par l'impossibilité de cacher mes sentiments, me fait tout craindre de ceux qu'on me cache, si très heureusement il ne se fût présenté des objets assez intéressants à mon cœur pour faire une diversion salutaire à ceux qui m'occupaient malgré moi. Dans la dernière visite que Diderot m'avait faite à l'Ermitage, il m'avait parlé de l'article *Genève*, que d'Alembert avait mis dans l'*Encyclopédie* : il m'avait appris que cet article, concerté avec des Genevois du haut étage, avait pour but l'établissement de la comédie à Genève; qu'en conséquence les mesures étaient prises, et que cet établissement ne tarderait pas d'avoir lieu. Comme Diderot paraissait trouver tout cela fort bien, qu'il ne doutait point du succès, et que j'avais avec lui trop d'autres débats pour disputer encore sur cet article, je ne lui dis rien; mais, indigné de tout ce manège de séduction dans ma patrie, j'attendais avec impatience le volume de l'*Encyclopédie* où était cet article, pour voir s'il n'y aurait pas moyen d'y faire quelque réponse qui pût parer ce malheureux coup. Je reçus le volume

(*) Depuis que ceci est écrit, il a franchi le pas avec le plus plein et le plus inconcevable succès. Je crois que c'est Tronchin qui lui en a donné le courage et les moyens (*Note du second manuscrit*).

peu après mon établissement à Mont-Louis, et je trouvai l'article fait avec beaucoup d'adresse et d'art, et digne de la plume dont il était parti. Cela ne me détourna pourtant pas de vouloir y répondre; et, malgré l'abattement où j'étais, malgré mes chagrins et mes maux, la rigueur de la saison et l'incommodité de ma nouvelle demeure, dans laquelle je n'avais pas encore eu le temps de m'arranger, je me mis à l'ouvrage avec un zèle qui surmonta tout.

Pendant un hiver assez rude, au mois de février, et dans l'état que j'ai décrit ci-devant, j'allais tous les jours passer deux heures le matin, et autant l'après-dînée, dans un donjon tout ouvert, que j'avais au bout du jardin où était mon habitation. Ce donjon, qui terminait une allée en terrasse, donnait sur la vallée et l'étang de Montmorency, et m'offrait, pour terme de point de vue, le simple mais respectable château de Saint-Gratien, retraite du vertueux Catinat. Ce fut dans ce lieu, pour lors glacé, que, sans abri contre le vent et la neige, et sans autre feu que celui de mon cœur, je composai, dans l'espace de trois semaines, ma lettre à d'Alembert sur les spectacles. C'est ici, car la *Julie* n'était pas à moitié faite, le premier de mes écrits où j'ai trouvé des charmes dans le travail. Jusque alors l'indignation de la vertu m'avait tenu lieu d'Apollon; la tendresse et la douceur d'âme m'en tinrent lieu cette fois. Les injustices dont j'avais été que spectateur m'avaient irrité; celles dont j'étais devenu l'objet m'attristèrent; et cette tristesse sans fiel n'était que celle d'un cœur trop aimant, trop tendre, qui, trompé par ceux qu'il avait crus de sa trempe, était forcé de se retirer au dedans de lui. Plein de tout ce qui venait de m'arriver, encore ému de tant de violents mouvements, le mien mêlait le sentiment de ses peines aux idées que la méditation de mon sujet m'avait fait naître; mon travail se sentit de ce mélange. Sans m'en apercevoir, j'y décrivis ma position actuelle; j'y peignis Grimm, Mme d'Epinay, Mme d'Houdetot, Saint-Lambert, moi-même. En l'écrivant, que je versai de délicieuses larmes! Hélas! on y sent trop que l'amour, cet amour fatal dont je m'efforçais de guérir, n'était pas encore sorti de mon cœur. A tout cela se mêlait un certain attendrissement sur moi-même, qui me sentais mourant, et qui croyais faire au public mes derniers adieux. Loin de craindre la mort, je la voyais approcher avec joie : mais j'avais regret de quitter mes semblables sans qu'ils sentissent tout ce que je valais, sans qu'ils sussent combien j'aurais mérité d'être aimé d'eux s'ils m'avaient connu davantage. Voilà les secrètes causes du ton singulier qui règne dans cet ouvrage, et qui tranche si prodigieusement avec celui du précédent (*).

Je retouchais et mettais au net cette lettre, et je me disposais à la faire imprimer, quand, après un long silence, j'en reçus une de Mme d'Houdetot, qui me plongea dans une affliction nouvelle, la plus sensible que j'eusse encore éprouvée. Elle m'apprenait dans cette lettre (liasse B, n° 34), que ma passion pour elle était connue dans tout Paris; que j'en avais parlé à des gens qui l'avaient rendue publique; que ces bruits, parvenus à son amant, avaient failli lui coûter la vie; qu'enfin il lui rendait justice, et que leur paix était faite; mais qu'elle lui devait, ainsi qu'à elle-même et au soin de sa réputation, de rompre avec moi tout commerce : m'assurant, au reste, qu'ils ne cesseraient jamais l'un et l'autre de s'intéresser à moi, qu'ils me défendraient dans le public, et qu'elle enverrait de temps en temps savoir de mes nouvelles.

Et toi aussi, Diderot! m'écriai-je. Indigne ami... Je ne pus cependant me résoudre à le juger encore. Ma faiblesse était connue d'autres gens qui pouvaient l'avoir fait parler. Je voulus douter... mais bientôt je ne le pus plus. Saint-Lambert fit peu après un acte digne de sa générosité. Il jugeait, connaissant assez mon âme, en quel état je devais être, trahi d'une partie de mes amis, et délaissé des autres. Il vint me voir. La première fois, il avait peu de temps à me donner. Il revint. Malheureusement, ne l'attendant pas, je ne me trouvai pas chez moi. Thérèse, qui s'y trouva, eut avec lui un entretien de plus de deux heures, dans lequel ils se dirent mutuellement beaucoup de faits dont il m'importait que lui et

(*) Le *Discours sur l'inégalité des conditions*.

moi fussions informés. La surprise avec laquelle j'appris par lui que personne ne doutait dans le monde que je n'eusse vécu avec M^me d'Epinay, comme Grimm y vivait maintenant, ne peut être égalée que par celle qu'il eut lui-même en apprenant combien ce bruit était faux. Saint-Lambert, au grand déplaisir de la dame, était dans le même cas que moi; et tous les éclaircissements qui résultèrent de cet entretien achevèrent d'éteindre en moi tout regret d'avoir rompu sans retour avec elle. Par rapport à M^me d'Houdetot, il détailla à Thérèse plusieurs circonstances qui n'étaient connues ni d'elle, ni même de M^me d'Houdetot, que je savais seul, que je n'avais dites qu'au seul Diderot sous le sceau de l'amitié; et c'était précisément Saint-Lambert qu'il avait choisi pour lui en faire confidence. Ce dernier trait me décida; et, résolu de rompre avec Diderot pour jamais, je ne délibérai plus que sur la manière; car je m'étais aperçu que les ruptures secrètes tournaient à mon préjudice, en ce qu'elles laissaient le masque de l'amitié à mes plus cruels ennemis.

Les règles de bienséance établies dans le monde sur cet article semblent dictées par l'esprit de mensonge et de trahison. Paraître encore l'ami d'un homme dont on a cessé de l'être, c'est se réserver des moyens de lui nuire en surprenant les honnêtes gens. Je me rappelai que, quand l'illustre Montesquieu rompit avec le P. de Tournemine, il se hâta de le déclarer hautement, en disant à tout le monde : « N'écoutez ni le P. de Tournemine ni moi, parlant l'un de l'autre; car nous avons cessé d'être amis. » Cette conduite fut très applaudie, et tout le monde en loua la franchise et la générosité. Je résolus de suivre avec Diderot le même exemple : mais comment de ma retraite publier cette rupture authentiquement, et pourtant sans scandale? Je m'avisai d'insérer, par forme de note, dans mon ouvrage, un passage du livre de l'Ecclésiastique, qui déclarait cette rupture et même le sujet assez clairement pour quiconque était au fait, et ne signifiait rien pour le reste du monde, m'attachant, au surplus, à ne désigner dans l'ouvrage l'ami auquel je renonçais qu'avec l'honneur qu'on doit toujours rendre à l'amitié même éteinte. On peut voir tout cela dans l'ouvrage même.

Il n'y a qu'heur et malheur dans ce monde; et il semble que tout acte de courage soit un crime dans l'adversité. Le même trait qu'on avait admiré dans Montesquieu ne m'attira que blâme et reproche. Sitôt que mon ouvrage fut imprimé et que j'en eus des exemplaires, j'en envoyai un à Saint-Lambert, qui, la veille même, m'avait écrit, au nom de M^me d'Houdetot et au sien, un billet plein de la plus tendre amitié (liasse B, n° 37). Voici la lettre qu'il m'écrivit, en me renvoyant mon exemplaire :

« Eaubonne, 10 octobre 1758 (liasse B, n. 38).

« En vérité, monsieur, je ne puis accepter le présent que vous venez de me faire. A l'endroit de votre préface où, à l'occasion de Diderot, vous citez un passage de l'Ecclésiaste (il se trompe, c'est de l'Ecclésiastique), le livre m'est tombé des mains. Après les conversations de cet été, vous m'avez paru convaincu que Diderot était innocent des prétendues indiscrétions que vous lui imputiez. Il peut avoir des torts avec vous : je l'ignore; mais je sais bien qu'ils ne vous donnent pas le droit de lui faire une insulte publique. Vous n'ignorez pas les persécutions qu'il essuie, et vous allez mêler la voix d'un ancien ami aux cris de l'envie. Je ne puis vous dissimuler, monsieur, combien cette atrocité me révolte. Je ne vis point avec Diderot, mais je l'honore, et je sens vivement le chagrin que vous donnez à un homme à qui, du moins vis-à-vis de moi, vous n'avez jamais reproché qu'un peu de faiblesse. Monsieur, nous différons trop de principes pour nous convenir jamais. Oubliez mon existence; cela ne doit pas être difficile. Je n'ai jamais fait aux hommes ni le bien ni le mal dont on se souvient longtemps. Je vous promets, moi, monsieur, d'oublier votre personne, et de ne me souvenir que de vos talents. »

Je ne me sentis pas moins déchiré qu'indigné de cette lettre, et dans l'excès de ma misère, retrouvant enfin ma fierté, je lui répondis par le billet suivant :

« A Montmorency, le 11 octobre 1758.

« Monsieur, en lisant votre lettre, je vous ai fait l'honneur d'en être surpris, et j'ai eu la bêtise d'en être ému ; mais je l'ai trouvée indigne de ma réponse.

« Je ne veux point continuer les copies de M^{me} d'Houdetot. S'il ne lui convient pas de garder ce qu'elle a, elle peut me le renvoyer ; je lui rendrai son argent. Si elle le garde, il faut toujours qu'elle envoie chercher le reste de son papier et de son argent. Je la prie de me rendre en même temps le prospectus dont elle est dépositaire. Adieu, monsieur. »

Le courage dans l'infortune irrite les cœurs lâches, mais il plaît aux cœurs généreux. Il paraît que ce billet fit rentrer Saint-Lambert en lui-même, et qu'il eut regret à ce qu'il avait fait ; mais trop fier à son tour pour en revenir ouvertement, il saisit, il prépara peut-être le moyen d'amortir le coup qu'il m'avait porté. Quinze jours après, je reçus de M. d'Épinay la lettre suivante :

« Ce jeudi 26 (liasse B, n. 10).

« J'ai reçu, monsieur, le livre que vous avez eu la bonté de m'envoyer ; je le lis avec le plus grand plaisir... C'est le sentiment que j'ai toujours éprouvé à la lecture de tous les ouvrages qui sont sortis de votre plume. Recevez-en tous mes remerciments. J'aurais été vous les faire moi-même, si mes affaires m'eussent permis de demeurer quelque temps dans votre voisinage ; mais j'ai bien peu habité la Chevrette cette année. M. et M^{me} Dupin viennent m'y demander à dîner dimanche prochain. Je compte que MM. de Saint-Lambert, de Francueil, et M^{me} d'Houdetot, seront de la partie ; vous me feriez un vrai plaisir, monsieur, si vous vouliez être des nôtres. Toutes les personnes que j'aurai chez moi vous désirent, et seront charmées de partager avec moi le plaisir de passer avec vous une partie de la journée. J'ai l'honneur d'être avec la plus parfaite considération, etc. »

Cette lettre me donna d'horribles battements de cœur. Après avoir fait, depuis un an, la nouvelle de Paris, l'idée de m'aller donner en spectacle vis-à-vis de M^{me} d'Houdetot me faisait trembler, et j'avais peine à trouver assez de courage pour soutenir cette épreuve. Cependant, puisqu'elle et Saint-Lambert le voulaient bien, puisque d'Épinay parlait au nom de tous les conviés, et qu'il n'en nommait aucun que je ne fusse bien aise de voir, je ne crus point, après tout, me compromettre en acceptant un dîner où j'étais en quelque sorte invité par tout le monde. Je promis donc. Le dimanche, il fit mauvais : M. d'Épinay m'envoya son carrosse, et j'allai.

Mon arrivée fit sensation. Je n'ai jamais reçu d'accueil plus caressant. On eût dit que toute la compagnie sentait combien j'avais besoin d'être rassuré. Il n'y a que les cœurs français qui connaissent ces sortes de délicatesses. Cependant, je trouvai plus de monde que je ne m'y étais attendu ; entre autres, le comte d'Houdetot, que je ne connaissais point du tout, et sa sœur, M^{me} de Blainville, dont je me serais bien passé. Elle était venue plusieurs fois l'année précédente à Eaubonne ; et sa belle-sœur, dans nos promenades solitaires, l'avait souvent laissée s'ennuyer à garder le mulet. Elle avait nourri contre moi un ressentiment qu'elle satisfit durant ce dîner tout à son aise ; car on sent que la présence du comte d'Houdetot et de Saint-Lambert ne mettait pas les rieurs de mon côté, et qu'un homme embarrassé dans les entretiens les plus faciles n'était pas fort brillant dans celui-là. Je n'ai jamais tant souffert, ni fait plus mauvaise contenance, ni reçu d'atteintes plus imprévues. Enfin, quand on fut sorti de table, je m'éloignai de cette mégère ; j'eus le plaisir de voir Saint-Lambert et M^{me} d'Houdetot s'approcher de moi, et nous causâmes ensemble, une partie de l'après-midi, de choses indifférentes, à la vérité, mais avec la même familiarité qu'avant mon égarement. Ce procédé ne fut pas perdu dans mon cœur ; et si Saint-Lambert y eût pu lire, il en eût sûrement été content. Je puis jurer que, quoique en arrivant, la vue de M^{me} d'Houdetot m'eût donné des palpitations jusqu'à la défail-

lance, en m'en retournant, je ne pensai presque pas à elle : je ne fus occupé que de Saint-Lambert.

Malgré les malins sarcasmes de M^{me} de Blainville, ce dîner me fit grand bien, et je me félicitai fort de ne m'y être pas refusé. J'y reconnus, non-seulement que les intrigues de Grimm et des Holbachiens n'avaient point détaché de moi mes anciennes connaissances (*), mais, ce qui me flatta davantage encore, que les sentiments de M^{me} d'Houdetot et de Saint-Lambert étaient moins changés que je n'avais cru ; et je compris enfin qu'il y avait plus de jalousie que de mésestime dans l'éloignement où il la tenait de moi. Cela me consola et me tranquillisa. Sûr de n'être pas un objet de mépris pour ceux qui l'étaient de mon estime, j'en travaillai sur mon propre cœur avec plus de courage et de succès. Si je ne vins pas à bout d'y éteindre entièrement une passion coupable et malheureuse, j'en réglai du moins si bien les restes, qu'ils ne m'ont pas fait faire une seule faute depuis ce temps-là. Les copies de M^{me} d'Houdetot, qu'elle m'engagea de reprendre ; mes ouvrages, que je continuai de lui envoyer quand ils paraissaient, m'attirèrent encore de sa part, de temps à autre, quelques messages et billets indifférents, mais obligeants. Elle fit même plus, comme on verra dans la suite : et la conduite réciproque de tous les trois, quand notre commerce eut cessé, peut servir d'exemple de la manière dont les honnêtes gens se séparent, quand il ne leur convient plus de se voir.

Un autre avantage que me procura ce dîner, fut qu'on en parla dans Paris, et qu'il servit de réfutation sans réplique au bruit que répandaient partout mes ennemis, que j'étais brouillé mortellement avec tous ceux qui s'y trouvèrent, et surtout avec M. d'Epinay. En quittant l'Ermitage, je lui avais écrit une lettre de remercîment très honnête, à laquelle il répondit non moins honnêtement; et les attentions mutuelles ne cessèrent point, tant avec lui qu'avec M. de Lalive son frère, qui même vint me voir à Montmorency, et m'envoya ses gravures. Hors les deux belles-sœurs de M^{me} d'Houdetot, je n'ai jamais été mal avec personne de sa famille (**).

Ma *Lettre à d'Alembert* eut un grand succès. Tous mes ouvrages en avaient eu ; mais celui-ci me fut plus favorable. Il apprit au public à se défier des insinuations de la coterie holbachique. Quand j'allai à l'Ermitage, elle prédit avec sa suffisance ordinaire que je n'y tiendrais pas trois mois. Quand elle vit que j'y en avais tenu vingt, et que, forcé d'en sortir, je fixais encore ma demeure à la campagne, elle soutint que c'était obstination pure, que je m'ennuyais à la mort dans ma retraite ; mais que, rongé d'orgueil, j'aimais mieux y périr victime de mon opiniâtreté, que de m'en dédire et de revenir à Paris. La *Lettre à d'Alembert* respirait une douceur d'âme qu'on sentit n'être point jouée. Si j'eusse été rongé d'humeur dans ma retraite, mon ton s'en serait senti. Il en régnait dans tous les écrits que j'avais faits à Paris : il n'en régnait plus dans le premier que j'avais fait à la campagne. Pour ceux qui savent observer, cette remarque était décisive. On vit que j'étais rentré dans mon élément.

Cependant ce même ouvrage, tout plein de douceur qu'il était, me fit encore, par ma balourdise et par mon malheur ordinaire, un nouvel ennemi parmi les gens de lettres. J'avais fait connaissance avec Marmontel, chez M. de La Poplinière, et cette connaissance s'était entretenue chez le baron. Marmontel faisait alors le *Mercure de France*. Comme j'avais la fierté de ne point envoyer mes

(*) Voilà ce que, dans la simplicité de mon cœur, je croyais encore quand j'écrivis mes *Confessions*.
(*Note du second manuscrit.*)

(**) La rupture de Rousseau avec madame d'Epinay, sa brouille avec Diderot, sont deux graves événements dans sa vie, et sa conduite, dans ces deux circonstances, doit jeter un grand jour sur la moralité de ses actes et la vérité de ses récits. Deux intéressés l'ont seuls contredit dans leurs mémoires, à savoir Marmontel et madame d'Epinay ; or, ces deux témoins ne sont point d'accord entre eux sur les faits principaux. De leur côté, Saint-Lambert et madame d'Houdetot n'ont cessé de donner à Jean-Jacques des marques de leur estime ; et Grimm, si intéressé à rétablir la vérité des faits, quoique mort seulement en 1807, n'a jamais publié les *pièces singulières* que dans sa correspondance, en 1761, il se vantait de pouvoir produire. Enfin, on verra plus loin (livre XII) Diderot rester convaincu de mensonge à l'égard de son ami.

ouvrages aux auteurs périodiques, et que je voulais cependant lui envoyer celui-ci, sans qu'il crût que c'était à ce titre, ni pour qu'il en parlât dans le *Mercure*, j'écrivis sur son exemplaire que ce n'était point pour l'auteur du *Mercure*, mais pour M. Marmontel. Je crus lui faire un très beau compliment ; il crut y voir une cruelle offense, et devint mon irréconciliable ennemi. Il écrivit contre cette même lettre avec politesse, mais avec un fiel qui se sent aisément, et depuis lors il n'a manqué aucune occasion de me nuire dans la société, et de me maltraiter indirectement dans ses ouvrages : tant le très irritable amour-propre des gens de lettres est difficile à ménager, et tant on doit avoir soin de ne rien laisser, dans les compliments qu'on leur fait, qui puisse même avoir la moindre apparence d'équivoque (*) !

(1759.) Devenu tranquille de tous les côtés, je profitai du loisir et de l'indé-

A leur tête était le jeune Loyseau de Mauléon. (Page 10.)

pendance où je me trouvais, pour reprendre mes travaux avec plus de suite. J'achevai cet hiver la *Julie* et je l'envoyai à Rey, qui la fit imprimer l'année suivante. Ce travail fut cependant encore interrompu par une petite diversion, et même assez désagréable. J'appris qu'on préparait à l'Opéra une nouvelle remise du *Devin du village*. Outré de voir ces gens-là disposer arrogamment de mon bien, je repris le mémoire que j'avais envoyé à M. d'Argenson, et qui était demeuré sans réponse ; et l'ayant retouché, je le fis remettre par M. Sellon, résident de Genève, avec une lettre dont il voulut bien se charger, à M. le comte de Saint-Florentin, qui avait remplacé M. d'Argenson dans le département de l'Opéra. M. de Saint-Florentin promit une réponse, et n'en fit aucune. Duclos, à qui j'écrivis ce que j'avais fait, en parla aux petits violons, qui offrirent de me rendre, non mon opéra, mais mes entrées dont je ne pouvais plus profiter. Voyant que je n'avais d'aucun côté aucune justice à espérer, j'abandonnai cette affaire ; et la direction de l'Opéra, sans répondre à mes raisons ni les écouter, a continué de disposer, comme de son propre bien, et de faire son profit du *Devin du village*, qui très incontestablement n'appartient qu'à moi seul (**).

(*) Marmontel, dans ses *Mémoires*, ne fait aucune mention de l'envoi que lui fit Rousseau de son ouvrage.

(**) Il lui appartient depuis lors, par un nouvel accord qu'elle a fait avec moi tout nouvellement.
(*Note du second manuscrit.*)

Depuis que j'avais secoué le joug de mes tyrans, je menais une vie assez égale et paisible : privé du charme des attachements trop vifs, j'étais libre aussi du poids de leurs chaînes. Dégoûté des amis protecteurs, qui voulaient absolument disposer de ma destinée et m'asservir à leurs prétendus bienfaits malgré moi, j'étais résolu de m'en tenir désormais aux liaisons de simple bienveillance, qui, sans gêner la liberté, font l'agrément de la vie, et dont une mise d'égalité fait le fondement. J'en avais de cette espèce autant qu'il m'en fallait pour goûter les douceurs de la société, sans en souffrir la dépendance ; et sitôt que j'eus essayé de ce genre de vie, je sentis que c'était celui qui me convenait à mon âge, pour finir mes jours dans le calme, loin de l'orage, des brouilleries et des tracasseries, où je venais d'être à demi submergé.

Durant mon séjour à l'Ermitage, et depuis mon établissement à Montmorency, j'avais fait à mon voisinage quelques connaissances qui m'étaient agréables, et qui ne m'assujétissaient à rien. A leur tête était le jeune Loyseau de Mauléon, qui, débutant alors au barreau, ignorait quelle y serait sa place. Je n'eus pas comme lui ce doute. Je lui marquai bientôt la carrière illustre qu'on le voit fournir aujourd'hui. Je lui prédis que, s'il se rendait sévère sur le choix des causes, et qu'il ne fût jamais que le défenseur de la justice et de la vertu, son génie, élevé par ce sentiment sublime, égalerait celui des plus grands orateurs. Il a suivi mon conseil, et il en a senti l'effet. Sa défense de M. de Portes est digne de Démosthène (*). Il venait tous les ans, à un quart de lieue de l'Ermitage, passer les vacances à Saint-Brice, dans le fief de Mauléon, appartenant à sa mère, et où, jadis, avait logé le grand Bossuet. Voilà un fief dont une succession de pareils maîtres rendrait la noblesse difficile à soutenir.

J'avais, au même village de Saint-Brice, le libraire Guérin, homme d'esprit, lettré, aimable et de la haute volée dans son état. Il me fit faire aussi connaissance avec Jean Neaulme, libraire d'Amsterdam, son correspondant et son ami, qui, dans la suite, imprima l'*Emile*.

J'avais, plus près encore que Saint-Brice, M. Maltor, curé de Grosley, plus fait pour être homme d'état et ministre que curé de village, et à qui l'on eût donné tout au moins un diocèse à gouverner, si les talents décidaient des places. Il avait été secrétaire du comte de Luc, et avait connu très particulièrement Jean-Baptiste Rousseau. Aussi plein d'estime pour la mémoire de cet illustre banni que d'horreur pour celle du fourbe Saurin qui l'avait perdu, il savait sur l'un et sur l'autre beaucoup d'anecdotes curieuses, que Seguy n'avait pas mises dans la vie encore manuscrite du premier ; et il m'assurait que le comte du Luc, loin d'avoir jamais eu à s'en plaindre, avait conservé jusqu'à la fin de sa vie la plus tendre amitié pour lui. M. Maltor, à qui M. de Vintimille avait donné cette retraite assez bonne, après la mort de son patron, avait été employé jadis dans beaucoup d'affaires, dont il avait, quoique vieux, la mémoire encore présente, et dont il raisonnait très bien. Sa conversation, non moins instructive qu'amusante, ne sentait point son curé de village : il joignait le ton d'un homme du monde aux connaissances d'un homme de cabinet. Il était, de tous mes voisins permanents, celui dont la société m'était la plus agréable, et que j'ai eu le plus de regret de quitter.

J'avais à Montmorency les oratoriens, et entre autres le P. Berthier, professeur de physique, auquel, malgré quelque léger vernis de pédanterie, je m'étais attaché par un certain air de bonhomie que je lui trouvai. J'avais cependant peine à concilier cette grande simplicité avec le désir et l'art qu'il avait de se fourrer partout chez les grands, chez les femmes, chez les dévots, chez les philosophes. Il savait se faire tout à tous. Je me plaisais fort avec lui. J'en parlais à tout le monde : apparemment ce que j'en disais lui revint. Il me remerciait un jour, en ricanant, de l'avoir trouvé bonhomme. Je trouvai dans son souris je ne sais quoi de sardonique, qui changea totalement sa physionomie à mes yeux, et qui m'est souvent revenu depuis lors dans la mémoire. Je ne peux pas mieux

(*) Voyez les *Plaidoyers et Mémoires de Loyseau de Mauléon*. Paris, Lebreton, 1762.

comparer ce souris qu'à celui de Panurge achetant les moutons de Dindenaut. Notre connaissance avait commencé peu de temps après mon arrivée à l'Ermitage, où il me venait voir très souvent. J'étais déjà établi à Montmorency, quand il en partit pour retourner demeurer à Paris. Il y voyait souvent Mme Le Vasseur. Un jour que je ne pensais à rien moins, il m'écrivit de la part de cette femme, pour m'informer que M. Grimm offrait de se charger de son entretien, et pour me demander la permission d'accepter cette offre. J'appris qu'elle consistait en une pension de trois cents livres, et que Mme Le Vasseur devait venir demeurer à Deuil, entre la Chevrette et Montmorency. Je ne dirai pas l'impression que fit sur moi cette nouvelle, qui aurait été moins surprenante si Grimm avait eu dix mille livres de rentes, ou quelque relation plus facile à comprendre avec cette femme, et qu'on ne m'eût pas fait un si grand crime de l'avoir amenée à la campagne, où cependant lui plaisait maintenant de la ramener, comme si elle était rajeunie depuis ce temps-là. Je compris que la bonne vieille ne me demandait cette permission, dont elle aurait bien pu se passer si je l'avais refusée, qu'afin de ne pas s'exposer à perdre ce que je lui donnais de mon côté. Quoique cette charité me parût très extraordinaire, elle ne me frappa pas alors autant qu'elle a fait dans la suite. Mais quand j'aurais su tout ce que j'ai pénétré depuis, je n'en aurais pas moins donné mon consentement, comme je fis, et comme j'étais obligé de faire, à moins de renchérir sur l'offre de M. Grimm. Depuis lors, le P. Berthier me guérit un peu de l'imputation de bonhomie qui lui avait paru si plaisante, et dont je l'avais si étourdiment chargé.

Ce même P. Berthier avait la connaissance de deux hommes, qui recherchèrent aussi la mienne, je ne sais pourquoi : car il y avait assurément peu de rapport entre leurs goûts et les miens. C'étaient des enfants de Melchisédec, dont on ne connaissait ni le pays, ni la famille, ni probablement le vrai nom. Ils étaient jansénistes, et passaient pour des prêtres déguisés, peut-être à cause de leur façon ridicule de porter les rapières auxquelles ils étaient attachés. Le mystère prodigieux qu'ils mettaient à toutes leurs allures leur donnait un air de chefs de parti, et je n'ai jamais douté qu'ils ne fissent la gazette ecclésiastique. L'un grand, bénin, patelin, s'appelait M. Ferrand ; l'autre, petit, trapu, ricaneur, pointilleux, s'appelait M. Minard. Ils se traitaient de cousins. Ils logeaient à Paris, avec D'Alembert, chez sa nourrice, appelée Mme Rousseau, et ils avaient pris à Montmorency un petit appartement pour y passer les étés. Ils faisaient leur ménage eux-mêmes, sans domestiques et sans commissionnaire. Ils avaient alternativement chacun sa semaine pour aller aux provisions, faire la cuisine et balayer la maison. D'ailleurs ils se tenaient assez bien ; nous mangions quelquefois les uns chez les autres. Je ne sais pas pourquoi ils se souciaient de moi ; pour moi, je ne me souciais d'eux que parce qu'ils jouaient aux échecs ; et, pour obtenir une pauvre petite partie, j'endurais quatre heures d'ennui. Comme ils se fourraient partout et voulaient se mêler de tout, Thérèse les appelait les *commères*, et ce nom leur est demeuré à Montmorency.

Telles étaient, avec mon oncle M. Mathas, qui était un bonhomme, mes principales connaissances de campagne. Il m'en restait assez à Paris pour y vivre, quand je voudrais, avec agrément, hors de la sphère des gens de lettres, où je ne comptais que le seul Duclos pour ami : car Deleyre était encore trop jeune ; et quoique, après avoir vu de près les manœuvres de la clique philosophique à mon égard, il s'en fût tout-à-fait détaché (ou du moins je le crus ainsi), je ne pouvais encore oublier la facilité qu'il avait eue à se faire auprès de moi le porte-voix de tous ces gens-là.

J'avais d'abord mon ancien et respectable ami M. Roguin. C'était un ami du bon temps que je ne devais point à mes écrits, mais à moi-même, et que pour cette raison j'ai toujours conservé. J'avais le bon Lenieps, mon compatriote, et sa fille alors vivante, Mme Lambert. J'avais un jeune Genevois, appelé Coindet, bon garçon, ce me semblait, soigneux, officieux, zélé ; mais ignorant, confiant, gourmand, avantageux, qui m'était venu voir dès le commencement de ma demeure à l'Ermitage, et, sans autre introducteur que lui-même, s'était bientôt

établi chez moi, malgré moi. Il avait quelque goût pour le dessin, et connaissait les artistes. Il me fut utile pour les estampes de la *Julie*; il se chargea de la direction des dessins et des planches, et s'acquitta bien de cette commission.

J'avais la maison de M. Dupin, qui, moins brillante que durant les beaux jours de Mme Dupin, ne laissait pas d'être encore, par le mérite des maîtres, et par le choix du monde qui s'y rassemblait, une des meilleures maisons de Paris. Comme je ne leur avais préféré personne, que je ne les avais quittés que pour vivre libre, ils n'avaient point cessé de me voir avec amitié, et j'étais sûr d'être en tout temps bien reçu de Mme Dupin. Je la pouvais même compter pour une de mes voisines de campagne, depuis qu'ils s'étaient fait un établissement à Clichy, où j'allais quelquefois passer un jour ou deux, et où j'aurais été davantage, si Mme Dupin et Mme de Chenonceaux avaient vécu de meilleure intelligence. Mais la difficulté de se partager dans la même maison entre deux femmes qui ne sympathisaient pas, me rendait Clichy trop gênant. Attaché à Mme de Chenonceaux d'une amitié plus égale et plus familière, j'avais le plaisir de la voir plus à mon aise à Deuil, presque à ma porte, où elle avait loué une petite maison, et même chez moi, où elle me venait voir assez souvent.

J'avais Mme de Créqui, qui s'étant jetée dans la haute dévotion, avait cessé de voir les D'Alembert, les Marmontel, et la plupart des gens de lettres, excepté, je crois, l'abbé Trublet, manière alors de demi-cafard, dont elle était même assez ennuyée. Pour moi, qu'elle avait recherché, je ne perdis pas sa bienveillance ni sa correspondance. Elle m'envoya des poulardes du Mans aux étrennes; et sa partie était faite pour venir me voir l'année suivante, quand un voyage de Mme de Luxembourg croisa le sien. Je lui dois ici une place à part; elle en aura toujours une distinguée dans mes souvenirs.

J'avais un homme, qu'excepté Roguin, j'aurais dû mettre le premier en compte : mon ancien confrère et ami De Carrio, ci-devant secrétaire titulaire de l'ambassade d'Espagne à Venise, puis en Suède, où il fut, par sa cour, chargé des affaires, et enfin nommé réellement secrétaire d'ambassade à Paris. Il me vint surprendre à Montmorency, lorsque je m'y attendais le moins. Il était décoré d'un ordre d'Espagne, dont j'ai oublié le nom, avec une belle croix en pierreries. Il avait été obligé, dans ses preuves, d'ajouter une lettre à son nom de Carrio, et portait celui de chevalier de Carrion. Je le trouvai toujours le même, le même excellent cœur, l'esprit de jour en jour plus aimable. J'aurais repris avec lui la même intimité qu'auparavant, si Coindet, s'interposant entre nous à son ordinaire, n'eût profité de mon éloignement pour s'insinuer à ma place et en mon nom dans sa confiance, et me supplanter à force de zèle à me servir.

La mémoire de Carrion me rappelle celle d'un de mes voisins de campagne dont j'aurais d'autant plus de tort de ne pas parler, que j'en ai à confesser un bien inexcusable envers lui. C'était l'honnête M. Le Blond, qui m'avait rendu service à Venise, et qui, étant venu faire un voyage en France avec sa famille, avait loué une maison de campagne à la Briche, non loin de Montmorency(*). Sitôt que j'appris qu'il était mon voisin, j'en fus dans la joie de mon cœur, et me fis encore plus une fête qu'un devoir d'aller lui rendre visite. Je partis pour cela dès le lendemain. Je fus rencontré par des gens qui me venaient voir moi-même, et avec lesquels il fallut retourner. Deux jours après, je pars encore; il avait dîné à Paris avec toute sa famille. Une troisième fois il était chez lui : j'entendis des voix de femmes, je vis à la porte un carrosse qui me fit peur. Je voulais du moins, pour la première fois, le voir à mon aise, et causer avec lui de nos anciennes liaisons. Enfin, je remis si bien ma visite de jour à autre, que la honte de remplir si tard un pareil devoir fit que je ne le remplis point du tout. Après avoir osé tant attendre, je n'osai plus me montrer. Cette négligence, dont M. Le Blond ne put qu'être justement indigné, donna vis-à-vis de lui l'air de l'ingratitude à ma paresse; et cependant je sentais mon cœur si peu coupable, que si j'avais pu faire

(*) Quand j'écrivais ceci, plein de mon ancienne et aveugle confiance, j'étais bien loin de soupçonner le vrai motif et l'effet de ce voyage de Paris. (*Note du second manuscrit.*)

à M. Le Blond quelque vrai plaisir, même à son insu, je suis bien sûr qu'il ne m'eût pas trouvé paresseux. Mais l'indolence, la négligence et les délais dans les petits devoirs à remplir, m'ont fait plus de tort que de grands vices. Mes pires fautes ont été d'omission : j'ai rarement fait ce qu'il ne fallait pas faire, et malheureusement j'ai plus rarement encore fait ce qu'il fallait.

Puisque me voilà revenu à mes connaissances de Venise, je n'en dois pas oublier une qui s'y rapporte, et que je n'avais interrompue, ainsi que les autres, que depuis beaucoup moins de temps. C'est celle de M. de Jonville, qui avait continué, depuis son retour de Gênes, à me faire beaucoup d'amitiés. Il aimait fort à me voir et à causer avec moi des affaires d'Italie et des folies de M. de Montaigu, dont il savait, de son côté, bien des traits par les bureaux des affaires étrangères, dans lesquels il avait beaucoup de liaisons. J'eus le plaisir aussi de revoir chez lui mon ancien camarade Dupont, qui avait acheté une charge dans sa province, et dont les affaires le ramenaient quelquefois à Paris. M. de Jonville devint peu à peu si empressé de m'avoir, qu'il en était même gênant ; et quoique nous logeassions dans des quartiers fort éloignés, il y avait du bruit entre nous, quand je passais une semaine entière sans aller dîner chez lui. Quand il allait à Jonville, il m'y voulait toujours emmener ; mais y étant une fois allé passer huit jours, qui me parurent fort longs, je n'y voulus plus retourner. M. de Jonville était assurément un honnête et galant homme, aimable même à certains égards ; mais il avait peu d'esprit ; il était beau, tant soit peu Narcisse, et passablement ennuyeux. Il avait un recueil singulier, et peut-être unique au monde, dont il s'occupait beaucoup, et dont il occupait aussi ses hôtes, qui quelquefois s'en amusaient moins que lui. C'était une collection très complète de tous les vaudevilles de la cour et de Paris, depuis plus de cinquante ans, où l'on trouvait beaucoup d'anecdotes, qu'on aurait inutilement cherchées ailleurs. Voilà des *Mémoires* pour l'histoire de France dont on ne s'aviserait guère chez toute autre nation.

Un jour, au fort de notre meilleure intelligence, il me fit un accueil si froid, si glaçant, si peu dans son ton ordinaire, qu'après lui avoir donné occasion de s'expliquer, et même l'en avoir prié, je sortis de chez lui avec la résolution, que j'ai tenue, de n'y plus remettre les pieds ; car on ne me revoit guère où j'ai été une fois mal reçu, et il n'y avait point ici de Diderot qui plaidât pour M. de Joinville. Je cherchai vainement dans ma tête quel tort je pouvais avoir avec lui : je ne trouvai rien. J'étais sûr de n'avoir jamais parlé de lui ni des siens que de la façon la plus honorable ; car je lui étais sincèrement attaché ; et outre que je n'en avais que du bien à dire, ma plus inviolable maxime a toujours été de ne parler qu'avec honneur des maisons que je fréquentais.

Enfin, à force de ruminer, voici ce que je conjecturai. La dernière fois que nous nous étions vus, il m'avait donné à souper chez des filles de sa connaissance, avec deux ou trois commis des affaires étrangères, gens très aimables, et qui n'avaient point du tout l'air ni le ton libertin ; et je puis jurer que de mon côté la soirée se passa à méditer assez tristement sur le malheureux sort de ces créatures. Je ne payai pas mon écot, parce que M. de Joinville nous donnait à souper ; et je ne donnai rien à ses filles, parce que je ne leur fis point gagner, comme à la *padoana*, le paiement que j'aurais pu leur offrir. Nous sortîmes tous assez gais et de très bonne intelligence. Sans être retourné chez ces filles, j'allai trois ou quatre jours après dîner chez M. de Joinville, que je n'avais pas revu depuis lors, et qui me fit l'accueil que j'ai dit. N'en pouvant imaginer d'autre cause que quelque malentendu relatif à ce souper, et voyant qu'il ne voulait pas s'expliquer, je pris mon parti et cessai de le voir ; mais je continuai de lui envoyer mes ouvrages : il me fit faire souvent des compliments ; et, l'ayant un jour rencontré au chauffoir de la Comédie, il me fit, sur ce que je n'allais plus le voir, des reproches obligeants, qui ne m'y ramenèrent pas. Ainsi cette affaire avait plus l'air d'une bouderie que d'une rupture. Toutefois, ne l'ayant pas revu, et n'ayant plus ouï parler de lui depuis lors, il eût été trop tard pour y retourner au bout d'une interruption de plusieurs années. Voilà pourquoi M. de Joinville

n'entre point ici dans ma liste, quoique j'eusse assez longtemps fréquenté sa maison.

Je n'enflerai point la même liste de beaucoup d'autres connaissances moins familières; ou qui, par mon absence, avaient cessé de l'être, et que je ne laissai pas de voir quelquefois en campagne, tant chez moi qu'à mon voisinage, telles, par exemple, que les abbés de Condillac, de Mably, MM. de Mairan, de Lalive, de Boisgelou, Watelet, Ancelet, et d'autres qu'il serait trop long de nommer. Je passerai légèrement aussi sur celle de M. de Margency, gentilhomme ordinaire du roi, ancien membre de la coterie holbachique, qu'il avait quittée ainsi que moi, et ancien ami de Mme d'Épinay, dont il s'était détaché ainsi que moi; ni sur celle de son ami Desmahis, auteur célèbre, mais éphémère, de la comédie de *l'Impertinent*. Le premier était mon voisin de campagne, sa terre de Margency étant près de Montmorency. Nous étions d'anciennes connaissances; mais le voisinage et une certaine conformité d'expérience nous rapprochèrent davantage. Le second mourut peu après. Il avait du mérite et de l'esprit: mais il était un peu l'original de sa comédie, un peu fat auprès des femmes, et n'en fut pas extrêmement regretté.

Mais je ne puis omettre une correspondance nouvelle de ce temps-là, qui a trop influé sur le reste de ma vie pour que je néglige d'en marquer le commencement. Il s'agit de M. de Lamoignon de Malesherbes, premier président de la Cour des Aides, chargé pour lors de la librairie, qu'il gouvernait avec autant de lumières que douceur, et à la grande satisfaction des gens de lettres. Je ne l'avais pas été voir à Paris une seule fois : cependant j'avais toujours éprouvé de sa part les facilités les plus obligeantes, quant à la censure; et je savais qu'en plus d'une occasion, il avait fort mal mené ceux qui écrivaient contre moi. J'eus de nouvelles preuves de ses bontés au sujet de l'impression de la *Julie;* car les épreuves d'un si grand ouvrage étant fort coûteuses à faire venir d'Amsterdam par la poste, il permit, ayant ses ports francs, qu'elles lui fussent adressées, et il me les envoyait franches aussi, sous le contre-seing de M. le chancelier son père. Quand l'ouvrage fut imprimé, il n'en permit le débit dans le royaume qu'ensuite d'une édition qu'il en fit faire à mon profit, malgré moi-même: comme ce profit eût été de ma part un vol fait à Rey, à qui j'avais vendu mon manuscrit, non-seulement je ne voulus point accepter le présent qui m'était destiné pour cela, sans son aveu, qu'il accorda très généreusement; mais je voulus partager avec lui les cent pistoles à quoi monta ce présent, et dont il ne voulut rien. Pour ces cent pistoles, j'eus le désagrément dont M. de Malesherbes ne m'avait pas prévenu, de voir horriblement mutiler mon ouvrage, et empêcher le débit de la bonne édition jusqu'à ce que la mauvaise fût écoulée.

J'ai toujours regardé M. de Malesherbes comme un homme d'une droiture à toute épreuve. Jamais rien de ce qui m'est arrivé ne m'a fait douter un moment de sa probité: mais aussi faible qu'honnête, il nuit quelquefois aux gens pour lesquels il s'intéresse, à force de les vouloir préserver. Non-seulement il fit retrancher plus de cent pages dans l'édition de Paris, mais il fit un retranchement qui pouvait porter le nom d'infidélité dans l'exemplaire de la bonne édition qu'il envoya à Mme de Pompadour. Il est dit quelque part, dans cet ouvrage, que la femme d'un charbonnier est plus digne de respect que la maîtresse d'un prince. Cette phrase m'était venue dans la chaleur de la composition, sans aucune application, je le jure. En relisant l'ouvrage, je vis qu'on ferait cette application. Cependant, par la très imprudente maxime de ne rien ôter par égard aux applications qu'on pouvait faire, quand j'avais dans ma conscience le témoignage de ne les avoir pas faites en écrivant, je ne voulus point ôter cette phrase, et je me contentai de substituer le mot *prince* au mot *roi*, que j'avais d'abord mis. Cet adoucissement ne parut pas suffisant à M. de Malesherbes : il retrancha la phrase entière, dans un carton qu'il fit imprimer exprès, et coller, aussi proprement qu'il fut possible, dans l'exemplaire de Mme de Pompadour. Elle n'ignora pas ce tour de passe-passe. Il se trouva de bonnes âmes

qui l'en instruisirent. Pour moi, je ne l'appris que longtemps après, lorsque je commençais d'en sentir les suites.

N'est-ce point encore ici la première origine de la haine couverte, mais implacable, d'une autre dame, qui était dans un cas pareil (*) sans que j'en susse rien, ni même que je la connusse quand j'écrivis ce passage? Quand le livre se publia, la connaissance était faite, et j'étais très inquiet. Je le dis au chevalier de Lorenzi, qui se moqua de moi, et m'assura que cette dame en était si peu offensée, qu'elle n'y avait pas même fait attention. Je le crus, un peu légèrement peut-être, et je me tranquillisai fort mal à propos.

Je reçus, à l'entrée de l'hiver, une nouvelle marque des bontés de M. de Malesherbes, à laquelle je fus fort sensible, quoique je ne jugeasse pas à propos d'en profiter. Il y avait une place vacante dans le *Journal des Savants*. Margency m'écrivit pour me la proposer, comme de lui-même. Mais il me fut aisé de comprendre par le tour de sa lettre (liasse C, n° 33), qu'il était instruit et autorisé; et lui-même me marqua dans la suite (liasse C, n° 47), qu'il avait été chargé de me faire cette offre. Le travail de cette place était peu de chose. Il ne s'agissait que de deux extraits par mois, dont on m'apporterait les livres, sans être obligé jamais à aucun voyage de Paris, pas même pour faire au magistrat une visite de remerciment. J'entrais par là dans une société de gens de lettres du premier mérite, MM. de Mairan, Clairaut, de Guignes et l'abbé Barthélemi, dont la connaissance était déjà faite avec les deux premiers, et très bonne à faire avec les deux autres. Enfin, pour un travail si peu pénible, et que je pouvais faire si commodément, il y avait un honoraire de huit cents francs attaché à cette place. Je délibérai quelques heures avant que de me déterminer, et je puis jurer que ce ne fut que par la crainte de fâcher Margency, et de déplaire à M. de Malesherbes. Mais enfin la gêne insupportable de ne pouvoir travailler à mon heure et d'être commandé par le temps ; bien plus encore, la certitude de mal remplir les fonctions dont il fallait me charger, l'emportèrent sur tout, et me déterminèrent à refuser une place pour laquelle je n'étais pas propre. Je savais que tout mon talent ne venait que d'une certaine chaleur d'âme sur les matières que j'avais à traiter, et qu'il n'y avait que l'amour du grand, du vrai, du beau, qui pût animer mon génie. Et que m'auraient importé les sujets de la plupart des livres que j'aurais à extraire, et les livres mêmes? Mon indifférence pour la chose eût glacé ma plume et abruti mon esprit. On s'imaginait que je pouvais écrire par métier, comme tous les autres gens de lettres, au lieu que je ne sus jamais écrire que par passion. Ce n'était assurément pas là ce qu'il fallait au *Journal des Savants*. J'écrivis donc à Margency une lettre de remerciment, tournée avec toute l'honnêteté possible, dans laquelle je lui fis si bien le détail de mes raisons, qu'il ne se peut pas que ni lui, ni M. de Malesherbes aient cru qu'il entrât ni humeur ni orgueil dans mon refus. Ainsi l'approuvèrent-ils l'un et l'autre, sans m'en faire moins bon visage; et le secret fut si bien gardé sur cette affaire, que le public n'en a jamais eu le moindre vent.

Cette proposition ne venait pas dans un moment favorable pour me la faire agréer; car, depuis quelque temps, je formais le projet de quitter tout-à-fait la littérature, et surtout le métier d'auteur. Tout ce qui venait de m'arriver m'avait absolument dégoûté des gens de lettres, et j'avais éprouvé qu'il était impossible de courir la même carrière, sans avoir quelques liaisons avec eux. Je ne l'étais guère moins des gens du monde, et, en général, de la vie mixte que je venais de mener, moitié à moi-même, et moitié des sociétés pour lesquelles je n'étais point fait. Je sentais plus que jamais, et par une constante expérience, que toute association inégale est toujours désavantageuse au parti faible. Vivant avec des gens opulents, et d'un autre état que celui que j'avais choisi, sans tenir maison comme eux, j'étais obligé de les imiter en bien des choses; et de menues dépenses, qui n'étaient rien pour eux, étaient pour moi non moins ruineuses qu'indispensables. Qu'un autre homme aille dans une maison de campagne, il

(*) Il s'agit de la comtesse de Boufflers, maîtresse du prince de Conti.

est servi par son laquais, tant à table que dans sa chambre : il l'envoie chercher tout ce dont il a besoin; n'ayant rien à faire directement avec les gens de la maison, ne les voyant même pas, il ne leur donne des étrennes que quand et comme il lui plaît : mais moi, seul, sans domestique, j'étais à la merci de ceux de la maison dont il fallait nécessairement capter les bonnes grâces, pour n'avoir pas beaucoup à souffrir; et, traité comme l'égal de leur maître, il en fallait aussi traiter les gens comme tel, et même faire pour eux plus qu'un autre, parce qu'en effet j'en avais plus besoin. Passe encore quand il y a peu de domestiques; mais, dans les maisons où j'allais, il y en avait beaucoup, tous très rogues, très fripons, très alertes, j'entends pour leur intérêt; et les coquins savaient faire en sorte que j'avais successivement besoin de tous. Les femmes de Paris, qui ont tant d'esprit, n'ont aucune idée juste sur cet article; et, à force de vouloir économiser ma bourse, elles me ruinaient. Si je soupais en ville, un peu loin de chez moi, au lieu de souffrir que j'envoyasse chercher un fiacre, la dame de la maison faisait mettre des chevaux pour me remmener : elle était fort aise de m'épargner les vingt-quatre sous du fiacre; quant à l'écu que je donnais au laquais et au cocher, elle n'y songeait pas. Une femme m'écrivait-elle de Paris à l'Ermitage ou à Montmorency; ayant regret aux quatre sous de port que sa lettre m'aurait coûtés, elle me l'envoyait par un de ses gens, qui arrivait à pied, tout en nage, et à qui je donnais à dîner, et un écu qu'il avait assurément bien gagné. Me proposait-elle d'aller passer huit ou quinze jours avec elle à sa campagne; elle se disait en elle-même : « Ce sera toujours une économie pour ce pauvre garçon; pendant ce temps-là, sa nourriture ne lui coûtera rien. » Elle ne songeait pas qu'aussi, durant ce temps-là, je ne travaillais point; que mon ménage et mon loyer, et mon linge, et mes habits n'en allaient pas moins; que je payais mon barbier à double, et qu'il ne laissait pas de m'en coûter chez elle plus qu'il ne m'en aurait coûté chez moi. Quoique je bornasse mes petites largesses aux seules maisons où je vivais d'habitude, elles ne laissaient pas de m'être ruineuses. Je puis assurer que j'ai bien versé vingt-cinq écus chez Mme d'Houdetot à Eaubonne, où je n'ai couché que quatre ou cinq fois, et plus de cent pistoles tant à Epinay qu'à la Chevrette, pendant les cinq ou six ans que j'y fus le plus assidu. Ces dépenses sont inévitables pour un homme de mon humeur, qui ne sait se pourvoir de rien, ni s'ingénier en rien, ni supporter l'aspect d'un valet qui grogne, et qui vous sert en rechignant. Chez Mme Dupin même, où j'étais de la maison, et où je rendais mille services aux domestiques, je n'ai jamais reçu les leurs qu'à la pointe de mon argent. Dans la suite, il a fallu renoncer tout-à-fait à ces petites libéralités que ma situation ne m'a plus permis de faire; et cette réforme m'a fait sentir bien plus durement encore l'inconvénient de fréquenter des gens d'un autre état que le sien.

Encore si cette vie eût été de mon goût, je me serais consolé d'une dépense onéreuse, consacrée à mes plaisirs : mais se ruiner pour s'ennuyer était trop insupportable; et j'avais si bien senti le poids de ce train de vie, que, profitant de l'intervalle de liberté où je me trouvais pour lors, j'étais déterminé à le perpétuer, à renoncer totalement à la grande société, à la composition des livres, à tout commerce de littérature, et à me renfermer, pour le reste de mes jours, dans la sphère étroite et paisible pour laquelle je me sentais né.

Le produit de la *Lettre à d'Alembert* et de la *Nouvelle Héloïse* avait un peu remonté mes finances, qui s'étaient fort épuisées à l'Ermitage. Je me voyais environ mille écus devant moi. L'*Emile*, auquel je m'étais mis tout de bon quand j'eus achevé l'*Héloïse*, était fort avancé, et son produit devait au moins doubler cette somme. Je formai le projet de placer ces fonds, de manière à me faire une petite rente viagère qui pût, avec ma copie, me faire subsister sans plu écrire. J'avais encore deux ouvrages sur le chantier. Le premier était mes *Institutions politiques*. J'examinai l'état de ce livre, et je trouvai qu'il demandai encore plusieurs années de travail. Je n'eus pas le courage de le poursuivre e d'attendre qu'il fût achevé pour exécuter ma résolution. Ainsi, renonçant à ce ouvrage, je résolus d'en tirer ce qui pouvait se détacher, puis de brûler tout l

reste; et poussant ce travail avec zèle, sans interrompre celui de l'*Emile*, je mis, en moins de deux ans, la dernière main au *Contrat social*.

Restait le *Dictionnaire de musique*. C'était un travail de manœuvre, qui pouvait se faire en tout temps, et qui n'avait pour objet qu'un produit pécuniaire. Je me réservai de l'abandonner, ou de l'achever à mon aise, selon que mes autres ressources rassemblées me rendraient celle-là nécessaire ou superflue. A l'égard de la *Morale sensitive*, dont l'entreprise était restée en esquisse, je l'abandonnai totalement.

Comme j'avais en dernier projet, si je pouvais me passer tout-à-fait de la copie,

Je vis arriver M. le maréchal de Luxembourg. (Page 18.)

celui de m'éloigner de Paris, où l'affluence des survenants rendait ma subsistance coûteuse, et m'ôtait le temps d'y pourvoir, pour prévenir dans ma retraite l'ennui dans lequel on dit que tombe un auteur quand il a quitté la plume, je me réservais une occupation qui pût remplir le vide de ma solitude, sans tenter de plus rien faire imprimer de mon vivant. Je ne sais par quelle fantaisie Rey me pressait depuis longtemps d'écrire les Mémoires de ma vie. Quoiqu'ils ne fussent pas jusque alors fort intéressants par les faits, je sentis qu'ils pouvaient le devenir par la franchise que j'étais capable d'y mettre; et je résolus d'en faire un ouvrage unique, par une véracité sans exemple, afin qu'au moins une fois on pût voir un homme tel qu'il était en dedans. J'avais toujours ri de la fausse naïveté de Montaigne, qui, faisant semblant d'avouer ses défauts, a grand soin de ne s'en donner que d'aimables; tandis que je sentais, moi qui me suis cru toujours, et qui me crois encore, à tout prendre, le meilleur des hommes, qu'il n'y a point d'intérieur humain, si pur qu'il puisse être, qui ne recèle quelque vice odieux.

J.-J. Rousseau, t. ii. 2

Je savais qu'on me peignait dans le public sous des traits si peu semblables aux miens, et quelquefois si difformes, que, malgré le mal dont je ne voulais rien taire, je ne pouvais que gagner encore à me montrer tel que j'étais. D'ailleurs, cela ne se pouvant faire sans laisser voir aussi d'autres gens tels qu'ils étaient, et par conséquent cet ouvrage ne pouvant paraître qu'après ma mort et celle de beaucoup d'autres, cela m'enhardissait davantage à faire mes Confessions, dont jamais je n'aurais à rougir devant personne. Je résolus donc de consacrer mes loisirs à bien exécuter cette entreprise, et je me mis à recueillir les lettres et papiers qui pouvaient guider ou réveiller ma mémoire, regrettant fort tout ce que j'avais déchiré, brûlé, perdu jusque alors.

Ce projet de retraite absolue, un des plus sensés que j'eusse jamais faits, était fortement empreint dans mon esprit, et déjà je travaillais à son exécution, quand le ciel, qui me préparait une autre destinée, me jeta dans un nouveau tourbillon.

Montmorency, cet ancien beau patrimoine de l'illustre maison de ce nom, ne lui appartient plus depuis la confiscation. Il a passé, par la sœur du duc Henri, dans la maison de Condé, qui a changé le nom de Montmorency en celui d'Enghien, et ce duché n'a d'autre château qu'une vieille tour, où l'on reçoit les hommages des vassaux. Mais on voit à Montmorency ou Enghien une maison particulière, bâtie par Croisat, dit *le pauvre*, laquelle, ayant la magnificence des plus superbes châteaux, en mérite et en porte le nom. L'aspect imposant de ce bel édifice, la terrasse sur laquelle il est bâti, sa vue unique peut-être au monde, son vaste salon peint d'une excellente main, son jardin planté par le célèbre Le Nôtre : tout cela forme un tout, dont la majesté frappante a pourtant je ne sais quoi de simple, qui soutient et nourrit l'admiration (*). M. le maréchal duc de Luxembourg, qui occupait alors cette maison, venait tous les ans dans ce pays, où jadis ses pères étaient les maîtres, passer en deux fois cinq ou six semaines, comme simple habitant, mais avec un éclat qui ne dégénérait point de l'ancienne splendeur de sa maison. Au premier voyage qu'il y fit depuis mon établissement à Montmorency, M. et Mme la maréchale envoyèrent un valet de chambre me faire compliment de leur part, et m'inviter à souper chez eux toutes les fois que cela me ferait plaisir. A chaque fois qu'ils revinrent, ils ne manquèrent point de réitérer le même compliment et la même invitation. Cela me rappelait Mme de Beuzenval m'envoyant dîner à l'office. Les temps étaient changés, mais j'étais demeuré le même. Je ne voulais point qu'on m'envoyât dîner à l'office, et je me souciais peu de la table des grands. J'aurais mieux aimé qu'ils me laissassent pour ce que j'étais, sans me fêter et sans m'avilir. Je répondis honnêtement et respectueusement aux politesses de M. et Mme de Luxembourg, mais je n'acceptai point leurs offres ; et, tant mes incommodités que mon humeur timide et mon embarras à parler, me faisant frémir à la seule idée de me présenter dans une assemblée de gens de la cour, je n'allai pas même au château faire une visite de remerciment, quoique je comprisse assez que c'était ce qu'on cherchait, et que tout cet empressement était plutôt une affaire de curiosité que de bienveillance.

Cependant les avances continuèrent, et allèrent même en augmentant. Mme la comtesse de Boufflers, qui était fort liée avec Mme la maréchale, étant venue à Montmorency, envoya savoir de mes nouvelles, et me proposer de venir me voir. Je répondis comme je devais, mais je ne démarrai point. Au voyage de Pâques de l'année suivante 1759, le chevalier de Lorenzi, qui était de la cour de M. le prince de Conti et de la société de Mme de Luxembourg, vint me voir plusieurs fois : nous fîmes connaissance ; il me pressa d'aller au château : je n'en fis rien. Enfin, une après-midi que je ne songeais à rien moins, je vis arriver M. le maréchal de Luxembourg, suivi de cinq ou six personnes. Pour lors, il n'y eut plus moyen de m'en dédire, et je ne pus éviter, sous peine d'être un arrogant et un malappris, de lui rendre sa visite, et d'aller faire ma cour à Mme la maréchale,

(*) Cet édifice a été acheté en 1816 par une bande noire, qui l'a fait démolir, et n'a pas même respecté les arbres du parc.

de la part de laquelle il m'avait comblé des choses les plus obligeantes. Ainsi commencèrent, sous de funestes auspices, des liaisons dont je ne pus plus longtemps me défendre, mais qu'un pressentiment trop bien fondé me fit redouter jusqu'à ce que j'y fusse engagé.

Je craignais excessivement Mme de Luxembourg. Je savais qu'elle était aimable. Je l'avais vue plusieurs fois au spectacle, et chez Mme Dupin, il y avait dix ou douze ans, lorsqu'elle était duchesse de Boufflers, et qu'elle brillait encore de sa première beauté. Mais elle passait pour méchante; et dans une aussi grande dame, cette réputation me faisait trembler. A peine l'eus-je vue, que je fus subjugué. Je la trouvai charmante, de ce charme à l'épreuve du temps, le plus fait pour agir sur mon cœur. Je m'attendais à lui trouver un entretien mordant et plein d'épigrammes. Ce n'était point cela, c'était beaucoup mieux. La conversation de Mme de Luxembourg ne pétille pas d'esprit. Ce ne sont pas des saillies, et ce n'est pas même proprement de la finesse; mais c'est une délicatesse exquise, qui ne frappe jamais, et qui plaît toujours. Ses flatteries sont d'autant plus enivrantes qu'elles sont plus simples; on dirait qu'elles lui échappent sans qu'elle y pense, et que c'est son cœur qui s'épanche, uniquement parce qu'il est trop rempli. Je crus m'apercevoir, dès la première visite, que, malgré mon air gauche et mes lourdes phrases, je ne lui déplaisais pas. Toutes les femmes de la cour savent vous persuader cela, quand elles le veulent, vrai ou non; mais toutes ne savent pas, comme Mme de Luxembourg, vous rendre cette persuasion si douce, qu'on ne s'avise plus d'en vouloir douter. Dès le premier jour, ma confiance en elle eût été aussi entière qu'elle ne tarda pas à le devenir, si Mme la duchesse de Montmorency, sa belle-fille, jeune folle, assez maligne, et, je pense, un peu tracassière, ne se fût avisée de m'entreprendre, et, tout au travers de force éloges de sa maman, et de feintes agaceries pour son propre compte, ne m'eût mis en doute si je n'étais pas persiflé.

Je me serais peut-être difficilement rassuré sur cette crainte auprès des deux dames, si les extrêmes bontés de M. le maréchal ne m'eussent confirmé que les leurs étaient sérieuses. Rien de plus surprenant, vu mon caractère timide, que la promptitude avec laquelle je le pris au mot sur le pied d'égalité où il voulut se mettre avec moi, si ce n'est celle avec laquelle il me prit au mot lui-même sur l'indépendance absolue dans laquelle je voulais vivre. Persuadés l'un et l'autre que j'avais raison d'être content de mon état et de n'en vouloir pas changer, ni lui ni Mme de Luxembourg n'ont paru vouloir s'occuper un instant de ma bourse ou de ma fortune : quoique je ne pusse douter du tendre intérêt qu'ils prenaient à moi tous les deux, jamais ils ne m'ont proposé de place et ne m'ont offert leur crédit, si ce n'est une seule fois, que Mme de Luxembourg parut désirer que je voulusse entrer à l'Académie française. J'alléguai ma religion : elle me dit que ce n'était pas un obstacle, ou qu'elle s'engageait à le lever. Je répondis que, quelque honneur que ce fût pour moi d'être membre d'un corps si illustre, ayant refusé à M. de Tressan, et en quelque sorte au roi de Pologne, d'entrer dans l'Académie de Nanci, je ne pouvais plus honnêtement entrer dans aucune. Mme de Luxembourg n'insista pas, et il n'en fut plus reparlé. Cette simplicité de commerce avec de si grands seigneurs, et qui pouvaient tout en ma faveur, M. de Luxembourg étant et méritant bien d'être l'ami particulier du roi, contraste bien singulièrement avec les continuels soucis, non moins importuns qu'officieux, des amis protecteurs que je venais de quitter, et qui cherchaient moins à me servir qu'à m'avilir.

Quand M. le maréchal m'était venu voir à Mont-Louis, je l'avais reçu avec peine, lui et sa suite, dans mon unique chambre, non parce que je fus obligé de le faire asseoir au milieu de mes assiettes sales et de mes pots cassés, mais parce que mon plancher pourri tombait en ruine, et que je craignais que le poids de sa suite ne l'effondrât tout-à-fait. Moins occupé de mon propre danger que de celui que l'affabilité de ce bon seigneur lui faisait courir, je me hâtai de le tirer de là pour le mener, malgré le froid qu'il faisait encore, à mon donjon, tout ouvert et sans cheminée. Quand il y fut, je lui dis la raison qui m'avait engagé

à l'y conduire : il la redit à M^me la maréchale, et l'un et l'autre me pressèrent, en attendant qu'on referait mon plancher, d'accepter un logement au château, ou, si je l'aimais mieux, dans un édifice isolé, qui était au milieu du parc, et qu'on appelait le Petit-Château. Cette demeure enchantée mérite qu'on en parle.

Le parc ou jardin de Montmorency n'est pas en plaine, comme celui de la Chevrette. Il est inégal, montueux, mêlé de collines et d'enfoncements, dont l'habile artiste a tiré parti pour varier les bosquets, les ornements, les eaux, les points de vue, et multiplier pour ainsi dire, à force d'art et de génie, un espace en lui-même assez resserré. Ce parc est couronné dans le haut par la terrasse et le château ; dans le bas, il forme une gorge qui s'ouvre et s'élargit vers la vallée, et dont l'angle est rempli par une grande pièce d'eau. Entre l'orangerie qui occupe cet élargissement, et cette pièce d'eau entourée de coteaux bien décorés de bosquets et d'arbres, est le petit château dont j'ai parlé. Cet édifice et le terrain qui l'entoure appartenaient jadis au célèbre Le Brun, qui se plut à le bâtir et décorer avec ce goût exquis d'ornements et d'architecture dont ce grand peintre s'était nourri. Ce château, depuis lors, a été rebâti, mais toujours sur le dessin du premier maître. Il est petit, simple, mais élégant. Comme il est dans un fond, entre le bassin de l'orangerie et la grande pièce d'eau, par conséquent sujet à l'humidité, on l'a percé dans son milieu d'un péristyle à jour entre deux étages de colonnes, par lequel l'air jouant dans tout l'édifice le maintient sec, malgré sa situation. Quand on regarde ce bâtiment de la hauteur opposée qui lui fait perspective, il paraît absolument environné d'eau, et l'on croit voir une île enchantée, ou la plus jolie des trois îles Borromées, appelée *Isola bella*, dans le lac Majeur.

Ce fut dans cet édifice solitaire qu'on me donna le choix d'un des quatre appartements complets qu'il contient, outre le rez-de-chaussée, composé d'une salle de bal, d'une salle de billard et d'une cuisine. Je pris le plus petit et le plus simple, au-dessus de la cuisine, que j'eus aussi. Il était d'une propreté charmante, l'ameublement en était blanc et bleu. C'est dans cette profonde et délicieuse solitude qu'au milieu des bois et des eaux, aux concerts des oiseaux de toute espèce, au parfum de la fleur d'oranger, je composai dans une continuelle extase le cinquième livre de l'*Émile*, dont je dus en grande partie le coloris assez frais à la vive impression du local où je l'écrivais.

Avec quel empressement je courais tous les matins au lever du soleil respirer un air embaumé sur le péristyle ! Quel bon café au lait j'y prenais, tête à tête avec ma Thérèse ! Ma chatte et mon chien nous faisaient compagnie. Ce seul cortège m'eût suffi pour toute ma vie, sans éprouver jamais un moment d'ennui. J'étais là dans le paradis terrestre ; j'y vivais avec autant d'innocence, et j'y goûtais le même bonheur.

Au voyage de juillet, M. et M^me de Luxembourg me marquèrent tant d'attentions et me firent tant de caresses, que, logé chez eux et comblé de leurs bontés, je ne pus moins faire que d'y répondre en les voyant assidûment. Je ne les quittais presque point : j'allais le matin faire ma cour à M^me la maréchale ; j'y dînais ; j'allais l'après-midi me promener avec M. le maréchal ; mais je n'y soupais pas, à cause du grand monde, et qu'on y soupait trop tard pour moi. Jusque alors tout était convenable, et il n'y avait point de mal encore, si j'avais su m'en tenir là. Mais je n'ai jamais su garder un milieu dans mes attachements, et remplir simplement des devoirs de société. J'ai toujours été tout ou rien ; bientôt je fus tout ; et me voyant fêté, gâté par des personnes de cette considération, je passai les bornes, et me pris pour eux d'une amitié qu'il n'est permis d'avoir que pour ses égaux. J'en mis toute la familiarité dans mes manières, tandis qu'ils ne se relâchèrent jamais dans les leurs de la politesse à laquelle ils m'avaient accoutumé. Je n'ai pourtant jamais été très à mon aise avec madame la maréchale. Quoique je ne fusse pas parfaitement rassuré sur son caractère, je le redoutais moins que son esprit. C'était par là surtout qu'elle m'en imposait. Je savais qu'elle était difficile en conversations, et qu'elle avait droit de l'être. Je savais que les femmes, et surtout les grandes dames, veulent absolu-

ment être amusées, qu'il vaudrait mieux les offenser que les ennuyer, et je jugeais, par ses commentaires sur ce qu'avaient dit les gens qui venaient de partir, de ce qu'elle devait penser de mes balourdises. Je m'avisai d'un supplément, pour me sauver auprès d'elle l'embarras de parler : ce fut de lire. Elle avait ouï parler de la *Julie*; elle savait qu'on l'imprimait; elle marqua de l'empressement de voir cet ouvrage; j'offris de le lui lire; elle accepta. Tous les matins, je me rendais chez elle sur les dix heures; M. de Luxembourg y venait : on fermait la porte. Je lisais à côté de son lit, et je compassai si bien mes lectures, qu'il y en aurait eu pour tout le voyage, quand même il n'aurait pas été interrompu (*). Le succès de cet expédient passa mon attente. M^{me} de Luxembourg s'engoua de la *Julie* et de son auteur; elle ne parlait que de moi, ne s'occupait que de moi, me disait des douceurs toute la journée, m'embrassait dix fois le jour. Elle voulut que j'eusse toujours ma place à table à côté d'elle; et quand quelques seigneurs voulaient prendre cette place, elle leur disait que c'était la mienne, et les faisait mettre ailleurs. On peut juger de l'impression que ces manières charmantes faisaient sur moi, que les moindres marques d'affection subjuguent. Je m'attachais réellement à elle, à proportion de l'attachement qu'elle me témoignait. Toute ma crainte, en voyant cet engouement, et me sentant si peu d'agrément dans l'esprit pour le soutenir, était qu'il ne se changeât en dégoût, et malheureusement pour moi cette crainte ne fut que trop bien fondée.

Il fallait qu'il y eût une opposition naturelle entre son tour d'esprit et le mien, puisque indépendamment des foules de balourdises qui m'échappaient à chaque instant dans la conversation, dans mes lettres même, et lorsque j'étais le mieux avec elle, il se trouvait des choses qui lui déplaisaient, sans que je pusse imaginer pourquoi. Je n'en citerai qu'un exemple, et j'en pourrais citer vingt. Elle sut que je faisais pour M^{me} d'Houdetot une copie de l'*Héloïse* à tant la page. Elle en voulut avoir une sur le même pied. Je la lui promis; et la mettant par là du nombre de mes pratiques, je lui écrivis quelque chose d'obligeant et d'honnête à ce sujet; du moins telle était mon intention (**). Voici sa réponse, qui me fit tomber des nues.

« A Versailles, ce mardi (liasse C, n. 43).

« Je suis ravie, je suis contente; votre lettre m'a fait un plaisir infini, et je me presse pour vous le mander et pour vous en remercier.

«Voici les propres termes de votre lettre : « Quoique vous soyez sûrement une « très bonne pratique, je me fais quelque peine de prendre votre argent; régu-« lièrement, ce serait à moi de payer le plaisir que j'aurais de travailler pour « vous. » Je ne vous en dis pas davantage. Je me plains de ce que vous ne me parlez jamais de votre santé. Rien ne m'intéresse davantage. Je vous aime de tout mon cœur; et c'est, je vous assure, bien tristement que je vous le mande, car j'aurais bien du plaisir à vous le dire moi-même. M. de Luxembourg vous aime et vous embrasse de tout son cœur. »

En recevant cette lettre, je me hâtai d'y répondre, en attendant plus ample examen, pour protester contre toute interprétation désobligeante; et après m'être occupé quelques jours à cet examen, avec l'inquiétude qu'on peut concevoir, et toujours sans y rien comprendre, voici quelle fut enfin ma dernière réponse à ce sujet.

« A Montmorency, le 8 décembre 1759.

« Depuis ma dernière lettre, j'ai examiné cent et cent fois le passage en question. Je l'ai considéré par tous les sens qu'on peut lui donner, et je vous avoue, madame la maréchale, que je ne sais plus si c'est moi qui vous dois des excuses, ou si ce n'est point vous qui m'en devez. »

(*) La perte d'une grande bataille, qui affligea beaucoup le roi, força M. de Luxembourg à retourner précipitamment à la cour. — Probablement la bataille de Minden, 1^{er} août 1759.

(**) Voyez la *Correspondance*, 2 octobre 1759 et novembre même année.

Il y a maintenant dix ans que ces lettres ont été écrites. J'y ai souvent repensé depuis ce temps-là ; et telle est encore aujourd'hui ma stupidité sur cet article, que je n'ai pu parvenir à sentir ce qu'elle avait pu trouver dans ce passage, je ne dis pas d'offensant, mais même qui pût lui déplaire.

A propos de cet exemplaire manuscrit de l'*Héloïse* que voulut avoir madame de Luxembourg, je dois dire ici ce que j'imaginai pour lui donner quelque avantage marqué qui le distinguât de tout autre. J'avais écrit à part les aventures de mylord Édouard, et j'avais balancé longtemps à les insérer, soit en entier, soit par extrait, dans cet ouvrage, où elles me paraissaient manquer. Je me déterminai enfin à les retrancher tout-à-fait, parce que, n'étant pas du ton de tout le reste, elles en auraient gâté la touchante simplicité. J'eus une autre raison bien plus forte, quand je connus madame de Luxembourg. C'est qu'il y avait dans ces aventures une marquise romaine d'un caractère très odieux, dont quelques traits, sans lui être applicables, auraient pu lui être appliqués par ceux qui ne la connaissaient que de réputation. Je me félicitai donc beaucoup du parti que j'avais pris, et m'y confirmai. Mais dans l'ardent désir d'enrichir son exemplaire de quelque chose qui ne fût dans aucun autre, n'allai-je pas songer à ces malheureuses aventures, et former le projet d'en faire l'extrait pour l'y ajouter ? Projet insensé, dont on ne peut expliquer l'extravagance que par l'aveugle fatalité qui m'entraînait à ma perte !

Quos vult perdere Jupiter dementat (*).

J'eus la stupidité de faire cet extrait avec bien du soin, bien du travail, et de lui envoyer ce morceau comme la plus belle chose du monde ; en la prévenant toutefois, comme il était vrai, que j'avais brûlé l'original, que l'extrait était pour elle seule, et ne serait jamais vu de personne, à moins qu'elle ne le montrât elle-même : ce qui, loin de lui prouver ma prudence et ma discrétion, comme je croyais faire, n'était que l'avertir du jugement que je portais moi-même sur l'application des traits dont elle aurait pu s'offenser. Mon imbécillité fut telle, que je ne doutais pas qu'elle ne fût enchantée de mon procédé. Elle ne me fit pas là-dessus les grands compliments que j'en attendais, et jamais, à ma très grande surprise, elle ne me parla du cahier que je lui avais envoyé. Pour moi, toujours charmé de ma conduite dans cette affaire, ce ne fut que longtemps après que je jugeai, sur d'autres indices, de l'effet qu'elle avait produit(**).

J'eus encore, en faveur de son manuscrit, une autre idée plus raisonnable, mais qui, par des effets plus éloignés, ne m'a guère été moins nuisible : tant tout concourt à l'œuvre de la destinée, quand elle appelle un homme au malheur. Je pensai d'orner ce manuscrit des dessins des estampes de la *Julie*, lesquels dessins se trouvèrent être du même format que le manuscrit. Je demandai à Coindet ces dessins, qui m'appartenaient à toutes sortes de titres, et d'autant plus que je lui avais abandonné le produit des planches, lesquelles eurent un grand débit. Coindet est aussi rusé que je le suis peu. A force de se faire demander ces dessins, il parvint à savoir ce que j'en voulais faire. Alors, sous prétext d'ajouter quelques ornements à ces dessins, il se les fit laisser, et finit par le présenter lui-même.

.....*Ego versiculos feci, tulit alter honores* (***).

Cela acheva de l'introduire à l'hôtel de Luxembourg sur un certain pied Depuis mon établissement au petit château, il m'y venait voir très souvent, e

(*) Ce vers iambique est fréquemment cité par les écrivains français, avec quelques variantes qu n'en altèrent point le sens : « Ceux que Jupiter veut perdre, il leur enlève d'abord la raison. » On n le trouve néanmoins dans aucun classique latin.

(**) Madame de Luxembourg aurait pu détruire le manuscrit unique dont il s'agit : elle l'a com muniqué aux éditeurs de Genève ; elle n'y avait donc rien trouvé de blessant pour elle.

(***) J'ai fait ces vers : un autre en obtient tout l'honneur.
(*Virgile cité par Donat*).

toujours dès le matin, et surtout quand M. et M^me de Luxembourg étaient à Montmorency. Cela faisait que, pour passer avec lui une journée, je n'allais point au château. On me reprocha ces absences : j'en dis la raison. On me pressa d'amener M. Coindet ; je le fis. C'était ce que le drôle avait cherché. Ainsi, grâces aux bontés excessives qu'on avait pour moi, un commis de M. Thélusson, qui voulait bien lui donner quelquefois sa table quand il n'avait personne à dîner, se trouva tout d'un coup admis à celle d'un maréchal de France, avec les princes, les duchesses, et tout ce qu'il y avait de grand à la cour. Je n'oublierai jamais qu'un jour qu'il était obligé de retourner à Paris de bonne heure, M. le Maréchal dit après le dîner à la compagnie : « Allons nous promener sur le chemin de Saint-Denis ; nous accompagnerons M. Coindet. » Le pauvre garçon n'y tint pas ; sa tête s'en alla tout-à-fait. Pour moi, j'avais le cœur si ému, que je ne pus dire un seul mot. Je suivais par derrière, pleurant comme un enfant, et mourant d'envie de baiser les pas de ce bon maréchal. Mais la suite de cette histoire de copie m'a fait anticiper ici sur les temps. Reprenons-les dans leur ordre, autant que ma mémoire me le permettra.

Sitôt que la petite maison de Mont-Louis fut prête, je la fis meubler proprement, simplement, et retournai m'y établir ; ne pouvant renoncer à cette loi que je m'étais faite, en quittant l'Ermitage, d'avoir toujours mon logement à moi : mais je ne pus me résoudre non plus à quitter mon appartement du petit château. J'en gardai la clef, et tenant beaucoup aux jolis déjeuners du péristyle, j'allais souvent y coucher, et j'y passais quelquefois deux ou trois jours, comme à une maison de campagne. J'étais peut-être alors le particulier de l'Europe le mieux et le plus agréablement logé. Mon hôte, M. Mathas, qui était le meilleur homme du monde, m'avait absolument laissé la direction des réparations de Mont-Louis, et voulut que je disposasse de ses ouvriers, sans même qu'il s'en mêlât. Je trouvai donc le moyen de me faire, d'une seule chambre au premier, un appartement complet, composé d'une chambre, d'une antichambre et d'une garderobe. Au rez-de-chaussée était la cuisine et la chambre de Thérèse. Le donjon me servait de cabinet, au moyen d'une bonne cloison vitrée et d'une cheminée qu'on y fit faire. Je m'amusai, quand j'y fus, à orner la terrasse qu'ombrageaient déjà deux rangs de jeunes tilleuls ; j'y en fis ajouter deux, pour faire un cabinet de verdure ; j'y fis poser une table et des bancs de pierre ; je l'entourai de lilas, de seringa, de chèvrefeuille ; j'y fis faire une belle plate-bande de fleurs, parallèle aux deux rangs d'arbres ; et cette terrasse, plus élevée que celle du château, dont la vue était du moins aussi belle, et sur laquelle j'avais apprivoisé des multitudes d'oiseaux, me servait de salle de compagnie pour recevoir M. et M^me de Luxembourg, M. le duc de Villeroy, M. le prince de Tingry, M. le marquis d'Armentières, M^me la duchesse de Boufflers, M^me la comtesse de Valentinois, M^me la comtesse de Boufflers, et d'autres personnes de ce rang, qui, du château, ne dédaignaient pas de faire, par une montée très fatigante, le pèlerinage de Mont-Louis. Je devais à la faveur de M. et de M^me de Luxembourg toutes ces visites ; je le sentais, et mon cœur leur en faisait bien l'hommage. C'est dans un de ces transports d'attendrissement, que je dis une fois à M. de Luxembourg en l'embrassant : « Ah ! monsieur le maréchal, je haïssais les grands avant que de vous connaître, et je les hais davantage encore, depuis que vous me faites si bien sentir combien il leur serait aisé de se faire adorer. »

Au reste, j'interpelle tous ceux qui m'ont vu durant cette époque, s'ils se sont jamais aperçus que cet éclat m'ait un instant ébloui, que la vapeur de cet encens m'ait porté à la tête ; s'ils m'ont vu moins uni dans mon maintien, moins simple dans mes manières, moins liant avec le peuple, moins familier avec mes voisins, moins prompt à rendre service à tout le monde, quand je l'ai pu, sans me rebuter jamais des importunités sans nombre, et souvent déraisonnables, dont j'étais sans cesse accablé. Si mon cœur m'attirait au château de Montmorency, par mon sincère attachement pour les maîtres, il me ramenait de même à mon voisinage, goûter les douceurs de cette vie égale et simple, hors de laquelle il n'est point de bonheur pour moi. Thérèse avait fait amitié avec la fille d'un maçon,

mon voisin, nommé Pilleu; je la fis de même avec le père; et après avoir le matin dîné au château, non sans gêne, mais pour complaire à M^{me} la maréchale, avec quel empressement je revenais le soir souper avec le bon-homme Pilleu et sa famille, tantôt chez lui, tantôt chez moi (*)!

Outre ces deux logements, j'en eus bientôt un troisième à l'hôtel de Luxembourg, dont les maîtres me pressèrent si fort d'aller les y voir quelquefois, que j'y consentis, malgré mon aversion pour Paris, où je n'avais été, depuis ma retraite à l'Ermitage, que les deux seules fois dont j'ai parlé : encore n'y allais-je que les jours convenus, uniquement pour souper, et m'en retourner le lendemain matin. J'entrais et sortais par le jardin qui donnait sur le boulevard ; de sorte que je pouvais dire, avec la plus exacte vérité, que je n'avais pas mis le pied sur le pavé de Paris.

Au sein de cette prospérité passagère, se préparait de loin la catastrophe qui devait en marquer la fin. Peu de temps après mon retour à Mont-Louis, j'y fis, et bien malgré moi, comme à l'ordinaire, une nouvelle connaissance qui fait encore époque dans mon histoire. On jugera, dans la suite, si c'est en bien ou en mal. C'est M^{me} la marquise de Verdelin, ma voisine, dont le mari venait d'acheter une maison de campagne à Soisy, près de Montmorency. M^{lle} d'Ars, fille du comte d'Ars, homme de condition, mais pauvre, avait épousé M. de Verdelin, vieux, laid, sourd, dur, brutal, jaloux, balafré, borgne, au demeurant bon-homme, quand on savait le prendre, et possesseur de quinze à vingt mille livres de rentes, auxquelles on la maria. Ce mignon, jurant, criant, grondant, tempêtant, et faisant pleurer sa femme toute la journée, finissait par faire toujours ce qu'elle voulait, et cela pour la faire enrager, attendu qu'elle savait lui persuader que c'était lui qui le voulait, et que c'était elle qui ne le voulait pas. M. de Margency, dont j'ai parlé, était l'ami de madame, et devint celui de monsieur. Il y avait quelques années qu'il leur avait loué son château de Margency, près d'Eaubonne et d'Andilly, et ils y étaient précisément durant mes amours pour M^{me} d'Houdetot. M^{me} d'Houdetot et M^{me} de Verdelin se connaissaient par M^{me} d'Aubeterre, leur commune amie ; et comme le jardin de Margency était sur le passage de M^{me} d'Houdetot pour aller au Mont-Olympe, sa promenade favorite, M^{me} de Verdelin lui donna une clef pour qu'elle pût y passer. A la faveur de cette clef, j'y passais souvent avec elle : mais je n'aimais point les rencontres imprévues ; et quand M^{me} de Verdelin se trouvait par hasard sur notre passage, je les laissais ensemble sans lui rien dire, et j'allais toujours devant. Ce procédé peu galant n'avait pas dû me mettre en bon prédicament auprès d'elle. Cependant, quand elle fut à Soisy, elle ne laissa pas de me rechercher. Elle me vint voir plusieurs fois à Mont-Louis, sans me trouver ; et voyant que je ne lui rendais pas sa visite, elle s'avisa, pour m'y forcer, de m'envoyer des pots de fleurs pour ma terrasse. Il fallut bien l'aller remercier : c'en fut assez. Nous voilà liés.

Cette liaison commença par être orageuse, comme toutes celles que je faisais malgré moi. Il n'y régna même jamais un vrai calme. Le tour d'esprit de M^{me} de Verdelin était par trop antipathique avec le mien. Les traits malins et les épigrammes partent chez elle avec tant de simplicité, qu'il faut une attention continuelle, et pour moi très fatigante, pour sentir quand on est persiflé. Une niaiserie, qui me revient, suffira pour en juger. Son frère venait d'avoir le commandement d'une frégate en course contre les Anglais. Je parlais de la manière d'armer cette frégate, sans nuire à sa légèreté. « Oui, dit-elle d'un ton tout uni, l'on ne prend de canons que ce qu'il en faut pour se battre. » Je l'ai rarement ouïe parler en bien de quelques-uns de ses amis absents, sans glisser quelque mot à leur charge. Ce qu'elle ne voyait pas en mal, elle le voyait en ridicule, et son ami Margency n'était pas excepté. Ce que je trouvais encore en elle d'insupportable, était la gêne continuelle de ses petits envois, de ses petits cadeaux, de ses petits billets, auxquels il fallait me battre les flancs pour répondre, et toujours

(*) L'auteur des *Lettres à Jennie*, publiées en juillet 1818, nous apprend que la fille de cet honnête homme existait encore. Elle ne parlait qu'avec une tendre affection du vieil ami de sa famille.

nouveaux embarras pour remercier ou pour refuser. Cependant, à force de la voir, je finis par m'attacher à elle. Elle avait ses chagrins ainsi que moi. Les confidences réciproques nous rendirent intéressants nos tête-à-tête. Rien ne lie tant les cœurs que la douceur de pleurer ensemble. Nous nous cherchions pour nous consoler, et ce besoin m'a souvent fait passer sur beaucoup de choses. J'avais mis tant de dureté dans ma franchise avec elle, qu'après avoir montré quelquefois si peu d'estime pour son caractère, il fallait réellement en avoir beaucoup pour croire qu'elle pût sincèrement me pardonner. Voici un échantillon des lettres que je lui ai quelquefois écrites, et dont il est à noter que jamais, dans aucune de ses réponses, elle n'a paru piquée en aucune façon.

Le peintre m'y vint voir, et m'apporta mon portrait. (Page 26.)

« A Montmorency, le 2 décembre 1759.

« Vous me dites, madame, que vous ne vous êtes pas bien expliquée, pour me faire entendre que je m'explique mal. Vous me parlez de votre prétendue bêtise, pour me faire sentir la mienne. Vous vous vantez de n'être qu'une bonne femme, comme si vous aviez peur d'être prise au mot, et vous me faites des excuses pour m'apprendre que je vous en dois. Oui, madame, je le sais bien, c'est moi qui suis une bête, un bon-homme, et pis encore, s'il est possible; c'est moi qui choisis mal mes termes, au gré d'une belle dame française, qui fait autant d'attention aux paroles, et qui parle aussi bien que vous. Mais considérez que je les prends dans le sens commun de la langue, sans être au fait ou en souci des honnêtes acceptions qu'on leur donne dans les vertueuses sociétés de Paris. Si quelquefois mes expressions sont équivoques, je tâche que ma conduite en détermine le sens, etc. »

Le reste de la lettre est à peu près sur le même ton.

Voyez-en la réponse (liasse D, n° 41), et jugez de l'incroyable modération d'un cœur de femme, qui peut n'avoir pas plus de ressentiment d'une pareille lettre que cette réponse n'en laisse paraître, et qu'elle ne m'en a jamais témoigné. Coindet, entreprenant, hardi jusqu'à l'effronterie, et qui se tenait à l'affût de tous mes amis, ne tarda pas à s'introduire en mon nom chez Mme de Verdelin, et y fut bientôt, à mon insu, plus familier que moi-même. C'était un singulier corps que ce Coindet. Il se présentait de ma part chez toutes mes connaissances, s'y établissait, y mangeait sans façon. Transporté de zèle pour mon service, il ne parlait jamais de moi que les larmes aux yeux : mais quand il me venait voir, il gardait le plus profond silence sur toutes ces liaisons, et sur tout ce qu'il savait d voir m'intéresser. Au lieu de me dire ce qu'il avait appris, ou dit, ou vu, qui m'intéressait, il m'écoutait, m'interrogeait même. Il ne savait jamais rien de Paris, que ce que je lui en apprenais : enfin, quoique tout le monde me parlât de lui, jamais il ne me parlait de personne : il n'était secret et mystérieux qu'avec son ami. Mais laissons, quant à présent, Coindet et Mme de Verdelin. Nous y reviendrons dans la suite.

Quelque temps après mon retour à Mont-Louis, La Tour, le peintre, vint m'y voir, et m'apporta mon portrait en pastel, qu'il avait exposé au salon, il y avait quelques années. Il avait voulu me donner ce portrait, que je n'avais pas accepté. Mais Mme d'Epinay, qui m'avait donné le sien et qui voulait avoir celui-là, m'avait engagé à le lui redemander. Il avait pris du temps pour le retoucher. Dans cet intervalle, vint ma rupture avec Mme d'Epinay; je lui rendis son portrait; et n'étant plus question de lui donner le mien, je le mis dans ma chambre au petit château. M. de Luxembourg l'y vit et le trouva bien : je le lui offris, il l'accepta; je le lui envoyai. Ils comprirent, lui et Mme la maréchale, que je serais bien aise d'avoir les leurs. Ils les firent faire en miniature, de très bonne main, les firent enchâsser dans une boîte à bonbons, de cristal de roche, montée en or, et m'en firent le cadeau d'une façon très-galante, dont je fus enchanté. Mme de Luxembourg ne voulut jamais consentir que son portrait occupât le dessus de la boîte. Elle m'avait reproché plusieurs fois que j'aimais mieux M. de Luxembourg qu'elle; et je ne m'en étais point défendu; parce que cela était vrai. Elle me témoigna bien galamment, mais bien clairement, par cette façon de placer son portrait, qu'elle n'oubliait pas cette préférence.

Je fis, à peu près dans ce même temps, une sottise qui ne contribua pas à me conserver ses bonnes grâces. Quoique je ne connusse point du tout M. de Silhouette, et que je fusse peu porté à l'aimer, j'avais une grande opinion de son administration. Lorsqu'il commença d'appesantir sa main sur les financiers, je vis qu'il n'entamait pas son opération dans un temps favorable : je n'en fis pas des vœux moins ardents pour son succès; et quand j'appris qu'il était déplacé, je lui écrivis dans mon étourderie la lettre suivante, qu'assurément je n'entreprends pas de justifier.

« A Montmorency, le 21 mai 1760.

« Daignez, monsieur, recevoir l'hommage d'un solitaire qui n'est pas connu de vous, mais qui vous estime par vos talents, qui vous respecte par votre administration, et qui vous a fait l'honneur de croire qu'elle ne vous resterait pas longtemps. Ne pouvant sauver l'état qu'aux dépens de la capitale qui l'a perdu, vous avez bravé les cris des gagneurs d'argent. En vous voyant écraser ces misérables, je vous enviais votre place; en vous la voyant quitter sans vous être démenti, je vous admire. Soyez content de vous, monsieur; elle vous laisse un honneur dont vous jouirez longtemps sans concurrent. Les malédictions des fripons font la gloire de l'homme juste (*). »

(1760.) Mme de Luxembourg, qui savait que j'avais écrit cette lettre, m'en parla au voyage de Pâques; je la lui montrai; elle en souhaita une copie, je la lui

(*) Rousseau se reproche ce billet dans ses *Lettres de la Montagne* (voyez lettre IX).

donnai : mais j'ignorais, en la lui donnant, qu'elle était un de ces gagneurs d'argent qui s'intéressaient aux sous-fermes et qui avaient fait déplacer Silhouette. On eût dit, à toutes mes balourdises, que j'allais excitant à plaisir la haine d'une femme aimable et puissante, à laquelle, dans le vrai, je m'attachais davantage de jour en jour, et dont j'étais bien éloigné de vouloir m'attirer la disgrâce, quoique je fisse, à force de gaucheries, tout ce qu'il fallait pour cela. Je crois qu'il est assez superflu d'avertir que c'est à elle que se rapporte l'histoire de l'opiate de M. Tronchin, dont j'ai parlé dans ma première partie : l'autre dame était Mme de Mirepoix. Elles ne m'en ont jamais reparlé, ni fait le moindre semblant de s'en souvenir, ni l'une ni l'autre ; mais de présumer que Mme de Luxembourg ait pu l'oublier réellement, c'est ce qui me paraît bien difficile, quand même on ne saurait rien des événements subséquents. Pour moi, je m'étourdissais sur l'effet de mes bêtises, par le témoignage que je me rendais de n'en avoir fait aucune à dessein de l'offenser : comme si jamais femme en pouvait pardonner de pareilles, même avec la plus parfaite certitude que la volonté n'y a pas eu la moindre part.

Cependant, quoiqu'elle parût ne rien voir, ne rien sentir, et que je ne trouvasse encore ni diminution dans son empressement, ni changement dans ses manières, la continuation, l'augmentation même d'un pressentiment trop bien fondé, me faisait trembler sans cesse que l'ennui ne succédât bientôt à cet engouement. Pouvais-je attendre d'une si grande dame une constance à l'épreuve de mon peu d'adresse à la soutenir ? Je ne savais pas même lui cacher ce pressentiment sourd qui m'inquiétait, et ne me rendait que plus maussade. On en jugera par la lettre suivante, qui contient une bien singulière prédiction.

N. B. Cette lettre, sans date dans mon brouillon, est du mois d'octobre 1760 au plus tard.

« Que vos bontés sont cruelles ! Pourquoi troubler la paix d'un solitaire, qui renonçait aux plaisirs de la vie pour n'en plus sentir les ennuis ? J'ai passé mes jours à chercher en vain des attachements solides. Je n'en ai pu former dans les conditions auxquelles je pouvais atteindre ; est-ce dans la vôtre que j'en dois chercher ? L'ambition ni l'intérêt ne me tentent pas ; je suis peu vain, peu craintif ; je puis résister à tout, hors aux caresses. Pourquoi m'attaquez-vous tous deux par un faible qu'il faut vaincre, puisque dans la distance qui nous sépare, les épanchements des cœurs sensibles ne doivent pas rapprocher le mien de vous ? La reconnaissance suffira-t-elle pour un cœur qui ne connaît pas deux manières de se donner, et ne se sent capable que d'amitié ? D'amitié, madame la maréchale ! Ah ! voilà mon malheur ! Il est beau à vous, à M. le maréchal, d'employer ce terme : mais je suis insensé de vous prendre au mot. Vous vous jouez, moi je m'attache, et la fin du jeu me prépare de nouveaux regrets. Que je hais tous vos titres, et que je vous plains de les porter ! Vous me semblez si dignes de goûter les charmes de la vie privée ! Que n'habitez-vous Clarens ! J'irais y chercher le bonheur de ma vie : mais le château de Montmorency, mais l'hôtel de Luxembourg ! Est-ce là qu'on doit voir Jean-Jacques ? Est-ce là qu'un ami de l'égalité doit porter les affections d'un cœur sensible qui, payant ainsi l'estime qu'on lui témoigne, croit rendre autant qu'il reçoit ? Vous êtes bonne et sensible aussi, je le sais, je l'ai vu ; j'ai regret de n'avoir pu plus tôt le croire : mais dans le rang où vous êtes, dans votre manière de vivre, rien ne peut faire une impression durable, et tant d'objets nouveaux s'effacent si bien mutuellement qu'aucun ne demeure. Vous m'oublierez, madame, après m'avoir mis hors d'état de vous imiter. Vous aurez beaucoup fait pour me rendre malheureux, et pour être inexcusable. »

Je lui joignais là M. de Luxembourg, afin de rendre le compliment moins dur pour elle ; car, au reste, je me sentais si sûr de lui, qu'il ne m'était pas même venu dans l'esprit une seule crainte sur la durée de son amitié. Rien de ce qui m'intimidait de la part de Mme la maréchale ne s'est un moment étendu jusqu'à lui. Je n'ai jamais eu la moindre défiance sur son caractère, que je savais être

faible, mais sûr. Je ne craignais pas plus de sa part un refroidissement, que je n'en attendais un attachement héroïque. La simplicité, la familiarité de nos manières l'un avec l'autre, marquait combien nous comptions réciproquement sur nous. Nous avions raison tous deux : j'honorerai, je chérirai, tant que je vivrai, la mémoire de ce digne seigneur; et quoi qu'on ait pu faire pour le détacher de moi, je suis aussi certain qu'il est mort mon ami, que si j'avais reçu son dernier soupir.

Au second voyage de Montmorency, de l'année 1760, la lecture de la *Julie* étant finie, j'eus recours à celle de l'*Émile* pour me soutenir auprès de M^{me} de Luxembourg; mais cela ne réussit pas si bien, soit que la matière fût moins de son goût, soit que tant de lecture l'ennuyât à la fin. Cependant, comme elle me reprochait de me laisser duper par mes libraires, elle voulut que je lui laissasse le soin de faire imprimer cet ouvrage, afin d'en tirer un meilleur parti. J'y consentis, sous l'expresse condition qu'il ne s'imprimerait point en France : et c'est sur quoi nous eûmes une longue dispute; moi, prétendant que la permission tacite était impossible à obtenir, imprudente même à demander, et ne voulant point permettre l'impression autrement dans le royaume; elle, soutenant que cela ne ferait pas même une difficulté à la censure, dans le système que le gouvernement avait adopté. Elle trouva le moyen de faire entrer dans ses vues M. de Malesherbes, qui m'écrivit à ce sujet une longue lettre toute de sa main, pour me prouver que la *Profession de foi du vicaire savoyard* était précisément une pièce faite pour avoir partout l'approbation du genre humain, et celle de la cour dans la circonstance. Je fus surpris de voir ce magistrat, toujours si craintif, devenir si coulant dans cette affaire. Comme l'impression d'un livre qu'il approuvait était par cela seul légitime, je n'avais plus d'objection à faire contre celle de cet ouvrage. Cependant, par un scrupule extraordinaire, j'exigeai toujours que l'ouvrage s'imprimerait en Hollande, et même par le libraire Néaulme, que je ne me contentai pas d'indiquer, mais que j'en prévins; consentant, au reste, que l'édition se fît au profit d'un libraire français, et que, quand elle serait faite, on la débitât, soit à Paris, soit où l'on voudrait, attendu que ce débit ne me regardait pas. Voilà exactement ce qui fut convenu entre M^{me} de Luxembourg et moi, après quoi je lui remis mon manuscrit.

Elle avait amené à ce voyage sa petite-fille, M^{lle} de Boufflers, aujourd'hui M^{me} la duchesse de Lauzun. Elle s'appelait Amélie. C'était une charmante personne. Elle avait vraiment une figure, une douceur, une timidité virginale. Rien de plus aimable et de plus intéressant que sa figure, rien de plus tendre et de plus chaste que les sentiments qu'elle inspirait. D'ailleurs, c'était un enfant; elle n'avait pas onze ans. M^{me} la maréchale, qui la trouvait trop timide, faisait ses efforts pour l'animer. Elle me permit plusieurs fois de lui donner un baiser; ce que je fis avec ma maussaderie ordinaire. Au lieu des gentillesses qu'un autre eût dites à ma place, je restais là muet, interdit, et je ne sais lequel était le plus honteux, de la pauvre petite, ou de moi. Un jour, je la rencontrai seule dans l'escalier du petit château : elle venait de voir Thérèse, avec laquelle sa gouvernante était encore. Faute de savoir que lui dire, je lui proposai un baiser, que dans l'innocence de son cœur, elle ne refusa pas, en ayant reçu un le matin même, par l'ordre de sa grand'maman, et en sa présence. Le lendemain, lisant l'*Émile* au chevet de M^{me} la maréchale, je tombai précisément sur un passage où je censure, avec raison, ce que j'avais fait la veille. Elle trouva la réflexion très juste, et dit là-dessus quelque chose de fort sensé, qui me fit rougir. Que je maudis mon incroyable bêtise, qui m'a si souvent donné l'air vil et coupable, quand je n'étais que sot et embarrassé! Bêtise qu'on prend même pour une fausse excuse dans un homme qu'on sait n'être pas sans esprit. Je puis jurer que dans ce baiser si répréhensible, ainsi que dans les autres, le cœur et les sens de M^{lle} Amélie n'étaient pas plus purs que les miens; et je puis jurer même que si, dans ce moment, j'avais pu éviter sa rencontre, je l'aurais fait, non qu'elle ne me fît grand plaisir à voir, mais par l'embarras de trouver en passant quelque mot agréable à lui dire. Comment se peut-il qu'un enfant même intimide un homme que le pouvoir des

rois n'a pas effrayé? Quel parti prendre? Comment se conduire, dénué de tout impromptu dans l'esprit? Si je me force à parler aux gens que je rencontre, je dis une balourdise infailliblement : si je ne dis rien, je suis un misanthrope, un animal farouche, un ours. Une totale imbécillité m'eût été bien plus favorable : mais les talents dont j'ai manqué dans le monde ont fait les instruments de ma perte, des talents que j'eus à part moi.

A la fin de ce même voyage, M^{me} de Luxembourg fit une bonne œuvre, à laquelle j'eus quelque part. Diderot ayant très imprudemment offensé M^{me} la princesse de Robeck, fille de M. de Luxembourg, Palissot, qu'elle protégeait, la vengea par la comédie de *Philosophes*, dans laquelle je fus tourné en ridicule, et Diderot extrêmement maltraité. L'auteur m'y ménagea davantage, moins, je pense, à cause de l'obligation qu'il m'avait, que de peur de déplaire au père de sa protectrice, dont il savait que j'étais aimé. Le libraire Duchesne, qu'alors je ne connaissais point, m'envoya cette pièce quand elle fut imprimée; et je soupçonne que ce fut par l'ordre de Palissot, qui crut peut-être que je verrais avec plaisir déchirer un homme avec lequel j'avais rompu. Il se trompa fort. En rompant avec Diderot, que je croyais moins méchant qu'indiscret et faible, j'ai toujours conservé dans l'âme de l'attachement pour lui, même de l'estime, et du respect pour notre ancienne amitié, que je sais avoir été longtemps aussi sincère de sa part que de la mienne. C'est tout autre chose avec Grimm, homme faux par caractère, qui ne m'aima jamais, qui n'est pas même capable d'aimer, et qui, de gaîté de cœur, sans aucun sujet de plainte, et seulement pour contenter sa noire jalousie, s'est fait, sous le masque, mon plus cruel calomniateur. Celui-ci n'est plus rien pour moi : l'autre sera toujours mon ancien ami. Mes entrailles s'émurent à la vue de cette odieuse pièce : je n'en pus supporter la lecture, et sans l'achever, je la renvoyai à Duchesne avec la lettre suivante.

« A Versailles, ce mercredi (liasse D, n. 23).

« En parcourant, monsieur, la pièce que vous m'avez envoyée, j'ai frémi de m'y voir loué. Je n'accepte point cet horrible présent. Je suis persuadé qu'en me l'envoyant vous n'avez point voulu me faire une injure; mais vous ignorez ou vous avez oublié que j'ai eu l'honneur d'être l'ami d'un homme respectable, indignement noirci et calomnié dans ce libelle. »

Duchesne montra cette lettre. Diderot, qu'elle aurait dû toucher, s'en dépita. Son amour-propre ne put me pardonner la supériorité d'un procédé généreux, et je sus que sa femme se déchaînait partout contre moi avec une aigreur qui m'affecta peu, sachant qu'elle était connue de tout le monde pour une harengère.

Diderot, à son tour, trouva un vengeur dans l'abbé Morellet, qui fit contre Palissot un petit écrit imité du Petit Prophète, et intitulé *la Vision*. Il offensa très imprudemment dans cet écrit M^{me} de Robeck, dont les amis le firent mettre à la Bastille : car pour elle, naturellement peu vindicative, et pour lors mourante, je suis persuadé qu'elle ne s'en mêla pas.

D'Alembert, qui était fort lié avec l'abbé Morellet, m'écrivit pour m'engager à prier M^{me} de Luxembourg de solliciter sa liberté, lui promettant, en reconnaissance, des louanges dans l'*Encyclopédie* (*). Voici ma réponse :

« Je n'ai pas attendu votre lettre, monsieur, pour témoigner à M^{me} la maréchale de Luxembourg la peine que me faisait la détention de l'abbé Morellet. Elle sait l'intérêt que j'y prends, elle saura celui que vous y prenez, et il lui suffirait, pour y prendre intérêt elle-même, de savoir que c'est un homme de mérite. Au surplus, quoiqu'elle et M. le maréchal m'honorent d'une bienveillance qui fait la consolation de ma vie, et que le nom de votre ami soit près d'eux une recommandation pour l'abbé Morellet, j'ignore jusqu'à quel point il leur convient d'employer en cette occasion le crédit attaché à leur rang, et à la considération due à leurs personnes. Je ne suis pas même persuadé que la vengeance en ques-

(*) Cette lettre, avec plusieurs autres, a disparu à l'hôtel de Luxembourg, tandis que mes papiers y étaient en dépôt.

tion regarde M^me la princesse de Robeck autant que vous paraissez le croire; et quand cela serait, on ne doit pas s'attendre que le plaisir de la vengeance appartienne aux philosophes exclusivement, et que quand ils voudront être femmes, les femmes seront philosophes.

« Je vous rendrai compte de ce que m'aura dit M^me de Luxembourg quand je lui aurai montré votre lettre. En attendant, je crois la connaître assez pour pouvoir vous assurer d'avance, que, quand elle aurait le plaisir de contribuer à l'élargissement de l'abbé Morellet, elle n'accepterait point le tribut de reconnaissance que vous lui promettez dans l'*Encyclopédie*, quoiqu'elle s'en tint honorée, parce qu'elle ne fait pas le bien pour la louange, mais pour contenter son bon cœur. »

Je n'épargnai rien pour exciter le zèle et la commisération de M^me de Luxembourg en faveur du pauvre captif, et je réussis. Elle fit un voyage à Versailles exprès pour voir M. le comte de Saint-Florentin; et ce voyage abrégea celui de Montmorency, que M. le maréchal fut obligé de quitter en même temps, pour se rendre à Rouen, où le roi l'envoyait comme gouverneur de Normandie, au sujet de quelques mouvements du parlement qu'on voulait contenir. Voici la lettre que m'écrivit M^me de Luxembourg, le surlendemain de son départ.

<div style="text-align:right">A Versailles, ce mercredi.</div>

« M. de Luxembourg est parti hier à six heures du matin. Je ne sais pas encore si j'irai. J'attends de ses nouvelles, parce qu'il ne sait pas lui-même combien de temps il y sera. J'ai vu M. de Saint-Florentin, qui est le mieux disposé pour l'abbé Morellet; mais il y trouve des obstacles, dont il espère cependant triompher à son premier travail avec le roi, qui sera la semaine prochaine. J'ai demandé aussi en grâce qu'on ne l'exilât point, parce qu'il en était question : on voulait l'envoyer à Nanci. Voilà, monsieur, ce que j'ai pu obtenir; mais je vous promets que je ne laisserai pas M. de Saint-Florentin en repos, que l'affaire ne soit finie comme vous le désirez. Que je vous dise donc à présent le chagrin que j'ai eu de vous quitter si tôt; mais je me flatte que vous n'en doutez pas. Je vous aime de tout mon cœur, et pour toute ma vie. »

Quelques jours après, je reçus ce billet de D'Alembert, qui me donna une véritable joie.

<div style="text-align:right">« Ce 1^er août (liasse D, n. 26).</div>

« Grâce à vos soins, mon cher philosophe, l'abbé est sorti de la Bastille, et sa détention n'aura pas d'autres suites. Il part pour la campagne, et vous fait, ainsi que moi, mille remercîments et compliments. *Vale et me ama*. »

L'abbé m'écrivit aussi quelques jours après une lettre de remercîment (liasse D, n° 29), qui ne me parut pas respirer une certaine effusion de cœur, et dans laquelle il semblait atténuer en quelque sorte le service que je lui avais rendu; et à quelque temps de là, je trouvai que d'Alembert et lui m'avaient en quelque sorte, je ne dirai pas supplanté, mais succédé auprès de M^me de Luxembourg, et que j'avais perdu près d'elle autant qu'ils avaient gagné. Cependant, je suis bien éloigné de soupçonner l'abbé Morellet d'avoir contribué à ma disgrâce : je l'estime trop pour cela. Quant à M. d'Alembert, je n'en dis rien ici, j'en reparlerai dans la suite.

J'eus dans le même temps une autre affaire, qui occasionna la dernière lettre que j'ai écrite à M. de Voltaire : lettre dont il a jeté les hauts cris, comme d'une insulte abominable, mais qu'il n'a jamais montrée à personne. Je suppléerai ici à ce qu'il n'a pas voulu faire.

L'abbé Trublet, que je connaissais un peu, mais que j'avais très peu vu, m'écrivit, le 3 juin 1760 (liasse D, n° 11), pour m'avertir que M. Formey, son ami et correspondant, avait imprimé dans son journal ma lettre à M. de Voltaire sur le désastre de Lisbonne. L'abbé Trublet voulait savoir comment cette impres-

sion s'était pu faire, et dans son tour d'esprit finet et jésuitique, me demandait mon avis sur la réimpression de cette lettre, sans vouloir me dire le sien. Comme je haïs souverainement les ruseurs de cette espèce, je lui fis les remercîments que je lui devais; mais j'y mis un ton dur qu'il sentit, et qui ne l'empêcha pas de me pateliner encore en deux ou trois lettres, jusqu'à ce qu'il sût tout ce qu'il avait voulu savoir.

Je compris bien, quoi qu'en pût dire Trublet, que Formey n'avait point trouvé cette lettre imprimée, et que la première impression en venait de lui. Je le connaissais pour un effronté pillard, qui, sans façon, se faisait un revenu des ouvrages des autres, quoiqu'il n'y eût pas mis encore l'impudence incroyable d'ôter d'un livre déjà public le nom de l'auteur, d'y mettre le sien, et de le vendre à son profit (*). Mais comment ce manuscrit lui était-il parvenu? C'était là la question, qui n'était pas difficile à résoudre, mais dont j'eus la simplicité d'être embarrassé. Quoique Voltaire fût honoré par excès dans cette lettre, comme enfin, malgré ses procédés malhonnêtes, il eût été fondé à se plaindre si j'avais fait imprimer sans son aveu, je pris le parti de lui écrire à ce sujet. Voici cette seconde lettre, à laquelle il ne fit aucune réponse, et dont, pour mettre sa brutalité plus à l'aise, il fit semblant d'être irrité jusqu'à la fureur.

« A Montmorency, le 17 juin 1760.

« Je ne pensais pas, monsieur, me retrouver jamais en correspondance avec vous. Mais apprenant que la lettre que je vous écrivis en 1756 a été imprimée à Berlin, je dois vous rendre compte de ma conduite à cet égard, et je remplirai ce devoir avec vérité et simplicité.

« Cette lettre, vous ayant été réellement adressée, n'était point destinée à l'impression. Je la communiquai, sous condition, à trois personnes à qui les droits de l'amitié ne me permettaient pas de rien refuser de semblable, et à qui les mêmes droits permettaient encore moins d'abuser de leur dépôt, en violant leur promesse. Ces trois personnes sont, Mme de Chenonceaux, belle-fille de Mme Dupin, Mme la comtesse d'Houdetot, et un Allemand nommé M. Grimm. Mme de Chenonceaux souhaitait que cette lettre fût imprimée, et me demanda mon consentement pour cela. Je lui dis qu'il dépendait du vôtre. Il vous fut demandé; vous le refusâtes, et il n'en fut plus question.

« Cependant M. l'abbé Trublet, avec qui je n'ai nulle espèce de liaison, vient de m'écrire, par une attention pleine d'honnêteté, qu'ayant reçu les feuilles d'un journal de M. Formey, il y avait lu cette même lettre, avec un avis dans lequel l'éditeur dit, sous la date du 23 octobre 1759, qu'il l'a trouvée, il y a quelques semaines, chez les libraires de Berlin, et que, comme c'est une de ces feuilles volantes qui disparaissent bientôt sans retour, il a cru lui devoir donner place dans son Journal.

« Voilà, monsieur, tout ce que j'en sais. Il est très sûr que jusqu'ici l'on n'avait pas même ouï parler à Paris de cette lettre. Il est très sûr que l'exemplaire, soit manuscrit, soit imprimé, tombé dans les mains de M. Formey, n'a pu lui venir que de vous, ce qui n'est pas vraisemblable, ou d'une des trois personnes que je viens de nommer. Enfin, il est très sûr que les deux dames sont incapables d'une pareille infidélité. Je n'en puis savoir davantage de ma retraite. Vous avez des correspondances au moyen desquelles il vous serait aisé, si la chose en valait la peine, de remonter à la source, et de vérifier le fait.

« Dans la même lettre, M. l'abbé Trublet me marque qu'il tient la feuille en réserve, et ne la prêtera point sans mon consentement, qu'assurément je ne donnerai pas. Mais cet exemplaire peut n'être pas le seul à Paris. Je souhaite, monsieur, que cette lettre n'y soit pas imprimée, et je ferai de mon mieux pour cela; mais si je ne pouvais éviter qu'elle le fût, et qu'instruit à temps je pusse avoir la préférence, alors je n'hésiterais pas à la faire imprimer moi-même. Cela me paraît juste et naturel.

(*) C'est ainsi qu'il s'est, dans la suite, approprié l'*Emile*. — (Voyez les notes de cet ouvrage.)

« Quant à votre réponse à la même lettre, elle n'a été communiquée à personne, et vous pouvez compter qu'elle ne sera point imprimée sans votre aveu (*), qu'assurément je n'aurai point l'indiscrétion de vous demander, sachant bien que ce qu'un homme écrit à un autre, il ne l'écrit pas au public. Mais si vous en vouliez faire une pour être publiée, et me l'adresser, je vous promets de la joindre fidèlement à ma lettre, et de n'y pas répliquer un seul mot.

« Je ne vous aime point, monsieur : vous m'avez fait les maux qui pouvaient m'être les plus sensibles, à moi, votre disciple et votre enthousiaste. Vous avez perdu Genève pour le prix de l'asile que vous y avez reçu ; vous y avez aliéné de moi mes concitoyens, pour le prix des applaudissements que je vous ai prodigués parmi eux : c'est vous qui me rendez le séjour de mon pays insupportable ; c'est vous qui me ferez mourir en terre étrangère, privé de toutes les consolations des mourants, et jeté, pour tout honneur, dans une voirie ; tandis que tous les honneurs qu'un homme peut attendre vous accompagneront dans mon pays. Je vous hais, enfin, puisque vous l'avez voulu ; mais je vous hais en homme encore plus digne de vous aimer, si vous l'aviez voulu. De tous les sentiments dont mon cœur était pénétré pour vous, il n'y reste que l'admiration qu'on ne peut refuser à votre beau génie, et l'amour de vos écrits. Si je ne puis honorer en vous que vos talents, ce n'est pas ma faute. Je ne manquerai jamais au respect qui leur est dû, ni aux procédés que ce respect exige. Adieu, monsieur (**). »

Au milieu de toutes ces petites tracasseries littéraires, qui me confirmaient de plus en plus dans ma résolution, je reçus le plus grand honneur que les lettres m'aient attiré, et auquel j'ai été le plus sensible, dans la visite que M. le prince de Conti daigna me faire par deux fois, l'une au petit château et l'autre à Mont-Louis. Il choisit même toutes les deux fois le temps que Mme de Luxembourg n'était pas à Montmorency, afin de rendre plus manifeste qu'il n'y venait que pour moi. Je n'ai jamais douté que je ne dusse les premières bontés de ce prince à Mme de Luxembourg et à Mme de Boufflers ; mais je ne doute pas non plus que je ne doive à ses propres sentiments et à moi-même celles dont il n'a cessé de m'honorer depuis lors.

Comme mon appartement de Mont-Louis était très petit, et que la situation du donjon était charmante, j'y conduisis le prince, qui, pour comble de grâces, voulut que j'eusse l'honneur de faire sa partie aux échecs. Je savais qu'il gagnait le chevalier de Lorenzi, qui était plus fort que moi. Cependant, malgré les signes et les grimaces du chevalier et des assistants, que je ne fis pas semblant de voir, je gagnai les deux parties que nous jouâmes. En finissant, je lui dis d'un ton respectueux, mais grave : « Monseigneur, j'honore trop votre altesse sérénissime, pour ne la pas gagner toujours aux échecs (***). » Ce grand prince, plein d'esprit et de lumières, et si digne de n'être pas adulé, sentit en effet, du moins je le pense, qu'il n'y avait là que moi qui le traitasse en homme, et j'ai tout lieu de croire qu'il m'en a vraiment su bon gré.

Quand il m'en aurait su mauvais gré, je ne me reprocherais pas de n'avoir voulu le tromper en rien, et je n'ai pas assurément à me reprocher non plus d'avoir mal répondu dans mon cœur à ses bontés, mais bien d'y avoir répondu quelquefois de mauvaise grâce, tandis qu'il mettait lui-même une grâce infinie dans la manière de me les marquer. Peu de jours après, il me fit envoyer un panier de gibier, que je reçus comme je devais. A quelque temps de là, il m'en

(*) Cela s'entend de son vivant et du mien, et assurément les plus exacts procédés, surtout avec un homme qui les foule tous aux pieds, n'en sauraient exiger davantage.

(**) On remarquera que, depuis près de sept ans que cette lettre est écrite, je n'en ai parlé ni ne l'ai montrée à âme vivante. Il en a été de même des deux lettres que M. Hume me força, l'été dernier, de lui écrire, jusqu'à ce qu'il en ait fait le vacarme que chacun sait. Le mal que j'ai à dire de mes ennemis, je le leur dis en secret à eux-mêmes ; pour le bien, quand il y en a, je le dis en public et de bon cœur.

(***) Chamfort raconte qu'en effet Jean-Jacques se vantait de pouvoir rendre une tour au prince de Conti.

fit envoyer un autre; et l'un de ses officiers des chasses écrivit par ses ordres, que c'était de la chasse de son altesse, et du gibier tiré de sa propre main. Je le reçus encore; mais j'écrivis à M{me} de Boufflers que je n'en recevrais plus. Cette lettre fut généralement blâmée, et méritait de l'être. Refuser des présents en gibier, d'un prince du sang, qui de plus met tant d'honnêteté dans l'envoi, est moins la délicatesse d'un homme fier qui veut conserver son indépendance, que la rusticité d'un mal appris qui se méconnaît. Je n'ai jamais relu cette lettre dans mon re-

M. le prince de Conti. (Page 32.)

cueil, sans en rougir, et sans me reprocher de l'avoir écrite. Mais enfin, je n'ai pas entrepris mes *Confessions* pour taire mes sottises, et celle-là me révolte trop moi-même, pour qu'il me soit permis de la dissimuler.

Si je ne fis pas celle de devenir son rival, il s'en fallut peu : car alors M{me} de Boufflers était encore sa maîtresse, et je n'en savais rien. Elle me venait voir assez souvent avec le chevalier de Lorenzi. Elle était belle et jeune encore; elle affectait l'esprit romain, et moi je l'eus toujours romanesque; cela se tenait d'assez près. Je faillis me prendre; je crois qu'elle le vit : le chevalier le vit aussi; du moins il m'en parla, et de manière à ne pas me décourager. Mais pour le coup,

je fus sage, et il en était temps à cinquante ans. Plein de la leçon que je venais de donner aux barbons dans ma lettre à D'Alembert, j'eus honte d'en profiter si mal moi-même; d'ailleurs, apprenant ce que j'avais ignoré, il aurait fallu que la tête m'eût tourné pour porter si haut mes concurrences. Enfin, mal guéri, peut-être encore de ma passion pour M^me d'Houdetot, je sentis que plus rien ne la pouvait remplacer dans mon cœur, et je fis mes adieux à l'amour pour le reste de ma vie. Au moment où j'écris ceci, je viens d'avoir d'une jeune et belle personne, qui avait ses vues, des agaceries bien dangereuses, et avec des yeux bien inquiétants : mais si elle a fait semblant d'oublier mes douze lustres, pour moi, je m'en suis souvenu. Après m'être tiré de ce pas, je ne crains plus de chutes, et je réponds de moi pour le reste de mes jours.

M^me de Boufflers, s'étant aperçue de l'émotion qu'elle m'avait donnée, put s'apercevoir aussi que j'en avais triomphé. Je ne suis ni assez fou ni assez vain pour croire avoir pu lui inspirer du goût à mon âge; mais sur certains propos qu'elle tint à Thérèse, j'ai cru lui avoir inspiré de la curiosité. Si cela est, et qu'elle ne m'ait pas pardonné cette curiosité frustrée, et faut avouer que j'étais bien né pour être victime de mes faiblesses, puisque l'amour vainqueur me fut si funeste, et que l'amour vaincu me le fut encore plus.

Ici finit le recueil des lettres qui m'a servi de guide dans ces deux livres. Je ne vais plus marcher que sur la trace de mes souvenirs : mais ils sont tels dans cette cruelle époque, et la forte impression m'en est si bien restée, que, perdu dans la mer immense de mes malheurs, je ne puis oublier les détails de mon premier naufrage, quoique ses suites ne m'offrent plus que des souvenirs confus. Ainsi, je puis marcher dans le livre suivant avec encore assez d'assurance. Si je vais plus loin, ce ne sera plus qu'en tâtonnant.

LIVRE XI.

Quoique la *Julie*, qui depuis longtemps était sous presse, ne parût point encore à la fin de 1760, elle commençait à faire grand bruit. M^me de Luxembourg en avait parlé à la cour, M^me d'Houdetot à Paris. Cette dernière avait même obtenu de moi, pour Saint-Lambert, la permission de la faire lire en manuscrit au roi de Pologne, qui en avait été enchanté. Duclos, à qui je l'avais aussi fait lire, en avait parlé à l'Académie. Tout Paris était dans l'impatience de voir ce roman; les libraires de la rue Saint-Jacques et celui du Palais-Royal étaient assiégés de gens qui en demandaient des nouvelles. Il parut enfin, et son succès, contre l'ordinaire, répondit à l'empressement avec lequel il avait été attendu. M^me la Dauphine, qui l'avait lu des premières, en parla à M. de Luxembourg comme d'un ouvrage ravissant. Les sentiments furent partagés chez les gens de lettres : mais dans le monde, il n'y eut qu'un avis; et les femmes surtout s'enivrèrent et du livre et de l'auteur, au point qu'il y en avait peu, même dans les hauts rangs, dont je n'eusse fait la conquête, si je l'avais entrepris. J'ai de cela des preuves que je ne veux pas écrire, et qui, sans avoir eu besoin de l'expérience, autorisent mon opinion. Il est singulier que ce livre ait mieux réussi en France que dans le reste de l'Europe, quoique les Français, hommes et femmes, n'y soient pas fort bien traités. Tout au contraire de mon attente, son moindre succès fut en Suisse, et son plus grand à Paris. L'amitié, l'amour, la vertu, règnent-ils donc à Paris plus qu'ailleurs? Non, sans doute; mais il y règne encore ce sens exquis qui transporte le cœur à leur image, et qui nous fait chérir dans les autres les sentiments purs, tendres, honnêtes, que nous n'avons plus. La corruption désormais est partout la même : il n'existe plus ni mœurs, ni vertus en Europe; mais s'il existe encore quelque amour pour elles, c'est à Paris qu'on doit le chercher(*).

Il faut, à travers tant de préjugés et de passions factices, savoir bien analyser

(*) J'écrivais ceci en 1769.

le cœur humain pour y démêler les vrais sentiments de la nature. Il faut une délicatesse de tact, qui ne s'acquiert que dans l'éducation du grand monde, pour sentir, si j'ose ainsi dire, les finesses de cœur dont cet ouvrage est rempli. Je mets sans crainte sa quatrième partie à côté de la *Princesse de Clèves*, et je dis que si ces deux morceaux n'eussent été lus qu'en province, on n'aurait jamais senti tout leur prix. Il ne faut donc pas s'étonner si le plus grand succès de ce livre fut à la cour. Il abonde en traits vifs, mais voilés, qui doivent y plaire, parce qu'on est plus exercé à les pénétrer. Il faut pourtant ici distinguer encore. Cette lecture n'est assurément pas propre à cette sorte de gens d'esprit qui n'ont que de la ruse, qui ne sont fins que pour pénétrer le mal, et qui ne voient rien du tout, où il n'y a que du bien à voir. Si, par exemple, la *Julie* eût été publiée en certain pays que je pense, je suis sûr que personne n'en eût achevé la lecture, et qu'elle serait morte en naissant.

J'ai rassemblé la plupart des lettres qui me furent écrites sur cet ouvrage, dans une liasse qui est entre les mains de Mme de Nadaillac (*). Si jamais ce recueil paraît, on y verra des choses bien singulières, et une opposition de jugement qui montre ce que c'est que d'avoir à faire au public. La chose qu'on y a le moins vue, et qui en fera toujours un ouvrage unique, est la simplicité du sujet et la chaîne de l'intérêt qui, concentré entre trois personnes, se soutient durant six volumes, sans épisode, sans aventure romanesque, sans méchanceté d'aucune espèce, ni dans les personnages, ni dans les actions. Diderot a fait de grands compliments à Richardson sur la prodigieuse variété de ses tableaux et sur la multitude de ses personnages. Richardson a, en effet, le mérite de les avoir tous bien caractérisés : mais quant à leur nombre, il a cela de commun avec les plus insipides romanciers, qui suppléent à la stérilité de leurs idées, à force de personnages et d'aventures. Il est aisé de réveiller l'attention, en présentant incessamment et des événements inouïs et de nouveaux visages, qui passent comme les figures de la lanterne magique : mais de soutenir toujours cette attention sur les mêmes objets, et sans aventures merveilleuses, cela, certainement, est plus difficile; et si, toute chose égale, la simplicité du sujet ajoute à la beauté de l'ouvrage, quoique M. Diderot en ait pu dire, les romans de Richardson, supérieurs en tant d'autres choses, ne sauraient, sur cet article, entrer en parallèle avec le mien. Il est mort, cependant, je le sais, et j'en sais la cause; mais il ressuscitera.

Toute ma crainte était qu'à force de simplicité, ma marche ne fût ennuyeuse, et que je n'eusse pu nourrir assez l'intérêt pour le soutenir jusqu'au bout. Je fus rassuré par un fait qui, seul, m'a plus flatté que tous les compliments qu'a pu m'attirer cet ouvrage.

Il parut au commencement du carnaval. Un colporteur le porta à Mme la princesse de Talmont (**), un jour de bal à l'Opéra. Après souper, elle se fit habiller pour y aller, et en attendant l'heure, elle se mit à lire le nouveau roman. A minuit, elle ordonna qu'on mît ses chevaux, et continua de lire. On vint lui dire que ses chevaux étaient mis; elle ne répondit rien. Ses gens, voyant qu'elle s'oubliait, vinrent l'avertir qu'il était deux heures. Rien ne presse encore, dit-elle en lisant toujours. Quelque temps après, sa montre étant arrêtée, elle sonna pour savoir quelle heure il était. On lui dit qu'il était quatre heures. Cela étant, dit-elle, il est trop tard pour aller au bal; qu'on ôte mes chevaux. Elle se fit déshabiller, et passa le reste de la nuit à lire.

Depuis qu'on me raconta ce trait, j'ai toujours désiré de voir Mme de Talmont, non-seulement pour savoir d'elle-même s'il est exactement vrai, mais aussi parce que j'ai toujours cru qu'on ne pouvait prendre un intérêt si vif à l'*Héloïse*, sans avoir ce sixième sens, ce sens moral, dont si peu de cœurs sont doués, et sans lequel nul ne saurait entendre le mien.

(*) Madame de Nadaillac était abbesse de Gomer-Fontaine, diocèse de Rouen, près du château de Trye.
(**) Ce n'est pas elle, mais une autre dame dont j'ignore le nom; mais le fait m'a été assuré.

Ce qui me rendit les femmes si favorables, fut la persuasion où elles furent que j'avais écrit ma propre histoire, et que j'étais moi-même le héros de ce roman. Cette croyance était si bien établie, que M^me de Polignac écrivit à M^me de Verdelin, pour la prier de m'engager à lui laisser voir le portrait de Julie. Tout le monde était persuadé qu'on ne pouvait exprimer si vivement des sentiments qu'on n'aurait point éprouvés, ni peindre ainsi les transports de l'amour, que d'après son propre cœur. En cela l'on avait raison, et il est certain que j'écrivis ce roman dans les plus brûlantes extases; mais on se trompait en pensant qu'il avait fallu des objets réels pour les produire : on était loin de concevoir à quel point je puis m'enflammer pour des êtres imaginaires. Sans quelques réminiscences de jeunesse et M^me d'Houdetot, les amours que j'ai sentis et décrits n'auraient été qu'avec des sylphides. Je ne voulus ni confirmer ni détruire une erreur qui m'était avantageuse. On peut voir dans la préface en dialogue, que je fis imprimer à part, comment je laissai là-dessus le public en suspens. Les rigoristes disent que j'aurais dû déclarer la vérité tout rondement. Pour moi, je ne vois pas ce qui m'y pouvait obliger, et je crois qu'il y aurait eu plus de bêtise que de franchise à cette déclaration faite sans nécessité.

A peu près dans le même temps parut la *Paix perpétuelle*, dont l'année précédente j'avais cédé le manuscrit à un certain M. de Bastide, auteur d'un journal appelé le *Monde*, dans lequel il voulait, bon gré mal gré, fourrer tous mes manuscrits. Il était de la connaissance de M. Duclos, et vint en son nom me presser de lui aider à remplir le *Monde*. Il avait ouï parler de la *Julie*, et voulait que je la misse dans son journal : il voulait que j'y misse l'*Émile*; il aurait voulu que j'y misse le *Contrat social*, s'il en eût soupçonné l'existence. Enfin, excédé de ses importunités, je pris le parti de lui céder pour douze louis mon extrait de la *Paix perpétuelle*. Notre accord était qu'il s'imprimerait dans son journal; mais sitôt qu'il fut propriétaire de ce manuscrit, il jugea à propos de le faire imprimer à part, avec quelques retranchements que le censeur exigea. Qu'eût-ce été si j'y avais joint mon jugement sur cet ouvrage, dont très heureusement je ne parlai point à M. de Bastide, et qui n'entra point dans notre marché! Ce jugement est encore en manuscrit parmi mes papiers. Si jamais il voit le jour, on y verra combien les plaisanteries et le ton suffisant de Voltaire à ce sujet m'ont dû faire rire, moi qui voyais si bien la portée de ce pauvre homme dans les matières politiques dont il se mêlait de parler.

Au milieu de mes succès dans le public, et de la faveur des dames, je me sentais déchoir à l'hôtel de Luxembourg, non pas auprès de M. le maréchal, qui semblait même redoubler chaque jour de bontés et d'amitiés pour moi, mais auprès de M^me la maréchale. Depuis que je n'avais plus rien à lui lire, son appartement m'était moins ouvert; et durant les voyages de Montmorency, quoique je me présentasse assez exactement, je ne la voyais plus guère qu'à table. Ma place n'y était même plus aussi marquée à côté d'elle. Comme elle ne me l'offrait plus, qu'elle me parlait peu, et que je n'avais pas non plus grand'chose à lui dire, j'aimais autant prendre une autre place, où j'étais plus à mon aise, surtout le soir; car machinalement je prenais peu à peu l'habitude de me placer plus près de M. le maréchal.

A propos du soir, je me souviens d'avoir dit que je ne soupais pas au château, et cela était vrai dans le commencement de la connaissance; mais comme M. de Luxembourg ne dînait point et ne se mettait pas même à table, il arriva de là, qu'au bout de plusieurs mois, et déjà très familier dans la maison, je n'avais encore jamais mangé avec lui. Il eut la bonté d'en faire la remarque. Cela me détermina d'y souper quelquefois, quand il y avait peu de monde; et je m'en trouvais très bien, vu qu'on dînait presque en l'air, et, comme on dit, sur le bout du banc : au lieu que le souper était très long, parce qu'on s'y reposait avec plaisir, au retour d'une longue promenade; très bon, parce que M. de Luxembourg était gourmand; et très agréable, parce que M^me de Luxembourg en faisait les honneurs à charmer. Sans cette explication, l'on entendrait difficilement la fin d'une lettre de M. de Luxembourg (liasse C, n. 36), où il me

dit qu'il se rappelle avec délices nos promenades; « surtout, ajoute-t-il, quand en rentrant les soirs dans la cour nous n'y trouvions point de traces de roues de carrosses; » c'est que, comme on passait tous les matins le râteau sur le sable de la cour, pour effacer les ornières, je jugeais, par le nombre des traces, du monde qui était survenu dans l'après-midi.

Cette année 1761 mit le comble aux pertes continuelles que fit ce bon seigneur, depuis que j'avais l'honneur de le voir : comme si les maux que me préparait la destinée eussent dû commencer par l'homme pour qui j'avais le plus d'attachement et qui en était le plus digne. La première année, il perdit sa sœur, M^{me} la

Que ce pauvre enfant était aise, quand il pouvait obtenir la permission de venir à Montlouis avec madame de Boufflers. (Page 38.)

duchesse de Villeroy; la seconde, il perdit sa fille, M^{me} la princesse de Robeck; la troisième, il perdit dans le duc de Montmorency, son fils unique, et dans le comte de Luxembourg, son petit-fils, les seuls et derniers soutiens de sa branche et de son nom. Il supporta toutes ces pertes avec un courage apparent; mais son cœur ne cessa de saigner en dedans tout le reste de sa vie, et sa santé ne fit plus que décliner. La mort imprévue et tragique de son fils dut lui être d'autant plus sensible, qu'elle arriva précisément au moment où le roi venait de lui accorder pour son fils, et de lui promettre pour son petit-fils la survivance de sa charge de capitaine des gardes du corps. Il eut la douleur de voir s'éteindre peu à peu ce dernier enfant de la plus grande espérance, et cela par l'aveugle confiance de la mère au médecin, qui fit périr ce pauvre enfant d'inanition, avec des médecines pour toute nourriture. Hélas! si j'en eusse été cru, le grand-

père et le petit-fils seraient tous deux encore en vie. Que ne dis-je point, que n'écrivis-je point à M. le maréchal, que de représentations ne fis-je point à Mme de Montmorency, sur le régime plus qu'austère que, sur la foi de son médecin, elle faisait observer à son fils ! Mme de Luxembourg, qui pensait comme moi, ne voulait point usurper l'autorité de la mère; M. de Luxembourg, homme doux et faible, n'aimait point à contrarier. Mme de Montmorency avait dans Bordeu une foi dont son fils finit par être la victime. Que ce pauvre enfant était aise, quand il pouvait obtenir la permission de venir à Mont-Louis avec Mme de Boufflers, demander à goûter à Thérèse, et mettre quelque aliment dans son estomac affamé ! Combien je déplorais en moi-même les misères de la grandeur, quand je voyais cet unique héritier d'un si grand bien, d'un si grand nom, de tant de titres et de dignités, dévorer avec l'avidité d'un mendiant un pauvre petit morceau de pain ! Enfin, j'eus beau dire et beau faire, le médecin triompha, et l'enfant mourut de faim.

La même confiance aux charlatans, qui fit périr le petit-fils, creusa le tombeau du grand-père, et il s'y joignit de plus la pusillanimité de vouloir se dissimuler les infirmités de l'âge. M. de Luxembourg avait eu par intervalles quelque douleur au gros doigt du pied; il en eut une atteinte à Montmorency, qui lui donna de l'insomnie et un peu de fièvre. J'osai prononcer le mot de goutte : Mme de Luxembourg me tança. Le valet de chambre, chirurgien de M. le maréchal, soutint que ce n'était pas la goutte, et se mit à panser la partie souffrante avec du baume tranquille. Malheureusement la douleur se calma; et quand elle revint, on ne manqua pas d'employer le même remède qui l'avait calmée : la constitution s'altéra, les maux augmentèrent, et les remèdes en même raison. Mme de Luxembourg, qui vit bien enfin que c'était la goutte, s'opposa à cet insensé traitement. On se cacha d'elle, et M. de Luxembourg périt par sa faute au bout de quelques années, pour avoir voulu s'obstiner à guérir. Mais n'anticipons point de si loin sur les malheurs : combien j'en ai d'autres à narrer avant celui-là !

Il est singulier avec quelle fatalité tout ce que je pouvais dire et faire semblait fait pour déplaire à Mme de Luxembourg, lors même que j'avais le plus à cœur de conserver sa bienveillance. Les afflictions que M. de Luxembourg éprouvait coup sur coup ne faisaient que m'attacher à lui davantage, et par conséquent à Mme de Luxembourg : car ils m'ont toujours paru si sincèrement unis, que les sentiments que l'on avait pour l'un s'étendaient nécessairement à l'autre. Monsieur le maréchal vieillissait. Son assiduité à la cour, les soins qu'elle entraînait, les chasses continuelles, la fatigue surtout du service durant son quartier, auraient demandé la vigueur d'un jeune homme, et je ne voyais plus rien qui pût soutenir la sienne dans cette carrière. Puisque ses dignités devaient être dispersées, et son nom éteint après lui, peu lui importait de continuer une vie laborieuse, dont l'objet principal avait été de ménager la faveur du prince à ses enfants. Un jour que nous n'étions que nous trois, et qu'il se plaignait des fatigues de la cour en homme que ses pertes avaient découragé, j'osai lui parler de retraite, et lui donner le conseil que Cinéas donnait à Pyrrhus. Il soupira, et ne répondit pas décisivement. Mais au premier moment où Mme de Luxembourg me vit en particulier, elle me relança vivement sur ce conseil qui me parut l'avoir alarmée. Elle ajouta une chose dont je sentis la justesse, et qui me fit renoncer à retoucher jamais la même corde : c'est que la longue habitude de vivre à la cour devenait un vrai besoin, que c'était même en ce moment une dissipation pour M. de Luxembourg, et que la retraite que je lui conseillais serait moins un repos pour lui qu'un exil, où l'oisiveté, l'ennui, la tristesse achèveraient bientôt de le consumer. Quoiqu'elle dût voir qu'elle m'avait persuadé, quoiqu'elle dût compter sur la promesse que je lui fis et que je lui tins, elle ne parut jamais bien tranquillisée à cet égard, et je me suis rappelé que depuis lors mes tête-à-tête avec monsieur le maréchal avaient été plus rares et presque toujours interrompus.

Tandis que ma balourdise et mon guignon me nuisaient ainsi de concert auprès d'elle, les gens qu'elle voyait et qu'elle aimait le plus ne m'y servaient pas. L'abbé

de Boufflers surtout, jeune homme aussi brillant qu'il soit possible de l'être, ne me parut jamais bien disposé pour moi ; et non-seulement il est le seul de la société de Mᵐᵉ la maréchale, qui ne m'ait jamais marqué la moindre attention, mais j'ai cru m'apercevoir qu'à tous les voyages qu'il fit à Montmorency, je perdais quelque chose auprès d'elle. Et il est vrai que, sans même qu'il le voulût, c'était assez de sa seule présence : tant la grâce et le sel de ses gentillesses appesantissaient encore mes lourds *spropositi*. Les deux premières années, il n'était presque pas venu à Montmorency ; et par l'indulgence de Mᵐᵉ la maréchale, je m'étais passablement soutenu : mais sitôt qu'il parut un peu de suite, je fus écrasé sans retour. J'aurais voulu me réfugier sous son aile, et faire en sorte qu'il me prît en amitié, mais la même maussaderie qui me faisait un besoin de lui plaire m'empêcha d'y réussir ; et ce que je fis pour cela maladroitement acheva de me perdre auprès de Mᵐᵉ la maréchale, sans m'être utile auprès de lui. Avec autant d'esprit, il eût pu réussir à tout ; mais l'impossibilité de s'appliquer et le goût de la dissipation ne lui ont permis d'acquérir que des demi-talents en tout genre. En revanche, il en a beaucoup, et c'est tout ce qu'il faut dans le grand monde, où il veut briller. Il fait très bien de petits vers, écrit très bien de petites lettres, va jouaillant un peu du cistre, et barbouillant un peu de peinture au pastel. Il s'avisa de vouloir faire le portrait de Mᵐᵉ de Luxembourg ; ce portrait était horrible. Elle prétendait qu'il ne lui ressemblait point du tout, et cela était vrai. Le traître d'abbé me consulta ; et moi, comme un sot et comme un menteur, je dis que le portrait ressemblait. Je voulais cajoler l'abbé ; mais je ne cajolais pas Mᵐᵉ la maréchale, qui mit ce trait sur ses registres ; et l'abbé, ayant fait son coup, se moqua de moi. J'appris par ce succès de mon tardif coup d'essai, à ne plus me mêler de vouloir flagorner et flatter malgré Minerve.

Mon talent était de dire aux hommes des vérités utiles, mais dures, avec assez d'énergie et de courage ; il fallait m'y tenir. Je n'étais point né, je ne dis pas pour flatter, mais pour louer. La maladresse des louanges que j'ai voulu donner m'a fait plus de mal que l'âpreté de mes censures. J'en ai à citer ici un exemple si terrible, que ses suites ont non-seulement fait ma destinée pour le reste de ma vie, mais décideront peut-être de ma réputation dans toute la postérité.

Durant les voyages de Montmorency, M. de Choiseul venait quelquefois souper au château. Il y vint un jour que j'en sortais. On parla de moi : M. de Luxembourg lui conta mon histoire de Venise avec M. de Montaigu. M. de Choiseul dit que c'était dommage que j'eusse abandonné cette carrière, et que, si j'y voulais rentrer, il ne demandait pas mieux que de m'occuper. M. de Luxembourg me redit cela : j'y fus d'autant plus sensible, que je n'étais pas accoutumé d'être gâté par les ministres ; et il n'est pas sûr que, malgré mes résolutions, si ma santé m'eût permis d'y songer, j'eusse évité d'en faire de nouveau la folie. L'ambition n'eut jamais chez moi que les courts intervalles où toute autre passion me laissait libre ; mais un de ces intervalles eût suffi pour me rengager. Cette bonne intention de M. de Choiseul, m'affectionnant à lui, accrut l'estime que, sur quelques opérations de son ministère, j'avais conçue pour ses talents ; et le pacte de famille, en particulier, me parut annoncer un homme d'état du premier ordre. Il gagnait encore dans mon esprit au peu de cas que je faisais de ses prédécesseurs, sans excepter Mᵐᵉ de Pompadour, que je regardais comme une façon de premier ministre ; et quand le bruit courut que, d'elle ou de lui, l'un des deux expulserait l'autre, je crus faire des vœux pour la gloire de la France, en en faisant pour que M. de Choiseul triomphât. Je m'étais senti de tout temps, pour Mᵐᵉ de Pompadour, de l'antipathie, même quand, avant sa fortune, je l'avais vue chez Mᵐᵉ de La Poplinière, portant encore le nom de Mᵐᵉ d'Étioles. Depuis lors, j'avais été mécontent de son silence au sujet de Diderot, et de tous ses procédés par rapport à moi, tant au sujet des *Fêtes de Ramire* et des *Muses galantes*, qu'au sujet du *Devin du village*, qui ne m'avait valu, dans aucun genre de produit, des avantages proportionnés à ses succès ; et, dans toutes les occasions, je l'avais toujours trouvée très peu disposée à m'obliger : ce qui n'empêcha pas le chevalier de Lorenzi de me proposer de faire quelque chose à la louange de cette dame, en m'insinuant que cela pour-

rait m'être utile. Cette proposition m'indigna d'autant plus, que je vis bien qu'il ne la faisait pas de son chef; sachant que cet homme, nul par lui-même, ne pense et n'agit que par l'impulsion d'autrui. Je sais trop peu me contraindre pour avoir pu lui cacher mon dédain pour sa proposition, ni à personne mon peu de penchant pour la favorite; elle le connaissait, j'en étais sûr, et tout cela n'ôtait mon intérêt propre à mon inclination naturelle, dans les vœux que je faisais pour M. de Choiseul. Prévenu d'estime pour ses talents, qui étaient tout ce que je connaissais de lui, plein de reconnaissance pour sa bonne volonté, ignorant d'ailleurs totalement dans ma retraite ses goûts et sa manière de vivre, je le regardais d'avance comme le vengeur du public et le mien; et mettant alors la dernière main au *Contrat social*, j'y marquai, dans un seul trait, ce que je pensais des précédents ministères, et de celui qui commençait à les éclipser (*). Je manquai, dans cette occasion, à ma plus constante maxime, et de plus, je ne songeai pas que, quand on veut louer ou blâmer fortement dans un même article, sans nommer les gens, il faut tellement approprier la louange à ceux qu'elle regarde, que le plus ombrageux amour-propre ne puisse y trouver de quiproquo. J'étais là-dessus dans une si folle sécurité, qu'il ne me vint pas même à l'esprit que quelqu'un pût prendre le change. On verra bientôt si j'eus raison.

Une de mes chances était d'avoir toujours dans mes liaisons des femmes auteurs. Je croyais au moins, parmi les grands, éviter cette chance. Point du tout; elle m'y suivit encore. Mme de Luxembourg ne fut pourtant jamais, que je sache, atteinte de cette manie; mais Mme la comtesse de Boufflers le fut. Elle fit une tragédie en prose, qui fut d'abord lue, promenée et prônée dans la société de M. le prince de Conti, et sur laquelle, non contente de tant d'éloges, elle voulut aussi me consulter pour avoir le mien. Elle l'eut, mais modéré, tel que le méritait l'ouvrage. Elle eut, de plus, l'avertissement que je crus lui devoir, que sa pièce, intitulée *l'Esclave généreux*, avait un très grand rapport à une pièce anglaise, assez peu connue, mais pourtant traduite, intitulée *Oroonoko*. Mme de Boufflers me remercia de l'avis, en m'assurant toutefois que sa pièce ne ressemblait point du tout à l'autre. Je n'ai jamais parlé de ce plagiat à personne au monde qu'à elle seule, et cela pour remplir un devoir qu'elle m'avait imposé; cela ne m'a pas empêché de me rappeler souvent depuis le sort de celui que remplit Gil Blas près de l'archevêque prédicateur.

Outre l'abbé de Boufflers, qui ne m'aimait pas, outre Mme de Boufflers, auprès de laquelle j'avais des torts que jamais les femmes ni les auteurs ne pardonnent, tous les autres amis de Mme la maréchale m'ont toujours paru peu disposés à être des miens, entre autres M. le président Hénault, lequel, enrôlé parmi les auteurs, n'était pas exempt de leurs défauts; entre autres aussi Mme du Deffant et Mlle de Lespinasse, toutes deux en grande liaison avec Voltaire, et intimes amies de D'Alembert, avec lequel la dernière a même fini par vivre, s'entend en tout bien et en tout honneur; et cela ne peut même s'entendre autrement. J'avais d'abord commencé par m'intéresser fort à Mme du Deffant, que la perte de ses yeux faisait aux miens un objet de commisération : mais sa manière de vivre, si contraire à la mienne, que l'heure du lever de l'un était presque celle du coucher de l'autre, sa passion sans bornes pour le petit bel esprit, l'importance qu'elle donnait soit en bien, soit en mal, aux moindres torcheculs qui paraissaient, le despotisme et l'emportement de ses oracles, son engouement outré pour ou contre toutes choses, qui ne lui permettait de parler de rien qu'avec des convulsions, ses préjugés incroyables, son invincible obstination, l'enthousiasme de déraison où la portait l'opiniâtreté de ses jugements passionnés; tout cela me rebuta bientôt des soins que je voulais lui rendre. Je la négligeai; elle s'en aperçut : c'en fut assez pour la mettre en fureur; et quoique je sentisse assez combien une femme de ce caractère était à craindre, j'aimai mieux encore m'exposer au fléau de sa haine qu'à celui de son amitié.

Ce n'était pas assez d'avoir si peu d'amis dans la société de Mme de Luxem-

(*) Voyez livre III, ch. 6.

bourg, si je n'avais des ennemis dans sa famille. Je n'en eus qu'un, mais qui, par la position où je me trouve aujourd'hui, en vaut cent. Ce n'était assurément pas M. le duc de Villeroy son frère; car non-seulement il m'était venu voir, mais il m'avait invité plusieurs fois d'aller à Villeroy, et comme j'avais répondu à cette invitation avec autant de respect et d'honnêteté qu'il m'avait été possible, partant de cette réponse vague comme d'un consentement, il avait arrangé avec M. et Mme de Luxembourg un voyage d'une quinzaine de jours dont je devais être, et qui me fut proposé. Comme les soins qu'exigeait ma santé ne me permettaient pas alors de me déplacer sans risque, je priai M. de Luxembourg de vouloir bien me dégager. On peut voir par sa réponse (liasse D, n° 3) que cela se fit de la meilleure grâce du monde, et M. le duc de Villeroy ne m'en témoigna pas moins de bonté qu'auparavant. Son neveu et son héritier, le jeune marquis de Villeroy, ne participa pas à la bienveillance dont m'honorait son oncle, ni aussi, je l'avoue, au respect que j'avais pour lui. Ses airs éventés me le rendirent insupportable, et mon air froid m'attira son aversion. Il fit même, un soir à table, une incartade dont je me tirai mal, parce que je suis bête, sans aucune présence d'esprit, et que la colère, au lieu d'aiguiser le peu que j'en ai, me l'ôte. J'avais un chien qu'on m'avait donné tout jeune, presque à mon arrivée à l'Ermitage, et que j'avais alors appelé *Duc*. Ce chien, non beau, mais rare en son espèce, duquel j'avais fait mon compagnon, mon ami, et qui certainement méritait mieux ce titre que la plupart de ceux qui l'ont pris, était devenu célèbre au château de Montmorency, par son naturel aimant, sensible, et par l'attachement que nous avions l'un pour l'autre; mais, par une pusillanimité fort sotte, j'avais changé son nom en celui de *Turc*, comme s'il n'y avait pas des multitudes de chiens qui s'appellent *Marquis*, sans qu'aucun marquis s'en fâche. Le marquis de Villeroy, qui sut ce changement de nom, me poussa tellement là-dessus que je fus obligé de conter en pleine table ce que j'avais fait. Ce qu'il y avait d'offensant pour le nom de duc, dans cette histoire, n'était pas tant de l'avoir donné à mon chien que de le lui avoir ôté. Le pis fut qu'il y avait là plusieurs ducs, M. de Luxembourg l'était, son fils l'était. Le marquis de Villeroy, fait pour le devenir, et qui l'est aujourd'hui, jouit avec une cruelle joie de l'embarras où il m'avait mis, et de l'effet qu'avait produit cet embarras. On m'assura le lendemain que sa tante l'avait très vivement tancé là-dessus; et l'on peut juger si cette réprimande, en la supposant réelle, a dû beaucoup raccommoder mes affaires auprès de lui.

Je n'avais pour appui contre tout cela, tant à l'hôtel de Luxembourg qu'au Temple, que le seul chevalier de Lorenzi, qui fit profession d'être mon ami : mais il l'était encore plus de D'Alembert, à l'ombre duquel il passait chez les femmes pour un grand géomètre. Il était d'ailleurs le sigisbé, ou plutôt le complaisant de Mme la comtesse de Boufflers, très amie elle-même de D'Alembert, et le chevalier de Lorenzi n'avait d'existence et ne pensait que par elle. Ainsi, loin que j'eusse au dehors quelque contre-poids à mon ineptie pour me soutenir auprès de Mme de Luxembourg, tout ce qui l'approchait semblait concourir à me nuire dans son esprit. Cependant, outre l'*Émile*, dont elle avait voulu se charger, elle me donna dans le même temps une autre marque d'intérêt et de bienveillance, qui me fit croire que, même en s'ennuyant de moi, elle me conservait et me conserverait toujours l'amitié qu'elle m'avait tant de fois promise pour toute la vie.

Sitôt que j'avais cru pouvoir compter sur ce sentiment de sa part, j'avais commencé par soulager mon cœur auprès d'elle de l'aveu de toutes mes fautes, ayant pour maxime inviolable, avec mes amis, de me montrer à leurs yeux exactement tel que je suis, ni meilleur, ni pire. Je lui avais déclaré mes liaisons avec Thérèse, et tout ce qui en avait résulté, sans omettre de quelle façon j'avais disposé de mes enfants. Elle avait reçu mes confessions très bien, trop bien même, en m'épargnant les censures que je méritais; et ce qui m'émut surtout vivement, fut de voir les bontés qu'elle prodiguait à Thérèse, lui faisant de petits cadeaux, l'envoyant chercher, l'exhortant à l'aller voir, la recevant avec cent caresses, et l'embrassant très souvent devant tout le monde. Cette pauvre fille était dans des transports de joie et de reconnaissance qu'assurément je partageais bien; les

amitiés dont M. et M^me de Luxembourg me comblaient en elle me touchant bien plus vivement encore que celles qu'ils me faisaient directement.

Pendant assez longtemps les choses en restèrent là : mais enfin M^me la maréchale poussa la bonté jusqu'à vouloir retirer un de mes enfants. Elle savait que j'avais fait mettre un chiffre dans les langes de l'aîné; elle me demanda le double de ce chiffre; je le lui donnai. Elle employa pour cette recherche La Roche, son valet de chambre et son homme de confiance, qui fit de vaines perquisitions et ne trouva rien, quoiqu'au bout de douze ou quatorze ans seulement, si les registres des Enfants-Trouvés étaient bien en ordre, ou que la recherche eût été bien faite, ce chiffre n'eût pas dû être introuvable. Quoi qu'il en soit, je fus moins fâché de ce mauvais succès que je ne l'aurais été si j'avais suivi cet enfant dès sa naissance. Si à l'aide du renseignement on m'eût présenté quelque enfant pour le mien, le doute si ce l'était bien en effet, si on ne lui en substituait point un autre, m'eût resserré le cœur par l'incertitude, et je n'aurais point goûté dans tout son charme le vrai sentiment de la nature : il a besoin, pour se soutenir, au moins durant l'enfance, d'être appuyé sur l'habitude. Le long éloignement d'un enfant qu'on ne connaît pas encore affaiblit, anéantit enfin les sentiments paternels et maternels; et jamais on n'aimera celui qu'on a mis en nourrice comme celui qu'on a nourri sous ses yeux. La réflexion que je fais ici peut atténuer mes torts dans leurs effets, mais c'est en les aggravant dans leur source (*).

Il n'est peut être pas inutile de remarquer que, par l'entremise de Thérèse, ce même La Roche fit connaissance avec M^me Le Vasseur, que Grimm continuait de tenir à Deuil, à la porte de la Chevrette, et tout près de Montmorency. Quand je fus parti, ce fut par M. La Roche que je continuai de faire remettre à cette femme l'argent que je n'ai point cessé de lui envoyer, et je crois qu'il lui portait aussi souvent des présents de la part de M^me la maréchale; ainsi elle n'était sûrement pas à plaindre, quoiqu'elle se plaignît toujours. A l'égard de Grimm, comme je n'aime point à parler des gens que je dois haïr, je n'en parlais jamais à M^me de Luxembourg que malgré moi; mais elle me mit plusieurs fois sur son chapitre, sans me dire ce qu'elle en pensait, et sans me laisser pénétrer jamais si cet homme était de sa connaissance ou non. Comme la réserve avec les gens qu'on aime, et qui n'en ont point avec nous, n'est pas de mon goût, surtout en ce qui les regarde, j'ai depuis lors pensé quelquefois à celle-là, mais seulement quand d'autres événements ont rendu cette réflexion naturelle.

Après avoir demeuré longtemps sans entendre parler de l'*Emile*, depuis que je l'avais remis à M^me de Luxembourg, j'appris enfin que le marché en était conclu à Paris avec le libraire Duchesne, et par celui-ci avec le libraire Neaulme d'Amsterdam. M^me de Luxembourg m'envoya les deux doubles de mon traité avec Duchesne pour les signer. Je reconnus l'écriture pour être de la même main dont était celles des lettres de M. de Malesherbes qu'il ne m'écrivait pas de sa propre main. Cette certitude que mon traité se faisait de l'aveu et sous les yeux du magistrat, me le fit signer avec confiance. Duchesne me donnait de ce manuscrit six mille francs, la moitié comptant, et je crois cent ou deux cents exemplaires. Après avoir signé les deux doubles, je les renvoyai tous deux à M^me de Luxembourg, qui l'avait ainsi désiré : elle en donna un à Duchesne; elle garda l'autre, au lieu de me le renvoyer, et je ne l'ai jamais revu.

La connaissance de M. et M^me de Luxembourg, en faisant quelque diversion à mon projet de retraite, ne m'y avait pas fait renoncer. Même au temps de ma plus grande faveur auprès de M^me la maréchale, j'avais toujours senti qu'il n'y avait que mon sincère attachement pour M. le maréchal et pour elle qui pût me rendre leurs entours supportables; et tout mon embarras était de concilier ce même attachement avec un genre de vie plus conforme à mon goût et moins contraire à ma santé que cette gêne et ces soupers tenaient dans une altération continuelle, malgré tous les soins qu'on apportait à ne pas m'exposer à la déran-

(*) Pour l'aveu que Rousseau fait de ses fautes, et les recherches qui en ont été la suite, voyez la *Correspondance* : 12 juin, 20 juillet et 10 août 1761.

ger : car sur ce point, comme sur tout autre, les attentions furent poussées aussi loin qu'il était possible; et, par exemple, tous les soirs après souper, M. le maréchal, qui s'allait coucher de bonne heure, ne manquait jamais de m'emmener bon gré mal gré pour m'aller coucher aussi. Ce ne fut que quelque temps avant ma catastrophe qu'il cessa, je ne sais pourquoi, d'avoir cette attention.

Avant même d'apercevoir le refroidissement de M^{me} la maréchale, je désirais, pour ne m'y pas exposer, d'exécuter mon ancien projet; mais les moyens me manquant pour cela, je fus obligé d'attendre la conclusion du traité de l'*Emile*, et en attendant je mis la dernière main au *Contrat social*, et l'envoyai à Rey, fixant le prix de ce manuscrit à mille francs, qu'il me donna. Je ne dois peut-être pas omettre un petit fait qui regarde ledit manuscrit. Je le remis bien cacheté à Duvoisin, ministre du pays de Vaud, et chapelain de l'hôtel de Hollande, qui me venait voir quelquefois, et qui se chargea de l'envoyer à Rey, avec lequel il était en liaison. Ce manuscrit, écrit en menu caractère, était fort petit, et ne remplissait pas sa poche. Cependant, en passant la barrière, son paquet tomba, je ne sais comment, entre les mains des commis, qui l'ouvrirent, l'examinèrent, et le lui rendirent ensuite, quand il l'eut réclamé au nom de l'ambassadeur, ce qui le mit à portée de le lire lui-même, comme il me marqua naïvement avoir fait, avec force éloges de l'ouvrage, et pas un mot de critique ni de censure, se réservant sans doute d'être le vengeur du christianisme lorsque l'ouvrage aurait paru. Il recacheta le manuscrit, et l'envoya à Rey. Tel fut en substance le narré qu'il me fit dans la lettre où il me rendit compte de cette affaire, et c'est tout ce que j'en ai su.

Outre ces deux livres et mon *Dictionnaire de musique*, auquel je travaillais toujours de temps en temps, j'avais quelques autres écrits de moindre importance, tous en état de paraître, et que je me proposais de donner encore, soit séparément, soit avec mon recueil général, si je l'entreprenais jamais. Le principal de ces écrits, dont la plupart sont encore en manuscrit dans les mains de Du Peyrou, était un *Essai sur l'origine des langues*, que je fis lire à M. de Malesherbes et au chevalier de Lorenzi, qui m'en dit du bien. Je comptais que toutes ces productions rassemblées me vaudraient au moins, tous frais faits, un capital de huit à dix mille francs, que je voulais placer en rente viagère, tant sur ma tête que sur celle de Thérèse; après quoi nous irions, comme je l'ai dit, vivre ensemble au fond de quelque province, sans plus occuper le public de moi, et sans plus m'occuper moi-même d'autre chose que d'achever paisiblement ma carrière en continuant de faire autour de moi tout le bien qu'il m'était possible, et d'écrire à loisir les Mémoires que je méditais.

Tel était mon projet, dont la générosité de Rey, que je ne dois pas taire, vint faciliter encore l'exécution. Ce libraire, dont on me disait tant de mal à Paris, est cependant, de tous ceux avec qui j'ai eu affaire, le seul dont j'aie eu toujours à me louer (*). Nous étions à la vérité souvent en querelle sur l'exécution de mes ouvrages; il était étourdi, j'étais emporté. Mais en matière d'intérêt et des procédés qui s'y rapportent, quoique je n'aie jamais fait avec lui de traité en forme, je l'ai toujours trouvé plein d'exactitude et de probité. Il est même aussi le seul qui m'ait avoué franchement qu'il faisait bien ses affaires avec moi; et souvent il m'a dit qu'il me devait sa fortune, en m'offrant de m'en faire part. Ne pouvant exercer directement avec moi sa gratitude, il voulut me la témoigner au moins dans ma gouvernante, à laquelle il fit une pension viagère de trois cents francs, exprimant dans l'acte, que c'était en reconnaissance des avantages que je lui avais procurés. Il fit cela de lui à moi, sans ostentation, sans prétention, sans bruit; et si je n'en avais parlé le premier à tout le monde, personne n'en aurait rien su. Je fus si touché de ce procédé, que depuis lors je me suis attaché à Rey d'une amitié véritable. Quelque temps après, il me désira pour parrain d'un de ses enfants : j'y consentis; et l'un de mes regrets dans la situation où l'on m'a réduit,

(*) Quand j'écrivais ceci, j'étais bien loin encore d'imaginer, de concevoir, et de croire les fraudes que j'ai découvertes ensuite dans les impressions de mes écrits, et dont il a été forcé de convenir.

est qu'on m'ait ôté tout moyen de rendre désormais mon attachement utile à ma filleule et à ses parents. Pourquoi, si sensible à la modeste générosité de ce libraire, le suis-je si peu aux bruyants empressements de tant de gens haut huppés, qui remplissent pompeusement l'univers du bien qu'ils disent m'avoir voulu faire, et dont je n'ai jamais rien senti? Est-ce leur faute, est-ce la mienne? Ne sont-ils que vains, ne suis-je qu'ingrat! Lecteur sensé, pesez, décidez; pour moi, je me tais.

Cette pension fut une grande ressource pour l'entretien de Thérèse, et un grand soulagement pour moi. Mais au reste, j'étais bien éloigné d'en tirer un

Cette pension fut une grande ressource pour Thérèse. (Page 44.)

profit direct pour moi-même, non plus que de tous les cadeaux qu'on lui faisait. Elle a toujours disposé de tout elle-même. Quand je gardais son argent, je lui en tenais un fidèle compte, sans jamais en mettre un liard à notre commune dépense, même quand elle était plus riche que moi. « Ce qui est à moi est à nous, lui dis-je; et ce qui est à toi est à toi. » Je n'ai jamais cessé de me conduire avec elle selon cette maxime que je lui ai souvent répétée. Ceux qui ont eu la bassesse de m'accuser de recevoir par ses mains ce que je refusais dans les miennes jugeaient sans doute de mon cœur par les leurs, et me connaissaient bien mal. Je mangerais volontiers avec elle le pain qu'elle aurait gagné, jamais celui qu'elle aurait reçu. J'en appelle sur ce point à son témoignage, et dès à présent, et lorsque, selon le cours de la nature, elle m'aura survécu. Malheureusement, elle est peu entendue en économie à tous égards, peu soigneuse et fort dépensière, non par vanité ni par gourmandise, mais par négligence uniquement. Nul n'est parfait ici bas; et puisqu'il faut que ses excellentes qualités soient rachetées, j'aime mieux qu'elle ait des défauts que des vices, quoique ces défauts nous fassent peut-être encore plus de mal à tous deux. Les soins que j'ai pris pour elle,

comme jadis pour maman, de lui accumuler quelque avance qui pût un jour lui servir de ressource, sont inimaginables; mais ce furent toujours des soins perdus. Jamais elles n'ont compté ni l'une ni l'autre avec elles-mêmes; et malgré tous mes efforts, tout est toujours parti à mesure qu'il est venu. Quelque simplement que Thérèse se mette, jamais la pension de Rey ne lui a suffi pour se nipper, que je n'y aie encore suppléé du mien chaque année. Nous ne sommes pas faits, ni elle ni moi, pour être jamais riches, et je ne compte assurément pas cela parmi nos malheurs.

Le *Contrat social* s'imprimait assez rapidement. Il n'en était pas de même de l'*Emile*, dont j'attendais la publication pour exécuter la retraite que je méditais. Duchesne m'envoyait de temps à autre des modèles d'impression pour choisir; quand j'avais choisi, au lieu de commencer, il m'en envoyait encore d'autres. Quand enfin nous fûmes bien déterminés sur le format, sur le caractère, et qu'il avait déjà plusieurs feuilles d'imprimées, sur quelque changement que je fis à une épreuve, il recommença tout, et au bout de six mois, nous nous trouvâmes moins avancés que le premier jour. Durant tous ces essais, je découvris que l'ouvrage s'imprimait en France, ainsi qu'en Hollande, et qu'il s'en faisait à la fois deux éditions. Que pouvais-je faire? Je n'étais plus maître de mon manuscrit. Loin d'avoir trempé dans l'édition de France, je m'y étais toujours opposé; mais enfin, puisque cette édition se faisait bon gré mal gré moi, et puisqu'elle servait de modèle à l'autre, il fallait bien y jeter les yeux et voir les épreuves, pour ne pas laisser estropier et défigurer mon livre. D'ailleurs, l'ouvrage s'imprimait tellement de l'aveu du magistrat, que c'était lui qui dirigeait en quelque sorte l'entreprise, qu'il m'écrivait très souvent, et qu'il me vint voir même à ce sujet, dans une occasion dont je vais parler à l'instant.

Tandis que Duchesne avançait à pas de tortue, Néaulme, qu'il retenait, avançait encore plus lentement. On ne lui envoyait pas fidèlement les feuilles à mesure qu'elles s'imprimaient. Il crut apercevoir de la mauvaise foi dans la manœuvre de Duchesne, c'est-à-dire, de Guy, qui faisait pour lui; et voyant qu'on n'exécutait pas le traité, il m'écrivit lettres sur lettres pleines de doléances et de griefs, auxquels je pouvais encore moins remédier qu'à ceux que j'avais pour mon compte. Son ami Guérin, qui me voyait alors fort souvent, me parlait incessamment de ce livre, mais toujours avec la plus grande réserve. Il savait et ne savait pas qu'on l'imprimait en France; il savait et ne savait pas que le magistrat s'en mêlât : en me plaignant des embarras qu'allait me donner ce livre, il semblait m'accuser d'imprudence, sans vouloir jamais dire en quoi elle consistait; il biaisait et tergiversait sans cesse; il semblait ne parler que pour me faire parler. Ma sécurité, pour lors, était si complète, que je riais du ton circonspect et mystérieux qu'il mettait à cette affaire, comme d'un tic contracté chez les ministres et les magistrats, dont il fréquentait assez les bureaux. Sûr d'être en règle à tous égards sur cet ouvrage, fortement persuadé qu'il avait non-seulement l'agrément et la protection du magistrat, mais même qu'il méritait et qu'il avait de même la faveur du ministère, je me félicitais de mon courage à bien faire, et je riais de mes pusillanimes amis, qui paraissaient s'inquiéter pour moi. Duclos fut de ce nombre, et j'avoue que ma confiance en sa droiture et en ses lumières eût pu m'alarmer à son exemple, si j'en avais eu moins dans l'utilité de l'ouvrage et dans la probité de ses patrons. Il me vint voir de chez M. Baille, tandis que l'*Emile* était sous presse; il m'en parla. Je lui lus la profession de foi du Vicaire savoyard; il l'écouta très paisiblement, et, ce me semble, avec grand plaisir. Il me dit, quand j'eus fini : « Quoi, citoyen! cela fait partie d'un livre qu'on imprime à Paris? — Oui, lui dis-je, et l'on devrait l'imprimer au Louvre, par ordre du roi. — J'en conviens, me dit-il, mais faites-moi le plaisir de ne dire à personne que vous m'ayez lu ce morceau. » Cette frappante manière de s'exprimer me surprit sans m'effrayer. Je savais que Duclos voyait beaucoup M. de Malesherbes. J'eus peine à concevoir comment il pensait si différemment que lui sur le même objet.

Je vivais à Montmorency depuis plus de quatre ans, sans y avoir eu un seul

jour de bonne santé. Quoique l'air y soit excellent, les eaux y sont mauvaises, et cela peut très bien être une des causes qui contribuaient à empirer mes maux habituels. Sur la fin de l'automne 1761, je tombai tout-à-fait malade, et je passai l'hiver entier dans des souffrances presque sans relâche. Le mal physique, augmenté par mille inquiétudes, me les rendit aussi plus sensibles. Depuis quelque temps, de sourds et tristes pressentiments me troublaient, sans que je susse à propos de quoi. Je recevais des lettres anonymes assez singulières, et même des lettres signées qui ne l'étaient guère moins. J'en reçus une d'un conseiller au parlement de Paris, qui, mécontent de la présente constitution des choses, et n'augurant pas bien des suites, me consultait sur le choix d'un asile, à Genève ou en Suisse, pour s'y retirer avec sa famille. J'en reçus une de M. de, président à mortier au parlement de, lequel me proposait de rédiger pour ce parlement, qui pour lors était mal avec la cour, des mémoires et remontrances, offrant de me fournir tous les documents et matériaux dont j'aurais besoin pour cela. Quand je souffre, je suis sujet à l'humeur. J'en avais en recevant ces lettres; j'en mis dans les réponses que je fis, refusant tout à plat ce qu'on me demandait. Ce refus n'est assurément pas ce que je me reproche, puisque ces lettres pouvaient être des pièges de mes ennemis (*), et que ce qu'on demandait était contraire à des principes dont je voulais moins me départir que jamais : mais pouvant refuser avec aménité, je refusai avec dureté; et voilà en quoi j'eus tort.

On trouvera parmi mes papiers les deux lettres dont je viens de parler. Celle du conseiller ne me surprit pas absolument, parce que je pensais, comme lui et comme beaucoup d'autres, que la constitution déclinante menaçait la France d'un prochain délabrement. Les désastres d'une guerre malheureuse (**), qui tous venaient de la faute du gouvernement; l'incroyable désordre des finances, les tiraillements continuels de l'administration, partagée jusque alors entre deux ou trois ministres en guerre ouverte l'un avec l'autre, et qui, pour se nuire mutuellement, abîmaient le royaume (***); le mécontentement général du peuple et de tous les ordres de l'état; l'entêtement d'une femme obstinée, qui, sacrifiant toujours à ses goûts ses lumières, si tant est qu'elle en eût, écartait presque toujours des emplois les plus capables, pour placer ceux qui lui plaisaient le plus : tout concourait à justifier la prévoyance du conseiller, et celle du public et la mienne. Cette prévoyance me mit même plusieurs fois en balance si je ne chercherais pas moi-même un asile hors du royaume, avant les troubles qui semblaient le menacer; mais rassuré par ma petitesse et mon humeur paisible, je crus que dans la solitude où je voulais vivre, nul orage ne pouvait pénétrer jusqu'à moi; fâché seulement que, dans cet état des choses, M. de Luxembourg se prêtât à des commissions qui devaient le faire moins bien valoir dans son gouvernement. J'aurais voulu qu'il s'y ménageât, à tout événement, une retraite, s'il arrivait que la grande machine vînt à crouler, comme cela paraissait à craindre dans l'état actuel des choses; et il me paraît encore à présent indubitable, que, si toutes les rênes du gouvernement ne fussent enfin tombées dans une seule main (****), la monarchie française serait maintenant aux abois.

Tandis que mon état empirait, l'impression de l'*Emile* se ralentissait, et fut enfin tout-à-fait suspendue, sans que je pusse en apprendre la raison, sans que Guy daignât plus m'écrire ni me répondre, sans que je pusse avoir des nouvelles de personne, ni rien savoir de ce qui se passait, M. de Malesherbes étant pour lors à la campagne. Jamais un malheur, quel qu'il soit, ne me trouble ni ne

(*) Je savais, par exemple, que le président de..... était fort lié avec les encyclopédistes et les holbachiens.
(**) La guerre de sept ans était commencée.
(***) Machault, contrôleur-général, et le comte d'Argenson, ministre de la guerre, se battaient, comme on disait alors, « à coups de parlement et de clergé; » la cour était divisée entre deux partis reconnaissant pour chefs : l un, le duc d'Aiguillon, représentant le Dauphin; l'autre, le duc de Choiseul, courtisan de madame de Pompadour.
(****) Celle du duc de Choiseul.

m'abat, pourvu que je sache en quoi il consiste ; mais mon penchant naturel est d'avoir peur des ténèbres : je redoute et je hais leur air noir ; le mystère m'inquiète toujours : il est par trop antipathique avec mon naturel ouvert jusqu'à l'imprudence. L'aspect du monstre le plus hideux m'effraierait peu, ce me semble ; mais si j'entrevois de nuit une figure sous un drap blanc, j'aurai peur. Voilà donc mon imagination, qu'allumait ce long silence, occupée à me tracer des fantômes. Plus j'avais à cœur la publication de mon dernier et meilleur ouvrage, plus je me tourmentais à chercher ce qui pouvait l'accrocher ; et toujours portant tout à l'extrême, dans la suspension de l'impression du livre, j'en croyais voir la suppression. Cependant, n'en pouvant imaginer ni la cause, ni la manière, je restais dans l'incertitude du monde la plus cruelle. J'écrivais lettres sur lettres à Guy, à M. de Malesherbes, à M{me} de Luxembourg ; et les réponses ne venant point, ou ne venant pas quand je les attendais, je me troublais entièrement, je délirais. Malheureusement j'appris, dans le même temps, que le P. Griffet, jésuite, avait parlé de l'*Emile* et en avait rapporté même des passages. A l'instant mon imagination part comme un éclair, et me dévoile tout le mystère d'iniquité : j'en vis la marche aussi clairement, aussi sûrement que si elle m'eût été révélée. Je me figurai que les jésuites, furieux du ton méprisant sur lequel j'avais parlé des collèges, s'étaient emparés de mon ouvrage ; que c'étaient eux qui en accrochaient l'édition ; qu'instruits par Guérin, leur ami, de mon état présent, et prévoyant ma mort prochaine, dont je ne doutais pas, ils voulaient retarder l'impression jusque alors, dans le dessein de tronquer, d'altérer mon ouvrage, et de me prêter, pour remplir leurs vues, des sentiments différents des miens. Il est étonnant quelle foule de faits et de circonstances vint dans mon esprit se calquer sur cette folie, et lui donner un air de vraisemblance, que dis-je! m'y montrer l'évidence et la démonstration. Guérin était totalement livré aux jésuites : je le savais. Je leur attribuai toutes les avances d'amitié qu'il m'avait faites ; je me persuadai que c'était par leur impulsion qu'il m'avait pressé de traiter avec Néaulme, que par ledit Néaulme ils avaient eu les premières feuilles de mon ouvrage, qu'ils avaient ensuite trouvé le moyen d'en arrêter l'impression chez Duchesne, et peut-être de s'emparer de mon manuscrit, pour y travailler à leur aise, jusqu'à ce que ma mort les laissât libres de le publier travesti à leur mode. J'avais toujours senti, malgré le patelinage du P. Berthier, que les jésuites ne m'aimaient pas, non-seulement comme encyclopédiste, mais parce que tous mes principes étaient encore plus opposés à leurs maximes et à leur crédit, que l'incrédulité de mes confrères ; puisque le fanatisme athée et le fanatisme dévot, se touchant par leur commune intolérance, peuvent même se réunir, comme ils ont fait à la Chine, et comme ils font contre moi : au lieu que la religion raisonnable et morale, ôtant tout pouvoir humain sur les consciences, ne laisse plus de ressource aux arbitres de ce pouvoir. Je savais que M. le chancelier était aussi fort ami des jésuites : je craignais que le fils, intimidé par le père, ne se vît forcé de leur abandonner l'ouvrage qu'il avait protégé. Je croyais même voir l'effet de cet abandon dans les chicanes que l'on commençait à me susciter sur les deux premiers volumes, où l'on exigeait des cartons pour des riens ; tandis que les deux autres volumes étaient, comme on ne l'ignorait pas, remplis de choses si fortes, qu'il eût fallu les refondre en entier en les censurant comme les deux premiers. Je savais de plus, et M. de Malesherbes me le dit lui-même, que l'abbé de Grave, qu'il avait chargé de l'inspection de cette édition, était encore un autre partisan des jésuites. Je ne voyais partout que jésuites, sans songer qu'à la veille d'être anéantis, et tout occupés de leur propre défense, ils avaient autre chose à faire que d'aller tracasser sur l'impression d'un livre où il ne s'agissait pas d'eux. J'ai tort de dire *sans songer* ; car j'y songeais très bien ; et c'est même une objection que M. de Malesherbes eut soin de me faire, sitôt qu'il fut instruit de ma vision : mais par un autre de ces travers d'un homme qui du fond de sa retraite veut juger du secret des grandes affaires, dont il ne sait rien, je ne voulus jamais croire que les jésuites fussent en danger, et je regardais le bruit qui s'en répandait, comme un leurre de leur part pour endormir leurs

adversaires. Leurs succès passés, qui ne s'étaient jamais démentis, me donnaient une si terrible idée de leur puissance, que je déplorais déjà l'avilissement du parlement. Je savais que M. de Choiseul avait étudié chez les jésuites, que M^me de Pompadour n'était point mal avec eux, et que leur ligue avec les favorites et les ministres avait toujours paru avantageuse aux uns et aux autres contre leurs ennemis communs. La cour paraissait ne se mêler de rien; et persuadé que, si la société recevait un jour quelque rude échec, ce ne serait jamais le parlement qui serait assez fort pour le lui porter, je tirais de cette inaction de la cour le fondement de leur confiance et l'augure de leur triomphe. Enfin, ne voyant dans tous les bruits du jour qu'une feinte et des pièges de leur part, et leur croyant dans leur sécurité du temps pour vaquer à tout, je ne doutais pas qu'ils n'écrasassent dans peu le jansénisme, et le parlement, et les encyclopédistes, et tout ce qui n'aurait pas porté leur joug; et qu'enfin, s'ils laissaient paraître mon livre, ce ne fût qu'après l'avoir transformé au point de s'en faire une arme, en se prévalant de mon nom pour surprendre mes lecteurs.

Je me sentais mourant; j'ai peine à comprendre comment cette extravagance ne m'acheva pas (*) : tant l'idée de ma mémoire déshonorée après moi, dans mon plus digne et meilleur livre, m'était effroyable. Jamais je n'ai tant craint de mourir; et je crois que, si j'étais mort dans ces circonstances, je serais mort désespéré. Aujourd'hui même, que je vois marcher sans obstacle à son exécution le plus noir, le plus affreux complot qui jamais ait été tramé contre la mémoire d'un homme, je mourrai beaucoup plus tranquille, certain de laisser dans mes écrits un témoignage de moi, qui triomphera tôt ou tard des complots des hommes.

(1762.) M. de Malesherbes, témoin et confident de mes agitations, se donna, pour les calmer, des soins qui prouvent son inépuisable bonté de cœur. M^me de Luxembourg concourut à cette bonne œuvre, et fut plusieurs fois chez Duchesne, pour savoir à quoi en était cette édition. Enfin, l'impression fut reprise et marcha plus rondement, sans que jamais j'aie pu savoir pourquoi elle avait été suspendue. M. de Malesherbes prit la peine de venir à Montmorency pour me tranquilliser : il en vint à bout; et ma parfaite confiance en sa droiture, l'ayant emporté sur l'égarement de ma pauvre tête, rendit efficace ce qu'il fit pour m'en ramener. Après ce qu'il avait vu de mes angoisses et de mon délire, il était naturel qu'il me trouvât très à plaindre : aussi fit-il. Les propos incessamment rebattus de la cabale philosophique qui l'entourait, lui revinrent à l'esprit. Quand j'allai vivre à l'Ermitage, ils publièrent, comme je l'ai déjà dit, que je n'y tiendrais pas longtemps. Quand ils virent que je persévérais, ils dirent que c'était par obstination, par orgueil, par honte de m'en dédire; mais que je m'y ennuyais à périr, et que je vivais très malheureux. M. de Malesherbes le crut et me l'écrivit. Sensible à cette erreur dans un homme pour qui j'avais tant d'estime, je lui écrivis quatre lettres consécutives, où, lui exposant les vrais motifs de ma conduite; je lui décrivis fidèlement mes goûts, mes penchants, mon caractère, et tout ce qui se passait dans mon cœur. Ces quatre lettres faites en brouillon, rapidement, à trait de plume, et sans même avoir été relues, sont peut-être la seule chose que j'ai écrite avec facilité dans toute ma vie, et ce qui est bien étonnant, au milieu de mes souffrances et de l'extrême abattement où j'étais. Je gémissais, en me sentant défaillir, de penser que je laissais dans l'esprit des honnêtes gens une opinion de moi si peu juste; et par l'esquisse tracée à la hâte dans ces quatre lettres, je tâchais de suppléer en quelque sorte aux mémoires que j'avais projetés. Ces lettres, qui plurent à M. de Malesherbes, et qu'il montra dans Paris, sont en quelque façon le sommaire de ce que j'expose ici plus en détail, et méritent à ce titre d'être conservées. On trouvera parmi mes papiers la copie qu'il en fit faire à ma prière, et qu'il m'envoya quelques années après.

(*) Voyez, dans la *Correspondance*, les lettres à M. Moultou, 12 et 23 décembre 1761, et 30 mai 1762; à madame de Luxembourg, 13 décembre 1761; et à M. de Malesherbes, 25 décembre même année.

La seule chose qui m'affligeait désormais, dans l'opinion de ma mort prochaine, était de n'avoir aucun homme lettré de confiance, entre les mains duquel je pusse déposer mes papiers, pour en faire après moi le triage. Depuis mon voyage de Genève, je m'étais lié d'amitié avec Moultou; j'avais de l'inclination pour ce jeune homme, et j'aurais désiré qu'il vînt me fermer les yeux. Je lui marquai ce désir; et je crois qu'il aurait fait avec plaisir cet acte d'humanité, si ses affaires et sa famille le lui eussent permis. Privé de cette consolation, je voulus du moins lui marquer ma confiance en lui envoyant la *Profession de foi du Vicaire* avant la publication. Il en fut content; mais il ne me parut pas, dans sa réponse, partager la sécurité avec laquelle j'en attendais pour lors l'effet. Il désira d'avoir de moi quelque morceau que n'eût personne autre. Je lui envoyai

Je ne voyais partout que jésuites. (Page 47.)

une *Oraison funèbre du feu duc d'Orléans*, que j'avais faite pour l'abbé d'Arty, et qui ne fut pas prononcée, parce que, contre son attente, ce ne fut pas lui qui en fut chargé.

L'impression, après avoir été reprise, se continua, s'acheva même assez tranquillement, et j'y remarquai ceci de singulier, qu'après les cartons qu'on avait sévèrement exigés pour les deux premiers volumes, on passa les deux derniers sans rien dire, et sans que leur contenu fît aucun obstacle à sa publication. J'eus pourtant encore quelque inquiétude que je ne dois pas passer sous silence. Après avoir eu peur des jésuites, j'eus peur des jansénistes et des philosophes. Ennemi de tout ce qui s'appelle parti, faction, cabale, je n'ai jamais rien attendu de bon des gens qui en sont. Les *Commères* avaient, depuis un temps, quitté leur ancienne demeure, et s'étaient établis tout à côté de moi; en sorte que de leur chambre

on entendait tout ce qui se disait dans la mienne et sur ma terrasse, et que de leur jardin on pouvait très aisément escalader le petit mur qui le séparait de mon donjon. J'avais fait de ce donjon mon cabinet de travail, en sorte que j'y avais une table couverte d'épreuves et de feuilles de l'*Emile* et du *Contrat Social*; et brochant ces feuilles à mesure qu'on me les envoyait, j'avais là tous mes volumes longtemps avant qu'on les publiât. Mon étourderie, ma négligence, ma confiance en M. Mathas, dans le jardin duquel j'étais clos, faisaient que souvent, oubliant de fermer le soir mon donjon, je le trouvais le matin tout ouvert; ce qui ne m'eût guère inquiété, si je n'avais cru remarquer du dérangement dans mes papiers. Après avoir fait plusieurs fois cette remarque, je devins plus soigneux de fermer le donjon. La serrure était mauvaise, la clef ne fermait qu'à demi-tour. Devenu plus attentif, je trouvai un plus grand dérangement encore que quand je laissais tout ouvert. Enfin, un de mes volumes se trouva éclipsé pendant un jour et deux nuits, sans qu'il me fût possible de savoir ce qu'il était devenu jusqu'au matin du troisième jour, que je le retrouvai sur ma table. Je n'eus ni n'ai jamais eu de soupçon sur M. Mathas, ni sur son neveu, M. Dumoulin, sachant qu'ils m'aimaient l'un et l'autre, et prenant en eux toute confiance. Je commençais d'en avoir moins dans les *Commères*. Je savais que, quoique jansénistes, ils avaient quelque liaison avec D'Alembert et logeaient dans la même maison. Cela me donna quelque inquiétude et me rendit plus attentif. Je retirai mes papiers dans ma chambre, et je cessai tout-à-fait de voir ces gens-là, ayant su d'ailleurs qu'ils avaient fait parade, dans plusieurs maisons, du premier volume de l'*Emile*, que j'avais eu l'imprudence de leur prêter. Quoiqu'ils continuassent d'être mes voisins jusqu'à mon départ, je n'ai plus eu de communication avec eux depuis lors.

Le *Contrat Social* parut un mois ou deux avant l'*Emile*. Rey, dont j'avais toujours exigé qu'il n'introduirait jamais furtivement en France aucun de mes livres, s'adressa au magistrat pour obtenir la permission de faire entrer celui-ci par Rouen, où il fit par mer son envoi. Rey n'eut aucune réponse : ses ballots restèrent à Rouen plusieurs mois, au bout desquels on les lui renvoya, après avoir tenté de les confisquer; mais il fit tant de bruit, qu'on les lui rendit. Des curieux en tirèrent d'Amsterdam quelques exemplaires qui circulèrent avec peu de bruit. Mauléon, qui en avait ouï parler et qui même en avait vu quelque chose, m'en parla d'un ton mystérieux qui me surprit, et qui m'eût inquiété même, si, certain d'être en règle à tous égards et de n'avoir nul reproche à me faire, je ne m'étais tranquillisé par ma grande maxime. Je ne doutais pas même que M. de Choiseul, déjà bien disposé pour moi, et sensible à l'éloge que mon estime pour lui m'en avait fait faire dans cet ouvrage, ne me soutînt en cette occasion contre la malveillance de Mme de Pompadour.

J'avais assurément lieu de compter alors, autant que jamais, sur les bontés de M. de Luxembourg et sur son appui dans le besoin : car jamais il ne me donna de marques d'amitié, ni plus fréquentes, ni plus touchantes. Au voyage de Pâques, mon triste état ne me permettant pas d'aller au château, il ne manqua pas un seul jour de me venir voir; et enfin me voyant souffrir sans relâche, il fit tant qu'il me détermina à voir le frère Côme, l'envoya chercher, me l'amena lui-même, et eut le courage, rare certes et méritoire dans un grand seigneur, de rester chez moi durant l'opération, qui fut cruelle et longue. Il n'était pourtant question que d'être sondé; mais je n'avais jamais pu l'être, même par Morand, qui s'y prit à plusieurs fois, et toujours sans succès. Le frère Côme, qui avait la main d'une adresse et d'une légèreté sans égale, vint à bout enfin d'introduire une très petite algalie, après m'avoir beaucoup fait souffrir pendant plus de deux heures, durant lesquelles je m'efforçai de retenir mes plaintes, pour ne pas déchirer le cœur sensible du bon maréchal. Au premier examen, le frère Côme crut trouver une grosse pierre, et me le dit; au second, il ne la trouva plus. Après avoir recommencé une seconde et une troisième fois, avec un soin et une exactitude qui me firent trouver le temps fort long, il déclara qu'il n'y avait point de pierre, mais que la prostate était squirrheuse et d'une grosseur surnaturelle; il

trouva la vessie grande et en bon état, et finit par me déclarer que je souffrirais beaucoup, et que je vivrais longtemps. Si la seconde prédiction s'accomplit aussi bien que la première, mes maux ne sont pas prêts à finir.

C'est ainsi qu'après avoir été traité successivement pendant tant d'années pour des maux que je n'avais pas, je finis par savoir que ma maladie, incurable sans être mortelle, durerait autant que moi. Mon imagination, réprimée par cette connaissance, ne me fit plus voir en perspective une mort cruelle dans les douleurs du calcul. Je cessai de craindre qu'un bout de bougie, qui s'était rompu dans l'urètre il y avait longtemps, n'eût fait le noyau d'une pierre. Délivré des maux imaginaires, plus cruels pour moi que les maux réels, j'endurai plus paisiblement ces derniers. Il est constant que depuis ce temps j'ai beaucoup moins souffert de ma maladie que je n'avais fait jusque alors; et je ne me rappelle jamais que je dois ce soulagement à M. de Luxembourg, sans m'attendrir de nouveau sur sa mémoire.

Revenu pour ainsi dire à la vie, et plus occupé que jamais du plan sur lequel j'en voulais passer le reste, je n'attendais, pour l'exécuter, que la publication de l'*Emile*. Je songeais à la Touraine, où j'avais déjà été, et qui me plaisait beaucoup, tant pour la douceur du climat que pour celle des habitants.

La terra molle e lieta e dilettosa
Simile a se l'abitator produce (*).

J'avais déjà parlé de mon projet à M. de Luxembourg, qui m'en avait voulu détourner; je lui en reparlai de rechef comme d'une chose résolue. Alors, il me proposa le château de Merlou, à quinze lieues de Paris, comme un asile qui pouvait me convenir, et dans lequel ils se feraient l'un et l'autre un plaisir de m'établir. Cette proposition me toucha et ne me déplut pas. Avant toute chose, il fallait voir le lieu; nous convînmes du jour où M. le maréchal enverrait son valet de chambre avec une voiture, pour m'y conduire. Je me trouvai ce jour-là fort incommodé; il fallut remettre la partie, et les contretemps qui survinrent m'empêchèrent de l'exécuter. Ayant appris depuis que la terre de Merlou n'était pas à M. le maréchal, mais à madame, je m'en consolai plus aisément de n'y être pas allé.

L'*Émile* parut enfin, sans que j'entendisse plus parler de cartons ni d'aucune difficulté. Avant sa publication, M. le maréchal me redemanda toutes les lettres de M. de Malesherbes qui se rapportaient à cet ouvrage. Ma grande confiance en tous les deux, ma profonde sécurité, m'empêchèrent de réfléchir à ce qu'il y avait d'extraordinaire et même d'inquiétant dans cette demande. Je rendis les lettres, hors une ou deux, qui par mégarde étaient restées dans des livres. Quelque temps auparavant, M. de Malesherbes m'avait marqué qu'il retirerait les lettres que j'avais écrites à Duchesne durant mes alarmes au sujet des jésuites, et il faut avouer que ces lettres ne faisaient pas grand honneur à ma raison. Mais je lui marquai qu'en nulle chose je ne voulais passer pour meilleur que je n'étais, et qu'il pouvait lui laisser les lettres. J'ignore ce qu'il a fait.

La publication de ce livre ne se fit point avec cet éclat d'applaudissements qui suivait celle de tous mes écrits. Jamais ouvrage n'eut de si grands éloges particuliers, ni si peu d'approbation publique. Ce que m'en dirent, ce que m'en écrivirent les gens les plus capables d'en juger me confirma que c'était là le meilleur de mes écrits, ainsi que le plus important. Mais tout cela fut dit avec les précautions les plus bizarres, comme s'il eût importé de garder le secret du bien que l'on en pensait. M^me de Boufflers, qui me marqua que l'auteur de ce livre méritait des statues et les hommages de tous les humains, me pria sans façon, à la fin de son billet, de le lui renvoyer. D'Alembert, qui m'écrivit que cet ouvrage décidait de ma supériorité, et devait me mettre à la tête de tous les gens de lettres, ne signa point sa lettre, quoiqu'il eût signé toutes celles qu'il m'avait écrites jusque alors. Duclos, ami sûr, homme vrai, mais circonspect, et qui faisait cas de

(*) Une contrée paisible, riante, délicieuse, produit des habitants qui lui ressemblent.

ce livre, évita de m'en parler par écrit : la Condamine se jeta sur la Profession de foi, et battit la campagne ; Clairaut se borna, dans sa lettre, au même morceau ; mais il ne craignit pas d'exprimer l'émotion que sa lecture lui avait donnée, et il me marqua en propres termes, que cette lecture avait réchauffé sa vieille âme : de tous ceux à qui j'avais envoyé mon livre, il fut le seul qui dit hautement et librement à tout le monde tout le bien qu'il en pensait.

Mathas, à qui j'en avais aussi donné un exemplaire avant qu'il fût en vente, le prêta à M. de Blaire, conseiller au parlement, père de l'intendant de Strasbourg. M. de Blaire avait une maison de campagne à Saint-Gratien, et Mathas, son ancienne connaissance, l'y allait voir quelquefois quand il pouvait aller. Il lui fit lire l'*Émile* avant qu'il fût public. En le lui rendant, M. de Blaire lui dit ces propres mots, qui me furent rendus le même jour : « M. Mathas, voilà un fort beau livre, mais dont il sera parlé dans peu, plus qu'il ne serait à désirer pour l'auteur. » Quand il me rapporta ce propos, je ne fis qu'en rire, et je n'y vis que l'importance d'un homme de robe, qui met du mystère à tout. Tous les propos inquiétants qui me revinrent ne me firent pas plus d'impression ; et loin de prévoir en aucune sorte la catastrophe à laquelle je touchais, certain de l'utilité, de la beauté de mon ouvrage ; certain d'être en règle à tous égards, certain, comme je croyais l'être, de tout le crédit de Mme de Luxembourg et même de la faveur du ministère, je m'applaudissais du parti que j'avais pris de me retirer au milieu de mes triomphes, et lorsque je venais d'écraser tous mes envieux.

Une seule chose m'alarmait dans la publication de ce livre, et cela, moins pour ma sûreté que pour l'acquit de mon cœur. A l'Ermitage, à Montmorency, j'avais vu de près et avec indignation les vexations qu'un soin jaloux des plaisirs des princes fait exercer sur les malheureux paysans forcés de souffrir le dégât que le gibier fait dans leurs champs, sans oser se défendre qu'à force de bruit, et forcés de passer les nuits dans leurs fèves et leurs pois, avec des chaudrons, des tambours, des sonnettes, pour écarter les sangliers. Témoin de la dureté barbare avec laquelle M. le comte de Charolois faisait traiter ces pauvres gens, j'avais fait, vers la fin de l'*Émile*, une sortie sur cette cruauté. Autre infraction à mes maximes, qui n'est pas restée impunie. J'appris que les officiers de M. le prince de Conti n'en usaient guère moins durement sur ses terres ; je tremblais que ce prince, pour lequel j'étais pénétré de respect et de reconnaissance, ne prît pour lui ce que l'humanité révoltée m'avait fait dire pour son oncle, et ne s'en tînt offensé. Cependant, comme ma conscience me rassurait pleinement sur cet article, je me tranquillisai sur son témoignage, et je fis bien. Du moins, je n'ai jamais appris que ce grand prince ait fait la moindre attention à ce passage, écrit longtemps avant que j'eusse l'honneur d'être connu de lui.

Peu de jours avant ou après la publication de mon livre, car je ne me rappelle pas bien exactement le temps, parut un autre ouvrage sur le même sujet, tiré mot à mot de mon premier volume, hors quelques platises dont on avait entremêlé cet extrait. Ce livre portait le nom d'un Genevois appelé Balexsert ; et il était dit, dans le titre, qu'il avait remporté le prix à l'Académie de Harlem. Je compris aisément que cette académie et ce prix étaient d'une création toute nouvelle, pour déguiser le plagiat aux yeux du public ; mais je vis aussi qu'il y avait à cela quelque intrigue antérieure, à laquelle je ne comprenais rien ; soit par la communication de mon manuscrit, sans quoi ce vol n'aurait pu se faire ; soit pour bâtir l'histoire de ce prétendu prix, à laquelle il avait bien fallu donner quelque fondement. Ce n'est que bien des années après, que sur un mot échappé à d'Ivernois, j'ai pénétré le mystère et entrevu ceux qui avaient mis en jeu le sieur Balexsert.

Les sourds mugissements qui précèdent l'orage commençaient à se faire entendre ; et tous les gens un peu pénétrants virent bien qu'il se couvait, au sujet de mon livre et de moi, quelque complot qui ne tarderait pas d'éclater. Pour moi, ma sécurité, ma stupidité, fut telle que, loin de prévoir mon malheur, je

n'en soupçonnai pas même la cause, après en avoir ressenti l'effet. On commença par répandre avec assez d'adresse, qu'en sévissant contre les jésuites, on ne pouvait marquer une indulgence partiale pour les livres et les auteurs qui attaquaient la religion. On me reprochait d'avoir mis mon nom à l'*Émile*, comme si je ne l'avais pas mis à tous mes autres écrits, auxquels on n'avait rien dit. Il semblait qu'on craignît de se voir forcé à quelques démarches qu'on ferait à regret, mais que les circonstances rendaient nécessaires, et auxquelles mon imprudence avait donné lieu. Ces bruits me parvinrent et ne m'inquiétèrent guère : il ne me vint pas même à l'esprit qu'il pût y avoir dans toute cette affaire la moindre chose qui me regardât personnellement, moi qui me sentais si parfaitement irréprochable, si bien appuyé, si bien en règle à tous égards, et qui ne craignais pas que Mme de Luxembourg me laissât dans l'embarras, pour un tort qui, s'il existait, était tout entier à elle seule. Mais sachant en pareil cas comme les choses se passent, et que l'usage est de sévir contre les libraires, en ménageant les auteurs, je n'étais pas sans inquiétude pour le pauvre Duchesne, si M. de Malesherbes venait à l'abandonner (*).

Je restai tranquille. Les bruits augmentèrent, et changèrent bientôt de ton. Le public, et surtout le parlement, semblaient s'irriter par ma tranquillité. Au bout de quelques jours, la fermentation devint terrible ; et les menaces, changeant d'objet, s'adressèrent directement à moi. On entendait dire tout ouvertement aux parlementaires qu'on n'avançait rien à brûler les livres, et qu'il fallait brûler les auteurs. Pour les libraires, on n'en parlait point. La première fois que ces propos, plus dignes d'un inquisiteur de Goa que d'un sénateur, me revinrent, je ne doutai point que ce ne fût une invention des holbachiens pour tâcher de m'effrayer et de m'exciter à fuir. Je ris de cette puérile ruse ; et je me disais, en me moquant d'eux, que s'ils avaient su la vérité des choses, ils auraient cherché quelque autre moyen de me faire peur : mais la rumeur enfin devint telle, qu'il fut clair que c'était tout de bon. M. et Mme de Luxembourg avaient cette année avancé leur second voyage de Montmorency, de sorte qu'ils y étaient au commencement de juin. J'y entendis très peu parler de mes nouveaux livres, malgré le bruit qu'ils faisaient à Paris, et les maîtres de la maison ne m'en parlaient point du tout. Un matin, cependant, que j'étais seul avec M. de Luxembourg, il me dit : « Avez-vous parlé mal de M. de Choiseul dans le *Contrat social ?* — Moi ! lui dis-je en reculant de surprise, non, je vous jure ; mais j'en ai fait en revanche, et d'une plume qui n'est pas louangeuse, le plus bel éloge que jamais ministre ait reçu ; et tout de suite je lui rapportai le passage. — Et dans l'*Émile ?* reprit-il. — Pas un mot, répondis-je ; il n'y a pas un seul mot qui le regarde. — Ah ! dit-il avec plus de vivacité qu'il n'en avait d'ordinaire, il fallait faire la même chose dans l'autre livre, ou être plus clair ! — J'ai cru l'être, ajoutai-je ; je l'estimais assez pour cela. » Il allait reprendre la parole ; je le vis prêt à s'ouvrir : il se retint et se tut. Malheureuse politique de courtisan, qui, dans les meilleurs cœurs, domine l'amitié même !

Cette conversation, quoique courte, m'éclaira sur ma situation, du moins à certain égard, et me fit comprendre que c'était bien à moi qu'on en voulait. Je déplorai cette inouïe fatalité qui tournait à mon préjudice tout ce que je disais et faisais de bien. Cependant, me sentant pour plastron dans cette affaire Mme de Luxembourg et M. de Malesherbes, je ne voyais pas comment on pouvait s'y prendre pour les écarter et venir jusqu'à moi : car d'ailleurs, je sentis bien dès lors qu'il ne serait plus question d'équité ni de justice, et qu'on ne s'embarrasserait pas d'examiner si j'avais réellement tort ou non. L'orage, cependant, grondait de plus en plus. Il n'y avait pas jusqu'à Neaulme, qui, dans la diffusion de son bavardage, ne me montrât du regret de s'être mêlé de cet ouvrage, et la certitude où il paraissait être du sort qui menaçait le livre et l'auteur. Une chose pourtant me

(*) Voyez, en tête de l'*Émile*, une déclaration de M. de Malesherbes relative à la publication de cet ouvrage. Cette pièce a été trouvée dans les papiers de Rousseau après sa mort, et publiée par Du Peyron.

rassurait toujours : je voyais M^me de Luxembourg si tranquille, si contente, si riante même, qu'il fallait bien qu'elle fût sûre de son fait, pour n'avoir pas la moindre inquiétude à mon sujet, pour ne pas me dire un seul mot de commisération ni d'excuse, pour voir le tour que prendrait cette affaire, avec autant de sangfroid que si elle ne s'en fût point mêlée, et qu'elle n'eût pas pris à moi le moindre intérêt. Ce qui me surprenait, était qu'elle ne me disait rien du tout. Il me semblait qu'elle aurait dû me dire quelque chose. M^me de Boufflers paraissait moins tranquille. Elle allait et venait avec un air d'agitation, se donnant beaucoup de mouvement, et m'assurant que M. le prince de Conti s'en donnait beaucoup aussi pour parer le coup qui m'était préparé, et qu'elle attribuait toujours aux circonstances présentes, dans lesquelles il importait au parlement de ne pas se laisser accuser par les jésuites d'indifférence sur la religion. Elle paraissait cependant peu compter sur le succès des démarches du prince et des siennes. Ses conversations, plus alarmantes que rassurantes, tendaient toutes à m'engager à la retraite, et elle me conseillait toujours l'Angleterre, où elle m'offrait beaucoup d'amis, entre autres le célèbre Hume, qui était le sien depuis longtemps. Voyant que je persistais à rester tranquille, elle prit un tour plus capable de m'ébranler. Elle me fit entendre que si j'étais arrêté et interrogé, je me mettais dans la nécessité de nommer M^me de Luxembourg, et que son amitié pour moi méritait bien que je ne m'exposasse pas à la compromettre. Je répondis qu'en pareil cas elle pouvait rester tranquille, et que je ne la compromettrais point. Elle répliqua que cette résolution était plus facile à prendre qu'à exécuter; et en cela elle avait raison, surtout pour moi, bien déterminé à ne jamais me parjurer ni mentir devant les juges, quelque risque qu'il pût y avoir à dire la vérité.

Voyant que cette réflexion m'avait fait quelque impression, sans cependant que je pusse me résoudre à fuir, elle me parla de la Bastille pour quelques semaines, comme d'un moyen de me soustraire à la juridiction du parlement, qui ne se mêle pas des prisonniers d'état. Je n'objectai rien contre cette singulière grâce, pourvu qu'elle ne fût pas sollicitée en mon nom. Comme elle ne m'en parla plus, j'ai jugé dans la suite qu'elle n'avait proposé cette idée que pour me sonder, et qu'on n'avait pas voulu d'un expédient qui finissait tout.

Peu de jours après, M. le maréchal reçut du curé de Deuil, ami de Grimm et de M^me d'Épinay, une lettre portant l'avis, qu'il disait avoir eu de bonne part, que le parlement devait procéder contre moi avec la dernière sévérité, et que tel jour, qu'il marqua, je serais décrété de prise de corps. Je jugeai cet avis de fabrique holbachique : je savais que le parlement était très attentif aux formes, et que c'était toutes les enfreindre que de commencer en cette occasion par un décret de prise de corps, avant de savoir juridiquement si j'avouais le livre, et si réellement j'en étais l'auteur. « Il n'y a, disais-je à M^me de Boufflers, que les crimes qui portent atteinte à la sûreté publique, dont sur le simple indice on décrète les accusés de prise de corps, de peur qu'ils n'échappent au châtiment. Mais quand on veut punir un délit tel que le mien, qui mérite des honneurs et des récompenses, on procède contre le livre, et l'on évite autant qu'on peut de s'en prendre à l'auteur. » Elle me fit à cela une distinction subtile, que j'ai oubliée, pour me prouver que c'était par faveur qu'on me décrétait de prise de corps, au lieu de m'assigner pour être ouï. Le lendemain, je reçus une lettre de Guy, qui me marquait que, s'étant trouvé le même jour chez monsieur le procureur-général, il avait vu sur son bureau le brouillon d'un réquisitoire contre l'*Émile* et son auteur. Notez que ledit Guy était l'associé de Duchesne, qui avait imprimé l'ouvrage; lequel, fort tranquille pour son propre compte, donnait par charité cet avis à l'auteur. On peut juger combien tout cela me parut croyable! Il était si simple, si naturel qu'un libraire admis à l'audience de M. le procureur-général lût tranquillement les manuscrits et brouillons épars sur le bureau de ce magistrat! M^me de Boufflers et d'autres me confirmèrent la même chose. Sur les absurdités dont on me rebattait incessamment les oreilles, j'étais tenté de croire que tout le monde était devenu fou.

Sentant bien qu'il y avait sous tout cela quelque mystère qu'on ne voulait pas

me dire, j'attendais tranquillement l'événement, me reposant sur ma droiture et mon innocence en toute cette affaire, et trop heureux, quelque persécution qui dût m'attendre, d'être appelé à l'honneur de souffrir pour la vérité. Loin de craindre et de me tenir caché, j'allais tous les jours au château, et je faisais les après-midi ma promenade ordinaire. Le 8 juin, veille du décret, je la fis avec deux professeurs oratoriens, le P. Alamanni et le P. Mandard. Nous portâmes aux Champeaux un petit goûter que nous mangeâmes de grand appétit. Nous avions oublié des verres : nous y suppléâmes par des chalumeaux de seigle, avec lesquels nous aspirions le vin dans la bouteille, nous piquant de choisir des tuyaux bien larges, pour pomper à qui mieux mieux. Je n'ai de ma vie été si gai.

J'ai conté comment je perdis le sommeil dans ma jeunesse. Depuis lors j'avais pris l'habitude de lire tous les soirs dans mon lit, jusqu'à ce que je sentisse mes yeux s'appesantir. Alors j'éteignais ma bougie, et je tâchais de m'assoupir quelques instants qui ne duraient guère. Ma lecture ordinaire du soir était la Bible, et je l'ai lue entière au moins cinq ou six fois de suite de cette façon. Ce soir-là, me trouvant plus éveillé qu'à l'ordinaire, je prolongeai plus longtemps ma lecture, et je lus tout entier le livre qui finit par l'histoire du Lévite d'Ephraïm, et qui, si je ne me trompe, est le livre des Juges; car je ne l'ai pas revu depuis ce temps-là. Cette histoire m'affecta beaucoup, et j'en étais occupé dans une espèce de rêve, quand tout à coup j'en fus tiré par du bruit et de la lumière. Thérèse, qui la portait, éclairait M. La Roche, qui, me voyant lever brusquement sur mon séant, me dit : « Ne vous alarmez pas; c'est de la part de Mme la maréchale, qui vous écrit et vous envoie une lettre de M. le prince de Conti. » En effet, dans la lettre de Mme de Luxembourg, je trouvai celle qu'un exprès de ce prince venait de lui apporter, portant avis que, malgré tous ses efforts, on était déterminé à procéder contre moi à toute rigueur. « La fermentation, lui marquait-il, est extrême; rien ne peut parer le coup; la cour l'exige, le parlement le veut; à sept heures du matin, il sera décrété de prise de corps, et l'on enverra sur-le-champ le saisir : j'ai obtenu qu'on ne le poursuivra pas s'il s'éloigne; mais s'il persiste à vouloir se laisser prendre, il sera pris. » La Roche me conjura, de la part de Mme la maréchale, de me lever et d'aller conférer avec elle. Il était deux heures; elle venait de se coucher. « Elle vous attend, ajouta-t-il, et ne veut pas s'endormir sans vous avoir vu. » Je m'habillai à la hâte, et j'y courus.

Elle me parut agitée. C'était la première fois. Son trouble me toucha. Dans ce moment de surprise, au milieu de la nuit, je n'étais pas moi-même exempt d'émotion ; mais en la voyant, je m'oubliai bientôt pour ne penser qu'à elle, et au triste rôle qu'elle allait jouer si je me laissais prendre : car, me sentant assez de courage pour ne dire jamais que la vérité, dût-elle me nuire et me perdre, je ne me sentais ni assez de présence d'esprit, ni assez d'adresse, ni peut-être assez de fermeté pour éviter de la compromettre si j'étais vivement pressé. Cela me décida à sacrifier ma gloire à sa tranquillité, à faire pour elle, en cette occasion, ce que rien ne m'eût fait faire pour moi. Dans l'instant que ma résolution fut prise, je la lui déclarai, ne voulant point gâter le prix de mon sacrifice en le lui faisant acheter. Je suis certain qu'elle ne put se tromper sur mon motif, cependant elle ne me dit pas un mot qui marquât qu'elle y fût sensible. Je fus choqué de cette indifférence, au point de balancer à me rétracter : mais M. le maréchal survint; Mme de Boufflers arriva de Paris quelques moments après. Ils firent ce qu'aurait dû faire Mme de Luxembourg. Je me laissai flatter ; j'eus honte de me dédire, et il ne fut plus question que du lieu de ma retraite, et du temps de mon départ. M. de Luxembourg me proposa de rester chez lui quelques jours incognito, pour délibérer et prendre mes mesures plus à loisir; je n'y consentis point, non plus qu'à la proposition d'aller secrètement au Temple. Je m'obstinai à vouloir partir dès le même jour, plutôt que de rester caché où que ce pût être.

Sentant que j'avais des ennemis secrets et puissants dans le royaume, je jugeai que, malgré mon attachement pour la France, j'en devais sortir pour assurer ma tranquillité. Mon premier mouvement fut de me retirer à Genève;

mais un instant de réflexion suffit pour me dissuader de faire cette sottise. Je savais que le ministère de France, encore plus puissant à Genève qu'à Paris, ne me laisserait pas plus en paix dans une de ces villes que dans l'autre, s'il avait résolu de me tourmenter. Je savais que le *Discours sur l'inégalité* avait excité contre moi, dans le Conseil, une haine d'autant plus dangereuse qu'il n'osait la manifester. Je savais qu'en dernier lieu, quand la *Nouvelle Héloïse* parut, il s'était pressé de la défendre, à la sollicitation du docteur Tronchin; mais voyant que personne ne l'imitait, pas même à Paris, il eut honte de cette étourderie, et retira la défense. Je ne doutais pas que, trouvant ici l'occasion plus favorable, il n'eût grand soin d'en profiter. Je savais que, malgré tous les beaux semblants, il régnait contre moi, dans tous les cœurs genevois, une secrète jalousie qui

Nous aspirions le vin dans la bouteille. (Page 55.)

n'attendait que l'occasion de s'assouvir. Néanmoins, l'amour de la patrie me rappelait dans la mienne; et si j'avais pu me flatter d'y vivre en paix, je n'aurais pas balancé : mais l'honneur ni la raison ne me permettant pas de m'y réfugier comme un fugitif, je pris le parti de m'en rapprocher seulement, et d'aller attendre en Suisse celui qu'on prendrait à Genève à mon égard. On verra bientôt que cette incertitude ne dura pas longtemps.

Mme de Boufflers désapprouva beaucoup cette résolution, et fit de nouveaux efforts pour m'engager à passer en Angleterre. Elle ne m'ébranla pas. Je n'ai jamais aimé l'Angleterre ni les Anglais; et toute l'éloquence de Mme de Boufflers, loin de vaincre ma répugnance, semblait l'augmenter, sans que je susse pourquoi.

Décidé à partir le même jour, je fus dès le matin parti pour tout le monde; et La Roche, par qui j'envoyai chercher mes papiers, ne voulut pas dire à Thérèse elle-même si je l'étais ou ne l'étais pas. Depuis que j'avais résolu d'écrire un un jour mes Mémoires, j'avais accumulé beaucoup de lettres et autres papiers, de sorte qu'il fallut plusieurs voyages. Une partie de ces papiers déjà triés furent

mis à part, et je m'occupai le reste de la matinée à trier les autres, afin de n'emporter que ce qui pouvait m'être utile, et brûler le reste. M. de Luxembourg voulut bien m'aider à ce travail, qui se trouva si long que nous ne pûmes achever dans la matinée, et je n'eus le temps de rien brûler. M. le maréchal m'offrit de se charger du reste du triage, de brûler le rebut lui-même, sans s'en rapporter à qui que ce fût, et de m'envoyer tout ce qui aurait été mis à part. J'acceptai l'offre, fort aise d'être délivré de ce soin, pour pouvoir passer le peu d'heures qui me restaient avec des personnes si chères, que j'allais quitter pour jamais. Il prit la clef de la chambre où je laissais ces papiers, et, à mon instante prière, il envoya chercher ma pauvre tante qui se consumait dans la perplexité mortelle de ce que j'étais devenu, et de ce qu'elle allait devenir, et attendant à chaque instant les huissiers, sans savoir comment se conduire et que leur répondre. La Roche l'amena au château, sans lui rien dire ; elle me croyait déjà bien loin : en m'apercevant, elle perça l'air de ses cris, et se précipita dans mes bras. O amitié, rapport des cœurs, habitude, intimité ! Dans ce doux et cruel moment se rassemblèrent tous les jours de bonheur, de tendresse et de paix passés ensemble, pour me faire mieux sentir le déchirement d'une première séparation, après nous être à peine perdus de vue un seul jour pendant près de dix-sept ans. Le maréchal, témoin de cet embrassement, ne put retenir ses larmes. Il nous laissa. Thérèse ne voulait plus me quitter. Je lui fis sentir l'inconvénient qu'elle me suivît en ce moment, et la nécessité qu'elle restât pour liquider mes effets et recueillir mon argent. Quand on décrète un homme de prise de corps, l'usage est de saisir ses papiers, de mettre le scellé sur ses effets, ou d'en faire l'inventaire, et d'y nommer un gardien. Il fallait bien qu'elle restât pour veiller à ce qui se passerait, et tirer de tout le meilleur parti possible. Je lui promis qu'elle me rejoindrait dans peu : M. le maréchal confirma ma promesse ; mais je ne voulus jamais lui dire où j'allais, afin qu'interrogée par ceux qui viendraient me saisir, elle pût protester avec vérité de son ignorance sur cet article. En l'embrassant au moment de nous quitter, je sentis en moi-même un mouvement très extraordinaire, et je lui dis dans un transport, hélas ! trop prophétique : « Mon enfant, il faut t'armer de courage. Tu as partagé la prospérité de mes beaux jours ; il te reste, puisque tu le veux, à partager mes misères. N'attends plus qu'affronts et calamités à ma suite. Le sort que ce triste jour commence pour moi me poursuivra jusqu'à ma dernière heure. »

Il ne me restait plus qu'à songer au départ. Les huissiers avaient dû venir à dix heures. Il en était quatre après midi quand je partis, et ils n'étaient pas encore arrivés. Il avait été décidé que je prendrais la poste. Je n'avais point de chaise ; M. le maréchal me fit présent d'un cabriolet et me prêta des chevaux et un postillon jusqu'à la première poste, où par les mesures qu'il avait prises, on ne fit aucune difficulté de me fournir des chevaux.

Comme je n'avais point dîné à table, et ne m'étais pas montré dans le château, les dames vinrent me dire adieu dans l'entresol, où j'avais passé la journée. Mme la maréchale m'embrassa plusieurs fois d'un air assez triste ; mais je ne sentis plus dans ces embrassements les étreintes de ceux qu'elle m'avait prodigués il y avait deux ou trois ans. Mme de Boufflers m'embrassa aussi, et me dit de fort belles choses. Un embrassement qui me surprit davantage, fut celui de Mme de Mirepoix ; car elle était aussi là. Mme la maréchale de Mirepoix est une personne extrêmement froide, décente et réservée, et ne me paraît pas tout-à-fait exempte de la hauteur naturelle à la maison de Lorraine. Elle ne m'avait jamais témoigné beaucoup d'attention. Soit que, flatté d'un honneur auquel je ne m'attendais pas, je cherchasse à m'en augmenter le prix, soit qu'en effet elle eût mis dans cet embrassement un peu de cette commisération naturelle aux cœurs généreux, je trouvai dans son mouvement et dans son regard je ne sais quoi d'énergique qui me pénétra. Souvent, en y repensant, j'ai soupçonné dans la suite que, n'ignorant pas à quel sort j'étais condamné, elle n'avait pu se défendre d'un moment d'attendrissement sur ma destinée.

M. le maréchal n'ouvrait pas la bouche ; il était pâle comme un mort. Il voulut

absolument m'accompagner jusqu'à ma chaise qui m'attendait à l'abreuvoir. Nous traversâmes tout le jardin sans dire un seul mot. J'avais une clef du parc, dont je me servis pour ouvrir la porte ; après quoi, au lieu de remettre la clef dans ma poche, je la lui rendis sans mot dire. Il la prit avec une vivacité surprenante, à laquelle je n'ai pu m'empêcher de penser souvent depuis ce temps-là. Je n'ai guère eu dans ma vie d'instant plus amer que celui de cette séparation. L'embrassement fut long et muet : nous sentîmes l'un et l'autre que cet embrassement était un dernier adieu.

Entre la Barre et Montmorency, je rencontrai dans un carrosse de remise quatre hommes en noir, qui me saluèrent en souriant. Sur ce que Thérèse m'a rapporté dans la suite de la figure des huissiers, de l'heure de leur arrivée, et de la façon dont ils se comportèrent, je n'ai point douté que ce ne fussent eux ; surtout ayant appris dans la suite, qu'au lieu d'être décrété à sept heures, comme on me l'avait annoncé, je ne l'avais été qu'à midi. Il fallut traverser tout Paris. On n'est pas fort caché dans un cabriolet tout ouvert. Je vis dans les rues plusieurs personnes qui me saluèrent d'un air de connaissance, mais je n'en reconnus aucune. Le même soir je me détournai pour passer à Villeroy. A Lyon, les courriers doivent être menés au commandant. Cela pouvait être embarrassant pour un homme qui ne voulait ni mentir, ni changer son nom. J'allai, avec une lettre de M^{me} de Luxembourg, prier M. de Villeroy de faire en sorte que je fusse exempté de cette corvée. M. de Villeroy me donna une lettre dont je ne fis point usage, parce que je ne passai pas à Lyon. Cette lettre est restée encore cachetée parmi mes papiers. M. le duc me pressa beaucoup de coucher à Villeroy ; mais j'aimai mieux reprendre la grande route, et je fis encore deux postes le même jour.

Ma chaise était rude, et j'étais trop incommodé pour pouvoir marcher à grandes journées. D'ailleurs, je n'avais pas l'air assez imposant pour me faire bien servir, et l'on sait qu'en France les chevaux de poste ne sentent la gaule que sur les épaules du postillon. En payant grassement les guides, je crus suppléer à la mine et au propos ; ce fut encore pis. Ils me prirent pour un pied-plat, qui marchait par commission, et qui courait la poste pour la première fois de sa vie. Dès lors je n'eus plus que des rosses, et je devins le jouet des postillons. Je finis comme j'aurais dû commencer, par prendre patience, ne rien dire, et aller comme il leur plut.

J'avais de quoi ne pas m'ennuyer en route, en me livrant aux réflexions qui se présentaient sur tout ce qui venait de m'arriver ; mais ce n'était là ni mon tour d'esprit, ni la pente de mon cœur. Il est étonnant avec quelle facilité j'oublie le mal passé, quelque récent qu'il puisse être. Autant sa prévoyance m'effraie et me trouble, tant que je le vois dans l'avenir, autant son souvenir me revient faiblement et s'éteint sans peine aussitôt qu'il est arrivé. Ma cruelle imagination, qui se tourmente sans cesse à prévenir les maux qui ne sont point encore, fait diversion à ma mémoire, et m'empêche de me rappeler ceux qui ne sont plus. Contre ce qui est fait, il n'y a plus de précaution à prendre, et il est inutile de s'en occuper. J'épuise en quelque façon mon malheur d'avance : plus j'ai souffert à le prévoir, plus j'ai de facilité à l'oublier ; tandis qu'au contraire, sans cesse occupé de mon bonheur passé, je le rappelle et le rumine, pour ainsi dire, au point d'en jouir de rechef quand je veux. C'est à cette heureuse disposition, je le sens, que je dois de n'avoir jamais connu cette humeur rancunière qui fermente dans un cœur vindicatif, par le souvenir continuel des offenses reçues, et qui le tourmente lui-même de tout le mal qu'il voudrait rendre à son ennemi. Naturellement emporté, j'ai senti la colère, la fureur même dans les premiers mouvements ; mais jamais un désir de vengeance ne prit racine au dedans de moi. Je m'occupe trop peu de l'offense, pour m'occuper beaucoup de l'offenseur. Je ne pense au mal que j'en ai reçu, qu'à cause de celui que j'en peux recevoir encore ; et si j'étais sûr qu'il ne m'en fît plus, celui qu'il m'a fait serait à l'instant oublié. On nous prêche beaucoup le pardon des offenses. C'est une fort belle vertu sans doute, mais qui n'est pas à mon usage. J'ignore si mon cœur saurait dominer sa

haine, car il n'en a jamais senti, et je pense trop peu à mes ennemis, pour avoir le mérite de leur pardonner. Je ne dirai pas à quel point, pour me tourmenter, ils se tourmentent eux-mêmes. Je suis à leur merci, ils ont tout pouvoir, ils en usent. Il n'y a qu'une seule chose au-dessus de leur puissance, et dont je les défie : c'est, en se tourmentant de moi, de me forcer à me tourmenter d'eux.

Dès le lendemain de mon départ, j'oubliai si parfaitement tout ce qui venait de se passer, et le parlement, et Mme de Pompadour, et M. de Choiseul, et Grimm, et D'Alembert, et leurs complots, et leurs complices, que je n'y aurais pas même repensé de tout mon voyage, sans les précautions dont j'étais obligé d'user. Un souvenir qui me vint au lieu de tout cela, fut celui de ma dernière lecture, la veille de mon départ. Je me rappelai aussi les Idylles de Gessner, que son traducteur Huber m'avait envoyées, il y avait quelque temps. Ces deux idées me revinrent si bien, et se mêlèrent de telle sorte dans mon esprit, que je voulus essayer de les réunir, en traitant à la manière de Gessner le sujet du *Lévite d'Ephraïm*. Ce style champêtre et naïf ne paraissait guère propre à un sujet si atroce, et il n'était guère à présumer que ma situation présente me fournît des idées bien riantes pour l'égayer. Je tentai toutefois la chose, uniquement pour m'amuser dans ma chaise et sans aucun espoir de succès. A peine eus-je essayé, que je fus étonné de l'aménité de mes idées, et de la facilité que j'éprouvais à les rendre. Je fis en trois jours les trois premiers chants de ce petit poëme, que j'achevai dans la suite à Motiers; et je suis sûr de n'avoir rien fait en ma vie où règne une douceur de mœurs plus attendrissante, un coloris plus frais, des peintures plus naïves, un costume plus exact, une plus antique simplicité en toute chose, et tout cela, malgré l'horreur du sujet, qui dans le fond est abominable; de sorte qu'outre tout le reste, j'eus encore le mérite de la difficulté vaincue. Le *Lévite d'Ephraïm*, s'il n'est pas le meilleur de mes ouvrages, en sera toujours le plus chéri. Jamais je ne l'ai relu, jamais je ne le relirai, sans sentir en dedans l'applaudissement d'un cœur sans fiel, qui, loin de s'aigrir par ses malheurs, s'en console avec lui-même, et trouve en soi de quoi s'en dédommager. Qu'on rassemble tous ces grands philosophes, si supérieurs dans leurs livres à l'adversité qu'ils n'éprouvèrent jamais; qu'on les mette dans une position pareille à la mienne, et que dans la première indignation de l'honneur outragé, on leur donne un pareil ouvrage à faire : on verra comment ils s'en tireront.

En partant de Montmorency pour la Suisse, j'avais pris la résolution d'aller m'arrêter à Yverdun chez mon bon vieux ami M. Roguin, qui s'y était retiré depuis quelques années, et qui m'avait même invité à l'y aller voir. J'appris en route que Lyon faisait un détour; cela m'évita d'y passer. Mais en revanche, il fallait passer par Besançon, place de guerre, et par conséquent sujette au même inconvénient. Je m'avisai de gauchir, et de passer par Salins, sous prétexte d'aller voir M. de Mairan, neveu de M. Dupin, qui avait un emploi à la saline, et qui m'avait fait jadis force invitation de l'y aller voir. L'expédient me réussit; je ne trouvai point M. de Mairan : fort aise d'être dispensé de m'arrêter, je continuai ma route sans que personne me dît un mot.

En entrant sur le territoire de Berne, je fis arrêter; je descendis, je me prosternai, j'embrassai, je baisai la terre, et m'écriai dans mon transport : « Ciel ! protecteur de la vertu, je te loue : je touche une terre de liberté ! » C'est ainsi qu'aveugle et confiant dans mes espérances, je me suis toujours passionné pour ce qui devait faire mon malheur. Mon postillon surpris me crut fou; je remontai dans ma chaise, et peu d'heures après, j'eus la joie aussi pure que vive de me sentir pressé dans les bras du respectable Roguin. Ah ! respirons quelques instants chez ce digne hôte ! J'ai besoin d'y prendre du courage et des forces; je trouverai bientôt à les employer.

Ce n'est pas sans raison que je me suis étendu, dans le récit que je viens de faire, sur toutes les circonstances que j'ai pu me rappeler. Quoiqu'elles ne paraissent pas fort lumineuses, quand on tient une fois le fil de la trame, elles peuvent jeter du jour sur sa marche; et par exemple, sans donner la première idée du problème que je vais proposer, elles aident beaucoup à le résoudre.

Environs de Mottiers-Travers.

Supposons que, pour l'exécution du complot dont j'étais l'objet, mon éloignement fût absolument nécessaire, tout devait, pour l'opérer, se passer à peu près comme il se passa; mais si, sans me laisser épouvanter par l'ambassade nocturne de M^me de Luxembourg et troubler par ses alarmes, j'avais continué de tenir ferme comme j'avais commencé, et qu'au lieu de rester au château, je m'en fusse retourné dans mon lit dormir tranquillement la fraîche matinée, aurais-je également été décrété? Grande question, d'où dépend la solution de beaucoup d'autres, et pour l'examen de laquelle l'heure du décret comminatoire et celle du décret réel ne sont pas inutiles à remarquer. Exemple grossier, mais sensible, de l'importance des moindres détails dans l'exposé des faits dont on cherche les causes secrètes, pour les découvrir par induction.

LIVRE XII.

(1762.) Ici commence l'œuvre de ténèbres dans lequel, depuis huit ans, je me trouve enseveli, sans que, de quelque façon que je m'y sois pu prendre, il m'ait été possible d'en percer l'effrayante obscurité. Dans l'abîme de maux où je suis submergé, je sens les atteintes des coups qui me sont portés, j'en aperçois l'instrument immédiat; mais je ne puis voir ni la main qui les dirige, ni les moyens qu'elle met en œuvre. L'opprobre et les malheurs tombent sur moi comme d'eux-mêmes, et sans qu'il y paraisse. Quand mon cœur déchiré laisse échapper des gémissements, j'ai l'air d'un homme qui se plaint sans sujet, et les auteurs de ma ruine ont trouvé l'art inconcevable de rendre le public complice de leur complot, sans qu'il s'en doute lui-même, et sans qu'il en aperçoive l'effet. En narrant donc les événements qui me regardent, les traitements que j'ai soufferts, et tout ce qui m'est arrivé, je suis hors d'état de remonter à la main motrice, et d'assigner les causes en disant les faits. Ces causes primitives sont toutes marquées dans les trois précédents livres, tous les intérêts relatifs à moi, tous les motifs secrets y sont exposés. Mais dire en quoi ces diverses causes se combinent pour opérer les étranges événements de ma vie, voilà ce qu'il m'est impossible d'expliquer, même par conjecture. Si parmi mes lecteurs il s'en trouve d'assez généreux pour vouloir approfondir ces mystères et découvrir la vérité, qu'ils relisent avec soin les trois précédents livres, qu'ensuite, à chaque fait qu'ils liront dans les suivants, ils prennent les informations qui seront à leur portée, qu'ils remontent d'intrigue en intrigue et d'agent en agent jusqu'aux premiers moteurs de tout, je sais certainement à quel terme aboutiront leurs recherches; mais je me perds dans la route obscure et tortueuse des souterrains qui les y conduiront.

Durant mon séjour à Yverdun, j'y fis connaissance avec toute la famille de M. Roguin, et entre autres avec sa nièce M^me Boy-de-La-Tour et ses filles, dont, comme je crois l'avoir dit, j'avais autrefois connu le père à Lyon. Elle était venue à Yverdun voir son oncle et ses sœurs; sa fille aînée, âgée d'environ quinze ans, m'enchanta par son grand sens et son excellent caractère. Je m'attachai de l'amitié la plus tendre à la mère et à la fille. Cette dernière était destinée par M. Roguin au colonel son neveu, déjà d'un certain âge, et qui me témoignait aussi la plus grande affection; mais, quoique l'oncle fût passionné pour ce mariage, que le neveu le désirât fort aussi, et que je prisse un intérêt très vif à la satisfaction de l'un et de l'autre, la grande disproportion d'âge et l'extrême répugnance de la jeune personne me firent concourir avec la mère à détourner ce mariage, qui ne se fit point. Le colonel épousa depuis M^lle Dillan sa parente, d'un caractère et d'une beauté bien selon mon cœur, et qui l'a rendu le plus heureux des maris et des pères. Malgré cela, M. Roguin n'a pu oublier que j'aie en cette occasion contrarié ses désirs. Je m'en suis consolé par la certitude d'avoir rempli, tant envers lui qu'envers sa famille, le devoir de la plus sainte amitié, qui n'est pas de se rendre toujours agréable, mais de conseiller toujours pour le mieux.

Je ne fus pas longtemps en doute sur l'accueil qui m'attendait à Genève, au cas que j'eusse envie d'y retourner. Mon livre y fut brûlé, et j'y fus décrété le

18 juin, c'est-à-dire neuf jours après l'avoir été à Paris. Tant d'incroyables absurdités étaient cumulées dans ce second décret, et l'édit ecclésiastique y était si formellement violé, que je refusai d'ajouter foi aux premières nouvelles qui m'en vinrent, et que, quand elles furent bien confirmées, je tremblai qu'une si manifeste et criante infraction de toutes les lois, à commencer par celle du bon sens, ne mît Genève sens dessus dessous. J'eus de quoi me rassurer ; tout resta tranquille. S'il s'émut quelque rumeur dans la populace, elle ne fut que contre moi, et je fus traité publiquement par toutes les caillettes et par tous les cuistres comme un écolier qu'on menacerait du fouet pour n'avoir pas bien dit son catéchisme.

Ces deux décrets furent le signal du cri de malédiction qui s'éleva contre moi dans toute l'Europe avec une fureur qui n'eut jamais d'exemple. Toutes les gazettes, tous les journaux, toutes les brochures sonnèrent le plus terrible tocsin. Les Français surtout, ce peuple si doux, si poli, si généreux, qui se pique si fort de bienséance et d'égards pour les malheureux, oubliant tout d'un coup ses vertus favorites, se signala par le nombre et la violence des outrages dont il m'accablait à l'envi. J'étais un impie, un athée, un forcené, un enragé, une bête féroce, un loup. Le continuateur du Journal de Trévoux fit sur ma prétendue lycanthropie un écart qui montrait assez bien la sienne. Enfin, vous eussiez dit qu'on craignait à Paris de se faire une affaire avec la police, si, publiant un écrit sur quelque sujet que ce pût être, on manquait d'y larder quelque insulte contre moi. En cherchant vainement la cause de cette animosité, je fus prêt à croire que tout le monde était devenu fou. Quoi ! le rédacteur de la *Paix perpétuelle* souffle la discorde ; l'éditeur du *Vicaire Savoyard* est un impie ; l'auteur de la *Nouvelle Héloïse* est un loup ; celui de l'*Émile* est un enragé ! Eh ! mon Dieu, qu'aurais-je donc été, si j'avais publié le livre de l'*Esprit*, ou quelque autre ouvrage semblable ? Et pourtant, dans l'orage qui s'éleva contre l'auteur de ce livre, le public, loin de joindre sa voix à celle de ses persécuteurs, le vengea d'eux par ses éloges. Que l'on compare son livre et les miens, l'accueil différent qu'ils ont reçu, les traitements faits aux deux auteurs dans les divers états de l'Europe ; qu'on trouve à ces différences des causes qui puissent contenter un homme sensé : voilà tout ce que je demande, et je me tais.

Je me trouvais si bien du séjour d'Yverdun, que je pris la résolution d'y rester, à la vive sollicitation de M. Roguin et de toute sa famille. M. de Moiry de Gingins, bailli de cette ville, m'encourageait aussi par ses bontés à rester dans son gouvernement. Le colonel me pressa si fort d'accepter l'habitation d'un petit pavillon qu'il avait dans sa maison, entre cour et jardin, que j'y consentis ; et aussitôt il s'empressa de le meubler et garnir de tout ce qui était nécessaire pour mon petit ménage. Le banneret Roguin, des plus empressés autour de moi, ne me quittait pas de la journée. J'étais toujours très sensible à tant de caresses, mais j'en étais quelquefois bien importuné. Le jour de mon emménagement était déjà marqué, et j'avais écrit à Thérèse de me venir joindre, quand tout à coup j'appris qu'il s'élevait à Berne un orage contre moi, qu'on attribuait aux dévots, et dont je n'ai jamais pu pénétrer la première cause. Le sénat excité, sans qu'on sût par qui, paraissait ne vouloir pas me laisser tranquille dans ma retraite. Au premier avis qu'eut M. le bailli de cette fermentation, il écrivit en ma faveur à plusieurs membres du gouvernement, leur reprochant leur aveugle intolérance, et leur faisant honte de vouloir refuser à un homme de mérite opprimé l'asile que tant de bandits trouvaient dans leurs états. Des gens sensés ont présumé que la chaleur de ses reproches avait plus aigri qu'adouci les esprits. Quoi qu'il en soit, son crédit ni son éloquence ne purent parer le coup. Prévenu de l'ordre qu'il devait me signifier, il m'en avertit d'avance ; et pour ne pas attendre cet ordre, je résolus de partir dès le lendemain. La difficulté était de savoir où aller, voyant que Genève et la France m'étaient fermées, et prévoyant bien que dans cette affaire chacun s'empresserait d'imiter son voisin.

M^{me} Boy-de-La-Tour me proposa d'aller m'établir dans une maison vide, mais toute meublée, qui appartenait à son fils, au village de Motiers, dans le Val-de-

Travers, comté de Neufchâtel (*). Il n'y avait qu'une montagne à traverser pour m'y rendre. L'offre venait d'autant plus à propos, que, dans les états du roi de Prusse, je devais naturellement être à l'abri des persécutions, et qu'au moins la religion n'y pouvait guère servir de prétexte. Mais une secrète difficulté, qu'il ne me convenait pas de dire, avait bien de quoi me faire hésiter. Cet amour inné de la justice, qui dévora toujours mon cœur, joint à mon penchant secret pour la France, m'avait inspiré de l'aversion pour le roi de Prusse, qui me paraissait, par ses maximes et par sa conduite, fouler aux pieds tout respect pour la loi naturelle et pour tous les devoirs humains. Parmi les estampes encadrées dont j'avais orné mon donjon à Montmorency, était un portrait de ce prince, au-dessous duquel j'avais mis un distique qui finissait ainsi :

> Il pense en philosophe et se conduit en roi.

Ce vers, qui sous toute autre plume eût fait un assez bel éloge, avait sous la mienne un sens qui n'était pas équivoque, et qu'expliquait d'ailleurs trop clairement le vers précédent (**). Ce distique avait été vu de tous ceux qui venaient me voir, et qui n'étaient pas en petit nombre. Le chevalier de Lorenzi l'avait même écrit pour le donner à D'Alembert, et je ne doutais pas que D'Alembert n'eût pris le soin d'en faire ma cour à ce prince. J'avais encore aggravé ce premier tort par un passage de l'*Emile*, où, sous le nom d'Adraste, roi des Dauniens, on voyait assez qui j'avais en vue ; et la remarque n'avait pas échappé aux épilogueurs, puisque Mme de Boufflers m'avait mis plusieurs fois sur cet article. Ainsi, j'étais bien sûr d'être inscrit en encre rouge sur les registres du roi de Prusse ; et supposant d'ailleurs qu'il eût les principes que j'avais osé lui attribuer, mes écrits et leur auteur ne pouvaient par cela seul que lui déplaire : car on sait que les méchants et les tyrans m'ont toujours pris dans la plus mortelle haine, même sans me connaître, et sur la seule lecture de mes écrits.

J'osai pourtant me mettre à sa merci, et je crus courir peu de risque. Je savais que les passions basses ne subjuguent guère que les hommes faibles et ont peu de prise sur les âmes d'une trempe forte, telles que j'avais toujours reconnu la sienne. Je jugeai que dans son art de régner il entrait de se montrer magnanime en pareille occasion, et qu'il n'était pas au dessus de son caractère de l'être en effet. Je jugeai qu'une vile et facile vengeance ne balancerait pas un moment en lui l'amour de la gloire ; et me mettant à sa place, je ne crus pas impossible qu'il se prévalût de la circonstance pour accabler du poids de sa générosité l'homme qui avait osé mal penser de lui. J'allai donc m'établir à Motiers, avec une confiance dont je le crus fait pour sentir le prix ; et je me dis : Quand Jean-Jacques s'élève à côté de Coriolan, Frédéric sera-t-il au dessous du général des Volsques ?

Le colonel Roguin voulut absolument passer avec moi la montagne, et venir m'installer à Motiers. Une belle-sœur de Mme Boy-de-La-Tour, appelée Mme Girardier, à qui la maison que j'allais occuper était très commode, ne me vit pas arriver avec un certain plaisir ; cependant elle me mit de bonne grâce en possession de mon logement, et je mangeai chez elle en attendant que Thérèse fût venue, et que mon petit ménage fût établi.

Depuis mon départ de Montmorency, sentant bien que je serais désormais fugitif sur la terre, j'hésitais à permettre qu'elle vînt me joindre et partager la vie errante à laquelle je me voyais condamné. Je sentais que par cette catastrophe nos relations allaient changer, et que ce qui, jusqu'alors, avait été faveur et bienfait de ma part, le serait désormais de la sienne. Si son attachement restait à l'épreuve de mes malheurs, elle en serait déchirée, et sa douleur ajouterait à mes maux. Si ma disgrâce attiédissait son cœur, elle me ferait valoir sa con-

(*) Dans ce joli village de Motiers, au pied de la chaîne du Jura, on voit encore, à l'auberge appelée *l'Hôtel-de-Ville*, la chambre qui fut occupée par J.-J. Rousseau : elle n'a subi aucun changement.

(**) Ce vers, qui ne commençait pas l'inscription mise au bas du portrait, mais qui ne se trouvait que derrière le cadre, était ainsi conçu :

> La gloire, l'intérêt, voilà son Dieu, sa loi.

stance comme un sacrifice ; et au lieu de sentir le plaisir que j'avais à partager avec elle mon dernier morceau de pain, elle ne sentirait que le mérite qu'elle aurait de vouloir bien me suivre partout où le sort me forçait d'aller.

Il faut tout dire : je n'ai dissimulé ni les vices de ma pauvre maman, ni les miens ; je ne dois pas faire plus de grâce à Thérèse ; et quelque plaisir que je prenne à rendre honneur à une personne qui m'est si chère, je ne veux pas non plus déguiser ses torts, si tant est même qu'un changement involontaire dans les affections du cœur soit un vrai tort. Depuis longtemps je m'apercevais de l'attiédissement du sien. Je sentais qu'elle n'était plus pour moi ce qu'elle fut dans nos belles années, et je le sentais d'autant mieux que j'étais le même pour elle toujours. Je retombai dans le même inconvénient dont j'avais senti l'effet auprès de maman, et cet effet fut le même auprès de Thérèse. N'allons pas chercher des perfections hors de la nature ; il serait le même auprès de quelque femme que ce fût. Le parti que j'avais pris à l'égard de mes enfants, quelque bien raisonné qu'il m'eût paru, ne m'avait pas toujours laissé le cœur tranquille. En méditant mon *Traité de l'éducation*, je sentis que j'avais négligé des devoirs dont rien ne pouvait me dispenser. Le remords enfin devint si vif, qu'il m'arracha presque l'aveu public de ma faute au commencement de l'*Emile*; et le trait même est si clair, qu'après un tel passage il est surprenant qu'on ait eu le courage de me la reprocher (*). Ma situation, cependant, était alors la même, et pire encore par l'animosité de mes ennemis, qui ne cherchaient qu'à me prendre en faute. Je craignis la récidive ; et n'en voulant pas courir le risque, j'aimai mieux me condamner à l'abstinence que d'exposer Thérèse à se voir de rechef dans le même cas. J'avais d'ailleurs remarqué que l'habitation des femmes empirait sensiblement mon état : cette double raison m'avait fait former des résolutions que j'avais quelquefois assez mal tenues, mais dans lesquelles je persistais avec plus de constance depuis trois ou quatre ans ; c'était aussi depuis cette époque, que j'avais remarqué du refroidissement dans Thérèse : elle avait pour moi le même attachement par devoir, mais elle n'en avait plus par amour. Cela jetait nécessairement moins d'agrément dans notre commerce, et j'imaginai que, sûre de la continuation de mes soins où qu'elle pût être, elle aimerait peut-être mieux rester à Paris que d'errer avec moi (**). Cependant elle avait marqué tant de douleur à notre séparation, elle avait exigé de moi des promesses si positives de nous rejoindre, elle en exprimait si vivement le désir depuis mon départ, tant à M. le prince de Conti qu'à M. de Luxembourg, que loin d'avoir le courage de lui parler de séparation, j'eus à peine celui d'y penser moi-même ; et après avoir senti dans mon cœur combien il m'était impossible de me passer d'elle, je ne songeai plus qu'à la rappeler incessamment. Je lui écrivis donc de partir ; elle vint. A peine y avait-il deux mois que je l'avais quittée ; mais c'était, depuis tant d'années, notre première séparation. Nous l'avions sentie bien cruellement l'un et l'autre. Quel saisissement en nous embrassant ! O que les larmes de tendresse et de joie sont douces ! Comme mon cœur s'en abreuve ! Pourquoi m'a-t-on fait verser si peu de celles-là ?

En arrivant à Motiers, j'avais écrit à mylord Keith, maréchal d'Ecosse, gouverneur de Neufchâtel, pour lui donner avis de ma retraite dans les états de sa majesté, et pour lui demander sa protection. Il me répondit avec la générosité qu'on lui connaît, et que j'attendais de lui. Il m'invita à l'aller voir. J'y fus avec M. Martinet, châtelain du Val-de-Travers, qui était en grande faveur auprès de son excellence. L'aspect vénérable de cet illustre et vertueux Ecossais m'émut puissamment le cœur, et dès l'instant même commença entre lui et moi ce vif attachement qui, de ma part, est toujours demeuré le même, et qui le serait toujours de la sienne, si les traîtres, qui m'ont ôté toutes les consolations de la vie,

(*) Ce passage commence ainsi : « Un père, quand il engendre et nourrit des enfants, ne fait en cela que le tiers de sa tâche... » Voyez l'*Emile*, liv. 1.

(**) Ce refroidissement de Thérèse n'avait-il pas une cause plus naturelle dans la folle passion de Jean-Jacques pour madame d'Houdetot ?

n'eussent profité de mon éloignement pour abuser sa vieillesse et me défigurer à ses yeux.

George Keith, maréchal héréditaire d'Ecosse, et frère du célèbre général Keith, qui vécut glorieusement et mourut au lit d'honneur, avait quitté son pays dans sa jeunesse, et y fut proscrit pour s'être attaché à la maison Stuart, dont il se dégoûta bientôt, par l'esprit injuste et tyrannique qu'il y remarqua, et qui en fit toujours le caractère dominant. Il demeura longtemps en Espagne, dont le climat lui plaisait beaucoup, et finit par s'attacher, ainsi que son frère, au roi de Prusse, qui se connaissait en hommes, et les accueillit comme ils le méritaient.

George Keith, maréchal héréditaire d'Ecosse.

Il fut bien bien payé de cet accueil, par les grands services que lui rendit le maréchal Keith, et par une chose bien plus précieuse encore, la sincère amitié de mylord maréchal. La grande âme de ce digne homme, toute républicaine et fière, ne pouvait se plier que sous le joug de l'amitié; mais elle s'y pliait si parfaitement, qu'avec des maximes bien différentes, il ne vit plus que Frédéric, du moment qu'il lui fut attaché. Le roi le chargea d'affaires importantes, l'envoya à Paris, en Espagne; et enfin le voyant, déjà vieux, avoir besoin de repos, lui donna pour retraite le gouvernement de Neufchâtel, avec la délicieuse occupation d'y passer le reste de sa vie à rendre ce petit peuple heureux.

Les Neufchâtelois, qui n'aiment que la pretintaille et le clinquant, qui ne se connaissent point en véritable étoffe, et mettent l'esprit dans les longues phrases, voyant un homme froid et sans façon, prirent sa simplicité pour de la hauteur, sa franchise pour de la rusticité, son laconisme pour de la bêtise; se cabrèrent

contre ses soins bienfaisants, parce que, voulant être utile et non cajoleur, il ne savait point flatter les gens qu'il n'estimait pas. Dans la ridicule affaire du ministre Petit-Pierre, qui fut chassé par ses confrères pour n'avoir pas voulu qu'ils fussent damnés éternellement, mylord, s'étant opposé aux usurpations des ministres, vit soulever contre lui tout le pays, dont il prenait le parti; et, quand j'y arrivai, ce stupide murmure n'était pas éteint encore. Il passait au moins pour un homme qui se laissait prévenir; et, de toutes les imputations dont il fut chargé, c'était peut-être la moins injuste. Mon premier mouvement, en voyant ce vénérable vieillard, fut de m'attendrir sur la maigreur de son corps, déjà décharné par les ans; mais en levant les yeux sur sa physionomie animée, ouverte et noble, je me sentis saisi d'un respect mêlé de confiance, qui l'emporta sur tout autre sentiment. Au compliment très court que je lui fis en l'abordant, il répondit en parlant d'autre chose, comme si j'eusse été là depuis huit jours. Il ne nous dit pas même de nous asseoir. L'empesé châtelain resta debout. Pour moi, je vis dans l'œil perçant et fin de mylord je ne sais quoi de si caressant, que, me sentant d'abord à mon aise, j'allai sans façon partager son sofa, et m'asseoir à côté de lui. Au ton familier qu'il prit à l'instant, je sentis que cette liberté lui faisait plaisir, et qu'il se disait en lui-même : celui-ci n'est pas un Neufchâtelois.

Effet singulier de la grande convenance des caractères ! Dans un âge où le cœur a déjà perdu sa chaleur naturelle, celui de ce bon vieillard se réchauffa pour moi d'une façon qui surprit tout le monde. Il vint me voir à Motiers, sous prétexte de tirer des cailles, et y passa deux jours sans toucher un fusil. Il s'établit entre nous une telle amitié, car c'est le mot, que nous ne pouvions nous passer l'un de l'autre. Le château de Colombier, qu'il habitait l'été, était à six lieues de Motiers : j'allais tous les quinze jours au plus tard y passer vingt-quatre heures, puis je revenais de même en pèlerin, le cœur toujours plein de lui. L'émotion que j'éprouvais jadis dans mes courses de l'Ermitage à Eaubonne était bien différente assurément; mais elle n'était pas plus douce que celle avec laquelle j'approchais de Colombier. Que de larmes d'attendrissement j'ai souvent versées dans ma route, en pensant aux bontés paternelles, aux vertus aimables, à la douce philosophie de ce respectable vieillard ! Je l'appelais mon père; il m'appelait son enfant. Ces deux noms rendent en partie l'idée de l'attachement qui nous unissait, mais ils ne rendent pas encore celle du besoin que nous avions l'un de l'autre, et du désir continuel de nous rapprocher. Il voulait absolument me loger au château de Colombier, et me pressa longtemps d'y prendre à demeure l'appartement que j'occupais. Je lui dis enfin que j'étais plus libre chez moi, et que j'aimais mieux passer ma vie à le venir voir. Il approuva cette franchise, et ne m'en parla plus. O bon mylord ! ô mon digne père ! que mon cœur s'émeut encore en pensant à vous ! Ah ! les barbares ! quel coup ils m'ont porté en vous détachant de moi ! Mais non, non, grand homme, vous êtes et serez toujours le même pour moi, qui suis le même toujours. Ils vous ont trompé, mais ils ne vous ont pas changé (*).

Mylord maréchal n'est pas sans défaut; c'est un sage, mais c'est un homme. Avec l'esprit le plus pénétrant, avec le tact le plus fin qu'il soit possible d'avoir, avec la plus profonde connaissance des hommes, il se laisse abuser quelquefois, et n'en revient pas. Il a l'humeur singulière, quelque chose de bizarre et d'étranger dans son tour d'esprit. Il paraît oublier les gens qu'il voit tous les jours, et se souvient d'eux au moment qu'ils y pensent le moins; ses attentions paraissent hors de propos; ses cadeaux sont de fantaisie, et non de convenance. Il donne ou envoie à l'instant ce qui lui passe par la tête, de grand prix ou de nulle valeur, indifféremment. Un jeune Genevois, désirant entrer au service du roi de Prusse, se présente à lui : mylord lui donne, au lieu de lettre, un petit sachet

(*) Mylord maréchal, intimement lié avec Hume, fut en effet sensiblement affecté des torts de Rousseau envers ce dernier, et se montra fort affligé de leur rupture; mais, peu de temps avant sa mort, il lui légua la montre qu'il avait toujours portée. Voyez, dans la *Correspondance*, la lettre de Rousseau du 10 mars 1767 ; peut-être mylord maréchal n'y répondit-il point ; mais tout cela suffit pour justifier Jean-Jacques du reproche d'ingratitude qui lui a été fait par D'Alembert.

plein de pois, qu'il le charge de remettre au roi. En recevant cette singulière recommandation, le roi place à l'instant celui qui la porte. Ces génies élevés ont entre eux un langage que les esprits vulgaires n'entendront jamais. Ces petites bizarreries, semblables aux caprices d'une jolie femme, ne me rendaient mylord maréchal que plus intéressant. J'étais bien sûr, et j'ai bien éprouvé dans la suite, qu'elles n'influaient pas sur ses sentiments, ni sur les soins que lui prescrit l'amitié dans les occasions sérieuses. Mais il est vrai que, dans sa façon d'obliger, il met encore la même singularité que dans ses manières. Je n'en citerai qu'un seul trait sur une bagatelle. Comme la journée de Motiers à Colombier était trop forte pour moi, je la partageais d'ordinaire, en partant après dîner et couchant à Brot, à moitié chemin. L'hôte, appelé Sandoz, ayant à solliciter à Berlin une grâce qui lui importait extrêmement, me pria d'engager son excellence à la demander pour lui. Volontiers. Je le mène avec moi; je le laisse dans l'antichambre, et je parle de son affaire à mylord, qui ne me répond rien. La matinée se passe; en traversant la salle pour aller dîner, je vois le pauvre Sandoz qui se morfondait d'attendre. Croyant que mylord l'avait oublié, je lui en reparle avant de nous mettre à table; mot, comme auparavant. Je trouvai cette manière de me faire sentir combien je l'importunais, un peu dure, et je me tus en plaignant tout bas le pauvre Sandoz. En m'en retournant le lendemain, je fus bien surpris du remercîment qu'il me fit, du bon accueil et du bon dîner qu'il avait eus chez son excellence, qui de plus avait reçu son papier. Trois semaines après, mylord lui envoya le rescrit qu'il avait demandé, expédié par le ministre et signé du roi; et cela sans m'avoir jamais voulu dire ni répondre un seul mot, ni à lui non plus, sur cette affaire, dont je crus qu'il ne voulait pas se charger.

Je voudrais ne pas cesser de parler de George Keith : c'est de lui que me viennent mes derniers souvenirs heureux; tout le reste de ma vie n'a plus été qu'afflictions et serrements de cœur. La mémoire en est triste, et m'en vient si confusément, qu'il ne m'est pas possible de mettre aucun ordre dans mes récits : je serai forcé désormais de les arranger au hasard et comme ils se présenteront.

Je ne tardai pas d'être tiré d'inquiétude sur mon asile, par la réponse du roi à mylord maréchal, en qui, comme on peut croire, j'avais trouvé un bon avocat. Non-seulement sa majesté approuva ce qu'il avait fait, mais elle le chargea, car il faut tout dire, de me donner douze louis. Le bon mylord, embarrassé d'une pareille commission, et ne sachant comment s'en acquitter honnêtement, tâcha d'en atténuer l'insulte, en transformant cet argent en nature de provisions, et me marquant qu'il avait ordre de me fournir du bois et du charbon pour commencer mon petit ménage; il ajouta même, et peut-être de son chef, que le roi me ferait volontiers bâtir une petite maison à ma fantaisie, si j'en voulais choisir l'emplacement. Cette dernière offre me toucha fort, et me fit oublier la mesquinerie de l'autre. Sans accepter aucune des deux, je regardai Frédéric comme mon bienfaiteur et mon protecteur, et je m'attachai si sincèrement à lui, que je pris dès-lors autant d'intérêt à sa gloire, que j'avais trouvé jusque alors d'injustice à ses succès. A la paix qu'il fit, peu de temps après, je témoignai ma joie par une illumination de très bon goût : c'était un cordon de guirlandes, dont j'ornai la maison que j'habitais; et où j'eus, il est vrai, la fierté vindicative de dépenser presque autant d'argent qu'il m'en avait voulu donner. La paix conclue, je crus que, sa gloire militaire et politique étant au comble, il allait s'en donner une d'une autre espèce, en revivifiant ses états, en y faisant régner le commerce, l'agriculture, en y créant un nouveau sol, en le couvrant d'un nouveau peuple, en maintenant la paix chez tous ses voisins, en se faisant l'arbitre de l'Europe, après en avoir été la terreur. Il pouvait, sans risque, poser l'épée, bien sûr qu'on ne l'obligerait pas à la reprendre. Voyant qu'il ne désarmait pas, je craignis qu'il ne profitât mal de ses avantages, et qu'il ne fût grand qu'à demi. J'osai lui écrire à ce sujet (*), et, prenant le ton familier, fait pour plaire aux hommes de sa trempe, porter jusqu'à lui cette sainte voix de la vérité,

(*) Voyez la *Correspondance*, 30 octobre 1762.

que si peu de rois sont faits pour entendre. Ce ne fut qu'en secret, et de moi à lui, que je pris cette liberté. Je n'en fis même pas participant mylord maréchal, et je lui envoyai ma lettre au roi, toute cachetée. Mylord envoya la lettre, sans s'informer de son contenu. Le roi n'y fit aucune réponse; et, quelque temps après, mylord maréchal étant allé à Berlin, il lui dit seulement que je l'avais bien grondé. Je compris par là que ma lettre avait été mal reçue, et que la franchise de mon zèle avait passé pour la rusticité d'un pédant. Dans le fond, cela pouvait très bien être; peut-être ne dis-je pas ce qu'il fallait dire, et ne pris-je pas le ton qu'il fallait prendre. Je ne puis répondre que du sentiment qui m'avait mis la plume à la main.

Peu de temps après mon établissement à Motiers-Travers, ayant toutes les assurances possibles qu'on m'y laisserait tranquille, je pris l'habit arménien. Ce n'était pas une idée nouvelle; elle m'était venue diverses fois dans le cours de ma vie, et elle me revint souvent à Montmorency, où le fréquent usage des sondes, me condamnant à rester souvent dans ma chambre, me fit mieux sentir tous les avantages de l'habit long. La commodité d'un tailleur arménien, qui venait souvent voir un parent à Montmorency, me tenta d'en profiter pour prendre ce nouvel équipage, au risque du qu'en dira-t-on, dont je me souciais très peu. Cependant, avant d'adopter cette nouvelle parure, je voulus avoir l'avis de M^{me} de Luxembourg, qui me conseilla fort de la prendre. Je me fis donc une petite garde-robe arménienne; mais l'orage excité contre moi m'en fit remettre l'usage à des temps plus tranquilles, et ce ne fut que quelques mois après, que, forcé par de nouvelles attaques de recourir aux sondes, je crus pouvoir, sans aucun risque, prendre ce nouvel habillement à Motiers, surtout après avoir consulté le pasteur du lieu, qui me dit que je pouvais le porter au temple même sans scandale. Je pris donc la veste, le cafetan, le bonnet fourré, la ceinture; et, après avoir assisté dans cet équipage au service divin, je ne vis point d'inconvénient à le porter chez mylord maréchal. Son excellence, me voyant ainsi vêtu, me dit, pour tout compliment, *Salamaleki;* après quoi tout fut fini, et je ne portai plus d'autre habit.

Ayant quitté tout-à-fait la littérature, je ne songeai plus qu'à mener une vie tranquille et douce, autant qu'il dépendrait de moi. Seul, je n'ai jamais connu l'ennui, même dans le plus grand désœuvrement: mon imagination, remplissant tous les vides, suffit seule pour m'occuper. Il n'y a que le bavardage inactif de chambre, assis les uns vis-à-vis des autres, à ne mouvoir que la langue, que jamais je n'ai pu supporter. Quand on marche, qu'on se promène, encore passe: les pieds et les yeux font au moins quelque chose; mais rester là, les bras croisés, à parler du temps qu'il fait et des mouches qui volent, ou, qui pis est, à s'entre-faire des compliments, cela m'est un supplice insupportable. Je m'avisai, pour ne pas vivre en sauvage, d'apprendre à faire des lacets. Je portais mon coussin dans mes visites; ou j'allais, comme les femmes, travailler à ma porte et causer avec les passants. Cela me faisait supporter l'inanité du babillage, et passer mon temps sans ennui chez mes voisines, dont plusieurs étaient assez aimables et ne manquaient pas d'esprit. Une entre autres, appelée Isabelle d'Ivernois, fille du procureur-général de Neufchâtel, me parut assez estimable pour me lier avec elle d'une amitié particulière, dont elle ne s'est pas mal trouvée par les conseils utiles que je lui ai donnés, et par les soins que je lui ai rendus dans des occasions essentielles; de sorte que maintenant, digne et vertueuse mère de famille, elle me doit peut-être sa raison, son mari, sa vie et son bonheur. De mon côté, je lui dois des consolations très douces, et surtout durant un bien triste hiver, où, dans le fort de mes maux et de mes peines, elle venait passer avec Thérèse et moi de longues soirées qu'elle savait nous rendre bien courtes par l'agrément de son esprit, et par les mutuels épanchements de nos cœurs. Elle m'appelait son papa, je l'appelais ma fille; et ces noms, que nous nous donnons encore, ne cesseront point, je l'espère, de lui être aussi chers qu'à moi. Pour rendre mes lacets bons à quelque chose, j'en faisais présent à mes jeunes amies à leur mariage, à condition qu'elles nourriraient leurs enfants. Sa sœur

aînée en eut un à ce titre, et l'a mérité; Isabelle en eut un de même, et ne l'a pas moins mérité par l'intention; mais elle n'a pas eu le bonheur de pouvoir faire sa volonté. En leur envoyant ces lacets, j'écrivis à l'une et à l'autre des lettres dont la première a couru le monde; mais tant d'éclat n'allait pas à la seconde : l'amitié ne marche pas avec si grand bruit.

Parmi les liaisons que je fis à mon voisinage, et dans le détail desquelles je n'entrerai pas, je dois noter celle du colonel Pury, qui avait une maison sur la montagne, où il venait passer les étés. Je n'étais pas empressé de sa connaissance, parce que je savais qu'il était très mal à la cour et auprès de mylord maréchal, qu'il ne voyait point. Cependant, comme il me vint voir et me fit

Ayant quitté la littérature, je ne songeai plus qu'à mener une vie tranquille. (Page 68.)

beaucoup d'honnêtetés, il fallut l'aller voir à mon tour; cela continua, et nous mangions quelquefois l'un chez l'autre. Je fis chez lui connaissance avec M. Du Peyrou, et ensuite une amitié trop intime pour que je puisse me dispenser de parler de lui.

M. Du Peyrou était Américain, fils d'un commandant de Surinam, dont le successeur, M. Le Chambrier, de Neufchâtel, épousa la veuve. Devenue veuve une seconde fois, elle vint, avec son fils, s'établir dans le pays de son second mari. Du Peyrou, fils unique, fort riche, et tendrement aimé de sa mère, avait été élevé avec assez de soin, et son éducation lui avait profité. Il avait acquis beaucoup de demi-connaissances, quelque goût pour les arts, et il se piquait surtout d'avoir cultivé sa raison : son air hollandais, froid et philosophe, son teint

basané, son humeur silencieuse et cachée, favorisaient beaucoup cette opinion. Il était sourd et goutteux, quoique jeune encore. Cela rendait tous ses mouvements fort posés, fort graves; et quoiqu'il aimât à disputer, quelquefois même un peu longuement, généralement il parlait peu, parce qu'il n'entendait pas. Tout cet extérieur m'en imposa. Je me dis : Voici un penseur, un homme sage, tel qu'on serait heureux d'avoir un ami. Pour achever de me prendre, il m'adressait souvent la parole, sans jamais me faire aucun compliment. Il me parlait peu de moi, peu de mes livres, très peu de lui; il n'était pas dépourvu d'idées, et tout ce qu'il disait était assez juste. Cette justesse et cette égalité m'attirèrent. Il n'avait dans l'esprit ni l'élévation, ni la finesse de celui de mylord maréchal; mais il en avait la simplicité : c'était toujours le représenter en quelque chose. Je ne m'engouai pas, mais je m'attachai par l'estime, et peu à peu cette estime amena l'amitié. J'oubliai totalement avec lui l'objection que j'avais faite au baron d'Holbach, qu'il était trop riche; et je crois que j'eus tort. J'ai appris à douter qu'un homme jouissant d'une grande fortune, quel qu'il puisse être, puisse aimer sincèrement mes principes et leur auteur.

Pendant assez longtemps, je vis peu Du Peyrou, parce que je n'allais point à Neufchâtel, et qu'il ne venait qu'une fois l'année à la montagne du colonel Pury. Pourquoi n'allais-je point à Neufchâtel ? C'est un enfantillage qu'il ne faut point taire.

Quoique protégé par le roi de Prusse et par mylord maréchal, si j'évitai d'abord la persécution dans mon asile, je n'évitai pas du moins les murmures du public, des magistrats municipaux, des ministres. Après le branle donné par la France, il n'était pas du bon air de ne pas me faire au moins quelque insulte : on aurait eu peur de paraître improuver mes persécuteurs, en ne les imitant pas. La classe de Neufchâtel, c'est-à-dire la compagnie des ministres de cette ville, donna le branle, en tentant d'émouvoir contre moi le conseil d'état. Cette tentative n'ayant pas réussi, les ministres s'adressèrent au magistrat municipal, qui fit aussitôt défendre mon livre, et, me traitant en toute occasion peu honnêtement, faisait comprendre et disait même que, si j'avais voulu m'établir en ville, on ne m'y aurait pas souffert. Ils remplirent leur *Mercure* d'inepties et du plus plat cafardage, qui, tout en faisant rire les gens sensés, ne laissait pas d'échauffer le peuple et de l'animer contre moi. Tout cela n'empêchait pas qu'à les entendre je ne dusse être très reconnaissant de l'extrême grâce qu'ils me faisaient de me laisser vivre à Motiers, où ils n'avaient aucune autorité; ils m'auraient volontiers mesuré l'air à la pinte, à condition que je l'eusse payé bien cher. Ils voulaient que je leur fusse obligé de la protection que le roi m'accordait malgré eux, et qu'ils travaillaient sans relâche à m'ôter. Enfin, n'y pouvant réussir, après m'avoir fait tout le tort qu'ils purent et m'avoir décrié de tout leur pouvoir, ils se firent un mérite de leur impuissance, en me faisant valoir la bonté qu'ils avaient de me souffrir dans leur pays. J'aurais dû leur rire au nez pour toute réponse : je fus assez bête pour me piquer, et j'eus l'ineptie de ne vouloir point aller à Neufchâtel; résolution que je tins près de deux ans, comme si ce n'était pas trop honorer de pareilles espèces, que de faire attention à leurs procédés, qui, bons ou mauvais, ne peuvent leur être imputés, puisqu'ils n'agissent jamais que par impulsion. D'ailleurs, des esprits sans culture et sans lumières, qui ne connaissent d'autre objet de leur estime que le crédit, la puissance et l'argent, sont bien éloignés même de soupçonner qu'on doive quelque égard aux talents, et qu'il y ait du déshonneur à les outrager.

Un certain maire de village, qui, pour ses malversations, avait été cassé, disait au lieutenant du Val-de-Travers, mari de mon Isabelle : « On dit que ce Rousseau a tant d'esprit; amenez-le moi, que je voie si cela est vrai. » Assurément, les mécontentements d'un homme qui prend un pareil ton doivent peu fâcher ceux qui les éprouvent.

Sur la façon dont on me traitait à Paris, à Genève, à Berne, à Neufchâtel même, je ne m'attendais pas à plus de ménagement de la part du pasteur du lieu. Je lui avais cependant été recommandé par M{me} Boy-de-la-Tour, et il

m'avait fait beaucoup d'accueil; mais dans ce pays, où l'on flatte également tout le monde, les caresses ne signifient rien. Cependant, après ma réunion solennelle à l'église réformée, vivant en pays réformé, je ne pouvais, sans manquer à mes engagements et à mon devoir de citoyen, négliger la profession publique du culte où j'étais rentré : j'assistais donc au service divin. D'un autre côté, je craignais, en me présentant à la table sacrée, de m'exposer à l'affront d'un refus; et il n'était nullement probable qu'après le vacarme fait à Genève par le conseil, et à Neufchâtel par la classe, il voulût m'administrer tranquillement la cène dans son église. Voyant donc approcher le temps de la communion, je pris le parti d'écrire à M. de Montmollin (c'était le nom du ministre), pour faire acte de bonne volonté, et lui déclarer que j'étais toujours uni de cœur à l'église protestante; je lui dis en même temps, pour éviter des chicanes sur les articles de foi, que je ne voulais aucune explication particulière sur le dogme. M'étant ainsi mis en règle de ce côté, je restai tranquille, ne doutant pas que M. de Montmollin ne refusât de m'admettre sans la discussion préliminaire, dont je ne voulais point, et qu'ainsi tout ne fût fini sans qu'il y eût de ma faute. Point du tout : au moment où je m'y attendais le moins, M. de Montmollin vint me déclarer, non-seulement qu'il m'admettait à la communion sous la clause que j'y avais mise, mais, de plus, que lui et ses anciens se faisaient un grand honneur de m'avoir dans son troupeau. Je n'eus de mes jours pareille surprise, ni plus consolante. Toujours vivre isolé sur la terre me paraissait un destin bien triste, surtout dans l'adversité. Au milieu de tant de proscriptions et de persécutions, je trouvais une douceur extrême à pouvoir me dire : Au moins je suis parmi mes frères; et j'allai communier avec une émotion de cœur et des larmes d'attendrissement, qui étaient peut-être la préparation la plus agréable à Dieu qu'on y pût porter.

Quelque temps après, mylord m'envoya une lettre de Mme de Boufflers, venue, du moins je le présumai, par la voie de D'Alembert, qui connaissait mylord maréchal. Dans cette lettre, la première que cette dame m'eût écrite depuis mon départ de Montmorency, elle me tançait vivement de celle que j'avais écrite à M. de Montmollin, et surtout d'avoir communié. Je compris d'autant moins à qui elle en avait avec sa mercuriale, que, depuis mon voyage de Genève, je m'étais toujours déclaré hautement protestant, et que j'avais été très publiquement à l'hôtel de Hollande, sans que personne au monde l'eût trouvé mauvais. Il me paraissait plaisant que Mme la comtesse de Boufflers voulût se mêler de diriger ma conscience en fait de religion. Toutefois, comme je ne doutais pas que son intention (quoique je n'y comprisse rien) ne fût la meilleure du monde, je ne m'offensai pas de cette singulière sortie, et je lui répondis sans colère, en lui disant mes raisons.

Cependant les injures imprimées allaient leur train, et leurs bénins auteurs reprochaient aux puissances de me traiter trop doucement. Ce concours d'aboiements, dont les moteurs continuaient d'agir sous le voile, avait quelque chose de sinistre et d'effrayant. Pour moi, je laissais dire sans m'émouvoir. On m'assura qu'il y avait une censure de la Sorbonne. Je n'en crus rien. De quoi pouvait se mêler la Sorbonne dans cette affaire? Voulait-elle assurer que je n'étais pas bon calviniste? Que lui importait? C'était prendre un soin bien singulier; c'était se faire les substituts de nos ministres. Avant que d'avoir vu cet écrit, je crus qu'on le faisait courir sous le nom de la Sorbonne, pour se moquer d'elle; je le crus bien plus encore après l'avoir lu. Enfin, quand je ne pus plus douter de son authenticité, tout ce que je me réduisis à croire, fut qu'il fallait mettre la Sorbonne aux Petites-Maisons.

(1763.) Un autre écrit m'affecta davantage, parce qu'il venait d'un homme pour qui j'eus toujours de l'estime, et dont j'admirais la constance, en plaignant son aveuglement. Je parle du mandement de l'archevêque de Paris contre moi. Je crus que je me devais d'y répondre. Je le pouvais sans m'avilir; c'était un cas à peu près semblable à celui du roi de Pologne. Je n'ai jamais aimé les disputes brutales à la Voltaire. Je ne sais me battre qu'avec dignité, et je veux que celui

qui m'attaque ne déshonore pas mes coups, pour que je daigne me défendre. Je ne doutais point que ce mandement ne fût de la façon des jésuites; et, quoiqu'ils fussent alors malheureux eux-mêmes, j'y reconnaissais toujours leur ancienne maxime, d'écraser les malheureux. Je pouvais donc aussi suivre mon ancienne maxime, d'honorer l'auteur titulaire, et de foudroyer l'ouvrage; et c'est ce que je crois avoir fait avec assez de succès.

Je trouvai le séjour de Motiers fort agréable; et, pour me déterminer à y finir mes jours, il ne me manquait qu'une subsistance assurée; mais on y vit assez chèrement, et j'avais vu renverser tous mes anciens projets par la dissolution de mon ménage, par l'établissement d'un nouveau, par la vente ou dissipation de tous mes meubles, et par les dépenses qu'il m'avait fallu faire depuis mon départ de Montmorency. Je voyais diminuer journellement le petit capital que j'avais devant moi. Deux ou trois ans suffisaient pour en consumer le reste, sans que je visse aucun moyen de le renouveler, à moins de recommencer à faire des livres : métier funeste, auquel j'avais déjà renoncé.

Persuadé que tout changerait bientôt à mon égard, et que le public, revenu de sa frénésie, en ferait rougir les puissances, je ne cherchais qu'à prolonger mes ressources jusqu'à cet heureux changement, qui me laisserait plus en état de choisir parmi celles qui pourraient s'offrir. Pour cela, je repris mon *Dictionnaire de musique*, que dix ans de travail avaient déjà fort avancé, et auquel il ne manquait que la dernière main et d'être mis au net. Mes livres, qui m'avaient été envoyés depuis peu, me fournirent les moyens d'achever cet ouvrage; mes papiers, qui me furent envoyés en même temps, me mirent en état de commencer l'entreprise de mes Mémoires, dont je voulais uniquement m'occuper désormais. Je commençai par transcrire des lettres dans un recueil qui pût guider ma mémoire dans l'ordre des faits et des temps. J'avais déjà fait le triage de celles que je voulais conserver pour cet effet, et la suite depuis près de dix ans n'en était point interrompue. Cependant, en les arrangeant pour les transcrire, j'y trouvai une lacune qui me surprit. Cette lacune était de près de six mois, depuis octobre 1756 jusqu'au mois de mars suivant. Je me souvenais parfaitement d'avoir mis dans mon triage nombre de lettres de Diderot, de Deleyre, de M{me} d'Epinay, de M{me} de Chenonceaux, etc., qui remplissaient cette lacune, et qui ne se trouvèrent plus. Qu'étaient-elles devenues ? Quelqu'un avait-il mis la main sur mes papiers, pendant quelques mois qu'ils étaient restés à l'hôtel de Luxembourg ? Cela n'était pas concevable, et j'avais vu M. le maréchal prendre la clef de la chambre où je les avais déposés. Comme plusieurs lettres de femmes et toutes celles de Diderot étaient sans dates, et que j'avais été forcé de remplir ces dates de mémoire et en tâtonnant, pour ranger ces lettres dans leur ordre, je crus d'abord avoir fait des erreurs de dates, et je passai en revue toutes les lettres qui n'en avaient point, ou auxquelles je les avais suppléées, pour voir si je n'y trouverais point celles qui devaient remplir ce vide. Cet essai ne réussit point : je vis que le vide était bien réel, et que les lettres avaient bien certainement été enlevées. Par qui et pourquoi ? Voilà ce qui me passait. Ces lettres, antérieures à mes grandes querelles, et du temps de ma première ivresse de la *Julie*, ne pouvaient intéresser personne. C'étaient tout au plus quelques tracasseries de Diderot, quelques persiflages de Deleyre, des témoignages d'amitié de M{me} de Chenonceaux, et même de M{me} d'Epinay, avec laquelle j'étais alors le mieux du monde. A qui pouvaient importer ces lettres ? Qu'en pouvait-on faire ? Ce n'est que sept ans après que j'ai soupçonné l'affreux objet de ce vol.

Ce déficit bien avéré me fit chercher parmi mes brouillons si j'en découvrirais quelque autre. J'en trouvai quelques-uns qui, vu mon défaut de mémoire, m'en firent supposer d'autres dans la multitude de mes papiers. Ceux que je remarquai furent le brouillon de la *Morale sensitive*, et celui de l'extrait des *Aventures de mylord Edouard*. Ce dernier, je l'avoue, me donna des soupçons sur M{me} de Luxembourg. C'était La Roche, son valet de chambre, qui m'avait expédié ces papiers, et je n'imaginai qu'elle au monde qui pût prendre intérêt à ce chiffon; mais quel intérêt pouvait-elle prendre à l'autre, et aux lettres enlevées, dont

même avec de mauvais desseins, on ne pouvait faire aucun usage qui pût me nuire, à moins de les falsifier? Pour M. le maréchal, dont je connaissais la droiture invariable et la vérité de son amitié pour moi, je ne pus le soupçonner un moment. Je ne pus même arrêter ce soupçon sur Mme la maréchale. Tout ce qui me vint de plus raisonnable à l'esprit, après m'être fatigué longtemps à chercher l'auteur de ce vol, fut de l'imputer à D'Alembert, qui, déjà faufilé chez Mme de Luxembourg, avait pu trouver le moyen de fureter ces papiers et d'en enlever ce qu'il lui avait plu, tant en manuscrits qu'en lettres, soit pour chercher à me susciter quelque tracasserie, soit pour s'approprier ce qui lui pouvait convenir. Je supposai qu'abusé par le titre de la *Morale sensitive*, il avait cru trouver le plan d'un vrai traité de matérialisme, dont il aurait tiré contre moi le parti qu'on peut bien s'imaginer. Sûr qu'il serait bientôt détrompé par l'examen du brouillon, et déterminé à quitter tout-à-fait la littérature, je m'inquiétai peu de ces larcins, qui n'étaient pas les premiers de la même main (*) que j'avais endurés sans m'en plaindre. Bientôt je ne songeai pas plus à cette infidélité que si l'on ne m'en eût fait aucune, et je me mis à rassembler les matériaux qu'on m'avait laissés, pour travailler à mes *Confessions*.

J'avais cru longtemps qu'à Genève la compagnie des ministres, ou du moins les citoyens et bourgeois, réclameraient contre l'infraction de l'édit dans le décret porté contre moi. Tout resta tranquille, du moins à l'extérieur; car il y avait un mécontentement général qui n'attendait qu'une occasion pour se manifester. Mes amis, ou soi-disants tels, m'écrivaient lettres sur lettres pour m'exhorter à venir me mettre à leur tête, m'assurant d'une réparation publique de la part du Conseil. La crainte du désordre et des troubles que ma présence pouvait causer, m'empêcha d'acquiescer à leurs instances; et fidèle au serment que j'avais fait autrefois, de ne jamais tremper dans aucune dissension civile dans mon pays, j'aimai mieux laisser subsister l'offense, et me bannir pour jamais de ma patrie, que d'y rentrer par des moyens violents et dangereux. Il est vrai que je m'étais attendu, de la part de la bourgeoisie, à des représentations légales et paisibles contre une infraction qui l'intéressait extrêmement. Il n'y en eut point. Ceux qui la conduisaient cherchaient moins le vrai redressement des griefs que l'occasion de se rendre nécessaires. On cabalait, mais on gardait le silence, et on laissait clabauder les caillettes et les cafards ou soi-disants tels, que le Conseil mettait en avant pour me rendre odieux à la populace, et faire attribuer son incartade au zèle de la religion.

Après avoir attendu vainement plus d'un an que quelqu'un réclamât contre une procédure illégale, je pris enfin mon parti, et, me voyant abandonné de mes concitoyens, je me déterminai à renoncer à mon ingrate patrie, où je n'avais jamais vécu, dont je n'avais reçu ni bien ni service, et dont, pour prix de l'honneur que j'avais tâché de lui rendre, je me voyais si indignement traité d'un consentement unanime, puisque ceux qui devaient parler n'avaient rien dit. J'écrivis donc au premier syndic de cette année-là, qui, je crois, était M. Favre, une lettre (**) par laquelle j'abdiquais solennellement mon droit de bourgeoisie, et dans laquelle, au reste, j'observai la décence et la modération que j'ai toujours mises aux actes de fierté que la cruauté de mes ennemis m'a souvent arrachés dans mes malheurs.

Cette démarche ouvrit enfin les yeux aux citoyens : sentant qu'ils avaient eu tort, pour leur propre intérêt, d'abandonner ma défense, ils la prirent quand il n'était plus temps. Ils avaient d'autres griefs qu'ils joignirent à celui-là, et ils en firent la matière de plusieurs représentations très bien raisonnées, qu'ils étendirent et renforcèrent à mesure que les durs et rebutants refus du Conseil,

(*) J'avais trouvé, dans ses *Eléments de musique*, beaucoup de choses tirées de ce que j'avais écrit sur cet art pour l'*Encyclopédie*, et qui lui fut remis plusieurs années avant la publication de ses *Eléments*. J'ignore la part qu'il a pu avoir à un livre intitulé : *Dictionnaire des Beaux-Arts*, mais j'y ai trouvé des articles transcrits des miens mot à mot, et cela longtemps avant que ces mêmes articles fussent imprimés dans l'*Encyclopédie*.

(**) Voyez la *Correspondance*, 12 mai 1763.

qui se sentait soutenu par le ministère de France, leur firent mieux sentir le projet formé de les asservir. Ces altercations produisirent diverses brochures qui ne décidaient rien, jusqu'à ce que parurent tout d'un coup les *Lettres écrites de la campagne*, ouvrage écrit en faveur du Conseil, avec un art infini, et par lequel le parti représentant, réduit au silence, fut pour un temps écrasé. Cette pièce, monument durable des rares talents de son auteur, était du procureur-général Tronchin (*), homme d'esprit, homme éclairé, très versé dans les lois et le gouvernement de la république. *Siluit terra*.

(1764.) Les représentants, revenus de leur premier abattement, entreprirent une réponse et s'en tirèrent passablement avec le temps. Mais tous jetèrent les yeux sur moi, comme sur le seul qui pût entrer en lice contre un tel adversaire, avec espoir de le terrasser. J'avoue que je pensai de même; et poussé par mes anciens concitoyens, qui me faisaient un devoir de les aider de ma plume dans un embarras dont j'avais été l'occasion, j'entrepris la réfutation des *Lettres écrites de la campagne*, et j'en parodiai le titre par celui de *Lettres écrites de la montagne*, que je mis aux miennes. Je fis et j'exécutai cette entreprise si secrètement que, dans un rendez-vous que j'eus à Thonon avec les chefs des représentants, pour parler de leurs affaires, et où ils me montrèrent l'esquisse de leur réponse, je ne leur dis pas un mot de la mienne qui était déjà faite, craignant qu'il ne survînt quelque obstacle à l'impression, s'il en parvenait le moindre vent, soit aux magistrats, soit à mes ennemis particuliers. Je n'évitai pourtant pas que cet ouvrage ne fût connu en France avant la publication; mais on aima mieux le laisser paraître que de me faire trop comprendre comment on avait découvert mon secret. Je dirai là-dessus ce que j'ai su, qui se borne à très peu de chose : je me tairai sur ce que j'ai conjecturé.

J'avais à Motiers presque autant de visites que j'en avais eu à l'Ermitage et à Montmorency; mais elles étaient la plupart d'une espèce fort différente. Ceux qui m'étaient venus voir jusqu'alors étaient des gens qui, ayant avec moi des rapports de talents, de goûts, de maximes, les alléguaient pour cause de leurs visites, et me mettaient d'abord sur des matières dont je pouvais m'entretenir avec eux. A Motiers, ce n'était plus cela, surtout du côté de France. C'étaient des officiers ou d'autres gens qui n'avaient aucun goût pour la littérature, qui même, pour la plupart, n'avaient jamais lu mes écrits, et qui ne laissaient pas, à ce qu'ils disaient, d'avoir fait trente, quarante, soixante, cent lieues pour me venir voir et admirer l'homme illustre, célèbre, très célèbre, le grand homme, etc. Car dès lors on n'a cessé de me jeter grossièrement à la face les plus impudentes flagorneries, dont l'estime de ceux qui m'abordaient m'avait garanti jusqu'alors. Comme la plupart de ces survenants ne daignaient ni se nommer ni me dire leur état, que leurs connaissances et les miennes ne tombaient pas sur les mêmes objets, et qu'ils n'avaient ni lu ni parcouru mes ouvrages, je ne savais de quoi leur parler : j'attendais qu'ils parlassent eux-mêmes, puisque c'était à eux à savoir et à me dire pourquoi ils me venaient voir. On sent que cela ne faisait pas pour moi des conversations bien intéressantes, quoiqu'elles pussent l'être pour eux, selon ce qu'ils voulaient savoir : car, comme j'étais sans défiance, je m'exprimais sans réserve sur toutes les questions qu'ils jugeaient à propos de me faire; et ils s'en retournaient, pour l'ordinaire, aussi savants que moi sur tous les détails de ma situation.

J'eus, par exemple, de cette façon, M. de Feins, écuyer de la reine et capitaine de cavalerie dans le régiment de la Reine, lequel eut la constance de passer plusieurs jours à Motiers, et même de me suivre pédestrement jusqu'à la Ferrière, menant son cheval par la bride, sans avoir avec moi d'autre point de réunion, sinon que nous connaissions tous deux Mlle Fel, et que nous jouions l'un et l'autre au bilboquet. J'eus, avant et après M. de Feins, une autre visite bien plus extraordinaire. Deux hommes arrivent à pied, conduisant chacun un mulet chargé de

(*) Jean-Robert Tronchin : il ne faut pas le confondre avec son cousin Théodore Tronchin, le médecin, dont il est parlé aux livres VIII et X.

son petit bagage, logent à l'auberge, pansent leurs mulets eux-mêmes, et demandent à me venir voir. A l'équipage de ces muletiers, on les prit pour des contrebandiers; et la nouvelle courut aussitôt que des contrebandiers venaient me rendre visite. Leur seule façon de m'aborder m'apprit que c'étaient des gens d'une autre étoffe; mais, sans être des contrebandiers, ce pouvait être des aventuriers, et ce doute me tint quelque temps en garde. Ils ne tardèrent pas à me tranquilliser. L'un était M. de Montauban, appelé le comte de La Tour-du-Pin, gentilhomme du Dauphiné; l'autre était M. Dastier, de Carpentras, ancien militaire, qui avait mis sa croix de Saint-Louis dans sa poche, ne pouvant pas l'étaler. Ces messieurs, tous deux très aimables, avaient tous deux beaucoup d'esprit; leur conversation était agréable et intéressante; leur manière de voyager, si bien dans mon goût et si peu dans celui des gentilshommes français, me donna pour eux une sorte d'attachement que leur commerce ne pouvait qu'affermir. Cette connaissance même ne finit pas là, puisqu'elle dure encore, et qu'ils me sont revenus voir diverses fois, non plus à pied cependant, cela était bon pour le début; mais plus j'ai vu ces messieurs, moins j'ai trouvé de rapports entre leurs goûts et les miens, moins j'ai senti que leurs maximes fussent les miennes, que mes écrits leur fussent familiers, qu'il y eût aucune véritable sympathie entre eux et moi. Que me voulaient-ils donc? Pourquoi me venir voir dans cet équipage? Pourquoi rester plusieurs jours? Pourquoi revenir plusieurs fois? Pourquoi désirer si fort de m'avoir pour hôte? Je ne m'avisai pas alors de me faire ces questions. Je me les suis faites quelquefois depuis ce temps-là.

Touché de leurs avances, mon cœur se livrait sans raisonner, surtout à M. Dastier, dont l'air plus ouvert me plaisait davantage. Je demeurai même en correspondance avec lui; et, quand je voulus faire imprimer les *Lettres de la montagne*, je songeai à m'adresser à lui pour donner le change à ceux qui attendaient mon paquet sur la route de Hollande. Il m'avait parlé, et peut-être à dessein, de la liberté de la presse à Avignon; il m'avait offert ses soins, si j'avais quelque chose à y faire imprimer. Je me prévalus de cette offre, et je lui adressai successivement, par la poste, mes premiers cahiers. Après les avoir gardés assez longtemps, il me les renvoya en me marquant qu'aucun libraire n'avait osé s'en charger; et je fus contraint de revenir à Rey, prenant soin de n'envoyer mes cahiers que l'un après l'autre, et de ne lâcher les suivants qu'après avoir eu avis de la réception des premiers. Avant la publication de l'ouvrage, je sus qu'il avait été vu dans les bureaux des ministres, et d'Escherny, de Neufchâtel, me parla d'un livre de l'*Homme de la montagne*, que d'Holbach lui avait dit être de moi. Je l'assurai, comme il était vrai, n'avoir jamais fait de livre qui eût ce titre. Quand les lettres parurent, il était furieux, et m'accusa de mensonge, quoique je ne lui eusse dit que la vérité (*). Voilà comment j'eus l'assurance que mon manuscrit était connu. Sûr de la fidélité de Rey, je fus forcé de porter ailleurs mes conjectures, et celle à laquelle j'aimai le mieux m'arrêter fut que mes paquets avaient été ouverts à la poste.

Une autre connaissance à peu près du même temps, mais que je fis d'abord seulement par lettres, fut celle d'un M. Laliaud, de Nîmes, lequel m'écrivit de Paris, pour me prier de lui envoyer mon profil à la silhouette, dont il avait, disait-il, besoin pour mon buste en marbre, qu'il faisait faire par Le Moine, pour le placer dans sa bibliothèque. Si c'était une cajolerie inventée pour m'apprivoiser, elle réussit pleinement. Je jugeai qu'un homme qui voulait avoir mon buste en marbre dans sa bibliothèque était plein de mes ouvrages, par conséquent de mes principes, et qu'il m'aimait parce que son âme était au ton de la mienne. Il était difficile que cette idée ne me séduisît pas. J'ai vu M. Laliaud dans la suite. Je l'ai trouvé très zélé pour me rendre beaucoup de petits services, pour s'entre-

(*) François-Louis, comte d'Escherny, mort en 1815, a publié en 1814 des *Mélanges de littérature, d'histoire, de morale et de philosophie*. Il doubla, en 1790, le prix de 600 fr. qui, au jugement de l'Académie française, devait être donné au meilleur éloge du philosophe de Genève. Il a tracé un récit de ses relations avec Rousseau, et des nombreuses et longues promenades qu'il fit avec lui dans les environs de Motiers. Ces relations se sont prolongées jusqu'en 1778.

mêler beaucoup dans mes petites affaires. Mais, au reste, je doute qu'aucun de mes écrits ait été du petit nombre des livres qu'il a lus en sa vie. J'ignore s'il a une bibliothèque, et si c'est un meuble à son usage ; et, quant au buste, il s'est borné à une mauvaise esquisse en terre, faite par Le Moine, sur laquelle il a fait graver un portrait hideux, qui ne laisse pas de courir sous mon nom, comme s'il avait avec moi quelque ressemblance.

Le seul Français qui parut me venir voir par goût pour mes sentiments et pour mes ouvrages fut un jeune officier du régiment de Limousin, appelé M. Séguier de Saint-Brisson, qu'on a vu et qu'on voit peut-être encore briller à Paris et dans le monde, par des talents assez aimables, et par des prétentions au bel esprit. Il m'était venu voir à Montmorency l'hiver qui précéda ma catastrophe. Je lui trouvai une vivacité de sentiment qui me plut. Il m'écrivit dans la suite

Et qu'il apprenait le métier de menuisier. (Page 76.)

à Motiers ; et soit qu'il voulût me cajoler, ou que réellement la tête lui tournât de l'*Emile*, il m'apprit qu'il quittait le service pour vivre indépendant, et qu'il apprenait le métier de menuisier. Il avait un frère aîné, capitaine dans le même régiment, pour lequel était toute la prédilection de la mère, qui, dévote outrée, et dirigée par je ne sais quel abbé tartufe, en usait très mal avec le cadet, qu'elle accusait d'irréligion, et même du crime irrémissible d'avoir des liaisons avec moi. Voilà les griefs sur lesquels il voulut rompre avec sa mère, et prendre le parti dont je viens de parler : le tout pour faire le petit Emile.

Alarmé de cette pétulance, je me hâtai de lui écrire pour le faire changer de résolution, et je mis à mes exhortations toute la force dont j'étais capable : elles furent écoutées. Il rentra dans son devoir vis-à-vis de sa mère, et il retira des mains de son colonel sa démission qu'il lui avait donnée, et dont celui-ci avait eu la prudence de ne faire aucun usage, pour lui laisser le temps d'y mieux réfléchir. Saint-Brisson, revenu de ses folies, en fit une un peu moins choquante, mais qui n'était guère plus de mon goût : ce fut de se faire auteur. Il donna coup sur coup

deux ou trois brochures qui n'annonçaient pas un homme sans talents, mais sur lesquelles je n'aurai pas à me reprocher de lui avoir donné des éloges bien encourageants pour poursuivre cette carrière.

Quelque temps après, il me vint voir, et nous fîmes ensemble le pèlerinage de l'île de Saint-Pierre. Je le trouvai, dans ce voyage, différent de ce que je l'avais vu à Montmorency. Il avait je ne sais quoi d'affecté, qui d'abord ne me choqua pas beaucoup, mais qui m'est revenu souvent en mémoire depuis ce temps-là. Il me vint voir encore une fois à l'hôtel de Saint-Simon, à mon passage à Paris pour aller en Angleterre. J'appris là, ce qu'il ne m'avait pas dit, qu'il vivait dans les grandes sociétés, et qu'il voyait assez souvent Mme de Luxembourg. Il ne me donna aucun signe de vie à Trye, et ne me fit rien dire par sa parente Mlle Séguier, qui était ma voisine, et qui ne m'a jamais paru bien favorablement disposée pour moi. En un mot, l'engouement de M. de Saint-Brisson finit tout d'un coup, comme la liaison de M. de Feins : mais celui-ci ne me devait rien, et l'autre me devait quelque chose, à moins que les sottises que je l'avais empêché de faire n'eussent été qu'un jeu de sa part : ce qui, dans le fond, pourrait très bien être.

J'eus aussi des visites de Genève tant et plus. Les Deluc père et fils me choisirent successivement pour leur garde-malade : le père tomba malade en route; e fils l'était en partant de Genève; tous deux vinrent se rétablir chez moi. Des ministres, des parents, des cagots, des quidams de toute espèce venaient de Genève et de Suisse, non pas comme ceux de France, pour m'admirer et me persifler, mais pour me tancer et catéchiser. Le seul qui me fît plaisir fut Moultou, qui vint passer trois ou quatre jours avec moi, et que j'y aurais bien voulu retenir davantage. Le plus constant de tous, celui qui s'opiniâtra le plus, et qui me subjugua à force d'importunités, fut un M. d'Ivernois, commerçant de Genève, Français réfugié, et parent du procureur général de Neufchâtel. Ce M. d'Ivernois, de Genève, passait à Motiers deux fois l'an, tout exprès pour m'y venir voir, restait chez moi du matin au soir plusieurs jours de suite, se mettait de mes promenades, m'apportait mille sortes de petits cadeaux, s'insinuait malgré moi dans ma confidence, se mêlait de toutes mes affaires, sans qu'il y eût entre lui et moi aucune communion d'idées, ni d'inclinations, ni de sentiments, ni de connaissances. Je doute qu'il ait lu dans toute sa vie un livre entier d'aucune espèce, et qu'il sache même de quoi traitent les miens. Quand je commençai d'herboriser, il me suivit dans mes courses de botanique, sans goût pour cet amusement, sans avoir rien à me dire, ni moi à lui. Il eut même le courage de passer avec moi trois jours entiers tête à tête dans un cabaret à Goumoins, d'où j'avais cru le chasser à force de l'ennuyer et de lui faire sentir combien il m'ennuyait; et tout cela sans qu'il m'ait été possible jamais de rebuter son incroyable constance, ni d'en pénétrer le motif.

Parmi toutes ces liaisons, que je ne fis et n'entretins que par force, je ne dois pas omettre la seule qui m'ait été agréable, et à laquelle j'aie mis un véritable intérêt de cœur : c'est celle d'un jeune Hongrois qui vint se fixer à Neufchâtel, et de là à Motiers, quelques mois après que j'y fus établi moi-même. On l'appelait dans le pays le baron de Sauttern, nom sous lequel il avait été recommandé de Zurich. Il était grand et bien fait, et d'une figure agréable, d'une société liante et douce. Il dit à tout le monde, et me fit entendre à moi-même, qu'il n'était venu à Neufchâtel qu'à cause de moi, et pour former sa jeunesse à la vertu par mon commerce. Sa physionomie, son ton, ses manières, me parurent d'accord avec ses discours; et j'aurais cru manquer à l'un des plus grands devoirs, en éconduisant un jeune homme en qui je ne voyais rien que d'aimable, et qui me recherchait par un si respectable motif. Mon cœur ne sait point se livrer à demi. Bientôt il eut toute mon amitié, toute ma confiance; nous devînmes inséparables. Il était de toutes mes courses pédestres, il y prenait goût. Je le menai chez mylord maréchal, qui lui fit mille caresses. Comme il ne pouvait encore s'exprimer en français, il ne me parlait et ne m'écrivait qu'en latin : je lui répondais en français, et ce mélange des deux langues ne rendait nos entretiens ni moins coulants, ni moins vifs à tous égards. Il me parla de sa famille, de ses affaires, de

ses aventures, de la cour de Vienne, dont il paraissait bien connaître les détails domestiques. Enfin, pendant près de deux ans que nous passâmes dans la plus grande intimité, je ne lui trouvai qu'une douceur de caractère à toute épreuve, des mœurs non-seulement honnêtes, mais élégantes, une grande propreté sur sa personne, une décence extrême dans tous ses discours, enfin toutes les marques d'un homme bien né, qui me le rendirent trop estimable pour ne pas me le rendre cher.

Dans le fort de mes liaisons avec lui, D'Ivernois de Genève m'écrivit que je prisse garde au jeune Hongrois qui était venu s'établir auprès de moi; qu'on l'avait assuré que c'était un espion que le ministère de France avait mis auprès de moi. Cet avis pouvait paraître d'autant plus inquiétant, que, dans le pays où j'étais, tout le monde m'avertissait de me tenir sur mes gardes, qu'on me guettait, et qu'on cherchait à m'attirer sur le territoire de France, pour m'y faire un mauvais parti.

Pour fermer la bouche une fois pour toutes à ces ineptes donneurs d'avis, je proposai à Sauttern, sans le prévenir de rien, une promenade pédestre à Pontarlier; il y consentit. Quand nous fûmes arrivés à Pontarlier, je lui donnai à lire la lettre de D'Ivernois; et puis l'embrassant avec ardeur, je lui dis: « Sauttern n'a pas besoin que je lui prouve ma confiance, mais le public a besoin que je lui prouve que je la sais bien placer. » Cet embrassement fut bien doux; ce fut un de ces plaisirs de l'âme, que les persécuteurs ne sauraient connaître, ni ôter aux opprimés.

Je ne croirai jamais que Sauttern fût un espion, ni qu'il m'ait trahi: mais il m'a trompé. Quand j'épanchais avec lui mon cœur sans réserve, il eut le courage de me fermer constamment le sien, et de m'abuser par des mensonges. Il me controuva je ne sais quelle histoire, qui me fit juger que sa présence était nécessaire dans son pays. Je l'exhortai de partir au plus vite: il partit; et quand je le croyais déjà en Hongrie, j'appris qu'il était à Strasbourg. Ce n'était pas la première fois qu'il y avait été. Il y avait jeté du désordre dans un ménage: le mari, sachant que je le voyais, m'avait écrit. Je n'avais omis aucun soin pour ramener Sauttern à la vertu, et la jeune femme à son devoir. Quand je les croyais parfaitement détachés l'un de l'autre, ils s'étaient rapprochés, et le mari même eut la complaisance de reprendre le jeune homme dans sa maison; dès lors je n'eus plus rien à dire. J'appris que le prétendu baron m'en avait imposé par un tas de mensonges. Il ne s'appelait point Sauttern, il s'appelait Sauttersheim. A l'égard du titre de baron, qu'on lui donnait en Suisse, je ne pouvais le lui reprocher, parce qu'il ne l'avait jamais pris: mais je ne doute pas qu'il ne fût bien gentilhomme; et mylord maréchal, qui se connaissait en hommes, et qui avait été dans son pays, l'a toujours regardé et traité comme tel.

Sitôt qu'il fut parti, la servante de l'auberge où il mangeait à Motiers se déclara grosse de son fait. C'était une si vilaine salope, et Sauttern, généralement estimé et considéré dans tout le pays par sa conduite et ses mœurs honnêtes, se piquait si fort de propreté, que cette impudence choqua tout le monde. Les plus aimables personnes du pays, qui lui avaient inutilement prodigué leurs agaceries, étaient furieuses: j'étais outré d'indignation. Je fis tous mes efforts pour faire arrêter cette effrontée, offrant de payer tous les frais et de cautionner Sauttersheim. Je lui écrivis, dans la forte persuasion, non-seulement que cette grossesse n'était pas de son fait, mais qu'elle était feinte, et que tout cela n'était qu'un jeu joué par ses ennemis et les miens. Je voulais qu'il revînt dans le pays, pour confondre cette coquine, et ceux qui la faisaient parler. Je fus surpris de la mollesse de sa réponse. Il écrivit au pasteur dont la salope était paroissienne, et fit en sorte d'assoupir l'affaire: ce que voyant, je cessai de m'en mêler, fort étonné qu'un homme aussi crapuleux eût pu être assez maître de lui-même pour m'en imposer par sa réserve dans la plus intime familiarité.

De Strasbourg, Sauttersheim fut à Paris chercher fortune, et n'y trouva que de la misère. Il m'écrivit en disant son *peccavi*. Mes entrailles s'émurent au souvenir de notre ancienne amitié; je lui envoyai quelque argent. L'année suivante,

à mon passage à Paris, je le revis à peu près dans le même état, mais grand ami de M. Laliaud, sans que j'aie pu savoir d'où lui venait cette connaissance, et si elle était ancienne ou nouvelle. Deux ans après, Sauttersheim retourna à Strasbourg, d'où il m'écrivit, et où il est mort. Voilà l'histoire abrégée de nos liaisons, et ce que je sais de ses aventures : mais en déplorant le sort de ce malheureux jeune homme, je ne cesserai jamais de croire qu'il était bien né, et que tout le désordre de sa conduite fut l'effet des situations où il s'est trouvé.

Telles furent les acquisitions que je fis à Motiers, en fait de liaisons et de connaissances. Qu'il en aurait fallu de pareilles pour compenser les cruelles pertes que je fis dans le même temps !

La première fut celle de M. de Luxembourg qui, après avoir été tourmenté longtemps par les médecins, fut enfin leur victime, traité de la goutte qu'ils ne voulurent point reconnaître, comme d'un mal qu'ils pouvaient guérir.

Si l'on doit s'en rapporter là-dessus à la relation que m'en écrivit La Roche, l'homme de confiance de Mme la maréchale, c'est bien par cet exemple, aussi cruel que mémorable, qu'il faut déplorer les misères de la grandeur.

La perte de ce bon seigneur me fut d'autant plus sensible, que c'était le seul ami vrai que j'eusse en France ; et la douceur de son caractère était telle, qu'elle m'avait fait oublier tout-à-fait son rang, pour m'attacher à lui comme à mon égal. Nos liaisons ne cessèrent point par ma retraite, et il continua de m'écrire comme auparavant. Je crus pourtant remarquer que l'absence ou mon malheur avait attiédi son affection. Il est bien difficile qu'un courtisan garde le même attachement pour quelqu'un qu'il sait être dans la disgrâce des puissances. J'ai jugé, d'ailleurs, que le grand ascendant qu'avait sur lui Mme de Luxembourg ne m'avait pas été favorable, et qu'elle avait profité de mon éloignement pour me détruire dans son esprit. Pour elle, malgré quelques démonstrations affectées et toujours plus rares, elle cacha moins de jour en jour son changement à mon égard. Elle m'écrivit quatre ou cinq fois en Suisse, de temps à autre, après quoi elle ne m'écrivit plus du tout ; et il fallait toute la prévention, toute la confiance, tout l'aveuglement où j'étais encore, pour ne pas voir en elle plus que du refroidissement envers moi.

Le libraire Guy, associé de Duchesne, qui depuis moi fréquentait beaucoup l'hôtel de Luxembourg, m'écrivit que j'étais sur le testament de M. le maréchal. Il n'y avait rien là que de très naturel et de très croyable ; ainsi je n'en doutai pas. Cela me fit délibérer en moi-même comment je me comporterais sur le legs. Tout bien pesé, je résolus de l'accepter, quel qu'il pût être, et de rendre cet honneur à un honnête homme qui, dans un rang où l'amitié ne pénètre guère, en avait eu une véritable pour moi. J'ai été dispensé de ce devoir, n'ayant plus entendu parler de ce legs, vrai ou faux, et, en vérité, j'aurais été peiné de blesser une des grandes maximes de ma morale, en profitant de quelque chose à la mort de quelqu'un qui m'avait été cher. Durant la dernière maladie de notre ami Mussard, Lenieps me proposa de profiter de la sensibilité qu'il marquait à nos soins, pour lui insinuer quelques dispositions en notre faveur. « Ah ! cher Lenieps, lui dis-je, ne souillons pas par des idées d'intérêt les tristes, mais sacrés devoirs que nous rendons à notre ami mourant. J'espère n'être jamais dans le testament de personne, et jamais du moins dans celui d'aucun de mes amis. » Ce fut à peu près dans ce même temps-ci que mylord maréchal me parla du sien, de ce qu'il avait dessein d'y faire pour moi, et que je lui fis la réponse dont j'ai parlé dans ma première partie (*).

Ma seconde perte, plus sensible encore et bien plus irréparable, fut celle de la meilleure des femmes et des mères, qui, déjà chargée d'ans et surchargée d'infirmités et de misères, quitta cette vallée de larmes pour passer dans le séjour des bons, où l'aimable souvenir du bien que l'on a fait ici-bas en fait l'éternelle récompense. Allez, âme douce et bienfaisante, auprès des Fénelon, des Bernex, des Catinat, et de ceux qui, dans un état plus humble, ont ouvert, comme eux, leurs

(*) Livre II, p. 20.

cœurs à la charité véritable; allez goûter le fruit de la vôtre, et préparer à votre élève la place qu'il espère un jour occuper près de vous! Heureuse, dans vos infortunes, que le Ciel, en les terminant, vous ait épargné le cruel spectacle des siennes!

Craignant de contrister son cœur par le récit de mes premiers désastres, je ne lui avais point écrit depuis mon arrivée en Suisse; mais j'écrivis à M. de Conzié pour m'informer d'elle, et ce fut lui qui m'apprit qu'elle avait cessé de soulager ceux qui souffraient, et de souffrir elle-même. Bientôt je cesserai de souffrir aussi; mais si je croyais ne la pas revoir dans l'autre vie, ma faible imagination se refuserait à l'idée du bonheur parfait que je m'y promets.

Ma troisième perte et la dernière, car depuis lors il ne m'est pas resté d'amis à perdre, fut celle de mylord maréchal. Il ne mourut pas; mais, las de servir des ingrats, il quitta Neufchâtel, et depuis lors je ne l'ai pas revu. Il vit et me survivra, je l'espère : il vit, et, grâces à lui, tous mes attachements ne sont pas rompus sur la terre : il y reste encore un homme digne de mon amitié; car son vrai prix est encore plus dans celle qu'on sent que dans celle qu'on inspire. Mais j'ai perdu les douceurs que la sienne me prodiguait, et je ne peux plus le mettre qu'au rang de ceux que j'aime encore, mais avec qui je n'ai plus de liaison. Il allait en Angleterre recevoir sa grâce du roi, et racheter ses biens jadis confisqués. Nous nous séparâmes point sans des projets de réunion, qui paraissaient presque aussi doux pour lui que pour moi. Il voulait se fixer à son château de Keith-Hall, près d'Aberdeen, et je devais m'y rendre auprès de lui; mais ce projet me flattait trop pour que j'en pusse espérer le succès. Il ne resta point en Écosse. Les tendres sollicitations du roi de Prusse le rappelèrent à Berlin, et l'on verra bientôt comment je fus empêché de l'y aller joindre.

Avant son départ, prévoyant l'orage que l'on commençait à susciter contre moi, il m'envoya de son propre mouvement des lettres de naturalité, qui semblaient être une précaution très sûre pour qu'on ne pût pas me chasser du pays. La communauté de Couvet dans le Val-de-Travers imita l'exemple du gouverneur, et me donna des lettres de *communier* gratuites, comme les premières. Ainsi, devenu de tout point citoyen du pays, j'étais à l'abri de toute expulsion légale, même de la part du prince; mais ce n'a jamais été par des voies légitimes qu'on a pu persécuter celui de tous les hommes qui a toujours le plus respecté les lois.

Je ne crois pas devoir compter au nombre des pertes que je fis en même temps, celle de l'abbé de Mably. Ayant demeuré chez son frère, j'avais eu quelques liaisons avec lui, mais jamais bien intimes, et j'ai quelque lieu de croire que ses sentiments à mon égard avaient changé de nature depuis que j'avais acquis plus de célébrité que lui. Mais ce fut à la publication des *Lettres de la montagne* que j'eus le premier signe de sa mauvaise volonté pour moi. On fit courir dans Genève une lettre à M^{me} Saladin, qui lui était attribuée, et dans laquelle il parlait de cet ouvrage, comme des clameurs séditieuses d'un démagogue effréné. L'estime que j'avais pour l'abbé de Mably, et le cas que je faisais de ses lumières, ne me permirent pas un instant de croire que cette extravagante lettre fût de lui. Je pris là-dessus le parti que m'inspira ma franchise. Je lui envoyai une copie de la lettre, en l'avertissant qu'on la lui attribuait. Il ne me fit aucune réponse. Ce silence m'étonna; mais qu'on juge de ma surprise, quand M^{me} de Chenonceaux me manda que la lettre était réellement de l'abbé, et que ma mienne l'avait fort embarrassé. Car enfin, quand il aurait eu raison, comment pouvait-il excuser une démarche éclatante et publique, faite de gaîté de cœur, sans obligation, sans nécessité, à l'unique fin d'accabler au plus fort de ses malheurs un homme auquel il avait toujours marqué de la bienveillance, et qui n'avait jamais démérité de lui? Quelque temps après, parurent les *Dialogues de Phocion*, où je ne vis qu'une compilation de mes écrits, faite sans retenue et sans honte. Je sentis, à la lecture de ce livre, que l'auteur avait pris son parti à mon égard, et que je n'aurais point désormais de pire ennemi. Je crois qu'il ne m'a pardonné ni le *Contrat social*, trop au dessus de ses forces, ni la *Paix perpétuelle*, et qu'il n'avait paru

désirer que je fisse un extrait de l'abbé Saint-Pierre, qu'en supposant que je ne m'en tirerais pas si bien.

Plus j'avance dans mes récits, moins j'y puis mettre d'ordre et de suite. L'agitation du reste de ma vie n'a pas laissé aux événements le temps de s'arranger dans ma tête. Ils ont été trop nombreux, trop mêlés, trop désagréables pour pouvoir être narrés sans confusion. La seule impression forte qu'ils m'ont laissée est celle de l'horrible mystère qui couvre leur cause, et de l'état déplorable où ils m'ont réduit. Mon récit ne peut plus marcher qu'à l'aventure, et selon que les idées me reviendront dans l'esprit. Je me rappelle que dans le temps dont je parle, tout occupé de mes *Confessions*, j'en parlais très imprudemment à tout le

Quelle circonstance heureuse, et quel triomphe pour moi. (Page 83.)

monde, n'imaginant pas même que personne eût intérêt, ni volonté, ni pouvoir, de mettre obstacle à cette entreprise; et, quand je l'aurais cru, je n'en aurais guère été plus discret, par l'impossibilité totale où je suis, par mon naturel, de tenir caché rien de ce que je sens et de ce que je pense. Cette entreprise connue fut, autant que j'en puis juger, la véritable cause de l'orage qu'on excita pour m'expulser de la Suisse, et me livrer entre des mains qui m'empêchassent de l'exécuter.

J'en avais une autre qui n'était guère vue de meilleur œil par ceux qui craignaient la première; c'était celle d'une édition générale de mes écrits. Cette édition me paraissait nécessaire pour constater ceux des livres portant mon nom, qui étaient véritablement de moi, et mettre le public en état de les distinguer de

ces écrits pseudonymes que mes ennemis me prêtaient pour me discréditer et m'avilir. Outre cela, cette édition était un moyen simple et honnête de m'assurer du pain : et c'était le seul ; puisque ayant renoncé à faire des livres, mes Mémoires ne pouvant paraître de mon vivant, ne gagnant pas un sol d'aucune autre manière, et, dépensant toujours, je voyais la fin de mes ressources dans celle du produit de mes derniers écrits. Cette raison m'avait pressé de donner mon *Dictionnaire de musique*, encore informe. Il m'avait valu cent louis comptant et cent écus de rente viagère, mais encore devait-on voir bientôt la fin de cent louis quand on en dépensait annuellement plus de soixante ; et cent écus de rente étaient comme rien pour un homme sur qui les quidams et les gueux venaient incessamment fondre comme des étourneaux.

Il se présenta une compagnie de négociants de Neufchâtel pour l'entreprise de mon édition générale, et un imprimeur ou libraire de Lyon, appelé Reguillat, vint, je ne sais comment, se fourrer parmi eux pour la diriger. L'accord se fit sur un pied raisonnable et suffisant pour bien remplir mon objet. J'avais, tant en ouvrages imprimés, qu'en pièces encore manuscrites, de quoi fournir six volumes in-quarto ; je m'engageai de plus à veiller sur l'édition : au moyen de quoi, ils devaient me faire une pension viagère de seize cents livres de France et un présent de mille écus une fois payés.

(1765.) Le traité était conclu, non encore signé, quand les *Lettres écrites de la montagne* parurent. La terrible explosion qui se fit contre cet infernal ouvrage et contre son abominable auteur épouvanta la compagnie, et l'entreprise s'évanouit. Je comparerais l'effet de ce dernier ouvrage à celui de la *Lettre sur la musique française*, si cette lettre, en m'attirant la haine et m'exposant au péril, ne m'eût laissé du moins la considération et l'estime. Mais après ce dernier ouvrage, on parut s'étonner à Genève et à Versailles qu'on laissât respirer un monstre tel que moi. Le petit Conseil, excité par le résident de France, et dirigé par le procureur-général, donna une déclaration sur mon ouvrage, par laquelle, avec les qualifications les plus atroces, il le déclare indigne d'être brûlé par le bourreau, et ajoute, avec une adresse qui tient du burlesque, qu'on ne peut, sans se déshonorer, y répondre, ni même en faire aucune mention. Je voudrais pouvoir transcrire ici cette curieuse pièce ; mais malheureusement je ne l'ai pas et ne m'en souviens pas d'un seul mot. Je désire ardemment que quelqu'un de mes lecteurs, animé du zèle de la vérité et de l'équité, veuille relire en entier les *Lettres écrites de la montagne* ; il sentira, j'ose le dire, la stoïque modération qui règne dans cet ouvrage, après les sensibles et cruels outrages dont on venait à l'envi d'accabler l'auteur. Mais ne pouvant répondre aux injures, parce qu'il n'y en avait point, ni aux raisons, parce qu'elles étaient sans réponse, ils prirent le parti de paraître trop courroucés pour vouloir répondre ; et il est vrai que s'ils prenaient les arguments invincibles pour des injures, ils devaient se tenir fort injuriés.

Les représentants, loin de faire aucune plainte sur cette odieuse déclaration, suivirent la route qu'elle leur traçait ; et, au lieu de faire trophée des *Lettres de la montagne*, qu'ils voilèrent pour s'en faire un bouclier, ils eurent la lâcheté de ne rendre ni honneur ni justice à cet écrit fait pour leur défense et à leur sollicitation, ni le citer, ni le nommer, quoiqu'ils en tirassent tacitement tous leurs arguments, et que l'exactitude avec laquelle ils ont suivi le conseil par lequel finit cet ouvrage ait été la seule cause de leur salut et de leur victoire. Ils m'avaient imposé ce devoir ; je l'avais rempli, j'avais, jusqu'au bout, servi la patrie et leur cause. Je les priai d'abandonner la mienne et de ne songer qu'à eux dans leurs démêlés. Ils me prirent au mot, et je ne me suis plus mêlé de leurs affaires que pour les exhorter sans cesse à la paix, ne doutant pas que s'ils s'obstinaient, ils ne fussent écrasés par la France. Cela n'est pas arrivé ; j'en apprends la raison, mais ce n'est pas ici le lieu de la dire.

L'effet des *Lettres de la montagne*, à Neufchâtel, fut d'abord très paisible. J'en envoyai un exemplaire à M. de Montmollin ; il le reçut bien, et le lut sans objection. Il était malade, aussi bien que moi ; il me vint voir amicalement quand

il fut rétabli, et ne me parla de rien. Cependant la rumeur commençait; on brûla le livre je ne sais où (*). De Genève, de Berne, et de Versailles, peut-être, le foyer de l'effervescence passa bientôt à Neufchâtel, et surtout au Val-de-Travers, où, avant même que la classe eût fait aucun mouvement apparent, on avait commencé d'ameuter le peuple par des pratiques souterraines. Je devais, j'ose le dire, être aimé du peuple dans ce pays-là, comme je l'ai été dans tous ceux où j'ai vécu, versant les aumônes à pleines mains, ne laissant sans assistance aucun indigent autour de moi, ne refusant à personne aucun service que je pusse rendre et qui fût dans la justice, me familiarisant trop peut-être avec tout le monde, et me dérobant de tout mon pouvoir à toute distinction qui pût exciter la jalousie. Tout cela n'empêcha pas que la populace, soulevée secrètement je ne sais par qui, ne s'animât contre moi par degrés jusqu'à la fureur, qu'elle ne m'insultât publiquement en plein jour, non seulement dans la campagne et dans les chemins, mais en pleine rue. Ceux à qui j'avais fait le plus de bien étaient les plus acharnés; et des gens même à qui je continuais d'en faire, n'osant se montrer, excitaient les autres, et semblaient vouloir se venger ainsi de l'humiliation de m'être obligés. Montmollin paraissait ne rien voir et ne se montrait pas encore; mais comme on approchait d'un temps de communion, il vint chez moi pour me conseiller de m'abstenir de m'y présenter; m'assurant que, du reste, il ne m'en voulait point et qu'il me laisserait tranquille. Je trouvai le compliment bizarre; il me rappelait la lettre de M^{me} de Boufflers, et je ne pouvais concevoir à qui donc il importait si fort que je communiasse ou non. Comme je regardais cette condescendance de ma part comme un acte de lâcheté, et que d'ailleurs je ne voulais pas donner au peuple ce nouveau prétexte de crier à l'impie, je refusai net le ministre; et il s'en retourna mécontent, me faisant entendre que je m'en repentirais.

Il ne pouvait pas m'interdire la communion de sa seule autorité; il fallait celle du consistoire qui m'avait admis; et tant que le consistoire n'avait rien dit, je pouvais me présenter hardiment, sans crainte de refus. Montmollin se fit donner par la classe la commission de me citer au consistoire pour y rendre compte de ma foi et m'excommunier en cas de refus. Cette excommunication ne pouvait non plus se faire que par le consistoire et à la pluralité des voix. Mais les paysans qui, sous le nom d'anciens, composaient cette assemblée, présidés et, comme on comprend bien, gouvernés par leur ministre, ne devaient pas, naturellement, être d'un autre avis que le sien, principalement sur des matières théologiques, qu'ils entendaient encore moins que lui. Je fus donc cité, et je résolus de comparaître.

Quelle circonstance heureuse, et quel triomphe pour moi, si j'avais su parler, et que j'eusse eu, pour ainsi dire, ma plume dans ma bouche! Avec quelle supériorité, avec quelle facilité j'aurais terrassé ce pauvre ministre au milieu de ses six paysans! L'avidité de dominer ayant fait oublier au clergé protestant tous les principes de la réformation, je n'avais, pour l'y rappeler et le réduire au silence, qu'à commenter mes premières *Lettres de la montagne*, sur lesquelles ils avaient la bêtise de m'épiloguer. Mon texte était tout fait, je n'avais qu'à l'étendre, et mon homme était confondu. Je n'aurais pas été assez sot pour me tenir sur la défensive; il m'était aisé de devenir agresseur sans même qu'il s'en aperçût, ou qu'il pût s'en garantir. Les prestolets de la classe, non moins étourdis qu'ignorants, m'avaient mis eux-mêmes dans la position la plus heureuse que j'aurais pu désirer, pour les écraser à plaisir. Mais quoi! il fallait parler, et parler sur-le-champ, trouver les idées, les tours, les mots au moment du besoin, avoir toujours l'esprit présent, être toujours de sang froid, ne jamais me troubler un moment. Que pouvais-je espérer de moi, qui sentais si bien mon inaptitude à m'exprimer impromptu? J'avais été réduit au silence le plus humiliant à Genève, devant une assemblée toute en ma faveur, et déjà résolue de tout approuver. Ici, c'était tout

(*) Cet ouvrage fut brûlé à Paris avec le *Dictionnaire philosophique*, et en vertu d'un seul arrêt du 19 mars 1765.

le contraire : j'avais affaire à un tracassier, qui mettait l'astuce à la place du savoir, qui me tendrait cent pièges avant que j'en aperçusse un, et tout déterminé à me prendre en faute à quelque prix que ce fût. Plus j'imaginai cette position, plus elle me parut périlleuse ; et sentant l'impossibilité de m'en tirer avec succès, j'imaginai un autre expédient. Je méditai un discours à prononcer devant le consistoire, pour le récuser et me dispenser de répondre. La chose était très facile. j'écrivis ce discours, et me mis à l'étudier par cœur avec une ardeur sans égale: Thérèse se moquait de moi, en m'entendant marmoter et répéter incessamment les mêmes phrases, pour tâcher de les fourrer dans ma tête. J'espérais tenir enfin mon discours ; je savais que le châtelain, comme officier du prince, assisterait au consistoire, que malgré les manœuvres et les bouteilles de Montmollin, la plupart des anciens étaient bien disposés pour moi : j'avais en ma faveur la raison, la vérité, la justice, la protection du roi, l'autorité du conseil d'état, les vœux de tous les bons patriotes qu'intéressait l'établissement de cette inquisition ; tout contribuait à m'encourager.

La veille du jour marqué, je savais mon discours par cœur ; je le récitai sans faute. Je le remémorai toute la nuit dans ma tête : le matin je ne le savais plus ; j'hésite à chaque mot, je me crois déjà dans l'illustre assemblée, je me trouble, je balbutie, ma tête se perd ; enfin, presque au moment d'aller, le courage me manque totalement ; je reste chez moi, et je prends le parti d'écrire au consistoire (*), en disant mes raisons à la hâte, et prétextant mes incommodités, qui véritablement, dans l'état où j'étais alors, m'auraient difficilement laissé soutenir la séance entière.

Le ministre, embarrassé de ma lettre, remit l'affaire à une autre séance. Dans l'intervalle, il se donna par lui-même et par ses créatures mille mouvements pour séduire ceux des anciens qui, suivant les inspirations de leur conscience plutôt que les siennes, n'opinaient pas au gré de la classe et au sien. Quelque puissants que ses arguments tirés de sa cave pussent être sur ces sortes de gens, il n'en put gagner aucun autre que les deux ou trois qui lui étaient déjà dévoués, et qu'on appelait ses âmes damnées. L'officier du prince et le colonel de Pury, qui se porta dans cette affaire avec beaucoup de zèle, maintinrent les autres dans leur devoir ; et quand ce Montmollin voulut procéder à l'excommunication, son consistoire, à la pluralité des voix, le refusa tout à plat. Réduit alors au dernier expédient d'ameuter la populace, il se mit, avec ses confrères et d'autres gens, à y travailler ouvertement et avec un tel succès, que malgré les forts et fréquents rescrits du roi, malgré tous les ordres du conseil d'état, je fus enfin forcé de quitter le pays, pour ne pas exposer l'officier du prince à s'y faire assassiner lui-même en me défendant.

Je n'ai qu'un souvenir si confus de toute cette affaire, qu'il m'est impossible de mettre aucun ordre, aucune liaison dans les idées qui m'en reviennent, et que je ne les puis rendre qu'éparses et isolées, comme elles se présentent à mon esprit. Je me rappelle qu'il y avait eu avec la classe quelque espèce de négociation, dont Montmollin avait été l'entremetteur. Il avait feint qu'on craignait que par mes écrits je ne troublasse le repos du pays, à qui l'on s'en prendrait de ma liberté d'écrire. Il m'avait fait entendre que, si je m'engageais à quitter la plume, on serait coulant sur le passé. J'avais déjà pris cet engagement avec moi-même ; je ne balançai point à le prendre avec la classe, mais conditionnel, et seulement quant aux matières de religion. Il trouva le moyen d'avoir cet écrit à double, sur quelque changement qu'il exigea. La condition ayant été rejetée par la classe, je redemandai mon écrit : il me rendit un des doubles et garda l'autre, prétextant qu'il l'avait égaré. Après cela, le peuple, ouvertement excité par les ministres, se moqua des rescrits du roi, des ordres du conseil d'état, et ne connut plus de frein. Je fus prêché en chaire, nommé l'Antechrist, et poursuivi dans la campagne comme un loup-garou. Mon habit d'Arménien servait de renseignement à la populace : j'en sentais cruellement l'inconvénient ; mais le quitter dans ces

(*) Voyez la *Correspondance*, 29 mars 1765.

circonstances me semblait une lâcheté. Je ne pus m'y résoudre, et je me promenais tranquillement dans le pays avec mon cafetan et mon bonnet fourré, entouré des huées de la canaille et quelquefois de ses cailloux. Plusieurs fois, en passant devant des maisons, j'entendais dire à ceux qui les habitaient : « Apportez-moi mon fusil, que je lui tire dessus ! » Je n'en allais pas plus vite : ils n'en étaient que plus furieux, mais ils s'en tinrent toujours aux menaces, du moins pour l'article des armes à feu.

Durant toute cette fermentation, je ne laissai pas d'avoir deux fort grands plaisirs auxquels je fus bien sensible. Le premier fut de pouvoir faire un acte de reconnaissance par le canal de mylord maréchal. Tous les honnêtes gens de Neufchâtel, indignés des traitements que j'essuyais et des manœuvres dont j'étais la victime, avaient les ministres en exécration, sentant bien qu'ils suivaient des impulsions étrangères et qu'ils n'étaient que les satellites d'autres gens qui se cachaient en les faisant agir, et craignant que mon exemple ne tirât à conséquence pour l'établissement d'une véritable inquisition. Les magistrats, et surtout M. Meuron, qui avait succédé à M. d'Ivernois dans la charge de procureur-général, faisaient tous leurs efforts pour me défendre. Le colonel de Pury, quoique simple particulier, en fit davantage et réussit mieux. Ce fut lui qui trouva le moyen de faire bouquer Montmollin dans son consistoire en retenant les anciens dans leur devoir. Comme il avait du crédit, il l'employa tant qu'il put pour arrêter la sédition ; mais il n'avait que l'autorité des lois, de la justice et de la raison à opposer à celle de l'argent et du vin. La partie n'était pas égale, et dans ce point Montmollin triompha de lui. Cependant, sensible à ses soins et à son zèle, j'aurais voulu pouvoir lui rendre bon office pour bon office, et m'acquitter avec lui de quelque façon. Je savais qu'il convoitait fort une place de conseiller d'état ; mais s'étant mal conduit au gré de la cour dans l'affaire du ministre Petit-Pierre, il était en disgrâce auprès du prince et du gouverneur. Je risquai pourtant d'écrire en sa faveur à mylord maréchal ; j'osai même parler de l'emploi qu'il désirait, et si heureusement que, contre l'attente de tout le monde, il lui fut presque aussitôt conféré par le roi. C'est ainsi que le sort, qui m'a toujours mis en même temps trop haut et trop bas, continuait à me ballotter d'une extrémité à l'autre ; et tandis que la populace me couvrait de fange, je faisais un conseiller d'état.

Mon autre grand plaisir fut une visite que vint me faire Mme de Verdelin avec sa fille, qu'elle avait menée aux bains de Bourbonne, d'où elle poussa jusqu'à Motiers, et logea chez moi deux ou trois jours. A force d'attention et de soins, elle avait enfin surmonté ma longue répugnance ; et mon cœur, vaincu par ses caresses, lui rendait toute l'amitié qu'elle m'avait si longtemps témoignée. Je fus touché de ce voyage, surtout dans la circonstance où je me trouvais, et où j'avais grand besoin, pour soutenir mon courage, des consolations de l'amitié. Je craignais qu'elle ne s'affectât des insultes que je recevais de la populace, et j'aurais voulu lui en dérober le spectacle pour ne pas contrister son cœur, mais cela ne me fut pas possible ; et quoique sa présence contint un peu les insolents dans nos promenades, elle en vit assez pour juger de ce qui se passait dans les autres temps. Ce fut même durant son séjour chez moi que je commençai d'être attaqué de nuit dans ma propre habitation. Sa femme de chambre trouva ma fenêtre couverte un matin des pierres qu'on y avait jetées pendant la nuit. Un banc très massif, qui était dans la rue à côté de ma porte et fortement attaché, fut détaché, enlevé et posé debout contre la porte, de sorte que, si l'on ne s'en fût aperçu, le premier qui, pour sortir, aurait ouvert la porte d'entrée, devait naturellement être assommé. Mme de Verdelin n'ignorait rien de ce qui se passait ; car, outre ce qu'elle voyait elle-même, son domestique, homme de confiance, était très répandu dans le village, y accostait tout le monde, et on le vit même en conférence avec Montmollin. Cependant elle ne parut faire aucune attention à rien de ce qui m'arrivait, ne me parla ni de Montmollin, ni de personne, et répondit peu de chose à ce que je lui en dis quelquefois. Seulement, paraissant persuadée que le séjour de l'Angleterre me convenait plus qu'aucun autre, elle me parla

beaucoup de M. Hume, qui était alors à Paris, de son amitié pour moi, du désir qu'il avait de m'être utile dans son pays. Il est temps de dire quelque chose de M. Hume.

Il s'était acquis une grande réputation en France, et surtout parmi les encyclopédistes, par ses traités de commerce et de politique, et, en dernier lieu, par son Histoire de la maison des Stuart, le seul de ses écrits dont j'avais lu quelque chose dans la traduction de l'abbé Prévôt. Faute d'avoir lu ses autres ouvrages, j'étais persuadé, sur ce qu'on m'avait dit de lui, que M. Hume associait une âme très républicaine aux paradoxes anglais en faveur du luxe. Sur cette opinion, je regardais toute son apologie de Charles Ier comme un prodige d'impartialité, et j'avais une aussi grande idée de sa vertu que de son génie. Le désir de connaître cet homme rare et d'obtenir son amitié avait beaucoup augmenté les tentations de passer en Angleterre que me donnaient les sollicitations de Mme de Boufflers, intime amie de M. de Hume. Arrivé en Suisse, j'y reçus de lui, par la voie de cette dame, une lettre extrêmement flatteuse, dans laquelle, aux plus grandes louanges sur mon génie, il joignait la pressante invitation de passer en Angleterre, et l'offre de tout son crédit et de tous ses amis pour m'en rendre le séjour agréable. Je trouvai sur les lieux mylord maréchal, le compatriote et l'ami de M. Hume, qui me confirma tout le bien que j'en pensais, et qui m'apprit même à son sujet une anecdote littéraire qui l'avait beaucoup frappé, et qui me frappa de même. Vallace, qui avait écrit contre Hume au sujet de la population des anciens, était absent tandis qu'on imprimait son ouvrage. Hume se chargea de revoir les épreuves et de veiller à l'édition. Cette conduite était dans mon tour d'esprit. C'est ainsi que j'avais débité des copies, à six sols pièce, d'une chanson qu'on avait faite contre moi. J'avais donc toute sorte de préjugés en faveur de Hume, quand Mme de Verdelin vint me parler vivement de l'amitié qu'il disait avoir pour moi, et de son empressement à me faire les honneurs de l'Angleterre; car c'est ainsi qu'elle s'exprimait. Elle me pressa beaucoup de profiter de ce zèle, et d'écrire à M. Hume. Comme je n'avais pas naturellement du penchant pour l'Angleterre, et que je ne voulais prendre ce parti qu'à l'extrémité, je refusai d'écrire et de promettre; mais je la laissai la maîtresse de faire tout ce qu'elle jugerait à propos pour maintenir M. Hume dans ses bonnes dispositions. En quittant Motiers, elle me laissa persuadé, pour tout ce qu'elle m'avait dit de cet homme illustre, qu'il était de mes amis, et qu'elle était encore plus de ses amies.

Après son départ, Montmollin poussa ses manœuvres, et la populace ne connut plus de frein (*). Je continuais cependant à me promener tranquillement au milieu des huées : et le goût de la botanique, que j'avais commencé de prendre auprès du docteur D'Ivernois, donnant un nouvel intérêt à mes promenades, me faisait parcourir le pays en herborisant, sans m'émouvoir des clameurs de toute cette canaille, dont ce sangfroid ne faisait qu'irriter la fureur. Une des choses qui m'affectèrent le plus, fut de voir les familles de mes amis (**), ou des gens qui portaient ce nom, entrer assez ouvertement dans la ligue de mes persécuteurs; comme les D'Ivernois, sans en excepter même le père et le frère de mon Isabelle, Boy-de-La-Tour, parent de l'amie chez qui j'étais logé, et Mme Girardier, sa belle-sœur. Ce Pierre Boy était si butor, si bête, et se comporta si brutalement, que, pour ne pas me mettre en colère, je me permis de le plaisanter; et je fis, dans le goût du Petit-Prophète, une petite brochure de quelques

(*) Voyez la *Correspondance*, 8 août 1765.

(**) Cette fatalité avait commencé dès mon séjour à Yverdun : car, le banneret Roguin étant mort un an ou deux après mon départ de cette ville, le vieux papa Roguin eut la bonne foi de me marquer, avec douleur, qu'on avait trouvé dans les papiers de son parent des preuves qu'il était entré dans le complot pour m'expulser d'Yverdun et de l'état de Berne. Cela prouvait bien clairement que ce complot n'était pas, comme on voulait le faire croire, une affaire de cagotisme, puisque le banneret Roguin, loin d'être un dévot, poussait le matérialisme et l'incrédulité jusqu'à l'intolérance et au fanatisme. Au reste, personne à Yverdun ne s'était si fort emparé de moi, ne m'avait tant prodigué de caresses, de louanges et de flatteries, que ledit banneret Roguin. Il suivait fidèlement le plan chéri de mes persécuteurs.

pages, intitulée : la *Vision de Pierre de la montagne, dit le Voyant*, dans laquelle je trouvai le moyen de tirer assez plaisamment sur les miracles qui faisaient alors le grand prétexte de ma persécution. Du Peyrou fit imprimer à Genève ce chiffon, qui n'eut dans le pays qu'un succès médiocre; les Neufchâtelois, avec tout leur esprit, ne sentant guère le sel attique ni la plaisanterie, sitôt qu'elle est un peu fine.

Je mis un peu plus de soin à un autre écrit du même temps, dont on trouvera le manuscrit parmi mes papiers, et dont il faut dire ici le sujet.

Dans la plus grande fureur des décrets et de la persécution, les Genevois s'étaient particulièrement signalés, en criant haro de toute leur force; et mon ami Vernes entre autres, avec une générosité vraiment théologique, choisit précisément ce temps-là pour publier contre moi des lettres où il prétendait prouver que je n'étais pas chrétien. Ces lettres, écrites avec un ton de suffisance, n'en étaient pas meilleures, quoiqu'on assurât que le naturaliste Bonnet y avait mis la main : car ledit Bonnet, quoique matérialiste, ne laisse pas d'être d'une orthodoxie très intolérante sitôt qu'il s'agit de moi. Je ne fus assurément pas tenté de répondre à cet outrage : mais l'occasion s'étant présentée d'en dire un mot dans les *Lettres de la montagne*, j'y insérai une petite note assez dédaigneuse, qui mit Vernes en fureur. Il remplit Genève des cris de sa rage, et D'Ivernois me marqua qu'il ne se possédait pas. Quelque temps après parut une feuille anonyme, qui semblait écrite, au lieu d'encre, avec l'eau du Phlégéton. On m'accusait, dans cette lettre, d'avoir exposé mes enfants dans les rues, de traîner après moi une coureuse de corps-de-garde, d'être usé de débauche, pourri de vérole, et d'autres gentillesses semblables. Il ne me fut pas difficile de reconnaître mon homme. Ma première idée, à la lecture de ce libelle, fut de mettre à son vrai prix tout ce qu'on appelle renommée et réputation parmi les hommes, en voyant traiter de coureur de bordel un homme qui n'y fut de sa vie, et dont le plus grand défaut fut toujours d'être timide et honteux comme une vierge, et en me voyant passer pour être pourri de vérole, moi qui non-seulement n'eus de mes jours la moindre atteinte d'aucun mal de cette espèce, mais que des gens de l'art ont même cru conformé de manière à n'en pouvoir contracter. Tout bien pesé, je crus ne pouvoir mieux réfuter ce libelle qu'en le faisant imprimer dans la ville où j'avais le plus vécu; et je l'envoyai à Duchesne pour le faire imprimer tel qu'il était, avec un avertissement où je nommais M. Vernes, et quelques courtes notes pour l'éclaircissement des faits. Non content d'avoir fait imprimer cette feuille, je l'envoyai à plusieurs personnes, et entre autres à M. le prince Louis de Wirtemberg, qui m'avait fait des avances très honnêtes, et avec lequel j'étais alors en correspondance. Ce prince, Du Peyrou et d'autres, parurent douter que Vernes fût l'auteur du libelle, et me blâmèrent de l'avoir nommé trop légèrement. Sur leurs représentations, le scrupule me prit, et j'écrivis à Duchesne de supprimer cette feuille. Guy m'écrivit l'avoir supprimée; je ne sais pas s'il l'a fait; je l'ai trouvé menteur en tant d'occasions, que celle-là de plus ne serait pas une merveille; et dès-lors j'étais enveloppé de ces profondes ténèbres, à travers lesquelles il m'est impossible de pénétrer aucune sorte de vérité (*).

M. Vernes supporta cette imputation avec une modération plus qu'étonnante dans un homme qui ne l'aurait pas méritée, après la fureur qu'il avait montrée auparavant. Il m'écrivit deux ou trois lettres très mesurées, dont le but me parut être de tâcher de pénétrer, par mes réponses, à quel point j'étais instruit, et si j'avais quelque preuve contre lui. Je lui fis deux réponses courtes, sèches, dures dans le sens, mais sans malhonnêteté dans les termes, et dont il ne se fâcha point. A sa troisième lettre, voyant qu'il voulait lier une espèce de correspondance, je ne répondis plus : il me fit parler par D'Ivernois. M^{me} Cramer

(*) Le libelle dont il s'agit ici a pour titre : *Sentiment des citoyens*, et a été réimprimé à Paris comme *Réponse aux Lettres de la Montagne*. Il est de Voltaire, et figure dans les dernières éditions de ses œuvres.

écrivit à Du Peyrou qu'elle était sûre que le libelle n'était pas de Vernes. Tout cela n'ébranla point ma persuasion ; mais comme enfin je pouvais me tromper, et qu'en ce cas je devais à Vernes une réparation authentique, je lui fis dire par D'Ivernois que je la lui ferais telle qu'il en serait content, s'il pouvait m'indiquer le véritable auteur du libelle, ou me prouver du moins qu'il ne l'était pas. Je fis plus : sentant bien qu'après tout, s'il n'était pas coupable, je n'avais pas droit d'exiger qu'il me prouvât rien, je pris le parti d'écrire, dans un mémoire assez ample, les raisons de ma persuasion, et de les soumettre au jugement d'un arbitre que Vernes ne pût récuser. On ne devinerait pas quel fut cet arbitre que je choisis : le conseil de Genève. Je déclarai à la fin du mémoire, que si, après l'avoir examiné et fait les perquisitions qu'il jugerait nécessaires, et qu'il était bien à portée de faire avec succès, le conseil prononçait que M. Vernes n'était pas l'auteur du libelle, dès l'instant je cesserais sincèrement de croire qu'il l'est, je partirais pour m'aller jeter à ses pieds, et lui demander pardon jusqu'à ce que je l'eusse obtenu. J'ose le dire, jamais mon zèle ardent pour l'équité, jamais la droiture, la générosité de mon âme, jamais ma confiance dans cet amour de la justice, inné dans tous les cœurs, ne se montrèrent plus pleinement, plus sensiblement, que dans ce sage et touchant mémoire, où je prenais sans hésiter mes plus implacables ennemis pour arbitres entre le calomniateur et moi. Je lus cet écrit à Du Peyrou : il fut d'avis de le supprimer, et je le supprimai. Il me conseilla d'attendre les preuves que Vernes promettait. Je les attendis, et je les attends encore. Il me conseilla de me taire en attendant ; je me tus, et me tairai le reste de ma vie, blâmé d'avoir chargé Vernes d'une imputation grave, fausse et sans preuve, quoique je reste intérieurement persuadé, convaincu, comme de ma propre existence, qu'il est l'auteur du libelle. Mon mémoire est entre les mains de M. Du Peyrou. Si jamais il voit le jour, on y trouvera mes raisons, et l'on y connaîtra, je l'espère, l'âme de Jean-Jacques, que mes contemporains ont si peu voulu connaître (*).

Il est temps d'en venir à ma catastrophe de Motiers et à mon départ du Val-de-Travers, après deux ans et demi de séjour, et huit mois d'une constance inébranlable à souffrir les plus indignes traitements. Il m'est impossible de me rappeler nettement les détails de cette désagréable époque ; mais on les trouvera dans la relation qu'en publia Du Peyrou, et dont j'aurai à parler dans la suite.

Depuis le départ de Mme de Verdelin, la fermentation devenait plus vive ; et malgré les rescrits réitérés du roi, malgré les ordres fréquents du conseil d'état, malgré les soins du châtelain et des magistrats du lieu, le peuple, me regardant tout de bon comme l'Antechrist, et voyant toutes ses clameurs inutiles, parut enfin vouloir en venir aux voies de fait ; déjà dans les chemins, les cailloux commençaient à rouler auprès de moi, lancés cependant encore d'un peu trop loin pour pouvoir m'atteindre. Enfin, la nuit de la foire de Motiers, qui est au commencement de septembre, je fus attaqué dans ma demeure, de manière à mettre en danger la vie de ceux qui l'habitaient.

A minuit, j'entendis un grand bruit dans la galerie qui régnait sur le derrière de la maison. Une grêle de cailloux, lancés contre la fenêtre et la porte qui donnaient sur cette galerie, y tombèrent avec tant de fracas, que mon chien, qui couchait dans la galerie, et qui avait commencé par aboyer, se tut de frayeur, et se sauva dans un recoin, rongeant et grattant les planches pour tâcher de fuir. Je me lève au bruit ; j'allais sortir de ma chambre pour passer dans la cuisine, quand un caillou, lancé d'une main vigoureuse, traversa la cuisine après en avoir cassé la fenêtre, vint ouvrir la porte de ma chambre et tomber au pied de mon lit ; de sorte que, si je m'étais pressé d'une seconde, j'avais le caillou dans l'estomac. Je jugeai que le bruit avait été fait pour m'attirer, et le caillou lancé pour m'accueillir à ma sortie. Je saute dans la cuisine. Je trouve Thérèse, qui

(*) Ce passage des *Confessions* m'a fait une nécessité indispensable de publier ce mémoire. On le trouvera donc ci-après, et, comme l'équité le prescrivait, avec des notes fournies par M. Vernes pour sa défense. (*Note de Du Peyrou.*)

s'était aussi levée, et qui, toute tremblante, accourait à moi. Nous nous rangeons contre un mur, hors de la direction de la fenêtre, pour éviter l'atteinte

Rousseau à Motiers.

des pierres, et délibérer sur ce que nous avions à faire ; car sortir pour appeler du secours était le moyen de nous faire assommer. Heureusement, la servante d'un vieux bonhomme qui logeait au-dessous de moi se leva au bruit, et courut

appeler M. le châtelain, dont nous étions porte à porte. Il saute de son lit, prend sa robe de chambre à la hâte, et vient à l'instant avec la garde, qui, à cause de la foire, faisait la ronde cette nuit-là, et se trouva tout à portée. Le châtelain vit le dégât avec un tel effroi qu'il en pâlit; et à la vue des cailloux dont la galerie était pleine, il s'écria : « Mon Dieu ! c'est une carrière !» En visitant le bas, on trouva que la porte d'une petite cour avait été forcée, et qu'on avait tenté de pénétrer dans la maison par la galerie. En recherchant pourquoi la garde n'avait point aperçu ou empêché le désordre, il se trouva que ceux de Motiers s'étaient obstinés à vouloir faire cette garde hors de leur rang, quoique ce fût le tour d'un autre village. Le lendemain, le châtelain envoya son rapport au conseil d'état, qui, deux jours après, lui envoya l'ordre d'informer sur cette affaire, de promettre une récompense et le secret à ceux qui dénonceraient les coupables, et de mettre en attendant, aux frais du prince, des gardes à ma maison et à celle du châtelain qui la touchait. Le lendemain, le colonel de Pury, le procureur général Meuron, le châtelain Martinet, le receveur Guyenet, le trésorier D'Ivernois et son père, en un mot tout ce qu'il y avait de gens distingués dans le pays, vinrent me voir, et réunirent leurs sollicitations pour m'engager à céder à l'orage, et à sortir au moins pour un temps d'une paroisse où je ne pouvais plus vivre en sûreté ni avec honneur. Je m'aperçus même que le châtelain, effrayé des fureurs de ce peuple forcené, et craignant qu'elles ne s'étendissent jusqu'à lui, aurait été bien aise de m'en voir partir au plus vite, pour n'avoir plus l'embarras de m'y protéger, et pouvoir le quitter lui-même, comme il fit après mon départ. Je cédai donc, et même avec peu de peine; car le spectacle de la haine du peuple me causait un déchirement de cœur que je ne pouvais plus supporter (*).

J'avais plus d'une retraite à choisir. Depuis le retour de Mme de Verdelin à Paris, elle m'avait parlé dans plusieurs lettres d'un M. Walpole qu'elle appelait mylord, lequel, pris d'un grand zèle en ma faveur, me proposait, dans une de ses terres, un asile dont elle me faisait les descriptions les plus agréables, entrant, par rapport au logement et à la subsistance, dans des détails qui marquaient à quel point ledit mylord Walpole s'occupait avec elle de ce projet. Mylord maréchal m'avait toujours conseillé l'Angleterre ou l'Ecosse, et m'y offrait un asile dans ses terres; mais il m'en offrait un qui me tentait beaucoup davantage à Potsdam, auprès de lui. Il venait de me faire part d'un propos que le roi avait tenu à mon sujet, et qui était une espèce d'invitation à m'y rendre; et Mme la duchesse de Saxe-Gotha comptait si bien sur ce voyage, qu'elle m'écrivit pour me presser d'aller la voir en passant, et de m'arrêter quelque temps auprès d'elle; mais j'avais un tel attachement pour la Suisse, que je ne pouvais me résoudre à la quitter, tant qu'il me serait possible d'y vivre; et je pris ce temps pour exécuter un projet dont j'étais occupé depuis quelques mois, et dont je n'ai pu parler encore, pour ne pas couper le fil de mon récit.

Ce projet consistait à m'aller établir dans l'île de Saint-Pierre, domaine de l'hôpital de Berne, au milieu du lac de Bienne. Dans un pèlerinage pédestre, que j'avais fait l'été précédent avec Du Peyrou, nous avions visité cette île, et j'en avais été tellement enchanté, que je n'avais cessé depuis ce temps-là de songer aux moyens d'y faire ma demeure. Le plus grand obstacle était que l'île appartenait aux Bernois qui, trois ans auparavant, m'avaient vilainement chassé de chez eux; et outre que ma fierté pâtissait à retourner chez des gens qui m'avaient si mal reçu, j'avais lieu de craindre qu'ils ne me laissassent pas plus en repos dans cette île qu'ils n'avaient fait à Yverdun. J'avais consulté là-dessus mylord maréchal, qui, pensant comme moi que les Bernois seraient bien aises de me voir relégué dans cette île et de m'y tenir en ôtage, pour les écrits que je pourrais être tenté de faire, avait fait sonder là-dessus leurs dispositions par un

(*) Il résulte, du témoignage de MM. Servan et d'Escherny, que cette lapidation prétendue, ou du moins fort exagérée, était due surtout aux manœuvres de Thérèse, dégoûtée du pays; et, d'ailleurs l'importance que Rousseau accorde à ce fait peut être attribuée en partie à ce besoin de changement dont il s'accusait lui-même.

M. Sturler, son ancien voisin de Colombier. M. Sturler s'adressa à des chefs de l'état, et sur leur réponse, assura mylord maréchal que les Bernois, honteux de leur conduite passée, ne demandaient pas mieux que de me voir domicilié dans l'île de Saint-Pierre, et de m'y laisser tranquille. Pour surcroît de précaution, avant de risquer d'y aller résider, je fis prendre de nouvelles informations par le colonel Chaillet, qui me confirma les mêmes choses; et le receveur de l'île ayant reçu de ses maîtres la permission de m'y loger, je ne crus rien risquer d'aller m'établir chez lui, avec l'agrément tacite, tant du souverain que des propriétaires; car je ne pouvais espérer que MM. de Berne reconnussent ouvertement l'injustice qu'ils m'avaient faite, et péchassent ainsi contre la plus inviolable maxime de tous les souverains.

L'île de Saint-Pierre, appelée à Neufchâtel l'île de la Motte, au milieu du lac de Bienne, a environ une demi-lieue de tour; mais dans ce petit espace, elle fournit toutes les principales productions nécessaires à la vie. Elle a des champs, des prés, des vergers, des bois, des vignes, et le tout, à la faveur d'un terrain varié et montagneux, forme une distribution d'autant plus agréable, que ses parties, ne se découvrant pas toutes ensemble, se font valoir mutuellement, et font juger l'île plus grande qu'elle n'est en effet. Une terrasse fort élevée en forme la partie occidentale qui regarde Gleresse et Bonneville. On a planté cette terrasse d'une longue allée qu'on a coupée dans son milieu par un grand salon, où, durant les vendanges, on se rassemble les dimanches de tous les rivages voisins, pour danser et se réjouir. Il n'y a dans l'île qu'une seule maison, mais vaste et commode, où loge le receveur, et située dans un enfoncement qui la tient à l'abri des vents.

A cinq ou six cents pas de l'île, est, du côté du sud, une autre île beaucoup plus petite, inculte et déserte, qui paraît avoir été détachée autrefois de la grande par les orages, et ne produit parmi ses graviers que des saules et des persicaires, mais où est cependant un tertre élevé, bien gazonné et très agréable. La forme de ce lac est un ovale presque régulier. Ses rives, moins riches que celles des lacs de Genève et de Neufchâtel, ne laissent pas de former une assez belle décoration, surtout dans la partie occidentale, qui est très peuplée, et bordée de vignes au pied d'une chaîne de montagnes, à peu près comme à Côte-Rôtie, mais qui ne donnent pas d'aussi bon vin. On y trouve, en allant du sud au nord, le baillage de Saint-Jean, Bonneville, Bienne et Nidau, à l'extrémité du lac : le tout entremêlé de villages très agréables.

Tel était l'asile que je m'étais ménagé, et où je résolus d'aller m'établir en quittant le Val-de-Travers (*). Ce choix était si conforme à mon goût pacifique, à mon humeur solitaire et paresseuse, que je le compte parmi les douces rêveries dont je me suis le plus vivement passionné. Il me semblait que dans cette île je serais plus séparé des hommes, plus à l'abri de leurs outrages, plus oublié d'eux, plus livré, en un mot, aux douceurs du désœuvrement et de la vie contemplative. J'aurais voulu être tellement confiné dans cette île, que je n'eusse plus de commerce avec les mortels; et il est certain que je pris toutes les mesures imaginables pour me soustraire à la nécessité d'en entretenir.

Il s'agissait de subsister; et, tant par la cherté des denrées que par la difficulté des transports, la subsistance est chère dans cette île, où d'ailleurs on est à la discrétion du receveur. Cette difficulté fut levée par un arrangement que Du Peyrou voulut bien prendre avec moi, en se substituant à la place de la compagnie qui avait entrepris et abandonné mon édition générale. Je lui remis tous les matériaux de cette édition. J'en fis l'arrangement et la distribution. J'y joignis l'engagement de lui remettre les Mémoires de ma vie, et je le fis dépositaire généralement de tous mes papiers, avec la condition expresse de n'en faire usage

(*) Il n'est peut-être pas inutile d'avertir que j'y laissais un ennemi particulier dans un M. Terraux, maire des Verrières, en très médiocre estime dans le pays, mais qui a un frère qu'on dit honnête homme dans les bureaux de M. Saint-Florentin. Le maire l'était allé voir quelque temps avant mon aventure. Les petites remarques de cette nature, qui par elles-mêmes ne sont rien, peuvent mener dans la suite à la découverte de bien des souterrains.

qu'après ma mort, ayant à cœur d'achever tranquillement ma carrière, sans plus faire souvenir le public de moi. Au moyen de cela, la pension viagère qu'il se chargeait de me payer suffisait pour ma subsistance. Mylord maréchal, ayant recouvré tous ses biens, m'en avait offert une de douze cents francs, que je n'avais acceptée qu'en la réduisant à la moitié. Il m'en voulut envoyer le capital, que je refusai, par l'embarras de le placer. Il fit passer ce capital à Du Peyrou, entre les mains de qui il est resté, et qui m'en paie la rente viagère sur le pied convenu avec le constituant. Joignant donc mon traité avec Du Peyrou, la pension de mylord maréchal, dont les deux tiers étaient reversibles à Thérèse après ma mort, et la rente de cinq cents francs que j'avais sur Duchesne, je pouvais compter sur une subsistance honnête, et pour moi, et après moi pour Thérèse, à qui je laissais sept cents francs de rente, tant de la pension de Rey que de celle de mylord maréchal : ainsi je n'avais plus à craindre que le pain lui manquât, non plus qu'à moi. Mais il était écrit que l'honneur me forcerait de repousser toutes les ressources que la fortune et mon travail mettraient à ma portée, et que je mourrais aussi pauvre que j'ai vécu. On jugera si, à moins d'être le dernier des infâmes, j'ai pu tenir des arrangements qu'on a toujours pris soin de me rendre ignominieux, en m'ôtant avec soin toute autre ressource, pour me forcer de consentir à mon déshonneur. Comment se seraient-ils doutés du parti que je prendrais dans cette alternative? Ils ont toujours jugé de mon cœur par les leurs.

En repos du côté de la subsistance, j'étais sans souci de tout autre côté. Quoique j'abandonnasse dans le monde le champ libre à mes ennemis, je laissais, dans le noble enthousiasme qui avait dicté mes écrits, et dans la constante uniformité de mes principes, un témoignage de mon âme qui répondait à celui que toute ma conduite rendait de mon naturel. Je n'avais pas besoin d'une autre défense contre mes calomniateurs. Ils pouvaient peindre sous mon nom un autre homme ; mais ils ne pouvaient tromper que ceux qui voulaient être trompés. Je pouvais leur donner ma vie à épiloguer d'un bout à l'autre : j'étais sûr qu'à travers mes fautes et mes faiblesses, à travers mon inaptitude à supporter aucun joug, on trouverait toujours un homme juste, bon, sans fiel, sans haine, sans jalousie, prompt à reconnaître ses propres torts, plus prompt à oublier ceux d'autrui, cherchant toute sa félicité dans les passions aimantes et douces, et portant en toute chose la sincérité jusqu'à l'imprudence, jusqu'au plus incroyable désintéressement.

Je prenais donc en quelque sorte congé de mon siècle et de mes contemporains, et je faisais mes adieux au monde, en me confinant dans cette île pour le reste de mes jours ; car telle était ma résolution, et c'était là que je comptais exécuter enfin le grand projet de cette vie oiseuse, auquel j'avais inutilement consacré jusqu'alors tout le peu d'activité que le ciel m'avait départie. Cette île allait devenir pour moi celle de Papimanie, ce bienheureux pays où l'on dort :

On y fait plus, on n'y fait nulle chose (*).

Ce *plus* était tout pour moi ; car j'ai toujours peu regretté le sommeil : l'oisiveté me suffit ; et pourvu que je ne fasse rien, j'aime encore mieux rêver éveillé qu'en songe. L'âge des projets romanesques étant passé, et la fumée de la gloriole m'ayant plus étourdi que flatté, il ne me restait, pour dernière espérance, que celle de vivre sans gêne, dans un loisir éternel. C'est la vie des bienheureux dans l'autre monde, et j'en faisais désormais mon bonheur suprême dans celui-ci.

Ceux qui me reprochent tant de contradictions, ne manqueront pas ici de m'en reprocher encore une. J'ai dit que l'oisiveté des cercles me les rendait insupportables, et me voilà recherchant la solitude uniquement pour m'y livrer à l'oisiveté. C'est pourtant ainsi que je suis : s'il y a là de la contradiction, elle est du fait de la nature, et non pas du mien ; mais il y en a si peu, que c'est par là précisément que je suis toujours moi. L'oisiveté des cercles est tuante, parce qu'elle est de né-

(*) La Fontaine, Contes, *le Diable de Papefiguières*.

cessité ; celle de la solitude est charmante, parce qu'elle est libre et de volonté. Dans une compagnie, il m'est cruel de ne rien faire, parce que j'y suis forcé. Il faut que je reste là cloué sur une chaise, ou debout, planté comme un piquet, sans remuer ni pied ni patte, n'osant ni courir, ni sauter, ni chanter, ni crier, ni gesticuler quand j'en ai envie, n'osant pas même rêver ; ayant à la fois tout l'ennui de l'oisiveté et tout le tourment de la contrainte ; obligé d'être attentif à toutes les sottises qui se disent et à tous les compliments qui se font, et de fatiguer incessamment ma Minerve, pour ne pas manquer de placer à mon tour mon rébus et ma menterie. Et vous appelez cela de l'oisiveté ! C'est un travail de forçat.

L'oisiveté que j'aime n'est pas celle d'un fainéant qui reste là les bras croisés dans une inaction totale, et ne pense pas plus qu'il n'agit. C'est à la fois celle d'un enfant qui est sans cesse en mouvement pour ne rien faire, et celle d'un radoteur dont la tête bat la campagne, sitôt que ses bras sont en repos. J'aime à m'occuper à faire des riens, à commencer cent choses et n'en achever aucune, à aller et venir comme la tête me chante, à changer à chaque instant de projet, à suivre une mouche dans toutes ses allures, à vouloir déraciner un rocher pour voir ce qui est dessous, à entreprendre avec ardeur un travail de dix ans, et à l'abandonner sans regrets au bout de dix minutes, à muser enfin toute la journée sans ordre et sans suite, et à ne suivre en toute chose que le caprice du moment.

La botanique, telle que je l'ai toujours considérée, et telle qu'elle commençait à devenir passion pour moi, était précisément une étude oiseuse, propre à remplir tout le vide de mes loisirs, sans y laisser place au délire de l'imagination, ni à l'ennui d'un désœuvrement total. Errer nonchalamment dans les bois et dans la campagne, prendre machinalement çà et là, tantôt une fleur, tantôt un rameau, brouter mon foin presque au hasard, observer mille et mille fois les mêmes choses, et toujours avec le même intérêt, parce que je les oubliais toujours, était de quoi passer l'éternité sans pouvoir m'ennuyer un moment. Quelque élégante, quelque admirable, quelque diverse que soit la structure des végétaux, elle ne frappe pas assez un œil ignorant pour l'intéresser. Cette constante analogie, et pourtant cette variété prodigieuse qui règne dans leur organisation, ne transporte que ceux qui ont déjà quelque idée du système végétal. Les autres n'ont, à l'aspect de tous ces trésors de la nature, qu'une admiration stupide et monotone. Ils ne voient rien en détail, parce qu'ils ne savent pas même ce qu'il faut regarder ; et ils ne voient pas non plus l'ensemble, parce qu'ils n'ont aucune idée de cette chaîne de rapports et de combinaisons qui accable de ses merveilles l'esprit de l'observateur. J'étais, et mon défaut de mémoire me devait tenir toujours, dans cet heureux point d'en savoir assez peu pour que tout me fût nouveau, et assez pour que tout me fût sensible. Les divers sols dans lesquels l'île, quoique petite, était partagée, m'offraient une suffisante variété de plantes pour l'étude et pour l'amusement de toute ma vie. Je n'y voulais pas laisser un poil d'herbe sans analyse, et je m'arrangeais déjà pour faire, avec un recueil immense d'observations curieuses, la *Flora Petrinsularis*.

Je fis venir Thérèse avec mes livres et mes effets. Nous nous mîmes en pension chez le receveur de l'île. Sa femme avait, à Nidau, ses sœurs qui la venaient voir tour à tour, et qui faisaient à Thérèse une compagnie. Je fis là l'essai d'une douce vie, dans laquelle j'aurais voulu passer la mienne, et dont le goût que j'y pris ne servit qu'à me faire mieux sentir l'amertume de celle qui devait si promptement y succéder.

J'ai toujours aimé l'eau passionnément, et sa vue me jette dans une rêverie délicieuse, quoique souvent sans objet déterminé. Je ne manquais point, à mon lever, lorsqu'il faisait beau, de courir sur la terrasse humer l'air salubre et frais du matin, et planer des yeux sur l'horizon de ce beau lac, dont les rives et les montagnes qui le bordent enchantaient ma vue. Je ne trouve pas de plus digne hommage à la Divinité que cette admiration muette qu'excite la contemplation de ses œuvres, et qui ne s'exprime point par des actes développés. Je comprends comment les habitants des villes, qui ne voient que des murs, des rues et des crimes, ont peu de foi ; mais je ne puis comprendre comment des campagnards,

et surtout des solitaires, peuvent n'en point avoir. Comment leur âme ne s'élève-t-elle pas cent fois le jour avec extase à l'auteur des merveilles qui les frappent? Pour moi, c'est surtout à mon lever, affaissé par mes insomnies, qu'une longue habitude me porte à ces élévations de cœur qui n'imposent point la fatigue de penser. Mais il faut pour cela que mes yeux soient frappés du ravissant spectacle de la nature. Dans ma chambre, je prie plus rarement et plus sèchement : mais à l'aspect d'un beau paysage, je me sens ému sans pouvoir dire de quoi. J'ai lu qu'un sage évêque, dans la visite de son diocèse, trouva une vieille femme qui, pour toute prière, ne savait dire que O ! il lui dit : « Bonne mère, continuez de prier toujours ainsi ; votre prière vaut mieux que les nôtres. » Cette meilleure prière est aussi la mienne.

Après le déjeuner, je me hâtais d'écrire en rechignant quelques malheureuses lettres, aspirant avec ardeur à l'heureux moment de n'en plus écrire du tout. Je tracassais quelques instants autour de mes livres et papiers, pour les déballer et arranger, plutôt que pour les lire ; et cet arrangement, qui devenait pour moi l'œuvre de Pénélope, me donnait le plaisir de muser quelques moments, après quoi je m'en ennuyais et le quittais, pour passer les trois ou quatre heures qui me restaient de la matinée à l'étude de la botanique, et surtout du système de Linnæus, pour lequel je pris une passion dont je n'ai pu bien me guérir, même après en avoir senti le vide. Ce grand observateur est à mon gré le seul, avec Ludwig, qui ait vu jusqu'ici la botanique en naturaliste et en philosophe ; mais il l'a trop étudiée dans des herbiers et dans des jardins, et pas assez dans la nature elle-même. Pour moi, qui prenais pour jardin l'île entière, sitôt que j'avais besoin de faire ou vérifier quelque observation, je courais dans les bois ou dans les prés, mon livre sous le bras : là, je me couchais par terre auprès de la plante en question, pour l'examiner sur pied tout à mon aise. Cette méthode m'a beaucoup servi pour connaître les végétaux dans leur état naturel, avant qu'ils aient été cultivés et dénaturés par la main des hommes. On dit que Fagon, premier médecin de Louis XIV, qui nommait et connaissait parfaitement toutes les plantes du Jardin-Royal, était d'une telle ignorance dans la campagne, qu'il n'y connaissait plus rien. Je suis précisément le contraire : je connais quelque chose à l'ouvrage de la nature, mais rien à celui du jardinier.

Pour les après-dînées, je les livrais totalement à mon humeur oiseuse et nonchalante, et à suivre, sans règle, l'impulsion du moment. Souvent, quand l'air était calme, j'allais, immédiatement en sortant de table, me jeter seul dans un petit bateau, que le receveur m'avait appris à mener avec une seule rame ; je m'avançais en pleine eau. Le moment où je dérivais me donnait une joie qui allait jusqu'au tressaillement, et dont il m'est impossible de dire ni de bien comprendre la cause, si ce n'était peut-être une félicitation secrète d'être, en cet état, hors de l'atteinte des méchants. J'errais ensuite seul dans ce lac, approchant quelquefois du rivage, mais n'y abordant jamais. Souvent laissant aller mon bateau à la merci de l'air et de l'eau, je me livrais à des rêveries sans objet, et qui, pour être stupides, n'en étaient pas moins douces. Je m'écriais parfois avec attendrissement : O nature ! ô ma mère ! me voici sous ta seule garde ; il n'y a point ici d'homme adroit et fourbe qui s'interpose entre toi et moi. Je m'éloignais ainsi jusqu'à demi lieue de terre ; j'aurais voulu que ce lac eût été l'Océan. Cependant, pour complaire à mon pauvre chien, qui n'aimait pas autant que moi de si longues stations sur l'eau, je suivais d'ordinaire un but de promenade : c'était d'aller débarquer à la petite île, de m'y promener une heure ou deux, ou de m'étendre au sommet du tertre sur le gazon, pour m'assouvir du plaisir d'admirer ce lac et ses environs, pour examiner et disséquer toutes les herbes qui se trouvaient à ma portée, et pour me bâtir, comme un autre Robinson, une demeure imaginaire dans cette petite île. Je m'affectionnai fortement à cette butte. Quand j'y pouvais mener promener Thérèse avec la receveuse et ses sœurs, comme j'étais fier d'être leur pilote et leur guide ! Nous y portâmes en pompe des lapins pour la peupler : autre fête pour Jean-Jacques. Cette peuplade me rendit la petite île encore plus intéressante. J'y allais plus souvent, et avec plus

de plaisir, depuis ce temps-là, pour rechercher des traces du progrès des nouveaux habitants.

A ces amusements, j'en joignais un qui me rappelait la douce vie des Charmettes, et auquel la saison m'invitait particulièrement. C'était un détail de soins rustiques pour la récolte des légumes et des fruits, que nous nous faisions un plaisir, Thérèse et moi, de partager avec la receveuse et sa famille. Je me souviens qu'un Bernois, nommé M. Kirchberger, m'étant venu voir, me trouva perché sur un grand arbre, un sac attaché autour de ma ceinture, et déjà si plein de pommes, que je ne pouvais plus me remuer. Je ne fus pas fâché de cette rencontre et de quelques autres pareilles. J'espérais que les Bernois, témoins de l'emploi de mes loisirs, ne songeraient plus à en troubler la tranquillité, et me laisseraient en paix dans ma solitude. J'aurais bien mieux aimé y être confiné par leur volonté que par la mienne : j'aurais été plus assuré de n'y point voir troubler mon repos.

Voici encore un de ces aveux sur lesquels je suis sûr d'avance de l'incrédulité des lecteurs, obstinés à juger toujours de moi par eux-mêmes, quoiqu'ils aient été forcés de voir dans tout le cours de ma vie mille affections internes qui ne ressemblaient point aux leurs. Ce qu'il y a de plus bizarre est, qu'en me refusant tous les sentiments bons ou indifférents qu'ils n'ont pas, ils sont toujours prêts à m'en prêter de si mauvais, qu'ils ne sauraient même entrer dans un cœur d'homme : ils trouvent alors tout simple de me mettre en contradiction avec la nature, et de faire de moi un monstre tel qu'il n'en peut même exister. Rien d'absurde ne leur paraît incroyable, dès qu'il tend à me noircir ; rien d'extraordinaire ne leur paraît possible, dès qu'il tend à m'honorer.

Mais quoi qu'ils en puissent croire ou dire, je n'en continuerai pas moins d'exposer fidèlement ce que fut, fit, et pensa J.-J. Rousseau, sans expliquer, ni justifier les singularités de ses sentiments et ses idées, ni rechercher si d'autres ont pensé comme lui. Je pris tant de goût à l'île de Saint-Pierre, et son séjour me convenait si fort, qu'à force d'inscrire tous mes désirs dans cette île, je formai celui de n'en point sortir. Les visites que j'avais à rendre au voisinage, les courses qu'il me faudrait faire à Neufchâtel, à Bienne, à Yverdun, à Nidau, fatiguaient déjà mon imagination. Un jour à passer hors de l'île me paraissait retranché de mon bonheur ; et sortir de l'enceinte de ce lac était pour moi sortir de mon élément. D'ailleurs, l'expérience du passé m'avait rendu craintif. Il suffisait que quelque bien flattât mon cœur, pour que je dusse m'attendre à le perdre ; et l'ardent désir de finir mes jours dans cette île était inséparable de la crainte d'être forcé d'en sortir. J'avais pris l'habitude d'aller les soirs m'asseoir sur la grève, surtout quand le lac était agité. Je sentais un plaisir singulier à voir les flots se briser à mes pieds. Je m'en faisais l'image du tumulte du monde, et de la paix de mon habitation ; et je m'attendrissais quelquefois à cette douce idée, jusqu'à sentir des larmes couler de mes yeux. Ce repos, dont je jouissais avec passion, n'était troublé que par l'inquiétude de le perdre ; mais cette inquiétude allait au point d'en altérer la douceur. Je sentais ma situation si précaire, que je n'osais y compter. Ah ! que je changerais volontiers, me disais-je, la liberté de sortir d'ici, dont je ne me soucie point, avec l'assurance d'y pouvoir rester toujours ! Au lieu d'y être souffert par grâce, que n'y suis-je détenu par force ! Ceux qui ne font que m'y souffrir, peuvent à chaque instant m'en chasser ; et puis-je espérer que mes persécuteurs, m'y voyant heureux, m'y laissent continuer de l'être ? Ah ! c'est peu qu'on me permette d'y vivre ; je voudrais qu'on m'y condamnât, et je voudrais être contraint d'y rester, pour ne l'être pas d'en sortir. Je jetais un œil d'envie sur l'heureux Micheli Ducret, qui, tranquille au château d'Arberg, n'avait eu qu'à vouloir être heureux, pour l'être (*). Enfin, à force de me livrer à ces réflexions et aux pressentiments inquiétants des nouveaux orages toujours prêts à fondre sur moi, j'en vins à désirer, mais avec une

(*) Voyez au livre V, p. 130, ce que Rousseau a déjà dit de ce personnage célèbre dans l'histoire de Genève.

ardeur incroyable, qu'au lieu de tolérer seulement·mon habitation dans cette île, on me la donnât pour prison perpétuelle; et je puis jurer que s'il n'eût tenu qu'à moi de m'y faire condamner, je l'aurais fait avec la plus grande joie, préférant mille fois la nécessité d'y passer le reste de ma vie, au danger d'en être expulsé (*).

Cette crainte ne demeura pas longtemps vaine. Au moment où je m'y attendais le moins, je reçus une lettre de M. le bailli de Nidau, dans le gouvernement duquel était l'île de Saint-Pierre : par cette lettre, il m'intimait, de la part de leurs excellences, l'ordre de sortir de l'île et de leurs états. Je crus rêver en la lisant. Rien de moins naturel, de moins raisonnable, de moins prévu qu'un pareil ordre; car j'avais plutôt regardé mes pressentiments comme les inquiétudes d'un homme effarouché par ses malheurs, que comme une prévoyance qui pût avoir le moindre fondement. Les mesures que j'avais prises pour m'assurer de l'agrément tacite du souverain, la tranquillité avec laquelle on m'avait laissé faire mon établissement, les visites de plusieurs Bernois et du bailli lui-même, qui m'avait comblé d'amitiés et de prévenances, la rigueur de la saison dans laquelle il était barbare d'expulser un homme infirme, tout me fit croire avec beaucoup de gens qu'il y avait quelque malentendu dans cet ordre, et que les malintentionnés avaient pris exprès le temps des vendanges et de l'infréquence du sénat pour me porter brusquement ce coup.

Si j'avais écouté ma première indignation, je serais parti sur-le-champ. Mais où aller ? Que devenir à l'entrée de l'hiver, sans but, sans préparatif, sans conducteur, sans voiture? A moins de laisser tout à l'abandon, mes papiers, mes effets, toutes mes affaires, il me fallait du temps pour y pourvoir; et il n'était pas dit dans l'ordre si on m'en laissait ou non. La continuité des malheurs commençait d'affaisser mon courage. Pour la première fois, je sentis ma fierté naturelle fléchir sous le joug de la nécessité, et malgré les murmures de mon cœur, il fallut m'abaisser à demander un délai. C'était à M. de Graffenried, qui m'avait envoyé l'ordre, que je m'adressai pour le faire interpréter. Sa lettre portait une très vive improbation de ce même ordre, qu'il ne m'intimait qu'avec le plus grand regret; et les témoignages de douleur et d'estime dont elle était remplie, me semblaient autant d'invitations bien douces de lui parler à cœur ouvert; je le fis. Je ne doutais pas même que ma lettre ne fît ouvrir les yeux à ces hommes iniques sur leur barbarie, et que si l'on ne révoquait pas un ordre si cruel, on ne m'accordât du moins un délai raisonnable, et peut-être l'hiver entier, pour me préparer à la retraite et pour en choisir le lieu.

En attendant la réponse, je me mis à réfléchir sur ma situation, et à délibérer sur le parti que j'avais à prendre. Je vis tant de difficultés de toutes parts, le chagrin m'avait si fort affecté, ma santé était si mauvaise, que je me laissai tout-à-fait abattre, et que l'effet de mon découragement fut de m'ôter le peu de ressources qui pouvaient me rester dans l'esprit pour tirer le meilleur parti possible de ma triste situation. En quelque asile que je voulusse me réfugier, il était clair que je ne pouvais m'y soustraire à aucune des deux manières qu'on avait prises de m'expulser : l'une, en soulevant contre moi la populace par des manœuvres souterraines; l'autre, en me chassant à force ouverte, sans en dire aucune raison. Je ne pouvais donc compter sur aucune retraite assurée, à moins de l'aller chercher plus loin que mes forces et la saison ne semblaient me le permettre. Tout cela me ramenant aux idées dont je venais de m'occuper, j'osai désirer et proposer qu'on voulût plutôt disposer de moi dans une captivité perpétuelle, que de me faire errer incessamment sur la terre, en m'expulsant successivement de tous les asiles que j'aurais choisis. Deux jours après ma première lettre, j'en écrivis une seconde à M. de Graffenried, pour le prier d'en faire la proposition à leurs excellences. La réponse de Berne à l'une et à l'autre, fut un ordre conçu dans les termes les plus formels et les plus durs, de sortir de l'île et de tout le territoire médiat et immédiat de la république,

(*) Voyez dans les *Rêveries* (cinquième promenade), la description détaillée de l'île de Saint-Pierre.

dans l'espace de vingt-quatre heures, et de n'y rentrer jamais, sous les plus grièves peines.

Habitation de Rousseau à l'île Saint-Pierre.

Ce moment fut affreux. Je me suis trouvé depuis dans de pires angoisses, jamais dans un plus grand embarras. Mais ce qui m'affligea le plus, fut d'être

forcé de renoncer au projet qui m'avait fait désirer de passer l'hiver dans l'île. Il est temps de rapporter l'anecdote fatale qui a mis le comble à mes désastres, et qui a entraîné dans ma ruine un peuple infortuné, dont les naissantes vertus promettaient déjà d'égaler un jour celles de Sparte et de Rome. J'avais parlé des Corses dans le *Contrat social* (*), comme d'un peuple neuf, le seul de l'Europe qui ne fût pas usé pour la législation, et j'avais marqué la grande espérance qu'on devait avoir d'un tel peuple, s'il avait le bonheur de trouver un sage instituteur. Mon ouvrage fut lu par quelques Corses, qui furent sensibles à la manière honorable dont je parlais d'eux; et le cas où ils se trouvaient de travailler à l'établissement de leur république fit penser à leurs chefs de me demander mes idées sur cet important ouvrage. Un M. Buttafuoco, d'une des premières familles du pays, et capitaine en France dans royal-italien, m'écrivit à ce sujet et me fournit plusieurs pièces que je lui avais demandées pour me mettre au fait de l'histoire de la nation et de l'état du pays. M. Paoli m'écrivit aussi plusieurs fois, et quoique je sentisse une pareille entreprise au-dessus de mes forces, je crus ne pouvoir les refuser, pour concourir à une si grande et belle œuvre, lorsque j'aurais pris toutes les instructions dont j'avais besoin pour cela. Ce fut dans ce sens que je répondis à l'un et à l'autre, et cette correspondance continua jusqu'à mon départ.

Précisément dans le même temps, j'appris que la France envoyait des troupes en Corse, et qu'elle avait fait un traité avec les Génois. Ce traité, cet envoi de troupes, m'inquiétèrent; et sans m'imaginer encore avoir aucun rapport à tout cela, je jugeai impossible et ridicule de travailler à un ouvrage qui demande un aussi profond repos que l'institution d'un peuple, au moment où il allait peut-être être subjugué. Je ne cachai pas mes inquiétudes à M. Buttafuoco, qui me rassura par la certitude que, s'il y avait dans ce traité des choses contraires à la liberté de sa nation, un aussi bon citoyen que lui ne resterait pas, comme il faisait, au service de France. En effet, son zèle pour la législation des Corses, et ses étroites liaisons avec M. Paoli, ne pouvaient me laisser aucun soupçon sur son compte; et quand j'appris qu'il faisait de fréquents voyages à Versailles et à Fontainebleau, et qu'il avait des relations avec M. de Choiseul, je n'en conclus autre chose, sinon qu'il avait sur les véritables intentions de la cour de France des sûretés qu'il me laissait entendre, mais sur lesquelles il ne voulait pas s'expliquer ouvertement par lettres.

Tout cela me rassurait en partie. Cependant, ne comprenant rien à cet envoi de troupes françaises, ne pouvant raisonnablement penser qu'elles fussent là pour protéger la liberté des Corses, qu'ils étaient très en état de défendre seuls contre les Génois, je ne pouvais me tranquilliser parfaitement, ni me mêler tout de bon de la législation proposée, jusqu'à ce que j'eusse des preuves solides que tout cela n'était pas un jeu pour me persiffler. J'aurais extrêmement désiré une entrevue avec M. Buttafuoco; c'était le vrai moyen d'en tirer les éclaircissements dont j'avais besoin. Il me la fit espérer, et je l'attendais avec la plus grande impatience. Pour lui, je ne sais s'il en avait véritablement le projet; mais quand il l'aurait eu, mes désastres m'auraient empêché d'en profiter.

Plus je méditais sur l'entreprise proposée, plus j'avançais dans l'examen des pièces que j'avais entre les mains, et plus je sentais la nécessité d'étudier de près et le peuple à instituer, et le sol qu'il habitait, et tous les rapports par lesquels il lui fallait approprier cette institution. Je comprenais chaque jour davantage qu'il m'était impossible d'acquérir de loin toutes les lumières pour me guider. Je l'écrivis à Buttafuoco: il le sentit lui-même; et si je ne formai pas précisément la résolution de passer en Corse, je m'occupai beaucoup des moyens de faire ce voyage. J'en parlai à M. Dastier, qui, ayant autrefois servi dans cette île sous M. de Maillebois, devait la connaître. Il n'épargna rien pour me détourner de ce dessein; et j'avoue que la peinture affreuse qu'il me fit des Corses et de leur pays refroidit beaucoup le désir que j'avais d'aller vivre au milieu d'eux.

(*) Liv. II, ch. 10.

Mais quand les persécutions de Motiers me firent songer à quitter la Suisse, ce désir se ranima par l'espoir de trouver enfin chez ces insulaires ce repos qu'on ne voulait me laisser nulle part. Une chose seulement m'effarouchait sur ce voyage : c'était l'inaptitude et l'aversion que j'eus toujours pour la vie active à laquelle j'allais être condamné. Fait pour méditer à loisir dans la solitude, je ne l'étais point pour parler, agir, traiter d'affaires parmi les hommes. La nature, qui m'avait donné le premier talent, m'avait refusé l'autre. Cependant je sentais que, sans prendre part directement aux affaires publiques, je serais nécessité, sitôt que je serais en Corse, de me livrer à l'empressement du peuple, et de conférer très souvent avec les chefs. L'objet même de mon voyage exigeait qu'au lieu de chercher la retraite, je cherchasse, au sein de la nation, les lumières dont j'avais besoin. Il était clair que je ne pourrais plus disposer de moi-même, et qu'entraîné malgré moi dans un tourbillon pour lequel je n'étais point né, j'y mènerais une vie toute contraire à mon goût, et ne m'y montrerais qu'à mon désavantage. Je prévoyais que, soutenant mal par ma présence l'opinion de capacité qu'avaient pu leur donner mes livres, je me discréditerais chez les Corses, et perdrais, autant à leur préjudice qu'au mien, la confiance qu'ils m'avaient donnée, et sans laquelle je ne pouvais faire avec succès l'œuvre qu'ils attendaient de moi. J'étais sûr qu'en sortant ainsi de ma sphère, je leur deviendrais inutile et me rendrais malheureux.

Tourmenté, battu d'orages de toute espèce, fatigué de voyages et de persécutions depuis plusieurs années, je sentais vivement le besoin du repos, dont mes barbares ennemis se faisaient un jeu de me priver ; je soupirais plus que jamais après cette aimable oisiveté, après cette douce quiétude d'esprit et de corps que j'avais tant convoitée, et à laquelle, revenu des chimères de l'amour et de l'amitié, mon cœur bornait sa félicité suprême. Je n'envisageais qu'avec effroi les travaux que j'allais entreprendre, la vie tumultueuse à laquelle j'allais me livrer ; et si la grandeur, la beauté, l'utilité de l'objet, animaient mon courage, l'impossibilité de payer de ma personne avec succès me l'ôtait absolument. Vingt ans de méditation profonde à part moi, m'auraient moins coûté que six mois d'une vie active, au milieu des hommes et des affaires, et certain d'y mal réussir.

Je m'avisai d'un expédient qui me parut propre à tout concilier. Poursuivi dans tous mes refuges par les menées souterraines de mes secrets persécuteurs, et ne voyant plus que la Corse où je pusse espérer pour mes vieux jours le repos qu'ils ne voulaient me laisser nulle part, je résolus de m'y rendre, avec les directions de Buttafuoco, aussitôt que j'en aurais la possibilité ; mais, pour y vivre tranquille, de renoncer, du moins en apparence, au travail de la législation, et de me borner, pour payer en quelque sorte à mes hôtes leur hospitalité, à écrire sur les lieux leur histoire, sauf à prendre sans bruit les instructions nécessaires pour leur devenir plus utile, après le départ des troupes françaises, si je voyais jour à y réussir. En commençant ainsi par ne m'engager à rien, j'espérais être en état de méditer en secret et plus à mon aise un plan qui pût leur convenir, et cela sans renoncer beaucoup à ma chère solitude, ni me soumettre à un genre de vie qui m'était insupportable, et dont je n'avais pas le talent.

Mais ce voyage, dans ma situation, n'était pas une chose aisée à exécuter. A la manière dont M. Dastier m'avait parlé de la Corse, je n'y devais trouver, des plus simples commodités de la vie, que celles que j'y porterais : linge, habits, vaisselle, batterie de cuisine, papier, livres, il fallait tout porter avec soi. Pour m'y transplanter avec ma gouvernante, il fallait franchir les Alpes, et, dans un trajet de deux cents lieues, traîner à ma suite tout un bagage : il fallait passer à travers les états de plusieurs souverains ; et sur le ton donné par toute l'Europe, je devais naturellement m'attendre, après mes malheurs, à trouver partout des obstacles et à voir chacun se faire un honneur de m'accabler de quelque nouvelle disgrâce, et violer avec moi tous les droits des gens et de l'humanité. Les frais immenses, les fatigues, les risques d'un pareil voyage m'obligeraient d'en prévoir d'avance et d'en bien peser toutes les difficultés. L'idée de me trouver enfin seul, sans ressource, à mon âge, et loin de toutes mes connaissances, à la

merci de ce peuple féroce et demi-sauvage, tel que me le peignait M. Dastier, était bien propre à me faire rêver sur une pareille résolution avant de l'exécuter. Je désirais passionnément l'entrevue que M. Buttafuoco m'avait fait espérer, et j'en attendais l'effet pour prendre tout-à-fait mon parti (*).

Tandis que je balançais ainsi, vinrent les persécutions de Motiers, qui me forcèrent à la retraite. Je n'étais pas prêt pour un long voyage, et surtout pour celui de la Corse. J'attendais des nouvelles de M. Buttafuoco; je me réfugiai dans l'île de Saint-Pierre, d'où je fus chassé à l'entrée de l'hiver, comme j'ai dit ci-devant. Les Alpes, couvertes de neige, rendaient alors pour moi cette émigration impraticable, surtout avec la précipitation qu'on me prescrivait. Il est vrai que l'extravagance d'un pareil ordre le rendait impossible à exécuter; car du milieu de cette solitude enfermée au milieu des eaux, n'ayant que vingt-quatre heures depuis l'intimation de l'ordre pour me préparer au départ, pour trouver bateaux et voitures pour sortir de l'île et de tout le territoire; quand j'aurais eu des ailes, j'aurais eu peine à pouvoir obéir. Je l'écrivis à M. le bailli de Nidau, en répondant à sa lettre, et je m'empressai de sortir de ce pays d'iniquité. Voilà comment il fallut renoncer à mon projet chéri, et comment, n'ayant pu dans mon découragement obtenir qu'on disposât de moi, je me déterminai, sur l'invitation de mylord maréchal, au voyage de Berlin, laissant Thérèse hiverner à l'île de Saint-Pierre, avec mes effets et mes livres, et déposant mes papiers dans les mains de Du Peyrou. Je fis une telle diligence, que, dès le lendemain matin, je partis de l'île et me rendis à Bienne encore avant midi. Peu s'en fallut que je n'y terminasse mon voyage, par un incident dont le récit ne doit pas être omis (**).

Sitôt que le bruit s'était répandu que j'avais ordre de quitter mon asile, j'eus une affluence de visites du voisinage, et surtout de Bernois qui venaient avec la plus détestable fausseté me flagorner, m'adoucir, et me protester qu'on avait pris le moment des vacances et de l'infréquence du sénat pour minuter et m'intimer cet ordre, contre lequel, disaient-ils, tout le Deux-Cents était indigné. Parmi ce tas de consolateurs, il en vint quelques-uns de la ville de Bienne, petit état libre enclavé dans celui de Berne, et entre autres un jeune homme, appelé Wildremet, dont la famille tenait le premier rang, et avait le principal crédit dans cette petite ville. Wildremet me conjura vivement, au nom de ses concitoyens, de choisir ma retraite au milieu d'eux; m'assurant qu'ils désiraient avec empressement de m'y recevoir; qu'ils se feraient une gloire et un devoir de m'y faire oublier les persécutions que j'avais souffertes; que je n'avais à craindre chez eux aucune influence des Bernois; que Bienne était une ville libre, qui ne recevait des lois de personne, et que tous les citoyens étaient unanimement déterminés à n'écouter aucune sollicitation qui me fût contraire.

Wildremet, voyant qu'il ne m'ébranlait pas, se fit appuyer de plusieurs autres personnes, tant de Bienne et des environs, que de Berne même, et entre autres du même Kirchberger dont j'ai parlé, qui m'avait recherché depuis ma retraite en Suisse, et que ses talents et ses principes me rendaient intéressant. Mais des sollicitations moins prévues et plus pondérantes furent celles de M. Barthès, secrétaire d'ambassade de France, qui vint me voir avec Wildremet, m'exhorta fort de me rendre à son invitation, et m'étonna par l'intérêt vif et tendre qu'il paraissait prendre à moi. Je ne connaissais point du tout M. Barthès; cependant je le voyais mettre à ses discours la chaleur, le zèle de l'amitié, et je voyais qu'il lui tenait véritablement au cœur de me persuader de m'établir à Bienne. Il me fit l'éloge le plus pompeux de cette ville et de ses habitants, avec lesquels il se montrait si intimement lié, qu'il les appela plusieurs fois devant moi ses patrons et ses pères.

Cette démarche de Barthès me dérouta dans toutes mes conjectures. J'avais toujours soupçonné M. de Choiseul d'être l'auteur caché de toutes les persécutions

(*) Les relations de Rousseau avec Buttafuoco se réduisirent à quelques lettres, la France ayant peu de temps après fait la conquête de la Corse.

(**) Ces deux dernières phrases ne se trouvent pas dans le premier manuscrit.

que j'éprouvais en Suisse. La conduite du résident de France à Genève, celle de l'ambassadeur à Soleure, ne confirmaient que trop ces soupçons; je voyais la France influer en secret sur tout ce qui m'arrivait à Berne, à Genève, à Neufchâtel, et je ne croyais avoir en France aucun ennemi puissant que le seul duc de Choiseul (*). Que pouvais-je donc penser de la visite de Barthès et du tendre intérêt qu'il paraissait prendre à mon sort? Mes malheurs n'avaient pas encore détruit cette confiance naturelle à mon cœur, et l'expérience ne m'avait pas encore appris à voir partout des embûches sous les caresses. Je cherchais avec surprise la raison de cette bienveillance de Barthès : je n'étais pas assez sot pour croire qu'il fît cette démarche de son chef; j'y voyais une publicité, et même une affectation qui marquait une intention cachée, et j'étais bien éloigné d'avoir jamais trouvé dans tous ces petits agents subalternes cette intrépidité généreuse qui, dans un poste semblable, avait souvent fait bouillonner mon cœur.

J'avais autrefois un peu connu le chevalier de Beauteville (**) chez M. de Luxembourg; il m'avait témoigné quelque bienveillance : depuis son ambassade, il m'avait encore donné quelques signes de souvenir, et m'avait même fait inviter à l'aller voir à Soleure : invitation dont, sans m'y rendre, j'avais été touché, n'ayant pas accoutumé d'être traité si honnêtement par les gens en place. Je présumai donc que M. de Beauteville, forcé de suivre ses instructions en ce qui regardait les affaires de Genève, me plaignant cependant dans mes malheurs, m'avait ménagé, par des soins particuliers, cet asile de Bienne pour y pouvoir vivre tranquille sous ses auspices. Je fus sensible à cette attention, mais sans en vouloir profiter; et, déterminé tout-à-fait au voyage de Berlin, j'aspirais avec ardeur au moment de rejoindre mylord maréchal, persuadé que ce n'était plus qu'auprès de lui que je trouverais un vrai repos et un bonheur durable.

A mon départ de l'île, Kirchberger m'accompagna jusqu'à Bienne. J'y trouvai Wildremet et quelques autres Biennois qui m'attendaient à la descente du bateau. Nous dînâmes tous ensemble à l'auberge; et, en y arrivant, mon premier soin fut de faire chercher une chaise, voulant partir dès le lendemain matin. Pendant le dîner, ces messieurs reprirent leurs instances pour me retenir parmi eux, et cela avec tant de chaleur et des protestations si touchantes, que malgré toutes mes résolutions, mon cœur, qui n'a jamais su résister aux caresses, se laissa émouvoir aux leurs : sitôt qu'ils me virent ébranlé, ils redoublèrent si bien leurs efforts, qu'enfin je me laissai vaincre, et consentis de rester à Bienne, au moins jusqu'au printemps prochain.

Aussitôt Wildremet se pressa de me pourvoir d'un logement, et me vanta comme une trouvaille une vilaine petite chambre sur un derrière, au troisième étage, donnant sur une cour, où j'avais pour régal l'étalage des peaux puantes d'un chamoiseur. Mon hôte était un petit homme de basse mine et passablement fripon, que j'appris le lendemain être débauché, joueur, et en fort mauvais prédicament dans le quartier; il n'avait ni femme, ni enfants, ni domestiques; et tristement reclus dans ma chambre solitaire, j'étais, dans le plus riant pays du monde, logé de manière à périr de mélancolie en peu de jours. Ce qui m'affecta le plus, malgré tout ce qu'on m'avait dit de l'empressement des habitants à me recevoir, fut de n'apercevoir, en passant dans les rues, rien d'honnête envers moi dans leurs manières, ni d'obligeant dans leurs regards. J'étais pourtant tout déterminé à rester là, quand j'appris, vis, et sentis, même dès le jour suivant, qu'il y avait dans la ville une fermentation terrible à mon égard. Plusieurs empressés vinrent obligeamment m'avertir qu'on devait dès le lendemain me signifier le plus durement qu'on pourrait un ordre de sortir sur le champ de l'état, c'est-à-dire de la ville. Je n'avais personne à qui me confier; tous ceux qui m'avaient retenu

(*) Il est très remarquable que Rousseau attribue au seul duc de Choiseul toutes les persécutions qu'il éprouve, et qu'il ne lui adjoigne pas Voltaire, qui peut-être n'y était pas étranger; on peut le soupçonner, du moins, d'après la haine qu'il montre dans sa correspondance toutes les fois qu'il y parle de son rival de gloire.

(**) Ambassadeur de France à Soleure, chargé depuis d'intervenir comme médiateur dans les affaires de Genève. Voyez la *Correspondance*, 25 février 1766.

s'étaient éparpillés. Wildremet avait disparu; je n'entendis plus parler de Barthès, et il ne parut pas que sa recommandation m'eût mis en grande faveur auprès des patrons et des pères qu'il s'était donnés devant moi. Un M. de Vau-Travers, Bernois, qui avait une jolie maison proche la ville, m'y offrit cependant un asile, espérant, me dit-il, que j'y pourrais éviter d'être lapidé. L'avantage ne me parut pas assez flatteur pour me tenter de prolonger mon séjour chez ce peuple hospitalier.

Cependant, ayant perdu trois jours à ce retard, j'avais déjà passé de beaucoup les vingt-quatre heures que les Bernois m'avaient données pour sortir de tous leurs états, et je ne laissais pas, connaissant leur dureté, d'être en quelque peine sur la manière dont ils me les laisseraient traverser, quand M. le bailli de Nidau vint tout à propos me tirer d'embarras. Comme il avait hautement improuvé le violent procédé de leurs excellences, il crut, dans sa générosité, me devoir un témoignage public qu'il n'y prenait aucune part, et ne craignit pas de sortir de son baillage pour venir me faire une visite à Bienne. Il vint la veille de mon départ; et loin de venir incognito, il affecta même du cérémonial, vint *in fiocchi* dans son carrosse avec son secrétaire, et m'apporta un passe-port en son nom, pour traverser l'état de Berne à mon aise et sans crainte d'être inquiété. La visite me toucha plus que le passe-port. Je n'y aurais guère été moins sensible, quand elle aurait eu pour objet un autre que moi. Je ne connais rien de si puissant sur mon cœur qu'un acte de courage fait à propos, en faveur du faible injustement opprimé.

Enfin, après m'être avec peine procuré une chaise, je partis le lendemain matin de cette terre homicide, avant l'arrivée de la députation dont on devait m'honorer, avant même d'avoir pu revoir Thérèse, à qui j'avais marqué de me venir joindre, quand j'avais cru m'arrêter à Bienne, et que j'eus à peine le temps de contremander par un mot de lettre, en lui marquant mon nouveau désastre. On verra dans ma troisième partie, si jamais j'ai la force de l'écrire, comment, croyant partir pour Berlin, je partis en effet pour l'Angleterre, et comment les deux dames qui voulaient disposer de moi, après m'avoir à force d'intrigues chassé de la Suisse, où je n'étais pas assez en leur pouvoir, parvinrent à me livrer à leur ami.

J'ajoutai ce qui suit dans la lecture que je fis de cet écrit à M. et Mᵐᵉ la comtesse d'Egmont, à M. le prince Pignatelli, à Mᵐᵉ la marquise de Mesme, et à M. le marquis de Juigné :

« J'ai dit la vérité : si quelqu'un sait des choses contraires à ce que je viens d'exposer, fussent-elles mille fois prouvées, il sait des mensonges et des impostures; et s'il refuse de les approfondir et de les éclaircir avec moi tandis que je suis en vie, il n'aime ni la justice ni la vérité. Pour moi, je le déclare hautement et sans crainte : quiconque, même sans avoir lu mes écrits, examinera par ses propres yeux mon naturel, mon caractère, mes penchants, mes plaisirs, mes habitudes, et pourra me croire un malhonnête homme, est lui-même un homme à étouffer. »

J'achevai ainsi ma lecture, et tout le monde se tut. Mᵐᵉ d'Egmont fut la seule qui me parut émue : elle tressaillit visiblement, mais elle se remit bien vite, et garda le silence, ainsi que toute la compagnie. Tel fut le fruit que je tirai de cette lecture et de ma déclaration.

FIN DES CONFESSIONS.

LES RÊVERIES

DU

PROMENEUR SOLITAIRE.

PREMIÈRE PROMENADE.

Me voici donc seul sur la terre, n'ayant plus de frère, de prochain, d'ami, de société que moi même. Le plus sociable et le plus aimant des humains en a été proscrit par un accord unanime. Ils ont cherché, dans les raffinements de leur haine, quel tourment pouvait être le plus cruel à mon âme sensible, et ils ont brisé violemment tous les liens qui m'attachaient à eux. J'aurais aimé les hommes en dépit d'eux-mêmes : ils n'ont pu, qu'en cessant de l'être, se dérober à mon affection. Les voilà donc étrangers, inconnus, nuls enfin pour moi, puisqu'ils l'ont voulu. Mais moi, détaché d'eux et de tout, que suis-je moi-même? Voilà ce qui me reste à chercher. Malheureusement cette recherche doit être précédée d'un coup d'œil sur ma position : c'est une idée par laquelle il faut nécessairement que je passe pour arriver d'eux à moi.

Depuis quinze ans et plus que je suis dans cette étrange position, elle me paraît encore un rêve. Je m'imagine toujours qu'une indigestion me tourmente, que je dors d'un mauvais sommeil, et que je vais me réveiller, bien soulagé de ma peine, en me retrouvant avec mes amis. Oui, sans doute, il faut que j'aie fait, sans que je m'en aperçusse, un saut de la veille au sommeil, ou plutôt de la vie à la mort. Tiré, je ne sais comment, de l'ordre des choses, je me suis vu précipité dans un chaos incompréhensible, où je n'aperçois rien du tout, et plus je pense à ma situation présente, et moins je puis comprendre où je suis.

Eh! comment aurais-je pu prévoir le destin qui m'attendait? comment le puis-je concevoir encore aujourd'hui que j'y suis livré? Pouvais-je, dans mon bon sens, supposer qu'un jour moi, le même homme que j'étais, le même que je suis encore, je passerais, je serais tenu, sans le moindre doute, pour un monstre, un empoisonneur, un assassin; que je deviendrais l'horreur de la race humaine, le jouet de la canaille; que toute la salutation que me feraient les passants serait de cracher sur moi; qu'une génération tout entière s'amuserait d'un accord unanime à m'enterrer tout vivant? Quand cette étrange révolution se fit, pris au dépourvu, j'en fus d'abord bouleversé. Mes agitations, mon indignation, me plongèrent dans un délire qui n'a pas eu trop de dix ans pour se calmer; et, dans cet intervalle, tombé d'erreur en erreur, de faute en faute, de sottise en

sottise, j'ai fourni, par mes imprudences, aux directeurs de ma destinée, autant d'instruments qu'ils ont habilement mis en œuvre pour la fixer sans retour.

Je me suis débattu longtemps aussi violemment que vainement. Sans adresse, sans art, sans dissimulation, sans prudence, franc, ouvert, impatient, emporté, je n'ai fait, en me débattant, que m'enlacer davantage, et leur donner incessamment de nouvelles prises qu'ils n'ont eu garde de négliger. Sentant enfin tous mes efforts inutiles, et me tourmentant à pure perte, j'ai pris le seul parti qu'il me restait à prendre, celui de me soumettre à ma destinée, sans plus regimber contre la nécessité. J'ai trouvé dans cette résignation le dédommagement de tous mes maux, par la tranquillité qu'elle me procure, et qui ne pouvait s'allier avec le travail continuel d'une résistance aussi pénible qu'infructueuse.

Une autre chose a contribué à cette tranquillité. Dans tous les raffinements de leur haine, mes persécuteurs en ont omis un que leur animosité leur a fait oublier ; c'était d'en graduer si bien les effets, qu'ils pussent entretenir et renouveler mes douleurs sans cesse, en me portant toujours quelque nouvelle atteinte. S'ils avaient eu l'adresse de me laisser quelque lueur d'espérance, ils me tiendraient encore par là. Ils pourraient faire encore de moi leur jouet par quelque faux leurre, et me navrer ensuite d'un tourment toujours nouveau par mon attente déçue. Mais ils ont d'avance épuisé toutes leurs ressources ; en ne me laissant rien, ils se sont tout ôté à eux-mêmes. La diffamation, la dépression, la dérision, l'opprobre dont ils m'ont couvert, ne sont pas plus susceptibles d'augmentation que d'adoucissement ; nous sommes également hors d'état, eux de les aggraver, et moi de m'y soustraire. Ils se sont tellement pressés de porter à son comble la mesure de ma misère, que toute la puissance humaine, aidée de toutes les ruses de l'enfer, n'y saurait plus rien ajouter. La douleur physique elle-même, au lieu d'augmenter mes peines, y ferait diversion. En m'arrachant des cris, peut-être elle m'épargnerait des gémissements, et les déchirements de mon corps suspendraient ceux de mon cœur.

Qu'ai-je encore à craindre d'eux, puisque tout est fait ? Ne pouvant plus empirer mon état, ils ne sauraient plus m'inspirer d'alarmes. L'inquiétude et l'effroi sont des maux dont ils m'ont pour jamais délivré ; c'est toujours un soulagement. Les maux réels ont sur moi peu de prise ; je prends aisément mon parti sur ceux que j'éprouve, mais non pas sur ceux que je crains. Mon imagination effarouchée les combine, les retourne, les étend, et les augmente : leur attente me tourmente cent fois plus que leur présence, et la menace m'est plus terrible que le coup. Sitôt qu'ils arrivent, l'événement, leur ôtant tout ce qu'ils avaient d'imaginaire, les réduit à leur juste valeur. Je les trouve alors beaucoup moindres que je ne les étais figurés ; et même, au milieu de ma souffrance, je ne laisse pas de me sentir soulagé. Dans cet état, affranchi de toute nouvelle crainte et délivré de l'inquiétude, de l'espérance, la seule habitude suffira pour me rendre de jour en jour plus supportable une situation que rien ne peut empirer ; et à mesure que le sentiment s'en émousse par la durée, ils n'ont plus de moyen pour le ranimer. Voilà le bien que m'ont fait mes persécuteurs, en épuisant sans mesure tous les traits de leur animosité. Ils se sont ôté sur moi tout empire, et je puis désormais me moquer d'eux.

Il n'y a pas deux mois encore qu'un plein calme est rétabli dans mon cœur. Depuis longtemps je ne craignais plus rien, mais j'espérais encore ; et cet espoir, tantôt bercé, tantôt frustré, était une prise par laquelle mille passions diverses ne cessaient de m'agiter. Un événement aussi triste qu'imprévu vient enfin effacer de mon cœur ce faible rayon d'espérance, et m'a fait voir ma destinée fixée à jamais sans retour ici-bas. Dès lors je me suis résigné sans réserve, et j'ai trouvé la paix.

Sitôt que j'ai commencé d'entrevoir la trame dans toute son étendue, j'ai perdu pour jamais l'idée de ramener de mon vivant le public sur mon compte ; et même ce retour, ne pouvant plus être réciproque, me serait désormais bien inutile. Les hommes auraient beau revenir à moi, ils ne me retrouveraient plus. Avec le dédain qu'ils m'ont inspiré, leur commerce me serait insipide et même

à charge, et je suis cent fois plus heureux dans ma solitude, que je ne pourrais l'être en vivant avec eux. Ils ont arraché de mon cœur toutes les douceurs de la société. Elles n'y pourraient plus germer derechef à mon âge; il est trop tard. Qu'ils me fassent désormais du bien ou du mal, tout m'est indifférent de leur part, et, quoi qu'ils fassent, mes contemporains ne seront jamais rien pour moi.

Mais je comptais encore sur l'avenir, et j'espérais qu'une génération meilleure,

Voilà ce que j'appris par le récit de ceux qui m'avaient relevé. (Page 109.)

examinant mieux et les jugements portés par celle-ci sur mon compte, et sa conduite avec moi, démêlerait aisément l'artifice de ceux qui la dirigent, et me verrait enfin tel que je suis. C'est cet espoir qui m'a fait écrire mes *Dialogues* (*),

(*) Voyez plus loin les *Dialogues*, ou *Rousseau juge de Jean-Jacques*, ouvrage composé de 1775 à 1776, que nous n'avons pu placer ici, parce que, comme Rousseau le dira tout-à-l'heure, les *Rêveries* forment la véritable suite des *Confessions*.

et qui m'a suggéré mille folles tentatives pour les faire passer à la postérité. Cet espoir, quoique éloigné, tenait mon âme dans la même agitation que quand je cherchais encore dans le siècle un cœur juste; et mes espérances, que j'avais beau jeter au loin, me rendaient également le jouet des hommes d'aujourd'hui. J'ai dit dans mes *Dialogues* sur quoi je fondais cette attente. Je me trompais. Je l'ai senti par bonheur assez à temps pour trouver encore, avant ma dernière heure, un intervalle de pleine quiétude et de repos absolu. Cet intervalle a commencé à l'époque dont je parle, et j'ai lieu de croire qu'il ne sera plus interrompu.

Il se passe bien peu de jours, que de nouvelles réflexions ne me confirment combien j'étais dans l'erreur de compter sur le retour du public, même dans un autre âge; puisqu'il est conduit, dans ce qui me regarde, par des guides qui se renouvellent sans cesse dans les corps qui m'ont pris en aversion. Les particuliers meurent; mais les corps collectifs ne meurent point. Les mêmes passions s'y perpétuent, et leur haine ardente, immortelle comme le démon qui l'inspire, a toujours la même activité. Quand tous mes ennemis particuliers seront morts, les médecins, les oratoriens vivront encore; et, quand je n'aurais pour persécuteurs que ces deux corps-là, je dois être sûr qu'ils ne laisseront pas plus de paix à ma mémoire après ma mort, qu'ils n'en laissent à ma personne de mon vivant. Peut-être, par trait de temps, les médecins, que j'ai réellement offensés, pourraient-ils s'apaiser : mais les oratoriens, que j'aimais, que j'estimais, en qui j'avais toute confiance, et que je n'offensai jamais; les oratoriens, gens d'église et demi-moines, seront à jamais implacables : leur propre iniquité fait mon crime, que leur amour-propre ne me pardonnera jamais; et le public, dont ils auront soin d'entretenir et ranimer l'animosité sans cesse, ne s'apaisera pas plus qu'eux.

Tout est fini pour moi sur la terre. On ne peut plus m'y faire ni bien ni mal. Il ne me reste plus rien à espérer ni à craindre en ce monde, et m'y voilà tranquille au fond de l'abîme, pauvre mortel infortuné, mais impassible comme Dieu même.

Tout ce qui m'est extérieur m'est étranger désormais. Je n'ai plus, en ce monde, ni prochain, ni semblables, ni frères. Je suis sur la terre comme dans une planète étrangère où je serais tombé de celle que j'habitais. Si je reconnais autour de moi quelque chose, ce ne sont que des objets affligeants et déchirants pour mon cœur, et je ne peux jeter les yeux sur ce qui me touche et m'entoure, sans y trouver toujours quelque sujet de dédain qui m'indigne, ou de douleur qui m'afflige. Ecartons donc de mon esprit tous les pénibles objets dont je m'occuperais aussi douloureusement qu'inutilement. Seul pour le reste de ma vie, puisque je ne trouve qu'en moi la consolation, l'espérance et la paix, je ne dois ni ne veux plus m'occuper que de moi. C'est dans cet état que je reprends la suite de l'examen sévère et sincère que j'appelai jadis mes *Confessions*. Je consacre mes derniers jours à m'étudier moi-même et à préparer d'avance le compte que je ne tarderai pas à rendre de moi. Livrons-nous tout entier à la douceur de converser avec mon âme, puisqu'elle est la seule que les hommes ne puissent m'ôter. Si, à force de réfléchir sur mes dispositions intérieures, je parviens à les mettre en meilleur ordre et à corriger le mal qui peut y rester, mes méditations ne seront pas entièrement inutiles, et, quoique je ne sois plus bon à rien sur la terre, je n'aurai pas tout-à-fait perdu mes derniers jours. Les loisirs de mes promenades journalières ont souvent été remplis de contemplations charmantes dont j'ai regret d'avoir perdu le souvenir. Je fixerai par l'écriture celles qui pourront me venir encore; chaque fois que je les relirai m'en rendra la jouissance. J'oublierai mes malheurs, mes persécuteurs, mes opprobres, en songeant au prix qu'avait mérité mon cœur.

Ces feuilles ne seront proprement qu'un informe journal de mes rêveries. Il y sera beaucoup question de moi, parce qu'un solitaire qui réfléchit s'occupe nécessairement beaucoup de lui-même. Du reste, toutes les idées étrangères qui me passent par la tête en me promenant y trouveront également leur place. Je dirai ce que j'ai pensé tout comme il m'est venu, et avec aussi peu de liaison que les

idées de la veille en ont d'ordinaire avec celles du lendemain. Mais il en résultera toujours une nouvelle connaissance de mon naturel et de mon humeur par celle des sentiments et des pensées dont mon esprit fait sa pâture journalière dans l'étrange état où je suis. Ces feuilles peuvent donc être regardées comme un appendice de mes *Confessions*; mais je ne leur en donne plus le titre, ne sentant plus rien à dire qui puisse le mériter. Mon cœur s'est purifié à la coupelle de l'adversité, et j'y trouve à peine, en le sondant avec soin, quelque reste de penchant répréhensible. Qu'aurais-je encore à confesser, quand toutes les affections terrestres en sont arrachées? Je n'ai pas plus à me louer qu'à me blâmer; je suis nul désormais parmi les hommes, et c'est tout ce que je puis être, n'ayant plus avec eux de relation réelle, de véritable société. Ne pouvant plus faire aucun bien qui ne tourne à mal, ne pouvant plus agir sans nuire à autrui ou à moi-même, m'abstenir est devenu mon unique devoir, et je la remplis autant qu'il est en moi. Mais, dans ce désœuvrement du corps, mon âme est encore active, elle produit encore des sentiments, des pensées, et sa vie interne et morale semble encore s'être accrue par la mort de tout intérêt terrestre et temporel. Mon corps n'est plus pour moi qu'un embarras, qu'un obstacle, et je m'en dégage d'avance autant que je puis.

Une situation si singulière mérite assurément d'être examinée et décrite, et c'est à cet examen que je consacre mes derniers loisirs. Pour le faire avec succès, il y faudrait procéder avec ordre et méthode; mais je suis incapable de ce travail, et même il m'écarterait de mon but, qui est de me rendre compte des modifications de mon âme et de leurs successions. Je ferai sur moi à quelque égard les opérations que font les physiciens sur l'air pour en connaître l'état journalier. J'appliquerai le baromètre à mon âme, et ces opérations, bien dirigées et longtemps répétées, me pourraient fournir des résultats aussi sûrs que les leurs. Mais je n'étends pas jusque-là mon entreprise. Je me contenterai de tenir le registre des opérations, sans chercher à les réduire en système. Je fais la même entreprise que Montaigne, mais avec un but tout contraire au sien; car il n'écrivait ses *Essais* que pour les autres, et je n'écris mes rêveries que pour moi. Si, dans mes plus vieux jours, aux approches du départ, je reste, comme je l'espère, dans la même disposition où je suis, leur lecture me rappellera la douceur que je goûte à les écrire, et faisant renaître ainsi pour moi le temps passé, doublera pour ainsi dire mon existence. En dépit des hommes, je saurai goûter encore le charme de la société, et je vivrai décrépit avec moi, dans un autre âge, comme je vivrais avec un moins vieux ami.

J'écrivais mes premières *Confessions* et mes *Dialogues* dans un souci continuel sur les moyens de les dérober aux mains rapaces de mes persécuteurs, pour les transmettre, s'il était possible, à d'autres générations. La même inquiétude ne me tourmente plus pour cet écrit; je sais qu'elle serait inutile, et le désir d'être mieux connu des hommes, s'étant éteint dans mon cœur, n'y laisse qu'une indifférence profonde sur le sort de mes vrais écrits et des monuments de mon innocence, qui déjà peut-être ont été tous pour jamais anéantis. Qu'on épie ce que je fais, qu'on s'inquiète de ces feuilles, qu'on s'en empare, qu'on les supprime, qu'on les falsifie, tout cela m'est égal désormais. Je ne les cache ni ne les montre. Si on me les enlève de mon vivant, on ne m'enlèvera ni le plaisir de les avoir écrites, ni le souvenir de leur contenu, ni les méditations solitaires dont elles sont le fruit, et dont la source ne peut s'éteindre qu'avec mon âme. Si, dès mes premières calamités, j'avais su ne point regimber contre ma destinée, et prendre le parti que je prends aujourd'hui, tous les efforts des hommes, toutes leurs épouvantables machines, eussent été sur moi sans effet, et ils n'auraient pas plus troublé mon repos par toutes leurs trames, qu'ils ne peuvent le troubler désormais par tous leurs succès; qu'ils jouissent à leur gré de mon opprobre, ils ne m'empêcheront pas de jouir de mon innocence, et d'achever mes jours en paix malgré eux.

DEUXIÈME PROMENADE.

Ayant donc formé le projet de décrire l'état habituel de mon âme dans la plus étrange position où se puisse jamais trouver un mortel, je n'ai vu nulle manière plus simple et plus sûre d'exécuter cette entreprise, que de tenir un registre fidèle de mes promenades solitaires et des rêveries qui les remplissent, quand je laisse ma tête entièrement libre, et mes idées suivre leur pente sans résistance et sans gêne. Ces heures de solitude et de méditation sont les seules de la journée où je sois pleinement moi et à moi, sans diversion, sans obstacle, et où je puisse véritablement dire être ce que la nature a voulu.

J'ai bientôt senti que j'avais trop tardé d'exécuter ce projet. Mon imagination, déjà moins vive, ne s'enflamme plus comme autrefois à la contemplation de l'objet qui l'anime ; je m'enivre moins du délire de la rêverie ; il y a plus de réminiscence que de création dans ce qu'elle produit désormais ; un tiède allanguissement énerve toutes mes facultés ; l'esprit de vie s'éteint en moi par degré ; mon âme ne s'élance plus qu'avec peine hors de sa caduque enveloppe, et, sans l'espérance de l'état auquel j'aspire, parce que je m'y sens avoir droit, je n'existerais plus que par des souvenirs : ainsi, pour me contempler moi-même avant mon déclin, il faut que je remonte au moins de quelques années au temps où, perdant tout espoir ici-bas, et ne trouvant plus d'aliment pour mon cœur sur la terre, je m'accoutumais peu à peu à le nourrir de ma propre substance, et à chercher toute sa pâture au dedans de moi.

Cette ressource, dont je m'avisai trop tard, devint si féconde, qu'elle suffit bientôt pour me dédommager de tout. L'habitude de rentrer en moi-même me fit perdre enfin le sentiment et presque le souvenir de mes maux. J'appris ainsi, par ma propre expérience, que la source du vrai bonheur est en nous, et qu'il ne dépend pas des hommes de rendre vraiment misérable celui qui sait vouloir être heureux. Depuis quatre ou cinq ans, je goûtais habituellement ces délices internes que trouvent dans la contemplation les âmes aimantes et douces. Ces ravissements, ces extases, que j'éprouvais quelquefois en me promenant ainsi seul, étaient des jouissances que je devais à mes persécuteurs : sans eux je n'aurais jamais trouvé ni connu les trésors que je portais en moi-même. Au milieu de tant de richesses, comment en tenir un registre fidèle ? En voulant me rappeler tant de douces rêveries, au lieu de les décrire j'y retombais. C'est un état que son souvenir ramène, et qu'on cesserait bientôt de connaître en cessant tout-à-fait de le sentir.

J'éprouvai bien cet effet dans les promenades qui suivirent le projet d'écrire la suite de mes *Confessions*, surtout dans celle dont je vais parler, et dans laquelle un accident imprévu vint rompre le fil de mes idées, et leur donner pour quelque temps un autre cours.

Le jeudi 24 octobre 1776, je suivis après dîner les boulevards jusqu'à la rue du Chemin-Vert, par laquelle je gagnai les hauteurs de Ménil-Montant ; et de là, prenant les sentiers à travers les vignes et les prairies, je traversai jusqu'à Charonne le riant paysage qui sépare ces deux villages ; puis, je fis un détour pour revenir par les mêmes prairies, en prenant un autre chemin. Je m'amusais à les parcourir avec ce plaisir et cet intérêt que m'ont toujours donnés les sites agréables, et m'arrêtant quelquefois à fixer des plantes dans la verdure. J'en aperçus deux que je voyais assez rarement autour de Paris, et que je trouvai très abondantes dans ce canton-là. L'une est le *Picris hieracioïdes*, de la famille des composées, et l'autre le *Buplerum falcatum*, de celle des ombellifères. Cette découverte me réjouit et m'amusa très longtemps, et finit par celle d'une plante encore plus rare, surtout dans un pays élevé, savoir le *Cerastium aquaticum*, que, malgré l'accident qui m'arriva le même jour, j'ai retrouvé dans un livre que j'avais sur moi, et placé dans mon herbier.

Enfin, après avoir parcouru en détail plusieurs autres plantes que je voyais

encore en fleurs, et dont l'aspect et l'énumération qui m'était familière me donnaient néanmoins toujours du plaisir, je quittai peu à peu ces menues observations pour me livrer à l'impression non moins agréable, mais plus touchante, que faisait sur moi l'ensemble de tout cela. Depuis quelques jours, on avait achevé la vendange; les promeneurs de la ville s'étaient déjà retirés; les paysans aussi quittaient les champs jusqu'aux travaux de l'hiver. La campagne, encore verte et riante, mais défeuillée en partie, et déjà presque déserte, offrait partout l'image de la solitude et des approches de l'hiver. Il résultait de son aspect un mélange d'impression douce et triste, trop analogue à mon âge et à mon sort pour que je ne m'en fisse pas l'application. Je me voyais au déclin d'une vie innocente et infortunée, l'âme encore pleine de sentiments vivaces et l'esprit encore orné de quelques fleurs, mais déjà flétries par la tristesse et desséchées par les ennuis.

Seul et délaissé, je sentais venir le froid des premières glaces, et mon imagination tarissante ne peuplait plus ma solitude d'êtres formés selon mon cœur. Je me disais en soupirant : « Qu'ai-je fait ici-bas? J'étais fait pour vivre, et je meurs sans avoir vécu. Au moins ce n'a pas été ma faute, et je porterai à l'auteur de mon être, sinon l'offrande des bonnes œuvres qu'on ne m'a pas laissé faire, du moins un tribut de bonnes intentions frustrées, de sentiments sains, mais rendus sans effet, et d'une patience à l'épreuve des mépris des hommes. » Je m'attendrissais sur ces réflexions; je récapitulais les mouvements de mon âme dès ma jeunesse, et pendant mon âge mûr, et depuis qu'on m'a séquestré de la société des hommes, et durant la longue retraite dans laquelle je dois achever mes jours. Je revenais avec complaisance sur toutes les affections de mon cœur, sur ses attachements si tendres, mais si aveugles, sur les idées, moins tristes que consolantes, dont mon esprit s'était nourri depuis quelques années; et je me préparais à les rappeler assez pour les décrire avec un plaisir presque égal à celui que j'avais pris à m'y livrer. Mon après-midi se passa dans ces paisibles méditations, et je m'en revenais très content de ma journée, quand, au fort de ma rêverie, j'en fus tiré par l'événement qui me reste à raconter.

J'étais, sur les six heures, à la descente de Ménilmontant, presque vis-à-vis du Galant-Jardinier, quand, des personnes qui marchaient devant moi s'étant tout à coup brusquement écartées, je vis fondre sur moi un gros chien danois qui, s'élançant à toutes jambes devant un carrosse, n'eut pas même le temps de retenir sa course ou de se détourner quand il m'aperçut. Je jugeai que le seul moyen que j'avais d'éviter d'être jeté par terre était de faire un grand saut, si juste que le chien passât sous moi tandis que je serais en l'air. Cette idée, plus prompte que l'éclair, et que je n'eus le temps ni de raisonner ni d'exécuter, fut la dernière avant mon accident. Je ne sentis ni le coup, ni la chute, ni rien de ce qui s'ensuivit, jusqu'au moment où je revins à moi.

Il était presque nuit quand je repris connaissance. Je me trouvai entre les bras de trois ou quatre jeunes gens qui me racontèrent ce qui venait de m'arriver. Le chien danois, n'ayant pu retenir son élan, s'était précipité sur mes deux jambes; et, me choquant de sa masse et de sa vitesse, m'avait fait tomber la tête en avant : la mâchoire supérieure, portant tout le poids de mon corps, avait frappé sur un pavé très-raboteux; et la chute avait été d'autant plus violente, qu'étant à la descente, ma tête avait donné plus bas que mes pieds. Le carrosse auquel appartenait le chien suivait immédiatement, et m'aurait passé sur le corps si le cocher n'eût à l'instant retenu ses chevaux.

Voilà ce que j'appris par le récit de ceux qui m'avaient relevé et qui me soutenaient encore lorsque je revins à moi. L'état auquel je me trouvai dans cet instant est trop singulier pour n'en pas faire ici la description.

La nuit s'avançait. J'aperçus le ciel, quelques étoiles et un peu de verdure. Cette première sensation fut un moment délicieux. Je ne me sentais encore que par là. Je naissais dans cet instant à la vie, et il me semblait que je remplissais de ma légère existence tous les objets que j'apercevais. Tout entier au moment présent, je ne me souvenais de rien; je n'avais nulle notion distincte de cet individu, pas la moindre idée de ce qui venait de m'arriver; je ne savais ni

qui j'étais, ni où j'étais ; je ne sentais ni mal, ni crainte, ni inquiétude. Je voyai couler mon sang comme j'aurais vu couler un ruisseau, sans songer seulement que ce sang m'appartînt en aucune sorte. Je sentais dans tout mon être un calme ravissant, auquel, chaque fois que je me le rappelle, je ne trouve rien de comparable dans toute l'activité des plaisirs connus.

On me demanda où je demeurais ; il me fut impossible de le dire. Je demandai où j'étais ; on me dit, *à la Haute-Borne ;* c'est comme si l'on m'eût dit, *au mont Atlas*. Il fallut demander successivement le pays, la ville et le quartier où je me trouvais : encore cela ne put-il suffire pour me reconnaître ; il me fallut tout le trajet, de là jusqu'au boulevard, pour me rappeler ma demeure et mon nom. Un monsieur que je ne connaissais pas, et qui eut la charité de m'accompagner quelque temps, apprenant que je demeurais si loin, me conseilla de prendre au Temple un fiacre pour me reconduire chez moi. Je marchais très bien, très légèrement, sans sentir ni douleur ni blessure, quoique je crachass e toujour beaucoup de sang. Mais j'avais un frisson glacial qui faisait claquer d'une façon très incommode mes dents fracassées. Arrivé au Temple, je pensai que, puisque je marchais sans peine, il valait mieux continuer ainsi ma route à pied que de m'exposer à périr de froid dans un fiacre. Je fis ainsi la demi-lieue qu'il y a du Temple à la rue Plâtrière, marchant sans peine, évitant les embarras, les voitures, choisissant et suivant mon chemin tout aussi bien que j'aurais pu faire en pleine santé. J'arrive, j'ouvre le secret qu'on a fait mettre à la porte de la rue, je monte l'escalier dans l'obscurité, et j'entre enfin chez moi sans autre accident que ma chute et ses suites, dont je ne m'apercevais pas même encore alors.

Les cris de ma femme en me voyant me firent comprendre que j'étais plus maltraité que je ne pensais. Je passai la nuit sans connaître encore et sentir mon mal. Voici ce que je sentis et trouvai le lendemain. J'avais la lèvre supérieure fendue en dedans jusqu'au nez ; en dehors, la peau l'avait mieux garantie, et empêchait la totale séparation ; quatre dents enfoncées à la mâchoire supérieure, toute la partie du visage qui la couvre extrêmement enflée et meurtrie, le pouce droit foulé et très gros, le pouce gauche grièvement blessé, le bras gauche foulé, le genou gauche aussi très enflé, et qu'une contusion forte et douloureuse empêchait totalement de plier. Mais, avec tout ce fracas, rien de brisé, pas même une dent : bonheur qui tient du prodige dans une chute comme celle-là.

Voilà très fidèlement l'histoire de mon accident. En peu de jours cette histoire se répandit dans Paris, tellement changée et défigurée, qu'il était impossible d'y rien reconnaître. J'aurais dû compter d'avance sur cette métamorphose : mais il s'y joignit tant de circonstances bizarres ; tant de propos obscurs et de réticences l'accompagnèrent ; on m'en parlait d'un air si risiblement discret, que tous ces mystères m'inquiétèrent. J'ai toujours haï les ténèbres ; elles m'inspirent naturellement une horreur que celles dont on m'environne depuis tant d'années n'ont pas dû diminuer. Parmi toutes les singularités de cette époque, je n'en remarquerai qu'une, mais suffisante pour faire juger des autres.

M***, avec lequel je n'avais jamais eu aucune relation, envoya son secrétaire s'informer de mes nouvelles (*), et me faire d'instantes offres de service qui ne me parurent pas, dans la circonstance, d'une grande utilité pour mon soulagement. Son secrétaire ne laissa pas de me presser très vivement de me prévaloir de ses offres, jusqu'à me dire que, si je ne me fiais pas à lui, je pouvais écrire directement à M***. Ce grand empressement, et l'air de confidence qu'il y joignit, me firent comprendre qu'il y avait sous tout cela quelque mystère que je cherchais vainement à pénétrer. Il n'en fallait pas tant pour m'effaroucher, surtout dans l'état d'agitation où mon accident et la fièvre qui s'y était jointe avaient mis ma tête. Je me livrais à mille conjectures inquiétantes et tristes, et je faisais sur tout ce qui se passait autour de moi des commentaires qui marquaient plutôt

(*) Corancez nous apprend que le chien et la voiture appartenaient à M. de Saint-Fargeau. (*Dt J.-J. Rousseau*, page 22.)

le délire de la fièvre que le sangfroid d'un homme qui ne prend plus d'intérêt à rien.

Un autre événement vint achever de troubler ma tranquillité. Madame*** m'avait recherché depuis quelques années, sans que je pusse deviner pourquoi. De petits cadeaux affectés, de fréquentes visites, sans objet et sans plaisir, me marquaient assez un but secret à tout cela, mais ne me le montraient pas. Elle m'avait parlé d'un roman qu'elle voulait faire pour le présenter à la reine. Je lui avais dit ce que je pensais des femmes auteurs. Elle m'avait fait entendre que ce projet avait pour but le rétablissement de sa fortune, pour lequel elle avait besoin de protection : je n'avais rien à répondre à cela. Elle me dit depuis que, n'ayant pu avoir accès auprès de la reine, elle était déterminée à donner son livre au public. Ce n'était plus le cas de lui donner des conseils qu'elle ne me demandait pas, et qu'elle n'aurait pas suivis. Elle m'avait parlé de me montrer auparavant le manuscrit. Je la priai de n'en rien faire, et elle n'en fit rien.

Un beau jour, durant ma convalescence, je reçus de sa part ce livre tout imprimé et même relié, et je vis dans la préface de si grosses louanges de moi, si maussadement plaquées et avec tant d'affectation, que j'en fus désagréablement affecté. La rude flagornerie qui s'y faisait sentir ne s'allia jamais avec la bienveillance; mon cœur ne saurait se tromper là-dessus.

Quelques jours après, madame *** me vint voir avec sa fille (*). Elle m'apprit que son livre faisait le plus grand bruit à cause d'une note qui le lui attirait : j'avais à peine remarqué cette note en parcourant rapidement ce roman. Je la relus après le départ de madame ***; j'en examinai la tournure; j'y crus trouver le motif de ses visites, de ses cajoleries, des grosses louanges de sa préface; et je jugeai que tout cela n'avait d'autre but que de disposer le public à m'attribuer la note, et par conséquent le blâme qu'elle pouvait attirer à son auteur dans la circonstance où elle était publiée.

Je n'avais aucun moyen de détruire ce bruit et l'impression qu'il pouvait faire; et tout ce qui dépendait de moi était de ne pas l'entretenir, en souffrant la continuation des vaines et ostensives visites de madame *** et de sa fille. Voici pour cet effet le billet que j'écrivis à la mère.

« Rousseau, ne recevant chez lui aucun auteur, remercie madame *** de ses bontés, et la prie de ne plus l'honorer de ses visites. »

Elle me répondit par une lettre honnête dans la forme, mais tournée comme toutes celles que l'on m'écrit en pareil cas. J'avais barbarement porté le poignard dans son cœur sensible, et je devais croire au ton de sa lettre qu'ayant pour moi des sentiments si vifs et si vrais, elle ne supporterait point sans mourir cette rupture. C'est ainsi que la droiture et la franchise en toute chose sont des crimes affreux dans le monde; et je paraîtrais à mes contemporains méchant et féroce, quand je n'aurais à leurs yeux d'autre crime que de n'être pas faux et perfide comme eux.

J'étais déjà sorti plusieurs fois, et je me promenais même assez souvent aux Tuileries, quand je vis, à l'étonnement de plusieurs de ceux qui me rencontraient, qu'il y avait encore à mon égard quelque autre nouvelle que j'ignorais. J'appris enfin que le bruit public était que j'étais mort de ma chute; et ce bruit se répandit si rapidement et si opiniâtrement que, plus de quinze jours après que j'en fus instruit, l'on en parla à la cour comme d'une chose sûre. Le courrier d'Avignon, à ce qu'on eut soin de m'écrire, annonçant cette heureuse nouvelle, ne manqua pas d'anticiper à cette occasion sur le tribut d'outrages et d'indignités qu'on prépare à ma mémoire après ma mort, en forme d'oraison funèbre.

Cette nouvelle fut accompagnée d'une circonstance encore plus singulière, que je n'appris que par hasard, et dont je n'ai pu savoir aucun détail. C'est qu'on avait ouvert en même temps une souscription pour l'impression des manuscrits

(*) Cette dame était la présidente d'Ormoy, auteur d'un roman intitulé : *Les malheurs de la jeune Emilie*. Voyez *Rousseau juge de Jean-Jacques*, deuxième dialogue.

que l'on trouverait chez moi. Je compris par là qu'on tenait prêt un recueil d'écrits fabriqués tout exprès pour me les attribuer d'abord après ma mort : car de penser qu'on imprimât fidèlement aucun de ceux qu'on pourrait trouver en effet, c'était une bêtise qui ne pouvait entrer dans l'esprit d'un homme sensé, et dont quinze ans d'expérience ne m'ont que trop garanti.

Ces remarques, faites coup sur coup, et suivies de beaucoup d'autres qui n'étaient guère moins étonnantes, effarouchèrent derechef mon imagination que je croyais amortie, et ces noires ténèbres, qu'on renforçait sans relâche autour de moi, ranimèrent toute l'horreur qu'elles m'inspirent naturellement. Je me fatiguais à faire sur tout cela mille commentaires, et à tâcher de comprendre des mystères qu'on a rendus inexplicables pour moi. Le seul résultat constant de tant d'énigmes fut la confirmation de toutes mes conclusions précédentes, savoir que la destinée de ma personne, et celle de ma réputation, ayant été fixées de concert par toute la génération présente, nul effort de ma part ne pouvait m'y soustraire, puisqu'il m'est de toute impossibilité de transmettre aucun dépôt à d'autres âges sans le faire passer dans celui-ci par des mains intéressées à le supprimer.

Mais cette fois j'allai plus loin. L'amas de tant de circonstances fortuites, l'élévation de tous mes plus cruels ennemis, affectée, pour ainsi dire, par la fortune; tous ceux qui gouvernent l'état, tous ceux qui dirigent l'opinion publique, tous les gens en place, tous les hommes en crédit triés comme sur le volet parmi ceux qui ont contre moi quelque animosité secrète, pour concourir au commun complot, cet accord universel est trop extraordinaire pour être purement fortuit. Un seul homme qui eût refusé d'en être complice, un seul évènement qui lui eût été contraire, une seule circonstance imprévue qui lui eût fait obstacle, suffisait pour le faire échouer. Mais toutes les volontés, toutes les fatalités, la fortune, et toutes les révolutions, ont affermi l'œuvre des hommes; et un concours si frappant, qui tient du prodige, ne peut me laisser douter que son plein succès ne soit écrit dans les décrets éternels. Des foules d'observations particulières, soit dans le passé, soit dans le présent, me confirment tellement dans cette opinion, que je ne puis m'empêcher de regarder désormais, comme un de ces secrets du ciel impénétrables à la raison humaine, la même œuvre que je n'envisageais jusqu'ici que comme un fruit de la méchanceté des hommes.

Cette idée, loin de m'être cruelle et déchirante, me console, me tranquillise et m'aide à me résigner. Je ne vais pas si loin que saint Augustin, qui se fût consolé d'être damné si telle eût été la volonté de Dieu : ma résignation vient d'une source moins désintéressée, il est vrai; mais non moins pure, et plus digne, à mon gré, de l'être parfait que j'adore.

Dieu est juste; il veut que je souffre, et il sait que je suis innocent. Voilà la matière de ma confiance; mon cœur et ma raison me crient qu'elle ne me trompera pas. Laissons donc faire les hommes et la destinée; apprenons à souffrir sans murmure : tout doit à la fin rentrer dans l'ordre, et mon tour viendra tôt ou tard.

TROISIÈME PROMENADE.

Je deviens vieux en apprenant toujours.

Solon répétait souvent ce vers dans sa vieillesse. Il a un sens dans lequel je pourrais le dire aussi dans la mienne; mais c'est une bien triste science que celle que, depuis vingt ans, l'expérience m'a fait acquérir : l'ignorance est encore préférable. L'adversité, sans doute, est un grand maître; mais ce maître fait payer cher ses leçons, et souvent le profit qu'on en retire ne vaut pas le prix qu'elles ont coûté. D'ailleurs, avant qu'on ait obtenu tout cet acquis par des leçons si tardives, l'à-propos d'en user se passe. La jeunesse est le temps d'étudier la sagesse; la vieillesse est le temps de la pratiquer. L'expérience instruit toujours

je l'avoue; mais elle ne profite que pour l'espace qu'on a devant soi. Est-il temps, au moment qu'il faudrait mourir, d'apprendre comment on aurait dû vivre?

Eh! que me servent des lumières, si tard et si douloureusement acquises sur ma destinée, et sur les passions d'autrui, dont elle est l'œuvre? Je n'ai appris à

Quelques jours après, Madame *** me vint voir avec sa fille; elle m'apprit que son livre faisait le plus grand bruit. (Page 111.)

mieux connaître les hommes que pour mieux sentir la misère où ils m'ont plongé, sans que cette connaissance, en me découvrant tous leurs piéges, m'en ait pu faire éviter aucun. Que ne suis-je resté toujours dans cette imbécille mais douce confiance, qui me rendit durant tant d'années la proie et le jouet de mes bruyants amis, sans qu'enveloppé de toutes leurs trames j'en eusse même

le moindre soupçon! J'étais leur dupe et leur victime, il est vrai; mais je me croyais aimé d'eux, et mon cœur jouissait de l'amitié qu'ils m'avaient inspirée, en leur en attribuant autant pour moi. Ces douces illusions sont détruites. La triste vérité, que le temps et la raison m'ont dévoilée, en me fesant sentir mon malheur, m'a fait voir qu'il était sans remède, et qu'il ne me restait qu'à m'y résigner. Ainsi, toutes les expériences de mon âge sont pour moi, dans mon état, sans utilité présente, et sans profit pour l'avenir.

Nous entrons en lice à notre naissance, nous en sortons à la mort. Que sert d'apprendre à mieux conduire son char quand on est au bout de la carrière? Il ne reste plus à penser alors que comment on en sortira. L'étude d'un vieillard, s'il lui en reste encore à faire, est uniquement d'apprendre à mourir; et c'est précisément celle qu'on fait le moins à mon âge : on y pense à tout, hormis à cela. Tous les vieillards tiennent plus à la vie que les enfants, et en sortent de plus mauvaise grâce que les jeunes gens. C'est que, tous leurs travaux ayant été pour cette vie, ils voient à sa fin qu'ils ont perdu leurs peines. Tous leurs soins, tous leurs biens, tous les fruits de leurs laborieuses veilles, ils quittent tout quand ils s'en vont. Ils n'ont songé à rien acquérir durant leur vie qu'ils pussent emporter à leur mort.

Je me suis dit tout cela quand il était temps de me le dire; et, si je n'ai pas mieux su tirer parti de mes réflexions, ce n'est pas faute de les avoir faites à temps, et de les avoir bien digérées. Jeté dès mon enfance dans le tourbillon du monde, j'appris de bonne heure, par l'expérience, que je n'étais pas fait pour y vivre, et que je n'y parviendrais jamais à l'état dont mon cœur sentait le besoin. Cessant donc de chercher parmi les hommes le bonheur que je sentais n'y pouvoir trouver, mon ardente imagination sautait déjà par-dessus l'espace de ma vie, à peine commencée, comme sur un terrain qui m'était étranger, pour se reposer sur une assiette tranquille où je pusse me fixer.

Ce sentiment, nourri par l'éducation dès mon enfance, et renforcé, durant toute ma vie, par ce long tissu de misères et d'infortunes qui l'a remplie, m'a fait chercher, dans tous les temps, à connaître la nature et la destination de mon être avec plus d'intérêt et de soin que je n'en ai trouvé dans aucun autre homme. J'en ai beaucoup vu qui philosophaient bien plus doctement que moi, mais leur philosophie leur était pour ainsi dire étrangère. Voulant être plus savants que d'autres, ils étudiaient l'univers pour savoir comment il était arrangé, comme ils auraient étudié quelque machine qu'ils auraient aperçue, par pure curiosité. Ils étudiaient la nature humaine pour en vouloir parler savamment, mais non pas pour se connaître; ils travaillaient pour instruire les autres, mais non pas pour s'éclairer en dedans. Plusieurs d'entre eux ne voulaient que faire un livre, n'importait quel, pourvu qu'il fût accueilli. Quand le leur était fait et publié, son contenu ne les intéressait plus en aucune sorte, si ce n'est pour le faire ... aux autres et pour le défendre au cas qu'il fût attaqué, mais du reste sans ... tirer pour leur propre usage, sans s'embarrasser même que ce contenu ... ou vrai, pourvu qu'il ne fût pas réfuté. Pour moi, quand j'ai désiré d'appr... c'était pour savoir moi-même et non pas pour enseigner : j'ai toujou... qu'avant d'instruire les autres, il fallait commencer par savoir assez pou... de toutes les études que j'ai tâché de faire en ma vie au milieu des homme... en a guère que je n'eusse faites également seul dans une île déserte où ... été confiné pour le reste de mes jours. Ce qu'on doit faire dépend beau... ce qu'on doit croire; et, dans tout ce qui ne tient pas aux premiers beso... nature, nos opinions sont la règle de nos actions. Dans ce principe, qui ... jours le mien, j'ai cherché souvent et longtemps, pour diriger l'emploi de ... à connaître sa véritable fin, et je me suis bientôt consolé de mon peu d'... à me conduire habilement dans ce monde, en sentant qu'il n'y fallait pas ... cette fin.

Né dans une famille où régnaient les mœurs et la piété, élevé ens... douceur chez un ministre plein de sagesse et de religion, j'avais reçu dès ... tendre enfance des principes, des maximes, d'autres diraient des préj...

ne m'ont jamais tout-à-fait abandonné. Enfant encore, et livré à moi-même, alléché par des caresses, séduit par la vanité, leurré par l'espérance, forcé par la nécessité, je me fis catholique, mais je demeurai toujours chrétien; et bientôt, gagné par l'habitude, mon cœur s'attacha sincèrement à ma nouvelle religion. Les instructions, les exemples de M^{me} de Warens, m'affermirent dans cet attachement. La solitude champêtre où j'ai passé la fleur de ma jeunesse, l'étude des bons livres à laquelle je me livrai tout entier, renforcèrent auprès d'elle mes dispositions naturelles aux sentiments affectueux, et me rendirent dévot presque à la manière de Fénelon.

La méditation dans la retraite, l'étude de la nature, la contemplation de l'univers, forcent un solitaire à s'élancer incessamment vers l'auteur des choses, et à chercher avec une douce inquiétude la fin de tout ce qu'il voit et la cause de tout ce qu'il sent. Lorsque ma destinée me rejeta dans le torrent du monde, je n'y retrouvai plus rien qui pût flatter un moment mon cœur. Le regret de mes doux loisirs me suivit partout, et jeta l'indifférence et le dégoût sur tout ce qui pouvait se trouver à ma portée, propre à mener à la fortune et aux honneurs. Incertain dans mes inquiets désirs, j'espérais peu, j'obtins moins, et je sentis, dans des lueurs même de prospérité, que, quand j'aurais obtenu tout ce que je croyais chercher, je n'y aurais point trouvé ce bonheur dont mon cœur était avide sans en savoir démêler l'objet. Ainsi tout contribuait à détacher mes affections de ce monde, même avant les malheurs qui devaient m'y rendre tout-à-fait étranger. Je parvins jusqu'à l'âge de quarante ans, flottant entre l'indigence et la fortune, entre la sagesse et l'égarement, plein de vices d'habitude sans aucun mauvais penchant dans le cœur, vivant au hasard sans principes bien décidés par ma raison, et distrait sur mes devoirs sans les mépriser, mais souvent sans les bien connaître.

Dès ma jeunesse, j'avais fixé cette époque de quarante ans comme le terme de mes efforts pour parvenir, et celui de mes prétentions en tout genre; bien résolu, dès cet âge atteint et dans quelque situation que je fusse, de ne plus me débattre pour en sortir, et de passer le reste de mes jours à vivre au jour la journée sans plus m'occuper de l'avenir. Le moment venu, j'exécutai ce projet sans peine, et, quoique alors ma fortune semblât vouloir prendre une assiette plus fixe, j'y renonçai, non-seulement sans regret, mais avec un plaisir véritable. En me délivrant de tous ces leurres, de toutes ces vaines espérances, je me livrai pleinement à l'incurie et au repos d'esprit qui fit toujours mon goût le plus dominant et mon penchant le plus durable. Je quittai le monde et ses pompes. Je renonçai à toutes parures; plus d'épée, plus de montre, plus de bas blancs, de dorure, de coiffure: une perruque toute simple, un bon gros habit de drap; et, mieux que tout cela, je déracinai de mon cœur les cupidités et les convoitises qui donnent du prix à tout ce que je quittais. Je renonçai à la place que j'occupais alors, pour laquelle je n'étais nullement propre, et je me mis à copier de la musique à tant la page, occupation pour laquelle j'avais eu toujours un goût décidé.

Je ne bornai pas ma réforme aux choses extérieures. Je sentis que celle-là même en exigeait une autre plus pénible, sans doute, mais plus nécessaire, dans les opinions; et, résolu de n'en pas faire à deux fois, j'entrepris de soumettre mon intérieur à un examen sévère qui le réglât pour le reste de ma vie tel que je voulais le trouver à ma mort.

Une grande révolution qui venait de se faire en moi; un autre monde moral qui se dévoilait à mes regards; les insensés jugements des hommes, dont, sans prévoir encore combien j'en serais la victime, je commençais à sentir l'absurdité; le besoin toujours croissant d'un autre bien que la gloriole littéraire dont à peine la vapeur m'avait atteint que j'en étais déjà dégoûté; le désir enfin de tracer pour le reste de ma carrière une route moins incertaine que celle dans laquelle j'en venais de passer la plus belle moitié, tout m'obligeait à cette grande revue dont je sentais depuis longtemps le besoin. Je l'entrepris donc, et ne négligeai rien de ce qui dépendait de moi pour bien exécuter cette entreprise.

C'est de cette époque que je puis dater mon entier renoncement au monde, et

mon goût vif pour la solitude, qui ne m'a plus quitté depuis ce temps-là. L'ouvrage que j'entreprenais ne pouvait s'exécuter que dans une retraite absolue ; il demandait de longues et paisibles méditations que le tumulte de la société ne souffre pas. Cela me força de prendre pour un temps une autre manière de vivre dont ensuite je me trouvai si bien, que, ne l'ayant interrompue depuis lors que par force et pour peu d'instants, je l'ai reprise de tout mon cœur et m'y suis borné sans peine, aussitôt que je l'ai pu ; et quand ensuite les hommes m'ont réduit à vivre seul, j'ai trouvé qu'en me séquestrant pour me rendre misérable, ils avaient plus fait pour mon bonheur que je n'avais su faire moi-même.

Je me livrai au travail que j'avais entrepris avec un zèle proportionné, et à l'importance de la chose, et au besoin que je sentais en avoir. Je vivais alors avec des philosophes modernes qui ne ressemblaient guère aux anciens : au lieu de lever mes doutes et de fixer mes irrésolutions, ils avaient ébranlé toutes les certitudes que je croyais avoir sur les points qu'il m'importait le plus de connaître : car, ardents missionnaires d'athéisme et très impérieux dogmatiques, ils n'enduraient point sans colère que, sur quelque point que ce pût être, on osât penser autrement qu'eux. Je m'étais défendu souvent assez faiblement par haine pour la dispute, et par peu de talent pour la soutenir ; mais jamais je n'adoptai leur désolante doctrine : et cette résistance à des hommes aussi intolérants, qui d'ailleurs avaient leurs vues, ne fut pas une des moindres causes qui attisèrent leur animosité.

Ils ne m'avaient pas persuadé, mais ils m'avaient inquiété. Leurs arguments m'avaient ébranlé sans m'avoir jamais convaincu ; je n'y trouvais point de bonne réponse, mais je sentais qu'il y en devait avoir. Je m'accusais moins d'erreur que d'ineptie, et mon cœur leur répondait mieux que ma raison.

Je me dis enfin : « Me laisserai-je éternellement ballotter par les sophismes des mieux disants, dont je ne suis pas même sûr que les opinions qu'ils prêchent et qu'ils ont tant d'ardeur à faire adopter aux autres soient bien les leurs à eux-mêmes ? Leurs passions, qui gouvernent leur doctrine, leur intérêt de faire croire ceci ou cela, rendent impossible à pénétrer ce qu'ils croient eux-mêmes. Peut-on chercher de la bonne foi dans des chefs de parti ? Leur philosophie est pour les autres ; il m'en faudrait une pour moi. Cherchons-la de toutes mes forces, tandis qu'il est temps encore, afin d'avoir une règle fixe de conduite pour le reste de mes jours. Me voilà dans la maturité de l'âge, dans toute la force de l'entendement : déjà je touche au déclin ; si j'attends encore, je n'aurai plus, dans ma délibération tardive, l'usage de toutes mes forces ; mes facultés intellectuelles auront déjà perdu de leur activité ; je ferai moins bien ce que je puis faire aujourd'hui de mon mieux possible : saisissons ce moment favorable : il est l'époque de ma réforme externe et matérielle, qu'il soit aussi celle de ma réforme intellectuelle et morale. Fixons une bonne fois mes opinions, mes principes ; et soyons pour le reste de ma vie ce que j'aurai trouvé devoir être après y avoir bien pensé. »

J'exécutai ce projet lentement et à diverses reprises, mais avec tout l'effort et toute l'attention dont j'étais capable. Je sentais vivement que le repos du reste de mes jours et mon sort total en dépendait. Je m'y trouvai d'abord dans un tel labyrinthe d'embarras, de difficultés, d'objections, de tortuosités, de ténèbres, que, vingt fois tenté de tout abandonner, je fus près, renonçant à de vaines recherches, de m'en tenir, dans mes délibérations, aux règles de la prudence commune, sans plus en chercher dans des principes que j'avais tant de peine à débrouiller ; mais cette prudence même m'était tellement étrangère, je me sentais si peu propre à l'acquérir, que la prendre pour mon guide n'était pas autre chose que vouloir, à travers les mers et les orages, chercher, sans gouvernail, sans boussole, un fanal presque inaccessible, et qui ne m'indiquait aucun port.

Je persistai : pour la première fois de ma vie, j'eus du courage, et je dois à son succès d'avoir pu soutenir l'horrible destinée qui dès lors commençait à m'envelopper, sans que j'en eusse le moindre soupçon. Après les recherches les plus sincères qui jamais peut-être aient été faites par aucun mortel, je me décidai pour toute ma vie sur tous les sentiments qu'il importait d'avoir ; et si j'ai pu me

tromper dans mes résultats, je suis sûr au moins que mon erreur ne peut m'être imputée à crime : car j'ai fait tous mes efforts pour m'en garantir. Je ne doute point, il est vrai, que les préjugés de l'enfance et les vœux secrets de mon cœur n'aient fait pencher la balance du côté le plus consolant pour moi. On se défend difficilement de croire ce qu'on désire avec tant d'ardeur; et qui peut douter que l'intérêt d'admettre ou rejeter les jugements de l'autre vie ne détermine la foi de la plupart des hommes sur leur espérance ou leur crainte? Tout cela pouvait fasciner mon jugement, j'en conviens, mais non pas altérer ma bonne foi; car je craignais de me tromper sur toute chose. Si tout consistait dans l'usage de cette vie, il importait de le savoir, pour en tirer du moins le meilleur parti qu'il dépendrait de moi, tandis qu'il était encore temps, et n'être pas tout-à-fait dupe. Mais ce que j'avais le plus à redouter au monde, dans la disposition où je me sentais, était d'exposer le sort éternel de mon âme pour la jouissance des biens de ce monde, qui ne m'ont jamais paru d'un grand prix.

J'avoue encore que je ne levai pas toujours à ma satisfaction toutes ces difficultés qui m'avaient embarrassé, et dont nos philosophes avaient si souvent rebattu mes oreilles. Mais, résolu de me décider enfin sur des matières où l'intelligence humaine a si peu de prise, et trouvant de toutes parts des mystères impénétrables et des objections insolubles, j'adoptai dans chaque question le sentiment qui me parut le mieux établi directement, le plus croyable en lui-même, sans m'arrêter aux objections que je ne pouvais résoudre, mais qui se rétorquaient par d'autres objections non moins fortes dans le système opposé. Le ton dogmatique sur ces matières ne convient qu'à des charlatans; mais il importe d'avoir un sentiment pour soi, et de le choisir avec toute la maturité de jugement qu'on y peut mettre. Si malgré cela nous tombons dans l'erreur, nous n'en saurions porter la peine en bonne justice, puisque nous n'en aurons point la coulpe. Voilà le principe inébranlable qui sert de base à ma sécurité.

Le résultat de mes pénibles recherches fut tel à peu près que je l'ai consigné depuis dans la *Profession de foi du vicaire savoyard*, ouvrage indignement prostitué et profané dans la génération présente, mais qui peut faire un jour révolution parmi les hommes, si jamais il y renaît du bon sens et de la bonne foi.

Depuis lors, resté tranquille dans les principes que j'avais adoptés après une méditation si longue et si réfléchie, j'en ai fait la règle immuable de ma conduite et de ma foi, sans plus m'inquiéter ni des objections que je n'avais pu résoudre, ni de celles que je n'avais pu prévoir, et qui se présentaient nouvellement de temps à autre à mon esprit. Elles m'ont inquiété quelquefois, mais elles ne m'ont jamais ébranlé. Je me suis toujours dit : « Tout cela ne sont que des arguties et des subtilités métaphysiques, qui ne sont d'aucun poids auprès des principes fondamentaux adoptés par ma raison, confirmés par mon cœur, et qui tous portent le sceau de l'assentiment intérieur dans le silence des passions. Dans des matières si supérieures à l'entendement humain, une objection que je ne puis résoudre renversera-t-elle tout un corps de doctrine si solide, si bien lié et formé avec tant de méditation et de soin, si bien approprié à ma raison, à mon cœur, à tout mon être, et renforcé de l'assentiment intérieur que je sens manquer à toutes les autres? Non, de vaines argumentations ne détruiront jamais la convenance que j'aperçois entre ma nature immortelle et la constitution de ce monde, et l'ordre physique que j'y vois régner : j'y trouve dans l'ordre moral correspondant, et dont le système est le résultat de mes recherches, les appuis dont j'ai besoin pour supporter les misères de ma vie. Dans tout autre système, je vivrais sans ressource, et je mourrais sans espoir; je serais la plus malheureuse des créatures. Tenons-nous-en donc à celui qui seul suffit pour me rendre heureux en dépit de la fortune et des hommes. »

Cette délibération et la conclusion que j'en tirai ne semblent-elles pas avoir été dictées par le ciel même pour me préparer à la destinée qui m'attendait, et me mettre en état de la soutenir! Que serais-je devenu, que deviendrais-je encore dans les angoisses affreuses qui m'attendaient, et dans l'incroyable situation où je suis réduit pour le reste de ma vie, si, resté sans asile où je

pusse échapper à mes implacables persécuteurs, sans dédommagement des opprobres qu'ils me font essuyer en ce monde, et sans espoir d'obtenir jamais la justice qui m'est due, je m'étais vu livré tout entier au plus horrible sort qu'ait éprouvé sur la terre aucun mortel? Tandis que, tranquille dans mon innocence, je n'imaginais qu'estime et bienveillance pour moi parmi les hommes; tandis que mon cœur ouvert et confiant s'épanchait avec des amis et des frères, les traîtres m'enlaçaient, en silence, de rets forgés au fond des enfers. Surpris par les plus imprévus de tous les malheurs et les plus terribles pour une âme fière, traîné dans la fange sans jamais savoir par qui ni pourquoi, plongé dans un abîme d'ignominie, enveloppé d'horribles ténèbres à travers lesquelles je n'apercevais que de sinistres objets, à la première surprise je fus terrassé, et jamais je ne serais revenu de l'abattement où me jeta ce genre imprévu de malheurs, si je ne m'étais ménagé d'avance des forces pour me relever dans mes chutes.

Ce ne fut qu'après des années d'agitations que, reprenant enfin mes esprits et commençant de rentrer en moi-même, je sentis le prix des ressources que je m'étais ménagées pour l'adversité. Décidé sur toutes les choses dont il m'importait de juger, je vis, en comparant mes maximes à ma situation, que je donnais aux insensés jugements des hommes, et aux petits évènements de cette courte vie, beaucoup plus d'importance qu'ils n'en avaient; que cette vie n'étant qu'un état d'épreuves, il importait peu que ces épreuves fussent de telle ou telle sorte, pourvu qu'il en résultât l'effet auquel elles étaient destinées, et que, par conséquent, plus les épreuves étaient grandes, fortes, multipliées, plus il était avantageux de les savoir soutenir. Toutes les plus vives peines perdent leur force pour quiconque en voit le dédommagement grand et sûr; et la certitude de ce dédommagement était le principal fruit que j'avais retiré de mes méditations précédentes.

Il est vrai qu'au milieu des outrages sans nombre et des indignités sans mesure dont je me sentais accablé de toutes parts, des intervalles d'inquiétude et de doutes venaient, de temps à autre, ébranler mon espérance et troubler ma tranquillité. Les puissantes objections que je n'avais pu résoudre se présentaient alors à mon esprit avec plus de force, pour achever de m'abattre précisément dans les moments où, surchargé du poids de ma destinée, j'étais prêt à tomber dans le découragement; souvent des arguments nouveaux, que j'entendais faire, me revenaient dans l'esprit à l'appui de ceux qui m'avaient déjà tourmenté. « Ah! me disais-je alors dans des serrements de cœur prêts à m'étouffer, qui me garantira du désespoir, si, dans l'horreur de mon sort, je ne vois plus que des chimères dans les consolations que me fournissait ma raison; si, détruisant ainsi son propre ouvrage, elle renverse tout l'appui d'espérance et de confiance qu'elle m'avait ménagé dans l'adversité? Quel appui que des illusions qui ne bercent que moi seul au monde! Toute la génération présente ne voit qu'erreurs et préjugés dans les sentiments dont je me nourris seul: elle trouve la vérité, l'évidence dans le système contraire au mien; elle semble même ne pouvoir croire que je l'adopte de bonne foi; et moi-même, en m'y livrant de toute ma volonté, j'y trouve des difficultés insurmontables qu'il m'est impossible de résoudre, et qui ne m'empêchent pas d'y persister. Suis-je donc seul sage, seul éclairé, parmi les mortels? pour croire que les choses sont ainsi, suffit-il qu'elles me conviennent? puis-je prendre une confiance éclairée en des apparences qui n'ont rien de solide aux yeux du reste des hommes, et qui me sembleraient illusoires à moi-même si mon cœur ne soutenait pas ma raison? N'eût-il pas mieux valu combattre mes persécuteurs à armes égales en adoptant leurs maximes, que de rester sur les chimères des miennes en proie à leurs atteintes sans agir pour les repousser? Je me crois sage, et je ne suis que dupe, victime, et martyr d'une vaine erreur. »

Combien de fois, dans ces moments de doute et d'incertitude, je fus prêt à m'abandonner au désespoir! Si jamais j'avais passé dans cet état un mois entier, c'était fait de ma vie et de moi. Mais ces crises, quoique autrefois assez fréquentes, ont toujours été courtes; et maintenant que je n'en suis pas délivré

tout-à-fait encore, elles sont si rares et si rapides, qu'elles n'ont pas même la force de troubler mon repos. Ce sont de légères inquiétudes qui n'affectent pas plus mon âme qu'une plume qui tombe dans la rivière ne peut altérer le cours de l'eau. J'ai senti que remettre en délibération les mêmes points, sur lesquels je m'étais ci-devant décidé, était me supposer de nouvelles lumières ou le jugement plus formé, ou plus de zèle pour la vérité que je n'avais lors de mes recherches; qu'aucun de ces cas n'étant ni ne pouvant être le mien, je ne pouvais préférer, par aucune raison solide, des opinions qui, dans l'accablement du désespoir, ne me tentaient que pour augmenter ma misère, à des sentiments adoptés dans la vigueur de l'âge, dans toute la maturité de l'esprit, après l'examen le plus réfléchi, et dans des temps où le calme de ma vie ne me laissait d'autre intérêt dominant que celui de connaître la vérité.

Aujourd'hui que mon cœur, serré de détresse, mon âme affaissée par les ennuis, mon imagination effarouchée, ma tête troublée par tant d'affreux mystères dont je suis environné, aujourd'hui que toutes mes facultés, affaiblies par la vieillesse et les angoisses, ont perdu tout leur ressort, irai-je m'ôter à plaisir toutes les ressources que je m'étais ménagées, et donner plus de confiance à ma raison déclinante pour me rendre injustement malheureux, qu'à ma raison pleine et vigoureuse pour me dédommager des maux que je souffre sans les avoir mérités? Non, je ne suis ni plus sage, ni mieux instruit, ni de meilleure foi, que quand je me décidai sur ces grandes questions. Je n'ignorais pas alors les difficultés dont je me laisse troubler aujourd'hui; elles ne m'arrêtèrent pas, et s'il s'en présente quelques nouvelles dont on ne s'était pas encore avisé, ce sont les sophismes d'une subtile métaphysique, qui ne sauraient balancer les vérités éternelles admises de tous les temps, par tous les sages, reconnues par toutes les nations, et gravées dans le cœur humain en caractères ineffaçables. Je savais, en méditant sur ces matières, que l'entendement humain, circonscrit par les sens, ne les pouvait embrasser dans toute leur étendue : je m'en tins donc à ce qui était à ma portée sans m'engager dans ce qui la passait. Ce parti était raisonnable; je l'embrassai jadis, et m'y tins avec l'assentiment de mon cœur et de ma raison. Sur quel fondement y renoncerais-je, aujourd'hui que tant de puissants motifs m'y doivent tenir attaché? quel danger vois-je à le suivre? quel profit trouverais-je à l'abandonner? En prenant la doctrine de mes persécuteurs, prendrais-je aussi leur morale : cette morale sans racine et sans fruit, qu'ils étalent pompeusement dans des livres et dans quelque action d'éclat sur le théâtre, sans qu'il en pénètre jamais rien dans le cœur ni dans la raison; ou bien cette autre morale secrète et cruelle, doctrine intérieure de tous leurs initiés, à laquelle l'autre ne sert que de masque, qu'ils suivent seule dans leur conduite, et qu'ils ont si habilement pratiquée à mon égard? Cette morale, purement offensive, ne sert point à la défense, et n'est bonne qu'à l'agression. De quoi me servirait-elle dans l'état où ils m'ont réduit? Ma seule innocence me soutient dans les malheurs, et combien me rendrais-je plus malheureux encore, si, m'ôtant cette unique mais puissante ressource, j'y substituais la méchanceté? Les atteindrais-je dans l'art de nuire? et, quand j'y réussirais, de quel mal me soulagerait celui que je leur pourrais faire? Je perdrais ma propre estime, et je ne gagnerais rien à la place.

C'est ainsi que, raisonnant avec moi-même, je parvins à ne me laisser plus ébranler dans mes principes par des arguments captieux, par des objections insolubles, et par des difficultés qui passaient ma portée et peut-être celle de l'esprit humain. Le mien, restant dans la plus solide assiette que j'avais pu lui donner, s'accoutuma si bien à s'y reposer à l'abri de ma conscience, qu'aucune doctrine étrangère, ancienne ou nouvelle, ne peut plus l'émouvoir, ni troubler un instant mon repos. Tombé dans la langueur et l'appesantissement d'esprit, j'ai oublié jusqu'aux raisonnements sur lesquels je fondais ma croyance et mes maximes; mais je n'oublierai jamais les conclusions que j'en ai tirées avec l'approbation de ma conscience et de ma raison, et je m'y tiens désormais. Que tous les philosophes viennent ergoter contre : ils perdront leur temps et leurs peines ; je me

tiens, pour le reste de ma vie, en toute chose, au parti que j'ai pris quand j'étais plus en état de bien choisir.

Tranquille dans ces dispositions, j'y trouve, avec le contentement de moi, l'espérance et les consolations dont j'ai besoin dans ma situation. Il n'est pas possible qu'une solitude aussi complète, aussi permanente, aussi triste en elle-même, l'animosité toujours sensible et toujours active de toute la génération présente, les indignités dont elle m'accable sans cesse, ne me jettent quelquefois dans l'abattement ; l'espérance ébranlée, les doutes décourageants reviennent encore de temps à autre troubler mon âme et la remplir de tristesse. C'est alors qu'incapable des opérations de l'esprit, nécessaires pour me rassurer moi-même, j'ai besoin de me rappeler mes anciennes résolutions : les soins, l'attention, la sincérité de cœur, que j'ai mis à les prendre, reviennent alors à mon souvenir, et me rendent toute ma confiance. Je me refuse ainsi à toutes nouvelles idées comme à des erreurs funestes, qui n'ont qu'une fausse apparence, et ne sont bonnes qu'à troubler mon repos.

Ainsi retenu dans l'étroite sphère de mes anciennes connaissances, je n'ai pas, comme Solon, le bonheur de pouvoir m'instruire chaque jour en vieillissant, et je dois même me garantir du dangereux orgueil de vouloir apprendre ce que je je suis désormais hors d'état de bien savoir. Mais s'il me reste peu d'acquisitions à espérer du côté des lumières utiles, il m'en reste de bien importantes à faire du côté des vertus nécessaires à mon état : c'est là qu'il serait temps d'enrichir et d'orner mon âme d'un acquis qu'elle pût emporter avec elle, lorsque, délivrée de ce corps qui l'offusque et l'aveugle, et voyant la vérité sans voile, elle apercevra la misère de toutes ces connaissances dont nos faux savants sont si vains, et gémira des moments perdus en cette vie à les vouloir acquérir. Mais la patience, la douceur, la résignation, l'intégrité, la justice impartiale, sont un bien qu'on emporte avec soi, et dont on peut s'enrichir sans cesse, sans craindre que la mort même nous en fasse perdre le prix : c'est à cette unique et utile étude que je consacre le reste de ma vieillesse. Heureux si, par mes progrès sur moi-même, j'apprends à sortir de la vie, non meilleur, car cela n'est pas possible, mais plus vertueux que je n'y suis entré !

QUATRIÈME PROMENADE.

Dans le petit nombre de livres que je lis quelquefois encore, Plutarque est celui qui m'attache et me profite le plus. Ce fut la première lecture de mon enfance ; ce sera la dernière de ma vieillesse : c'est presque le seul auteur que je n'ai jamais lu sans en tirer quelque fruit. Avant-hier, je lisais dans ses œuvres morales le traité, *Comment on pourra tirer utilité de ses ennemis*. Le même jour, en rangeant quelques brochures qui m'ont été envoyées par les auteurs, je tombai sur un des journaux de l'abbé Royou, au titre duquel il avait mis ces paroles : *Vitam vero impendenti*, Royou (*). Trop au fait des tournures de ces messieurs pour prendre le change sur celle-là, je compris qu'il avait cru, sous cet air de politesse, me dire une cruelle contre-vérité ; mais sur quoi fondé ? Pourquoi ce sarcasme ? Quel sujet y pouvais-je avoir donné ? Pour mettre à profit les leçons du bon Plutarque, je résolus d'employer à m'examiner sur le mensonge, la promenade du lendemain, et j'y vins bien confirmé dans l'opinion déjà prise que le *connais-toi toi-même* du temple de Delphes n'était pas une maxime si facile à suivre que je l'avais cru dans mes *Confessions*.

Le lendemain, m'étant mis en marche pour exécuter cette résolution, la première idée qui me vint, en commençant à me recueillir, fut celle d'un mensonge

(*) Ce nom n'est indiqué, dans l'édition de Genève, que par l'initiale R. — Mais il ne saurait être question ici, comme l'ont voulu quelques éditeurs, de l'abbé Raynal, qui jamais n'a rédigé aucun journal. Ceci s'applique à l'abbé Royou, qui, après la mort de Fréron, fut un des collaborateurs de l'*Année littéraire*.

affreux fait dans ma première jeunesse (*), dont le souvenir m'a troublé toute ma vie, et vient, jusque dans ma vieillesse, contrister encore mon cœur déjà navré de tant d'autres façons. Ce mensonge, qui fut un grand crime en lui-même, en

Je répondis, en rougissant jusqu'aux yeux, que je n'avais pas eu ce bonheur. (Page 127.)

dut être un plus grand encore par ses effets que j'ai toujours ignorés, mais que le remords m'a fait supposer aussi cruels qu'il était possible. Cependant, à ne consulter que la disposition où j'étais en le faisant, ce mensonge ne fut qu'un fruit de la mauvaise honte; et, bien loin qu'il partît d'une intention de nuire à

(*) Voyez *Confessions*, livre II, page 50.

celle qui en fut la victime, je puis jurer à la face du ciel qu'à l'instant même où cette honte invincible me l'arrachait, j'aurais donné tout mon sang avec joie pour en détourner l'effet sur moi seul : c'est un délire que je ne puis expliquer, qu'en disant, comme je crois le sentir, qu'en cet instant mon naturel timide subjugua tous les vœux de mon cœur.

Le souvenir de ce malheureux acte, et les inextinguibles regrets qu'il m'a laissés m'ont inspiré pour le mensonge une horreur qui a dû garantir mon cœur de ce vice pour le reste de ma vie. Lorsque je pris ma devise, je me sentais fait pour la mériter, et je ne doutais pas que je n'en fusse digne, quand, sur le mot de l'abbé Rozier, je commençai de m'examiner plus sérieusement.

Alors, en m'épluchant avec plus de soin, je fus bien surpris du nombre de choses de mon invention que je me rappelais avoir dites comme vraies dans le même temps où, fier en moi-même de mon amour pour la vérité, je lui sacrifiais ma sûreté, mes intérêts, ma personne, avec une impartialité dont je ne connais nul autre exemple parmi les humains.

Ce qui me surprit le plus était qu'en me rappelant ces choses controuvées, je n'en sentais aucun vrai repentir. Moi dont l'horreur pour la fausseté n'a rien dans mon cœur qui la balance, moi qui braverais les supplices s'il les fallait éviter par un mensonge, par quelle bizarre inconséquence mentais-je ainsi de gaîté de cœur sans nécessité, sans profit, et par quelle inconcevable contradiction n'en sentais-je pas le moindre regret, moi que le remords d'un mensonge n'a cessé d'affliger pendant cinquante ans! Je ne me suis jamais endurci sur mes fautes: l'instinct moral m'a toujours bien conduit, ma conscience a gardé sa première intégrité; et quand même elle se serait altérée en se pliant à mes intérêts, comment, gardant toute sa droiture dans les occasions où l'homme, forcé par ses passions, peut au moins s'excuser sur sa faiblesse, le perd-elle uniquement dans les choses indifférentes où le vice n'a point d'excuse? Je vis que de la solution de ce problème dépendait la justesse du jugement que j'avais à porter en ce point sur moi-même; et, après l'avoir bien examiné, voici de quelle manière je parvins à l'expliquer.

Je me souviens d'avoir lu dans un livre de philosophie que mentir c'est cacher une vérité que l'on doit manifester. Il suit bien de cette définition que taire une vérité, qu'on n'est pas obligé de dire, n'est pas mentir : mais celui qui, non content en pareil cas de ne pas dire la vérité, dit le contraire, ment-il alors, ou ne ment-il pas? Selon la définition, l'on ne saurait dire qu'il ment; car s'il donne de la fausse monnaie à un homme auquel il ne doit rien, il trompe cet homme, sans doute, mais il ne le vole pas.

Il se présente ici deux questions à examiner, très importantes l'une et l'autre: la première, quand et comment on doit à autrui la vérité, puisqu'on ne la doit pas toujours; la seconde, s'il est des cas où l'on puisse tromper innocemment. Cette seconde question est très décidée, je le sais bien : négativement dans les livres, où la plus austère morale ne coûte rien à l'auteur; affirmativement dans la société, où la morale des livres passe pour un bavardage impossible à pratiquer. Laissons donc ces autorités qui se contredisent, et cherchons, par mes propres principes, à résoudre pour moi ces questions.

La vérité générale et abstraite est le plus précieux de tous les biens : sans elle l'homme est aveugle; elle est l'œil de la raison. C'est par elle que l'homme apprend à se conduire, à être ce qu'il doit être, à faire ce qu'il doit faire, à tendre à sa véritable fin. La vérité particulière et individuelle n'est pas toujours un bien; elle est quelquefois un mal, très souvent une chose indifférente. Les choses qu'il importe à un homme de savoir, et dont la connaissance est nécessaire à son bonheur, ne sont peut-être pas en grand nombre; mais en quelque nombre qu'elles soient, elles sont un bien qui lui appartient, qu'il a droit de réclamer partout où il le trouve, et dont on ne peut le frustrer sans commettre le plus inique de tous les vols, puisqu'elle est de ces biens communs à tous, dont la communication n'en prive point celui qui le donne.

Quant aux vérités qui n'ont aucune sorte d'utilité, ni pour l'instruction ni dans

la pratique, comment seraient-elles un bien dû, puisqu'elles ne sont pas même un bien ; et puisque la propriété n'est fondée que sur l'utilité, où il n'y a point d'utilité possible il ne peut y avoir de propriété? On peut réclamer un terrain quoique stérile, parce qu'on peut au moins habiter sur le sol ; mais qu'un fait oiseux, indifférent à tous égards et sans conséquence pour personne, soit vrai ou faux, cela n'intéresse qui que ce soit. Dans l'ordre moral, rien n'est inutile, non plus que dans l'ordre physique : rien ne peut être dû de ce qui n'est bon à rien ; pour qu'une chose soit due, il faut qu'elle soit ou puisse être utile. Ainsi, la vérité due est celle qui intéresse la justice, et c'est profaner ce nom sacré de vérité que de l'appliquer aux choses vaines dont l'existence est indifférente à tous, et dont la connaissance est inutile à tout. La vérité, dépouillée de toute espèce d'utilité même possible, ne peut donc pas être une chose due ; et, par conséquent, celui qui la tait ou la déguise ne ment point.

Mais est-il de ces vérités si parfaitement stériles qu'elles soient de tout point inutiles à tout? C'est un autre article à discuter, et auquel je reviendrai tout à l'heure. Quant à présent, passons à la seconde question.

Ne pas dire ce qui est vrai, et dire ce qui est faux, sont deux choses très différentes, mais dont peut néanmoins résulter le même effet, car ce résultat est assurément bien le même toutes les fois que cet effet est nul. Partout où la vérité est indifférente, l'erreur contraire est indifférente aussi : d'où il suit qu'en pareil cas, celui qui trompe en disant le contraire de la vérité n'est pas plus injuste que celui qui trompe en ne la déclarant pas ; car, en fait de vérités inutiles, l'erreur n'a rien de pire que l'ignorance. Que je croie le sable qui est au fond de la mer blanc ou rouge, cela ne m'importe pas plus que d'ignorer de quelle couleur il est. Comment pourrait-on être injuste en ne nuisant à personne, puisque l'injustice ne consiste que dans le tort fait à autrui ?

Mais ces questions, ainsi sommairement décidées, ne sauraient me fournir encore aucune application sûre pour la pratique, sans beaucoup d'éclaircissements préalables, nécessaires pour faire avec justesse cette application dans tous les cas qui peuvent se présenter ; car si l'obligation de dire la vérité n'est fondée que sur son utilité, comment me constituerai-je juge de son utilité? Très souvent l'avantage de l'un fait le préjudice de l'autre ; l'intérêt particulier est presque toujours en opposition avec l'intérêt public. Comment se conduire en pareil cas? Faut-il sacrifier l'utilité de l'absent à celle de la personne à qui l'on parle? faut-il taire ou dire la vérité qui, profitant à l'un, nuit à l'autre? faut-il peser tout ce que l'on doit dire à l'unique balance du bien public, ou à celle de la justice distributive? et suis-je assuré de connaître assez tous les rapports de la chose pour ne dispenser les lumières dont je dispose que sur les règles de l'équité? De plus, en examinant ce qu'on doit aux autres, ai-je examiné suffisamment ce qu'on se doit à soi-même, ce qu'on doit à la vérité pour elle seule? Si je ne fais aucun tort à un autre en le trompant, s'ensuit-il que je ne m'en fasse point à moi-même, et suffit-il de n'être jamais injuste pour être toujours innocent?

Que d'embarrassantes discussions dont il serait aisé de se tirer en disant : « Soyons toujours vrais, au risque de tout ce qui en peut arriver. La justice elle-même est dans la vérité des choses : le mensonge est toujours iniquité, l'erreur est toujours imposture, quand on donne ce qui n'est pas pour la règle de ce qu'on doit faire ou croire ; et, quelque effet qui résulte de la vérité, on est toujours inculpable quand on l'a dite, parce qu'on n'y a rien mis du sien. »

Mais c'est là trancher la question sans la résoudre : il ne s'agissait pas de prononcer s'il serait bon de dire toujours la vérité, mais si l'on y était toujours également obligé, et, sur la définition que j'examinais, supposant que non, de distinguer les cas où la vérité est rigoureusement due, de ceux où l'on peut la taire sans injustice et la déguiser sans mensonge ; car j'ai trouvé que de tels cas existaient réellement. Ce dont il s'agit est donc de chercher une règle sûre pour les connaître et les bien déterminer.

Mais d'où tirer cette règle et la preuve de son infaillibilité?... Dans toutes les questions de morale difficiles comme celles-ci, je me suis toujours bien trouvé

de les résoudre par le dictamen de ma conscience, plutôt que par les lumières de ma raison : jamais l'instinct moral ne m'a trompé ; il a gardé jusqu'ici sa pureté dans mon cœur, assez pour que je puisse m'y confier ; et, s'il se tait quelquefois devant mes passions dans ma conduite, il reprend bien son empire sur elles dans mes souvenirs : c'est là que je me juge moi-même avec autant de sévérité peut-être que je serai jugé par le souverain Juge après cette vie.

Juger des discours des hommes par les effets qu'ils produisent, c'est souvent mal les apprécier. Outre que ces effets ne sont pas toujours sensibles et faciles à connaître, ils varient à l'infini comme les circonstances dans lesquelles ces discours sont tenus ; mais c'est uniquement l'intention de celui qui les tient qui les apprécie, et détermine leur degré de malice ou de bonté. Dire faux n'est mentir que par l'intention de tromper ; et l'intention même de tromper, loin d'être toujours jointe avec celle de nuire, a quelquefois un but tout contraire : mais pour rendre un mensonge innocent, il ne suffit pas que l'intention de nuire ne soit pas expresse, il faut de plus la certitude que l'erreur, dans laquelle on jette ceux à qui l'on parle, ne peut nuire à eux ni à personne, en quelque façon que ce soit. Il est rare et difficile qu'on puisse avoir cette certitude ; aussi est-il difficile et rare qu'un mensonge soit parfaitement innocent. Mentir pour son avantage à soi-même est imposture, mentir pour l'avantage d'autrui est fraude, mentir pour nuire est calomnie : c'est la pire espèce de mensonge. Mentir sans profit ni préjudice de soi ni d'autrui n'est pas mentir ; ce n'est pas mensonge, c'est fiction.

Les fictions qui ont un objet moral s'appellent apologues ou fables ; et, comme leur objet n'est ou ne doit être que d'envelopper des vérités utiles sous des formes sensibles et agréables, en pareil cas on ne s'attache guère à cacher le mensonge de fait, qui n'est que l'habit de la vérité ; et celui qui ne débite une fable que pour une fable ne ment en aucune façon.

Il est d'autres fictions purement oiseuses, telles que sont la plupart des contes et des romans qui, sans renfermer aucune instruction véritable, n'ont pour objet que l'amusement. Celles-là, dépouillées de toute utilité morale, ne peuvent s'apprécier que par l'intention de celui qui les invente ; et, lorsqu'il les débite avec affirmation, comme des vérités réelles, on ne peut guère disconvenir qu'elles ne soient de vrais mensonges. Cependant, qui jamais s'est fait un grand scrupule de ces mensonges-là, et qui jamais en a fait un reproche grave à ceux qui les font? S'il y a, par exemple, quelque objet moral dans le *Temple de Gnide*, cet objet est bien offusqué et gâté par les détails voluptueux et par les images lascives. Qu'a fait l'auteur pour couvrir cela d'un vernis de modestie ? Il a feint que son ouvrage était la traduction d'un manuscrit grec, et il a fait l'histoire de la découverte de ce manuscrit de la façon la plus propre à persuader ses lecteurs de la vérité de son récit. Si ce n'est pas là un mensonge bien positif, qu'on me dise donc ce que c'est que mentir ! Cependant, qui est-ce qui s'est avisé de faire à l'auteur un crime de ce mensonge, et de le traiter pour cela d'imposteur?

On dira vainement que ce n'est là qu'une plaisanterie ; que l'auteur, tout en affirmant, ne voulait persuader personne ; qu'il n'a persuadé personne en effet, et que le public n'a pas douté un moment qu'il ne fût lui-même l'auteur de l'ouvrage prétendu grec, dont il se donnait pour le traducteur. Je répondrai qu'une pareille plaisanterie, sans aucun objet, n'eût été qu'un bien sot enfantillage ; qu'un menteur ne ment pas moins quand il affirme, quoiqu'il ne persuade pas ; qu'il faut détacher du public instruit des multitudes de lecteurs simples et crédules, à qui l'histoire du manuscrit, narrée par un auteur grave avec un air de bonne foi, en a réellement imposé, et qui ont bu sans crainte, dans une coupe de forme antique, le poison dont ils se seraient au moins défiés, s'il eût été présenté dans un vase moderne.

Que ces distinctions se trouvent ou non dans les livres, elles ne s'en font pas moins dans le cœur de tout homme de bonne foi avec lui-même, qui ne veut rien se permettre que sa conscience puisse lui reprocher ; car dire une chose fausse à son avantage n'est pas moins mentir que si on la disait au préjudice d'autrui, quoique le mensonge soit moins criminel. Donner l'avantage à qui ne doit pas

l'avoir, c'est troubler l'ordre de la justice; attribuer faussement à soi-même ou à autrui un acte d'où peut résulter louange ou blâme, inculpation ou disculpation, c'est faire une chose injuste : or, tout ce qui, contraire à la vérité, blesse la justice en quelque façon que ce soit, c'est mensonge. Voilà la limite exacte; mais tout ce qui, contraire à la vérité, n'intéresse la justice en aucune sorte, n'est que fiction, et j'avoue que quiconque se reproche une pure fiction comme un mensonge a la conscience plus délicate que moi.

Ce qu'on appelle mensonges officieux sont de vrais mensonges, parce qu'en imposer à l'avantage soit d'autrui, soit de soi-même, n'est pas moins injuste que d'en imposer à son détriment : quiconque loue ou blâme contre la vérité ment, dès qu'il s'agit d'une personne réelle. S'il s'agit d'un être imaginaire, il en peut dire tout ce qu'il veut sans mentir, à moins qu'il ne juge sur la moralité des faits qu'il invente, et qu'il n'en juge faussement; car alors, s'il ne ment pas dans le fait, il ment contre la vérité morale, cent fois plus respectable que celle des faits.

J'ai vu de ces gens qu'on appelle vrais dans le monde : toute leur véracité s'épuise dans les conversations oiseuses à citer fidèlement les lieux, les temps, les personnes, à ne se permettre aucune fiction, à ne broder aucune circonstance, à ne rien exagérer. En tout ce qui ne touche point à leur intérêt, ils sont dans leurs narrations de la plus inviolable fidélité : mais s'agit-il de traiter quelque fait qui leur touche de près, toutes les couleurs sont employées pour présenter les choses sous le jour qui leur est le plus avantageux; et, si le mensonge leur est utile et qu'ils s'abstiennent de le dire eux-mêmes, ils le favorisent avec adresse, et font en sorte qu'on l'adopte sans le leur pouvoir imputer. Ainsi le veut la prudence : adieu la véracité.

L'homme que j'appelle *vrai* fait tout le contraire. En choses parfaitement indifférentes, la vérité, qu'alors l'autre respecte si fort, le touche fort peu, et il ne se fera guère de scrupule d'amuser une compagnie par des faits controuvés, dont il ne résulte aucun jugement injuste, ni pour ni contre qui que ce soit vivant ou mort : mais tout discours qui produit pour quelqu'un profit ou dommage, estime ou mépris, louange ou blâme, contre la justice et la vérité, est un mensonge qui jamais n'approchera de son cœur, ni de sa bouche, ni de sa plume. Il est solidement *vrai* même contre son intérêt, quoiqu'il se pique assez peu de l'être dans les conversations oiseuses : il est *vrai* en ce qu'il ne cherche à tromper personne, qu'il est aussi fidèle à la vérité qui l'accuse qu'à celle qui l'honore, et qu'il n'en impose jamais pour son avantage, ni pour nuire à son ennemi. La différence donc qu'il y a entre mon homme *vrai* et l'autre, est que celui du monde est très rigoureusement fidèle à toute vérité qui ne lui coûte rien, mais pas au-delà, et le mien ne le sert jamais si fidèlement que quand il faut s'immoler pour elle.

Mais, dirait-on, comment accorder ce relâchement avec cet ardent amour pour la vérité dont je le glorifie? Cet amour est donc faux, puisqu'il souffre tant d'alliage? Non; il est pur et vrai; mais il n'est qu'une émanation de l'amour de la justice, et ne veut jamais être faux, quoiqu'il soit toujours fabuleux. Justice et vérité sont dans son esprit deux mots synonymes, qu'il prend l'un pour l'autre indifféremment : la sainte vérité, que son cœur adore, ne consiste point en faits indifférents et en noms inutiles, mais à rendre fidèlement à chacun ce qui lui est dû en choses qui sont véritablement siennes, en imputations bonnes ou mauvaises, en rétributions d'honneur ou de blâme, de louange ou d'improbation. Il n'est faux ni contre autrui, parce que son équité l'en empêche et qu'il ne veut nuire à personne injustement; ni pour lui-même, parce que sa conscience l'en empêche, et qu'il ne saurait s'approprier ce qui n'est pas à lui. C'est surtout de sa propre estime qu'il est jaloux : c'est le bien dont il peut le moins se passer, et il sentirait une perte réelle d'acquérir celle des autres aux dépens de ce bien-là. Il mentira donc quelquefois en choses indifférentes sans scrupule et sans croire mentir, jamais pour le dommage ou le profit d'autrui ni de lui-même : en tout ce qui tient aux vérités historiques, en tout ce qui a trait à la conduite des

hommes, à la justice, à la sociabilité, aux lumières utiles, il garantira de l'erreur, et lui-même et les autres, autant qu'il dépendra de lui. Tout mensonge hors de là, selon lui, n'en est pas un. Si le *Temple de Gnide* est un ouvrage utile, l'histoire du manuscrit grec n'est qu'une fiction très innocente : elle est un mensonge très punissable, si l'ouvrage est dangereux.

Telles furent mes règles de conscience sur le mensonge et sur la vérité : mon cœur suivait machinalement ces règles avant que ma raison les eût adoptées, et l'instinct moral en fit seul l'application. Le criminel mensonge dont la pauvre Marion fut la victime m'a laissé d'ineffaçables remords, qui m'ont garanti tout le reste de ma vie, non-seulement de tout mensonge de cette espèce, mais de tout ce qui, de quelque façon que ce pût être, pouvait toucher l'intérêt et la réputation d'autrui. En généralisant ainsi l'exclusion, je me suis dispensé de peser exactement l'avantage et le préjudice, et de marquer les limites précises du mensonge nuisible et du mensonge officieux : en regardant l'un et l'autre comme coupables, je me les suis interdits tous les deux.

En ceci comme en tout le reste, mon tempérament a beaucoup influé sur mes maximes, ou plutôt sur mes habitudes ; car je n'ai guère agi par règles, ou n'ai guère suivi d'autres règles en toute chose que les impulsions de mon naturel. Jamais mensonge prémédité n'approcha de ma pensée, jamais je n'ai menti pour mon intérêt, mais souvent j'ai menti par honte pour me tirer d'embarras en choses indifférentes, ou qui n'intéressaient tout au plus que moi seul, lorsque, ayant à soutenir un entretien, la lenteur de mes idées et l'aridité de ma conversation me forçaient de recourir aux fictions pour avoir quelque chose à dire. Quand il faut nécessairement parler, et que des vérités amusantes ne se présentent pas assez tôt à mon esprit, je débite des fables pour ne pas demeurer muet ; mais, dans l'invention de ces fables, j'ai soin, tant que je puis, qu'elles ne soient pas des mensonges, c'est-à-dire qu'elles ne blessent ni la justice ni la vérité due, et qu'elles ne soient que des fictions indifférentes à tout le monde et à moi. Mon désir serait bien d'y substituer au moins à la vérité des faits une vérité morale, c'est-à-dire d'y bien représenter les affections naturelles au cœur humain, et d'en faire sortir toujours quelque instruction utile, d'en faire, en un mot, des contes moraux, des apologues ; mais il faudrait plus de présence d'esprit que je n'en ai, et plus de facilité dans la parole pour savoir mettre à profit, pour l'instruction, le babil de la conversation. Sa marche, plus rapide que celle de mes idées, me forçant presque toujours de parler avant de penser, m'a souvent suggéré des sottises et des inepties que ma raison désapprouvait, et que mon cœur désavouait à mesure qu'elles échappaient de ma bouche, mais qui, précédant mon propre jugement, ne pouvaient plus être réformées par sa censure.

C'est encore par cette première et irrésistible impulsion du tempérament que, dans des moments imprévus et rapides, la honte et la timidité m'arrachent souvent des mensonges auxquels ma volonté n'a point de part, mais qui la précèdent en quelque sorte par la nécessité de répondre à l'instant. L'impression profonde du souvenir de la pauvre Marion peut bien retenir toujours ceux qui pourraient être nuisibles à d'autres, mais non pas ceux qui peuvent servir à me tirer d'embarras quand il s'agit de moi seul, ce qui n'est pas moins contre ma conscience et mes principes que ceux qui peuvent influer sur le sort d'autrui.

J'atteste le ciel que, si je pouvais l'instant d'après retirer le mensonge qui m'excuse, et dire la vérité qui me charge, sans me faire un nouvel affront en me rétractant, je le ferais de tout mon cœur ; mais la honte de me prendre ainsi moi-même en fraude me retient encore, et je me repens très sincèrement de ma faute, sans néanmoins l'oser réparer. Un exemple expliquera mieux ce que je veux dire, et montrera que je ne mens ni par intérêt ni par amour-propre, encore moins par envie ou par malignité ; mais uniquement par embarras et mauvaise honte, sachant même très bien quelquefois que ce mensonge est connu pour tel, et ne peut me servir du tout à rien.

Il y a quelque temps que M. F*** m'engagea, contre mon usage, à aller, avec ma femme, dîner en manière de pique-nique, avec lui et M. B***, chez la

dame ***, restauratrice, laquelle et ses deux filles dînèrent aussi avec nous. Au milieu du dîner, l'aînée, qui est mariée depuis peu, et qui était grosse, s'avisa de me demander brusquement, et en me fixant, si j'avais eu des enfants. Je répondis, en rougissant jusqu'aux yeux, que je n'avais pas eu ce bonheur. Elle sourit malignement en regardant la compagnie : tout cela n'était pas bien obscur, même pour moi.

Il est clair d'abord que cette réponse n'est point celle que j'aurais voulu faire, quand même j'aurais eu l'intention d'en imposer ; car, dans la disposition où je voyais les convives, j'étais bien sûr que ma réponse ne changeait rien à leur opinion sur ce point. On s'attendait à cette négative, on la provoquait même pour jouir du plaisir de m'avoir fait mentir. Je n'étais pas assez bouché pour ne pas sentir cela. Deux minutes après, la réponse que j'aurais dû faire me vint d'elle-même : « Voilà une question peu discrète, de la part d'une jeune femme, à un homme qui a vieilli garçon. » En parlant ainsi, sans mentir, sans avoir à rougir d'aucun aveu, je mettais les rieurs de mon côté, et je lui faisais une petite leçon qui, naturellement, devait la rendre un peu moins impertinente à me questionner. Je ne fis rien de tout cela ; je ne dis point ce qu'il fallait dire, je dis ce qu'il ne fallait pas et qui ne pouvait me servir de rien. Il est donc certain que ni mon jugement ni ma volonté ne dictèrent ma réponse, et qu'elle fut l'effet machinal de mon embarras. Autrefois je n'avais point cet embarras, et je faisais l'aveu de mes fautes avec plus de franchise que de honte, parce que je ne doutais pas qu'on ne vît ce qui les rachetait et que je sentais au-dedans de moi ; mais l'œil de la malignité me navre et me déconcerte : en devenant plus malheureux, je suis devenu plus timide, et jamais je n'ai menti que par timidité.

Je n'ai jamais mieux senti mon aversion naturelle pour le mensonge qu'en écrivant mes *Confessions*; car c'est là que les tentations auraient été fréquentes et fortes, pour peu que mon penchant m'eût porté de ce côté ; mais loin d'avoir rien tu, rien dissimulé qui fût à ma charge, par un tour d'esprit que j'ai peine à expliquer, et qui vient peut-être d'éloignement pour toute imitation, je me sentais plutôt porté à mentir dans le sens contraire en m'accusant avec trop de sévérité, qu'en m'excusant avec trop d'indulgence, et ma conscience m'assure qu'un jour je serai jugé moins sévèrement que je ne me suis jugé moi-même. Oui, je le dis et le sens avec une fière élévation d'âme, j'ai porté dans cet écrit la bonne foi, la véracité, la franchise, aussi loin, plus loin même, au moins je le crois, que ne fit jamais aucun autre homme ; sentant que le bien surpassait le mal, j'avais mon intérêt à tout dire, et j'ai tout dit.

Je n'ai jamais dit moins ; j'ai dit plus quelquefois, non dans les faits, mais dans les circonstances, et cette espèce de mensonge fut plutôt l'effet du délire de l'imagination qu'un acte de volonté ; j'ai tort même de l'appeler mensonge, car aucune de ces additions n'en fut un. J'écrivais mes *Confessions*, déjà vieux et dégoûté des vains plaisirs de la vie que j'avais tous effleurés, et dont mon cœur avait bien senti le vide. Je les écrivais de mémoire ; cette mémoire me manquait souvent ou ne me fournissait que des souvenirs imparfaits, et j'en remplissais les lacunes par des détails que j'imaginais en supplément de ces souvenirs, mais qui ne leur furent jamais contraires. J'aimais à m'étendre sur les moments heureux de ma vie, et je les embellissais quelquefois des ornements que de tendres regrets venaient me fournir. Je disais les choses que j'avais oubliées comme il me semblait qu'elles avaient dû être, comme elles avaient été peut-être en effet, jamais au contraire de ce que je me rappelais qu'elles avaient été. Je prêtais quelquefois aux vérités des charmes étrangers, mais jamais je n'ai mis le mensonge à la place pour pallier mes vices, ou pour m'arroger des vertus.

Que si quelquefois, sans y songer, par un mouvement involontaire, j'ai caché le côté difforme, en me peignant de profil, ces réticences ont bien été compensées par d'autres réticences plus bizarres, qui m'ont souvent fait taire le bien plus soigneusement que le mal. Ceci est une singularité de mon naturel qu'il est fort pardonnable aux hommes de ne pas croire, mais qui, tout incroyable qu'elle est, n'en est pas moins réelle : j'ai souvent dit le mal dans toute sa turpitude, j'ai

rarement dit le bien dans tout ce qu'il eut d'aimable, et souvent je l'ai tu tout-à-fait parce qu'il m'honorait trop, et que, faisant mes *Confessions*, j'aurais l'air d'avoir fait mon éloge. J'ai décrit mes jeunes ans sans me vanter des heureuses qualités dont mon cœur était doué, et même en supprimant les faits qui les mettaient trop en évidence. Je m'en rappelle ici deux de ma première enfance, qui, tous deux, sont bien venus à mon souvenir en écrivant, mais que j'ai rejetés l'un et l'autre par l'unique raison dont je viens de parler.

J'allais presque tous les dimanches passer la journée aux Pâquis, chez M. Fazy, qui avait épousé une de mes tantes, et qui avait là une fabrique d'indiennes. Un jour j'étais à l'étendage, dans la chambre de la calandre, et j'en regardais les rouleaux de fonte ; leur luisant flattait ma vue, je fus tenté d'y poser mes doigts, et je les promenais avec plaisir sur le lissé du cylindre, quand le jeune Fazy, s'étant mis dans la roue, lui donna un demi-quart de tour si adroitement, qu'il n'y prit que le bout de mes deux plus longs doigts ; mais c'en fut assez pour qu'ils y fussent écrasés par le bout et que les deux ongles y restassent. Je fis un cri perçant ; Fazy détourne à l'instant la roue, mais les ongles ne restèrent pas moins au cylindre, et le sang ruisselait de mes doigts. Fazy, consterné, s'écrie, sort de la roue, m'embrasse et me conjure d'apaiser mes cris, ajoutant qu'il était perdu. Au fort de ma douleur, la sienne me toucha ; je me tus, nous fûmes à la carpière, où il m'aida à laver mes doigts, et à étancher mon sang avec de la mousse. Il me supplia, avec larmes, de ne point l'accuser ; je le lui promis, et le tins si bien que, plus de vingt ans après, personne ne savait par quelle aventure j'avais deux de mes doigts cicatrisés ; car ils le sont demeurés toujours. Je fus détenu dans mon lit plus de trois semaines, et plus de deux mois hors d'état de me servir de ma main, disant toujours qu'une grosse pierre, en tombant, m'avait écrasé les doigts.

> *Magnanima menzogna! or quando è il vero*
> *Si bello, che si possa a te preporre* (*) ?

Cet accident me fut pourtant bien sensible par la circonstance, car c'était le temps des exercices, où l'on faisait manœuvrer la bourgeoisie, et nous avions fait un rang de trois autres enfants de mon âge, avec lesquels je devais, en uniforme, faire l'exercice avec la compagnie de mon quartier. J'eus la douleur d'entendre le tambour de la compagnie, passant sous ma fenêtre, avec mes trois camarades, tandis que j'étais dans mon lit.

Mon autre histoire est toute semblable, mais d'un âge plus avancé.

Je jouais au mail, à Plain-Palais, avec un de mes camarades appelé Plince. Nous prîmes querelle au jeu ; nous nous battîmes, et durant le combat, il me donna, sur la tête nue, un coup de mail si bien appliqué, que d'une main plus forte, il m'eût fait sauter la cervelle. Je tombe à l'instant. Je ne vis de ma vie une agitation pareille à celle de ce pauvre garçon, voyant mon sang ruisseler dans mes cheveux. Il crut m'avoir tué. Il se précipite sur moi, m'embrasse, me serre étroitement en fondant en larmes, et poussant des cris perçants. Je l'embrassai aussi de toute ma force, en pleurant comme lui, dans une émotion confuse, qui n'était pas sans quelque douceur. Enfin, il se mit en devoir d'étancher mon sang qui continuait de couler, et, voyant que nos deux mouchoirs n'y pouvaient suffire, il m'entraîna chez sa mère, qui avait un petit jardin près de là. Cette bonne dame faillit à se trouver mal en me voyant dans cet état ; mais elle sut conserver des forces pour me panser ; et, après avoir bien bassiné ma plaie, elle y appliqua des fleurs de lis macérées dans l'eau-de-vie, vulnéraire excellent, et très usité dans notre pays. Ses larmes et celles de son fils pénétrèrent mon cœur au point que, longtemps, je la regardai comme ma mère, et son fils comme mon frère, jusqu'à ce qu'ayant perdu l'un et l'autre de vue, je les oubliai peu à peu.

Je gardai le même secret sur cet accident que sur l'autre, et il m'en est ar-

(*) Mensonge magnanime ! quand donc la vérité est-elle assez belle pour l'emporter sur toi ?

rivé cent autres de pareille nature, en ma vie, dont je n'ai pas même été tenté de parler dans mes *Confessions*, tant j'y cherchais peu l'art de faire valoir le bien que je sentais dans mon caractère. Non, quand j'ai parlé contre la vérité qui m'était connue, ce n'a jamais été qu'en choses indifférentes, et plus, ou par l'embarras de parler, ou pour le plaisir d'écrire, que par aucun motif d'intérêt

Il ne manquait pas, chaque fois que je passais, de venir me faire son petit compliment. (Page 135.)

pour moi, ni d'avantage ou de préjudice d'autrui ; et quiconque lira mes *Confessions* impartialement, si jamais cela arrive, sentira que les aveux que j'y fais sont plus humiliants, plus pénibles à faire, que ceux d'un mal plus grand, mais moins honteux à dire, et que je n'ai pas dit parce que je ne l'ai pas fait.

Il suit de toutes ces réflexions, que la profession de véracité que je me suis faite a plus son fondement sur des sentiments de droiture et d'équité que sur la réalité des choses, et que j'ai plus suivi, dans la pratique, les directions morales de ma conscience, que les notions abstraites du vrai et du faux. J'ai souvent débité bien des fables, mais j'ai très rarement menti. En suivant ces principes,

j'ai donné sur moi beaucoup de prise aux autres, mais je n'ai fait tort à qui que ce fût, et je ne me suis point attribué à moi-même plus d'avantage qu'il ne m'en était dû. C'est uniquement par là, ce me semble, que la vérité est une vertu. À tout autre égard elle n'est pour nous qu'un être métaphysique, dont il ne résulte ni bien ni mal.

Je ne sens pourtant pas mon cœur assez content de ces distinctions pour me croire tout-à-fait irrépréhensible. En pesant avec tant de soin ce que je devais aux autres, ai-je assez examiné ce que je me devais à moi-même ? S'il faut être juste pour autrui, il faut être vrai pour soi, c'est un hommage que l'honnête homme doit rendre à sa propre dignité. Quand la stérilité de ma conversation me forçait d'y suppléer par d'innocentes fictions, j'avais tort, parce qu'il ne faut point, pour amuser autrui, s'avilir soi-même ; et quand, entraîné par le plaisir d'écrire, j'ajoutais, à des choses réelles, des ornements inventés, j'avais plus de tort encore, parce qu'orner la vérité par des fables, c'est en effet la défigurer.

Mais ce qui me rend plus inexcusable est la devise que j'avais choisie (*). Cette devise m'obligeait plus que tout autre homme à une profession plus étroite de la vérité, et il ne suffisait pas que je lui sacrifiasse partout mon intérêt et mes penchants : il fallait lui sacrifier aussi ma faiblesse et mon naturel timide. Il fallait avoir le courage et la force d'être vrai toujours, en toute occasion, et qu'il ne sortît jamais ni fictions ni fables d'une bouche et d'une plume qui s'étaient particulièrement consacrées à la vérité. Voilà ce que j'aurais dû me dire en prenant cette fière devise, et me répéter sans cesse tant que j'osai la porter. Jamais la fausseté ne dicta mes mensonges : ils sont tous venus de faiblesse ; mais cela m'excuse très mal. Avec une âme faible on peut tout au plus se garantir du vice ; mais c'est être arrogant et téméraire d'oser professer de grandes vertus.

Voilà des réflexions qui probablement ne me seraient jamais venues dans l'esprit, si l'abbé Royou ne me les eût suggérées. Il est bien tard, sans doute, pour en faire usage ; mais il n'est pas trop tard au moins pour redresser mon erreur, et remettre ma volonté dans la règle : car c'est désormais tout ce qui dépend de moi. En ceci donc, et en toutes choses semblables, la maxime de Solon est applicable à tous les âges, et il n'est jamais trop tard pour apprendre, même de ses ennemis, à être sage, vrai, modeste, et à moins présumer de soi.

CINQUIÈME PROMENADE.

De toutes les habitations où j'ai demeuré (et j'en ai eu de charmantes), aucune ne m'a rendu si véritablement heureux et ne m'a laissé de si tendres regrets que l'île de Saint-Pierre, au milieu du lac de Bienne. Cette petite île, qu'on appelle à Neufchâtel l'île de la Motte, est bien peu connue, même en Suisse. Aucun voyageur, que je sache, n'en fait mention. Cependant elle est très agréable, et singulièrement située pour le bonheur d'un homme qui aime à se circonscrire ; car, quoique je sois peut-être le seul au monde à qui sa destinée en ait fait une loi, je ne puis croire être le seul qui ait un goût si naturel, quoique je ne l'aie trouvé jusqu'ici chez nul autre.

Les rives du lac de Bienne sont plus sauvages et romantiques que celles du lac de Genève, parce que les rochers et les bois y bordent l'eau de plus près ; mais elles ne sont pas moins riantes. S'il y a moins de culture de champs et de vignes, moins de villes et de maisons, il y a aussi plus de verdure naturelle, plus de prairies, d'asiles ombragés de bocages, des contrastes plus fréquents et des accidents plus rapprochés. Comme il n'y a pas sur ces heureux bords de grandes routes commodes pour les voitures, le pays est peu fréquenté par les voyageurs ; mais il est intéressant pour des contemplatifs solitaires qui aiment à s'enivrer à loisir des charmes de la nature, et à se recueillir dans un silence que ne trouble aucun bruit que le cri des aigles, le ramage entrecoupé de quelques oiseaux, et le rou-

(*) *Vitam impendere vero*, dévouer sa vie à la vérité.

lement des torrents qui tombent de la montagne. Ce beau bassin, d'une forme presque ronde, enferme dans son milieu deux petites îles, l'une habitée et cultivée, d'environ une demi-lieue de tour, l'autre plus petite, déserte et en friche, et qui sera détruite à la fin par les transports de la terre qu'on en ôte sans cesse pour réparer les dégâts que les vagues et les orages font à la grande. C'est ainsi que la substance du faible est toujours employée au profit du puissant.

Il n'y a dans l'île qu'une seule maison, mais grande, agréable et commode, qui appartient à l'hôpital de Berne, ainsi que l'île, et où loge un receveur avec sa famille et ses domestiques. Il y entretient une nombreuse basse-cour, une volière et des réservoirs pour le poisson. L'île, dans sa petitesse, est tellement variée dans ses terrains et ses aspects, qu'elle offre toutes sortes de sites, et souffre toutes sortes de cultures. On y trouve des champs, des vignes, des bois, des vergers, de gras pâturages ombragés de bosquets, et bordés d'arbrisseaux de toute espèce, dont le bord des eaux entretient la fraîcheur; une haute terrasse plantée de deux rangs d'arbres borde l'île dans sa longueur, et dans le milieu de cette terrasse on a bâti un joli salon, où les habitants des rives voisines se rassemblent et viennent danser les dimanches durant les vendanges.

C'est dans cette île que je me réfugiai après la lapidation de Motiers. J'en trouvai le séjour si charmant, j'y menais une vie si convenable à mon humeur, que, résolu d'y finir mes jours, je n'avais d'autre inquiétude sinon qu'on ne me laissât pas exécuter ce projet qui ne s'accordait pas avec celui de m'entraîner en Angleterre, dont je sentais déjà les premiers effets. Dans les pressentiments qui m'inquiétaient, j'aurais voulu qu'on m'eût fait de cet asile une prison perpétuelle, qu'on m'y eût confiné pour toute ma vie, et, qu'en m'ôtant toute puissance et tout espoir d'en sortir, on m'eût interdit toute espèce de communication avec la terre ferme, de sorte qu'ignorant tout ce qui se faisait dans le monde, j'en eusse oublié l'existence, et qu'on y eût oublié la mienne aussi.

On ne m'a laissé passer guère que deux mois dans cette île, mais j'y aurais passé deux ans, deux siècles, et toute l'éternité, sans m'y ennuyer un moment, quoique je n'y eusse, avec ma compagne, d'autre société que celle du receveur, de sa femme et de ses domestiques, qui tous étaient à la vérité de très bonnes gens, et rien de plus; mais c'était précisément ce qu'il me fallait. Je compte ces deux mois pour le temps le plus heureux de ma vie, et tellement heureux, qu'il m'eût suffi durant toute mon existence, sans laisser naître un seul instant dans mon âme le désir d'un autre état.

Quel était donc ce bonheur, et en quoi consistait sa jouissance? Je le donnerais à deviner à tous les hommes de ce siècle sur la description de la vie que j'y menais. Le précieux *far niente* fut la première et la principale de ces jouissances que je voulus savourer dans toute sa douceur, et tout ce que je fis durant mon séjour ne fut en effet que l'occupation délicieuse et nécessaire d'un homme qui s'est dévoué à l'oisiveté.

L'espoir qu'on ne demanderait pas mieux que de me laisser dans ce séjour isolé où je m'étais enlacé de moi-même, dont il m'était impossible de sortir sans assistance et sans être bien aperçu, et où je ne pouvais avoir ni communication ni correspondance que par le concours des gens qui m'entouraient; cet espoir, dis-je, me donnait celui d'y finir mes jours plus tranquillement que je ne les avais passés; et l'idée que j'aurais le temps de m'y arranger tout à loisir fit que je commençai par n'y faire aucun arrangement. Transporté là brusquement, seul et nu, j'y fis venir successivement ma gouvernante, mes livres et mon petit équipage, dont j'eus le plaisir de ne rien déballer, laissant mes caisses et mes malles comme elles étaient arrivées, et vivant dans l'habitation où je comptais achever mes jours, comme dans une auberge dont j'aurais dû partir le lendemain. Toutes choses, telles qu'elles étaient, allaient si bien, que vouloir les mieux ranger était y gâter quelque chose. Un de mes plus grands délices était surtout de laisser toujours mes livres bien encaissés, et de n'avoir point d'écritoire. Quand de malheureuses lettres me forçaient de prendre la plume pour répondre, j'empruntais en murmurant l'écritoire du receveur, et je me hâtais de la rendre, dans la vaine espé-

rance de n'avoir plus besoin de la remprunter. Au lieu de ces tristes paperasses et de toute cette bouquinerie, j'emplissais ma chambre de fleurs et de foin ; car j'étais alors dans ma première ferveur de botanique, pour laquelle le docteur d'Ivernois m'avait inspiré un goût qui bientôt devint passion. Ne voulant plus d'œuvre de travail, il m'en fallait une d'amusement qui me plût, et qui ne me donnât de peine que celle qu'aime à prendre un paresseux. J'entrepris de faire la *Flora petrinsularis*, et de décrire toutes les plantes de l'île, sans en omettre une seule, avec un détail suffisant pour m'occuper le reste de mes jours. On dit qu'un Allemand a fait un livre sur un zeste de citron ; j'en aurais fait un sur chaque gramen des prés, sur chaque mousse des bois, sur chaque lichen qui tapisse les rochers ; enfin je ne voulais pas laisser un poil d'herbe, pas un atome végétal qui ne fût amplement décrit. En conséquence de ce beau projet, tous les matins, après le déjeuner, que nous faisions tous ensemble, j'allais, une loupe à la main, et mon *Systema naturæ* sous le bras, visiter un canton de l'île, que j'avais pour cet effet divisée en petits carrés, dans l'intention de les parcourir l'un après l'autre à chaque saison.

Rien n'est plus singulier que les ravissements, les extases que j'éprouvais à chaque observation que je faisais sur la structure et l'organisation végétale, et sur le jeu des parties sexuelles dans la fructification, dont le système était alors tout-à-fait nouveau pour moi. La distinction des caractères génériques, dont je n'avais pas auparavant la moindre idée, m'enchantait en les vérifiant sur les espèces communes, en attendant qu'il s'en offrît à moi de plus rares. La fourchure des deux longues étamines de la brunelle, le ressort de celles de l'ortie et de la pariétaire, l'explosion du fruit de la balsamine et de la capsule du bouis, mille petits jeux de la fructification, que j'observais pour la première fois, me comblaient de joie, et j'allais demandant si l'on avait vu les cornes de la brunelle, comme La Fontaine demandait si l'on avait lu Habacuc. Au bout de deux ou trois heures, je m'en revenais chargé d'une ample moisson, provision d'amusement pour l'après-dînée au logis, en cas de pluie. J'employais le reste de la matinée à aller avec le receveur, sa femme, et Thérèse, visiter leurs ouvriers et leur récolte, mettant le plus souvent la main à l'œuvre avec eux ; et souvent, des Bernois qui me venaient voir m'ont trouvé juché sur de grands arbres, ceint d'un sac que je remplissais de fruits, et que je dévalais ensuite à terre avec une corde. L'exercice que j'avais fait dans la matinée, et la bonne humeur qui en est inséparable, me rendaient le repos du dîner très agréable ; mais quand il se prolongeait trop, et que le beau temps m'invitait, je ne pouvais si longtemps attendre, et pendant qu'on était encore à table, je m'esquivais et j'allais me jeter seul dans un bateau que je conduisais au milieu du lac quand l'eau était calme ; et là, m'étendant tout de mon long dans le bateau, les yeux tournés vers le ciel, je me laissais aller et dériver lentement au gré de l'eau, quelquefois pendant plusieurs heures, plongé dans mille rêveries confuses, mais délicieuses, et qui, sans avoir aucun objet bien déterminé, ni constant, ne laissaient pas d'être à mon gré cent fois préférables à tout ce que j'avais trouvé le plus doux dans ce qu'on appelle les plaisirs de la vie. Souvent averti par le baisser du soleil de l'heure de la retraite, je me trouvais si loin de l'île, que j'étais forcé de travailler de toute ma force pour arriver avant la nuit close. D'autres fois, au lieu de m'écarter en pleine eau, je me plaisais à côtoyer les verdoyantes rives de l'île, dont les limpides eaux et les ombrages frais m'ont souvent engagé à m'y baigner. Mais une de mes navigations les plus fréquentes était d'aller de la grande à la petite île, d'y débarquer, et d'y passer l'après-dînée, tantôt à des promenades très circonscrites au milieu des marsaults, des bourdaines, des persicaires, des arbrisseaux de toute espèce, et tantôt m'établissant au sommet d'un tertre sablonneux, couvert de gazon, de serpolet, de fleurs, même d'esparcette, et de trèfles, qu'on y avait vraisemblablement semés autrefois, et très propre à loger des lapins qui pouvaient là multiplier en paix sans rien craindre, et sans nuire à rien. Je donnai cette idée au receveur, qui fit venir de Neufchâtel des lapins mâles et femelles, et nous allâmes en grande pompe, sa femme, une de ses sœurs, Thérèse et moi, les établir dans la petite île, où ils commençaient à peu-

pler avant mon départ, et où ils auront prospéré sans doute, s'ils ont pu soutenir la rigueur des hivers. La fondation de cette petite colonie fut une fête. Le pilote des Argonautes n'était pas plus fier que moi, menant en triomphe la compagnie et les lapins de la grande île à la petite, et je notais avec orgueil que la receveuse, qui redoutait l'eau à l'excès, et s'y trouvait toujours mal, s'embarqua sous ma conduite avec confiance, et ne montra nulle peur durant la traversée.

Quand le lac agité ne me permettait pas la navigation, je passais mon après-midi à parcourir l'île, en herborisant à droite et à gauche; m'asseyant tantôt dans les réduits les plus riants et les plus solitaires pour y rêver à mon aise, tantôt sur les terrasses et les tertres, pour parcourir des yeux le superbe et ravissant coup d'œil du lac et de ses rivages, couronnés d'un côté par des montagnes prochaines, et, de l'autre, élargis en riches et fertiles plaines, dans lesquelles la vue s'étendait jusqu'aux montagnes bleuâtres plus éloignées, qui la bornaient.

Quand le soir approchait, je descendais des cimes de l'île, et j'allais volontiers m'asseoir au bord du lac, sur la grève, dans quelque asile caché; là, le bruit des vagues et l'agitation de l'eau, fixant mes sens et chassant de mon âme toute autre agitation, la plongeaient dans une rêverie délicieuse, où la nuit me surprenait souvent sans que je m'en fusse aperçu. Le flux et le reflux de cette eau, son bruit continu, mais renflé par intervalles, frappant sans relâche mon oreille et mes yeux, suppléaient aux mouvements internes que la rêverie éteignait en moi, et suffisaient pour me faire sentir avec plaisir mon existence, sans prendre la peine de penser. De temps à autre naissait quelque faible et courte réflexion sur l'instabilité des choses de ce monde, dont la surface des eaux m'offrait l'image; mais bientôt ces impressions légères s'effaçaient dans l'uniformité du mouvement continu qui me berçait, et qui, sans aucun concours actif de mon âme, ne laissait pas de m'attacher, au point qu'appelé par l'heure et par le signal convenu, je ne pouvais m'arracher de là sans effort.

Après le souper, quand la soirée était belle, nous allions encore tous ensemble faire quelque tour de promenade sur la terrasse, pour y respirer l'air du lac et la fraîcheur. On se reposait dans le pavillon, on riait, on causait, on chantait quelque vieille chanson, qui valait bien le tortillage moderne, et enfin l'on s'allait coucher content de sa journée, et n'en désirant qu'une semblable pour le lendemain.

Telle est, laissant à part les visites imprévues et importunes, la manière dont j'ai passé mon temps dans cette île, durant le séjour que j'y ai fait. Qu'on me dise, à présent, ce qu'il y a là d'assez attrayant pour exciter dans mon cœur des regrets si vifs, si tendres et si durables, qu'au bout de quinze ans il m'est impossible de songer à cette habitation chérie, sans m'y sentir à chaque fois transporter encore par les élans du désir.

J'ai remarqué, dans les vicissitudes d'une longue vie, que les époques des plus douces jouissances et des plaisirs les plus vifs ne sont pourtant pas celles dont le souvenir m'attire et me touche le plus. Ces courts moments de délire et de passion, quelque vifs qu'ils puissent être, ne sont cependant, et par leur vivacité même, que des points bien clair-semés dans la ligne de la vie. Ils sont trop rares et trop rapides pour constituer un état; et le bonheur que mon cœur regrette n'est point composé d'instants fugitifs, mais un état simple et permanent, qui n'a rien de vif en lui-même, mais dont la durée accroît le charme, au point d'y trouver enfin la suprême félicité.

Tout est dans un flux continuel sur la terre. Rien n'y garde une forme constante et arrêtée, et nos affections, qui s'attachent aux choses extérieures, passent et changent nécessairement comme elles. Toujours en avant ou en arrière de nous, elles rappellent le passé, qui n'est plus, ou préviennent l'avenir, qui souvent ne doit point être : il n'y a rien là de solide à quoi le cœur se puisse attacher. Aussi n'a-t-on guère, ici-bas, que du plaisir qui passe; pour le bonheur qui dure, je doute qu'il y soit connu. A peine est-il, dans nos plus vives jouissances, un instant où le cœur puisse véritablement nous dire : « Je voudrais que cet instant durât toujours. » Et comment peut-on appeler bonheur un

état fugitif qui nous laisse encore le cœur inquiet et vide, qui nous fait regretter quelque chose avant, ou désirer encore quelque chose après?

Mais s'il est un état où l'âme trouve une assiette assez solide pour s'y reposer tout entière, et rassembler là tout son être, sans avoir besoin de rappeler le passé, ni d'enjamber sur l'avenir, où le temps ne soit rien pour elle, où le présent dure toujours, sans néanmoins marquer sa durée et sans aucune trace de succession, sans aucun autre sentiment de privation ni de jouissance, de plaisir ni de peine, de désir ni de crainte, que celui seul de notre existence, et que ce sentiment seul puisse la remplir tout entière : tant que cet état dure, celui qui s'y trouve peut s'appeler heureux, non d'un bonheur imparfait, pauvre et relatif, tel que celui qu'on trouve dans les plaisirs de la vie, mais d'un bonheur suffisant, parfait et plein, qui ne laisse dans l'âme aucun vide qu'elle sente le besoin de remplir. Tel est l'état où je me suis trouvé souvent à l'île de Saint-Pierre, dans mes rêveries solitaires, soit couché dans mon bateau que je laissais dériver au gré de l'eau, soit assis sur les rives du lac agité, soit ailleurs, au bord d'une belle rivière ou d'un ruisseau murmurant sur le gravier.

De quoi jouit-on dans une pareille situation? de rien d'extérieur à soi, de rien sinon de soi-même et de sa propre existence; tant que cet état dure, on se suffit à soi-même, comme Dieu. Le sentiment de l'existence, dépouillé de toute autre affection, est par lui-même un sentiment précieux de contentement et de paix, qui suffirait seul pour rendre cette existence chère et douce à qui saurait écarter de soi toutes les impressions sensuelles et terrestres qui viennent sans cesse nous en distraire, et en troubler ici-bas la douceur. Mais la plupart des hommes, agités de passions continuelles, connaissent peu cet état, et ne l'ayant goûté qu'imparfaitement durant peu d'instants, n'en conservent qu'une idée obscure et confuse, qui ne leur en fait pas sentir le charme. Il ne serait pas même bon, dans la présente constitution des choses, qu'avides de ces douces extases ils s'y dégoûtassent de la vie active dont leurs besoins, toujours renaissants, leur prescrivent le devoir. Mais un infortuné qu'on a retranché de la société humaine, et qui ne peut plus rien faire ici-bas d'utile et de bon pour autrui ni pour soi, peut trouver, dans cet état, à toutes les félicités humaines des dédommagements que la fortune et les hommes ne lui sauraient ôter.

Il est vrai que ces dédommagements ne peuvent être sentis par toutes les âmes, ni dans toutes les situations. Il faut que le cœur soit en paix, et qu'aucune passion n'en vienne troubler le calme. Il faut des dispositions de la part de celui qui les éprouve; il en faut dans le concours des objets environnants. Il n'y faut ni un repos absolu, ni trop d'agitation, mais un mouvement uniforme et modéré, qui n'ait ni secousses ni intervalles. Sans mouvement, la vie n'est qu'une léthargie. Si le mouvement est inégal ou trop fort, il réveille; en nous rappelant aux objets environnants, il détruit le charme de la rêverie, et nous arrache d'au-dedans de nous, pour nous remettre à l'instant sous le joug de la fortune et des hommes, et nous rendre au sentiment de nos malheurs. Un silence absolu porte à la tristesse; il offre une image de la mort : alors le secours d'une imagination riante est nécessaire, et se présente assez naturellement à ceux que le ciel en a gratifiés. Le mouvement qui ne vient pas de dehors se fait au dedans de nous. Le repos est moindre, il est vrai, mais il est aussi plus agréable, quand de légères et douces idées, sans agiter le fond de l'âme, ne font, pour ainsi dire, qu'en effleurer la surface. Il n'en faut qu'assez pour se souvenir de soi-même en oubliant tous ses maux. Cette espèce de rêverie peut se goûter partout où l'on peut être tranquille, et j'ai souvent pensé qu'à la Bastille, et même dans un cachot où nul objet n'eût frappé ma vue, j'aurais encore pu rêver agréablement.

Mais il faut avouer que cela se faisait bien mieux et plus agréablement dans une île fertile et solitaire, naturellement circonscrite et séparée du reste du monde, où rien ne m'offrait que des images riantes, où rien ne me rappelait des souvenirs attristants, où la société du petit nombre d'habitants était liante et douce, sans être intéressante au point de m'occuper incessamment, où je pouvais enfin me livrer tout le jour, sans obstacle et sans soins, aux occupations de

mon goût ou à la plus molle oisiveté. L'occasion, sans doute, était belle pour un rêveur, qui, sachant se nourrir d'agréables chimères au milieu des objets les plus déplaisants, pouvait s'en rassasier à son aise en y faisant concourir tout ce qui frappait réellement ses sens.

En sortant d'une longue et douce rêverie, me voyant entouré de verdure, de fleurs, d'oiseaux, et laissant errer mes yeux au loin sur les romanesques rivages qui bordaient une vaste étendue d'eau claire et cristalline, j'assimilais à mes fictions tous ces aimables objets; et, me trouvant enfin ramené par degrés à moi-même et à ce qui m'entourait, je ne pouvais marquer le point de séparation des fictions aux réalités, tant tout concourait également à me rendre chère la vie recueillie et solitaire que je menais dans ce beau séjour! Que ne peut-elle renaître encore! que ne puis-je aller finir mes jours dans cette île chérie, sans en ressortir jamais, ni jamais y revoir aucun habitant du continent qui me rappelât le souvenir des calamités de toute espèce qu'ils se plaisent à rassembler sur moi depuis tant d'années! Ils seraient bientôt oubliés pour jamais : sans doute, ils ne m'oublieraient pas de même; mais que m'importerait, pourvu qu'ils n'eussent aucun accès pour y venir troubler mon repos? Délivrée de toutes les passions terrestres qu'engendre le tumulte de la vie sociale, mon âme s'élancerait fréquemment au-dessus de cette atmosphère, et commercerait d'avance avec les intelligences célestes, dont elle espère aller augmenter le nombre dans peu de temps. Les hommes se garderont, je le sais, de me rendre un si doux asile, où ils n'ont pas voulu me laisser. Mais ils ne m'empêcheront pas, du moins, de m'y transporter chaque jour sur les ailes de l'imagination, et d'y goûter durant quelques heures le même plaisir que si je l'habitais encore. Ce que j'y ferais de plus doux serait d'y rêver à mon aise. En rêvant que j'y suis, ne fais-je pas la même chose? Je fais même plus : à l'attrait d'une rêverie abstraite et monotone, je joins des images charmantes qui la vivifiaient. Leurs objets échappaient souvent à mes sens dans mes extases; et maintenant, plus ma rêverie est profonde, plus elle me les peint vivement. Je suis souvent plus au milieu d'eux, et plus agréablement encore, que quand j'y étais réellement. Le malheur est qu'à mesure que l'imagination s'attiédit, cela vient avec plus de peine, et ne dure pas si longtemps. Hélas! c'est quand on commence à quitter sa dépouille qu'on en est le plus offusqué!

SIXIÈME PROMENADE.

Nous n'avons guère de mouvement machinal dont nous ne puissions trouver la cause dans notre cœur si nous savions bien l'y chercher.

Hier, en passant sur le nouveau boulevard, pour aller herboriser le long de la Bièvre, du côté de Gentilly, je fis le crochet à droite en approchant de la barrière d'Enfer; et m'écartant dans la campagne, j'allai, par la route de Fontainebleau, gagner les hauteurs qui bordent cette petite rivière. Cette marche était fort indifférente en elle-même; mais en me rappelant que j'avais fait plusieurs fois machinalement le même détour, j'en cherchai la cause en moi-même, et je ne pus m'empêcher de rire quand je vins à la démêler.

Dans le coin du boulevard, à la sortie de la barrière d'Enfer, s'établit journellement, en été, une femme qui vend du fruit, de la tisane et des petits pains. Cette femme a un petit garçon fort gentil, mais boiteux, qui, clopinant avec ses béquilles, s'en va d'assez bonne grâce demandant l'aumône aux passants. J'avais fait une espèce de connaissance avec ce petit bonhomme; il ne manquait pas, chaque fois que je passais, de venir me faire son petit compliment, toujours suivi de ma petite offrande. Les premières fois, je fus charmé de le voir, je lui donnais de très bon cœur, et je continuai quelque temps de le faire avec le même plaisir, y joignant même le plus souvent celui d'exciter et d'écouter son petit babil, que je trouvais agréable. Ce plaisir, devenu par degrés habitude, se trouva, je ne sais comment, transformé dans une espèce de devoir dont je sentis bientôt la gêne,

surtout à cause de la harangue préliminaire qu'il fallait écouter, et dans laquelle il ne manquait jamais de m'appeler souvent M. Rousseau, pour montrer qu'il me connaissait bien : ce qui m'apprenait assez au contraire qu'il ne me connaissait pas plus que ceux qui l'avaient instruit. Dès lors, je passais par là moins volontiers, et enfin je pris machinalement l'habitude de faire le plus souvent un détour quand j'approchais de cette traverse.

Voilà ce que je découvris en y réfléchissant, car rien de tout cela ne s'était offert jusque alors distinctement à ma pensée. Cette observation m'en a rappelé successivement des multitudes d'autres, qui m'ont bien confirmé que les vrais et premiers motifs de la plupart de mes actions ne me sont pas aussi clairs à moi-même que je me l'étais longtemps figuré : je sais et je sens que faire du bien est le plus vrai bonheur que le cœur humain puisse goûter; mais il y a longtemps que ce bonheur a été mis hors de ma portée, et ce n'est pas dans un aussi misérable sort que le mien qu'on peut espérer de placer avec joie et avec fruit une seule action réellement bonne. Le plus grand soin de ceux qui règlent ma destinée ayant été que tout ne fût pour moi que fausse et trompeuse apparence, un motif de vertu n'est jamais qu'un leurre qu'on me présente pour m'attirer dans le piège où l'on veut m'enlacer. Je sais cela; je sais que le seul bien qui soit désormais en ma puissance est de m'abstenir d'agir, de peur de mal faire sans le vouloir et sans le savoir.

Mais il fut des temps plus heureux où, suivant les mouvements de mon cœur, je pouvais quelquefois rendre un autre cœur content, et je me dois l'honorable témoignage que, chaque fois que j'ai pu goûter ce plaisir, je l'ai trouvé plus doux qu'aucun autre : ce penchant fut vif, vrai, pur ; et rien, dans mon plus secret intérieur, ne l'a jamais démenti. Cependant, j'ai senti souvent le poids de mes propres bienfaits par la chaîne des devoirs qu'ils entraînaient à leur suite : alors le plaisir a disparu, et je n'ai plus trouvé, dans la continuation des mêmes soins qui m'avaient d'abord charmé, qu'une gêne presque insupportable. Durant mes courtes prospérités, beaucoup de gens recouraient à moi, et jamais, dans tous les services que je pus leur rendre, aucun d'eux ne fut éconduit. Mais, de ces premiers bienfaits, versés avec effusion de cœur, naissaient des chaînes d'engagements successifs que je n'avais pas prévus et dont je ne pouvais plus secouer le joug : mes premiers services n'étaient, aux yeux de ceux qui les recevaient, que les arrhes de ceux qui les doivent suivre ; et, dès que quelque infortuné avait jeté sur moi le grappin d'un bienfait reçu, c'en était fait désormais, et ce premier bienfait, libre et volontaire, devenait un droit indéfini à tous ceux dont il pouvait avoir besoin dans la suite, sans que l'impuissance même suffît pour m'en affranchir. Voilà comment des jouissances très douces se transformaient pour moi, dans la suite, en d'onéreux assujettissements.

Ces chaînes cependant ne me parurent pas très pesantes, tant qu'ignoré du public, je vécus dans l'obscurité; mais quand une fois ma personne fut affichée par mes écrits, faute grave sans doute, mais plus qu'expiée par mes malheurs, dès lors je devins le bureau général d'adresse de tous les souffreteux ou soi-disant tels, de tous les aventuriers qui cherchaient des dupes, de tous ceux qui, sous prétexte du grand crédit qu'ils feignaient m'attribuer, voulaient s'emparer de moi de manière ou d'autre. C'est alors que j'eus lieu de connaître que tous les penchants de la nature, sans excepter la bienfaisance elle-même, portés ou suivis dans la société sans prudence et sans choix, changent de nature, et deviennent souvent aussi nuisibles qu'ils étaient utiles dans leur première direction. Tant de cruelles expériences changèrent peu à peu mes premières dispositions, ou plutôt, les renfermant enfin dans leurs véritables bornes, elles m'apprirent à suivre moins aveuglément mon penchant à bien faire, lorsqu'il ne servait qu'à favoriser la méchanceté d'autrui.

Mais je n'ai point regret à ces mêmes expériences, puisqu'elles m'ont procuré, par la réflexion, de nouvelles lumières sur la connaissance de moi-même et sur les vrais motifs de ma conduite en mille circonstances sur lesquelles je me suis si souvent fait illusion : j'ai vu que, pour bien faire avec plaisir, il fallait que j'agisse

librement, sans crainte, et que, pour m'ôter toute la douceur d'une bonne œuvre, il suffisait qu'elle devînt un devoir pour moi. Dès lors, le poids de l'obligation me fait un fardeau des plus douces jouissances; et, comme je l'ai dit dans l'*Emile*, à ce que je crois, j'eusse été chez les Turcs un mauvais mari à l'heure où le cri public les appelle à remplir les devoirs de leur état.

Voilà ce qui modifie beaucoup l'opinion que j'eus longtemps de ma propre vertu, car il n'y en a point à suivre ses penchants, et à se donner, quand ils nous y portent, le plaisir de bien faire : mais elle consiste à les vaincre quand le devoir le commande pour faire ce qu'il nous prescrit, et voilà ce que j'ai su moins faire qu'homme du monde. Né sensible et bon, portant la pitié jusqu'à la faiblesse, et me sentant exalter l'âme par tout ce qui tient à la générosité, je fus humain, bienfaisant, secourable, par goût, par passion même, tant qu'on n'intéressa que mon cœur; j'eusse été le meilleur et le plus clément des hommes, si j'en avais été le plus puissant; et pour éteindre en moi tout désir de vengeance, il m'eût suffi de pouvoir me venger. J'aurais même été juste sans peine contre mon propre intérêt; mais contre celui des personnes qui m'étaient chères, je n'aurais pu me résoudre à l'être. Dès que mon devoir et mon cœur étaient en contradiction, le premier eut rarement la victoire, à moins qu'il ne fallût seulement que m'abstenir : alors j'étais fort le plus souvent; mais agir contre mon penchant me fut toujours impossible. Que ce soient les hommes, le devoir, ou même la nécessité qui commandent, quand mon cœur se tait, ma volonté reste sourde, et je ne saurais obéir : je vois le mal qui me menace, et je le laisse arriver plutôt que de m'agiter pour le prévenir. Je commence quelquefois avec effort; mais cet effort me lasse et m'épuise bien vite : je ne saurais continuer. En toute chose imaginable, ce que je ne fais pas avec plaisir m'est bientôt impossible à faire.

Il y a plus : la contrainte, d'accord avec mon désir, suffit pour l'anéantir et le changer en répugnance, en aversion même, pour peu qu'elle agisse trop fortement; et voilà ce qui me rend pénible la bonne œuvre qu'on exige, et que je faisais de moi-même lorsqu'on ne l'exigeait pas. Un bienfait purement gratuit est certainement une œuvre que j'aime à faire; mais quand celui qui l'a reçu s'en fait un titre pour en exiger la continuation sous peine de sa haine, quand il me fait une loi d'être à jamais son bienfaiteur, pour avoir d'abord pris plaisir à l'être, dès lors la gêne commence, et le plaisir s'évanouit. Ce que je fais alors quand je cède est faiblesse et mauvaise honte; mais la bonne volonté n'y est plus; et, loin que je m'en applaudisse en moi-même, je me reproche en ma conscience de bien faire à contre-cœur.

Je sais qu'il y a une espèce de contrat, et même le plus saint de tous, entre le bienfaiteur et l'obligé : c'est une sorte de société qu'ils forment l'un avec l'autre, plus étroite que celle qui unit les hommes en général; et si l'obligé s'engage tacitement à la reconnaissance, le bienfaiteur s'engage de même à conserver à l'autre, tant qu'il ne s'en rendra pas indigne, la même bonne volonté qu'il vient de lui témoigner, et à lui en renouveler les actes toutes les fois qu'il le pourra et qu'il en sera requis. Ce ne sont pas là des conditions expresses, mais ce sont des effets naturels de la relation qui vient de s'établir entre eux. Celui qui, la première fois, refuse un service gratuit qu'on lui demande, ne donne aucun droit de se plaindre à celui qu'il a refusé; mais celui qui, dans un cas semblable, refuse au même la même grâce qu'il lui accorda ci-devant, frustre une espérance qu'il l'a autorisé à concevoir; il trompe et dément une attente qu'il a fait naître. On sent dans ce refus je ne sais quoi d'injuste et de plus dur que dans l'autre; mais il n'en est pas moins l'effet d'une indépendance que le cœur aime, et à laquelle il ne renonce pas sans effort. Quand je paie une dette, c'est un devoir que je remplis; quand je fais un don, c'est un plaisir que je me donne. Or, le plaisir de remplir ses devoirs est de ceux que la seule habitude de la vertu fait naître : ceux qui nous viennent immédiatement de la nature ne s'élèvent pas si haut que cela.

Après tant de tristes expériences, j'ai appris à prévoir de loin les conséquences de mes premiers mouvements suivis, et je me suis souvent abstenu d'une bonne œuvre que j'avais le désir et le pouvoir de faire, effrayé de l'assujettissement

auquel dans la suite je m'allais soumettre, si je m'y livrais inconsidérément. Je n'ai pas toujours senti cette crainte : au contraire, dans ma jeunesse je m'attachais par mes propres bienfaits, et j'ai souvent éprouvé de même que ceux que j'obligeais s'affectionnaient à moi par reconnaissance encore plus que par intérêt. Mais les choses ont bien changé de face à cet égard comme à tout autre, aussitôt que mes malheurs ont commencé : j'ai vécu, dès lors, dans une génération nouvelle qui ne ressemblait point à la première, et mes propres sentiments pour les autres ont souffert des changements que j'ai trouvés dans les leurs. Les mêmes gens que j'ai vus successivement dans ces deux générations si différentes se sont, pour ainsi dire, assimilés successivement à l'une et à l'autre : de vrais et francs qu'ils étaient d'abord, devenus ce qu'ils sont, ils ont fait comme tous les autres; et, par cela seul que les temps sont changés, les hommes ont changé comme eux. Eh! comment pourrais-je garder les mêmes sentiments pour ceux en qui je trouve le contraire de ce qui les fit naître ! Je ne les hais point, parce que je ne saurais haïr; mais je ne puis me défendre du mépris qu'ils méritent, ni m'abstenir de le leur témoigner.

Peut-être, sans m'en apercevoir, ai-je changé moi-même plus qu'il n'aurait fallu : quel naturel résisterait sans s'altérer à une situation pareille à la mienne? Convaincu par vingt ans d'expérience que tout ce que la nature a mis d'heureuses dispositions dans mon cœur est tourné, par ma destinée et par ceux qui en disposent, au préjudice de moi-même ou d'autrui, je ne puis plus regarder une bonne œuvre qu'on me présente à faire que comme un piège qu'on me tend, et sous lequel est caché quelque mal. Je sais que, quel que soit l'effet de l'œuvre, je n'en aurai pas moins le mérite de ma bonne intention : oui, ce mérite y est toujours, sans doute; mais le charme intérieur n'y est plus, et, sitôt que ce stimulant me manque, je ne sens qu'indifférence et glace au dedans de moi, et, sûr qu'au lieu de faire une action vraiment utile je ne fais qu'un acte de dupe, l'indignation de l'amour-propre, jointe au désaveu de la raison, ne m'inspire que répugnance et résistance, où j'eusse été plein d'ardeur et de zèle dans mon état naturel.

Il est des sortes d'adversités qui élèvent et renforcent l'âme, mais il en est qui l'abattent et la tuent : telle est celle dont je suis la proie. Pour peu qu'il y eût eu quelque mauvais levain dans la mienne, elle l'eût fait fermenter à l'excès, elle m'eût rendu frénétique; mais elle ne m'a rendu que nul. Hors d'état de bien faire et pour moi-même et pour autrui, je m'abstiens d'agir; et cet état, qui n'est innocent que parce qu'il est forcé, me fait trouver une sorte de douceur à me livrer pleinement sans reproche à mon penchant naturel. Je vais trop loin, sans doute, puisque j'évite les occasions d'agir, même où je ne vois que du bien à faire; mais, certain qu'on ne me laisse pas voir les choses comme elles sont, je m'abstiens de juger sur les apparences qu'on leur donne; et, de quelque leurre qu'on couvre les motifs d'agir, il suffit que ces motifs soient laissés à ma portée pour que je sois sûr qu'ils sont trompeurs.

Ma destinée semble avoir tendu, dès mon enfance, le premier piège qui m'a rendu longtemps si facile à tomber dans tous les autres : je suis né le plus confiant des hommes, et, durant quarante ans entiers, jamais cette confiance ne fut trompée une seule fois. Tombé tout d'un coup dans un autre ordre de gens et de choses, j'ai donné dans mille embûches sans jamais en apercevoir aucune; et vingt ans d'expérience ont à peine suffi pour m'éclairer sur mon sort. Une fois convaincu qu'il n'y a que mensonge et fausseté dans les démonstrations grimacières qu'on me prodigue, j'ai passé rapidement à l'autre extrémité; car, quand on est une fois sorti de son naturel, il n'y a plus de bornes qui nous retiennent. Dès lors, je me suis dégoûté des hommes, et ma volonté, concourant avec la leur à cet égard, me tient encore plus éloigné d'eux que ne font toutes leurs machines.

Ils ont beau faire, cette répugnance ne peut jamais aller jusqu'à l'aversion : en pensant à la dépendance où ils se sont mis de moi pour me tenir dans la leur, ils me font une pitié réelle; si je ne suis malheureux, ils le sont eux-mêmes, et chaque fois que je rentre en moi, je les trouve toujours à plaindre. L'orgueil,

peut-être, se mêle encore à ces jugements; je me sens trop au-dessus d'eux pour les haïr : ils peuvent m'intéresser tout au plus jusqu'au mépris, mais jamais jusqu'à la haine ; enfin, je m'aime trop moi-même pour pouvoir haïr qui que ce soit. Ce serait resserrer, comprimer mon existence, et je voudrais plutôt l'étendre sur tout l'univers.

J'aime mieux les fuir que les haïr : leur aspect frappe mes sens et, par eux, mon cœur d'impressions que mille regards cruels me rendent pénibles ; mais le malaise cesse aussitôt que l'objet qui le cause a disparu. Je m'occupe d'eux, et bien malgré moi, par leur présence, mais jamais par leur souvenir : quand je ne les vois plus, ils sont pour moi comme s'ils n'existaient point.

Ils ne me sont même indifférents qu'en ce qui se rapporte à moi ; car, dans leurs rapports entre eux, ils peuvent encore m'intéresser et m'émouvoir comme les personnages d'un drame que je verrais représenter. Il faudrait que mon état moral fût anéanti, pour que la justice me devînt indifférente : le spectacle de l'injustice et de la méchanceté me fait encore bouillir le sang de colère ; les actes de vertu, où je ne vois ni forfanterie ni ostentation, me font toujours tressaillir de joie, et m'arrachent encore de douces larmes. Mais il faut que je les voie et les apprécie moi-même ; car, après ma propre histoire, il faudrait que je fusse insensé pour adopter, sur quoi que ce fût, le jugement des hommes, et pour croire aucune chose sur la foi d'autrui.

Si ma figure et mes traits étaient aussi parfaitement inconnus aux hommes que le sont mon caractère et mon naturel, je vivrais encore sans peine au milieu d'eux : leur société même pourrait me plaire tant que je leur serais parfaitement étranger ; livré sans contrainte à mes inclinations naturelles, je les aimerais encore s'ils ne s'occupaient jamais de moi. J'exercerais sur eux une bienveillance universelle et parfaitement désintéressée ; mais sans former jamais d'attachement particulier, et sans porter le joug d'aucun devoir, je ferais envers eux, librement et de moi-même, tout ce qu'ils ont tant de peine à faire, incités par leur amour-propre et contraints par toutes leurs lois.

Si j'étais resté libre, obscur, isolé, comme j'étais fait pour l'être, je n'aurais fait que du bien, car je n'ai dans le cœur le germe d'aucune passion nuisible ; si j'eusse été invisible et tout-puissant comme Dieu, j'aurais été bienfaisant et bon comme lui. C'est la force et la liberté qui font les excellents hommes : la faiblesse et l'esclavage n'ont jamais fait que des méchants. Si j'eusse été possesseur de l'anneau de Gygès, il m'eût tiré de la dépendance des hommes et les eût mis dans la mienne. Je me suis souvent demandé, dans mes châteaux en Espagne, quel usage j'aurais fait de cet anneau ; car c'est bien là que la tentation d'abuser doit être près du pouvoir : maître de contenter mes désirs, pouvant tout, sans pouvoir être trompé par personne, qu'aurais-je pu désirer avec quelque suite ? Une seule chose : c'eût été de voir tous les cœurs contents ; l'aspect de la félicité publique eût pu seul toucher mon cœur d'un sentiment permanent, et l'ardent désir d'y concourir eût été ma plus constante passion. Toujours juste sans partialité, et toujours bon sans faiblesse, je me serais également garanti des méfiances aveugles et des haines implacables, parce que, voyant les hommes tels qu'ils sont, et lisant aisément au fond de leurs cœurs, j'en aurais peu trouvé d'assez aimables pour mériter toutes mes affections ; peu d'assez odieux pour mériter toute ma haine, et que leur méchanceté même m'eût disposé à les plaindre, par la connaissance certaine du mal qu'ils se font à eux-mêmes en voulant en faire à autrui. Peut-être aurais-je eu, dans des moments de gaîté, l'enfantillage d'opérer quelquefois des prodiges ; mais parfaitement désintéressé pour moi-même, et n'ayant pour loi que mes inclinations naturelles, sur quelque acte de justice sévère j'en aurais fait mille de clémence et d'équité. Ministre de la Providence et dispensateur de ses lois, selon mon pouvoir, j'aurais fait des miracles plus sages et plus utiles que ceux de la légende dorée et du tombeau de saint Médard.

Il n'y a qu'un seul point sur lequel la faculté de pénétrer partout invisible m'eût pu faire chercher des tentations auxquelles j'aurais mal résisté ; et, une

fois entré dans ces voies d'égarement, où n'eussé-je point été conduit par elles? Ce serait bien mal connaître la nature et moi-même que de me flatter que ces facilités ne m'auraient point séduit, ou que la raison m'aurait arrêté dans cette fatale pente : sûr de moi sur tout autre article, j'étais perdu par celui-là seul. Celui que sa puissance met au-dessus de l'homme doit être au-dessus des faiblesses de l'humanité, sans quoi cet excès de force ne servira qu'à le mettre en effet au-dessous des autres et de ce qu'il eût été lui-même s'il fût resté leur égal.

Tout bien considéré, je crois que je ferai mieux de jeter mon anneau magique avant qu'il m'ait fait faire quelque sottise. Si les hommes s'obstinent à me voir tout autre que je ne suis, et que mon aspect irrite leur injustice, pour leur ôter cette vue il faut les fuir, mais non pas m'éclipser au milieu d'eux : c'est à eux de se cacher devant moi, de me dérober leurs manœuvres, de fuir la lumière du jour, de s'enfoncer en terre comme des taupes. Pour moi, qu'ils me voient s'ils peuvent, tant mieux ; mais cela leur est impossible : ils ne verront jamais à ma place que le Jean-Jacques qu'ils se sont fait, et qu'ils ont fait selon leur cœur pour le haïr à leur aise. J'aurais donc tort de m'affecter de la façon dont ils me voient : je n'y dois prendre aucun intérêt véritable, car ce n'est pas moi qu'ils voient ainsi.

Le résultat que je puis tirer de toutes ces réflexions est que je n'ai jamais été vraiment propre à la société civile, où tout est gêne, obligation, devoir, et que mon naturel indépendant me rendit toujours incapable des assujettissements nécessaires à qui veut vivre avec les hommes. Tant que j'agis librement, je suis bon et je ne fais que du bien ; mais sitôt que je sens le joug, soit de la nécessité, soit des hommes, je deviens rebelle ou plutôt rétif : alors je suis nul. Lorsqu'il faut faire le contraire de ma volonté, je ne le fais point, quoi qu'il arrive ; je ne fais pas non plus ma volonté même, parce que je suis faible. Je m'abstiens d'agir; car toute ma faiblesse est pour l'action, toute ma force est négative, et tous mes péchés sont d'omission, rarement de commission. Je n'ai jamais cru que la liberté de l'homme consistât à faire ce qu'il veut, mais bien à ne jamais faire ce qu'il ne veut pas, et voilà celle que j'ai toujours réclamée, souvent conservée, et par qui j'ai été le plus en scandale à mes contemporains ; car pour eux, actifs, remuants, ambitieux, détestant la liberté dans les autres et n'en voulant point pour eux-mêmes, pourvu qu'ils fassent quelquefois leur volonté, ou plutôt qu'ils dominent celle d'autrui, ils se gênent toute leur vie à faire ce qui leur répugne, et n'omettent rien de servile pour commander. Leur tort n'a donc pas été de m'écarter de la société comme un membre inutile, mais de m'en proscrire comme un membre pernicieux ; car j'ai très peu fait de bien, je l'avoue, mais pour du mal, il n'en est entré dans ma volonté de ma vie, et je doute qu'il y ait aucun homme au monde qui en ait réellement moins fait que moi.

SEPTIÈME PROMENADE.

Le recueil de mes longs rêves est à peine commencé, et déjà je sens qu'il touche à sa fin. Un autre amusement lui succède, m'absorbe, et m'ôte même le temps de rêver : je m'y livre avec un engouement qui tient de l'extravagance, et qui me fait rire moi-même quand j'y réfléchis ; mais je ne m'y livre pas moins, parce que, dans la situation où me voilà, je n'ai plus d'autre règle de conduite que de suivre en tout mon penchant sans contrainte. Je ne peux rien à mon sort ; je n'ai que des inclinations innocentes : et tous les jugements des hommes étant désormais nuls pour moi, la sagesse même veut qu'en ce qui reste à ma portée je fasse tout ce qui me flatte, soit en public, soit à part moi, sans autre règle que ma fantaisie, et sans autre mesure que le peu de force qui m'est resté. Me voilà donc à mon foin pour toute nourriture, et à la botanique pour toute occupation. Déjà vieux, j'en avais pris la première teinture en Suisse, auprès du docteur d'Ivernois, et j'avais herborisé assez heureusement, durant mes voyages,

pour prendre une connaissance passable du règne végétal ; mais, devenu plus que sexagénaire, et sédentaire à Paris, les forces commençant à me manquer pour les grandes herborisations, et d'ailleurs assez livré à ma copie de musique pour n'avoir pas besoin d'autre occupation, j'avais abandonné cet amusement, qui ne m'était plus nécessaire : j'avais vendu mon herbier, j'avais vendu mes livres, content de revoir quelquefois les plantes communes que je trouvais autour de Paris, dans mes promenades. Durant cet intervalle, le peu que je savais s'est presque entièrement effacé de ma mémoire, et bien plus rapidement qu'il ne s'y était gravé.

Tout d'un coup, âgé de soixante-cinq ans passés, privé du peu de mémoire que j'avais, et des forces qui me restaient pour courir la campagne, sans guide, sans livres, sans jardin, sans herbier, me voilà repris de cette folie, mais avec plus d'ardeur encore que je n'en eus en m'y livrant la première fois : me voilà sérieusement occupé du sage projet d'apprendre par cœur tout le *Regnum regetabile* de Murray, et de connaître toutes les plantes connues sur la terre. Hors d'état de racheter des livres de botanique, je me suis mis en devoir de transcrire ceux qu'on m'a prêtés ; et, résolu de refaire un herbier plus riche que le premier, en attendant que j'y mette toutes les plantes de la mer et des Alpes, et de tous les arbres des Indes, je commence toujours à bon compte par le mouron, le cerfeuil, la bourrache et le seneçon : j'herborise savamment sur la cage de mes oiseaux ; et, à chaque nouveau brin d'herbe que je rencontre, je me dis avec satisfaction : Voilà toujours une plante de plus.

Je ne cherche pas à justifier le parti que je prends de suivre cette fantaisie ; je la trouve très raisonnable, persuadé que, dans la position où je suis, me livrer aux amusements qui me flattent est une grande sagesse, et même une grande vertu : c'est le moyen de ne laisser germer dans mon cœur aucun levain de vengeance ou de haine ; et, pour trouver encore dans ma destinée du goût à quelque amusement, il faut assurément avoir un naturel bien épuré de toutes passions irascibles. C'est me venger de mes persécuteurs à ma manière : je ne saurais les punir plus cruellement que d'être heureux malgré eux.

Oui, sans doute, la raison me permet, me prescrit même, de me livrer à tout penchant qui m'attire, et que rien ne m'empêche de suivre ; mais elle ne m'apprend pas pourquoi ce penchant m'attire, et quel attrait je puis trouver à une étude faite sans profit, sans progrès, et qui, vieux, radoteur, déjà caduc et pesant, sans facilité, sans mémoire, me ramène aux exercices de la jeunesse et aux leçons d'un écolier : or, c'est une bizarrerie que je voudrais m'expliquer. Il me semble que, bien éclaircie, elle pourrait jeter quelque nouveau jour sur cette connaissance de moi-même, à l'acquisition de laquelle j'ai consacré mes derniers loisirs.

J'ai pensé quelquefois assez profondément, mais rarement avec plaisir, presque toujours contre mon gré et comme par force. La rêverie me délasse et m'amuse, la réflexion me fatigue et m'attriste. Penser fut toujours pour moi une occupation pénible et sans charme. Quelquefois mes rêveries finissent par la méditation, mais plus souvent mes méditations finissent par la rêverie ; et, durant ces égarements, mon âme erre et plane dans l'univers, sur les ailes de l'imagination, dans des extases qui passent toute autre jouissance.

Tant que je goûtai celle-là dans toute sa pureté, toute autre occupation me fut toujours insipide ; mais quand une fois, jeté dans la carrière littéraire par des impulsions étrangères, je sentis la fatigue du travail d'esprit, et l'importunité d'une célébrité malheureuse, je sentis en même temps languir et s'attiédir mes douces rêveries ; et bientôt, forcé de m'occuper malgré moi de ma triste situation, je ne pus plus retrouver que bien rarement ces chères extases qui, durant cinquante ans, m'avaient tenu lieu de fortune et de gloire, et sans autre dépense que celle du temps, m'avaient rendu, dans l'oisiveté, le plus heureux des mortels.

J'avais même à craindre, dans mes rêveries, que mon imagination, effarouchée par mes malheurs, ne tournât enfin de ce côté son activité, et que le continuel sentiment de mes peines, me resserrant le cœur par degrés, ne m'accablât enfin

de leur poids. Dans cet état, un instinct qui m'est naturel, me faisant fuir toute idée attristante, imposa silence à mon imagination, et, fixant mon attention sur les objets qui m'environnaient, me fit, pour la première fois, détailler le spectacle de la nature, que je n'avais guère contemplé jusque alors qu'en masse et dans son ensemble.

Les arbres, les arbrisseaux, les plantes, sont la parure et le vêtement de la terre. Rien n'est si triste que l'aspect d'une campagne nue et pelée, qui n'étale aux yeux que des pierres, du limon et des sables ; mais, vivifiée par la nature, et revêtue de sa robe de noces, au milieu du cours des eaux et du chant des oiseaux, la terre offre à l'homme, dans l'harmonie des trois règnes, un spectacle plein de vie, d'intérêt et de charmes, le seul spectacle au monde dont ses yeux et son cœur ne se lassent jamais.

Plus un contemplateur a l'âme sensible, plus il se livre aux extases qu'excite en lui cet accord. Une rêverie douce et profonde s'empare alors de ses sens, et il se perd, avec une délicieuse ivresse, dans l'immensité de ce beau système avec lequel il se sent identifié. Alors tous les objets particuliers lui échappent ; il ne voit et ne sent rien que dans le tout. Il faut que quelque circonstance particulière resserre ses idées et circonscrive son imagination, pour qu'il puisse observer par partie cet univers qu'il s'efforçait d'embrasser.

C'est ce qui m'arriva naturellement quand mon cœur, resserré par la détresse, rapprochait et concentrait tous ses mouvements autour de lui pour conserver ce reste de chaleur prêt à s'évaporer et s'éteindre dans l'abattement où je tombais par degrés. J'errais nonchalamment dans les bois et dans les montagnes, n'osant penser de peur d'attiser mes douleurs. Mon imagination, qui se refuse aux objets de peine, laissait mes sens se livrer aux impressions légères, mais douces, des objets environnants. Mes yeux se promenaient sans cesse de l'un à l'autre, et il n'était pas possible que, dans une variété si grande, il ne s'en trouvât qui les fixaient davantage, et les arrêtaient plus longtemps.

Je pris goût à cette récréation des yeux, qui dans l'infortune repose, amuse, distrait l'esprit et suspend le sentiment des peines. La nature des objets aide beaucoup à cette diversion, et la rend plus séduisante. Les odeurs suaves, les vives couleurs, les plus élégantes formes, semblent se disputer à l'envi le droit de fixer notre attention. Il ne faut qu'aimer le plaisir pour se livrer à des sensations si douces ; et si cet effet n'a pas lieu sur tous ceux qui en sont frappés, c'est, dans les uns, faute de sensibilité naturelle, et, dans la plupart, que leur esprit, trop occupé d'autres idées, ne se livre qu'à la dérobée aux objets qui frappent leurs sens.

Une autre chose contribue encore à éloigner du règne végétal l'attention des gens de goût ; c'est l'habitude de ne chercher dans les plantes que des drogues et des remèdes. Théophraste s'y était pris autrement, et l'on peut regarder ce philosophe comme le seul botaniste de l'antiquité : aussi n'est-il presque point connu parmi nous ; mais, grâce à un certain Dioscoride, grand compilateur de recettes, et à ses commentateurs, la médecine s'est tellement emparée des plantes transformées en simples, qu'on n'y voit que ce qu'on n'y voit point, savoir les prétendues vertus qu'il plaît au tiers et au quart de leur attribuer. On ne conçoit pas que l'organisation végétale puisse par elle-même mériter quelque attention ; des gens qui passent leur vie à arranger savamment des coquilles se moquent de la botanique comme d'une étude inutile, quand on n'y joint pas, comme ils disent, celle des propriétés, c'est-à-dire, quand on n'abandonne pas l'observation de la nature, qui ne ment point, et qui ne nous dit rien de tout cela, pour se livrer uniquement à l'autorité des hommes, qui sont menteurs, et qui nous affirment beaucoup de choses qu'il faut croire sur leur parole, fondée elle-même, le plus souvent, sur l'autorité d'autrui. Arrêtez-vous dans une prairie émaillée, à examiner successivement les fleurs dont elle brille ; ceux qui vous verront faire, vous prenant pour un frater, vous demanderont des herbes pour guérir la rogne des enfants, la gale des hommes, ou la morve des chevaux.

Ce dégoûtant préjugé est détruit en partie dans les autres pays, et surtout en

Angleterre, grâce à Linnæus, qui a un peu tiré la botanique des écoles de pharmacie pour la rendre à l'histoire naturelle et aux usages économiques; mais en France, où cette étude a moins pénétré chez les gens du monde, on est resté, sur ce point, tellement barbare, qu'un bel esprit de Paris, voyant à Londres un jardin de curieux, plein d'arbres et de plantes rares, s'écria, pour tout éloge : « Voilà un fort beau jardin d'apothicaire! » A ce compte, le premier apothicaire fut Adam; car il n'est pas aisé d'imaginer un jardin mieux assorti de plantes que celui d'Eden.

Ces idées médicinales ne sont assurément guère propres à rendre agréable l'étude de la botanique; elles flétrissent l'émail des prés, l'éclat des fleurs, dessèchent la fraîcheur des bocages, rendent la verdure et les ombrages insipides et dégoûtants; toutes ces structures charmantes et gracieuses intéressent fort peu quiconque ne veut que piler tout cela dans un mortier, et l'on n'ira pas chercher des guirlandes pour les bergères parmi les herbes pour les lavements.

Toute cette pharmacie ne souillait point mes images champêtres; rien n'en était plus éloigné que des tisanes et des emplâtres. J'ai souvent pensé, en regardant de près les champs, les vergers, les bois; et leurs nombreux habitants, que le règne végétal était un magasin d'aliments donnés par la nature à l'homme et aux animaux; mais jamais il ne m'est venu à l'esprit d'y chercher des drogues et des remèdes. Je ne vois rien, dans ces diverses productions, qui m'indique un pareil usage, et elle nous aurait montré le choix, si elle nous l'avait prescrit, comme elle a fait pour les comestibles. Je sens même que le plaisir que je prends à parcourir les bocages serait empoisonné par le sentiment des infirmités humaines, s'il me laissait penser à la fièvre, à la pierre, à la goutte, et au mal caduc. Du reste, je ne disputerai point aux végétaux les grandes vertus qu'on leur attribue; je dirai seulement qu'en supposant ces vertus réelles, c'est malice pure aux malades de continuer à l'être; car de tant de maladies que les hommes se donnent, il n'y en a pas une seule dont vingt sortes d'herbes ne guérissent radicalement.

Ces tournures d'esprit, qui rapportent toujours tout à notre intérêt matériel, qui font chercher partout du profit ou des remèdes, et qui feraient regarder avec indifférence toute la nature, si l'on se portait toujours bien, n'ont jamais été les miennes. Je me sens là-dessus tout à rebours des autres hommes : tout ce qui tient au sentiment de mes besoins attriste et gâte mes pensées, et jamais je n'ai trouvé de vrais charmes aux plaisirs de l'esprit, qu'en perdant tout-à-fait de vue l'intérêt de mon corps. Ainsi, quand même je croirais à la médecine, et quand même ces remèdes seraient agréables, je ne trouverais jamais, à m'en occuper, ces délices que donne une contemplation pure et désintéressée; et mon âme ne saurait s'exalter et planer sur la nature, tant que je la sens tenir aux liens de mon corps. D'ailleurs, sans avoir eu jamais grande confiance à la médecine, j'en ai eu beaucoup à des médecins que j'estimais, que j'aimais, et à qui je laissais gouverner ma carcasse avec pleine autorité. Quinze ans d'expérience m'ont instruit à mes dépens; rentré maintenant sous les seules lois de la nature, j'ai repris par elle ma première santé. Quand les médecins n'auraient point contre moi d'autres griefs, qui pourrait s'étonner de leur haine? Je suis la preuve vivante de la vanité de leur art, et de l'inutilité de leurs soins.

Non, rien de personnel, rien qui tienne à l'intérêt de mon corps ne peut occuper vraiment mon âme. Je ne médite, je ne rêve jamais plus délicieusement que quand je m'oublie moi-même. Je sens des extases, des ravissements inexprimables, à me fondre, pour ainsi dire, dans le système des êtres, à m'identifier avec la nature entière. Tant que les hommes furent mes frères, je me faisais des projets de félicité terrestre : ces projets étant toujours relatifs au tout, je ne pouvais être heureux que de la félicité publique, et jamais l'idée d'un bonheur particulier n'a touché mon cœur, que quand j'ai vu mes frères ne chercher le leur que dans ma misère. Alors, pour ne les pas haïr, il a bien fallu les fuir; alors, me réfugiant chez la mère commune, j'ai cherché dans ses bras, à me soustraire aux atteintes de ses enfants; je suis devenu solitaire, ou, comme ils

disent, insociable et misanthrope, parce que la plus sauvage solitude me paraît préférable à la société des méchants, qui ne se nourrit que de trahisons et de haine.

Forcé de m'abstenir de penser, de peur de penser à mes malheurs malgré moi ; forcé de contenir les restes d'une imagination riante, mais languissante, que tant d'angoisses pourraient effaroucher à la fin ; forcé de tâcher d'oublier les

Je n'ai ni dépense à faire ni peine à prendre pour errer nonchalamment d'herbe en herbe, de plante en plante, pour les examiner. (Page 147.)

hommes qui m'accablent d'ignominie et d'outrages, de peur que l'indignation ne m'aigrît enfin contre eux, je ne puis cependant me concentrer tout entier en moi-même, parce que mon âme expansive cherche, malgré que j'en aie, à étendre ses sentiments et son existence sur d'autres êtres, et je ne puis plus, comme autrefois, me jeter, tête baissée, dans ce vaste océan de la nature, parce que mes facultés, affaiblies et relâchées, ne trouvent plus d'objets assez déter-

minés, assez fixes; assez à ma portée, pour s'y attacher fortement, et que je ne me sens plus assez de vigueur pour nager dans le chaos de mes anciennes extases. Mes idées ne sont presque plus que des sensations, et la sphère de mon entendement ne passe pas les objets dont je suis immédiatement entouré.

Quelques intervalles que laissait cette sombre enceinte n'offraient au-delà que des roches escarpées à pic, et d'horribles précipices que je n'osais regarder qu'en me couchant sur le ventre.
(Page 148.)

Fuyant les hommes, cherchant la solitude, n'imaginant plus, pensant encore moins, et cependant doué d'un tempérament vif, qui m'éloigne de l'apathie languissante et mélancolique, je commençai de m'occuper de tout ce qui m'entourait, et, par un instinct fort naturel, je donnai la préférence aux objets les plus

agréables. Le règne minéral n'a rien en soi d'aimable et d'attrayant; ses richesses, enfermées dans le sein de la terre, semblent avoir été éloignées des regards des hommes pour ne pas tenter leur cupidité : elles sont là comme en réserve, pour servir un jour de supplément aux véritables richesses qui sont plus à sa portée, et dont il perd le goût à mesure qu'il se corrompt. Alors il faut qu'il appelle l'industrie, la peine et le travail, au secours de ses misères ; il fouille les les entrailles de la terre; il va chercher dans son centre, aux risques de sa vie et aux dépens de sa santé, des biens imaginaires à la place des biens réels qu'elle lui offrait d'elle-même quand il savait en jouir. Il fuit le soleil et le jour, qu'il n'est plus digne de voir; il s'enterre tout vivant, et fait bien, ne méritant plus de vivre à la lumière du jour. Là, des carrières, des gouffres, des forges, des fourneaux, un appareil d'enclumes, de marteaux, de fumée et de feu, succède aux douces images des travaux champêtres. Les visages hâves des malheureux qui languissent dans les infectes vapeurs des mines, de noirs forgerons, de hideux cyclopes, sont le spectacle que l'appareil des mines substitue au sein de la terre, à celui de la verdure et des fleurs, du ciel azuré, des bergers amoureux, et des laboureurs robustes, sur sa surface.

Il est aisé, je l'avoue, d'aller ramassant du sable et des pierres, d'en remplir ses poches et son cabinet, et de se donner avec cela les airs d'un naturaliste : mais ceux qui s'y attachent et se bornent à ces sortes de collections sont, pour l'ordinaire, de riches ignorants qui ne cherchent à cela que le plaisir de l'étalage. Pour profiter dans l'étude des minéraux, il faut être chimiste et physicien; il faut faire des expériences pénibles et coûteuses, travailler dans des laboratoires, dépenser beaucoup d'argent et de temps parmi le charbon, les creusets, les fourneaux, les cornues, dans la fumée et les vapeurs étouffantes, toujours au risque de sa vie, et souvent aux dépens de sa santé. De tout ce triste et fatigant travail résulte pour l'ordinaire beaucoup moins de savoir que d'orgueil; et où est le plus médiocre chimiste qui ne croie pas avoir pénétré toutes les grandes opérations de la nature, pour avoir trouvé, par hasard peut-être, quelques petites combinaisons de l'art?

Le règne animal est plus à notre portée, et certainement mérite encore mieux d'être étudié; mais enfin cette étude n'a-t-elle pas aussi ses difficultés, ses embarras, ses dégoûts et ses peines, surtout pour un solitaire qui n'a, ni dans ses jeux, ni dans ses travaux, d'assistance à espérer de personne ? Comment observer, disséquer, étudier, connaître les oiseaux dans les airs, les poissons dans les eaux, les quadrupèdes plus légers que le vent, plus forts que l'homme, et qui ne sont pas plus disposés à venir s'offrir à mes recherches, que moi de courir après eux pour les y soumettre de force ? J'aurais donc pour ressource des escargots, des vers, des mouches, et je passerais ma vie à me mettre hors d'haleine pour courir après des papillons, à empaler de pauvres insectes, à disséquer des souris quand j'en pourrais prendre, ou les charognes des bêtes que par hasard je trouverais mortes. L'étude des animaux n'est rien sans l'anatomie; c'est par elle qu'on apprend à les classer, à distinguer les genres, les espèces. Pour les étudier par leurs mœurs, par leurs caractères, il faudrait avoir des volières, des viviers, des ménageries; il faudrait les contraindre, en quelque manière que ce pût être, à rester rassemblés autour de moi : je n'ai ni le goût, ni les moyens de les tenir en captivité, ni l'agilité nécessaire pour les suivre dans leurs allures quand ils sont en liberté. Il faudra donc les étudier morts, les déchirer, les désosser, fouiller à loisir dans leurs entrailles palpitantes ! Quel appareil affreux qu'un amphithéâtre anatomique ! des cadavres puants, de baveuses et livides chairs, du sang, des intestins dégoûtants, des squelettes affreux, des vapeurs pestilentielles? Ce n'est pas là, sur ma parole, que Jean-Jacques ira chercher ses amusements.

Brillantes fleurs, émail des prés, ombrages frais, ruisseaux, bosquets, verdure, venez purifier mon imagination salie par tous ces hideux objets ! Mon âme, morte à tous les grands mouvements, ne peut plus s'affecter que par des objets sensibles; je n'ai plus que des sensations, et ce n'est plus que par elles que la peine ou le plaisir peuvent m'atteindre ici-bas. Attiré par les riants objets qui m'en-

tourent, je les considère, je les contemple, je les compare, j'apprends enfin à les classer, et me voilà tout d'un coup aussi botaniste qu'a besoin de l'être celui qui ne veut étudier la nature que pour trouver sans cesse de nouvelles raisons de l'aimer.

Je ne cherche point à m'instruire : il est trop tard. D'ailleurs, je n'ai jamais vu que tant de science contribuât au bonheur de la vie ; mais je cherche à me donner des amusements doux et simples que je puisse goûter sans peine, et qui me distraient de mes malheurs. Je n'ai ni dépense à faire, ni peine à prendre pour errer nonchalamment d'herbe en herbe, de plante en plante, pour les examiner, pour comparer leurs divers caractères, pour marquer leurs rapports et leurs différences, enfin pour observer l'organisation végétale de manière à suivre la marche et le jeu de ces machines vivantes, à chercher quelquefois avec succès leurs lois générales, la raison et la fin de leurs structures diverses, et à me livrer aux charmes de l'admiration reconnaissante pour la main qui me fait jouir de tout cela.

Les plantes semblent avoir été semées avec profusion sur la terre, comme les étoiles dans le ciel, pour inviter l'homme, par l'attrait du plaisir et de la curiosité, à l'étude de la nature : mais les astres sont placés loin de nous ; il faut des connaissances préliminaires, des instruments, des machines, de bien longues échelles pour les atteindre et les rapprocher à notre portée. Les plantes y sont naturellement ; elles naissent sous nos pieds, et dans nos mains, pour ainsi dire ; et si la petitesse de leurs parties essentielles les dérobe quelquefois à la simple vue, les instruments qui les y rendent sont d'un beaucoup plus facile usage que ceux de l'astronomie. La botanique est l'étude d'un oisif et paresseux solitaire : une pointe et une loupe sont tout l'appareil dont il a besoin pour les observer. Il se promène, il erre librement d'un objet à l'autre, il fait la revue de chaque fleur avec intérêt et curiosité ; et, sitôt qu'il commence à saisir les lois de leur structure, il goûte à les observer un plaisir sans peine, aussi vif que s'il lui en coûtait beaucoup. Il y a dans cette oiseuse occupation un charme qu'on ne sent que dans le plein calme des passions, mais qui suffit seul alors pour rendre la vie heureuse et douce ; mais sitôt qu'on y mêle un motif d'intérêt ou de vanité, soit pour remplir des places ou pour faire des livres, sitôt qu'on ne veut apprendre que pour instruire, qu'on n'herborise que pour devenir auteur ou professeur, tout ce doux charme s'évanouit, on ne voit plus dans les plantes que des instruments de nos passions, on ne trouve plus aucun vrai plaisir dans leur étude, on ne veut plus savoir, mais montrer qu'on sait, et dans les bois on n'est que sur le théâtre du monde, occupé du soin de s'y faire admirer ; ou bien, se bornant à la botanique de cabinet et de jardin tout au plus, au lieu d'observer les végétaux dans la nature, on ne s'occupe que de systèmes et de méthodes : matière éternelle de dispute, qui ne fait pas connaître une plante de plus, et ne jette aucune véritable lumière sur l'histoire naturelle et le règne végétal. De là les haines, les jalousies, que la concurrence de célébrité excite chez les botanistes auteurs, autant et plus que chez les autres savants. En dénaturant cette aimable étude, ils la transplantent au milieu des villes et des académies, où elle ne dégénère pas moins que les plantes exotiques dans les jardins des curieux.

Des dispositions bien différentes ont fait pour moi de cette étude une espèce de passion qui remplit le vide de toutes celles que je n'ai plus. Je gravis les rochers, les montagnes, je m'enfonce dans les vallons, dans les bois, pour me dérober, autant qu'il est possible, au souvenir des hommes, et aux atteintes des méchants. Il me semble que, sous les ombrages d'une forêt, je suis oublié, libre, et paisible, comme si je n'avais plus d'ennemis, ou que le feuillage des bois dût me garantir de leurs atteintes, comme il les éloigne de mon souvenir ; et je m'imagine dans ma bêtise qu'en ne pensant point à eux ils ne penseront point à moi. Je trouve une si grande douceur dans cette illusion, que je m'y livrerais tout entier si ma situation, ma faiblesse, et mes besoins me le permettaient. Plus la solitude où je vis alors est profonde, plus il faut que quelque objet en remplisse le vide, et ceux que mon imagination me refuse ou que ma mémoire repousse sont suppléés par

les productions spontanées que la terre non forcée par les hommes offre à mes yeux de toutes parts. Le plaisir d'aller dans un désert chercher de nouvelles plantes couvre celui d'échapper à mes persécuteurs; et, parvenu dans des lieux où je ne vois nulles traces d'hommes, je respire plus à mon aise, comme dans un asile où leur haine ne me poursuit plus.

Je me rappellerai toute ma vie une herborisation que je fis un jour du côté de la Robaila, montagne du justicier Clerc. J'étais seul; je m'enfonçai dans les anfractuosités de la montagne, et, de bois en bois, de roche en roche, je parvins à un réduit si caché que je n'ai vu de ma vie un aspect plus sauvage. De noirs sapins entremêlés de hêtres prodigieux, dont plusieurs tombés de vieillesse et entrelacés les uns dans les autres, fermaient ce réduit de barrières impénétrables; quelques intervalles que laissait cette sombre enceinte n'offraient au-delà que des roches coupées à pic, et d'horribles précipices, que je n'osais regarder qu'en me couchant sur le ventre. Le duc, la chevêche et l'orfaie, faisaient entendre leurs cris dans les fentes de la montagne; quelques petits oiseaux rares, mais familiers, tempéraient cependant l'horreur de cette solitude; là, je trouvai la dentaire *heptaphyllos*, le *cyclamen*, le *nidus avis*, le grand *laserpitium*, et quelques autres plantes qui me charmèrent et m'amusèrent longtemps; mais insensiblement, dominé par la forte impression des objets, j'oubliai la botanique et les plantes, je m'assis sur des oreillers de *lycopodium* et de mousses, et je me mis à rêver plus à mon aise, en pensant que j'étais là dans un refuge ignoré de tout l'univers, où les persécuteurs ne me déterreraient pas. Un mouvement d'orgueil se mêla bientôt à cette rêverie. Je me comparais à ces grands voyageurs qui découvrent une île déserte, et je me disais avec complaisance : Sans doute je suis le premier mortel qui ait pénétré jusqu'ici. Je me regardais presque comme un autre Colomb. Tandis que je me pavanais dans cette idée, j'entendis peu loin de moi un certain cliquetis que je crus reconnaître; j'écoute : le même bruit se répète et se multiplie. Surpris et curieux, je me lève, je perce à travers un fourré de broussailles du côté d'où venait le bruit, et dans une combe, à vingt pas du lieu même où je croyais être parvenu le premier, j'aperçois une manufacture de bas.

Je ne saurais exprimer l'agitation confuse et contradictoire que je sentis dans mon cœur à cette découverte. Mon premier mouvement fut un sentiment de joie de me retrouver parmi des humains où je m'étais cru totalement seul; mais ce mouvement, plus rapide que l'éclair, fit bientôt place à un sentiment douloureux plus durable, comme ne pouvant, dans les antres mêmes des Alpes, échapper aux cruelles mains des hommes acharnés à me tourmenter. Car j'étais bien sûr qu'il n'y avait peut-être pas deux hommes dans cette fabrique qui ne fussent initiés dans le complot dont le prédicant Montmollin s'était fait le chef, et qui tirait de plus loin ses premiers mobiles. Je me hâtai d'écarter cette triste idée, et je finis par rire en moi-même, et de ma vanité puérile, et de la manière comique dont j'en avais été puni.

Mais, en effet, qui jamais eût dû s'attendre à trouver une manufacture dans un précipice! Il n'y a que la Suisse au monde qui présente ce mélange de la nature sauvage et de l'industrie humaine. La Suisse entière n'est, pour ainsi dire, qu'une grande ville, dont les rues, larges et longues plus que celle de Saint-Antoine, sont semées de forêts, coupées de montagnes, et dont les maisons éparses et isolées ne communiquent entre elles que par des jardins anglais. Je me rappelai à ce sujet une autre herborisation que Du Peyrou, d'Escherny, le colonel de Pury, le justicier Clerc, et moi, avions faite il y avait quelque temps sur la montagne de Chasseron, du sommet de laquelle on découvre sept lacs. On nous dit qu'il n'y avait qu'une seule maison sur cette montagne, et nous n'eussions sûrement pas deviné la profession de celui qui l'habitait, si l'on n'eût ajouté que c'était un libraire, et qui même faisait fort bien ses affaires dans le pays (*). Il me semble qu'un seul fait de cette espèce fait mieux connaître la Suisse que toutes les descriptions des voyageurs.

(*) Cette montagne, habitée par un libraire, est celle de *Chasseral*, sur les frontières de Neufchâtel.

En voici un autre de même nature, ou à peu près, qui ne fait pas moins connaître un peuple fort différent. Durant mon séjour à Grenoble, je faisais souvent de petites herborisations hors la ville avec le sieur Bovier, avocat de ce pays-là, non pas qu'il aimât ni sût la botanique, mais parce que, s'étant fait mon garde de la manche, il se faisait, autant que la chose était possible, une loi de ne pas me quitter d'un pas. Un jour nous nous promenions le long de l'Isère, dans un lieu tout plein de saules épineux. Je vis sur ces arbrisseaux des fruits mûrs; j'eus la curiosité d'en goûter, et, leur trouvant une petite acidité très agréable, je me mis à manger de ces grains pour me rafraîchir : le sieur Bovier se tenait à côté de moi sans m'imiter et sans rien dire. Un de ses amis survint, qui, me voyant picorer ces grains, me dit : « Eh ! monsieur, que faites-vous là ? ignorez-vous que ce fruit empoisonne ? — Ce fruit empoisonne ! m'écriai-je tout surpris. — Sans doute, reprit-il, et tout le monde sait si bien cela, que personne dans le pays ne s'avise d'en goûter. — Je regardais le sieur Bovier, et je lui dis : Pourquoi donc ne m'avertissiez-vous pas ? — Ah ! monsieur, me répondit-il d'un ton respectueux, je n'osais pas prendre cette liberté. » Je me mis à rire de cette humilité dauphinoise, en discontinuant néanmoins ma petite collation. J'étais persuadé, comme je le suis encore, que toute production naturelle, agréable au goût, ne peut être nuisible au corps, ou ne l'est du moins que par son excès. Cependant j'avoue que je m'écoutai un peu tout le reste la journée : mais j'en fus quitte pour un peu d'inquiétude; je soupai très bien, dormis mieux, et me levai le matin en parfaite santé, après avoir avalé la veille quinze ou vingt grains de ce terrible *hippophæ*, qui empoisonne à très petite dose, à ce que tout le monde me dit à Grenoble le lendemain. Cette aventure me parut si plaisante, que je ne me la rappelle jamais sans rire de la singulière discrétion de M. l'avocat Bovier (*).

Toutes mes courses de botanique, les diverses impressions du local des objets qui m'ont frappé, les idées qu'il m'a fait naître, les incidents qui s'y sont mêlés, tout cela m'a laissé des impressions qui se renouvellent par l'aspect des plantes herborisées dans ces mêmes lieux. Je ne reverrai plus ces beaux paysages, ces forêts, ces lacs, ces bosquets, ces rochers, ces montagnes, dont l'aspect a toujours touché mon cœur : mais maintenant que je ne peux plus courir ces heureuses contrées, je n'ai qu'à ouvrir mon herbier, et bientôt il m'y transporte. Les fragments des plantes que j'y ai cueillies suffisent pour me rappeler tout ce magnifique spectacle. Cet herbier est pour moi un journal d'herborisations, qui me les fait recommencer avec un nouveau charme, et produit l'effet d'un optique qui les peindrait derechef à mes yeux.

C'est la chaîne des idées accessoires qui m'attache à la botanique, elle rassemble et rappelle à mon imagination toutes les idées qui la flattent davantage; les prés, les eaux, les bois, la solitude, la paix surtout, et le repos qu'on trouve au milieu de tout cela, sont retracés par elle incessamment à ma mémoire. Elle me fait oublier les persécutions des hommes, leur haine, leurs mépris, leurs outrages, et tous les maux dont ils ont payé mon tendre et sincère attachement pour eux. Elle me transporte dans des habitations paisibles, au milieu de gens simples et bons, tels que ceux avec qui j'ai vécu jadis. Elle me rappelle et mon jeune âge, et mes innocents plaisirs, elle m'en fait jouir derechef, et me rend heureux bien souvent encore, au milieu du plus triste sort qu'ait subi jamais un mortel.

HUITIÈME PROMENADE.

En méditant sur les dispositions de mon âme dans toutes les situations de ma vie, je suis extrêmement frappé de voir si peu de proportion entre les diverses

(*) Cet avocat était, malgré tout, un excellent homme, et grand admirateur de Rousseau; il ne faut donc pas voir ici un acte d'*humilité dauphinoise*, c'est-à-dire rusée, selon le sens vulgaire du mot, mais une simple distraction assez étrange : il est prouvé d'ailleurs que le fruit dont il s'agit n'est nullement un poison.

combinaisons de ma destinée, et les sentiments habituels de bien ou mal-être dont elles m'ont affecté. Les divers intervalles de mes courtes prospérités ne m'ont laissé presque aucun souvenir agréable de la manière intime et permanente dont elles m'ont affecté; et, au contraire, dans toutes les misères de ma vie, je me sentais constamment rempli de sentiments tendres, touchants, délicieux, qui, versant un baume salutaire sur les blessures de mon cœur navré, semblaient en convertir la douleur en volupté, et dont l'aimable souvenir me revient seul, dégagé de celui des maux que j'éprouvais en même temps. Il me semble que j'ai plus goûté la douceur de l'existence, que j'ai réellement plus vécu, quand mes sentiments, resserrés, pour ainsi dire, autour de mon cœur par ma destinée, n'allaient point s'évaporant au dehors sur tous les objets de l'estime des hommes qui en méritent si peu par eux-mêmes, et qui font l'unique occupation des gens que l'on croit heureux.

Quand tout était dans l'ordre autour de moi, quand j'étais content de tout ce qui m'entourait, et de la sphère dans laquelle j'avais à vivre, je la remplissais de mes affections. Mon âme expansive s'étendait sur d'autres objets; et toujours attiré loin de moi par des goûts de mille espèces, par des attachements aimables qui sans cesse occupaient mon cœur, je m'oubliais, en quelque façon, moi-même; j'étais tout entier à ce qui m'était étranger, et j'éprouvais, dans la continuelle agitation de mon cœur, toute la vicissitude des choses humaines. Cette vie orageuse ne me laissait ni paix au dedans ni repos au dehors. Heureux en apparence, je n'avais pas un sentiment qui pût soutenir l'épreuve de la réflexion, et dans lequel je pusse vraiment me complaire. Jamais je n'étais parfaitement content ni d'autrui, ni de moi-même. Le tumulte du monde m'étourdissait, la solitude m'ennuyait, j'avais sans cesse besoin de changer de place, et je n'étais bien nulle part. J'étais fêté pourtant, bien voulu, bien reçu, caressé partout; je n'avais pas un ennemi, pas un malveillant, pas un envieux; comme on ne cherchait qu'à m'obliger, j'avais souvent le plaisir d'obliger moi-même beaucoup de monde, et, sans bien, sans emploi, sans fauteurs, sans grands talents bien développés ni bien connus, je jouissais des avantages attachés à tout cela, et je ne voyais personne, dans aucun état, dont le sort me parût préférable au mien. Que me manquait-il donc pour être heureux? Je l'ignore; mais je sais que je ne l'étais pas. Que me manque-t-il aujourd'hui pour être le plus infortuné des mortels? Rien de tout ce que les hommes ont pu mettre du leur pour cela. Hé bien! dans cet état déplorable, je ne changerais pas encore d'être et de destinée contre le plus fortuné d'entre eux, et j'aime encore mieux être moi dans toute ma misère, que d'être aucun de ces gens-là dans toute leur prospérité. Réduit à moi seul, je me nourris, il est vrai, de ma propre substance, mais elle ne s'épuise pas; je me suffis à moi-même, quoique je rumine, pour ainsi dire, à vide, et que mon imagination tarie et mes idées éteintes ne fournissent plus d'aliments à mon cœur. Mon âme, offusquée, obstruée par mes organes, s'affaisse de jour en jour, et, sous le poids de ces lourdes masses, n'a plus assez de vigueur pour s'élancer, comme autrefois, hors de sa vieille enveloppe.

C'est à ce retour sur nous-mêmes que nous force l'adversité; et c'est peut-être là ce qui la rend le plus insupportable à la plupart des hommes. Pour moi, qui ne trouve à me reprocher que des fautes, j'en accuse ma faiblesse, et je me console, car jamais mal prémédité n'approcha de mon cœur.

Cependant, à moins d'être stupide, comment contempler un moment ma situation, sans la voir aussi horrible qu'ils l'ont rendue, et sans périr de douleur et de désespoir? Loin de cela, moi, le plus sensible des êtres, je la contemple et ne m'en émeus pas; et, sans combats, sans efforts sur moi-même, je me vois presque avec indifférence dans un état dont nul autre homme peut-être ne supporterait l'aspect sans effroi.

Comment en suis-je venu là? car j'étais bien loin de cette disposition paisible, au premier soupçon du complot dont j'étais enlacé depuis longtemps sans m'en être aucunement aperçu. Cette découverte nouvelle me bouleversa. L'infamie et la trahison me surprirent au dépourvu. Quelle âme honnête est préparée à de

tels genres de peines? Il faudrait les mériter pour les prévoir. Je tombai dans tous les piéges qu'on creusa sous mes pas. L'indignation, la fureur, le délire, s'emparèrent de moi : je perdis la tramontane. Ma tête se bouleversa, et, dans les ténèbres horribles où l'on n'a cessé de me tenir plongé, je n'aperçus plus ni lueur pour me conduire, ni appui, ni prise où je pusse me tenir ferme, et résister au désespoir qui m'entraînait.

Comment vivre heureux et tranquille dans cet état affreux? J'y suis pourtant encore, et plus enfoncé que jamais, et j'y ai retrouvé le calme et la paix, et j'y vis heureux et tranquille, et j'y ris des incroyables tourments que mes persécuteurs se donnent sans cesse, tandis que je reste en paix, occupé de fleurs, d'étamines et d'enfantillages, et que je ne songe pas même à eux.

Comment s'est fait ce passage? Naturellement, insensiblement et sans peine. La première surprise fut épouvantable. Moi qui me sentais digne d'amour et d'estime, moi qui me croyais honoré, chéri, comme je méritais de l'être, je me vis travesti tout d'un coup en un monstre affreux tel qu'il n'en exista jamais. Je vois toute une génération se précipiter tout entière dans cette étrange opinion, sans explication, sans doute, sans honte, et sans que je puisse parvenir à savoir jamais la cause de cette étrange révolution. Je me débattis avec violence et ne fis que mieux m'enlacer. Je voulus forcer mes persécuteurs à s'expliquer avec moi ; ils n'avaient garde. Après m'être longtemps tourmenté sans succès, il fallut bien prendre haleine. Cependant j'espérais toujours ; je me disais : « Un aveuglement si stupide, une si absurde prévention ne saurait gagner tout le genre humain. Il y a des hommes de sens qui ne partagent pas le délire, il y a des âmes justes qui détestent la fourberie et les traîtres. Cherchons, je trouverai peut-être enfin un homme ; si je le trouve, ils sont confondus. J'ai cherché vainement ; je ne l'ai point trouvé. La ligue est universelle, sans exception, sans retour ; et je suis sûr d'achever mes jours dans cette affreuse proscription, sans jamais en pénétrer le mystère.

C'est dans cet état déplorable, qu'après de longues angoisses, au lieu du désespoir qui semblait devoir être enfin mon partage, j'ai retrouvé la sérénité, la tranquillité, la paix, le bonheur même, puisque chaque jour de ma vie me rappelle avec plaisir celui de la veille, et que je n'en désire point d'autre pour le lendemain.

D'où vient cette différence? D'une seule chose ; c'est que j'ai appris à porter le joug de la nécessité sans murmure. C'est que je m'efforçais de tenir encore à mille choses, et que toutes ces prises m'ayant successivement échappé, réduit à moi seul, j'ai repris enfin mon assiette. Pressé de tous côtés, je demeure en équilibre, parce que je ne m'attache plus à rien : je ne m'appuie que sur moi.

Quand je m'élevais avec tant d'ardeur contre l'opinion, je portais encore son joug sans que je m'en aperçusse. On veut être estimé des gens qu'on estime, et tant que je pus juger avantageusement des hommes, ou du moins de quelques hommes, les jugements qu'ils portaient de moi ne pouvaient m'être indifférents : je voyais que souvent les jugements du public sont équitables ; mais je ne voyais pas que cette équité même était l'effet du hasard, que les règles sur lesquelles les hommes fondent leurs opinions ne sont tirées que de leurs passions ou de leurs préjugés, qui en sont l'ouvrage, et que, lors même qu'ils jugent bien, souvent encore ces bons jugements naissent d'un mauvais principe, comme lorsqu'ils feignent d'honorer en quelques succès le mérite d'un homme, non par esprit de justice, mais pour se donner un air impartial, en calomniant tout à leur aise le même homme sur d'autres points.

Mais quand, après de si longues et vaines recherches, je les vis tous rester sans exception dans le plus inique et absurde système que l'esprit infernal pût inventer ; quand je vis qu'à mon égard la raison était bannie de toutes les têtes et l'équité de tous les cœurs ; quand je vis une génération frénétique se livrer tout entière à l'aveugle fureur de ses guides contre un infortuné qui jamais ne fit, ne voulut, ne rendit de mal à personne ; quand, après avoir vainement cherché un homme, il fallut éteindre enfin ma lanterne et m'écrier, il n'y en a plus :

alors je commençai à me voir seul sur la terre, et je compris que mes contemporains n'étaient, par rapport à moi, que des êtres mécaniques, qui n'agissaient que par impulsion, et dont je ne pouvais calculer l'action que par les lois du mouvement : quelque intention, quelque passion que j'eusse pu supposer dans leurs âmes, elles n'auraient jamais expliqué leur conduite à mon égard d'une façon que je pusse entendre. C'est ainsi que leurs dispositions intérieures cessèrent d'être quelque chose pour moi; je ne vis plus en eux que des masses différemment mues, dépourvues à mon égard de toute moralité.

Dans tous les maux qui nous arrivent, nous regardons plus à l'intention qu'à l'effet : une tuile qui tombe d'un toit peut nous blesser davantage, mais ne nous navre pas tant qu'une pierre lancée à dessein par une main malveillante; le coup porte à faux quelquefois, mais l'intention ne manque jamais son atteinte. La douleur matérielle est ce qu'on sent le moins dans les atteintes de la fortune; et quand les infortunés ne savent à qui s'en prendre de leurs malheurs, ils s'en prennent à la destinée qu'ils personnifient, et à laquelle ils prêtent des yeux et une intelligence pour les tourmenter à dessein. C'est ainsi qu'un joueur, dépité par ses pertes, se met en fureur sans savoir contre qui; il imagine un sort qui s'acharne à dessein contre lui pour le tourmenter, et, trouvant un aliment à sa colère, il s'anime et s'enflamme contre l'ennemi qu'il s'est créé. L'homme sage, qui ne voit, dans tous les malheurs qui lui arrivent, que les coups de l'aveugle nécessité, n'a point ces agitations insensées; il crie dans sa douleur, mais sans emportement, sans colère; il ne sent, du mal dont il est la proie, que l'atteinte matérielle, et les coups qu'il reçoit ont beau blesser sa personne, pas un n'arrive jusqu'à son cœur.

C'est beaucoup d'en être venu là, mais ce n'est pas tout, si l'on s'arrête : c'est bien avoir coupé le mal, mais c'est avoir laissé la racine; car cette racine n'est pas dans les êtres qui nous sont étrangers, elle est en nous-mêmes, et c'est là qu'il faut travailler pour l'arracher tout-à-fait. Voilà ce que je sentis parfaitement dès que je commençai de revenir à moi : ma raison ne me montrant qu'absurdités dans toutes les explications que je cherchais à donner à ce qui m'arrive, je compris que les causes, les instruments, les moyens de tout cela m'étant inconnus et inexplicables, devaient être nuls pour moi; que je devais regarder tous les détails de ma destinée comme autant d'actes d'une pure fatalité, où je ne devais supposer ni direction, ni intention, ni cause morale; qu'il fallait m'y soumettre sans raisonner et sans regimber, parce que cela était inutile; que, tout ce que j'avais à faire encore sur la terre étant de m'y regarder comme un être purement passif, je ne devais point user, à résister inutilement à ma destinée, la force qui me restait pour la supporter. Voilà ce que je me disais : ma raison, mon cœur, y acquiesçaient, et néanmoins je sentais ce cœur murmurer encore. D'où venait ce murmure? Je le cherchai, je le trouvai; il venait de l'amour-propre, qui, après s'être indigné contre les hommes, se soulevait encore contre la raison.

Cette découverte n'était pas si facile à faire qu'on pourrait croire, car un innocent persécuté prend longtemps pour un pur amour de la justice l'orgueil de son petit individu : mais aussi la véritable source, une fois bien connue, est facile à tarir, ou du moins à détourner. L'estime de soi-même est le plus grand mobile des âmes fières; l'amour-propre, fertile en illusions, se déguise et se fait prendre pour cette estime; mais quand la fraude enfin se découvre, et que l'amour-propre ne peut plus se cacher, dès lors il n'est plus à craindre, et, quoiqu'on l'étouffe avec peine, on le subjugue au moins aisément.

Je n'eus jamais beaucoup de pente à l'amour-propre; mais cette passion factice s'était exaltée en moi dans le monde, et surtout quand je fus auteur : j'en avais peut-être encore moins qu'un autre, mais j'en avais prodigieusement. Les terribles leçons que j'ai reçues l'ont bientôt renfermé dans ses premières bornes : il commença par se révolter contre l'injustice, mais il a fini par la dédaigner : en se repliant sur mon âme, en coupant les relations extérieures qui le rendent exigeant, en renonçant aux comparaisons, aux préférences, il s'est contenté que

je fusse bon pour moi. Alors, redevenant amour de moi-même, il est rentré dans l'ordre de la nature, et m'a délivré du joug de l'opinion. Dès lors, j'ai retrouvé la paix de l'âme et presque la félicité; car, dans quelque situation qu'on se trouve, ce n'est que par lui qu'on est constamment malheureux.

Quand il se tait et que la raison parle, elle nous console enfin de tous les maux qu'il n'a pas dépendu de nous d'éviter : elle les anéantit même autant qu'ils n'agissent pas immédiatement sur nous; car on est sûr alors d'éviter leurs plus poignantes atteintes en cessant de s'en occuper. Ils ne sont rien pour celui qui n'y pense pas : les offenses, les vengeances, les passe-droits, les outrages, les injustices, ne sont rien pour celui qui ne voit dans les maux qu'il endure que le mal même et non pas l'intention, pour celui dont la place ne dépend pas dans sa propre estime de celle qu'il plaît aux autres de lui accorder. De quelque façon que les hommes veuillent me voir, ils ne sauraient changer mon être; et malgré leur puissance, et malgré toutes leurs sourdes intrigues, je continuerai, quoi qu'ils fassent, d'être en dépit d'eux ce que je suis. Il est vrai que leurs dispositions à mon égard influent sur ma situation réelle : la barrière qu'ils ont mise entre eux et moi m'ôte toute ressource de subsistance et d'assistance dans ma vieillesse et mes besoins. Elle me rend l'argent même inutile, puisqu'il ne peut me procurer les services qui me sont nécessaires : il n'y a plus ni commerce, ni secours réciproque, ni correspondance entre eux et moi. Seul au milieu d'eux, je n'ai que moi seul pour ressource, et cette ressource est bien faible à mon âge et dans l'état où je suis. Ces maux sont grands; mais ils ont perdu sur moi toute leur force depuis que j'ai su les supporter sans m'en irriter. Les points où le vrai besoin se fait sentir sont toujours rares : la prévoyance et l'imagination les multiplient, et c'est par cette continuité de sentiments qu'on s'inquiète et qu'on se rend malheureux. Pour moi, j'ai beau savoir que je souffrirai demain, il me suffit de ne pas souffrir aujourd'hui pour être tranquille : je ne m'affecte point du mal que je prévois, mais seulement de celui que je sens, et cela le réduit à très peu de chose. Seul, malade et délaissé dans mon lit, j'y peux mourir d'indigence, de froid et de faim, sans que personne s'en mette en peine. Mais qu'importe, si je ne m'en mets pas en peine moi-même, et si je m'affecte aussi peu que les autres de mon destin, quel qu'il soit? N'est-ce rien, surtout à mon âge, que d'avoir appris à voir la vie et la mort, la maladie et la santé, la richesse et la misère, la gloire et la diffamation, avec la même indifférence? Tous les autres vieillards s'inquiètent de tout, moi je ne m'inquiète de rien; quoi qu'il puisse arriver, tout m'est indifférent, et cette indifférence n'est pas l'ouvrage de ma sagesse, elle est celui de mes ennemis, et devient une compensation des maux qu'ils me font. En me rendant insensible à l'adversité, ils m'ont fait plus de bien que s'ils m'eussent épargné ses atteintes : en ne l'éprouvant pas, je pouvais toujours la craindre, au lieu qu'en la subjuguant je ne la crains plus.

Cette disposition me livre, au milieu des traverses de la vie, à l'incurie de mon naturel presque aussi pleinement que si je vivais dans la plus complète prospérité : hors les courts moments où je suis rappelé, par la présence des objets, aux plus douloureuses inquiétudes, tout le reste du temps, livré par mes penchants aux affections qui m'attirent, mon cœur se nourrit encore des sentiments pour lesquels il était né, et j'en jouis avec les êtres imaginaires qui les produisent et qui les partagent, comme si ces êtres existaient réellement : ils existent pour moi qui les ai créés, et je ne crains ni qu'ils me trahissent ni qu'ils m'abandonnent; ils dureront autant que mes malheurs mêmes, et suffiront pour me les faire oublier.

Tout me ramène à la vie heureuse et douce pour laquelle j'étais né : je passe les trois quarts de ma vie, ou occupé d'objets instructifs et même agréables auxquels je livre avec délices mon esprit et mes sens, ou avec les enfants de mes fantaisies que j'ai créés selon mon cœur, et dont le commerce en nourrit les sentiments, ou avec moi seul, content de moi-même, et déjà plein du bonheur que je sens m'être dû. En tout ceci, l'amour-propre n'y entre pour rien. Il n'en est pas ainsi des tristes moments que je passe encore au milieu des hommes,

jouet de leurs caresses traîtresses, de leurs compliments ampoulés et dérisoires, de leur mielleuse malignité : de quelque façon que je m'y sois pu prendre, l'amour-propre alors fait son jeu. La haine et l'animosité que je vois dans leurs cœurs à travers cette grossière enveloppe déchirent le mien de douleur, et l'idée d'être ainsi sottement pris pour dupe ajoute encore à cette douleur un dépit très puéril, fruit d'un sot amour-propre dont je sens toute la bêtise, mais que je ne puis subjuguer. Les efforts que j'ai faits pour m'aguerrir à ces regards insultants et moqueurs sont incroyables : cent fois j'ai passé par les promenades publiques et par les lieux les plus fréquentés, dans l'unique dessein de m'exercer à ces cruelles luttes; non-seulement je n'y ai pu parvenir, mais je n'ai même rien avancé, et tous mes pénibles, mes vains efforts, m'ont laissé tout aussi facile à troubler, à navrer et à indigner qu'auparavant.

Dominé par mes sens, quoi que je puisse faire, je n'ai jamais pu résister à leurs impressions, et, tant que l'objet agit sur eux, mon cœur ne cesse d'en être affecté; mais ces affections passagères ne durent qu'autant que la sensation qui les cause. La présence de l'homme haineux m'affecte violemment; mais sitôt qu'il disparaît, l'impression cesse : à l'instant que je ne le vois plus, je n'y pense plus. J'ai beau savoir qu'il va s'occuper de moi, je ne saurais m'occuper de lui : le mal que je ne sens point actuellement ne m'affecte en aucune sorte; le persécuteur que je ne vois point est nul pour moi. Je sens l'avantage que cette position donne à ceux qui disposent de ma destinée. Qu'ils en disposent donc tout à leur aise; j'aime encore mieux qu'ils me tourmentent sans résistance, que d'être forcé de penser à eux pour me garantir de leurs coups.

Cette action de mes sens sur mon cœur fait le seul tourment de ma vie. Dans les lieux où je ne vois personne, je ne pense plus à ma destinée; je ne la sens plus; je ne souffre plus; je suis heureux et content sans diversion, sans obstacle, mais j'échappe rarement à quelque atteinte sensible; et, lorsque j'y pense le moins, un geste, un regard sinistre que j'aperçois, un mot envenimé que j'entends, un malveillant que je rencontre, suffit pour me bouleverser : tout ce que je puis faire en pareil cas est d'oublier bien vite et de fuir; le trouble de mon cœur disparaît avec l'objet qui l'a causé, et je rentre dans le calme aussitôt que je suis seul; ou si quelque chose m'inquiète, c'est la crainte de rencontrer sur mon passage quelque nouveau sujet de douleur. C'est là ma seule peine; mais elle suffit pour altérer mon bonheur. Je loge au milieu de Paris : en sortant de chez moi, je soupire après la campagne et la solitude; mais il faut l'aller chercher si loin, qu'avant de pouvoir respirer à mon aise, je trouve en mon chemin mille objets qui me serrent le cœur, et la moitié de la journée se passe en angoisses avant que j'aie atteint l'asile que je vais chercher. Heureux du moins quand on me laisse achever ma route! Le moment où j'échappe au cortége des méchants est délicieux, et sitôt que je me vois sous les arbres, au milieu de la verdure, je crois me voir dans le paradis terrestre, et je goûte un plaisir interne aussi vif que si j'étais le plus heureux des mortels.

Je me souviens parfaitement que, durant mes prospérités, ces mêmes promenades solitaires, qui me sont aujourd'hui si délicieuses, m'étaient insipides et ennuyeuses : quand j'étais chez quelqu'un à la campagne, le besoin de faire de l'exercice et de respirer le grand air me faisait souvent sortir seul, et, m'échappant comme un voleur, je m'allais promener dans le parc ou dans la campagne; mais, loin d'y trouver le calme heureux que j'y goûte aujourd'hui, j'y portais l'agitation des vaines idées qui m'avaient occupé dans le salon; le souvenir de la compagnie que j'avais laissée m'y suivait. Dans la solitude, les vapeurs de l'amour-propre et le tumulte du monde ternissaient à mes yeux la fraîcheur des bosquets, et troublaient la paix de la retraite : j'avais beau fuir au fond des bois, une foule importune m'y suivait partout et voilait pour moi toute la nature. Ce n'est qu'après m'être détaché des passions sociales et de leur triste cortége que je l'ai retrouvée avec tous ses charmes.

Convaincu de l'impossibilité de contenir ces premiers mouvements involontaires, j'ai cessé tous mes efforts pour cela : je laisse, à chaque atteinte, mon

sang s'allumer, la colère et l'indignation s'emparer de mes sens; je cède à la nature cette première explosion, que toutes mes forces ne pourraient arrêter ni suspendre. Je tâche seulement d'en arrêter les suites avant qu'elle ait produit aucun effet. Les yeux étincelants, le feu du visage, le tremblement des membres, les suffocantes palpitations, tout cela tient au seul physique, et le raisonnement n'y peut rien. Mais, après avoir laissé faire au naturel sa première explosion, l'on peut redevenir son propre maître en reprenant peu à peu ses sens : c'est ce que j'ai tâché de faire longtemps sans succès, mais enfin plus heureusement; et, cessant d'employer ma force en vaine résistance, j'attends le moment de vaincre en laissant agir ma raison, car elle ne me parle que quand elle peut se faire écouter. Eh! que dis-je, hélas! ma raison? j'aurais grand tort encore de lui faire l'honneur de ce triomphe, car elle n'y a guère de part : tout vient également d'un tempérament versatile qu'un vent impétueux agite, mais qui rentre dans le calme à l'instant que le vent ne souffle plus; c'est mon naturel ardent qui m'agite, c'est mon caractère indolent qui m'apaise. Je cède à toutes les impulsions présentes : tout choc me donne un mouvement vif et court; sitôt qu'il n'y a plus de choc, le mouvement cesse, rien de communiqué ne peut se prolonger en moi.

Tous les événements de la fortune, toutes les machines des hommes ont peu de prise sur un homme ainsi constitué : pour m'affecter de peines durables, il faudrait que l'impression se renouvelât à chaque instant; car les intervalles, quelque courts qu'ils soient, suffisent pour me rendre à moi-même. Je suis ce qu'il plaît aux hommes, tant qu'ils peuvent agir sur mes sens; mais, au premier instant de relâche, je redeviens ce que la nature a voulu : c'est là, quoi qu'on puisse faire, mon état le plus constant, et celui par lequel, en dépit de la destinée, je goûte un bonheur pour lequel je me sens constitué. J'ai décrit cet état dans une de mes rêveries (*). Il me convient si bien que je ne désire autre chose que sa durée, et ne crains que de le voir troubler. Le mal que m'ont fait les hommes ne me touche en aucune sorte : la crainte seule de celui qu'ils peuvent me faire encore est capable de m'agiter; mais, certain qu'ils n'ont plus de nouvelle prise par laquelle ils puissent m'affecter d'un sentiment permanent, je me ris de toutes leurs trames, et je jouis de moi-même en dépit d'eux.

NEUVIÈME PROMENADE.

Le bonheur est un état permanent qui ne semble pas fait ici-bas pour l'homme : tout est sur la terre dans un flux continuel qui ne permet à rien d'y prendre une forme constante. Tout change autour de nous : nous changeons nous-mêmes; et nul ne peut s'assurer qu'il aimera demain ce qu'il aime aujourd'hui; ainsi tous nos projets de félicité pour cette vie sont des chimères. Profitons du contentement d'esprit quand il vient, gardons-nous de l'éloigner par notre faute; mais ne faisons pas des projets pour l'entraîner, car ces projets-là sont de pures folies : j'ai peu vu d'hommes heureux, peut-être point; mais j'ai souvent vu des cœurs contents, et, de tous les objets qui m'ont frappé, c'est celui qui m'a le plus contenté moi-même. Je crois que c'est une suite naturelle du pouvoir des sensations sur mes sentiments internes. Le bonheur n'a point d'enseigne extérieure : pour le connaître, il faudrait lire dans le cœur de l'homme heureux; mais le contentement se lit dans les yeux, dans le maintien, dans l'accent, dans la démarche, et semble se communiquer à celui qui l'aperçoit. Est-il une jouissance plus douce que de voir un peuple entier se livrer à la joie un jour de fête, et tous les cœurs s'épanouir aux rayons expansifs du plaisir qui passe rapidement, mais vivement, à travers les nuages de la vie?

Il y a trois jours que M. P. vint, avec un empressement extraordinaire, me montrer l'éloge de M^me Geoffrin par M. d'Alembert. La lecture fut précédée de

(*) Voyez ci-devant, cinquième Promenade, page 134.

longs et grands éclats de rire sur le ridicule néologisme et sur les badins jeux de mots dont il la disait remplie : il commença de lire en riant toujours. Je l'écoutais d'un sérieux qui le calma, et, voyant que je ne l'imitais point, il cessa enfin de rire. L'article le plus long et le plus recherché de cette pièce roulait sur le plaisir que prenait M^me Geoffrin à voir les enfants et à les faire causer : l'auteur tirait avec raison, de cette disposition, une preuve de bon naturel : mais il ne s'arrêtait pas là, et il accusait décidément de mauvais naturel et de méchanceté tous ceux qui n'avaient pas le même goût, au point de dire que si l'on interrogeait là-dessus ceux qu'on mène au gibet et à la roue, tous conviendraient qu'ils n'avaient pas aimé les enfants. Ces assertions faisaient un effet singulier dans la place où elles étaient. Supposant tout cela vrai, était-ce là l'occasion de le dire? et fallait-il souiller l'éloge d'une femme estimable des images de supplice et de malfaiteurs? Je compris aisément le motif de cette affectation vilaine; et quand M. P. eut fini de lire, en relevant ce qui m'avait paru bien dans l'éloge, j'ajoutai que l'auteur, en l'écrivant, avait dans le cœur moins d'amitié que de haine (*).

Le lendemain, le temps étant assez beau, quoique froid, j'allai faire une course jusqu'à l'Ecole-Militaire, comptant d'y trouver des mousses en pleine fleur : en allant, je rêvais sur la visite de la veille et sur l'écrit de M. d'Alembert, où je pensais bien que le placage épisodique n'avait pas été mis sans dessein; et la seule affectation de m'apporter cette brochure, à moi, à qui l'on cache tout, m'apprenait assez quel en était l'objet. J'avais mis mes enfants aux Enfants-Trouvés : c'en était assez pour m'avoir travesti en père dénaturé, et de là, en étendant et caressant cette idée, on en avait peu à peu tiré la conséquence évidente que je haïssais les enfants; en suivant par la pensée la chaîne de ces gradations, j'admirais avec quel art l'industrie humaine sait changer les choses du blanc au noir; car je ne crois pas que jamais homme ait plus aimé que moi à voir de petits bambins folâtrer et jouer ensemble; et souvent, dans la rue et aux promenades, je m'arrête à regarder leur espièglerie et leurs petits jeux avec un intérêt que je ne vois partager à personne. Le jour même où vint M. P., une heure avant sa visite, j'avais eu celle des deux petits du Soussoi, les plus jeunes enfants de mon hôte, dont l'aîné peut avoir sept ans : ils étaient venus m'embrasser de si bon cœur, et je leur avais rendu si tendrement leurs caresses, que, malgré la disparate des âges, ils avaient paru se plaire avec moi sincèrement; et, pour moi, j'étais transporté d'aise de voir que ma vieille figure ne les avait pas rebutés; le cadet même paraissait venir à moi si volontiers que, plus enfant qu'eux, je me sentais attacher à lui déjà par préférence, et je le vis partir avec autant de regret que s'il m'eût appartenu.

Je comprends que le reproche d'avoir mis mes enfants aux Enfants-Trouvés a facilement dégénéré, avec un peu de tournure, en celui d'être un père dénaturé et de haïr les enfants : cependant il est sûr que c'est la crainte d'une destinée pour eux mille fois pire, et presque inévitable par toute autre voie, qui m'a le plus déterminé dans cette démarche. Plus indifférent sur ce qu'ils deviendraient, et hors d'état de les élever moi-même, il aurait fallu, dans ma situation, les laisser élever par leur mère, qui les aurait gâtés, et par sa famille, qui en aurait fait des monstres. Je frémis encore d'y penser : ce que Mahomet fit de Séide n'est rien auprès de ce qu'on aurait fait d'eux à mon égard, et les pièges qu'on m'a tendus là-dessus dans la suite me confirment assez que le projet en avait été formé. A la vérité j'étais bien éloigné de prévoir alors ces trames atroces; mais je savais que l'éducation pour eux la moins périlleuse était celle des Enfants-Trouvés, et je les y mis. Je le ferais encore, avec bien moins de doute aussi, si la chose était à faire, et je sais bien que nul père n'est plus tendre que je l'aurais été pour eux, pour peu que l'habitude eût aidé la nature.

(*) Ce que D'Alembert a écrit sur madame Geoffrin fait la matière de deux lettres à Condorcet. On n'y remarque point le *néologisme* et les *badins jeux de mots* qu'y trouvait celui que Rousseau met ici en scène. Le propos dont Jean-Jacques se fait à tort l'application est attribué à madame Geoffrin elle-même, et n'est que cité par D'Alembert.

Si j'ai fait quelque progrès dans la connaissance du cœur humain, c'est le plaisir que j'avais à voir et observer les enfants qui m'a valu cette connaissance. Ce même plaisir, dans ma jeunesse, y a mis une espèce d'obstacle; car je jouais avec les enfants si gaîment et de si bon cœur que je ne songeais guère à les étudier. Mais quand, en vieillissant, j'ai vu que ma figure caduque les inquiétait, je me suis abstenu de les importuner : j'ai mieux aimé me priver d'un plaisir que

Je marchais distrait et rêvant sans regarder autour de moi, quand tout-à-coup je me sentis saisir les genoux. (Page 158.)

de troubler leur joie; et, content alors de me satisfaire en regardant leurs jeux et tous leurs petits manéges, j'ai trouvé le dédommagement de mon sacrifice dans les lumières que ces observations m'ont fait acquérir sur les premiers et vrais mouvements de la nature, auxquels tous nos savants ne connaissent rien. J'ai consigné dans mes écrits la preuve que je m'étais occupé de cette recherche trop soigneusement pour ne l'avoir pas faite avec plaisir; et ce serait

assurément la chose du monde la plus incroyable que l'*Héloïse* et l'*Emile* fussent l'ouvrage d'un homme qui n'aimait pas les enfants.

Je n'eus jamais ni présence d'esprit, ni facilité de parler; mais, depuis mes malheurs, ma langue et ma tête se sont de plus en plus embarrassées : l'idée et le mot propre m'échappent également, et rien n'exige un meilleur discernement et un choix d'expressions plus justes que les propos qu'on tient aux enfants. Ce qui augmente encore en moi cet embarras est l'attention des écoutants, les interprétations et le poids qu'ils donnent à tout ce qui part d'un homme qui, ayant écrit expressément pour les enfants, est supposé ne devoir leur parler que par oracles : cette gêne extrême et l'inaptitude que je me sens me troublent, me déconcertent, et je serais bien plus à mon aise devant un monarque d'Asie que devant un bambin qu'il faut faire babiller.

Un autre inconvénient me tient maintenant plus éloigné d'eux, et, depuis mes malheurs, je les vois toujours avec le même plaisir, mais je n'ai plus avec eux la même familiarité. Les enfants n'aiment pas la vieillesse : l'aspect de la nature défaillante est hideux à leurs yeux; leur répugnance que j'aperçois me navre, et j'aime mieux m'abstenir de les caresser, que de leur donner de la gêne ou du dégoût. Ce motif, qui n'agit que sur les âmes vraiment aimantes, est nul pour tous nos docteurs et doctoresses. M^me Geoffrin s'embarrassait fort peu que les enfants eussent du plaisir avec elle, pourvu qu'elle en eût avec eux ; mais pour moi, ce plaisir est pis que nul; il est négatif quand il n'est pas partagé, et je ne suis plus dans la situation ni dans l'âge où je voyais le petit cœur d'un enfant s'épanouir avec le mien. Si cela pouvait m'arriver encore, ce plaisir, devenu plus rare, n'en serait pour moi que plus vif : je l'éprouvais bien l'autre matin par celui que je prenais à caresser les petits du Soussoi, non-seulement parce que la bonne qui les conduisait ne m'en imposait pas beaucoup, et que je sentais moins le besoin de m'écouter devant elle, mais encore parce que l'air jovial avec lequel ils m'abordèrent ne les quitta point, et qu'ils ne parurent ni se déplaire ni s'ennuyer avec moi.

Oh ! si j'avais encore quelques moments de pures caresses qui vinssent du cœur, ne fût-ce que d'un enfant encore en jaquette, si je pouvais voir encore dans quelques yeux la joie et le contentement d'être avec moi, de combien de maux et de peines ne me dédommageraient pas ces courts, mais doux épanchements de mon cœur ! Ah ! je ne serais pas obligé de chercher parmi les animaux le regard de la bienveillance, qui m'est désormais refusé parmi les humains. J'en puis juger sur bien peu d'exemples, mais toujours chers à mon souvenir : en voici un qu'en tout autre état j'aurais oublié presque, et dont l'impression qu'il a faite sur moi peint bien toute ma misère.

Il y a deux ans que, m'étant allé promener du côté de la Nouvelle-France, je poussai plus loin, puis, tirant à gauche et voulant tourner autour de Montmartre, je traversai le village de Clignancourt : je marchais distrait et rêvant sans regarder autour de moi, quand tout-à-coup je me sentis saisir les genoux. Je regarde et je vois un petit enfant de cinq à six ans qui serrait mes genoux de toute sa force, en me regardant d'un air si familier et si caressant que mes entrailles s'émurent; je me disais : C'est ainsi que j'aurais été traité des miens. Je pris l'enfant dans mes bras, je le baisai plusieurs fois dans une espèce de transport, et puis je continuai mon chemin. Je sentais en marchant qu'il me manquait quelque chose : un besoin naissant me ramenait sur mes pas; je me reprochais d'avoir quitté si brusquement cet enfant; je croyais voir dans son action, sans cause apparente, une sorte d'inspiration qu'il ne fallait pas dédaigner. Enfin, cédant à la tentation, je reviens sur mes pas : je cours à l'enfant; je l'embrasse de nouveau, et je lui donne de quoi acheter des petits pains de Nanterre, dont le marchand passait là par hasard; et je commençai à le faire jaser. Je lui demandai qui était son père; il me le montra qui reliait des tonneaux. J'étais prêt à quitter l'enfant pour aller lui parler, quand je vis que j'avais été prévenu par un homme de mauvaise mine, qui me parut être une de ces mouches qu'on tient sans cesse à mes trousses : tandis que cet homme lui parlait à l'oreille, je vis les regards

du tonnelier se fixer attentivement sur moi d'un air qui n'avait rien d'amical. Cet objet me resserra le cœur à l'instant, et je quittai le père et l'enfant avec plus de promptitude que je n'en avais mis à revenir sur mes pas, mais dans un trouble moins agréable qui changea toutes mes dispositions. Je les ai pourtant senties renaître souvent depuis lors : je suis repassé plusieurs fois par Clignancourt, dans l'espérance d'y revoir cet enfant; mais je n'ai plus revu ni lui ni le père, et il ne m'est plus resté de cette rencontre qu'un souvenir assez vif, mêlé toujours de douceur et de tristesse, comme toutes les émotions qui pénètrent encore quelquefois jusqu'à mon cœur.

Il y a compensation à tout : si mes plaisirs sont rares et courts, je les goûte aussi plus vivement quand ils viennent que s'ils m'étaient plus familiers; je les rumine, pour ainsi dire, par de fréquents souvenirs, et, quelque rares qu'ils soient, s'ils étaient purs et sans mélange, je serais plus heureux peut-être que dans ma prospérité. Dans l'extrême misère, on se trouve riche de peu : un gueux qui trouve un écu en est plus affecté que ne le serait un riche en trouvant une bourse d'or. On rirait, si l'on voyait dans mon âme l'impression qu'y font les moindres plaisirs de cette espèce, que je ne puis dérober à la vigilance de mes persécuteurs : un des plus doux s'offrit il y a quatre ou cinq ans, que je ne me rappelle jamais sans me sentir ravi d'aise d'en avoir si bien profité.

Un dimanche nous étions allés, ma femme et moi, dîner à la porte Maillot : après le dîner, nous traversâmes le bois de Boulogne jusqu'à la Muette; là, nous nous assîmes sur l'herbe, à l'ombre, en attendant que le soleil fût baissé, pour nous en retourner ensuite tout doucement par Passy. Une vingtaine de petites filles, conduites par une manière de religieuse, vinrent les unes s'asseoir, les autres folâtrer assez près de nous. Durant leurs jeux, vint à passer un oublieur avec son tambour et son tourniquet, qui cherchait pratique : je vis que les petites filles convoitaient fort les oublies, et deux ou trois d'entre elles, qui apparemment possédaient quelques liards, demandèrent la permission de jouer. Tandis que la gouvernante hésitait et disputait, j'appelai l'oublieur et je lui dis : « Faites tirer toutes ces demoiselles chacune à son tour, et je vous paierai le tout. » Ce mot répandit dans toute la troupe une joie qui seule eût plus que payé ma bourse, quand je l'aurais toute employée à cela.

Comme je vis qu'elles s'empressaient avec un peu de confusion, avec l'agrément de la gouvernante je les fis ranger toutes d'un côté et puis passer de l'autre côté l'une après l'autre, à mesure qu'elles avaient tiré. Quoiqu'il n'y eût point de billet blanc, et qu'il revînt au moins une oublie à chacune de celles qui n'auraient rien, qu'aucune d'elles ne pouvait donc être absolument mécontente, afin de rendre la fête encore plus gaie, je dis en secret à l'oublieur d'user de son adresse ordinaire en sens contraire en faisant tomber autant de bons lots qu'il pourrait, et que je lui en tiendrais compte. Au moyen de cette prévoyance, il y eut plus d'une centaine d'oublies distribuées, quoique les jeunes filles ne tirassent chacune qu'une seule fois; car là-dessus je fus inexorable, ne voulant ni favoriser des abus, ni marquer des préférences, qui produiraient des mécontentements. Ma femme insinua à celles qui avaient de bons lots d'en faire part à leurs camarades, au moyen de quoi le partage devint presque égal, et la joie plus générale.

Je priai la religieuse de tirer à son tour, craignant fort qu'elle ne rejetât dédaigneusement mon offre; elle l'accepta de bonne grâce, tira comme les pensionnaires, et prit sans façon ce qui lui revint. Je lui en sus un gré infini, et je trouvai à cela une sorte de politesse qui me plut fort, et qui vaut bien, je crois, celle des simagrées. Pendant toute cette opération, il y eut des disputes qu'on porta devant mon tribunal; et ces petites filles, venant plaider tour à tour leur cause, me donnèrent occasion de remarquer que, quoiqu'il n'y en eût aucune de jolie, la gentillesse de quelques-unes faisait oublier leur laideur.

Nous nous quittâmes enfin très contents les uns des autres, et cet après-midi fut un de ceux de ma vie dont je me rappelle le souvenir avec le plus de satisfaction. La fête, au reste, ne fut pas ruineuse : pour trente sous qu'il m'en coûta

tout au plus, il y eut pour plus de cent écus de contentement ; tant il est vrai que le plaisir ne se mesure pas sur la dépense, et que la joie est plus amie des liards que des louis. Je suis revenu plusieurs autres fois à la même place, à la même heure, espérant d'y rencontrer encore la petite troupe ; mais cela n'est plus arrivé.

Ceci me rappelle un autre amusement à peu près de même espèce, dont le souvenir m'est resté de beaucoup plus loin. C'était dans le malheureux temps où, faufilé parmi les riches et les gens de lettres, j'étais quelquefois réduit à partager leurs tristes plaisirs. J'étais à la Chevrette au temps de la fête du maître de la maison ; toute sa famille s'était réunie pour la célébrer, et tout l'éclat des plaisirs bruyants fut mis en œuvre pour cet effet. Spectacles, festins, feux d'artifice, rien ne fut épargné. L'on n'avait pas le temps de prendre haleine, et l'on s'étourdissait au lieu de s'amuser. Après le dîner, on alla prendre l'air dans l'avenue, où se tenait une espèce de foire. On dansait : les messieurs daignèrent danser avec les paysannes, mais les dames gardèrent leur dignité. On vendait là des pains d'épice. Un jeune homme de la compagnie s'avisa d'en acheter, pour les lancer l'un après l'autre au milieu de la foule, et l'on prit tant de plaisir à voir tous ces manants se précipiter, se battre, se renverser pour en avoir, que tout le monde voulut se donner le même plaisir. Et pains d'épice de voler à droite et à gauche, et filles et garçons de courir, de s'entasser et s'estropier. Cela paraissait charmant à tout le monde. Je fis comme les autres par mauvaise honte, quoique en dedans je ne m'amusasse pas autant qu'eux. Mais, bientôt ennuyé de vider ma bourse pour faire écraser les gens, je laissai là la bonne compagnie, et je fus me promener seul dans la foire. La variété des objets m'amusa longtemps. J'aperçus entre autres cinq ou six Savoyards autour d'une petite fille qui avait encore sur son éventaire une douzaine de chétives pommes, dont elle aurait bien voulu se débarrasser. Les Savoyards, de leur côté, auraient bien voulu l'en débarrasser, mais ils n'avaient que deux ou trois liards à eux tous, et ce n'était pas de quoi faire une grande brèche aux pommes. Cet éventaire était pour eux le jardin des Hespérides, et la petite fille était le dragon qui le gardait. Cette comédie m'amusa longtemps ; j'en fis enfin le dénoûment en payant les pommes à la petite fille, et les lui faisant distribuer aux petits garçons. J'eus alors un des plus doux spectacles qui puissent flatter un cœur d'homme, celui de voir la joie unie avec l'innocence de l'âge se répandre tout autour de moi. Car les spectateurs mêmes, en la voyant, la partagèrent ; et moi, qui partageais à si bon marché cette joie, j'avais de plus celle de sentir qu'elle était mon ouvrage.

En comparant cet amusement avec ceux que je venais de quitter, je sentais avec satisfaction la différence qu'il y a des goûts sains et des plaisirs naturels à ceux que fait naître l'opulence, et qui ne sont guère que des plaisirs de moquerie, et des goûts exclusifs engendrés par le mépris. Car, quelle sorte de plaisir pouvait-on prendre à voir des troupeaux d'hommes avilis par la misère, s'entasser, s'étouffer, s'estropier brutalement, pour s'arracher avidement quelques morceaux de pain d'épice foulés aux pieds et couverts de boue ?

De mon côté, quand j'ai bien réfléchi sur l'espèce de volupté que je goûtais dans ces sortes d'occasions, j'ai trouvé qu'elle consistait moins dans un sentiment de bienfaisance que dans le plaisir de voir des visages contents. Cet aspect a pour moi un charme qui, bien qu'il pénètre jusqu'à mon cœur, semble être uniquement de sensation. Si je ne vois la satisfaction que je cause, quand même j'en serais sûr, je n'en jouirais qu'à demi. C'est même pour moi un plaisir désintéressé, qui ne dépend pas de la part que j'y puis avoir. Car, dans les fêtes du peuple, celui de voir des visages gais m'a toujours vivement attiré. Cette attente a pourtant été souvent frustrée en France, où cette nation, qui se prétend si gaie, montre peu cette gaîté dans ses jeux. Souvent j'allais jadis aux guinguettes, pour y voir danser le menu peuple ; mais ses danses étaient si maussades, son maintien si dolent, si gauche, que j'en sortais plutôt contristé que réjoui. Mais à Genève et en Suisse, où le rire ne s'évapore pas sans cesse en folles malignités, tout respire le contentement et la gaîté dans les fêtes. La misère n'y porte point

son hideux aspect. Le faste n'y montre pas non plus son insolence. Le bien-être, la fraternité, la concorde, y déposent les cœurs à s'épanouir, et souvent, dans les transports d'une innocente joie, les inconnus s'accostent, s'embrassent, et s'invitent à jouir de concert des plaisirs du jour. Pour jouir moi-même de ces ai-

Il parut sensible à mon intention, et surtout à celle que j'eus encore, comme il était plus vieux que moi, de lui aider à sortir du bateau. (Page 163.)

mables fêtes, je n'ai pas besoin d'en être. Il me suffit de les voir : en les voyant, je les partage; et, parmi tant de visages gais, je suis bien sûr qu'il n'y a pas un cœur plus gai que le mien.

Quoique ce ne soit là qu'un plaisir de sensation, il a certainement une cause morale, et la preuve en est que ce même aspect, au lieu de me flatter, de me plaire, peut me déchirer de douleur et d'indignation, quand je sais que ces signes

de plaisir et de joie sur les visages des méchants ne sont que des marques que leur malignité est satisfaite. La joie innocente est la seule dont les signes flattent mon cœur. Ceux de la cruelle et moqueuse joie le navrent et l'affligent, quoiqu'elle n'ait nul rapport à moi. Ces signes, sans doute, ne sauraient être exactement les mêmes, partant de principes si différents; mais enfin ce sont également des signes de joie, et leurs différences sensibles ne sont assurément pas proportionnelles à celles des mouvements qu'ils excitent en moi.

Ceux de douleur et de peine me sont encore plus sensibles, au point qu'il m'est impossible de les soutenir sans être agité moi-même d'émotions peut-être encore plus vives que celles qu'ils représentent. L'imagination, renforçant la sensation, m'identifie avec l'être souffrant, et me donne souvent plus d'angoisse qu'il n'en sent lui-même. Un visage mécontent est encore un spectacle qu'il m'est impossible de soutenir, surtout si j'ai lieu de penser que ce mécontentement me regarde. Je ne saurais dire combien l'air grognard et maussade des valets qui servent en rechignant m'a arraché d'écus dans les maisons où j'avais autrefois la sottise de me laisser entraîner, et où les domestiques m'ont toujours fait payer bien chèrement l'hospitalité des maîtres. Toujours trop affecté des objets sensibles, et surtout de ceux qui portent signe de plaisir ou de peine, de bienveillance ou d'aversion, je me laisse entraîner par ces impressions extérieures, sans pouvoir jamais m'y dérober autrement que par la fuite. Un signe, un geste, un coup d'œil d'un inconnu, suffit pour troubler mes plaisirs, ou calmer mes peines. Je ne suis à moi que quand je suis seul; hors de là, je suis le jouet de tous ceux qui m'entourent.

Je vivais jadis avec plaisir dans le monde, quand je ne voyais dans tous les yeux que bienveillance, ou, tout au pis, indifférence dans ceux à qui j'étais inconnu; mais aujourd'hui, qu'on ne prend pas moins de peine à montrer mon visage au peuple qu'à lui masquer mon naturel, je ne puis mettre le pied dans la rue sans m'y voir entouré d'objets déchirants. Je me hâte de gagner à grands pas la campagne; sitôt que je vois la verdure, je commence à respirer. Faut-il s'étonner si j'aime la solitude? Je ne vois qu'animosité sur les visages des hommes, et la nature me rit toujours.

Je sens pourtant encore, il faut l'avouer, du plaisir à vivre parmi les hommes, tant que mon visage leur est inconnu. Mais c'est un plaisir qu'on ne me laisse guère. J'aimais encore, il y a quelques années, à traverser les villages, et à voir au matin les laboureurs raccommoder leurs fléaux, ou les femmes sur leur porte avec leurs enfants. Cette vue avait je ne sais quoi qui touchait mon cœur. Je m'arrêtais quelquefois, sans y prendre garde, à regarder les petits manéges de ces bonnes gens, et je me sentais soupirer sans savoir pourquoi. J'ignore si l'on m'a vu sensible à ce petit plaisir, et si l'on a voulu me l'ôter encore; mais, au changement que j'aperçois sur les physionomies à mon passage, et à l'air dont je suis regardé, je suis bien forcé de comprendre qu'on a pris grand soin de m'ôter cet incognito. La même chose m'est arrivée d'une façon plus marquée encore aux Invalides. Ce bel établissement m'a toujours intéressé. Je ne vois jamais, sans attendrissement et vénération, ces groupes de bons vieillards, qui peuvent dire, comme ceux de Lacédémone,

<blockquote>
Nous avons été jadis

Jeunes, vaillants et hardis.
</blockquote>

Une de mes promenades favorites était autour de l'Ecole-Militaire, et je rencontrais avec plaisir çà et là quelques invalides, qui, ayant conservé l'ancienne honnêteté militaire, me saluaient en passant. Ce salut, que mon cœur leur rendait au centuple, me flattait, et augmentait le plaisir que j'avais à les voir. Comme je ne sais rien cacher de ce qui me touche, je parlais souvent des invalides, et de la façon dont leur aspect m'affectait. Il n'en fallut pas davantage. Au bout de quelque temps, je n'étais plus un inconnu pour eux, ou plutôt que je le leur étais bien davantage, puisqu'ils me voyaient du même œil que fait le public. Plus d'honnêteté, plus de salutations. Un air repoussant, un regard farouche, avaient succédé à leur première urbanité. L'ancienne franchise de leur métier ne

leur laissant pas comme aux autres couvrir leur animosité d'un masque ricaneur et traître, ils me montrent tout ouvertement la plus violente haine; et, tel est l'excès de ma misère, que je suis forcé de distinguer dans mon estime ceux qui me déguisent le moins leur fureur.

Depuis lors, je me promène avec moins de plaisir du côté des Invalides : cependant, comme mes sentiments pour eux ne dépendent pas des leurs pour moi, je ne vois jamais sans respect et sans intérêt ces anciens défenseurs de leur patrie : mais il m'est bien dur de me voir si mal payé de leur part de la justice que je leur rends. Quand, par hasard, j'en rencontre quelqu'un qui a échappé aux instructions communes, ou qui, ne connaissant pas ma figure, ne me montre aucune aversion, l'honnête salutation de ce seul-là me dédommage du maintien rébarbatif des autres. Je les oublie pour ne m'occuper que de lui, et je m'imagine qu'il a une de ces âmes comme la mienne, où la haine ne saurait pénétrer. J'eus encore ce plaisir, l'année dernière, en passant l'eau pour m'aller promener à l'île aux Cygnes. Un pauvre vieux invalide, dans un bateau, attendait compagnie pour traverser. Je me présentai; je dis au batelier de partir. L'eau était forte, et la traversée fut longue. Je n'osais presque pas adresser la parole à l'invalide, de peur d'être rudoyé et rebuté comme à l'ordinaire; mais son air honnête me rassura. Nous causâmes. Il me parut homme de sens et de mœurs. Je fus surpris et charmé de son ton ouvert et affable : je n'étais pas accoutumé à tant de faveur. Ma surprise cessa, quand j'appris qu'il arrivait tout nouvellement de province. Je compris qu'on ne lui avait pas encore montré ma figure et donné ses instructions. Je profitai de cet incognito pour converser quelques moments avec un homme, et je sentis, à la douceur que j'y trouvais, combien la rareté des plaisirs les plus communs est capable d'en augmenter le prix. En sortant du bateau, il préparait ses deux pauvres liards. Je payai le passage, et le priai de les resserrer, en tremblant de le cabrer. Cela n'arriva point; au contraire, il parut sensible à mon attention, et surtout à celle que j'eus encore, comme il était plus vieux que moi, de lui aider à sortir du bateau. Qui croirait que je fusse assez enfant pour en pleurer d'aise? Je mourais d'envie de lui mettre une pièce de vingt-quatre sous dans la main pour avoir du tabac; je n'osai jamais. La même honte qui me retint m'a souvent empêché de faire de bonnes actions, qui m'auraient comblé de joie, et dont je ne me suis abstenu qu'en déplorant mon imbécillité. Cette fois, après avoir quitté mon vieux invalide, je me consolai bientôt en pensant que j'aurais, pour ainsi dire, agi contre mes propres principes, en mêlant aux choses honnêtes un prix d'argent qui dégrade leur noblesse et souille leur désintéressement. Il faut s'empresser de secourir ceux qui en ont besoin; mais, dans le commerce ordinaire de la vie, laissons la bienveillance naturelle et l'urbanité faire chacune leur œuvre, sans que jamais rien de vénal et de mercantile ose approcher d'une si pure source pour la corrompre ou pour l'altérer. On dit qu'en Hollande le peuple se fait payer pour vous dire l'heure, et pour vous montrer le chemin : ce doit être un bien méprisable peuple que celui qui trafique ainsi des plus simples devoirs de l'humanité.

J'ai remarqué qu'il n'y a que l'Europe seule où l'on vende l'hospitalité. Dans toute l'Asie, on vous loge gratuitement. Je comprends qu'on n'y trouve pas si bien toutes ses aises; mais n'est-ce rien que de se dire : « Je suis homme et reçu chez des humains; c'est l'humanité pure qui me donne le couvert. » Les petites privations s'endurent sans peine quand le cœur est mieux traité que le corps.

DIXIÈME PROMENADE.

Aujourd'hui, jour de Pâques fleuries, il y a précisément cinquante ans de ma première connaissance avec M^{me} de Warens. Elle avait vingt-huit ans alors, étant née avant le siècle. Je n'en avais pas encore dix-sept (*), et mon tempérament naissant, mais que j'ignorais encore, donnait une nouvelle chaleur à un

(*) Ce passage fixe cette dixième Promenade au 12 avril 1776.

cœur naturellement plein de vie. S'il n'était pas étonnant qu'elle conçût de la bienveillance pour un jeune homme vif, mais doux et modeste, d'une figure assez agréable, il l'était encore moins qu'une femme charmante, pleine d'esprit et de grâces, m'inspirât, avec la reconnaissance, des sentiments plus tendres, que je n'en distinguais pas. Mais ce qui est moins ordinaire est que ce premier moment décida de moi pour toute ma vie, et produisit, par un enchaînement inévitable, le destin du reste de mes jours. Mon âme, dont mes organes n'avaient point développé les plus précieuses facultés, n'avait encore aucune forme déterminée. Elle attendait, dans une sorte d'impatience, le moment qui devait la lui donner, et ce moment, accéléré par cette rencontre, ne vint pourtant pas si tôt; et, dans la simplicité de mœurs que l'éducation m'avait donnée, je vis longtemps prolonger pour moi cet état délicieux, mais rapide, où l'amour et l'innocence habitent le même cœur. Elle m'avait éloigné. Tout me rappelait à elle : il y fallut revenir. Ce retour fixa ma destinée; et longtemps encore avant de la posséder, je ne vivais plus qu'en elle et pour elle. Ah! si j'avais suffi à son cœur comme elle suffisait au mien! quels paisibles et délicieux jours nous eussions coulés ensemble! Nous en avons passé de tels; mais qu'ils ont été courts et rapides, et quel destin les a suivis! Il n'y a pas de jours où je ne me rappelle avec joie et attendrissement cet unique et court temps de ma vie où je fus moi pleinement, sans mélange et sans obstacle, et où je puis véritablement dire avoir vécu. Je puis dire à peu près comme ce préfet du prétoire qui, disgracié sous Vespasien, s'en alla finir paisiblement ses jours à la campagne : « J'ai passé soixante et dix ans sur la terre, et j'en ai vécu sept (*). » Sans ce court mais précieux espace, je serais resté peut-être incertain sur moi; car, tout le reste de ma vie, facile et sans résistance, j'ai été tellement agité, ballotté, tiraillé par les passions d'autrui, que, presque passif dans une vie aussi orageuse, j'aurais peine à démêler ce qu'il y a du mien dans ma propre conduite, tant la dure nécessité n'a cessé de s'appesantir sur moi. Mais, durant ce petit nombre d'années, aimé d'une femme pleine de complaisance et de douceur, je fis ce que je voulais faire, je fus ce que je voulais être, et, par l'emploi que je fis de mes loisirs, aidé de ses leçons et de son exemple, je sus donner à mon âme, encore simple et neuve, la forme qui lui convenait davantage et qu'elle a gardée toujours. Le goût de la solitude et de la contemplation naquit dans mon cœur avec les sentiments expansifs et tendres faits pour être son aliment. Le tumulte et le bruit les resserrent et les étouffent; le calme et la paix les raniment et les exaltent. J'ai besoin de me recueillir pour aimer. J'engageai maman à vivre à la campagne. Une maison isolée, au penchant d'un vallon, fut notre asile, et c'est là que, dans l'espace de quatre ou cinq ans, j'ai joui d'un siècle de vie et d'un bonheur pur et plein, qui couvre de son charme tout ce que mon sort présent a d'affreux. J'avais besoin d'une amie selon mon cœur; je la possédais. J'avais désiré la campagne; je l'avais obtenue. Je ne pouvais souffrir l'assujettissement; j'étais parfaitement libre, et mieux que libre; car, assujetti par mes seuls attachements, je ne faisais que ce que je voulais faire. Tout mon temps était rempli par des soins affectueux, ou par des occupations champêtres. Je ne désirais rien que la continuation d'un état si doux; ma seule peine était la crainte qu'il ne durât pas longtemps : et cette crainte, née de la gêne de notre situation, n'était pas sans fondement. Dès lors, je songeai à me donner en même temps des diversions sur cette inquiétude, et des ressources pour en prévenir l'effet. Je pensai qu'une provision de talents était la plus sûre ressource contre la misère, et je résolus d'employer mes loisirs à me mettre en état, s'il était possible, de rendre un jour à la meilleure des femmes l'assistance que j'en avais reçue. .
. .

(*) Ce n'est pas sous Vespasien, mais sous Adrien, qu'eut lieu la disgrâce de ce préfet, qui s'appelait *Similis*. Voyez la troisième des *Lettres à M. de Malesherbes*.

FIN DES RÊVERIES

DÉCLARATION

DE

JEAN-JACQUES ROUSSEAU

RELATIVE A M. LE PASTEUR VERNES (*).

C'est un des malheurs de ma vie qu'avec un si grand désir d'être oublié je sois contraint de parler de moi sans cesse. Je n'ai jamais attaqué personne, et je ne me suis défendu que lorsqu'on m'y a forcé; mais quand l'honneur oblige de parler, c'est un crime de se taire. Si M. le pasteur Vernes se fût contenté de désavouer l'ouvrage où je l'ai reconnu, j'aurais gardé le silence. Il veut de plus une déclaration de ma part, il faut la faire; il m'accuse publiquement de l'avoir calomnié, il faut me défendre; il demande les raisons que j'ai eues de le nommer, il faut les dire : mon silence en pareil cas me serait reproché, et ce reproche ne serait pas injuste. Les préventions du public m'ont appris depuis longtemps à me mettre au-dessus de sa censure; il ne m'importe plus qu'il pense bien ou mal de moi, mais il m'importera toujours de me conduire de telle sorte que, quand il en pensera mal, il ait tort.

Je dois dire pourquoi, faisant réimprimer à Paris un libelle imprimé à Genève, je l'ai attribué à M. Vernes; je dois déclarer si je continue, après son désaveu, à le croire auteur du libelle; enfin je dois prendre, sur la réparation qu'il désire, le parti qu'exigent la justice et la raison. Mais on ne peut bien juger de tout cela qu'après l'exposé des faits qui s'y rapportent.

Au commencement de janvier, dix ou douze jours après la publication des *Lettres écrites de la montagne,* parut à Genève une feuille intitulée, *Sentiment des citoyens :* on m'expédia par la poste un exemplaire de cette pièce pour mes étrennes. Après l'avoir lue, je l'envoyai de mon côté à un libraire de Paris, comme une réponse aux *Lettres écrites de la montagne,* avec la lettre suivante :

« Je vous envoie, monsieur, une pièce imprimée et publiée à Genève, et que je vous prie d'imprimer et publier à Paris, pour mettre le public en état d'entendre les deux parties, en attendant les autres réponses plus foudroyantes qu'on prépare à Genève contre moi. Celle-ci est de M. Vernes, ministre du saint Évangile et pasteur à Céligny : je l'ai reconnu d'abord à son style pastoral. Si toutefois je me trompe, il ne faut qu'attendre pour s'en éclaircir; car, s'il en est l'auteur, il ne manquera pas de la reconnaître hautement, selon le devoir d'un homme d'honneur et d'un bon chrétien; s'il ne l'est pas, il la désavouera de même, et le public saura bientôt à quoi s'en tenir.

(*) Au livre XII de ses *Confessions,* Rousseau parle de cette Déclaration, sous le titre de *Mémoire.* (Voyez tome 11, page 88, et la note.)

« Je vous connais trop, monsieur, pour croire que vous voulussiez imprimer une pièce pareille si elle vous venait d'une autre main; mais puisque c'est moi qui vous en prie, vous ne devez vous en faire aucun scrupule. Je vous salue de tout mon cœur. »

A peine la pièce était-elle imprimée à Paris, qu'il en fut expédié, sans que je sache par qui, des exemplaires à Genève avec ces trois mots : « Lisez, bonnes gens. » Cela donna occasion à M. Vernes de m'écrire plusieurs lettres, qu'il a publiées avec mes réponses, et que je transcris ici de l'imprimé.

PREMIÈRE LETTRE DE M. LE PASTEUR VERNES.

Genève, le 2 février 1765.

Monsieur,

On a imprimé une lettre *signée* Rousseau, dans laquelle on me somme en quelque manière de dire publiquement si je suis l'auteur d'une brochure intitulée : *Sentiment des citoyens*. Quoique je doute fort que cette lettre soit de vous, monsieur, je suis cependant tellement indigné du soupçon qu'il paraît qu'ont quelques personnes relativement au libelle dont il est question, que j'ai cru devoir vous déclarer que non-seulement je n'ai aucune part à cette infâme brochure, mais que j'ai partout témoigné l'horreur qu'elle ne peut que faire à tout honnête homme. Quoique vous m'ayez dit des injures dans vos *Lettres écrites de la montagne*, parce que je vous ai dit sans aigreur et sans fiel que je ne pense pas comme vous sur le christianisme, je me garderai bien de m'avilir réellement par une vengeance aussi basse que celle dont des gens qui ne me connaissent pas sans doute ont pu me croire capable. J'ai satisfait à ma conscience en soutenant la cause de l'Évangile, qui m'a paru attaqué dans quelques-uns de vos ouvrages : j'attendais une réponse qui fût digne de vous, et je me suis contenté de dire en vous lisant : « Je ne reconnais pas là M. Rousseau. » Voilà, monsieur, ce que j'ai cru devoir vous déclarer ; et, pour vous épargner dans la suite de nouvelles lettres de ma part, s'il paraît quelque ouvrage anonyme où il y ait de l'humeur, de la bile, de la méchanceté, je vous préviens que ce n'est pas là mon cachet. J'ai l'honneur, d'être, etc.

RÉPONSE.

Motiers, le 4 février 1765.

J'ai reçu, monsieur, la lettre que vous m'avez fait l'honneur de m'écrire le 2 de ce mois, et par laquelle vous désavouez la pièce intitulée : *Sentiment des citoyens*. J'ai écrit à Paris pour qu'on y supprimât l'édition que j'y ai fait faire de cette pièce : si je puis contribuer en quelque autre manière à constater votre désaveu, vous n'avez qu'à ordonner. Je vous salue, monsieur, très humblement.

DEUXIÈME LETTRE DE M. LE PASTEUR VERNES.

Genève, le 8 février 1765.

J'avoue, monsieur, que je ne reviens point de ma surprise. Quoi ! vous êtes réellement l'auteur de la lettre qui précède le libelle et des notes qui l'accompagnent ! Quoi ! c'est vous, de qui j'ai été particulièrement connu, et qui m'assurâtes si souvent de toute votre estime; c'est vous qui, non-seulement m'avez soupçonné capable de l'action la plus basse, mais qui avez fait imprimer cet odieux soupçon ! c'est vous qui n'avez pas craint de me diffamer dans les pays étrangers, et, s'il eût été possible, aux yeux de mes concitoyens, dont vous savez combien l'estime doit m'être précieuse ! Et vous me dites après cela, avec la froideur d'un homme qui aurait fait l'action la plus indifférente : « J'ai écrit à Paris pour qu'on

« y supprime l'édition que j'ai fait faire de cette pièce : si je puis contribuer en
« quelque autre manière à constater votre désaveu, vous n'avez qu'à ordonner. »
Vous parlez, sans doute, monsieur, d'une seconde édition, car la première est
épuisée. Et, par rapport au *désaveu*, ce n'est pas le mien qu'il s'agit de constater ;
je l'ai rendu *public*, comme vous m'y invitiez dans votre lettre au libraire de
Paris ; j'ai fait imprimer celle que j'ai eu l'honneur de vous écrire. Mon devoir
est rempli ; c'est à vous maintenant à voir quel est le vôtre : vous devriez regarder
comme une injure si je vous indiquiez ce qu'en pareil cas ferait un honnête
homme. Je n'exige rien de vous, monsieur, si vous n'en exigez rien vous-même.
J'ai l'honneur d'être, etc.

RÉPONSE.

Motiers, le 15 février 1765.

De peur, monsieur, qu'une vaine attente ne vous tienne en suspens, je vous
préviens que je ne ferai point la déclaration que vous paraissez espérer ou désirer
de moi. Je n'ai pas besoin de vous dire la raison qui m'en empêche, personne au
monde ne la sait mieux que vous.

Comme nous ne devons plus rien avoir à nous dire, vous permettrez que notre
correspondance finisse ici. Je vous salue, monsieur, très humblement.

TROISIÈME LETTRE DE M. LE PASTEUR VERNES.

Genève, le 20 février 1765.

Monsieur,

Je terminerais volontiers une correspondance qui n'est pas plus de mon goût
que du vôtre, si vous ne m'aviez pas mis dans l'impossibilité de garder le silence :
le tour que vous avez pris pour ne pas donner une déclaration qui me paraissait
un simple acte de la justice la plus étroite, et que par là je ne croyais pas devoir
exiger de vous ; ce tour, dis-je, est sans doute susceptible d'un grand nombre
d'explications : mais il en est une qui touche trop à mon honneur pour que je ne
doive pas vous demander de me déclarer positivement si vous soupçonneriez
encore que je suis l'auteur du libelle, malgré le désaveu formel que je vous en
ai fait publiquement. Je n'ose me livrer à cette interprétation qui vous serait
plus injurieuse qu'à moi ; mais il suffit qu'elle soit possible pour que je ne doute
pas de votre empressement à me dire ce que je dois l'éloigner absolument de votre
pensée. C'est la tout ce que je vous demande, monsieur : ce sera ensuite à vous
à juger s'il vous convient de laisser à la phrase dont vous vous êtes servi une
apparence de faux-fuyant, ou de me marquer nettement dans quel sens elle doit
être entendue. Ce qu'il y a de certain, c'est que je ne crains point de vous voir
sortir du nuage où vous semblez vous cacher. J'ai l'honneur d'être, etc.

RÉPONSE.

Motiers, le 24 février 1765.

La phrase dont vous me demandez l'explication, monsieur, ne me paraît pas
avoir deux sens : j'ai voulu dire le plus clairement et le moins durement qu'il
était possible que, nonobstant un désaveu auquel je m'étais attendu, je ne pouvais
attribuer qu'à vous seul l'écrit désavoué, ni par conséquent faire une déclaration
qui, de ma part, serait un mensonge. Si celle-ci n'est pas claire, ce n'est pas
assurément ma faute, et je serais fort embarrassé de m'expliquer plus positive-
ment. Recevez, monsieur, je vous supplie, mes très humbles salutations.

J.-J. Rousseau.

QUATRIÈME LETTRE DE M. LE PASTEUR VERNES.

Céligny, le premier mars 1765.

Monsieur,

La lumière n'est assurément pas plus claire que l'explication que vous me donnez. Si c'est par ménagement que vous aviez employé la phrase équivoque de votre précédente lettre, c'est par la même raison que j'avais écarté le sens dans lequel vous me déclarez qu'elle doit être prise. Il reste à présent d'autres ténèbres, que vous seul pouvez dissiper. Si, comme il paraît par votre dernière lettre, vous étiez fermement résolu de me croire l'auteur du libelle; si vous entreteniez au dedans de vous cette persuasion avec une sorte de complaisance, pourquoi m'aviez-vous invité vous-même « à reconnaître hautement cette pièce, ou à la désavouer? » pourquoi aviez-vous laissé croire qu'il était possible que vous fussiez dans l'erreur à cet égard? pourquoi aviez-vous dit : « Si je me trompe, il ne faut qu'attendre pour s'en éclaircir? » pourquoi avez-vous ajouté que, lorsque j'aurais parlé, « le public saurait à quoi s'en tenir? » Tout cela n'était-il qu'un jeu de votre part? ou bien, auriez-vous été capable de former l'odieux projet d'ajouter une nouvelle injure à celle que vous n'aviez pas craint de me faire par une odieuse imputation? C'est à regret, monsieur, que je me livre à une conjecture qui vous déshonorerait, si elle était fondée; je ne me résoudrai jamais à penser mal de vous, lorsque vous m'y forcerez vous-même. Ce n'est pas tout : si mon désaveu n'a fait sur vous aucune impression, pourquoi donc avez-vous ordonné au libraire de Paris de supprimer votre édition du libelle? pourquoi, comme je l'ai su de bonne part, avez-vous écrit à un homme d'un rang distingué, qu'ayant été mieux instruit, vous ne m'attribuiez plus cette pièce? Je vous le demande, est-il possible de vous trouver en cela d'accord avec vous-même? Si de nouvelles raisons, plus décisives que celles que vous avait fournies mon prétendu *style pastoral*, qui est la seule que vous ayez alléguée, et dont le ridicule vous aurait frappé, sans son air de sarcasme qui a pu vous séduire; si, dis-je, de nouvelles raisons ont arrêté ce premier mouvement de justice, que la droiture naturelle de votre cœur avait fait naître, pourquoi ne m'exposez-vous pas ces raisons avec cette franchise et cette candeur qu'annonce en vous cette belle devise : *Vitam impendere vero?* Ce silence ne donnera-t-il point lieu de croire qu'il est des cas où vous aimez à mettre un bandeau sur vos yeux, où la découverte de la vérité coûterait trop à certain sentiment, souvent plus fort que l'amour qu'on a pour elle? Voyez donc, monsieur, quel est le parti qu'il vous convient de prendre. Pour moi, loin de redouter l'exposition des motifs qui vous empêchent de vous rendre à mon désaveu, je suis très curieux de les apprendre, ne pouvant pas en imaginer un seul. Je vous demande de vous expliquer à cet égard avec toute la clarté possible, et sans aucun ménagement, tant je suis convaincu que vous ne ferez par là que confirmer le jugement de toutes les personnes dont je suis connu, qui dirent, en lisant ma première lettre, que j'aurais dû me taire sur une imputation qui tombait d'elle-même, et ne pouvait faire tort qu'à son auteur. Je reçois bien volontiers, monsieur, vos salutations, et je vous prie d'agréer les miennes.

A la fin du recueil de ces lettres, M. Vernes ajoute : « M. Rousseau n'a pas cru sans doute qu'il lui convînt de répondre à cette dernière lettre; il n'est pas difficile d'en imaginer la raison. » Non, cela n'est point difficile; mais comment M. Vernes, sentant si bien cette raison, n'en a-t-il pas prévu l'effet? Comment a-t-il pu se flatter de lier, de suivre avec moi une correspondance en règle pour discuter les preuves de ses outrages, comme on discuterait un point de littérature? Peut-il croire que j'irai plaider devant lui ma cause contre lui-même; que j'irai le prendre ici pour juge dans son propre fait? Et dans quel fait? Sur la modération qu'il voit régner dans ma conduite, présume-t-il que je puisse penser

à lui de sang froid? moi, qui ne lis pas une de ses lettres sans le plus cruel effort; moi, qui ne puis sans frémir entendre prononcer son nom, que je puisse tranquillement correspondre et commercer avec lui!

Non: j'ai cru devoir lui déclarer nettement mon sentiment, et le tirer de l'incertitude où il feignait d'être. Je n'en dois ni n'en veux faire avec lui davantage. Que la décence de mes expressions ne l'abuse plus. Dans le fond de mon cœur je lui rends justice; mais dans mes procédés c'est à moi que je la rends. Comme mon amour-propre n'est point aveugle, et que j'ai appris à m'attendre à tout de la part des hommes, leurs outrages ne m'ont point pris au dépourvu : ils m'ont trouvé assez préparé pour les supporter avec dignité. L'adversité ne m'a ni abattu ni aigri : c'est une leçon dont j'avais besoin peut-être. J'en suis devenu plus doux, mais je n'en suis pas devenu plus faible. Mes épreuves sont faites; je suis à présent sûr de moi. Je ne veux plus de guerre avec personne, et désormais je cesse de me défendre. Mais, à quelque extrémité qu'on me réduise, il n'y aura jamais ni traité ni commerce entre J.-J. Rousseau et les méchants.

M. Vernes veut savoir les motifs qui m'empêchent de me rendre à son désaveu; il m'exhorte à m'expliquer à cet égard avec toute la clarté possible et sans aucun ménagement : c'est une explication que je lui dois, puisqu'il la demande, mais que je ne veux lui donner qu'en public.

Je commence par déclarer que je ne suis point exempt de blâme pour lui avoir attribué publiquement le libelle, non que je croie avoir manqué à la vérité ni à la justice, mais dans un premier mouvement j'ai manqué à mes principes. En cela j'ai eu tort. Si je pouvais réparer ce tort sans dire un mensonge, je le ferais de tout mon cœur. Avouer ma faute est tout ce que je puis faire : tant que la persuasion où je suis subsiste, toute autre réparation ne dépend pas de moi. Reste à voir si cette persuasion est bien ou mal fondée, ou si on doit la présumer de ma part de bonne ou mauvaise foi. Qu'on saisisse donc la question. Il ne s'agit pas de savoir précisément si M. Vernes est ou n'est pas l'auteur du libelle, mais si je dois croire ou ne pas croire qu'il l'est. Que ne puis-je si bien séparer ces deux questions que la dernière ne conclue rien pour l'autre! Que ne puis-je établir les motifs de ma persuasion sans entraîner celle des lecteurs! je le ferais avec joie. Je ne veux point prouver que Jacob Vernes est un infâme, mais je dois prouver que J.-J. Rousseau n'est point un calomniateur.

Pour exposer d'abord ce qu'il y a eu de personnel entre ce ministre et moi, il faut remonter à nos premières liaisons et suivre l'historique de nos démêlés.

En 1752 ou 53, M. Vernes passa à Paris, revenant, je crois, d'Angleterre ou de Hollande. *Le Devin du village* m'avait mis en vogue : il désira me connaître; il employa pour cela mon ami M. de Gauffecourt, et nous eûmes quelques liaisons qui finirent à son départ, mais qu'il eut soin de renouveler à Genève dans un voyage que j'y fis l'année suivante. Car j'ai deux maximes inviolables dans la prospérité même : l'une, de ne jamais rechercher personne; l'autre, de ne jamais courir après les gens qui s'en vont. Ainsi tous ceux qui m'ont quitté durant mes disgrâces sont partis comme ils étaient venus.

Tout Genève fut témoin des avances de M. Vernes, de ses soins, de ses empressements, de ses caresses : il réussit; c'est toujours là mon côté faible; résister aux caresses n'est pas au pouvoir de mon cœur. Heureusement on ne m'a pas gâté là-dessus.

De retour à Paris, je continuai d'être en liaison avec M. Vernes. L'intimité diminua : mais elle était née de la seule habitude; l'éloignement la ralentit. Je ne trouvai pas d'ailleurs dans son commerce ces attentions qui marquent l'attachement, et qui produisent la confiance : il tira de l'*Encyclopédie* l'article *Economie politique*, et le fit imprimer à part sans me consulter; il répandit des lettres de M. le comte de Tressan, avec les réponses. Ces lettres, qui n'étaient point de nature à être imprimées, l'ont été à mon insu, et M. Vernes est le seul à qui je les aie confiées. Mille bagatelles pareilles se font sentir sans valoir la peine d'être dites, et, sans montrer une mauvaise volonté décidée, montrent une indiscrétion que n'a point la véritable amitié.

Cependant nous nous écrivions encore de temps en temps et jusqu'au commencement de mes désastres : alors je n'entendis plus parler de lui ni de beaucoup d'autres. C'est à la coupelle de l'adversité que la plupart des amitiés s'en vont en fumée : il reste peu d'or, mais il est pur. Toutefois, quand M. Vernes me sut plus tranquille, il s'avisa de m'écrire une lettre fort pédantesque et fort sèche, à laquelle je ne daignai pas répondre. Voilà la source de sa haine contre moi.

Cette cause paraît légère ; elle ne l'était pourtant pas. Il sentit le dédain caché sous ce silence ; son amour-propre en fut blessé vivement : il suffit de connaître M. Vernes pour savoir à quel point il porte la suffisance, la haute opinion de lui-même et de ses talents. Je ne récuse sur ce point aucun de ses amis, s'il en a : si j'ai tort, qu'ils le disent, et je me rends. On ne m'a point vu, malignement satirique, éplucher les vices, ni même les défauts de mes ennemis ; je n'examine point leurs mœurs, leur religion, leurs principes. Je n'usai de personnalités de ma vie, et je ne veux pas commencer ; mais ici je dois dire ce qui fait à ma cause ; je dois dire sur quoi j'ai porté mes jugements.

Voilà comment la vanité, la vengeance, enflammèrent la sainte ardeur de M. Vernes, prédicateur parce que c'est son métier de l'être, mais qui jusque-là n'avait point été dévoré du zèle de l'orthodoxie ; voilà le sentiment secret qui lui dicta les lettres sur mon christianisme. Son orgueil irrité lui mit à la main les armes de son métier. Sans songer à la charité, qui défend d'accabler celui qui souffre ; à la justice, qui, quand même j'aurais été coupable, devait me trouver trop puni ; à la bienséance, qui veut qu'on respecte l'amitié, même après qu'elle est éteinte : voilà le bien-disant, le galant, le plaisant M. Vernes transformé tout-à-coup en apôtre, et lançant ses foudres théologiques sur son ancien ami malheureux (*). Est-il étonnant que la haine et l'envie emploient si volontiers cet expédient ? Il est si commode et si doux d'édifier tout le monde, en écrasant pieusement son homme ! Ce grand mot, *notre sainte religion*, dans un livre, est presque toujours une sentence de mort contre quelqu'un ; c'est le manteau sacré dont se couvrent des passions viles et basses qui n'osent se montrer nues. Toutes les fois que vous verrez un homme en attaquer un autre avec animosité sur la religion, dites hardiment : L'agresseur est un fripon ; vous ne vous tromperez de la vie.

Que le pur zèle de la foi n'ait point dicté les lettres de M. Jacob Vernes sur mon christianisme, cela se voit d'abord par le titre même, par la personnalité la plus révoltante, la moins charitable, par la fierté menaçante avec laquelle l'auteur monte sur son tribunal pour juger, non mes livres, mais ma personne, pour prononcer publiquement en son nom la sentence qui me retranche du corps des chrétiens, pour m'excommunier de son autorité privée.

Cela se voit encore par l'épigraphe, où l'on m'accuse d'offrir au lecteur dans un vase de paroles dorées de l'aconit et des poisons.

Ce terrible début n'est point démenti par l'ouvrage : on y attaque mes propositions par leurs conséquences les plus éloignées ; ce qui serait permis, en raisonnant bien, pour montrer que ces propositions sont fausses ou dangereuses, mais non pas pour juger des sentiments de l'auteur, qui peut n'avoir pas vu ces conséquences. M. Vernes, ne se proposant pas d'examiner si j'ai raison ou tort, mais si je suis chrétien ou non, doit me juger exactement sur ce que j'ai dit, et non sur ce qui peut se déduire subtilement de ce que j'ai dit, parce qu'il se peut que je n'aie pas eu cette subtilité ; il se peut que j'eusse rejeté le sentiment que j'ai avancé, si j'avais vu jusqu'où il pouvait me conduire. Quand on veut prouver qu'un homme est coupable, il faut prouver qu'il n'a pu ne l'être pas, et ce n'est nullement un crime de n'avoir pas su voir aussi loin qu'un autre dans une chaîne de raisonnements.

Non content de cette injustice, M. Vernes va jusqu'à la calomnie, en m'impu-

(1) L'ouvrage du pasteur Vernes dont il est question ici a pour titre : *Examen des deux premières lettres de J.-J. Rousseau*, etc. Genève, 1765.

tant les sentiments les plus punissables et les moins découlants des miens, comme quand il ose me faire dire que Jésus-Christ est un imposteur, ou du moins me faire mettre en doute ce blasphème; doute qu'il étend, qu'il confirme, et sur lequel on voit qu'il appuie avec plaisir, et cela par le raisonnement le plus sophistique et le plus faux qu'on puisse faire, puisqu'il établit à la fois le pour et le contre; car, s'il prouve que je ne suis pas chrétien parce que je n'admets pas tout l'Evangile, comment peut-il prouver ensuite par l'Evangile que, selon moi, Jésus fut un imposteur? comment peut-il savoir si les passages qu'il cite dans cette vue ne sont point de ceux dont je n'admets pas l'autorité? Qui doute que Jésus ait fait tous les miracles qu'on lui attribue peut douter qu'il ait tenu tous les discours qu'on lui fait tenir. Je n'entends pas justifier ici ces doutes, je dis seulement que M. Vernes en fait usage avec injustice et méchanceté; qu'il me fait rejeter l'autorité de l'Evangile pour me traiter d'apostat, et qu'il me la fait admettre pour me traiter de blasphémateur.

Quand il aurait raison dans tous les points de sa critique, ses jugements contre moi n'en seraient pas moins téméraires, puisqu'il m'impute des discours qu'il n'a vus nulle part être les miens; car enfin, où a-t-il pris que la *Profession foi du vicaire* était celle de J.-J. Rousseau? Il n'a sûrement rien trouvé de cela dans mon livre; au contraire, il a trouvé positivement que je la donnais pour être d'un autre. Voilà mes expressions : « Je transcris un ouvrage, et je dis que je le transcris. » Dans un passage, on voit que c'est un mes concitoyens qui me l'adresse, ou moi qui l'adresse à un de mes concitoyens. Dans un autre passage, on lit : « Un caractère timide suppléait à la gêne, et prolongeait pour lui cette époque dans laquelle vous maintenez votre élève avec tant de soin. » Cela décide le doute, et il devient clair par là que la profession de foi n'est point un écrit que j'adresse, mais un écrit qui m'est adressé. En reprenant la parole, je dis que je ne donne point cet écrit pour règle des sentiments qu'on doit suivre en matière de religion. M'imputer à moi tous ces sentiments, est donc une témérité très injuste et très peu chrétienne : si cette pièce est répréhensible, on peut me poursuivre pour l'avoir publiée, mais non pas pour en être l'auteur, à moins qu'on ne le prouve. Or, M. Vernes l'affirme sans le prouver. Il m'a reconnu sans doute à mon style : de quoi donc se plaint-il aujourd'hui ? Je le juge suivant sa règle ; et, comme on verra tout à l'heure, j'ai plus de preuves qu'il est l'auteur du libelle fait contre moi, qu'il n'en a que je suis l'auteur d'une profession de foi qu'il trouve si criminelle.

M. Vernes enchérit partout sur le sens naturel des mots pour me rendre plus coupable. Par la forme de l'ouvrage, le style de la profession de foi devait être familier et même négligé; c'était pêcher autant contre le goût que contre la charité, de presser l'exacte propriété des termes. Après avoir loué avec la plus grande énergie la beauté, la sublimité de l'Evangile, le vicaire ajoute que cependant ce même Evangile est plein de choses incroyables. M. Vernes part de là pour prendre au pied de la lettre ce terme *plein*; il l'écrit en italique, il le répète avec l'emphase du scandale : comme s'il voulait dire que l'Evangile est tellement *plein* de ces choses incroyables qu'il n'y ait place pour nulle autre chose. Supposons qu'entrant dans un salon poudreux, vous disiez qu'il est beau, mais plein de poussière; s'il n'en est plein jusqu'au plafond, M. Vernes vous accusera de mensonge. C'est ainsi du moins qu'il raisonne avec moi.

Les conséquences qu'il tire de ce que j'ai dit, et les fausses interprétations qu'il en donne, ne lui suffisent pas encore; il me fait penser même au gré de sa haine. Si je fais une déclaration qui me soit contraire, il la prend au pied de la lettre, et la pousse aussi loin qu'elle peut aller : si j'en fais une qui me soit favorable, il la dément par les sentiments secrets qu'il me suppose, et dont il n'a d'autre preuve que le désir secret de me les trouver. Il cherche partout à me noircir avec adresse par des maximes générales, dont il ne me fait pas ouvertement l'application, mais qu'il place de manière à forcer le lecteur de la faire. « Dans quels écarts, dit-il, ne jette point l'imagination mise en jeu par l'esprit de système, la singularité, le dédain de penser comme le grand nombre, ou

quelque autre passion qui fermente en secret dans le cœur! » Voilà l'imagination du lecteur à son tour mise en jeu par ces paroles, et cherchant quelle est cette passion qui fermente en secret dans mon cœur. M. Vernes dit ailleurs : « Ce mot de M. Rousseau ne peut s'appliquer qu'à trop de gens. On fait comme les autres, sauf à rire en secret de ce qu'on feint de respecter en public. » A qui M. Vernes veut-il appliquer ici ces remarques? « A personne, dira-t-il; je parle en général : pourquoi M. Rousseau s'en ferait-il l'application, s'il ne sentait qu'elle est juste? » Voici donc là-dessus ma position. Si je laisse passer ces maximes sans y répondre, le lecteur dira : « L'auteur n'a pas lâché ces propos pour rien; sans doute, il en sait plus qu'il n'en veut dire, et Rousseau a ses raisons pour feindre de ne l'avoir pas entendu. » Et si je prends le parti de répondre, il dira : « Pourquoi Rousseau relèverait-il des maximes générales, s'il n'en sentait l'application? » Soit donc que je parle, ou que je me taise, la maxime fait son effet, sans que celui qui l'établit se compromette. On conviendra que le tour n'est pas maladroit.

C'était peu de m'inculper par le mal qu'on cherchait dans mon livre, ou qu'on imputait à l'auteur; il restait à m'inculper par le bien même : de cette manière, on était plus en fonds. Ecoutez M. Vernes, ou l'honnête ami qu'il se donne, et qui n'est pas moins charitable que lui.

« Remarquez à cette occasion, me dit M..., que si l'auteur d'*Emile* se fût montré ennemi ouvert de la religion chrétienne, s'il n'eût rien dit qui parût lui être favorable, il aurait été moins à redouter; son ouvrage aurait porté avec lui-même sa réfutation, parce que, dans le fond, il ne renferme que des objections souvent répétées, et aussi souvent détruites. Mais je ne connais rien de plus dangereux qu'un mélange d'un peu de bien avec beaucoup de mal; l'un passe à la faveur de l'autre : le poison agit plus sourdement, mais ses effets n'en sont pas moins funestes : un ennemi n'est jamais plus à craindre que dans les moments où on le croit ami. Ses coups n'en sont que plus assurés; la plaie n'en est que plus profonde. » Ainsi, tout ce qu'on est forcé de trouver bien dans mon livre, et ce n'est sûrement pas la moindre partie, n'est là que pour rendre le mal plus dangereux; l'auteur, punissable par ce qui est mauvais, l'est plus encore par ce qui est bon. Si quelqu'un voit un moyen d'échapper à des accusations pareilles, il m'obligera de me l'indiquer.

Joignez à cela l'air joyeux et content qui règne dans tout l'ouvrage, et le ton railleur et folâtre avec lequel M. le pasteur Vernes dépouille son ancien ami du christianisme, qui faisait toute sa consolation; ce Chinois surtout si goguenard, si *loustich*, qui le représente, et qu'il nous assure être un homme d'esprit et de sens; vous connaitrez à tous ces signes si la cruelle fonction qu'il s'impose lui est pénible, si c'est un devoir qui lui coûte, et que son cœur remplisse à regret.

Il ne s'ensuit point de tout ceci que M. Vernes ait raison ni tort dans cette querelle; ce n'est pas de cela qu'il s'agit : il s'ensuit seulement, mais avec évidence, que le zèle de la foi n'est que son prétexte; que son vrai motif est de me nuire, de satisfaire son animosité contre moi. J'ai montré la source de cette animosité : il faut à présent en montrer les suites.

M. Vernes s'attendait à une réponse expresse dans laquelle j'entrasse en lice avec lui; il la désirait, et il disait avec satisfaction qu'il en tirerait occasion d'amplifier les gentillesses de son Chinois. Ce Chinois, plus badin qu'un Français, était l'enfant chéri du christianisme de M. le pasteur; il se vantait de l'avoir nourri de ma substance, et c'était le vampire qu'il destinait à sucer le reste de mon sang.

Je ne répondis point à M. Vernes; mais j'eus occasion, dans mon dernier ouvrage, de parler deux fois du sien. Je ne déguisai ni le peu de cas que j'en faisais, ni mon mépris pour les motifs qui l'avaient dicté. Du reste, constamment attaché à mes principes, je me renfermai dans ce qui tenait à l'ouvrage; je ne me permis nulle personnalité qui lui fût étrangère, et je poussai la circonspection jusqu'à ne pas nommer l'auteur qui m'avait si souvent nommé avec si peu de ménagement.

Il était facile à reconnaître; il se reconnut : qu'on juge de sa fureur par sa

vanité. Blessé dans ses talents littéraires, dans son mérite d'auteur, dont il fait un si grand cas, il poussa les plus hauts cris, et ces cris furent moins de douleur que de rage. Ses premiers transports ont passé toute mesure; il faut en avoir été témoin soi-même, pour comprendre à quel point un homme de son état peut s'oublier dans la colère; ce qu'il disait, ce qu'il écrivait, ne se répète, ni ne s'imagine. L'énergie de ses ouvrages n'est à la portée d'aucun homme de sang froid; et ce qui rendit ses transports encore plus remarquables fut qu'il était le seul qui

M. Vernes.

s'y livrât. A la première apparition du livre, tout le monde gardait le silence. Le conseil n'avait point encore délibéré sur ce qu'il y avait à faire; tous ses clients se taisaient à son imitation. La bourgeoisie elle-même, qui ne voulait pas se commettre, attendait, pour avouer ou désavouer l'ouvrage, qu'elle eût vu comment le prendraient les magistrats. Il n'y avait pas d'exemple à Genève que personne eût osé dire ainsi la vérité sans détour. Un des partis était confondu, l'autre effrayé; tous attendaient dans le plus profond silence que quelqu'un l'osât rompre le premier. C'était au milieu de cette inquiète tranquillité que le seul

M. Vernes, élevant sa voix et ses cris, s'efforçait d'entraîner par son exemple le public, qu'il ne faisait qu'étonner. Comme il criait seul, tout le monde l'entendit; et ce que je dis est si notoire, qu'il n'y a personne à Genève qui ne puisse le confirmer. Toutes les lettres qui m'en vinrent dans ces temps-là sont pleines de ces expressions : « Vernes est hors de lui; Vernes dit des choses incroyables; Vernes ne se possède pas; la fureur de Vernes est au-delà de toute idée. » Le premier qui m'en parla m'écrivit : « Vernes, dans ses fureurs, est si maladroit qu'il n'épargne pas même votre style : il disait hier que vous écriviez comme un charretier. — Cela peut être, lui dit quelqu'un ; mais avouez qu'il fouette diablement fort. »

Sur la fin de l'année, c'est-à-dire dix ou douze jours après la publication du livre, tandis que le silence public et les cris forcenés de M. Vernes duraient encore, je reçus par la poste la brochure intitulée : *Sentiment des citoyens*. En y jetant les yeux, je reconnus à l'instant mon homme aux choses imprimées qu'il débitait seul de vive voix : de plus, je vis un furieux que la rage faisait extravaguer; et quoique j'aie à Genève des ennemis non moins ardents, je n'en ai point de si maladroits. N'ayant eu des démêlés personnels avec aucun d'eux, je n'ai point irrité leur amour-propre : leur haine est de sang froid, et n'en est que plus terrible; elle porte avec poids et mesure des coups moins pesants en apparence, mais qui blessent plus profondément.

Les premiers mouvements peignent les caractères de ceux qui s'y livrent. Celui de l'auteur du libelle fut de l'écrire et de le publier à Genève : le mien fut de le publier aussi à Paris, et d'en nommer l'auteur pour toute vengeance. J'eus tort; mais qu'un autre homme d'un esprit ardent se mette à ma place, qu'il lise le libelle, qu'il s'en suppose l'objet, qu'il sente ce qu'il aurait fait dans le premier saisissement, et puis qu'il me juge.

Cependant, malgré la plus intime persuasion de ma part, et même en nommant M. Vernes, non-seulement je m'abstins de laisser croire que j'eusse d'autres preuves que celles que j'avais en effet, mais je m'abstins de donner en public, à ces mêmes preuves, autant de force qu'elles en avaient pour moi. Je dis que je reconnaissais l'auteur à son style; mais je n'ajoutai point de quel style j'entendais parler, ni quelle comparaison m'avait rendu cette uniformité si frappante. Il est vrai qu'aucun Genevois ne put s'y tromper à Paris, puisque M. Vernes y répandait par ses correspondants, et entre autres par M. Durade, précisément les mêmes choses que j'avais dites dans le libelle, et où j'avais reconnu son style pastoral.

Je fis plus; je déclarai que, soit qu'il reconnût ou désavouât la pièce, on devait s'en tenir à sa déclaration : non que, quant à moi, j'eusse le moindre doute; mais, prévoyant ce qu'il ferait, j'étais content de le convaincre entre son cœur et moi, par son désaveu, qu'il avait fait deux fois un acte vil. Du reste, j'étais très résolu de le laisser en paix, et de ne point ôter au public l'impression qu'un désaveu non démenti devait naturellement y faire.

La chose arriva comme je l'avais prévu. M. Vernes m'écrivit une lettre, où, désavouant hautement le libelle, il le traitait sans détour de brochure infâme qui devait être en horreur aux honnêtes gens. J'avoue qu'une déclaration si nette ébranla ma persuasion. J'eus peine à concevoir qu'un homme, à quelque point qu'il se fût dépravé, pût en venir jusqu'à s'accuser ainsi, sans détour, d'infamie; jusqu'à se déclarer à lui-même qu'il devait faire horreur aux honnêtes gens. J'aurais non-seulement publié le désaveu de M. Vernes, mais j'y aurais même ajouté le mien sur cette seule lettre, si je n'y eusse en même temps trouvé un mensonge dont l'audace effaçait l'effet de sa déclaration; ce fut d'affirmer qu'il s'était contenté de dire au sujet de mon livre : « Je ne reconnais pas là M. Rousseau. » Il s'était si peu contenté de parler de cette manière, et tout le monde le savait si bien, que, révolté de cette impudence, et ne sachant où elle pouvait se borner dans un homme qui en était capable, je restai en suspens sur cette lettre; et il en résulta toujours dans mon esprit que M. Vernes était un homme que je ne pouvais estimer.

Cependant, comme son désaveu me laissait des scrupules, je remplis fidèlement l'espèce d'engagement que j'avais pris à cet égard : ainsi, avec la bonne foi que je mets à toute chose, j'envoyai sur-le-champ à tous mes amis le désaveu de M. Vernes ; et, ne pouvant le confirmer par le mien, je n'ajoutai pas un mot qui pût l'affaiblir. J'écrivis en même temps au libraire qu'il supprimât la pièce qui ne faisait que de paraître, et il me marqua m'avoir si bien obéi qu'il ne s'en était pas débité cinquante exemplaires. Voilà ce que je crus devoir faire en toute équité ; je ne pouvais aller au-delà sans mensonge. Puisque j'avais fait dépendre ma déclaration de celle de M. Vernes, laisser courir la sienne sans y répondre, et la répandre moi-même, était la faire valoir autant qu'il m'était permis.

En réponse à sa lettre, je lui donnai avis de ce que j'avais fait, et je crus que cette correspondance finirait là. Point : d'autres lettres suivirent. M. Vernes attendait une déclaration de ma part ; il fallut lui marquer que je ne la voulais pas faire : il voulut savoir la raison de ce refus ; il fallut la lui dire : il voulut entrer là-dessus en discussion ; alors je me tus.

Durant cette négociation parut un second libelle intitulé : *Sentiment des jurisconsultes*. Dès lors tous mes doutes furent levés : tant de la conduite de M. Vernes que de l'examen des deux libelles, il resta clair à mes yeux qu'il avait fait l'un et l'autre, et que l'objet principal du second était de mieux couvrir l'auteur du premier.

Voilà l'historique de cette affaire : voici maintenant les raisons du sentiment dans lequel je suis demeuré.

J'ai à Genève un grand nombre d'ennemis très ardents qui me haïssent tout autant que peut faire M. Vernes ; mais leur haine étant une affaire de parti, et n'ayant rien qui soit personnel à aucun d'eux, n'est point aveuglée par la colère, et, dirigeant à loisir ses atteintes, elle ne porte aucun coup à faux : elle est d'autant plus dangereuse qu'elle est plus injuste ; je les craindrais beaucoup moins, si je les avais offensés ; mais, bien loin de là, je n'en connais pas même un seul ; je n'ai jamais eu le moindre démêlé personnel avec aucun d'eux, à moins qu'on ne veuille en supposer un entre l'auteur des *Lettres de la campagne* et celui des *Lettres de la montagne*. Mais qu'y a-t-il de personnel dans un pareil démêlé ? rien, puisque ces deux auteurs ne se connaissent point, et n'ont pas même parlé directement l'un de l'autre. J'ose ajouter que si ces deux auteurs ne s'aiment pas réciproquement, ils s'estiment ; chacun des deux se respecte lui-même : il ne peut y avoir de querelle entre eux que pour la cause publique, et, dans ces querelles, ils ne se diront sûrement pas des injures : des hommes de cette trempe ne font point de libelles.

D'ailleurs, on sent à la lecture de la pièce que celui qui l'écrit n'est point homme de parti, qu'il est très indifférent sur cet article, qu'il ne songe qu'à sa colère, et qu'il ne veut venger que lui seul. J'ose ajouter que la stupide indécence qui règne dans le libelle prouve elle-même qu'il ne vient ni des magistrats, ni de leurs amis, qui se garderaient d'avilir ainsi leur cause. Je suis désormais un homme à qui ils doivent des égards pour cela seul qu'ils croient lui devoir de la haine. Attaquer mon honneur serait de leur part une passion trop inepte et trop basse : la dignité, le noble orgueil d'un tel corps de magistrature ne doit pas laisser présumer qu'un homme vil puisse lui porter des coups qui lui soient sensibles, des coups qu'il soit obligé de parer.

Il m'est donc de la dernière évidence, par la nature du libelle, qu'il ne peut être que d'un homme aveuglé par l'indignation de l'amour-propre, et le seul M. Vernes à Genève peut être avec moi dans ce cas. Si le public, qui ne sait si j'ai eu des querelles personnelles avec d'autres Genevois, ne peut sentir le poids de cette raison, en a-t-elle pour moi moins de force, et n'est-ce pas de ma persuasion qu'il s'agit ici ? De plus, combien le public même ne doit-il pas être frappé de la conformité des propos de M. Vernes avec le libelle ? A qui puis-je attribuer ces propos écrits, si ce n'est au seul qui les ait tenus de bouche dans le temps, dans le lieu, dans la circonstance où le libelle fut publié ? Quand il l'eût été par un autre, cet autre n'eût fait qu'écrire, pour ainsi dire, sous la dictée de

M. Vernes : M. Vernes eût toujours été le véritable auteur ; l'autre n'eût été que le secrétaire.

Troisième raison. L'état de l'auteur se montre à découvert dans l'esprit de l'ouvrage, il est impossible de s'y tromper. Dans l'édition originale, la pièce entière est de huit pages, dont une pour le préambule ; les cinq suivantes, qui font le corps de la pièce, roulent sur des querelles de religion et sur les ministres de Genève. A la septième, l'auteur dit : « Venons à ce qui nous regarde. » C'est y venir bien tard dans un écrit intitulé : *Sentiments des citoyens*. Dans ces deux dernières pages, qui ne disent rien, il revient encore à parler des pasteurs.

Qu'on se rappelle la disposition des esprits à Genève, en ce moment de crise où les deux partis, tout entiers à leurs démêlés, ne songeaient pas seulement à ce que j'avais dit de la religion et des ministres, et qu'on voie à qui l'on peut attribuer un écrit où l'auteur, tout occupé de ces messieurs, songe à peine aux affaires publiques.

Il y a des observations fines et sûres que le grand nombre ne peut sentir, mais qui frappent beaucoup de gens attentifs qui les savent faire ; et ce qu'il faut pour cela n'est pas tant d'avoir beaucoup d'esprit, que de prendre un grand intérêt à la chose : en voici une de cette espèce.

« Certes, est-il dit dans la pièce, il ne remplit pas ses devoirs, quand dans le même libelle, trahissant la confiance d'un ami, il fait imprimer une de ses lettres pour brouiller ensemble trois pasteurs. »

Il n'y a pas plus de vérité dans ces trois lignes que dans le reste de la pièce : mais passons. Je demande d'où peut venir à l'auteur l'idée de ce reproche d'avoir voulu brouiller trois pasteurs, si lui-même n'est pas du nombre ? Dans la lettre citée, deux pasteurs sont nommés d'une manière qui ne saurait les brouiller entre eux ; il conjecture le troisième très témérairement, et très faussement, mais en homme au surplus trop bien au fait du tripot pour n'en être pas lui-même. D'où a-t-il tiré que ce troisième prétendu pasteur était mon ami, et que j'avais trahi sa confiance ? Il n'y a pas un mot dans l'extrait que j'ai donné qui puisse autoriser cette accusation. Est-ce ainsi qu'un homme qui n'eût pas été du corps eût envisagé la chose ? Il fallait être ministre, instruit des tracasseries des ministres, et leur donner la plus grande importance, pour voir ici la brouillerie de trois d'entre eux, et la faire entrer dans tant d'accusations effroyables dont un écrit de huit pages est rempli. Cette remarque me confirme avec certitude que cette pièce, qui ne roule que sur des intérêts de ministres, est d'un ministre. J'ose affirmer que quiconque n'est pas frappé de la même évidence, le serait s'il y donnait autant d'attention et qu'il y prît autant d'intérêt que moi.

Or, s'il est étonnant que, dans une compagnie aussi respectable que celle des pasteurs de Genève, il s'en trouve un capable de faire un pareil libelle, il est certain du moins qu'il ne s'y en trouve pas deux. Auquel donc nous fixerons-nous ? Si le lecteur hésite, j'en suis fâché pour ces messieurs ; quant à moi, je les honore trop, malgré leurs torts, pour former là-dessus le moindre doute.

Je n'ai eu quelques liaisons suivies qu'avec cinq d'entre eux. Il en est mort deux, et plût à Dieu qu'ils vécussent ! il est probable que les choses auraient pris un tour bien différent.

Des trois qui restent, l'un est un homme grave, respectable par son âge, par son savoir, par sa conduite, par ses écrits, et qui, loin d'avoir pour moi de la haine, me doit, j'ose le dire, une estime particulière pour mes procédés envers lui.

Le second est un homme plein d'urbanité, d'un caractère liant et doux, et dont la correspondance, qui m'était agréable, n'a cessé de ma part que par l'impossibilité de fournir à tout. Du reste, il y a si peu de rupture entre nous, qu'abstraction faite des affaires publiques, je n'ai point cessé de compter sur son amitié, comme il peut compter sur la mienne.

Le troisième est M. Vernes. Lecteurs, mettez-vous à ma place : à qui des trois dois-je attribuer la pièce ? Il faut choisir ; car si j'en ai connu personnellement quelques autres, ce n'est que par des relations passagères de mutuelles honnê-

tetés : or, je le demande, cela produit-il, cela peut-il produire des libelles tels que celui dont il s'agit?

Il est triste sans doute d'être forcé d'attribuer à un ministre de la parole de Dieu une pièce pleine d'horreurs et de mensonges; mais, après avoir souillé sa bouche et sa plume de ces horreurs, pourquoi craindrait-il d'en souiller la presse, et pourquoi s'abstiendrait-il, dans un libelle anonyme, de faire des mensonges, puisqu'il ne craint pas d'en faire dans des lettres écrites et signées de sa main? J'en ai relevé un bien hardi dans la première; en voici un autre dans la dernière qui n'est pas plus timidement avancé. M. Vernes me demande dans sa quatrième lettre pourquoi, comme il l'a su de bonne part, j'ai écrit à un homme d'un rang

Voilà donc des mensonges, de la haine, des calomnies... (Pag. 177.)

distingué « qu'ayant été mieux instruit, je ne lui attribuais plus cette pièce. » Je ne sais pas rendre raison de ce qui n'est pas, et je suis très sûr de n'avoir rien écrit de pareil à personne. M. le prince de Wirtemberg a bien voulu me faire transcrire ce que je lui avais écrit à ce sujet; en voici l'article mot pour mot : « M. Vernes désavoue avec horreur le libelle que j'ai cru de lui. En attendant que je puisse parler de moi-même, je crois qu'il est de mon devoir de répandre son désaveu. » En quoi donc suis-je en contradiction avec moi-même dans ce passage? Si M. Vernes en a quelque autre en vue, qu'il le dise; qu'il dise d'où il tient ce qu'il dit savoir de si bonne part.

Voilà donc des mensonges, de la haine, des calomnies, indépendamment du libelle, et tout cela bien avéré. La disconvenance de l'ouvrage à l'auteur, malgré son état, n'est donc pas si grande. Voici plus : je trouve dans la pièce des choses qui me désignent si distinctement M. Vernes, que je ne puis m'y méprendre : il fallait toute la maladresse de la colère pour laisser ces choses-là, voulant se cacher. Pour prouver que je ne suis point un savant, ce qui n'avait assurément

pas besoin de preuves, on m'a fait, dans le libelle, auteur d'un opéra et de deux comédies sifflées. Pourquoi deux comédies ? je n'en ai donné qu'une au théâtre; mais j'en avais une autre qui ne valait pas mieux, dont j'avais parlé à très peu de gens à Paris, et au seul M. Vernes à Genève; lui seul, à Genève, savait que cette pièce existait. Je suis, selon le libelle, un bouffon qui reçoit des nasardes à l'Opéra, et qu'on prostituait marchant à quatre pattes sur le théâtre de la comédie. Mes liaisons avec M. Vernes suivirent immédiatement le temps où l'on m'ôta mes entrées à l'Opéra. J'en parlais avec lui quelquefois ; cette idée lui est restée. A l'égard de la comédie, il était naturel qu'il fût plus frappé que tout autre de celle où je suis représenté marchant à quatre pattes, parce qu'il a eu de grandes liaisons avec l'auteur : sans cela, ce souvenir n'eût point été naturel en pareille circonstance; car dans ce rôle, où l'on me donne des ridicules, on m'accorde aussi des vertus, ce qui n'est pas le compte de l'auteur du libelle. Il compare mes raisonnements à ceux de La Métrie, dont les livres sont généralement oubliés, mais qu'on sait être un des auteurs favoris de M. Vernes. En un mot, il y a peu de lignes dans tout le libelle où je n'aperçoive M. Vernes par quelque côté. J'accorde qu'un autre pouvait avoir les mêmes idées, mais non toutes à la fois ni dans la même occasion.

Si j'examine à présent ce qui s'est passé depuis la publication du libelle, j'y vois des soins pour me donner le change, mais qui ne servent qu'à me confirmer dans mon opinion. J'ai déjà parlé de la première lettre de M. Vernes, j'en reparlerai encore : passons aux autres. Comment concevoir le ton dont elles sont écrites ? comment accorder la douceur plus qu'angélique qui règne dans ces lettres avec le motif qui les dicte, et avec la conduite précédente de celui qui les écrit ? Quoi ! ce même homme qui, pour avoir été jugé mauvais auteur, se livre aux fureurs les plus excessives, chargé maintenant d'un libelle atroce, lie une paisible correspondance avec celui qui lui intente publiquement cette accusation, et la discute avec lui dans les termes les plus honnêtes ! Une si sublime vertu peut-elle être l'ouvrage d'un moment? Que je l'envie à quiconque en est capable ! Oui, je ne crains point de le dire, si M. Vernes n'est pas l'auteur du libelle, il est le plus grand ou le plus vil des mortels.

Mais supposons qu'il en fût l'auteur, que quelques mesures qu'il eût prises pour se bien cacher, le ton ferme avec lequel je le nomme lui donnât quelque inquiétude sur son secret : que, craignant que je n'eusse contre lui quelques preuves, il voulût éclaircir doucement ce soupçon sans m'irriter ni se compromettre, comment paraît-il qu'il devait s'y prendre ? Précisément comme il a fait : il feindrait d'abord de douter que l'accusation fût de moi, pour me laisser la liberté de ne la pas reconnaître, et pouvoir, sans me forcer à la soutenir, la faire regarder comme anonyme, et par conséquent comme nulle. Si je la reconnaissais, il me reprocherait avec modération mon erreur, et tâcherait de m'engager à me dédire, sans pourtant l'exiger absolument, de peur de me réduire à casser les vitres. Si je m'en défendais en termes d'autant plus dédaigneux, qu'ils disent moins et font plus entendre, feignant de ne les avoir pas compris, il m'en demanderait l'explication ; et, quand enfin je l'aurais donnée, il tâcherait d'entrer en discussion sur mes preuves, afin qu'en étant instruit, il pût travailler à les faire disparaître : car, qui jamais, dans une accusation publique, s'avisa d'en vouloir discuter les preuves tête à tête avec l'accusateur ? Enfin si, voyant clairement son dessein, je cessais de lui répondre, il prendrait acte de ce silence, et tâcherait de persuader au public que j'ai rompu la correspondance, faute de pouvoir soutenir l'éclaircissement. Je supplie ici le lecteur de suivre attentivement les lettres de M. Vernes, de voir si je les explique, et s'il voit quelque autre explication à leur donner.

Dans l'intervalle de cette plaisante négociation, parut le second libelle dont j'ai parlé, écrit du même style que le premier, avec la même équité, la même bienséance, avec le même esprit. Il me fut envoyé par la poste, comme le premier, avec le même soin, sous le même cachet, et j'y reconnus d'abord le même auteur. Dans ce second libelle, on censure mon style, comme M. Vernes le cen-

surait de vive voix, comme le même M. Vernes a trouvé mal écrite une lettre de dix lignes adressée à un libraire. Avant que j'eusse repoussé ses outrages, il m'accusait de bien écrire, et m'en faisait un nouveau crime; maintenant, je n'ai qu'un style obscur, j'écris comme un charretier, mes lettres sont mal écrites. Ces critiques peuvent être vraies; mais comme elles ne sont pas communes, on voit qu'elles partent de la même main. L'auteur connu des unes fait connaître l'auteur des autres.

L'objet secret de ce second libelle me paraît cependant avoir été de donner le change sur l'auteur du premier. Voici comment. On avait sourdement répandu dans le public, à Genève et à Paris, que le libelle était de M. de Voltaire; et M. Vernes, dont on connaît la modestie, ne doutait pas qu'on ne s'y trompât : les cachets de ces deux auteurs sont si semblables! Il s'agissait de confirmer cette erreur; c'est ce qu'on crut faire au moyen d'un second libelle : car comment penser qu'au moment où M. Vernes marquait tant d'horreur pour le premier, il s'occupait à composer le second? On y prit la précaution, qu'on avait négligée dans le premier, d'employer dans quelques mots l'orthographe de M. de Voltaire, comme un oubli de sa part, *encor*, *serait*. On affecte d'y parler de la génuflexion dans des sentiments contraires à ceux de M. Vernes, *versis viarum indiciis* (*) : mais qu'avait affaire dans un libelle écrit contre moi la génuflexion dont je n'ai jamais parlé? C'est ainsi qu'en se cachant maladroitement on se montre.

Quel est l'homme assez dépourvu de goût et de sens pour attribuer de pareils écrits à M. de Voltaire, à la plume la plus élégante de son siècle? M. de Voltaire aurait-il employé six pages d'une pièce qui en contient huit à parler des ministres de Genève et à tracasser sur l'orthodoxie? m'aurait-il reproché d'avoir mêlé l'irréligion à mes romans? m'aurait-il accusé d'avoir voulu brouiller des pasteurs? aurait-il dit qu'il n'est pas permis d'étaler des poisons sans offrir l'antidote? aurait-il affecté de mettre les auteurs dramatiques si fort au-dessous des savants? aurait-il fait si grand'peur aux Genevois d'appeler les étrangers pour juger leurs différends? aurait-il usé du mot de *délit commun*, sans savoir ce qu'il signifie, lui qui met une attention si grande à n'employer les termes de science que dans leur sens le plus exact? aurait-il dit que le mot *amphigouri* signifiait déraison? aurait-il écrit *quinze cent*, faire *cent* indéclinable étant une des fautes de langue particulières aux Genevois? Enfin, après avoir pris si grand soin de déguiser son orthographe dans le premier libelle, se serait-il négligé dans le second, lorsqu'on l'accusait déjà du premier? M. de Voltaire sait que les libelles sont un moyen maladroit de nuire; il en connaît de plus sûrs que celui-là.

En rassemblant tous ces divers motifs de croire, quel lecteur pourrait refuser son acquiescement à la persuasion où je suis que M. Vernes est l'auteur du libelle, soit par les traits cumulés qui l'y peignent, soit par les circonstances qui ne peuvent se rapporter qu'à lui? Malgré cela, je suis convenu, je conviens encore du tort que j'ai eu de le lui attribuer publiquement : mais je demande s'il m'est permis de réparer ce tort par un mensonge authentique, en déclarant publiquement que cette pièce n'est point de lui, tandis que je suis intimement assuré qu'elle en est.

Je conviens cependant que toutes ces raisons, très suffisantes pour me persuader moi-même, ne le seraient pas pour convaincre M. Vernes devant les tribunaux. J'en ai plus qu'il n'en faut pour croire; je n'en ai pas assez pour prouver. En cet état, tout ce que je puis dire, et que je dis assurément de très bon cœur, c'est qu'il est absolument possible que M. Vernes ne soit pas l'auteur du libelle : aussi n'ai-je affirmé qu'il l'était qu'autant qu'il ne dirait pas le contraire, et en m'appuyant d'une seule raison, dont même le public ne pouvait sentir la valeur.

Or, il est possible, à toute rigueur, que la pièce ne soit pas de celui à qui

(*) En renversant les traces de la route. Virgile, *Énéide*.

je l'ai attribuée; il est certain, dans cette supposition, que, lui ayant fait la plus cruelle injure, je lui dois la plus éclatante réparation, et il n'est pas moins certain que je veux faire mon devoir, sitôt qu'il me sera connu. Comment m'y prendre en cette occasion pour le connaître? Je ne veux être ni injuste ni opiniâtre; mais je ne veux être ni lâche ni faux. Tant que je me porterai pour juge dans ma propre cause, la passion peut m'aveugler : ce n'est plus à moi que je dois m'en rapporter, et, en conscience, je ne puis m'en rapporter à M. Vernes. Que faire donc? je ne vois qu'un moyen, mais je le crois sûr : la raison me l'a suggéré, mon cœur l'approuve; en fût-il d'autres, celui-là serait le plus digne de moi.

Dans une petite ville comme Genève, où la police est d'autant plus vigilante qu'elle a pour premier objet le plus vif intérêt des magistrats, il n'est pas possible que des faits tels que l'impression et le débit d'un libelle échappent à leurs recherches, quand ils en voudront découvrir les auteurs. Il s'agit ici de l'honneur d'un citoyen, d'un pasteur; et l'honneur des particuliers n'est pas moins sous la garde du gouvernement que leurs biens et leurs vies.

Que M. Vernes se pourvoie par-devant le conseil de Genève; que le conseil daigne faire, sur l'auteur du libelle, les perquisitions suffisantes pour constater que M. Vernes ne l'est pas, et qu'il le déclare : voilà tout ce que je demande.

Il y a deux voies différentes de procéder dans cette affaire; M. Vernes aura le choix. S'il croit le pouvoir suivre juridiquement, qu'il obtienne une sentence qui le décharge de l'accusation, et qui me condamne pour l'avoir faite, je déclare que je me soumets pour ce fait aux peines et réparations auxquelles me condamnera cette sentence, et que je les exécuterai de tout mon pouvoir.

Si, contre toute vraisemblance, on ne pouvait obtenir des preuves juridiques ni pour ni contre, cela serait même un préjugé de plus contre M. Vernes; car, quel autre que lui pouvait avoir un si grand intérêt à se cacher des magistrats avec tant de soin? pouvait-il craindre qu'on ne lui fît un grand crime de m'avoir si cruellement traité? a-t-on vu même que ce libelle effroyable ait été proscrit? Toutefois, levons encore cette difficulté supposée. Si le conseil n'a pas ici des preuves juridiques, ou qu'il veuille n'en pas avoir, il aura du moins des raisons de persuasion pour ou contre la mienne. En ce dernier cas, il me suffit d'une attestation de M. le premier syndic, qui déclare, au nom du conseil, qu'on ne croit point M. Vernes auteur du libelle. Je m'engage, en ce cas, à soumettre mon sentiment à celui du conseil, à faire à M. Vernes la réparation la plus pleine, la plus authentique, et telle qu'il en soit content lui-même. Je vais plus loin : qu'on prouve ou qu'on atteste que M. Vernes n'est pas l'auteur du second libelle, et je suis prêt à croire et à reconnaître qu'il n'est pas non plus l'auteur du premier.

Voilà les engagements que l'amour de la vérité, de la justice, la crainte d'avoir fait tort à mon ennemi le plus déclaré, me fait prendre à la face du public, et que je remplirai de même. Si quelqu'un connaît un moyen plus sûr de constater mon tort et de le réparer, qu'il le dise, et je ferai mon devoir.

QUATRE LETTRES

A

M. LE PRÉSIDENT DE MALESHERBES

CONTENANT LE VRAI TABLEAU DE MON CARACTÈRE, ET LES VRAIS MOTIFS DE TOUTE MA CONDUITE (*).

Montmorency, le 4 janvier 1762.

J'aurais moins tardé, monsieur, à vous remercier de la dernière lettre dont vous m'avez honoré, si j'avais mesuré ma diligence à répondre sur le plaisir qu'elle m'a fait. Mais, outre qu'il m'en coûte beaucoup d'écrire, j'ai pensé qu'il fallait donner quelques jours aux importunités de ces temps-ci, pour ne vous pas accabler des miennes. Quoique je ne me console point de ce qui vient de se passer, je suis très content que vous en soyez instruit, puisque cela ne m'a point ôté votre estime; elle en sera plus à moi quand vous ne me croirez pas meilleur que je ne suis.

Les motifs auxquels vous attribuez les partis qu'on m'a vu prendre, depuis que je porte une espèce de nom dans le monde, me font peut-être plus d'honneur que je n'en mérite; mais ils sont certainement plus près de la vérité que ceux que me prêtent ces hommes de lettres qui, donnant tout à la réputation, jugent de mes sentiments par les leurs. J'ai un cœur trop sensible à d'autres attachements pour l'être si fort à l'opinion publique; j'aime trop mon plaisir et mon indépendance pour être esclave de la vanité au point qu'ils le supposent. Celui pour qui la fortune et l'espoir de parvenir ne balança jamais un rendez-vous ou un souper agréable, ne doit pas naturellement sacrifier son bonheur au désir de faire parler de lui; et il n'est point du tout croyable qu'un homme qui se sent quelque talent, et qui tarde jusqu'à quarante ans à le faire connaître, soit assez fou pour aller s'ennuyer le reste de ses jours dans un désert, uniquement pour acquérir la réputation d'un misanthrope.

Mais, monsieur, quoique je haïsse souverainement l'injustice et la méchanceté, cette passion n'est pas assez dominante pour me déterminer seule à fuir la société des hommes, si j'avais, en les quittant, quelque grand sacrifice à faire. Non, mon motif est moins noble et plus près de moi. Je suis né avec un amour naturel pour la solitude, qui n'a fait qu'augmenter à mesure que j'ai mieux connu les hommes. Je trouve mieux mon compte avec les êtres chimériques que je rassemble autour de moi, qu'avec ceux que je vois dans le monde; et la société, dont mon imagination fait les frais dans ma retraite, achève de me dégoûter de toutes celles que j'ai quittées. Vous me supposez malheureux et consumé de mélancolie. O monsieur! combien vous vous trompez! C'est à Paris que je l'étais; c'est à Paris

(*) Ces quatre lettres forment une sorte de résumé du premier livre des *Confessions*. J.-J. Rousseau raconte dans cet ouvrage, livre XI, page 48, à quelle occasion elles furent composées.

qu'une bile noire rongeait mon cœur, et l'amertume de cette bile ne se fait que trop sentir dans tous les écrits que j'ai publiés tant que j'y suis resté. Mais, monsieur, comparez ces écrits avec ceux que j'ai faits dans ma solitude : ou je suis trompé, ou vous sentirez dans ces derniers une certaine sérénité d'âme qui ne se joue point, et sur laquelle on peut porter un jugement certain de l'état intérieur de l'auteur. L'extrême agitation que je viens d'éprouver vous a pu faire porter un jugement contraire : mais il est facile à voir que cette agitation n'a point son principe dans ma situation actuelle, mais dans une imagination déréglée, prête à s'effaroucher sur tout, et à porter tout à l'extrême. Des succès continus m'ont rendu sensible à la gloire ; et il n'y a point d'homme, ayant quelque hauteur d'âme et quelque vertu, qui pût penser, sans le plus mortel désespoir, qu'après sa mort on substituerait sous son nom, à un ouvrage utile, un ouvrage pernicieux, capable de déshonorer sa mémoire, et de faire beaucoup de mal. Il se peut qu'un tel bouleversement ait accéléré le progrès de mes maux ; mais, dans la supposition qu'un tel accès de folie m'eût pris à Paris, il n'est point sûr que ma propre volonté n'eût pas épargné le reste de l'ouvrage à la nature.

Longtemps je me suis abusé moi-même sur la cause de cet invincible dégoût que j'ai toujours éprouvé dans le commerce des hommes ; je l'attribuais au chagrin de n'avoir pas l'esprit assez présent pour montrer dans la conversation le peu que j'en ai, et, par contre-coup, à celui de ne pas occuper dans le monde la place que j'y croyais mériter. Mais quand, après avoir barbouillé du papier, j'étais bien sûr, même en disant des sottises, de n'être pas pris pour un sot ; quand je me suis vu recherché de tout le monde, et honoré de beaucoup plus de considération que ma plus ridicule vanité n'en eût osé prétendre ; et que, malgré cela, j'ai senti ce même dégoût plus augmenté que diminué, j'ai conclu qu'il venait d'une autre cause, et que ces espèces de jouissances n'étaient point celles qu'il me fallait.

Quelle est donc enfin cette cause ? Elle n'est autre que cet indomptable esprit de liberté que rien n'a pu vaincre, et devant lequel les honneurs, la fortune, et la réputation même, ne me sont rien. Il est certain que cet esprit de liberté me vient moins d'orgueil que de paresse : mais cette paresse est incroyable ; tout l'effarouche ; les moindres devoirs de la vie civile lui sont insupportables ; un mot à dire, une lettre à écrire, une visite à faire, dès qu'il le faut, sont pour moi des supplices. Voilà pourquoi, quoique le commerce ordinaire des hommes me soit odieux, l'intime amitié m'est si chère, parce qu'il n'y a plus de devoir pour elle ; on suit son cœur, et tout est fait. Voilà encore pourquoi j'ai toujours tant redouté les bienfaits ; car tout bienfait exige reconnaissance, et je me sens le cœur ingrat, par cela seul que la reconnaissance est un devoir. En un mot, l'espèce de bonheur qu'il me faut n'est pas tant de faire ce que je veux, que de ne pas faire ce que je ne veux pas. La vie active n'a rien qui me tente ; je consentirais cent fois plutôt à ne jamais rien faire qu'à faire quelque chose malgré moi ; et j'ai cent fois pensé que je n'aurais pas vécu trop malheureux à la Bastille, n'y étant tenu à rien du tout qu'à rester là.

J'ai cependant fait dans ma jeunesse quelques efforts pour parvenir. Mais ces efforts n'ont jamais eu pour but que la retraite et le repos dans ma vieillesse, et, comme ils n'ont été que par secousse, comme ceux d'un paresseux, ils n'ont jamais eu le moindre succès. Quand les maux sont venus, ils m'ont fourni un beau prétexte pour me livrer à ma passion dominante. Trouvant que c'était une folie de me tourmenter pour un âge auquel je ne parviendrais pas, j'ai tout planté là, et je me suis dépêché de jouir. Voilà, monsieur, je vous le jure, la véritable cause de cette retraite, à laquelle nos gens de lettres ont été chercher des motifs d'ostentation, qui supposent une constance, ou plutôt une obstination à tenir à ce qui me coûte, directement contraire à mon caractère naturel.

Vous me direz, monsieur, que cette indolence supposée s'accorde mal avec les écrits que j'ai composés depuis dix ans, et avec ce désir de gloire qui a dû m'exciter à les publier. Voilà une objection à résoudre, qui m'oblige à prolonger ma lettre, et qui, par conséquent, me force à la finir. J'y reviendrai, monsieur, si

mon ton familier ne vous déplaît pas ; car, dans l'épanchement de mon cœur, je n'en saurais prendre un autre : je me peindrai sans fard et sans modestie, je me montrerai à vous tel que je me vois et tel que je suis ; car, passant ma vie avec moi, je dois me connaître, et je vois, par la manière dont ceux qui pensent me connaître interprètent mes actions et ma conduite, qu'ils n'y connaissent rien. Personne au monde ne me connaît que moi seul. Vous en jugerez quand j'aurai tout dit.

Ne me renvoyez point mes lettres, monsieur, je vous supplie; brûlez-les, parce qu'elles ne valent pas la peine d'être gardées, mais non pas par égard pour moi. Ne songez pas non plus, de grâce, à retirer celles qui sont entre les mains de Duchesne. S'il fallait effacer dans le monde les traces de toutes mes folies, il y aurait trop de lettres à retirer, et je ne remuerais pas le bout du doigt pour cela. A charge et à décharge, je ne crains point d'être vu tel que je suis. Je connais mes grands défauts, et je sens vivement tous mes vices. Avec tout cela, je mourrai plein d'espoir dans le Dieu suprême, et très persuadé que, de tous les hommes que j'ai connus en ma vie, aucun ne fut meilleur que moi.

DEUXIÈME LETTRE.

Montmorency, le 12 janvier 1762.

Je continue, monsieur, à vous rendre compte de moi, puisque j'ai commencé; car ce qui peut m'être le plus défavorable est d'être connu à demi; et puisque mes fautes ne m'ont point ôté votre estime, je ne présume pas que ma franchise me la doive ôter.

Une âme paresseuse qui s'effraie de tout soin, un tempérament ardent, bilieux, facile à s'affecter, et sensible à l'excès à tout ce qui l'affecte, semblent ne pouvoir s'allier dans le même caractère ; et ces deux contraires composent pourtant le fond du mien. Quoique je ne puisse résoudre cette opposition par des principes, elle existe pourtant; je la sens, rien n'est plus certain, et j'en puis du moins donner par les faits une espèce d'historique qui peut servir à la concevoir. J'ai eu plus d'activité dans l'enfance, mais jamais comme un autre enfant. Cet ennui de tout m'a de bonne heure jeté dans la lecture. A six ans, Plutarque me tomba sous la main ; à huit, je le savais par cœur : j'avais lu tous les romans ; ils m'avaient fait verser des seaux de larmes avant l'âge où le cœur prend intérêt aux romans. De là se forma dans le mien ce goût héroïque et romanesque qui n'a fait qu'augmenter jusqu'à présent, et qui acheva de me dégoûter de tout, hors de ce qui ressemblait à mes folies. Dans ma jeunesse, que je croyais trouver dans le monde les mêmes gens que j'avais connus dans mes livres, je me livrais sans réserve à quiconque savait m'en imposer par un certain jargon dont j'ai toujours été la dupe. J'étais actif, parce que j'étais fou ; à mesure que j'étais détrompé, je changeais de goûts, d'attachements, de projets; et dans tous ces changements, je perdais toujours ma peine et mon temps, parce que cherchais toujours ce qui n'était point. En devenant plus expérimenté, j'ai perdu peu à peu l'espoir de le trouver, et, par conséquent, le zèle de le chercher. Aigri par les injustices que j'avais éprouvées, par celles dont j'avais été le témoin, souvent affligé du désordre où l'exemple et la force des choses m'avaient entraîné moi-même, j'ai pris en mépris mon siècle et mes contemporains, et, sentant que je ne trouverais point au milieu d'eux une situation qui pût contenter mon cœur, je l'ai peu à peu détaché de la société des hommes, et je m'en suis fait une autre dans mon imagination, laquelle m'a d'autant plus charmé, que je la pouvais cultiver sans peine, sans risque, et la trouver toujours sûre et telle qu'il me la fallait.

Après avoir passé quarante ans de ma vie ainsi mécontent de moi-même et des autres, je cherchais inutilement à rompre les liens qui me tenaient attaché à cette société que j'estimais si peu, et qui m'enchaînait aux occupations le moins de mon goût, par des besoins que j'estimais ceux de la nature, et qui n'étaient

que ceux de l'opinion : tout-à-coup, un heureux hasard vint m'éclairer sur ce que j'avais à faire pour moi-même, et à penser de mes semblables, sur lesquels mon cœur était sans cesse en contradiction avec mon esprit, et que je me sentais encore porté à aimer, avec tant de raisons de les haïr. Je voudrais, monsieur, vous pouvoir peindre ce moment, qui a fait dans ma vie une si singulière époque, et qui me sera toujours présent, quand je vivrais éternellement.

J'allais voir Diderot, alors prisonnier à Vincennes ; j'avais dans ma poche un *Mercure de France*, que je me mis à feuilleter le long du chemin. Je tombe sur la question de l'Académie de Dijon, qui a donné lieu à mon premier écrit. Si jamais quelque chose a ressemblé à une inspiration subite, c'est le mouvement qui se fit en moi à cette lecture : tout-à-coup, je me sens l'esprit ébloui de mille lumières ; des foules d'idées vives s'y présentent à la fois avec une force et une confusion qui me jeta dans un trouble inexprimable ; je sens ma tête prise par un étourdissement semblable à l'ivresse. Une violente palpitation m'oppresse, soulève ma poitrine ; ne pouvant plus respirer en marchant, je me laisse tomber sous un des arbres de l'avenue, et j'y passe une demi-heure dans une telle agitation qu'en me relevant j'aperçus tout le devant de ma veste mouillé de mes larmes, sans avoir senti que j'en répandais. O monsieur ! si j'avais jamais pu écrire le quart de ce que j'ai vu et senti sous cet arbre, avec quelle clarté j'aurais fait voir toutes les contradictions du système social ; avec quelle force j'aurais exposé tous les abus de nos institutions ; avec quelle simplicité j'aurais démontré que l'homme est bon naturellement, et que c'est par ces institutions seules que les hommes deviennent méchants ! Tout ce que j'ai pu retenir de ces foules de grandes vérités, qui, dans un quart d'heure, m'illuminèrent sous cet arbre, a été bien faiblement épars dans les trois principaux de mes écrits : savoir, ce premier *Discours*, celui sur *l'Inégalité* et le *Traité de l'éducation ;* lesquels trois ouvrages sont inséparables, et forment ensemble un même tout. Tout le reste a été perdu ; et il n'y eut d'écrit sur le lieu même que la prosopopée de Fabricius. Voilà comment, lorsque j'y pensais le moins, je devins auteur presque malgré moi. Il est aisé de concevoir comment l'attrait du premier succès et les critiques des barbouilleurs me jetèrent tout de bon dans la carrière. Avais-je quelque vrai talent pour écrire ? je ne sais. Une vive persuasion m'a toujours tenu lieu d'éloquence, et j'ai toujours écrit lâchement et mal quand je n'ai pas été fortement persuadé : ainsi c'est peut-être un retour caché d'amour-propre qui m'a fait choisir et mériter ma devise, et m'a si passionnément attaché à la vérité, ou à tout ce que j'ai pris pour elle. Si je n'avais écrit que pour écrire, je suis convaincu qu'on ne m'aurait jamais lu.

Après avoir découvert ou cru découvrir, dans les fausses opinions des hommes, la source de leurs misères et de leur méchanceté, je sentis qu'il n'y avait que ces mêmes opinions qui m'eussent rendu malheureux moi-même, et que mes maux et mes vices me venaient bien plus de ma situation que de moi-même. Dans le même temps, une maladie, dont j'avais dès l'enfance senti les premières atteintes, s'étant déclarée absolument incurable, malgré toutes les promesses des faux guérisseurs dont je n'ai pas été longtemps la dupe, je jugeai que, si je voulais être conséquent, et secouer une fois de dessus mes épaules le pesant joug de l'opinion, je n'avais pas un moment à perdre. Je pris brusquement mon parti avec assez de courage, et je l'ai assez bien soutenu jusqu'ici avec une fermeté dont moi seul peux sentir le prix, parce qu'il n'y a que moi seul qui sache quels obstacles j'ai eu, et j'ai encore tous les jours, à combattre pour me maintenir sans cesse contre le courant. Je sens pourtant bien que depuis dix ans j'ai un peu dérivé ; mais, si j'estimais seulement en avoir encore quatre à vivre, on me verrait donner une deuxième secousse, et remonter tout au moins à mon premier niveau, pour n'en plus guère redescendre ; car toutes les grandes épreuves sont faites, et il est désormais démontré pour moi, par l'expérience, que l'état où je me suis mis est le seul où l'homme puisse vivre bon et heureux, puisqu'il est le plus indépendant de tous, et le seul où on ne se trouve jamais pour son propre avantage dans la nécessité de nuire à autrui.

J'avoue que le nom que m'ont fait mes écrits a beaucoup facilité l'exécution du parti que j'ai pris. Il faut être cru bon auteur, pour se faire impunément mauvais copiste, et ne pas manquer de travail pour cela. Sans ce premier titre, on m'eût pu trop prendre au mot sur l'autre, et peut-être cela m'aurait-il mortifié; car je brave aisément le ridicule, mais je ne supporterais pas si bien le

M. de Malesherbes.

mépris. Mais si quelque réputation me donne à cet égard un peu d'avantage, il est bien compensé par tous les inconvénients attachés à cette même réputation, quand on n'en veut point être esclave, et qu'on veut vivre isolé et indépendant. Ce sont ces inconvénients en partie qui m'ont chassé de Paris, et qui, me poursuivant encore dans mon asile, me chasseraient très certainement plus loin, pour peu que ma santé vînt à se raffermir. Un autre de mes fléaux dans cette grande ville était ces foules de prétendus amis qui s'étaient emparés de moi, et qui, jugeant de mon cœur par les leurs, voulaient absolument me rendre heureux à leur mode et non pas à la mienne. Au désespoir de ma retraite, ils m'y ont poursuivi pour m'en tirer. Je n'ai pu m'y maintenir sans tout rompre. Je ne suis vraiment libre que depuis ce temps-là.

Libre! non, je ne le suis point encore; mes derniers écrits ne sont point encore imprimés; et, vu le déplorable état de ma pauvre machine, je n'espère plus survivre à l'impression du recueil de tous : mais si, contre mon attente, je puis aller jusque-là et prendre une fois congé du public, croyez, monsieur, qu'alors je serai libre, ou que jamais homme ne l'aura été. *O utinam!* O jour trois fois heureux ! Non, il ne me sera pas donné de le voir.

Je n'ai pas tout dit, monsieur, et vous aurez peut-être encore au moins une lettre à essuyer. Heureusement, rien ne vous oblige à les lire, et peut-être en seriez-vous bien embarrassé. Mais pardonnez, de grâce; pour recopier ces longs fatras, il faudrait les refaire, et en vérité je n'en ai pas le courage. J'ai sûrement bien du plaisir à vous écrire, mais je n'en ai pas moins à me reposer, et mon état ne me permet pas d'écrire longtemps de suite.

TROISIÈME LETTRE.

Montmorency, le 26 janvier 1762.

Après vous avoir exposé, monsieur, les vrais motifs de ma conduite, je voudrais vous parler de mon état moral dans ma retraite. Mais je sens qu'il est bien tard; mon âme aliénée d'elle-même est toute à mon corps : le délabrement de ma pauvre machine l'y tient de jour en jour plus attachée, jusqu'à ce qu'elle s'en sépare enfin tout à coup. C'est de mon bonheur que je voudrais vous parler, et l'on parle mal du bonheur quand on souffre.

Mes maux sont l'ouvrage de la nature, mais mon bonheur est le mien. Quoi qu'on en puisse dire, j'ai été sage, puisque j'ai été heureux autant que ma nature m'a permis de l'être : je n'ai point été chercher ma félicité au loin, je l'ai cherchée auprès de moi, et je l'y ai trouvée. Spartien dit que Similis, courtisan de Trajan, ayant, sans aucun mécontentement personnel, quitté la cour et tous ses emplois pour aller vivre paisiblement à la campagne, fit mettre ces mots sur sa tombe : « J'ai demeuré soixante-seize ans sur la terre, et j'en ai vécu sept (*). » Voilà ce que je puis dire à quelque égard, quoique mon sacrifice ait été moindre : je n'ai commencé de vivre que le 9 avril 1756.

Je ne saurais vous dire, monsieur, combien j'ai été touché de voir que vous m'estimiez le plus malheureux des hommes. Le public sans doute en jugera comme vous, et c'est encore ce qui m'afflige. Oh ! que le sort dont j'ai joui n'est-il connu de tout l'univers, chacun voudrait s'en faire un semblable; la paix régnerait sur la terre; les hommes ne songeraient plus à se nuire, et il n'y aurait plus de méchants quand nul n'aurait intérêt à l'être. Mais de quoi jouissais-je enfin quand j'étais seul? De moi, de l'univers entier, de tout ce qui est, de tout ce qui peut être, de tout ce qu'a de beau le monde sensible, et d'imaginable le monde intellectuel : je rassemblais autour de moi tout ce qui pouvait flatter mon cœur; mes désirs étaient la mesure de mes plaisirs. Non, jamais les plus voluptueux n'ont connu de pareilles délices, et j'ai cent fois plus joui de mes chimères qu'ils ne font des réalités.

Quand mes douleurs me font tristement mesurer la longueur des nuits, et que l'agitation de la fièvre m'empêche de goûter un seul instant de sommeil, souvent je me distrais de mon état présent, en songeant aux divers événements de ma vie; et les repentirs, les doux souvenirs, les regrets, l'attendrissement, se partagent le soin de me faire oublier quelques moments mes souffrances. Quels temps croiriez-vous, monsieur, que je me rappelle le plus souvent et le plus

(*) Spartien, dans le chapitre IX de son *Histoire*, dit à la vérité quelques mots du préfet Similis, déplacé par Adrien, mais il ne fait nulle mention de ce fait. Dion Cassius seul le rapporte (livre LXIX, chap. 19). Mais Crévier, qui en parle aussi dans son *Histoire des empereurs* (livre XIX), cite en marge ces deux auteurs; et Rousseau, ayant lu ce même trait dans Crévier, et sans doute ne l'ayant lu que là, cite Spartien d'après l'auteur moderne (Voyez les *Rêveries d'un promeneur solitaire*, X° promenade, p. 164.)

volontiers dans mes rêves? Ce ne sont point les plaisirs de ma jeunesse: ils furent trop rares, trop mêlés d'amertume, et sont déjà trop loin de moi. Ce sont ceux de ma retraite, ce sont mes promenades solitaires, ce sont ces jours rapides, mais délicieux, que j'ai passés tout entiers avec moi seul, avec ma bonne et simple gouvernante, avec mon chien bien-aimé, ma vieille chatte, avec les oiseaux de la campagne et les biches de la forêt, avec la nature entière et son inconcevable auteur. En me levant avec le soleil pour aller voir, contempler son lever dans mon jardin, quand je voyais commencer une belle journée, mon premier souhait était que ni lettres, ni visites, n'en vinssent troubler le charme. Après avoir donné la matinée à divers soins que je remplissais tous avec plaisir, parce que je pouvais les remettre à un autre temps, je me hâtais de dîner pour échapper aux importuns, et me ménager un plus long après-midi. Avant une heure, même les jours les plus ardents, je partais par le grand soleil avec le fidèle Achate, pressant le pas dans la crainte que quelqu'un ne vînt s'emparer de moi avant que j'eusse pu m'esquiver; mais quand une fois j'avais pu doubler un certain coin, avec quel battement de cœur, avec quel pétillement de joie, je commençais à respirer en me sentant sauvé, en me disant: Me voilà maître de moi pour le reste de ce jour! J'allais alors d'un pas plus tranquille chercher quelque lieu désert où rien, ne montrant la main des hommes, n'annonçât la servitude et la domination, quelque asile où je pusse croire avoir pénétré le premier, et où nul tiers importun ne vînt s'interposer entre la nature et moi. C'était là qu'elle semblait déployer à mes yeux une magnificence toujours nouvelle. L'or des genêts et la pourpre des bruyères frappaient mes yeux d'un luxe qui touchait mon cœur; la majesté des arbres qui me couvraient de leur ombre, la délicatesse des arbustes qui m'environnaient, l'étonnante variété des herbes et des fleurs que je foulais sous mes pieds, tenaient mon esprit dans une alternative continuelle d'observation et d'admiration: le concours de tant d'objets intéressants qui se disputaient mon attention, m'attirant sans cesse de l'un à l'autre, favorisait mon humeur rêveuse et paresseuse, et me faisait souvent redire en moi-même: Non, Salomon dans toute sa gloire ne fut jamais vêtu comme l'un d'eux (*)

Mon imagination ne laissait pas longtemps déserte la terre ainsi parée. Je la peuplais bientôt d'êtres selon mon cœur, et chassant bien loin l'opinion, les préjugés, toutes les passions factices, je transportais dans les asiles de la nature des hommes dignes de les habiter. Je m'en formais une société charmante dont je ne me sentais pas indigne, je me faisais un siècle d'or à ma fantaisie; et, remplissant ces beaux jours de toutes les scènes de ma vie qui m'avaient laissé de doux souvenirs, et de toutes celles que mon cœur pouvait désirer encore, je m'attendrissais jusqu'aux larmes sur les vrais plaisirs de l'humanité, plaisirs si délicieux, si purs, et qui sont désormais si loin des hommes. Oh! si dans ces moments, quelque idée de Paris, de mon siècle, et de ma petite gloriole d'auteur, venait troubler mes rêveries, avec quel dédain je la chassais à l'instant, pour me livrer, sans distraction, aux sentiments exquis dont mon âme était pleine! Cependant au milieu de tout cela, je l'avoue, le néant de mes chimères venait quelquefois la contrister tout à coup. Quand tous mes rêves se seraient tournés en réalités, ils ne m'auraient pas suffi, j'aurais imaginé, rêvé, désiré encore. Je trouvais en moi un vide inexplicable que rien n'aurait pu remplir, un certain élancement de cœur vers une autre sorte de jouissance dont je n'avais pas d'idée, et dont pourtant je sentais le besoin. Hé bien, monsieur, cela même était jouissance, puisque j'en étais pénétré d'un sentiment très vif, et d'une tristesse attirante, que je n'aurais pas voulu ne pas avoir.

Bientôt, de la surface de la terre, j'élevais mes idées à tous les êtres de la nature, au système universel des choses, à l'être incompréhensible qui embrasse tout. Alors, l'esprit perdu dans cette immensité, je ne pensais pas, je ne raisonnais pas, je ne philosophais pas: je me sentais, avec une sorte de volupté, accablé du poids de cet univers, je me livrais avec ravissement à la confusion de ces grandes

(*) Matth., cap. vi, v. 29.

idées, j'aimais à me perdre en imagination dans l'espace; mon cœur, resserré dans les bornes des êtres, s'y trouvait trop à l'étroit; j'étouffais dans l'univers; j'aurais voulu m'élancer dans l'infini. Je crois que, si j'eusse dévoilé tous les mystères de la nature, je me serais senti dans une situation moins délicieuse que cette étourdissante extase à laquelle mon esprit se livrait sans retenue, et qui, dans l'agitation de mes transports, me faisait écrier quelquefois : O grand Etre! ô grand Etre! sans pouvoir dire, ni penser rien de plus.

Ainsi s'écoulaient, dans un délire continuel, les journées les plus charmantes que jamais créature humaine ait passées; et quand le coucher du soleil me faisait songer à la retraite, étonné de la rapidité du temps, je croyais n'avoir pas assez mis à profit ma journée, je pensais en pouvoir jouir davantage encore; et, pour réparer le temps perdu, je me disais : Je reviendrai demain.

Je revenais à petits pas, la tête un peu fatiguée, mais le cœur content; je me reposais agréablement au retour, en me livrant à l'impression des objets, mais sans penser, sans imaginer, sans rien faire autre chose que sentir le calme et le bonheur de ma situation. Je trouvais mon couvert mis sur ma terrasse. Je soupais de grand appétit dans mon petit domestique; nulle image de servitude et de dépendance ne troublait la bienveillance qui nous unissait tous. Mon chien lui-même était mon ami, non mon esclave; nous avions toujours la même volonté, mais jamais il ne m'a obéi. Ma gaîté, durant toute la soirée, témoignait que j'avais vécu seul tout le jour. J'étais bien différent quand j'avais vu de la compagnie : j'étais rarement content des autres, et jamais de moi. Le soir, j'étais grondeur et taciturne : cette remarque est de ma gouvernante, et, depuis qu'elle me l'a dite, je l'ai toujours trouvée juste en m'observant. Enfin, après avoir fait encore quelques tours dans mon jardin, ou chanté quelque air sur mon épinette, je trouvais dans mon lit un repos de corps et d'âme cent fois plus doux que le sommeil même.

Ce sont là les jours qui ont fait le vrai bonheur de ma vie : bonheur sans amertume, sans ennuis, sans regrets, et auquel j'aurais borné volontiers tout celui de mon existence. Oui, monsieur, que de pareils jours remplissent pour moi l'éternité, je n'en demande point d'autres, et n'imagine pas que je sois beaucoup moins heureux dans ces ravissantes contemplations que les intelligences célestes. Mais un corps qui souffre ôte à l'esprit sa liberté; désormais, je ne suis plus seul, j'ai un hôte qui m'importune, il faut m'en délivrer pour être à moi; et l'essai que j'ai fait de ces douces jouissances ne sert plus qu'à me faire attendre avec moins d'effroi le moment de les goûter sans distraction.

Mais me voici déjà à la fin de ma seconde feuille. Il m'en faudrait encore une. Encore une lettre donc, et puis plus. Pardon, monsieur; quoique j'aime trop à parler de moi, je n'aime pas à en parler avec tout le monde : c'est ce qui me fait abuser de l'occasion, quand je l'ai et qu'elle me plaît. Voilà mon tort et mon excuse; je vous prie de la prendre en gré.

QUATRIÈME LETTRE.

28 janvier 1762.

Je vous ai montré, monsieur, dans le secret de mon cœur, les vrais motifs de ma retraite et de toute ma conduite; motifs bien moins nobles, sans doute, que vous ne les avez supposés, mais tels pourtant qu'ils me rendent content de moi-même, et m'inspirent la fierté d'âme d'un homme qui se sent bien ordonné, et qui, ayant eu le courage de faire ce qu'il fallait pour l'être, croit pouvoir s'en imputer le mérite. Il dépendait de moi, non de me faire un autre tempérament, ni un autre caractère, mais de tirer parti du mien, pour me rendre bon à moi-même, et nullement méchant aux autres. C'est beaucoup que cela, monsieur, et peu d'hommes en peuvent dire autant. Aussi, je ne vous déguiserai point que, malgré le sentiment de mes vices, j'ai pour moi une haute estime.

Vos gens de lettres ont beau crier qu'un homme seul est inutile à tout le monde, et ne remplit pas ses devoirs dans la société : j'estime, moi, les paysans de Montmorency des membres plus utiles de la société que tous ces tas de désœuvrés payés de la graisse du peuple, pour aller six fois la semaine bavarder dans une académie; et je suis plus content de pouvoir, dans l'occasion, faire quelque plaisir à mes pauvres voisins que d'aider à parvenir à ces foules de petits intrigants dont Paris est plein, qui tous aspirent à l'honneur d'être des fripons en place, et que, pour le bien public, ainsi que pour le leur, on devrait tous renvoyer labourer la terre dans leurs provinces. C'est quelque chose que de donner aux hommes l'exemple de la vie qu'ils devraient tous mener. C'est quelque chose, quand on n'a plus ni force, ni santé, pour travailler de ses bras, d'oser, de sa retraite, faire entendre la voix de la vérité. C'est quelque chose, d'avertir les hommes de la folie des opinions qui les rendent misérables. C'est quelque chose d'avoir pu contribuer à empêcher, ou différer au moins dans ma patrie, l'établissement pernicieux que, pour faire sa cour à Voltaire à nos dépens, D'Alembert voulait qu'on fit parmi nous. Si j'eusse vécu dans Genève, je n'aurais pu ni publier l'épître dédicatoire du *Discours sur l'inégalité*, ni parler même de l'établissement de la comédie, du ton que je l'ai fait. Je serais beaucoup plus inutile à mes compatriotes, vivant au milieu d'eux, que je ne puis l'être, dans l'occasion, de ma retraite. Qu'importe en quel lieu j'habite, si j'agis où je dois agir? D'ailleurs, les habitants de Montmorency sont-ils moins hommes que les Parisiens; et, quand je puis en dissuader quelqu'un d'envoyer son enfant se corrompre à la ville, fais-je moins de bien que si je pouvais de la ville le renvoyer au foyer paternel? Mon indigence seule ne m'empêcherait-elle pas d'être inutile de la manière que tous ces beaux parleurs l'entendent? Et, puisque je ne mange du pain qu'autant que j'en gagne, ne suis-je pas forcé de travailler pour ma subsistance, et de payer à la société tout le besoin que je puis avoir d'elle? Il est vrai que je me suis refusé aux occupations qui ne m'étaient pas propres; ne me sentant point le talent qui pouvait me faire mériter le bien que vous m'avez voulu faire, l'accepter eût été le voler à quelque homme de lettres aussi indigent que moi, et plus capable de ce travail-là : en me l'offrant, vous supposiez que j'étais en état de faire un extrait, que je pouvais m'occuper de matières qui m'étaient indifférentes; et, cela n'étant pas, je vous aurais trompé, je me serais rendu indigne de vos bontés en me conduisant autrement que je n'ai fait; on n'est jamais excusable de faire mal ce qu'on fait volontairement; je serais maintenant mécontent de moi, et vous aussi; et je ne goûterais pas le plaisir que je prends à vous écrire. Enfin, tant que mes forces me l'ont permis, en travaillant pour moi, j'ai fait, selon ma portée, tout ce que j'ai pu pour la société : si j'ai fait peu pour elle, j'en ai encore moins exigé; et je me crois si bien quitte avec elle dans l'état où je suis, que si je pouvais désormais me reposer tout-à-fait, et vivre pour moi seul, je le ferais sans scrupule. J'écarterai du moins de moi, de toutes mes forces, l'importunité du bruit public. Quand je vivrais encore cent ans, je n'écrirais pas une ligne pour la presse, et ne croirais vraiment recommencer à vivre que quand je serais tout-à-fait oublié.

J'avoue pourtant qu'il a tenu à peu que je ne me sois trouvé rengagé dans le monde, et que je n'aie abandonné ma solitude, non par dégoût pour elle, mais par un goût non moins vif que j'ai failli lui préférer. Il faudrait, monsieur, que vous connussiez l'état de délaissement et d'abandon de tous mes amis où je me trouvais, et la profonde douleur dont mon âme en était affectée lorsque M. et M^me de Luxembourg désirèrent de me connaître, pour juger de l'impression que firent sur mon cœur affligé leurs avances et leurs caresses. J'étais mourant : sans eux je serais infailliblement mort de tristesse; ils m'ont rendu la vie : il est bien juste que je l'emploie à les aimer.

J'ai un cœur très aimant, mais qui peut se suffire à lui-même. J'aime trop les hommes pour avoir besoin de choix parmi eux : je les aime tous; et c'est parce que je les aime que je hais l'injustice; c'est parce que je les aime que je les fuis; je souffre moins de leurs maux quand je ne les vois pas; cet intérêt pour l'espèce

suffit pour nourrir mon cœur; je n'ai pas besoin d'amis particuliers, mais, quand j'en ai, j'ai grand besoin de ne les pas perdre; car, quand ils se détachent, ils me déchirent, en cela d'autant plus coupables que je ne leur demande que de l'amitié, et que, pourvu qu'ils m'aiment et que je le sache, je n'ai pas même besoin de les voir. Mais ils ont toujours voulu mettre à la place du sentiment des soins et des services que le public voyait, et dont je n'avais que faire; quand je les aimais, ils ont voulu paraître m'aimer. Pour moi, qui dédaigne en tout les apparences, je ne m'en suis pas contenté; et, ne trouvant que cela, je me le suis tenu pour dit. Ils n'ont pas précisément cessé de m'aimer, j'ai seulement découvert qu'ils ne m'aimaient pas.

Pour la première fois de ma vie, je me trouvai donc tout-à-coup le cœur seul; et cela, seul aussi dans ma retraite, et presque aussi malade que je le suis aujourd'hui. C'est dans ces circonstances que commença ce nouvel attachement, qui m'a si bien dédommagé de tous les autres, et dont rien ne me dédommagera; car il durera, je l'espère, autant que ma vie; et, quoiqu'il arrive, il sera le dernier. Je ne puis vous dissimuler, monsieur, que j'ai une violente aversion pour les états qui dominent les autres; j'ai même tort de dire que je ne puis le dissimuler, car je n'ai nulle peine à vous l'avouer, à vous, né d'un sang illustre, fils du chancelier de France, et premier président d'une cour souveraine; oui, monsieur, à vous qui m'avez fait mille biens sans me connaître, et à qui, malgré mon ingratitude naturelle, il ne m'en coûte rien d'être obligé. Je hais les grands; je hais leur état, leur dureté, leurs préjugés, leur petitesse, et tous leurs vices, et je les haïrais bien davantage si je les méprisais moins. C'est avec ce sentiment que j'ai été comme entraîné au château de Montmorency; j'en ai vu les maîtres : ils m'ont aimé, et moi, monsieur, je les ai aimés et les aimerai tant que je vivrai, de toutes les forces de mon âme : je donnerais pour eux, je ne dis pas ma vie, le don serait faible dans l'état où je suis; je ne dis pas ma réputation parmi mes contemporains, dont je ne me soucie guère; mais la seule gloire qui ait jamais touché mon cœur, l'honneur, que j'attends de la postérité et qu'elle me rendra parce qu'il m'est dû, et que la postérité est toujours juste. Mon cœur, qui ne sait point s'attacher à demi, s'est donné à eux sans réserve, et je ne m'en repens pas; je m'en repentirais même inutilement, car il ne serait plus temps de m'en dédire. Dans la chaleur de l'enthousiasme qu'ils m'ont inspiré, j'ai cent fois été sur le point de leur demander un asile dans leur maison pour y passer le reste de mes jours auprès d'eux; et ils me l'auraient accordé avec joie, si même, à la manière dont ils s'y sont pris, je ne dois pas me regarder comme ayant été prévenu par leurs offres. Ce projet est certainement un de ceux que j'ai médités le plus longtemps et avec le plus de complaisance. Cependant il a fallu sentir à la fin, malgré moi, qu'il n'était pas bon. Je ne pensais qu'à l'attachement des personnes, sans songer aux intermédiaires qui nous auraient tenus éloignés; et il y en avait de tant de sortes, surtout dans l'incommodité attachée à mes maux, qu'un tel projet n'est excusable que par le sentiment qui l'avait inspiré. D'ailleurs, la manière de vivre, qu'il aurait fallu prendre, choque trop directement tous mes goûts, toutes mes habitudes : je n'y aurais pas pu résister seulement trois mois. Enfin, nous aurions eu beau nous rapprocher d'habitation, la distance restant toujours la même entre les états, cette intimité délicieuse, qui fait le plus grand charme d'une étroite société, eût toujours manqué à la nôtre : je n'aurais été ni l'ami ni le domestique de M. le maréchal de Luxembourg, j'aurais été son hôte; en me sentant hors de chez moi, j'aurais soupiré souvent après mon ancien asile; et il vaut cent fois mieux être éloigné des personnes qu'on aime, et désirer d'être auprès d'elles, que de s'exposer à faire un souhait opposé. Quelques degrés plus rapprochés eussent peut-être fait révolution dans ma vie. J'ai cent fois supposé dans mes rêves M. de Luxembourg point duc, point maréchal de France, mais bon gentilhomme de campagne, habitant quelque vieux château, et J.-J. Rousseau, point auteur, point faiseur de livres, mais ayant un esprit médiocre et un peu d'acquis, se présentant au seigneur châtelain et à la dame, leur agréant, trouvant auprès d'eux le bonheur de sa vie,

et contribuant au leur. Si, pour rendre le rêve plus agréable, vous me permettiez de pousser d'un coup d'épaule le château de Malesherbes à demi-lieue de là, il me semble, monsieur, qu'en rêvant de cette manière je n'aurais de longtemps envie de m'éveiller.

Mais, c'en est fait, il ne me reste plus qu'à terminer le long rêve; car les autres sont désormais tous hors de saison; et c'est beaucoup si je puis me promettre encore quelques-unes des heures délicieuses que j'ai passées au château de Montmorency. Quoi qu'il en soit, me voilà tel que je me sens affecté. Jugez-moi sur tous ces fatras, si j'en vaux la peine; car je n'y saurais mettre plus d'ordre, et je n'ai pas le courage de recommencer. Si ce tableau, trop véridique, m'ôte votre bienveillance, j'aurai cessé d'usurper ce qui ne m'appartenait pas; mais si je la conserve, elle m'en deviendra plus chère, comme étant plus à moi.

<div style="text-align:right">J.-J. ROUSSEAU.</div>

ÉCRITS

EN FORME DE CIRCULAIRES (*).

I.

DECLARATION DE J.-J. ROUSSEAU

RELATIVE A DIFFÉRENTES RÉIMPRESSIONS DE SES OUVRAGES.

Lorsque J.-J. Rousseau découvrit qu'on se cachait de lui pour imprimer furtivement ses écrits à Paris, et qu'on affirmait au public que c'était lui qui dirigeait ces impressions, il comprit aisément que le principal but de cette manœuvre était la falsification de ces mêmes écrits, et il ne tarda pas, malgré les soins qu'on prenait pour lui en dérober la connaissance, à se convaincre par ses yeux de cette falsification. Sa confiance dans le libraire Rey ne lui laissa pas supposer qu'il participât à ces infidélités, et en lui faisant parvenir sa protestation contre les imprimés de France, toujours faits sous le nom dudit Rey, il y joignit une déclaration conforme à l'opinion qu'il continuait d'avoir de lui. Depuis lors, il s'est convaincu aussi par ses propres yeux que les réimpressions de Rey contiennent exactement les mêmes altérations, suppressions, falsifications que celles de France, et que les unes et les autres ont été faites sur le même modèle et sous les mêmes directions. Ainsi ses écrits, tels qu'il les a composés et publiés,

(*) Nous plaçons ici quatre petits écrits de Rousseau, publiés par lui durant son dernier séjour à Paris, et lorsque la malheureuse disposition de son esprit était dans son paroxysme. Pour compléter l'*autobiographie* de notre auteur, il manque encore un dernier ouvrage, à savoir les trois dialogues intitulés *Rousseau juge de Jean-Jacques*. Mais le peu d'intérêt relatif qu'offre cette pièce, et la nécessité d'égaliser autant que possible les volumes de notre collection, nous engage à suivre l'exemple des précédents éditeurs, qui l'ont rejetée vers la fin des œuvres complètes.

Nous remplaçons les dialogues par les écrits relatifs à la botanique. Comme cette science a été l'amour et le charme des dernières années de la vie de notre auteur; comme, dans ses *Confessions*, il se reporte fréquemment aux études qu'il en a faites, nous avons pensé que ces différents morceaux ne seraient point déplacés à la fin de ce volume.

n'existant plus que dans la première édition de chaque ouvrage qu'il a faite lui-même, et qui, depuis longtemps, a disparu aux yeux du public, il déclare tous les livres anciens ou nouveaux, qu'on imprime et imprimera désormais sous son nom, en quelque lieu que ce soit, ou faux ou altérés, mutilés et falsifiés avec la plus cruelle malignité, et les désavoue, les uns comme n'étant plus son ouvrage, et les autres comme lui étant faussement attribués. L'impuissance où il est de faire arriver ses plaintes aux oreilles du public, lui fait tenter, pour dernière ressource, de remettre à diverses personnes des copies de cette déclaration écrites et signées de sa main, certain que, si dans le nombre il se trouve une seule âme honnête et généreuse qui ne soit pas vendue à l'iniquité, une protestation si nécessaire et si juste ne restera pas étouffée, et que la postérité ne jugera pas des sentiments d'un homme infortuné sur des livres défigurés par ses persécuteurs.

J.-J. Rousseau (*).

Fait à Paris, ce 25 janvier 1774.

II.

A TOUT FRANÇAIS

AIMANT ENCORE LA JUSTICE ET LA VÉRITÉ.

Français! nation jadis aimable et douce, qu'êtes-vous devenus! Que vous êtes changés pour un étranger infortuné, seul, à votre merci, sans appui, sans défenseur, mais qui n'en aurait pas besoin chez un peuple juste; pour un homme sans fard et sans fiel, ennemi de l'injustice, mais patient à l'endurer, qui jamais n'a fait, ni voulu, ni rendu le mal à personne, et qui, depuis quinze ans, plongé, traîné par vous dans la fange de l'opprobre et de la diffamation, se voit, se sent charger à l'envi d'indignités inouïes jusqu'ici parmi les humains, sans avoir pu jamais en apprendre au moins la cause! C'est donc là votre franchise, votre douceur, votre hospitalité? Quittez ce vieux nom de *Francs*, il doit trop vous faire rougir. Le persécuteur de Job aurait pu beaucoup apprendre de ceux qui vous guident dans l'art de rendre un mortel malheureux. Il vous ont persuadé, je n'en doute pas, ils vous ont prouvé même, comme cela est toujours facile en se cachant à l'accusé, que je méritais ces traitements indignes, pires cent fois que la mort. En ce cas, je dois me résigner; car je n'attends ni ne veux, d'eux ni de vous, aucune grâce; mais ce que je veux, et qui m'est dû tout au moins après une condamnation si cruelle et si infamante, c'est qu'on m'apprenne enfin quels sont mes crimes, et comment et par qui j'ai été jugé.

Pourquoi faut-il qu'un scandale aussi public soit pour moi seul un mystère impénétrable? A quoi bon tant de machines, de ruses, de trahisons, de mensonges, pour cacher au coupable ses crimes, qu'il doit savoir mieux que personne, s'il est vrai qu'il les ait commis? Que si, pour des raisons qui me passent, persistant à m'ôter un droit (**) dont on n'a privé jamais aucun criminel, vous

(*) Rousseau avait fait un certain nombre de copies de cette circulaire, et les distribuait aux personnes dont il croyait pouvoir éveiller l'intérêt. On en a trouvé quatre dans les papiers du comte Duprat (voyez la *Correspondance*). Rousseau déclare, dans le troisième de ses *Dialogues*, qu'elle fut imprimée de son vivant, et on la trouve dans la *Vie de Rousseau* par M. de Barruel-Beauvert (1789).

Cette protestation s'explique par un fait : à cette époque un exemplaire de la *Nouvelle Héloïse* de la collection d'Amsterdam, 1772 (pour Paris, 1761), étant tombé entre les mains de Jean-Jacques, il trouva le texte falsifié et mutilé, le corrigea de sa main et rédigea la pièce qu'on vient de lire.

(**) Quel homme de bon sens croira jamais qu'une aussi criante violation de la loi naturelle et du droit des gens puisse avoir pour principe une vertu? S'il est permis de dépouiller un mortel de son état d'homme, ce ne peut être qu'après l'avoir jugé, mais non pas pour le juger. Je vois beaucoup d'ardents exécuteurs, mais je n'ai point aperçu de juge. Si tels sont les principes d'équité de la philosophie moderne, malheur, sous ses auspices, au faible innocent et simple! honneur et gloire aux intrigants cruels et rusés!

avez résolu d'abreuver le reste de mes tristes jours d'angoisses, de dérisions, d'opprobres, sans vouloir que je sache pourquoi, sans daigner écouter mes griefs, mes raisons, mes plaintes, sans me permettre même de parler (*); j'élèverai au ciel, pour toute défense, un cœur sans fraude, et des mains pures de tout mal, lui demandant, non, peuple cruel, qu'il me venge et vous punisse (Ah! qu'il éloigne de vous tout malheur et toute erreur!), mais qu'il ouvre bientôt à ma vieillesse un meilleur asile, où vos outrages ne m'atteignent plus.

P. S. Français, on vous tient dans un délire qui ne cessera pas de mon vivant. Mais quand je n'y serai plus, que l'accès sera passé, et que votre animosité, cessant d'être attisée, laissera l'équité naturelle parler à vos cœurs, vous regarderez mieux, je l'espère, à tous les faits, dits, écrits, que l'on m'attribue en se cachant de moi très soigneusement, à tout ce qu'on vous fait croire de mon caractère, à tout ce qu'on vous fait faire par bonté pour moi. Vous serez alors bien surpris; et, moins content de vous que vous ne l'êtes, vous trouverez, j'ose vous le dire, la lecture de ce billet plus intéressante qu'elle peut ne vous paraître aujourd'hui. Quand enfin ces messieurs, couronnant toutes leurs bontés, auront publié la vie de l'infortuné qu'ils auront fait mourir de douleur, cette vie impartiale et fidèle qu'ils préparent depuis longtemps avec tant de secret et de soin; avant que d'ajouter foi à leur dire et à leurs preuves, vous rechercherez, je m'assure, la source de tant de zèle, le motif de tant de peines, la conduite surtout qu'ils ont envers moi de mon vivant. Ces recherches bien faites, je conséns, je le déclare, puisque vous voulez me juger sans m'entendre, que vous prononciez eux et moi sur leur propre production.

III.

MÉMOIRE

ÉCRIT AU MOIS DE FÉVRIER 1777, ET DEPUIS LORS REMIS OU MONTRÉ A DIVERSES PERSONNES (**).

Ma femme est malade depuis longtemps, et le progrès de son mal, qui la met hors d'état de soigner son petit ménage, lui rend les soins d'autrui nécessaires à elle-même quand elle est forcée à garder son lit. Je l'ai jusqu'ici gardée et soignée dans toutes ses maladies; la vieillesse ne me permet plus le même service; d'ailleurs le ménage, tout petit qu'il est, ne se fait pas tout seul: il faut se pourvoir au dehors des choses nécessaires à la subsistance, et les préparer; il faut maintenir la propreté dans la maison (***). Ne pouvant remplir seul tous ces soins, j'ai été forcé, pour y pourvoir, d'essayer de donner une servante à ma femme. Dix mois d'expérience m'ont fait sentir l'insuffisance et les inconvénients inévitables et intolérables de cette ressource dans une position pareille à la nôtre. Réduits à vivre absolument seuls, et néanmoins hors d'état de nous passer du service d'autrui, il ne nous reste, dans les infirmités et l'abandon, qu'un seul moyen de soutenir nos vieux jours, c'est de prier ceux qui disposent de nos destinées de vouloir bien disposer aussi de nos personnes, et nous ouvrir quelque asile où nous puissions subsister à nos frais, mais exempts d'un travail qui désormais passe nos forces, et de détails et de soins dont nous ne sommes plus capables.

(*) De bonnes raisons doivent toujours être écoutées, surtout de la part d'un accusé qui se défend ou d'un opprimé qui se plaint; et, si je n'ai rien de solide à dire, que ne me laisse-t-on parler en liberté? C'est le plus sûr moyen de décrier tout-à-fait ma cause, et de justifier pleinement mes accusateurs. Mais, tant qu'on m'empêchera de parler, ou qu'on refusera de m'entendre, qui pourra jamais, sans témérité, prononcer que je n'avais rien à dire?
(**) Voyez la *Notice sur Jean-Jacques Rousseau et ses écrits.*
(***) Mon inconcevable situation, dont personne n'a l'idée, pas même ceux qui m'y ont réduit, me force d'entrer dans ces détails.

Du reste, de quelque façon qu'on me traite, qu'on me tienne en clôture formelle ou en apparente liberté, dans un hôpital ou dans un désert, avec des gens doux ou durs, faux ou francs (si de ceux-ci il est encore), je consens à tout, pourvu qu'on rende à ma femme les soins que son état exige, et qu'on me donne le couvert, le vêtement le plus simple, et la nourriture la plus sobre jusqu'à la fin de mes jours, sans que je sois plus obligé de me mêler de rien. Nous donnerons pour cela ce que nous pouvons avoir d'argent, d'effets et de rentes ; et j'ai lieu d'espérer que cela pourra suffire dans des provinces où les denrées sont à bon marché, et dans des maisons destinées à cet usage, où les ressources de l'économie sont connues et pratiquées, surtout en me soumettant, comme je fais de bon cœur, à un régime proportionné à mes moyens.

Je crois ne rien demander en ceci qui, dans une aussi triste situation que la mienne, s'il en peut être, se refuse parmi les humains ; et je suis même bien sûr que cet arrangement, loin d'être onéreux à ceux qui disposent de mon sort, leur vaudrait des épargnes considérables et de soucis et d'argent. Cependant l'expérience que j'ai du système qu'on suit à mon égard me fait douter que cette faveur me soit accordée : mais je me dois de la demander ; et si elle m'est refusée, j'en supporterai plus patiemment dans ma vieillesse les angoisses de ma situation en me rendant le témoignage d'avoir fait ce qui dépendait de moi pour les adoucir.

IV.

FRAGMENT

TROUVÉ PARMI LES PAPIERS DE JEAN-JACQUES ROUSSEAU.

Quiconque, sans urgente nécessité, sans affaires indispensables, recherche, et même jusqu'à l'importunité, un homme dont il pense mal, sans vouloir s'éclaircir avec lui de la justice ou de l'injustice du jugement qu'il en porte, soit qu'il se trompe ou non dans ce jugement, est lui-même un homme dont il faut mal penser.

Cajoler un homme présent et le diffamer absent, est certainement la duplicité d'un traître, et vraisemblablement la manœuvre d'un imposteur.

Dire en se cachant d'un homme pour le diffamer, que c'est par ménagement pour lui qu'on ne veut pas le confondre, c'est faire un mensonge non moins inepte que lâche. La diffamation étant le pire des maux civils, et celui dont les effets sont les plus terribles, s'il était vrai qu'on voulût ménager cet homme, on le confondrait, on le menacerait peut-être de le diffamer ; mais on n'en ferait rien. On lui reprocherait son crime en particulier en le cachant à tout le monde ; mais le dire à tout le monde en le cachant à lui seul, et feindre encore de s'intéresser à lui, est le raffinement de la haine, le comble de la barbarie et de la noirceur.

Faire l'aumône, par supercherie, à quelqu'un malgré lui, n'est pas le servir, c'est l'avilir ; ce n'est pas un acte de bonté, c'en est un de malignité, surtout si, rendant l'aumône mesquine, inutile, mais bruyante, et inévitable à celui qui en est l'objet, on fait discrètement en sorte que tout le monde en soit instruit, excepté lui. Cette fourberie est non-seulement cruelle, mais basse. En se couvrant du masque de la bienfaisance, elle habille en vertu la méchanceté, et, par contre-coup, en ingratitude, l'indignation de l'honneur outragé.

Le don est un contrat qui suppose toujours le consentement des deux parties. Un don fait par force ou par ruse, et qui n'est pas accepté, est un vol. Il est tyrannique, il est horrible, de vouloir faire en trahison un devoir de la reconnaissance à celui dont on a mérité la haine, et dont on est justement méprisé.

L'honneur étant plus précieux et plus important que la vie, et rien ne le rendant plus à charge que la perte de l'honneur, il n'y a aucun cas possible où il soit permis de cacher à celui qu'on diffame, non plus qu'à celui qu'on punit de mort, l'accusation, l'accusateur et ses preuves. L'évidence même est soumise à

cette indispensable loi : car si toute la ville avait vu un homme en assassiner un autre, encore ne ferait-on point mourir l'accusé sans l'interroger et l'entendre ; autrement, il n'y aurait plus de sûreté pour personne, et la société s'écroulerait par ses fondements. Si cette loi sacrée est sans exception, elle est aussi sans abus, puisque toute l'adresse d'un accusé ne peut empêcher qu'un délit démontré ne continue à l'être, ni le garantir en pareil cas d'être convaincu : mais sans cette conviction, l'évidence ne peut exister. Elle dépend essentiellement des réponses de l'accusé, ou de son silence, parce qu'on ne saurait présumer que des ennemis, ni même des indifférents, donneront aux preuves du délit la même attention à saisir le faible de ces preuves, ni les éclaircissements qui les peuvent détruire, que l'accusé peut naturellement y donner : ainsi, personne n'a droit de se mettre à sa place pour le dépouiller du droit de se défendre en s'en chargeant sans son aveu, et ce sera beaucoup même, si quelquefois une disposition secrète ne fait pas voir à ces gens, qui ont tant de plaisir à trouver l'accusé coupable, cette prétendue évidence où lui-même eût démontré l'imposture s'il avait été entendu.

Il suit de là que cette même évidence est contre l'accusateur, lorsqu'il s'obstine à violer cette loi sacrée ; car cette lâcheté d'un accusateur, qui met tout en œuvre pour se cacher de l'accusé, de quelque prétexte qu'on la couvre, ne peut avoir d'autre vrai motif que la crainte de voir dévoiler son imposture et justifier l'innocent. Donc tous ceux qui, dans ce cas, approuvent les manœuvres de l'accusateur, et s'y prêtent, sont des satellites de l'iniquité.

Nous, soussignés, acquiesçons de tout notre cœur à ces maximes, et croyons toute personne raisonnable et juste tenue d'y acquiescer.

LETTRES ÉLÉMENTAIRES

SUR LA BOTANIQUE

A MADAME DELESSERT (*).

LETTRE PREMIÈRE.

<div style="text-align:right">Du 22 août 1771.</div>

Votre idée d'amuser un peu la vivacité de votre fille, et de l'exercer à l'attention sur des objets agréables et variés comme les plantes, me paraît excellente, mais je n'aurais osé vous la proposer, de peur de faire le monsieur Josse. Puisqu'elle vient de vous, je l'approuve de tout mon cœur, et j'y concourrai de même, persuadé qu'à tout âge l'étude de la nature émousse le goût des amusements frivoles, prévient le tumulte des passions, et porte à l'âme une nourriture qui lui profite en la remplissant du plus digne objet de ses contemplations.

Vous avez commencé par apprendre à la petite les noms d'autant de plantes que vous en aviez de communes sous les yeux : c'était précisément ce qu'il fallait faire. Ce petit nombre de plantes qu'elle connaît de vue sont les pièces de comparaison pour étendre ses connaissances : mais elles ne suffisent pas. Vous me demandez un petit catalogue des plantes les plus connues avec des marques pour les reconnaître. Je trouve à cela quelque embarras : c'est de vous donner par écrit ces marques ou caractères d'une manière claire et cependant peu diffuse. Cela me paraît impossible sans employer la langue de la chose ; et les termes de cette langue forment un vocabulaire à part que vous ne sauriez entendre, s'il ne vous est préalablement expliqué.

D'ailleurs, ne connaître simplement les plantes que de vue, et ne savoir que leurs noms, ne peut être qu'une étude trop insipide pour des esprits comme les vôtres ; et il est à présumer que votre fille ne s'en amuserait pas longtemps. Je vous propose de prendre quelques notions préliminaires de la structure végétale ou de l'organisation des plantes, afin, dussiez-vous ne faire que quelques pas dans le plus beau, dans le plus riche des trois règnes de la nature, d'y marcher du moins avec quelques lumières. Il ne s'agit donc pas encore de la nomenclature, qui n'est qu'un savoir d'herboriste. J'ai toujours cru qu'on pouvait être un très grand botaniste sans connaître une seule plante par son nom ; et, sans vouloir

(*) M. Martyn, professeur de botanique à Cambridge, a traduit en anglais ces huit lettres, et les a complétées par une série de vingt-quatre autres lettres du même genre. Cette addition a été traduit en français pour les éditions de MM. Poinçot et Musset-Pathay. Nous étant fait une loi de nous borner autant que possible au texte pur de Rousseau, nous ne pouvons que renvoyer les curieux à ces deux collections.

faire de votre fille un très grand botaniste, je crois néanmoins qu'il lui sera toujours utile d'apprendre à bien voir ce qu'elle regarde. Ne vous effarouchez pas au reste de l'entreprise. Vous connaîtrez bientôt qu'elle n'est pas grande. Il n'y a rien de compliqué ni de difficile à suivre dans ce que j'ai à vous proposer. Il ne s'agit que d'avoir la patience de commencer par le commencement. Après cela, on n'avance qu'autant qu'on veut.

Lis blanc. — *a*, bulbe.

Nous touchons à l'arrière-saison, et les plantes dont la structure a le plus de simplicité sont déjà passées. D'ailleurs, je vous demande quelque temps pour mettre un peu d'ordre dans mes observations. Mais, en attendant que le printemps nous mette à portée de commencer et de suivre le cours de la nature, je vais toujours vous donner quelques mots du vocabulaire à retenir.

Une plante parfaite est composée de racine, de tige, de branches, de feuilles, de fleurs et de fruits (car on appelle fruit en botanique, tant dans les herbes que dans les arbres, toute la fabrique de la semence). Vous connaissez déjà tout cela, du moins assez pour entendre le mot; mais il y a une partie principale qui demande un plus grand examen; c'est la *fructification*, c'est-à-dire la *fleur* et le *fruit*. Commençons par la fleur qui vient la première. C'est dans cette partie que la nature a renfermé le sommaire de son ouvrage; c'est par elle qu'elle le perpétue, et c'est aussi de toutes les parties du végétal la plus éclatante pour l'ordinaire, toujours la moins sujette aux variations.

Prenez un lis. Je pense que vous en trouverez encore aisément en pleine fleur.

Avant qu'il s'ouvre, vous voyez à l'extrémité de la tige un bouton oblong, verdâtre, qui blanchit à mesure qu'il est prêt à s'épanouir; et quand il est tout-à-fait ouvert, vous voyez son enveloppe blanche prendre la forme d'un vase divisé en plusieurs segments. Cette partie enveloppante et colorée, qui est blanche dans le le lis, s'appelle la *corolle*, et non pas la fleur comme chez le vulgaire, parce que la fleur est un composé de plusieurs parties dont la corolle est seulement la principale.

La corolle du lis n'est pas d'une seule pièce, comme il est facile à voir. Quand elle se fane et tombe, elle tombe en six pièces bien séparées, qui s'appellent des *pétales*. Ainsi la corolle du lis est composée de six pétales. Toute corolle de fleur qui est ainsi de plusieurs pièces s'appelle *corolle polypétale*. Si la corolle n'était que d'une seule pièce, comme par exemple le liseron, appelé clochette des champs, elle s'appellerait *monopétale*. Revenons à notre lis.

Dans la corolle, vous trouverez, précisément au milieu, une espèce de petite colonne attachée tout au fond et qui pointe directement vers le haut. Cette colonne prise dans son entier s'appelle le *pistil* : prise dans ses parties, elle se divise en trois : 1° sa base renflée en cylindre avec trois angles arrondis tout autour : cette base s'appelle le *germe*; 2° un filet posé sur le germe : ce filet s'appelle *style*; 3° le style est couronné par une espèce de chapiteau avec trois échancrures : ce chapiteau s'appelle le *stigmate*. Voilà en quoi consiste le pistil et ses trois parties.

Entre le pistil et la corolle vous trouverez six autres corps bien distincts, qui s'appellent les *étamines*. Chaque étamine est composée de deux parties; savoir, une plus mince par laquelle l'étamine tient au fond de la corolle, et qui s'appelle le *filet*; une plus grosse qui tient à l'extrémité supérieure du filet, et qui s'appelle *anthère*. Chaque anthère est une boîte qui s'ouvre quand elle est mûre, et verse une poussière jaune très odorante, dont nous parlerons dans la suite. Cette poussière jusqu'ici n'a point de nom français; chez les botanistes, on l'appelle le *pollen*, mot qui signifie poussière.

Voilà l'analyse grossière des parties de la fleur. A mesure que la corolle se fane et tombe, le germe grossit, et devient une capsule triangulaire allongée, dont l'intérieur contient des semences plates distribuées en trois loges. Cette capsule, considérée comme l'enveloppe des graines, prend le nom de *péricarpe*. Mais je n'entreprendrai pas ici l'analyse du fruit. Ce sera le sujet d'une autre lettre.

Les parties que je viens de vous nommer se trouvent également dans les fleurs de la plupart des autres plantes, mais à divers degrés de proportion, de situation et de nombre. C'est par l'analogie de ces parties, et par leurs diverses combinaisons, que se déterminent les diverses familles du règne végétal; et ces analogies des parties de la fleur se lient avec d'autres analogies des parties de la plante qui semblent n'avoir aucun rapport à celles-là. Par exemple, ce nombre de six étamines, quelquefois seulement trois, de six pétales ou divisions de la corolle, et cette forme triangulaire à trois loges de l'ovaire, déterminent toute la famille des liliacées; et dans toute cette même famille, qui est très nombreuse, les racines sont toutes des oignons ou *bulbes*, plus ou moins marquées, et variées quant à leur figure ou composition. L'oignon du lis est composé d'écailles en recouvrement; dans l'asphodèle, c'est une liasse de navets allongés; dans le safran, ce sont deux bulbes l'une sur l'autre; dans le colchique, à côté l'une de l'autre : mais toujours des bulbes.

Le lis, que j'ai choisi parce qu'il est de la saison, et aussi à cause de la grandeur de sa fleur et de ses parties qui les rend plus sensibles, manque cependant d'une des parties constitutives d'une fleur parfaite, savoir le calice. Le *calice* est une partie verte et divisée communément en cinq folioles, qui soutient et embrasse par le bas la corolle, et qui l'enveloppe tout entière avant son épanouissement, comme vous aurez pu le remarquer dans la rose. Le calice, qui accompagne presque toutes les autres fleurs, manque à la plupart des liliacées, comme la tulipe, la jacinthe, le narcisse, la tubéreuse, etc., et même l'oignon, le poireau, l'ail, qui sont aussi de véritables liliacées, quoiqu'elles paraissent fort différentes au premier coup d'œil. Vous verrez encore que, dans toute cette même famille,

les tiges sont simples et peu rameuses, les feuilles entières et jamais découpées; observations qui confirment, dans cette famille, l'analogie de la fleur et du fruit par celle des autres parties de la plante. Si vous suivez ces détails avec quelque attention, et que vous vous les rendiez familiers par des observations fréquentes, vous voilà déjà en état de déterminer, par l'inspection attentive et suivie d'une plante, si elle est ou non de la famille des liliacées, et cela sans savoir le nom de cette plante. Vous voyez que ce n'est plus ici un simple travail de la mémoire; mais une étude d'observations et de faits, vraiment digne d'un naturaliste. Vous ne commencerez pas par dire tout cela à votre fille, et encore moins dans la suite, quand vous serez initiée dans les mystères de la végétation; mais vous ne lui développerez par degrés que ce qui peut convenir à son âge et à son sexe, en la guidant pour trouver les choses par elle-même plutôt qu'en les lui apprenant. Bonjour, chère cousine; si tout ce fatras vous convient, je suis à vos ordres.

LETTRE II.

Du 18 octobre 1771.

Puisque vous saisissez si bien, chère cousine, les premiers linéaments des plantes, quoique si légèrement marqués, que votre œil clairvoyant sait déjà distinguer un air de famille dans les liliacées, et que notre chère petite botaniste s'amuse de corolles et de pétales, je vais vous proposer une autre famille sur laquelle elle pourra derechef exercer son petit savoir; avec un peu plus de difficultés pourtant, je l'avoue, à cause des fleurs beaucoup plus petites, du feuillage plus varié; mais avec le même plaisir de sa part et de la vôtre, du moins si vous en prenez autant à suivre cette route fleurie que j'en trouve à vous la tracer.

Quand les premiers rayons du printemps auront éclairé vos progrès, en vous montrant dans les jardins les jacinthes, les tulipes, les narcisses, les jonquilles et les muguets, dont l'analyse vous est déjà connue, d'autres fleurs arrêteront bientôt vos regards, et vous demanderont un nouvel examen. Telles seront les giroflées ou violiers; telles les juliennes ou girardes. Tant que vous les trouverez doubles, ne vous attachez pas à leur examen; elles seront défigurées, ou, si vous voulez, parées à notre mode; la nature ne s'y trouvera plus : elle refuse de se reproduire par des monstres ainsi mutilés; car, si la partie la plus brillante, savoir la corolle, s'y multiplie, c'est aux dépens des parties les plus essentielles, qui disparaissent sous cet éclat.

Prenez donc une giroflée simple, et procédez à l'analyse de sa fleur. Vous y trouverez d'abord une partie extérieure qui manque dans les liliacées, savoir le calice. Ce calice est de quatre pièces, qu'il faut bien appeler feuilles ou folioles, puisque nous n'avons point de mot propre pour les exprimer, comme le mot pétales pour les pièces de la corolle. Ces quatre pièces, pour l'ordinaire, sont inégales de deux en deux, c'est-à-dire deux folioles opposées l'une à l'autre, égales entre elles, plus petites; et les deux autres, aussi égales entre elles et opposées, plus grandes, et surtout par le bas, où leur arrondissement fait en dehors une bosse assez sensible.

Dans ce calice, vous trouverez une corolle composée de quatre pétales dont je laisse à part la couleur, parce qu'elle ne fait point caractère. Chacun de ces pétales est attaché au réceptacle, ou fond du calice, par une partie étroite et pâle qu'on appelle l'*onglet*, et déborde le calice par une partie plus large et plus colorée, qu'on appelle la *lame*.

Au centre de la corolle est un pistil allongé, cylindrique ou à peu près, terminé par un style très court, lequel est terminé lui-même par un stigmate oblong, *bifide*, c'est-à-dire partagé en deux parties qui se réfléchissent de part et d'autre.

Si vous examinez avec soin la position respective du calice et de la corolle,

vous verrez que chaque pétale, au lieu de correspondre exactement à chaque foliole du calice, est posé au contraire entre les deux, de sorte qu'il répond à l'ouverture qui les sépare, et cette position alternative a lieu dans toutes les espèces de fleurs qui ont un nombre égal de pétales à la corolle et de folioles au calice.

Il nous reste à parler des étamines. Vous les trouverez dans la giroflée au nombre de six, comme dans les liliacées, mais non pas de même égales entre elles, ou alternativement inégales; car vous en verrez seulement deux en opposition l'une de l'autre, sensiblement plus courtes que les quatre autres qui les séparent, et qui en sont aussi séparées de deux en deux.

Je n'entrerai pas ici dans le détail de leur structure et de leur position; mais je vous préviens que, si vous y regardez bien, vous trouverez la raison pourquoi ces deux étamines sont plus courtes que les autres, et pourquoi deux folioles du calice sont plus bossues, ou, pour parler en termes de botanique, plus gibbeuses, et les deux autres plus aplaties.

Pour achever l'histoire de notre giroflée, il ne faut pas l'abandonner après avoir analysé sa fleur, mais il faut attendre que la corolle se flétrisse et tombe, ce qu'elle fait assez promptement, et remarquer alors ce que devient le pistil, composé, comme nous l'avons dit ci-devant, de l'ovaire ou péricarpe, du style et du stigmate. L'ovaire s'allonge beaucoup et s'élargit un peu à mesure que le fruit mûrit; quand il est mûr, cet ovaire ou fruit devient une espèce de gousse plate appelée *silique*.

Cette silique est composée de deux valvules posées l'une sur l'autre, et séparées par une cloison fort mince appelée *médiastin*.

Quand la semence est tout-à-fait mûre, les valvules s'ouvrent de bas en haut pour lui donner passage, et restent attachées au stigmate par leur partie supérieure.

Alors on voit des graines plates et circulaires posées sur les deux faces du médiastin; et, si l'on regarde avec soin comment elles y tiennent, on trouve que c'est par un court pédicule qui attache chaque grain alternativement à droite et à gauche aux sutures du médiastin, c'est-à-dire à ses deux bords, par lesquels il était comme cousu avec les valvules avant leur séparation.

Je crains fort, chère cousine, de vous avoir un peu fatiguée par cette longue description, mais elle était nécessaire pour vous donner le caractère essentiel de la nombreuse famille des *crucifères* ou fleurs en croix, laquelle compose une classe entière dans presque tous les systèmes des botanistes, et cette description, difficile à entendre ici sans figure, vous deviendra plus claire, j'ose l'espérer, quand vous la suivrez avec quelque attention, ayant l'objet sous les yeux.

Le grand nombre d'espèces qui composent la famille des crucifères a déterminé les botanistes à la diviser en deux sections qui, quant à la fleur, sont parfaitement semblables, mais diffèrent sensiblement quant au fruit.

La première section comprend les crucifères *à silique*, comme la giroflée dont je viens de parler, la julienne, le cresson de fontaine, les choux, les raves, les navets, la moutarde, etc.

La seconde section comprend les crucifères *à silicule*, c'est-à-dire dont la silique, en diminutif, est extrêmement courte, presque aussi large que longue, et autrement divisée en dedans; comme entre autres le cresson alénois, dit *nasitort* ou *natou*, le thlaspi, appelé *téraspi* par les jardiniers, le cochléaria, la lunaire, qui, quoique la gousse en soit fort grande, n'est pourtant qu'une silicule, parce que sa longueur excède peu sa largeur. Si vous ne connaissez ni le cresson alénois, ni le cochléaria, ni le thlaspi, ni la lunaire, vous connaissez, du moins je le présume, la bourse-à-pasteur, si commune parmi les mauvaises herbes des jardins. Hé bien, cousine, la bourse-à-pasteur est une crucifère à silicule, dont la silicule est triangulaire. Sur celle-là vous pouvez vous former une idée des autres, jusqu'à ce qu'elles vous tombent sous la main.

Il est temps de vous laisser respirer, d'autant plus que cette lettre, avant que la saison vous permette d'en faire usage, sera, j'espère, suivie de plusieurs au-

tres, où je pourrai ajouter ce qui reste à dire de nécessaire sur les crucifères, et que je n'ai pas dit dans celle-ci. Mais il est bon, peut-être, de vous prévenir dès à présent que, dans cette famille, et dans beaucoup d'autres, vous trouverez souvent des fleurs beaucoup plus petites que la giroflée, et quelquefois si petites, que vous ne pourrez guère examiner leurs parties qu'à la faveur d'une loupe, instrument dont un botaniste ne peut se passer, non plus que d'une pointe, d'une lancette, et d'une paire de bons ciseaux fins à découper. En pensant que votre zèle maternel peut vous mener jusque-là, je me fais un tableau charmant de ma belle cousine, empressée avec son verre à éplucher des morceaux de fleurs, cent fois moins fleuries, moins fraîches et moins agréables qu'elle. Bonjour, cousine, jusqu'au chapitre suivant.

LETTRE III.

Du 16 mai 1772.

Je suppose, chère cousine, que vous avez bien reçu ma précédente réponse, quoique vous ne m'en parliez point dans votre seconde lettre. Répondant maintenant à celle-ci, j'espère, sur ce que vous m'y marquez, que la maman, bien rétablie, est partie en bon état pour la Suisse, et je compte que vous n'oublierez pas de me donner avis de l'effet de ce voyage et des eaux qu'elle va prendre. Comme tante Julie a dû partir avec elle, j'ai chargé M. G., qui retourne au Val-de-Travers, du petit herbier qui lui est destiné, et je l'ai mis à votre adresse, afin qu'en son absence vous puissiez le recevoir et vous en servir, si tant est que, parmi ces échantillons informes, il se trouve quelque chose à votre usage. Au reste je n'accorde pas que vous ayez des droits sur ce chiffon. Vous en avez sur celui qui l'a fait, les plus forts et les plus chers que je connaisse ; mais, pour l'herbier, il fut promis à votre sœur, lorsqu'elle herborisait avec moi dans nos promenades à la Croix de Vague, et que vous ne songiez à rien moins dans celles où mon cœur et mes pieds vous suivaient avec grand'maman en Vaise. Je rougis de lui avoir tenu parole si tard et si mal ; mais enfin elle avait sur vous, à cet égard, ma parole et l'antériorité. Pour vous, chère cousine, si je ne vous promets pas un herbier de ma main, c'est pour vous en procurer un plus précieux de la main de votre fille, si vous continuez à suivre avec elle cette douce et charmante étude qui remplit d'intéressantes observations sur la nature ces vides du temps que les autres consacrent à l'oisiveté ou à pis. Quant à présent, reprenons le fil interrompu de nos familles végétales.

Mon intention est de vous décrire d'abord six de ces familles, pour vous familiariser avec la structure générale des parties caractéristiques des plantes. Vous en avez déjà deux ; reste à quatre qu'il faut encore avoir la patience de suivre : après quoi, laissant pour un temps les autres branches de cette nombreuse lignée, et passant à l'examen des parties différentes de la fructification, nous ferons en sorte que, sans peut-être connaître beaucoup de plantes, vous ne serez du moins jamais en terre étrangère parmi les productions du règne végétal.

Mais je vous préviens que, si vous voulez prendre des livres et suivre la nomenclature ordinaire, avec beaucoup de noms vous aurez peu d'idées ; celles que vous aurez se brouilleront, et vous ne suivrez bien ni ma marche ni celle des autres, et n'aurez tout au plus qu'une connaissance de mots. Chère cousine, je suis jaloux d'être votre seul guide dans cette partie. Quand il en sera temps, je vous indiquerai les livres que vous pourrez consulter. En attendant, ayez la patience de ne lire que dans celui de la nature et de vous en tenir à mes lettres.

Les pois sont à présent en pleine fructification ; saisissons ce moment pour observer leur caractère. Il est un des plus curieux que puisse offrir la botanique. Toutes les fleurs se divisent généralement en régulières et irrégulières. Les premières sont celles dont toutes les parties s'écartent uniformément du centre de la fleur, et aboutiraient ainsi par leurs extrémités extérieures à la circonférence d'un cercle. Cette uniformité fait qu'en présentant à l'œil les fleurs de cette

espèce. il n'y distingue ni dessus ni dessous, ni droite ni gauche ; telles sont les deux familles ci-devant examinées. Mais, au premier coup d'œil, vous verrez qu'une fleur de pois est irrégulière, qu'on y distingue aisément dans la corolle la partie plus longue, qui doit être en haut, de la plus courte, qui doit être en bas, et qu'on connaît fort bien, en présentant la fleur vis-à-vis de l'œil, si ou la tient dans sa situation naturelle ou si on la renverse. Ainsi, toutes les fois qu'examinant une fleur irrégulière, on parle du haut et du bas, c'est en la plaçant dans sa situation naturelle.

Comme les fleurs de cette famille sont d'une construction fort particulière, non-seulement il faut avoir plusieurs fleurs de pois et les disséquer successivement, pour observer toutes leurs parties l'une après l'autre ; il faut même suivre le progrès de la fructification depuis la première floraison jusqu'à la maturité du fruit.

Vous trouverez d'abord un calice *monophylle*, c'est-à-dire d'une seule pièce terminée en cinq pointes bien distinctes, dont deux un peu plus larges sont en haut, et les trois plus étroites sont en bas. Ce calice est recourbé vers le bas, de même que le pédicule qui le soutient, lequel pédicule est très délié, très mobile; en sorte que la fleur suit aisément le courant de l'air et présente ordinairement son dos au vent et à la pluie.

Le calice examiné, on l'ôte, en le déchirant délicatement, de manière que le reste de la fleur demeure entier, et alors vous voyez clairement que la corolle est polypétale.

Sa première pièce est un grand et large pétale qui couvre les autres et occupe la partie supérieure de la corolle, à cause de quoi ce grand pétale a pris le nom de *pavillon;* on l'appelle aussi l'*étendard*. Il faudrait se boucher les yeux et l'esprit pour ne pas voir que ce pétale est là comme un parapluie pour garantir ceux qu'il couvre des principales injures de l'air.

En enlevant le pavillon comme vous avez fait le calice, vous remarquerez qu'il est emboîté de chaque côté par une petite oreillette dans les pièces latérales, de manière que sa situation ne puisse être dérangée par le vent.

Le pavillon ôté laisse à découvert ces deux pièces latérales auxquelles il était adhérent par ses oreillettes : ces pièces latérales s'appellent les *ailes*. Vous trouverez, en les détachant, qu'emboîtées encore plus fortement avec celle qui reste, elles n'en peuvent être séparées sans quelque effort. Aussi les ailes ne sont guère moins utiles pour garantir les côtés de la fleur que le pavillon pour la couvrir.

Les ailes ôtées vous laissent voir la dernière pièce de la corolle, pièce qui couvre et défend le centre de la fleur, et l'enveloppe, surtout par-dessous, aussi soigneusement que les trois autres pétales enveloppent le dessus et les côtés. Cette dernière pièce, qu'à cause de sa forme on appelle la *nacelle*, est comme le coffre-fort dans lequel la nature a mis son trésor à l'abri des atteintes de l'air et de l'eau.

Après avoir bien examiné ce pétale, tirez-le doucement par-dessous en le pinçant légèrement par la quille, c'est-à-dire par la prise mince qu'il vous présente, de peur d'enlever avec lui ce qu'il enveloppe : je suis sûr qu'au moment où ce dernier pétale sera forcé de lâcher prise et de déceler le mystère qu'il cache, vous ne pourrez, en l'apercevant, vous abstenir de faire un cri de surprise et d'admiration.

Le jeune fruit qu'enveloppait la nacelle est construit de cette manière : une membrane cylindrique, terminée par dix filets bien distincts, entoure l'ovaire, c'est-à-dire l'embryon de la gousse. Ces dix filets sont autant d'étamines qui se réunissent par le bas autour du germe, et se terminent par le haut en autant d'anthères jaunes dont la poussière va féconder le stigmate qui termine le pistil, et qui, quoique jaune aussi par la poussière fécondante qui s'y attache, se distingue aisément des étamines par sa figure et par sa grosseur. Ainsi, ces dix étamines forment encore autour de l'ovaire une dernière cuirasse pour le préserver des injures du dehors.

Si vous y regardez de bien près, vous trouverez que ces dix étamines ne font par leur base un seul corps qu'en apparence : car, dans la partie supérieure de

ce cylindre, il y a une pièce ou étamine qui d'abord paraît adhérente aux autres, mais qui, à mesure que la fleur se fane et que le fruit grossit, se détache et laisse une ouverture en dessus, par laquelle ce fruit, grossissant, peut s'étendre en entr'ouvrant et écartant de plus en plus le cylindre qui, sans cela, le comprimant et l'étranglant tout autour, l'empêcherait de grossir et de profiter. Si la fleur n'est pas assez avancée, vous ne verrez pas cette étamine détachée du cylindre; mais passez un camion dans deux petits trous que vous trouverez près du réceptacle à la base de cette étamine, et bientôt vous verrez l'étamine avec son anthère suivre l'épingle et se détacher des neuf autres, qui continueront toujours de faire ensemble un seul corps, jusqu'à ce qu'elles se flétrissent et dessèchent, quand le germe fécondé devient gousse et qu'il n'a plus besoin d'elles.

Cette *gousse*, dans laquelle l'ovaire se change en mûrissant, se distingue de la *silique* des crucifères, en ce que dans la *silique* les graines sont attachées alternativement aux deux sutures, au lieu que dans la *gousse* elles ne sont attachées que d'un côté, c'est-à-dire à une seulement des deux sutures, tenant alternativement à la vérité aux deux valves qui la composent, mais toujours du même côté. Vous saisirez parfaitement cette différence si vous ouvrez en même temps la *gousse* d'un pois et la *silique* d'une giroflée, ayant attention de ne les prendre ni l'une ni l'autre en parfaite maturité, afin qu'après l'ouverture du fruit les graines restent attachées par leurs ligaments à leurs sutures et à leurs valvules.

Si je me suis bien fait entendre, vous comprendrez, chère cousine, quelles étonnantes précautions ont été cumulées par la nature pour amener l'embryon du pois à maturité, et le garantir surtout, au milieu des plus grandes pluies, de l'humidité qui lui est funeste, sans cependant l'enfermer dans une coque dure qui en eût fait une autre sorte de fruit. Le suprême ouvrier, attentif à la conservation de tous les êtres, a mis de grands soins à garantir la fructification des plantes des atteintes qui lui peuvent nuire; mais il paraît avoir redoublé d'attention pour celles qui servent à la nourriture de l'homme et des animaux, comme la plupart des légumineuses. L'appareil de la fructification du pois est, en diverses proportions, le même dans toute cette famille. Les fleurs y portent le nom de *papilionacées*, parce qu'on a cru y voir quelque chose de semblable à la figure d'un papillon: elles ont généralement un *pavillon*, deux *ailes*, une *nacelle*, ce qui fait communément quatre pétales irréguliers. Mais il y a des genres où la nacelle se divise dans sa longueur en deux pièces presque adhérentes par la quille, et ces fleurs-là ont réellement cinq pétales; d'autres, comme le trèfle des prés, ont toutes leurs parties attachées en une seule pièce, et, quoique papilionacées, ne laissent pas d'être monopétales.

Les papilionacées ou légumineuses sont une des familles des plantes les plus nombreuses et les plus utiles. On y trouve les fèves, les genêts, les luzernes, sainfoins, lentilles, vesces, gesses, les haricots, dont le caractère est d'avoir la nacelle contournée en spirale, ce qu'on prendrait d'abord pour un accident; il y a des arbres, entre autres, celui qu'on appelle vulgairement *acacia*, et qui n'est pas le véritable acacia; l'indigo, la réglisse, en sont aussi: mais nous parlerons de tout cela plus en détail dans la suite. Bonjour cousine. J'embrasse tout ce que vous aimez.

LETTRE IV.

Du 19 juin 1772.

Vous m'avez tiré de peine, chère cousine, mais il me reste encore de l'inquiétude sur ces maux d'estomac appelés maux de cœur, dont votre maman sent les retours dans l'attitude d'écrire. Si c'est seulement l'effet d'une plénitude de bile, le voyage et les eaux suffiront pour l'évacuer; mais je crains bien qu'il n'y ait à ces accidents quelque cause locale qui ne sera pas si facile à détruire, et qui demandera toujours d'elle un grand ménagement, même après son rétablissement.

J'attends de vous des nouvelles de ce voyage, aussitôt que vous en aurez ; mais j'exige que la maman ne songe à m'écrire que pour m'apprendre son entière guérison.

Je ne puis comprendre pourquoi vous n'avez pas reçu l'herbier. Dans la persuasion que tante Julie était déjà partie, j'avais remis le paquet à M. G. pour vous l'expédier en passant à Dijon. Je n'apprends d'aucun côté qu'il soit parvenu ni dans vos mains, ni dans celles de votre sœur, et je n'imagine plus ce qu'il peut être devenu.

Parlons de plantes, tandis que la saison de les observer nous y invite. Votre solution sur la question que je vous avais faite sur les étamines des crucifères est parfaitement juste, et me prouve bien que vous m'avez entendu, ou plutôt que vous m'avez écouté ; car vous n'avez besoin que d'écouter pour entendre. Vous m'avez bien rendu raison de la gibbosité de deux folioles du calice, et de la brièveté relative de deux étamines, dans la giroflée, par la courbure de ces deux étamines. Cependant, un pas de plus vous eût menée jusqu'à la cause première de cette structure : car si vous recherchez encore pourquoi ces deux étamines sont ainsi recourbées et par conséquent raccourcies, vous trouverez une petite glande implantée sur le réceptacle, entre l'étamine et le germe, et c'est cette glande qui, éloignant l'étamine, et la forçant à prendre le contour, la raccourcit nécessairement. Il y a encore sur le même réceptacle deux autres glandes, une au pied de chaque paire des grandes étamines ; mais ne leur faisant point faire de contour, elles ne les raccourcissent pas, parce que ces glandes ne sont pas, comme les deux premières, en dedans, c'est-à-dire entre l'étamine et le germe, mais en dehors, c'est-à-dire entre la paire d'étamines et le calice. Ainsi ces quatre étamines, soutenues et dirigées verticalement en droite ligne, débordent celles qui sont recourbées, et semblent plus longues, parce qu'elles sont plus droites. Ces quatre glandes se trouvent, ou du moins leurs vestiges, plus ou moins visiblement dans presque toutes les fleurs crucifères, et dans quelques-unes bien plus distinctes que dans la giroflée. Si vous demandez encore pourquoi ces glandes, je vous répondrai qu'elles sont un des instruments destinés par la nature à unir le règne végétal au règne animal, et les faire circuler l'un dans l'autre ; mais, laissant ces recherches un peu trop anticipées, revenons, quant à présent, à nos familles.

Les fleurs que je vous ai décrites jusqu'à présent sont toutes polypétales. J'aurais dû commencer, peut-être, par les monopétales régulières dont la structure est beaucoup plus simple : cette grande simplicité même est ce qui m'en a empêché. Les monopétales régulières constituent moins une famille qu'une grande nation dans laquelle on compte plusieurs familles bien distinctes ; en sorte que, pour les comprendre toutes sous une indication commune, il faut employer des caractères si généraux et si vagues, que c'est paraître dire quelque chose, en ne disant, en effet, presque rien du tout. Il vaut mieux se renfermer dans des bornes plus étroites, mais qu'on puisse assigner avec plus de précision.

Parmi les monopétales irrégulières, il y a une famille dont la physionomie est si marquée qu'on en distingue aisément les membres à leur air. C'est celle à laquelle on donne le nom de fleurs en gueule, parce que ces fleurs sont fendues en deux lèvres, dont l'ouverture, soit naturelle, soit produite par une légère compression des doigts, leur donne l'air d'une gueule béante. Cette famille se subdivise en deux sections ou lignées : l'une, des fleurs en lèvres, ou *labiées* ; l'autre, des fleurs en masque, ou *personnées* ; car le mot latin *persona* signifie un masque, nom très convenable assurément à la plupart des gens qui portent parmi nous celui de *personnes*. Le caractère commun à toute la famille est non-seulement d'avoir la corolle monopétale, et, comme je l'ai dit, fendue en deux lèvres ou babines, l'une supérieure, appelée *casque*, l'autre inférieure, appelée *barbe*, mais d'avoir quatre étamines presque sur un même rang, distinguées en deux paires, l'une plus longue, et l'autre plus courte. L'inspection de l'objet vous expliquera mieux ces caractères que ne peut faire le discours.

Prenons d'abord les *labiées*. Je vous en donnerais volontiers pour exemple la

sauge, qu'on trouve dans presque tous les jardins. Mais la construction particulière et bizarre de ses étamines, qui l'a fait retrancher par quelques botanistes du nombre des labiées, quoique la nature ait semblé l'y inscrire, me porte à chercher un autre exemple dans les orties mortes, et particulièrement dans l'espèce appelée vulgairement *ortie blanche*, mais que les botanistes appellent plutôt *lamier blanc*, parce qu'elle n'a nul rapport à l'ortie par sa fructification, quoiqu'elle en ait beaucoup par son feuillage. L'ortie blanche, si commune partout, durant très longtemps en fleur, ne doit pas vous être difficile à trouver. Sans

Menthe.

m'arrêter ici à l'élégante situation des fleurs, je me borne à leur structure. L'ortie blanche porte une fleur monopétale labiée, dont le casque est concave et recourbé en forme de voûte, pour recouvrir le reste de la fleur, et particulièrement ses étamines, qui se tiennent toutes quatre assez serrées sous l'abri de son toit. Vous discernerez aisément la paire plus longue et la paire plus courte, et, au milieu des quatre, le style de la même couleur, mais qui s'en distingue en ce qu'il est simplement fourchu par son extrémité, au lieu d'y porter une anthère, comme font les étamines. La barbe, c'est-à-dire la lèvre inférieure, se replie et pend en en-bas, et, par cette situation, laisse voir presque jusqu'au fond le dedans de la corolle. Dans les *lamiers*, cette barbe est refendue en longueur dans son milieu, mais cela n'arrive pas de même aux autres labiées.

Si vous arrachez la corolle, vous arracherez avec elle les étamines qui y tiennent

par les filets, et non pas au réceptacle, où le style restera seul attaché. En examinant comment les étamines tiennent à d'autres fleurs, on les trouve généralement attachées à la corolle quand elle est monopétale, et au réceptacle ou au calice quand la corolle est polypétale : en sorte qu'on peut, en ce dernier cas, arracher les pétales sans arracher les étamines. De cette observation l'on tire une règle belle, facile, et même assez sûre, pour savoir si une corolle est d'une seule pièce ou de plusieurs, lorsqu'il est difficile, comme il l'est quelquefois, de s'en assurer immédiatement.

La corolle arrachée reste percée à son fond, parce qu'elle était attachée au réceptacle, laissant une ouverture circulaire par laquelle le pistil et ce qui l'entoure pénétrait au dedans du tube et de la corolle. Ce qui entoure ce pistil dans le lamier et dans toutes les labiées, ce sont quatre embryons qui deviennent quatre graines nues, c'est-à-dire sans aucune enveloppe ; en sorte que ces graines, quand elles sont mûres, se détachent, et tombent à terre séparément. Voilà le caractère des labiées.

L'autre lignée ou section, qui est celle des *personnées*, se distingue des labiées, premièrement par sa corolle, dont les deux lèvres ne sont pas ordinairement ouvertes et béantes, mais fermées et jointes, comme vous le pourrez voir dans la fleur de jardin appelée *muflaude* ou *mufle de veau*, ou bien, à son défaut, dans la linaire, cette fleur jaune à éperon, si commune en cette saison dans la campagne. Mais un caractère plus précis et plus sûr est qu'au lieu d'avoir quatre graines nues au fond du calice, comme les labiées, les personnées y ont toutes une capsule qui renferme les graines, et ne s'ouvre qu'à leur maturité pour les répandre. J'ajoute à ces caractères qu'un grand nombre de labiées sont ou des plantes odorantes et aromatiques, telles que l'origan, la marjolaine, le thym, le serpolet, le basilic, la menthe, l'hysope, la lavande, etc., ou des plantes odorantes et puantes, telles que diverses espèces d'orties mortes, stachys, crapaudines, marrube ; quelques-unes seulement, telles que le bugle, la brunelle, la toque, n'ont pas d'odeur, au lieu que les personnées sont pour la plupart des plantes sans odeur, comme la muflande, la linaire, l'euphraise, la pédiculaire, la crête de coq, l'orobanche, la cymbalaire, la velvote, la digitale ; je ne connais guère d'odorantes dans cette branche que la scrofulaire, qui sent et qui pue, sans être aromatique. Je ne puis guère vous citer ici que des plantes qui vraisemblablement ne vous sont pas connues, mais que peu à peu vous apprendrez à connaître, et dont au moins, à leur rencontre, vous pourrez par vous-même déterminer la famille. Je voudrais même que vous tâchassiez d'en déterminer la lignée ou section par la physionomie, et que vous vous exerçassiez à juger, au simple coup d'œil, si la fleur en gueule que vous voyez est une labiée, ou une personnée. La figure extérieure de la corolle peut suffire pour vous guider dans ce choix, que vous pourrez vérifier ensuite en ôtant la corolle, et regardant au fond du calice ; car, si vous avez bien jugé, la fleur que vous aurez nommée labiée vous montrera quatre graines nues, et celle que vous aurez nommée personnée vous montrera un péricarpe : le contraire vous prouverait que vous vous êtes trompée ; et par un second examen de la même plante, vous préviendrez une erreur semblable pour une autre fois. Voilà, chère cousine, de l'occupation pour quelques promenades. Je ne tarderai pas à vous en préparer pour celles qui suivront.

LETTRE V.

Du 16 juillet 1772.

Je vous remercie, chère cousine, des bonnes nouvelles que vous m'avez données de la maman. J'avais espéré le bon effet du changement d'air, et je n'en attends pas moins des eaux, et surtout du régime austère prescrit durant leur usage. Je suis touché du souvenir de cette bonne amie, et je vous prie de l'en remercier pour moi. Mais je ne veux pas absolument qu'elle m'écrive durant

son séjour en Suisse; et, si elle veut me donner directement de ses nouvelles, elle a près d'elle un bon secrétaire (*) qui s'en acquittera fort bien. Je suis plus charmé que surpris qu'elle réussisse en Suisse : indépendamment des grâces de son âge, et de sa gaîté vive et caressante, elle a dans le caractère un fond de douceur et d'égalité dont je l'ai vue donner quelquefois à la grand'maman l'exemple charmant qu'elle a reçu de vous. Si votre sœur s'établit en Suisse, vous perdrez l'une et l'autre une grande douceur dans la vie, et elle surtout des avantages difficiles à remplacer. Mais votre pauvre maman qui, porte à porte, sentait pourtant si cruellement sa séparation d'avec vous, comment supportera-t-elle la sienne à une si grande distance? C'est de vous encore qu'elle tiendra ses dédommagements et ses ressources. Vous lui en ménagez une bien précieuse en assouplissant dans vos douces mains la bonne et forte étoffe de votre favorite, qui, je n'en doute point, deviendra par vos soins aussi pleine de grandes qualités que de charmes. Ah! cousine, l'heureuse mère que la vôtre !

Savez-vous que je commence à être en peine du petit herbier? Je n'en ai d'aucune part aucune nouvelle, quoique j'en aie eu de M. G. depuis son retour, par sa femme, qui ne me dit pas de sa part un seul mot sur cet herbier. Je lui en ai demandé des nouvelles; j'attends sa réponse. J'ai grand'peur que, ne passant pas à Lyon, il n'ait confié le paquet à quelque quidam qui, sachant que c'étaient des herbes sèches, aura pris cela pour du foin. Cependant, si, comme je l'espère encore, il parvient enfin à votre sœur Julie ou à vous, vous trouverez que je n'ai pas laissé d'y prendre quelque soin. C'est une perte qui, quoique petite, ne me serait pas facile à réparer promptement, surtout à cause du catalogue, accompagné de divers petits éclaircissements, écrits sur-le-champ, et dont je n'ai gardé aucun double.

Consolez-vous, bonne cousine, de n'avoir pas vu les glandes des crucifères. De grands botanistes très bien oculés ne les ont pas mieux vues. Tournefort lui-même n'en fait aucune mention. Elles sont bien claires dans peu de genres, quoiqu'on en trouve des vestiges presque dans tous, et c'est à force d'analyser des fleurs en croix, ou d'y voir toujours des inégalités au réceptacle, qu'en les examinant en particulier on a trouvé que ces glandes appartenaient au plus grand nombre des genres, et qu'on les suppose, par analogie, dans ceux même où on ne les distingue pas.

Je comprends qu'on est fâché de prendre tant de peine sans apprendre les noms des plantes qu'on examine. Mais je vous avoue de bonne foi qu'il n'est pas entré dans mon plan de vous épargner ce petit chagrin. On prétend que la botanique n'est qu'une science de mots, qui n'exerce que la mémoire, et n'apprend qu'à nommer des plantes : pour moi, je ne connais point d'étude raisonnable qui ne soit qu'une science de mots ; et auquel des deux, je vous prie, accorderai-je le nom de botaniste, de celui qui sait cracher un nom ou une phrase à l'aspect d'une plante, sans rien connaître à sa structure, ou de celui qui, connaissant très bien cette structure, ignore néanmoins le nom très arbitraire qu'on donne à cette plante en tel ou en tel pays? Si nous ne donnons à vos enfants qu'une occupation amusante, nous manquons la meilleure moitié de notre but, qui est, en les amusant, d'exercer leur intelligence, et de les accoutumer à l'attention. Avant de leur apprendre à nommer ce qu'ils voient, commençons par leur apprendre à le voir. Cette science, oubliée dans toutes les éducations, doit faire la plus importante partie de la leur. Je ne le redirai jamais assez : apprenez-leur à ne jamais se payer de mots, et à croire ne rien savoir de ce qui n'est entré que dans leur mémoire.

Au reste, pour ne pas trop faire le méchant, je vous nomme pourtant des plantes sur lesquelles, en vous les faisant montrer, vous pouvez aisément vérifier mes descriptions. Vous n'aviez pas, je le suppose, sous vos yeux une ortie blanche en lisant l'analyse des labiées; mais vous n'aviez qu'à envoyer chez l'herboriste du coin chercher de l'ortie blanche fraîchement cueillie, vous appliquiez à sa

(*) La sœur de madame Delessert, que Rousseau appelait tante Julie

fleur ma description, et ensuite, examinant les autres parties de la plante de la manière dont nous traiterons ci-après, vous connaissiez l'ortie blanche infiniment mieux que l'herboriste qui la fournit ne la connaîtra de ses jours ; encore trouverons-nous dans peu le moyen de nous passer d'herboriste : mais il faut premièrement achever l'examen de nos familles ; ainsi je viens à la cinquième, qui, dans ce moment, est en pleine fructification.

Représentez-vous une longue tige assez droite, garnie alternativement de feuilles pour l'ordinaire découpées assez menu, lesquelles embrassent par leur base des branches qui sortent de leurs aisselles. De l'extrémité supérieure de cette tige partent, comme d'un centre, plusieurs pédicules ou rayons, qui, s'écartant circulairement et régulièrement comme les côtes d'un parasol, couronnent cette tige en forme d'un vase plus ou moins ouvert. Quelquefois ces rayons laissent un espace vide dans leur milieu, et représentent alors plus exactement le creux du vase ; quelquefois aussi ce milieu est fourni d'autres rayons plus courts, qui, montant moins obliquement, garnissent le vase, et forment, conjointement avec les premiers, la figure à peu près d'un demi-globe, dont la partie convexe est tournée en dessous.

Chacun de ces rayons ou pédicules est terminé à son extrémité, non pas encore par une fleur, mais par un autre ordre de rayons plus petits qui couronnent chacun des premiers, précisément comme ces premiers couronnent la tige.

Ainsi, voilà deux ordres pareils et successifs ; l'un, de grands rayons qui terminent la tige ; l'autre, de petits rayons semblables qui terminent chacun des grands.

Les rayons des petits parasols ne se subdivisent plus, mais chacun d'eux est le pédicule d'une petite fleur dont nous parlerons tout à l'heure.

Si vous pouvez vous former l'idée de la figure que je viens de vous décrire, vous aurez celle de la disposition des fleurs dans la famille des *ombellifères* ou *porte-parasols*, car le mot latin *umbella* signifie un parasol.

Quoique cette disposition régulière de la fructification soit frappante et assez constante dans toutes les ombellifères, ce n'est pourtant pas elle qui constitue le caractère de la famille : ce caractère se tire de la structure même de la fleur, qu'il faut maintenant vous décrire.

Mais il convient, pour plus de clarté, de vous donner ici une distinction générale sur la disposition relative de la fleur et du fruit dans toutes les plantes ; distinction qui facilite extrêmement leur arrangement méthodique, quelque système qu'on veuille choisir pour cela.

Il y a des plantes, et c'est le plus grand nombre, par exemple l'œillet, dont l'ovaire est évidemment renfermé dans la corolle. Nous donnerons à celles-là le nom de *fleurs infères*, parce que les pétales embrassant l'ovaire prennent leur naissance au-dessous de lui.

Dans d'autres plantes en assez grand nombre, l'ovaire se trouve placé, non dans les pétales, mais au-dessous d'eux : ce que vous pouvez voir dans la rose ; car le gratte-cul, qui en est le fruit, est ce corps vert et renflé que vous voyez au-dessous du calice, par conséquent aussi au-dessous de la corolle, qui, de cette manière, couronne cet ovaire et ne l'enveloppe pas. J'appellerai celles-ci *fleurs supères*, parce que la corolle est au-dessus du fruit. On pourrait faire des mots plus francisés, mais il me paraît avantageux de vous tenir toujours le plus près qu'il se pourra des termes admis dans la botanique, afin que, sans avoir besoin d'apprendre ni le latin ni le grec, vous puissiez néanmoins entendre passablement le vocabulaire de cette science, pédantesquement tiré de ces deux langues, comme si pour connaître les plantes, il fallait commencer par être un savant grammairien.

Tournefort exprimait la même distinction en d'autres termes : dans le cas de la fleur *infère*, il disait que le pistil devenait fruit ; dans le cas de la fleur *supère*, il disait que le calice devenait fruit. Cette manière de s'exprimer pouvait être aussi claire, mais elle n'était certainement pas aussi juste. Quoi qu'il en soit,

voici une occasion d'exercer, quand il en sera temps, vos jeunes élèves à savoir démêler les mêmes idées, rendues par des termes tout différents.

Je vous dirai maintenant que les plantes ombellifères ont la fleur *supère*, ou posée sur le fruit. La corolle de cette fleur est à cinq pétales appelés réguliers; quoique souvent les deux pétales, qui sont tournés en dehors dans les fleurs qui bordent l'ombelle, soient plus grands que les trois autres.

La figure de ces pétales varie selon les genres, mais le plus communément elle est en cœur; l'onglet qui porte sur l'ovaire est fort mince; la lame va en s'élargissant, son bord est *émarginé* (légèrement échancré), ou bien il se termine en

Ciguë.

une pointe qui, se repliant en dessus, donne encore au pétale l'air d'être émarginé, quoiqu'on le vît pointu s'il était déplié.

Entre chaque pétale est une étamine dont l'anthère, débordant ordinairement la corolle, rend les cinq étamines plus visibles que les cinq pétales. Je ne fais pas ici mention du calice, parce que les ombellifères n'en ont aucun bien distinct.

Du centre de la fleur partent deux styles garnis chacun de leur stigmate, et assez apparents aussi, lesquels, après la chute des pétales et des étamines, restent pour couronner le fruit.

La figure la plus commune de ce fruit est un ovale un peu allongé, qui, dans sa maturité, s'ouvre par la moitié, et se partage en deux semences nues attachées

au pédicule, lequel, par un art admirable, se divise en deux, ainsi que le fruit, et tient les graines séparément suspendues, jusqu'à leur chute.

Toutes ces proportions varient selon les genres, mais en voilà l'ordre le plus commun. Il faut, je l'avoue, avoir l'œil très attentif pour bien distinguer sans loupe de si petits objets ; mais ils sont si dignes d'attention, qu'on n'a pas regret à sa peine.

Voici donc le caractère propre de la famille des ombellifères : corolle supère à cinq pétales, cinq étamines, deux styles portés sur un fruit nu *disperme*, c'est-à-dire composé de deux graines accolées.

Toutes les fois que vous trouverez ces caractères réunis dans une fructification, comptez que la plante est une ombellifère, quand même elle n'aurait d'ailleurs, dans son arrangement, rien de l'ordre ci-devant marqué. Et quand vous trouverez tout cet ordre de parasols conforme à ma description, comptez qu'il vous trompe, s'il est démenti par l'examen de la fleur.

S'il arrivait, par exemple, qu'en sortant de lire ma lettre vous trouvassiez, en vous promenant, un sureau encore en fleur, je suis presque assuré qu'au premier aspect vous diriez, voilà une ombellifère. En y regardant, vous trouveriez grande ombelle, petite ombelle, petites fleurs blanches, corolle supère, cinq étamines : c'est une ombellifère assurément ; mais voyons encore : je prends une fleur.

D'abord, au lieu de cinq pétales, je trouve une corolle à cinq divisions, il est vrai, mais néanmoins d'une seule pièce : or, les fleurs des ombellifères ne sont pas monopétales. Voilà bien cinq étamines ; mais je ne vois point de styles, et je vois plus souvent trois stigmates que deux ; plus souvent trois graines que deux : or, les ombellifères n'ont jamais ni plus ni moins de deux stigmates, ni plus ni moins de deux graines pour chaque fleur. Enfin, le fruit du sureau est une baie molle, et celui des ombellifères est sec et nu. Le sureau n'est donc pas une ombellifère.

Si vous revenez maintenant sur vos pas en regardant de plus près à la disposition des fleurs, vous verrez que cette disposition n'est qu'en apparence celle des ombellifères. Les grands rayons, au lieu de partir exactement du même centre, prennent leur naissance les uns plus haut, les autres plus bas ; les petits naissent encore moins régulièrement : tout cela n'a point l'ordre invariable des ombellifères. L'arrangement des fleurs du sureau est en *corymbe*, ou bouquet, plutôt qu'en ombelles. Voilà comment, en nous trompant quelquefois, nous finissons par apprendre à mieux voir.

Le *chardon-roland*, au contraire, n'a guère le port d'une ombellifère, et néanmoins c'en est une, puisqu'il en a tous les caractères dans sa fructification. Où trouver, me direz-vous, le chardon-roland ? par toute la campagne ; tous les grands chemins en sont tapissés à droite et à gauche : le premier paysan peut vous le montrer, et vous le reconnaîtriez presque vous-même à la hauteur bleuâtre ou vert-de-mer de ses feuilles, à leurs durs piquants, et à leur consistance lisse et coriace comme du parchemin. Mais on peut laisser une plante aussi intraitable ; elle n'a pas assez de beauté pour dédommager des blessures qu'on se fait en l'examinant : et fût-elle cent fois plus jolie, ma petite cousine, avec ses petits doigts sensibles, serait bientôt rebutée de caresser une plante de si mauvaise humeur.

La famille des ombellifères, est nombreuse, et si naturelle, que ses genres sont très difficiles à distinguer : ce sont des frères, que la grande ressemblance fait souvent prendre l'un pour l'autre. Pour aider à s'y reconnaître, on a imaginé des distinctions principales qui sont quelquefois utiles, mais sur lesquelles il ne faut pas non plus trop compter. Le foyer d'où partent les rayons, tant de la grande que de la petite ombelle, n'est pas toujours nu ; il est quelquefois entouré de folioles, comme d'une manchette. On donne à ces folioles le nom d'*involucre* (enveloppe). Quand la grande ombelle a une manchette, on donne à cette manchette le nom de *grand involucre* : on appelle *petits involucres* ceux qui entourent quelquefois les petites ombelles. Cela donne lieu à trois sections des ombellifères :

1° Celles qui ont grand involucre et petits involucres ;

2° Celles qui n'ont que les petits involucres seulement ;
3° Celles qui n'ont ni grand ni petits involucres.

Il semblerait manquer une quatrième division de celles qui ont un grand involucre et point de petits ; mais on ne connaît aucun genre qui soit constamment dans ce cas.

Vos étonnants progrès, chère cousine, et votre patience, m'ont tellement enhardi que, comptant pour rien votre peine, j'ai osé vous décrire la famille des ombellifères sans fixer vos yeux sur aucun modèle ; ce qui a rendu nécessairement votre attention beaucoup plus fatigante. Cependant j'ose douter, lisant comme vous savez faire, qu'après une ou deux lectures de ma lettre, une ombellifère en fleurs échappe à votre esprit en frappant vos yeux ; et dans cette saison, vous ne pouvez manquer d'en trouver plusieurs dans les jardins et dans la campagne.

Elles ont, la plupart, des fleurs blanches. Telles sont la carotte, le cerfeuil, le persil, la ciguë, l'angélique, la berce, la berle, le boucage, le chervis ou girole, la percepierre, etc.

Quelques-unes, comme le fenouil, l'anet, le panais, sont à fleurs jaunes : il y en a peu à fleurs rougeâtres, et point d'aucune autre couleur.

Voilà, me direz-vous, une belle notion générale des ombellifères : mais comment tout ce vague savoir me garantira-t-il de confondre la ciguë avec le cerfeuil et le persil, que vous venez de nommer avec elle ? La moindre cuisinière en saura là-dessus plus que nous avec toute notre doctrine. Vous avez raison. Mais cependant, si nous commençons par les observations de détails, bientôt, accablés par le nombre, la mémoire nous abandonnera, et nous nous perdrons dès le premier pas dans ce règne immense : au lieu que, si nous commençons par bien reconnaître les grandes routes, nous nous égarerons rarement dans les sentiers, et nous nous retrouverons partout sans beaucoup de peines. Donnons cependant quelque exception à l'utilité de l'objet, et ne nous exposons pas, tout en analysant le règne végétal, à manger par ignorance une omelette à la ciguë.

La petite ciguë des jardins est une ombellifère, ainsi que le persil et le cerfeuil. Elle a la fleur comme l'un et l'autre (*) ; elle est avec le dernier, dans la section qui a la petite enveloppe et qui n'a pas la grande ; elle leur ressemble assez par son feuillage, pour qu'il ne soit pas aisé de vous en marquer par écrit les différences. Mais voici des caractères suffisants pour ne vous y pas tromper.

Il faut commencer par voir en fleurs ces diverses plantes ; car c'est en cet état que la ciguë a son caractère propre. C'est d'avoir sous chaque petite ombelle un petit involucre composé de trois petites folioles pointues, assez longues, et toutes trois tournées en dehors ; au lieu que les folioles des petites ombelles du cerfeuil l'enveloppent tout autour, et sont tournées également de tous les côtés. A l'égard du persil, à peine a-t-il quelques courtes folioles, fines comme des cheveux, et distribuées indifféremment, tant dans la grande ombelle que dans les petites, qui toutes sont claires et maigres.

Quand vous vous serez bien assurée de la ciguë en fleurs, vous vous confirmerez dans votre jugement en froissant légèrement et flairant son feuillage ; car son odeur puante et vireuse ne vous la laissera pas confondre avec le persil ni avec le cerfeuil, qui, tous deux, ont des odeurs agréables. Bien sûre enfin de ne pas faire de quiproquo, vous examinerez ensemble et séparément ces trois plantes dans tous leurs états et par toutes leurs parties, surtout par le feuillage, qui les accompagne plus constamment que la fleur ; et par cet examen, comparé et répété jusqu'à ce que vous ayez acquis la certitude du coup d'œil, vous parviendrez à distinguer et connaître imperturbablement la ciguë. L'étude nous mène ainsi jusqu'à la porte de la pratique ; après quoi celle-ci fait la facilité du savoir.

Prenez haleine, chère cousine, car voilà une lettre excédante ; je n'ose même

(*) La fleur de persil est un peu jaunâtre ; mais plusieurs fleurs d'ombellifères paraissent jaunes, à cause de l'ovaire et des anthères, et ne laissent pas d'avoir les pétales blancs.

vous promettre plus de discrétion dans celle qui doit la suivre, mais après cela nous n'aurons devant nous qu'un chemin bordé de fleurs. Vous en méritez une couronne pour la douceur et la constance avec laquelle vous daignez me suivre à travers ces broussailles, sans vous rebuter de leurs épines.

LETTRE VI.

Du 2 mai 1775.

Quoiqu'il vous reste, chère cousine, bien des choses à désirer dans les notions de nos cinq premières familles, et que je n'aie pas toujours su mettre mes descriptions à la portée de notre petite *botanophile* (amatrice de la botanique), je crois néanmoins vous en avoir donné une idée suffisante pour pouvoir, après quelques mois d'herborisation, vous familiariser avec l'idée générale du port de chaque famille : en sorte qu'à l'aspect d'une plante vous puissiez conjecturer à peu près si elle appartient à quelqu'une des cinq familles, et à laquelle, sauf à vérifier ensuite, par l'analyse de la fructification, si vous vous êtes trompée ou non dans votre conjecture. Les ombellifères, par exemple, vous ont jetée dans quelque embarras, mais dont vous pouvez sortir quand il vous plaira, au moyen des indications que j'ai jointes aux descriptions ; car enfin les carottes, les panais, sont choses si communes, que rien n'est plus aisé, dans le milieu de l'été, que de se faire montrer l'une ou l'autre en fleurs dans un potager. Or, au simple aspect de l'ombelle et de la plante qui la porte, on doit prendre une idée si nette des ombellifères, qu'à la rencontre d'une plante de cette famille, on s'y trompera rarement au premier coup d'œil. Voilà tout ce que j'ai prétendu jusqu'ici, car il ne sera pas question si tôt des genres et des espèces ; et, encore une fois, ce n'est pas une nomenclature de perroquet qu'il s'agit d'acquérir, mais une science réelle, et l'une des sciences les plus aimables qu'il soit possible de cultiver. Je passe donc à notre sixième famille avant de prendre une route plus méthodique : elle pourra vous embarrasser d'abord, autant et plus que les ombellifères. Mais mon but n'est, quant à présent, que de vous en donner une notion générale, d'autant plus que nous avons bien du temps encore avant celui de la pleine floraison, et que ce temps, bien employé, pourra vous aplanir des difficultés contre lesquelles il ne faut pas lutter encore.

Prenez une de ces petites fleurs qui, dans cette saison, tapissent les pâturages, et qu'on appelle ici *pâquerettes, petites marguerites, ou marguerites* tout court. Regardez-la bien, car, à son aspect, je suis sûr de vous surprendre en vous disant que cette fleur, si petite et si mignonne, est réellement composée de deux ou trois cents autres fleurs, toutes parfaites, c'est-à-dire ayant chacune sa corolle, son germe, son pistil, ses étamines, sa graine, en un mot aussi parfaite en son espèce qu'une fleur de jacinthe ou de lis. Chacune de ces folioles, blanches en dessus, roses en dessous, qui forment comme une couronne autour de la marguerite, et qui ne vous paraissent tout au plus qu'autant de petits pétales, sont réellement autant de véritables fleurs ; et chacun de ces petits brins jaunes que vous voyez dans le centre, et que d'abord vous n'avez peut-être pris que pour des étamines, sont encore autant de fleurs. Si vous aviez déjà les doigts exercés aux dissections botaniques, que vous vous armassiez d'une bonne loupe et de beaucoup de patience, je pourrais vous convaincre de cette vérité par vos propres yeux ; mais, pour le présent, il faut commencer, s'il vous plaît, par m'en croire sur parole, de peur de fatiguer votre attention sur des atomes. Cependant, pour vous mettre au moins sur la voie, arrachez une des folioles blanches de la couronne ; vous croirez d'abord cette foliole plate d'un bout à l'autre ; mais regardez-la bien par le bout qui était attaché à la fleur, vous verrez que ce bout n'est pas plat, mais rond et creux en forme de tube, et que de ce tube sort un petit filet à deux cornes : ce filet est le style fourchu de cette fleur, qui, comme vous voyez, n'est plate que par le haut.

Regardez maintenant les brins jaunes qui sont au milieu de la fleur que je vous ai dit être autant de fleurs eux-mêmes : si la fleur est assez avancée, vous en verrez plusieurs tout autour, lesquels sont ouverts dans le milieu, et même découpés en plusieurs parties. Ce sont ces corolles monopétales qui s'épanouissent, et dans lesquelles la loupe vous ferait aisément distinguer le pistil et même les anthères dont il est entouré : ordinairement les fleurons jaunes, qu'on voit au centre, sont encore arrondis et non percés ; ce sont des fleurs comme les autres, mais qui ne sont pas encore épanouies ; car elles ne s'épanouissent que successivement, en avançant des bords vers le centre. En voilà assez pour vous montrer

La Reine-Marguerite.

à l'œil la possibilité que tous ces brins, tant blancs que jaunes, soient réellement autant de fleurs parfaites ; et c'est un fait très constant : vous voyez néanmoins que toutes ces petites fleurs sont pressées et renfermées dans un calice qui leur est commun, et qui est celui de la marguerite. En considérant toute la marguerite comme une seule fleur, ce sera donc lui donner un nom très convenable que de l'appeler *une fleur composée;* or, il y a un grand nombre d'espèces et de genres de fleurs formées, comme la marguerite, d'un assemblage d'autres fleurs plus petites, contenues dans un calice commun. Voilà ce qui constitue la sixième famille dont j'avais à vous parler, savoir celle des *fleurs composées.*

Commençons par ôter ici l'équivoque du mot de fleur, en restreignant ce nom, dans la présente famille, à la fleur composée, et donnant celui de *fleurons* aux

petites fleurs qui la composent ; mais n'oublions pas que, dans la précision du mot, ces fleurons eux-mêmes sont autant de véritables fleurs.

Vous avez vu dans la marguerite deux sortes de fleurons, savoir, ceux de couleur jaune, qui remplissent le milieu de la fleur, et les petites languettes blanches, qui les entourent : les premiers sont, dans leur petitesse, assez semblables de figure aux fleurs du muguet ou de l'hyacinthe, et les seconds ont quelque rapport aux fleurs du chèvrefeuille. Nous laisserons aux premiers le nom de *fleurons*, et, pour distinguer les autres, nous les appellerons *demi-fleurons ;* car, en effet, ils ont assez l'air de fleurs monopétales qu'on aurait rognées par un côté, en n'y laissant qu'une languette qui ferait à peine la moitié de la corolle.

Ces deux sortes de fleurons se combinent dans les fleurs composées, de manière à diviser toute la famille en trois sections bien distinctes.

La première section est formée de celles qui ne sont composées que de languettes ou demi-fleurons, tant au milieu qu'à la circonférence : on les appelle *fleurs demi-fleuronnées ;* et la fleur entière, dans cette section, est toujours d'une seule couleur, le plus souvent jaune. Telle est la fleur appelée dent-de-lion ou pissenlit ; telles sont les fleurs de laitues, de chicorée (celle-ci est bleue), de scorsonère, de salsifis, etc.

La seconde section comprend les *fleurs fleuronnées,* c'est-à-dire qui ne sont composées que de fleurons, tous pour l'ordinaire aussi d'une seule couleur : telles sont les fleurs d'immortelle, de bardane, d'absynthe, d'armoise, de chardon, d'artichaut, qui est un chardon lui-même, dont on mange le calice et le réceptacle encore en bouton avant que la fleur soit éclose et même formée. Cette bourre, qu'on ôte du milieu de l'artichaut, n'est autre chose que l'assemblage des fleurons qui commencent à se former, et qui sont séparés les uns des autres par de longs poils implantés sur le réceptacle.

La troisième section est celle des fleurs qui rassemblent les deux sortes de fleurons. Cela se fait toujours de manière que les fleurons entiers occupent le centre de la fleur, et les demi-fleurons forment le contour et la circonférence, comme vous avez vu dans la pâquerette. Les fleurs de cette section s'appellent *radiées,* les botanistes ayant donné le nom de *rayon* au contour d'une fleur composée, quand il est formé de languettes ou demi-fleurons. A l'égard de l'aire ou du centre de la fleur occupé par les fleurons, on l'appelle le *disque,* et on donne aussi quelquefois ce même nom de disque à la surface du réceptacle où sont plantés tous les fleurons et demi-fleurons. Dans les fleurs radiées, le disque est souvent d'une couleur et le rayon d'une autre : cependant, il y a aussi des genres et des espèces où tous les deux sont de la même couleur.

Tâchons à présent de bien déterminer dans votre esprit l'idée d'une *fleur composée.* Le trèfle ordinaire fleurit en cette saison ; sa fleur est pourpre : s'il vous en tombait une sous la main, vous pourriez, en voyant tant de petites fleurs rassemblées, être tentée de prendre le tout pour une fleur composée. Vous vous tromperiez ; en quoi ? En ce que, pour constituer une fleur composée, il ne suffit pas d'une agrégation de plusieurs petites fleurs, mais qu'il faut de plus qu'une ou deux des parties de la fructification leur soient communes, de manière que toutes aient part à la même, et qu'aucune n'ait la sienne séparément. Ces deux parties communes sont le calice et le réceptacle. Il est vrai que la fleur de trèfle, ou plutôt le groupe de fleurs qui n'en semblent qu'une, paraît d'abord portée sur une espèce de calice ; mais écartez un peu ce prétendu calice, et vous verrez qu'il ne tient point à la fleur, mais qu'il est attaché au-dessous d'elle au pédicule qui la porte. Ainsi, ce calice apparent n'en est point un ; il appartient au feuillage et non pas à la fleur ; et cette prétendue fleur n'est en effet qu'un assemblage de fleurs légumineuses fort petites, dont chacune a son calice particulier, et qui n'ont absolument rien de commun entre elles que leur attache au même pédicule. L'usage est pourtant de prendre tout cela pour une seule fleur ; mais c'est une fausse idée, ou, si l'on veut absolument regarder comme une fleur un bouquet de cette espèce, il ne faut pas du moins l'appeler une *fleur composée,* mais une *fleur agrégée* ou une tête (*flos aggregatus, flos capitatus, capitulum*). Et ces

dénominations sont en effet quelquefois employées en ce sens par les botanistes.

Voilà, chère cousine, la notion la plus simple et la plus naturelle que je puisse vous donner de la famille, ou plutôt de la nombreuse classe des composées, et des trois sections ou familles dans lesquelles elles se subdivisent. Il faut maintenant vous parler de la structure des fructifications particulières à cette classe, et cela nous mènera peut-être à en déterminer le caractère avec plus de précision.

La partie la plus essentielle d'une fleur composée est le réceptacle sur lequel sont plantés, d'abord les fleurons et demi-fleurons, et ensuite les graines qui leur succèdent. Ce réceptacle, qui forme un disque d'une certaine étendue, fait le centre du calice, comme vous pouvez voir dans le pissenlit, que nous prendrons ici pour exemple. Le calice, dans toute cette famille, est ordinairement découpé jusqu'à la base en plusieurs pièces, afin qu'il puisse se fermer, se rouvrir et se renverser, comme il arrive dans le progrès de la fructification, sans y causer de déchirure. Le calice du pissenlit est formé de deux rangs de folioles insérés l'un dans l'autre, et les folioles du rang extérieur qui soutient l'autre se recourbent et replient en bas vers le pédicule, tandis que les folioles du rang intérieur restent droites pour entourer et contenir les demi-fleurons qui composent la fleur.

Une forme encore des plus communes aux calices de cette classe est d'être *imbriqués*, c'est-à-dire formés de plusieurs rangs de folioles en recouvrement, les unes sur les joints des autres, comme les tuiles d'un toit. L'artichaut, le bluet, la jacée, la scorsonère, vous offrent des exemples de calices imbriqués.

Les fleurons et demi-fleurons enfermés dans le calice sont plantés fort dru sur son disque ou réceptacle en quinconce, ou comme les cases d'un damier. Quelquefois ils s'entretouchent à nu sans rien d'intermédiaire, quelquefois ils sont séparés par des cloisons de poils ou de petites écailles qui restent attachées au réceptacle quand les graines sont tombées. Vous voilà sur la voie d'observer les différences de calices et de réceptacles; parlons à présent de la structure des fleurons et demi-fleurons, en commençant par les premiers.

Un fleuron est une fleur monopétale, régulière, pour l'ordinaire, dont la corolle se fend dans le haut en quatre ou cinq parties. Dans cette corolle sont attachés, à son pied, les filets des étamines au nombre de cinq : ces cinq filets se réunissent par le haut en un petit tube rond qui entoure le pistil, et ce tube n'est autre chose que les cinq anthères ou étamines réunies circulairement en un seul corps. Cette réunion des étamines forme, aux yeux des botanistes, le caractère essentiel des fleurs composées, et n'appartient qu'à leurs fleurons exclusivement à toutes sortes de fleurs. Ainsi, vous aurez beau trouver plusieurs fleurs portées sur un même disque, comme dans les scabieuses et le chardon à foulon ; si les anthères ne se réunissent pas en un tube autour du pistil, et si la corolle ne porte pas sur une seule graine nue, ces fleurs ne sont pas des fleurons et ne forment pas une fleur composée. Au contraire, quand vous trouveriez dans une fleur unique les anthères ainsi réunies en un seul corps, et la corolle supère posée sur une seule graine, cette fleur, quoique seule, serait un vrai fleuron, et appartiendrait à la famille des composées, dont il vaut mieux tirer ainsi le caractère d'une structure précise, que d'une apparence trompeuse.

Le pistil porte un style plus long d'ordinaire que le fleuron, au-dessus duquel on le voit s'élever à travers le tube formé par les anthères. Il se termine le plus souvent, dans le haut, par un stigmate fourchu dont on voit aisément les deux petites cornes. Par son pied, le pistil ne porte pas immédiatement sur le réceptacle, non plus que le fleuron, mais l'un et l'autre y tiennent par le germe qui leur sert de base, lequel croît et s'allonge à mesure que le fleuron se dessèche, et devient enfin une graine longuette qui reste attachée au réceptacle, jusqu'à ce qu'elle soit mûre. Alors elle tombe si elle est nue, ou bien le vent l'emporte au loin si elle est couronnée d'une aigrette de plumes, et le réceptacle reste à découvert, tout nu dans des genres, ou garni d'écailles ou de poils dans d'autres.

La structure des demi-fleurons est semblable à celle des fleurons ; les étamines, le pistil et la graine y sont arrangés à peu près de même : seulement, dans les fleurs radiées, il y a plusieurs genres où les demi-fleurons du contour sont sujets

à avorter, soit parce qu'ils manquent d'étamines, soit parce que celles qu'ils ont sont stériles, et n'ont pas la force de féconder le germe; alors la fleur ne graine que par les fleurons du milieu.

Dans toute la classe des composées, la graine est toujours *sessile*, c'est-à-dire qu'elle porte immédiatement sur le réceptacle sans aucun pédicule intermédiaire. Mais il y a des graines dont le sommet est couronné par une aigrette quelquefois sessile, et quelquefois attachée à la graine par un pédicule. Vous comprenez que l'usage de cette aigrette est d'éparpiller au loin les semences, en donnant plus de prise à l'air pour les emporter et semer à distance.

A ces descriptions informes et tronquées, je dois ajouter que les calices ont pour l'ordinaire la propriété de s'ouvrir quand la fleur s'épanouit, de se refermer quand les fleurons se sèment et tombent, afin de contenir la jeune graine et l'empêcher de se répandre avant sa maturité; enfin de se rouvrir et de se renverser tout-à-fait pour offrir dans leur centre une aire plus large aux graines qui grossissent en mûrissant. Vous avez dû souvent voir le pissenlit dans cet état, quand les enfants le cueillent pour souffler dans ses aigrettes, qui forment un globe autour du calice renversé.

Pour bien connaître cette classe, il faut en suivre les fleurs dès avant leur épanouissement jusqu'à la pleine maturité du fruit, et c'est dans cette succession qu'on voit des métamorphoses et un enchaînement de merveilles qui tiennent tout esprit sain qui les observe dans une continuelle admiration. Une fleur commode pour ces observations est celle des soleils, qu'on rencontre fréquemment dans les vignes et dans les jardins. Le soleil, comme vous voyez, est une radiée. La reine-marguerite, qui, dans l'automne, fait l'ornement des parterres, en est une aussi. Les chardons (*) sont des fleuronnées : j'ai déjà dit que la scorsonère et le pissenlit sont des demi-fleuronnées. Toutes ces fleurs sont assez grosses pour pouvoir être disséquées et étudiées à l'œil nu sans le fatiguer beaucoup.

Je ne vous en dirai pas davantage aujourd'hui sur la famille ou classe des composées. Je tremble déjà d'avoir trop abusé de votre patience par des détails que j'aurais rendus plus clairs si j'avais su les rendre plus courts, mais il m'est impossible de sauver la difficulté qui naît de la petitesse des objets. Bonjour, chère cousine.

LETTRE VII.

Sur les arbres fruitiers.

J'attendais de vos nouvelles, chère cousine, sans impatience, parce que M. T., que j'avais vu depuis la réception de votre précédente lettre, m'avait dit avoir laissé votre maman et toute votre famille en bonne santé. Je me réjouis d'en avoir la confirmation par vous-même, ainsi que des bonnes et fraîches nouvelles que vous me donnez de ma tante Gonceru. Son souvenir et sa bénédiction ont épanoui de joie un cœur à qui, depuis longtemps, on ne fait plus guère éprouver de ces sortes de mouvements. C'est par elle que je tiens encore à quelque chose de bien précieux sur la terre ; et tant que je la conserverai, je continuerai, quoi qu'on fasse, à aimer la vie. Voici le temps de profiter de vos bontés ordinaires pour elle et pour moi ; il me semble que ma petite offrande prend un prix réel en passant par vos mains. Si votre cher époux vient bientôt à Paris, comme vous me le faites espérer, je le prierai de vouloir bien se charger de mon tribut annuel (**); mais, s'il tarde un peu, je vous prie de me marquer à qui je dois le remettre, afin qu'il n'y ait point de retard et que vous n'en fassiez pas l'avance

(*) Il faut prendre garde de n'y pas mêler le chardon-à-foulon ou des bonnetiers, qui n'est pas un vrai chardon.

(**) Une année de la rente de 100 liv. qu'il faisait à cette tante.

comme l'année dernière, ce que je sais que vous faites avec plaisir, mais à quoi je ne dois pas consentir sans nécessité.

Voici, chère cousine, les noms des plantes que vous m'avez envoyées en dernier lieu. J'ai ajouté un point d'interrogation à ceux dont je suis en doute, parce que vous n'avez pas eu soin d'y mettre des feuilles avec la fleur, et que le feuillage est souvent nécessaire pour déterminer l'espèce à un aussi mince botaniste que moi. En arrivant à Fourrière, vous trouverez la plupart des arbres fruitiers en fleur, et je me souviens que vous aviez désiré quelques directions sur cet article. Je ne puis en ce moment vous tracer là-dessus que quelques mots très à la

1. Fleur du poirier. — 2. Fleur du prunier.

hâte, étant très pressé, et afin que vous ne perdiez pas encore une saison pour cet examen.

Il ne faut pas, chère amie, donner à la botanique une importance qu'elle n'a pas : c'est une étude de pure curiosité, et qui n'a d'autre utilité réelle que celle que peut tirer un être pensant et sensible de l'observation de la nature et des merveilles de l'univers. L'homme a dénaturé beaucoup de choses pour les mieux convertir à son usage : en cela il n'est point à blâmer; mais il n'en est pas moins vrai qu'il les a souvent défigurées, et que quand, dans les œuvres de ses mains, il croit étudier vraiment la nature, il se trompe. Cette erreur a lieu surtout dans la société civile; elle a lieu de même dans les jardins. Ces fleurs doubles, qu'on admire dans les parterres, sont des monstres dépourvus de la faculté de produire

leur semblable, dont la nature a doué tous les êtres organisés. Les arbres fruitiers sont à peu près dans le même cas par la greffe : vous aurez beau planter des pepins de poires et de pommes des meilleures espèces, il n'en naîtra jamais que des sauvageons. Ainsi, pour connaître la poire et la pomme de la nature, il faut les chercher, non dans les potagers, mais dans les forêts. La chair n'en est pas si grosse et si succulente, mais les semences en mûrissent mieux, en multiplient davantage, et les arbres en sont infiniment plus grands et plus vigoureux. Mais j'entame ici un article qui me mènerait trop loin : revenons à nos potagers.

Nos arbres fruitiers, quoique greffés, gardent dans leur fructification tous les caractères botaniques qui les distinguent; et c'est par l'étude attentive de ces caractères, aussi bien que par les transformations de la greffe, qu'on s'assure qu'il n'y a, par exemple, qu'une seule espèce de poire sous mille noms divers, par lesquels la forme et la saveur de leurs fruits les a fait distinguer en autant de prétendues espèces qui ne sont, au fond, que des variétés. Bien plus, la poire et la pomme ne sont que deux espèces du même genre, et leur unique différence bien caractéristique est que le pédicule de la pomme entre dans un enfoncement du fruit, et celui de la poire tient à un prolongement du fruit un peu allongé. De même, toutes les sortes de cerises, guignes, griottes, bigarreaux, ne sont que des variétés d'une même espèce. Toutes les prunes ne sont qu'une espèce de prunes; le genre de la prune contient trois espèces principales, savoir : la prune proprement dite, la cerise et l'abricot, qui n'est aussi qu'une espèce de prune. Ainsi, quand le savant Linnæus, divisant le genre dans ses espèces, a dénommé la *prune* prune, la prune cerise, et la prune abricot, les ignorants se sont moqués de lui; mais les observateurs ont admiré la justesse de ses réductions, etc. Il faut courir, je me hâte.

Les arbres fruitiers entrent presque tous dans une famille nombreuse, dont le caractère est facile à saisir, en ce que les étamines, en grand nombre, au lieu d'être attachées au réceptacle, sont attachées au calice, par les intervalles que laissent les pétales entre eux; toutes les fleurs sont polypétales et à cinq communément. Voici les principaux caractères génériques.

Le genre de la poire, qui comprend aussi la pomme et le coing. Calice monophylle à cinq pointes. Corolle à cinq pétales attachés au calice, une vingtaine d'étamines toutes attachées au calice. Germe ou ovaire infère, c'est-à-dire au-dessous de la corolle, cinq styles. Fruits charnus à cinq logettes, contenant des graines, etc.

Le genre de la prune, qui comprend l'abricot, la cerise et le laurier-cerise. Calice, corolle et anthères à peu près comme la poire; mais le germe est supère, c'est-à-dire dans la corolle, et il n'y a qu'un style. Fruit plus aqueux que charnu, contenant un noyau, etc.

Le genre de l'amande, qui comprend aussi la pêche. Presque comme la prune, si ce n'est que le germe est velu, et que le fruit, mou dans la pêche, sec dans l'amande, contient un noyau dur, raboteux, parsemé de cavités, etc.

Tout ceci n'est que bien grossièrement ébauché, mais c'en est assez pour vous amuser cette année. Bonjour, chère cousine.

LETTRE VIII.

Sur les Herbiers.

Du 15 avril 1773.

Grâce au ciel, chère cousine, vous voilà rétablie. Mais ce n'est pas sans que otre silence et celui de M. G., que j'avais instamment prié de m'écrire un mot à son arrivée, ne m'ait causé bien des alarmes. Dans des inquiétudes de cette espèce, rien n'est plus cruel que le silence, parce qu'il fait tout porter au pis; mais tout cela est déjà oublié, et je ne sens plus que le plaisir de votre rétablissement. Le retour de la belle saison, la vie moins sédentaire de Fourrière, et le plaisir de remplir avec succès la plus douce ainsi que la plus respectable des

fonctions, achèveront bientôt de l'affermir, et vous en sentirez moins tristement l'absence passagère de votre mari, au milieu des chers gages de son attachement, et des soins continuels qu'ils vous demandent.

La terre commence à verdir, les arbres à bourgeonner, les fleurs à s'épanouir : il y en a déjà de passées ; un moment de retard pour la botanique nous reculerait d'une année entière : ainsi j'y passe sans préambule.

Je crains que nous ne l'ayons traitée jusqu'ici d'une manière trop abstraite, en n'appliquant point nos idées sur des objets déterminés ; c'est le défaut dans lequel je suis tombé, principalement à l'égard des ombellifères. Si j'avais commencé par vous en mettre une sous les yeux, je vous aurais épargné une application très fatigante sur un objet imaginaire, et à moi des descriptions difficiles, auxquelles un simple coup d'œil aurait suppléé. Malheureusement, à la distance où la loi de la nécessité me tient de vous, je ne suis pas à portée de vous montrer du doigt les objets ; mais si, chacun de notre côté, nous en pouvons avoir sous les yeux de semblables, nous nous entendrons très bien l'un l'autre en parlant de ce que nous voyons. Toute la difficulté est qu'il faut que l'indication vienne de vous ; car vous envoyer d'ici des plantes sèches serait ne rien faire. Pour bien reconnaître une plante, il faut commencer par la voir sur pied. Les herbiers servent de mémoratifs pour celles qu'on a déjà connues ; mais ils font mal connaître celles qu'on n'a pas vues auparavant. C'est donc à vous de m'envoyer les plantes que vous voudrez connaître et que vous aurez cueillies sur pied ; et c'est à moi de vous les nommer, de les classer, de les décrire, jusqu'à ce que, par des idées comparatives, devenues familières à vos yeux et à votre esprit, vous parveniez à classer, ranger, et nommer vous-même celles que vous verrez pour la première fois ; science qui seule distingue le vrai botaniste de l'herboriste ou nomenclateur. Il s'agit donc ici d'apprendre à préparer, dessécher et conserver les plantes, ou échantillons de plantes, de manière à les rendre faciles à reconnaître et à déterminer ; c'est, en un mot, un herbier que je vous propose de commencer. Voici une grande occupation qui, de loin, se prépare pour notre petite amatrice ; car, quant à présent, et pour quelque temps encore, il faudra que l'adresse de vos doigts supplée à la faiblesse des siens.

Il y a d'abord une provision à faire : savoir, cinq ou six mains de papier gris, et à peu près autant de papier blanc, de même grandeur, assez fort et bien collé, sans quoi les plantes se pourriraient dans le papier gris, ou du moins les fleurs y perdraient leur couleur ; ce qui est une des parties qui les rendent reconnaissables, et par lesquelles un herbier est agréable à voir. Il serait encore à désirer que vous eussiez une presse de la grandeur de votre papier, ou du moins deux bouts de planches bien unies, de manière qu'en plaçant vos feuilles entre deux, vous les y puissiez tenir pressées par les pierres ou autres corps pesants dont vous chargerez la planche supérieure. Ces préparatifs faits, voici ce qu'il faut observer pour préparer vos plantes de manière à les conserver et les reconnaître.

Le moment à choisir pour cela est celui où la plante est en pleine fleur, et où même quelques fleurs commencent à tomber pour faire place au fruit qui commence à paraître. C'est dans ce point où toutes les parties de la fructification sont sensibles, qu'il faut tâcher de prendre la plante pour la dessécher dans cet état.

Les petites plantes se prennent tout entières avec leurs racines, qu'on a soin de bien nettoyer avec une brosse, afin qu'il n'y reste point de terre. Si la terre est mouillée, on la laisse sécher pour la brosser, ou bien on lave la racine ; mais il faut avoir alors la plus grande attention de la bien essuyer et dessécher avant de la mettre entre les papiers, sans quoi elle s'y pourrirait infailliblement, et communiquerait sa pourriture aux autres plantes voisines. Il ne faut cependant s'obstiner à conserver les racines qu'autant qu'elles ont quelques singularités remarquables ; car, dans le plus grand nombre, les racines ramifiées et fibreuses ont des formes si semblables, que ce n'est pas la peine de les conserver. La nature, qui a tant fait pour l'élégance et l'ornement, dans la figure et la couleur

des plantes, en ce qui frappe les yeux, a destiné les racines uniquement aux fonctions utiles, puisque, étant cachées dans la terre, leur donner une structure agréable eût été cacher la lumière sous le boisseau.

Les arbres et toutes les grandes plantes ne se prennent que par échantillon; mais il faut que cet échantillon soit bien choisi, qu'il contienne toutes les parties constitutives du genre et de l'espèce, afin qu'il puisse suffire pour reconnaître et déterminer la plante qui l'a fourni. Il ne suffit pas que toutes les parties de la fructification y soient sensibles, ce qui ne servirait qu'à distinguer le genre, il faut qu'on y voie bien le caractère de la foliation et de la ramification, c'est-à-dire la naissance et la forme des feuilles et des branches, et même, autant qu'il se peut, quelque portion de la tige; car, comme vous verrez dans la suite, tout cela sert à distinguer les espèces différentes des mêmes genres qui sont parfaitement semblables par la fleur et le fruit. Si les branches sont trop épaisses, on les amincit avec un couteau ou canif, en diminuant adroitement par-dessous de leur épaisseur, autant que cela se peut, sans couper et mutiler les feuilles. Il y a des botanistes qui ont la patience de fendre l'écorce de la branche et d'en tirer adroitement le bois, de façon que l'écorce rejointe paraît vous montrer encore la branche entière, quoique le bois n'y soit plus : au moyen de quoi l'on n'a point entre les papiers des épaisseurs et bosses trop considérables, qui gâtent, défigurent l'herbier, et font prendre une mauvaise forme aux plantes. Dans les plantes où les fleurs et les feuilles ne viennent pas en même temps, ou naissent trop loin les unes des autres, on prend une petite branche à fleurs et une petite branche à feuilles; et, les plaçant ensemble dans le même papier, on offre ainsi à l'œil les diverses parties de la même plante, suffisantes pour la faire reconnaître. Quant aux plantes où l'on ne trouve que des feuilles, et dont la fleur n'est pas encore venue ou est déjà passée, il les faut laisser, et attendre, pour les reconnaître, qu'elles montrent leur visage. Une plante n'est pas plus sûrement reconnaissable à son feuillage qu'un homme à son habit.

Tel est le choix qu'il faut mettre dans ce qu'on cueille : il en faut mettre aussi dans le moment qu'on prend pour cela. Les plantes cueillies le matin à la rosée, ou le soir à l'humidité, ou le jour durant la pluie, ne se conservent point. Il faut absolument choisir un temps sec, et même, dans ce temps-là, le moment le plus sec et le plus chaud de la journée, qui est en été entre onze heures du matin et cinq ou six heures du soir. Encore alors, si l'on y trouve la moindre humidité, faut-il les laisser, car infailliblement elles ne se conserveront pas.

Quand vous avez cueilli vos échantillons, vous les apportez au logis, toujours bien au sec, pour les placer et arranger dans vos papiers. Pour cela, vous faites votre premier lit de deux feuilles au moins de papier gris, sur lesquelles vous placez une feuille de papier blanc, et sur cette feuille vous arrangez votre plante, prenant grand soin que toutes ses parties, surtout les feuilles et les fleurs, soient bien ouvertes et bien étendues dans leur situation naturelle. La plante un peu flétrie, mais sans l'être trop, se prête mieux pour l'ordinaire à l'arrangement qu'on lui donne sur le papier avec le pouce et les doigts. Mais il y en a de rebelles qui se grippent d'un côté, pendant qu'on les arrange de l'autre. Pour prévenir cet inconvénient, j'ai des plombs, des gros sous, des hards, avec lesquels j'assujettis les parties que je viens d'arranger, tandis que j'arrange les autres, de façon que, quand j'ai fini, ma plante se trouve presque toute couverte de ces pièces qui la tiennent en état. Après cela, on pose une seconde feuille blanche sur la première, et on la presse avec la main, afin de tenir la plante assujettie dans la situation qu'on lui a donnée, avançant ainsi la main gauche qui presse à mesure qu'on retire avec la droite les plombs et les gros sous qui sont entre les papiers : on met ensuite deux autres feuilles de papier gris sur la seconde feuille blanche, sans cesser un seul moment de tenir la plante assujettie, de peur qu'elle ne perde la situation qu'on lui a donnée. Sur ce papier gris on met une autre feuille blanche; sur cette feuille une plante qu'on arrange et recouvre comme ci-devant, jusqu'à ce qu'on ait placé toute la moisson qu'on a apportée, et qui ne doit pas être nombreuse pour chaque fois, tant pour éviter la longueur du travail, que de peur que,

durant la dessiccation des plantes, le papier ne contracte quelque humidité par leur grand nombre ; ce qui gâterait infailliblement vos plantes, si vous ne vous hâtiez de les changer de papier avec les mêmes attentions ; et c'est même ce qu'il faut faire de temps en temps, jusqu'à ce qu'elles aient bien pris leur pli, et qu'elles soient toutes assez sèches.

Votre pile de plantes et de papiers ainsi arrangée doit être mise en presse, sans quoi les plantes se gripperaient : il y en a qui veulent être plus pressées, d'autres moins ; l'expérience vous apprendra cela, ainsi qu'à les changer de papier à propos, et aussi souvent qu'il faut, sans vous donner un travail inutile. Enfin, quand vos plantes seront bien sèches, vous les mettrez bien proprement chacune dans une feuille de papier, les unes sur les autres, sans avoir besoin de papiers intermédiaires, et vous aurez ainsi un herbier commencé, qui s'augmentera sans cesse avec vos connaissances, et contiendra enfin l'histoire de toute la végétation du pays : au reste, il faut toujours tenir un herbier bien serré et un peu en presse; sans quoi les plantes, quelque sèches qu'elles fussent, attireraient l'humidité de l'air et se gripperaient encore.

Voici maintenant l'usage de tout ce travail pour parvenir à la connaissance particulière des plantes, et à nous bien entendre lorsque nous en parlerons.

Il faut cueillir deux échantillons de chaque plante : l'un, plus grand, pour le garder; l'autre, plus petit, pour me l'envoyer. Vous les numéroterez avec soin, de façon que le grand et le petit échantillon de chaque espèce aient toujours le même numéro. Quand vous aurez une douzaine ou deux d'espèces ainsi desséchées, vous me les enverrez dans un petit cahier par quelque occasion. Je vous enverrai le nom et la description des mêmes plantes ; par le moyen des numéros, vous les reconnaîtrez dans votre herbier, et de là sur la terre, où je suppose que vous aurez commencé de les bien examiner. Voilà un moyen sûr de faire des progrès aussi sûrs et aussi rapides qu'il est possible loin de votre guide.

N. B. J'ai oublié de vous dire que les mêmes papiers peuvent servir plusieurs fois, pourvu qu'on ait soin de les bien aérer et dessécher auparavant. Je dois ajouter aussi que l'herbier doit être tenu dans le lieu le plus sec de la maison, et plutôt au premier qu'au rez-de-chaussée.

On a trouvé, dans la bibliothèque de M. de Malesherbes, deux petits herbiers faits par Jean-Jacques avec un soin minutieux, l'un renfermant des plantes cryptogames, l'autre des pha. érogames. En outre, une longue note indique les procédés les plus convenables pour la confection des collections de cette espèce : « Il ne faut point, dit-il, rassembler dans un herbier des milliers de plantes étrangères, en dédaignant celles que nous foulons tous les jours aux pieds. » Puis, il continue ainsi :

On peut se faire un très bon herbier sans savoir un mot de botanique ; tous ceux qui se disposent à étudier la botanique devraient commencer par là. Quand ils auraient desséché un assez bon nombre de plantes, et qu'il ne s'agirait plus que d'y ajouter les noms, il y a des gens qui leur rendraient ce service pour de l'argent, ou pour quelque chose d'équivalent ; d'ailleurs, n'avons-nous pas, dans presque toutes les villes un peu considérables, des jardins botaniques où les plantes sont disposées dans un ordre méthodique, marquées d'un étiquet, sur lequel leur nom est inscrit ? Pour peu que l'on ait une idée de la méthode adoptée, et les premières notions de l'A, B, C de la botanique, c'est-à-dire, les premiers éléments de cette science, on y trouve les plantes que l'on cherche ; on les compare ; on en prend les noms, et c'en est assez : l'usage fait le reste, et nous rend botanistes. Mais ne comptez guère sur les meilleurs livres de botanique, pour nommer, d'après eux, des plantes que vous ne connaîtriez pas ; si ces livres ne sont pas accompagnés de bonnes figures, ils vous fatigueront sans succès ; à chaque pas ils vous offriront de nouvelles difficultés, et ne vous apprendront rien..... Ne vous attendez point à conserver une plante dans tout son éclat ; celles qui se dessèchent le mieux perdent encore beaucoup de leur fraîcheur..... De tous les moyens employés à la dessiccation des plantes, le plus simple, celui de la pression,

est le préférable pour un herbier. Les couleurs peuvent être conservées aussi bien que par la dessiccation au sable, et les plantes desséchées y sont moins volumineuses et moins fragiles... Ayez une bonne provision de quatre sortes de papiers : 1° du papier gris, épais, et peu collé; 2° du papier gris, épais et collé; 3° du gros papier blanc sur lequel on puisse écrire; et 4° du papier blanc sur lequel vous fixerez vos plantes, lorsque la dessiccation sera complète..... Lorsque vous voudrez dessécher une plante, il faut la cueillir par un beau temps; et lorsque ses fleurs seront épanouies, laissez-la quelques heures se faner à l'air libre..... Dès que ses parties seront amollies, étendez-la avec soin sur une feuille de papier gris de la première espèce dont j'ai parlé; mettez dessous cette feuille une feuille de carton, et dessus, douze à quinze doubles de papier de la première espèce; mettez le tout entre deux ais de bois, ou deux planches bien unies, que vous chargerez d'abord médiocrement, et dont vous augmenterez peu à peu la pression, à mesure que la dessiccation s'opérera. Il est plus avantageux de se servir de ces petites presses de brocheuses, parce que l'on serre si peu et autant qu'on le veut. Au bout d'une heure ou deux, serrez-la davantage, et laissez-la ainsi vingt-quatre heures au plus; retirez-la ensuite; changez-la de papier, et mettez dessous une autre feuille de carton bien sèche, ainsi que les feuilles de papier que vous allez mettre dessus; remettez le tout en presse; serrez plus que la première fois; laissez ainsi deux jours votre plante sans y toucher; changez-la encore une troisième fois de papier, mais prenez du papier gris collé; serrez encore davantage la presse, et ne mettez dessus que trois ou quatre doubles de papier, ou seulement une feuille de carton dessus et une dessous; laissez-la ainsi en presse deux ou trois fois vingt-quatre heures; si, lorsque vous retirerez votre plante, elle ne vous paraît pas assez privée de son humidité, vous la changerez encore plusieurs fois de papiers. (Il y a des plantes qu'il suffit de changer deux fois de papiers, et d'autres qu'il faut changer jusqu'à six fois : celles qui sont de nature aqueuse exigent qu'on en accélère la dessiccation.) Mais si, au contraire, les parties qui la composent ont déjà perdu de leur flexibilité, il faut la mettre dans une feuille de gros papier blanc, où on la laissera en presse jusqu'à ce que la dessiccation soit parfaitement achevée; ce sera alors qu'il faudra songer à assurer pour longtemps la conservation de votre plante; elle pourra être employée à la formation de votre herbier; il ne s'agit plus que de la fixer, de la nommer et de la mettre en place..... Pour garantir votre herbier des ravages qu'y feraient les insectes, il faut tremper le papier sur lequel vous voulez fixer vos plantes dans une forte dissolution d'alun, le faire bien sécher, et y attacher vos plantes avec de petites bandelettes de papier, que vous collerez avec de la colle à bouche : c'est avec cette colle que vous pourrez aussi assujettir les organes de la fructification des plantes, lorsque vous aurez eu la patience de les disséquer à part..... Il serait bon d'avoir plusieurs échantillons de la même plante, surtout si elle est sujette à varier... Il faut renfermer vos plantes dans des boîtes de tilleul que vous étiquetterez; il faut qu'elles soient en un lieu sec, etc. »

DEUX LETTRES

A M. DE MALESHERBES.

PREMIÈRE LETTRE.
Sur la formation des Herbiers et sur la Synonymie.

Si j'ai tardé si longtemps, monsieur, à répondre en détail à la lettre que vous avez eu la bonté de m'écrire le 3 janvier, ç'a été d'abord dans l'idée du voyage dont vous m'aviez prévenu, et auquel je n'ai appris que dans la suite que vous aviez renoncé, et ensuite par mon travail journalier, qui m'est venu tout d'un coup en si grande abondance, que, pour ne rebuter personne, j'ai été obligé de m'y livrer tout entier : ce qui a fait à la botanique une diversion de plusieurs mois. Mais enfin, voilà la saison revenue, et je me prépare à recommencer mes courses champêtres, devenues, par une longue habitude, nécessaires à mon humeur et à ma santé.

En parcourant ce qui me restait en plantes sèches, je n'ai guère trouvé hors de mon herbier, auquel je ne veux pas toucher, que quelques doubles de ce que vous avez déjà reçu ; et cela ne valant pas la peine d'être rassemblé pour un premier envoi, je trouverais convenable de me faire, durant cet été, de bonnes fournitures, de les préparer, coller et ranger durant l'hiver ; après quoi je pourrais continuer de même, d'année en année, jusqu'à ce que j'eusse épuisé tout ce que je pourrais fournir. Si cet arrangement vous convient, monsieur, je m'y conformerai avec exactitude ; et dès à présent je commencerai mes collections. Je désirerais seulement savoir quelle forme vous préférez. Mon idée serait de faire le fond de chaque herbier sur du papier à lettre tel que celui-ci ; c'est ainsi que j'en ai commencé un pour mon usage, et je sens chaque jour mieux que la commodité de ce format compense amplement l'avantage qu'ont de plus les grands herbiers. Le papier sur lequel sont les plantes que je vous ai envoyées vaudrait encore mieux, mais je ne puis retrouver du même ; et l'impôt sur les papiers a tellement dénaturé leur fabrication, que je n'en puis plus trouver pour noter qui ne perce pas. J'ai le projet aussi d'une forme de petits herbiers à mettre dans la poche pour les plantes en miniature, qui ne sont pas les moins curieuses, et je n'y ferais entrer néanmoins que des plantes qui pourraient y tenir entières, racine et tout ; entre autres, la plupart des mousses, les glaux, peplis, montia, sagina, passe-pierre, etc. Il me semble que ces herbiers mignons pourraient devenir charmants et précieux en même temps. Enfin, il y a des plantes d'une certaine grandeur qui ne peuvent conserver leur port dans un petit espace, et des échantillons si parfaits, que ce serait dommage de les mutiler. Je destine à ces belles plantes du papier grand et fort ; et j'en ai déjà quelques-unes qui font un fort bel effet dans cette forme.

Il y a longtemps que j'éprouve les difficultés de la nomenclature, et j'ai souvent été tenté d'abandonner tout-à-fait cette partie. Mais il faudrait en même

temps renoncer aux livres et à profiter des observations d'autrui; et il me semble qu'un des plus grands charmes de la botanique est, après celui de voir par soi-même, celui de vérifier ce qu'ont vu les autres : donner, sur le témoignage de mes propres yeux, mon assentiment aux observations fines et justes d'un auteur me paraît une véritable jouissance, au lieu que, quand je ne trouve pas ce qu'il dit, je suis toujours en inquiétude si ce n'est point moi qui vois mal. D'ailleurs, ne pouvant voir par moi-même que si peu de chose, il faut bien sur le reste me fier à ce que d'autres ont vu ; et leurs différentes nomenclatures me forcent pour cela de percer de mon mieux le chaos de la synonymie. Il a fallu, pour ne pas m'y perdre, tout rapporter à une nomenclature particulière ; et j'ai choisi celle de Linnæus, tant par la préférence que j'ai donnée à son système, que parce que ses noms, composés seulement de deux mots, me délivrent des longues phrases des autres. Pour y rapporter sans peine celle de Tournefort, il me faut très souvent recourir à l'auteur commun que tous citent assez constamment, savoir Gaspard Bauhin. C'est dans son *Pinax* que je cherche leur concordance ; car Linnæus me paraît faire une chose convenable et juste, quand Tournefort n'a fait que prendre la phrase de Bauhin, de citer l'auteur original, et non pas celui qui l'a transcrit, comme on fait très injustement en France. De sorte que, quoique presque toute la nomenclature de Tournefort soit tirée mot à mot du *Pinax*, on croirait, à lire les botanistes français, qu'il n'a jamais existé ni Bauhin ni *Pinax* au monde ; et, pour comble, ils font encore un crime à Linnæus de n'avoir pas imité leur partialité. A l'égard des plantes dont Tournefort n'a pas tiré les noms du *Pinax*, on en trouve aisément la concordance dans les auteurs français linnæistes, tels que Sauvages, Gouan, Gérard, Guettard et d'Alibard, qui l'a presque toujours suivi.

J'ai fait, cet hiver, une seule herborisation dans le bois de Boulogne, et j'en ai rapporté quelques mousses. Mais il ne faut pas s'attendre qu'on puisse compléter tous les genres, même par une espèce unique. Il y en a de bien difficiles à mettre dans un herbier, et il y en a de si rares, qu'ils n'ont jamais passé et vraisemblablement ne passeront jamais sous mes yeux. Je crois que, dans cette famille et celle des algues, il faut se tenir aux genres dont on rencontre assez souvent des espèces, pour avoir le plaisir de s'y reconnaître, et négliger ceux dont la vue ne nous reprochera jamais notre ignorance, ou dont la figure extraordinaire nous fera faire effort pour la vaincre. J'ai la vue fort courte, mes yeux deviennent mauvais, et je ne puis plus espérer de recueillir que ce qui se présentera fortuitement dans les lieux à peu près où je saurai qu'est ce que je cherche. A l'égard de la manière de chercher, j'ai suivi M. de Jussieu dans sa dernière herborisation, et je la trouvai si tumultueuse et si peu utile pour moi, que, quand il en aurait encore fait, j'aurais renoncé à l'y suivre. J'ai accompagné son neveu l'année dernière, moi vingtième, à Montmorency, et j'en ai rapporté quelques jolies plantes, entre autres la *lysimachia tenella*, que je crois vous avoir envoyée. Mais j'ai trouvé, dans cette herborisation, que les indications de Tournefort et de Vaillant sont très fautives, ou que, depuis eux, bien des plantes ont changé de sol. J'ai cherché, entre autres, et j'ai engagé tout le monde à chercher avec soin le *plantago monanthos*, à la queue de l'étang de Montmorency, et dans tous les endroits où Tournefort et Vaillant l'indiquent, et nous n'en avons pu trouver un seul pied : en revanche, j'ai trouvé plusieurs plantes de remarque, et même tout près de Paris, dans les lieux où elles ne sont point indiquées. En général, j'ai toujours été malheureux en cherchant d'après les autres. Je trouve encore mieux mon compte à chercher de mon chef.

J'oubliais, monsieur, de vous parler de vos livres. Je n'ai fait encore qu'y jeter les yeux ; et comme ils ne sont pas de taille à porter dans la poche, et que je ne lis guère l'été dans la chambre, je tarderai peut-être jusqu'à la fin de l'hiver prochain à vous rendre ceux dont vous n'aurez pas affaire avant ce temps-là. J'ai commencé de lire l'*Anthologie de Pontedera*, et j'y trouve, contre le système sexuel, des objections qui me paraissent bien fortes, et dont je ne sais pas comment Linnæus s'est tiré. Je suis souvent tenté d'écrire, dans cet auteur et dans les

autres, les noms de Linnæus à côté des leurs pour me reconnaître. J'ai déjà même cédé à cette tentation pour quelques-uns, n'i naginant à cela rien que d'avantageux pour l'exemplaire. Je sens pourtant que c'est une liberté que je n'aurais pas dû prendre sans votre agrément, et je l'attendrai pour continuer.

Je vous dois des remercîments, monsieur, pour l'emplacement que vous avez eu la bonté de m'offrir pour la dessication des plantes : mais, quoique ce soit un avantage dont je sens bien la privation, la nécessité de les visiter souvent, et l'éloignement des lieux, qui me ferait consumer beaucoup de temps en courses, m'empêchent de me prévaloir de cette offre.

La fantaisie m'a pris de faire une collection de fruits et de graines de toute espèce, qui devraient, avec un herbier, faire la troisième partie d'un cabinet d'histoire naturelle. Quoique j'aie encore acquis très peu de chose, et que je ne puisse espérer de rien acquérir que très lentement et par hasard, je sens déjà pour cet objet le plaisir de place : mais le plaisir de parcourir et visiter incessamment ma petite collection peut seul me payer la peine de la faire ; et, si je la tenais loin de mes yeux, je cesserais d'en jouir. Si, par hasard, vos gardes et jardiniers trouvaient quelquefois sous leurs pas des faînes de hêtres, des fruits d'aunes, d'érables, de bouleau, et généralement de tous les fruits secs des arbres des forêts ou d'autres ; qu'ils en ramassassent, en passant, quelques-uns dans leurs poches, et que vous voulussiez bien m'en faire parvenir quelques échantillons par occasion, j'aurais un double plaisir d'en orner ma collection naissante.

Excepté l'*Histoire des Mousses* par Dillenius, j'ai à moi les autres livres de botanique dont vous m'envoyez la note : mais, quand je n'en aurais aucun, je me garderais assurément de consentir à vous priver, pour mon agrément, du moindre des amusements qui sont à votre portée. Je vous prie, monsieur, d'agréer mon respect.

LETTRE II.

Sur les Mousses.

A Paris, le 19 décembre 1771.

Voici, monsieur, quelques échantillons de mousses que j'ai rassemblés à la hâte, pour vous mettre à portée au moins de distinguer les principaux genres avant que la saison de les observer soit passée. C'est une étude à laquelle j'employai délicieusement l'hiver que j'ai passé à Wootton, où je me trouvais environné de montagnes, de bois et de rochers ta issés de capillaires et de mousses des plus curieuses. Mais, depuis lors, j'ai si bien perdu cette famille de vue, que ma mémoire éteinte ne me fournit presque plus rien de ce que j'avais acquis en ce genre ; et n'ayant point l'ouvrage de Dillenius, guide indispensable dans ces recherches, je ne suis parvenu qu'avec beaucoup d'efforts, et souvent avec doute, à déterminer les espèces que je vous envoie. Plus je m'opiniâtre à vaincre les difficultés par moi-même et sans le secours de personne, plus je me confirme dans l'opinion que la botanique, telle qu'on la cultive, est une science qui ne s'acquiert que par tradition : on montre la plante, on la nomme ; sa figure et son nom se gravent ensemble dans la mémoire. Il y a peu de peine à retenir ainsi la nomenclature d'un grand nombre de plantes : mais, quand on se croit pour cela botaniste, on se trompe, on n'est qu'herboriste ; et quand il s'agit de déterminer par soi-même et sans guide les plantes qu'on n'a jamais vues, c'est alors qu'on se trouve arrêté tout court, et qu'on est au bout de sa doctrine. Je suis resté plus ignorant encore en prenant la route contraire. Toujours seul et sans autre maître que la nature, j'ai mis des efforts incroyables à de très faibles progrès. Je suis parvenu à pouvoir, en bien travaillant, déterminer à peu près les genres ; mais pour les espèces, dont les différences sont souvent très peu marquées par la nature, et plus mal énoncées par les auteurs, je n'ai pu parvenir à en distinguer avec certitude qu'un très petit nombre, surtout dans la famille

des mousses, et surtout dans les genres difficiles, tels que les hypnum, les jungermania, les lichens. Je crois pourtant être sûr de celles que je vous envoie, à une ou deux près, que j'ai désignées par un point interrogant, afin que vous puissiez vérifier, dans Vaillant et dans Dillenius, si je me suis trompé ou non. Quoi qu'il en soit, je crois qu'il faut commencer à connaître empiriquement un certain nombre d'espèces pour parvenir à déterminer les autres, et je crois que celles que je vous envoie peuvent suffire, en les étudiant bien, à vous familiariser avec la famille et à en distinguer au moins les genres au premier coup d'œil par le *facies* propre à chacun d'eux. Mais il y a une autre difficulté, c'est que les mousses ainsi disposées par brin n'ont point sur le papier le même coup d'œil qu'elles ont sur la terre rassemblées par touffes ou gazons serrés. Ainsi l'on herborise inutilement dans un herbier et surtout dans un moussier, si l'on n'a commencé par herboriser sur la terre. Ces sortes de recueils doivent servir seulement de mémoratifs, mais non pas d'instruction première. Je doute cependant, monsieur, que vous trouviez aisément le temps et la patience de vous appesantir à l'examen de chaque touffe d'herbe ou de mousse que vous trouverez en votre chemin. Mais voici le moyen qu'il me semble que vous pourriez prendre pour analyser avec succès toutes les productions végétales de vos environs, sans vous ennuyer à des détails minutieux, insupportables pour les esprits accoutumés à généraliser les idées et à regarder toujours les objets en grand. Il faudrait inspirer à quelqu'un de vos laquais, garde ou garçon jardinier, un peu de goût pour l'étude des plantes, et le mener à votre suite dans vos promenades, lui faire cueillir les plantes que vous ne connaîtriez pas, particulièrement les mousses et les graminées, deux familles difficiles et nombreuses. Il faudrait qu'il tâchât de les prendre dans l'état de floraison, où leurs caractères déterminants sont les plus marqués. En prenant deux exemplaires de chacun, il en mettrait un à part pour me l'envoyer, sous le même numéro que le semblable qui vous resterait, et sur lequel vous feriez mettre ensuite le nom de la plante, quand je vous l'aurais envoyé. Vous vous éviteriez ainsi le travail de cette détermination, et ce travail ne serait qu'un plaisir pour moi, qui en ai l'habitude et qui m'y livre avec passion. Il me semble, monsieur, que, de cette manière, vous auriez fait en peu de temps le relevé des productions végétales de vos terres et des environs; et que, vous livrant sans fatigue au plaisir d'observer, vous pourriez encore, au moyen d'une nomenclature assurée, avoir celui de comparer vos observations avec celles des auteurs. Je ne me fais pourtant pas fort de tout déterminer. Mais la longue habitude de fureter les campagnes m'a rendu familières la plupart des plantes indigènes. Il n'y a que les jardins et productions exotiques où je me trouve en pays perdu. Enfin, ce que je n'aurai pu déterminer sera pour vous, monsieur, un objet de recherche et de curiosité qui rendra vos amusements plus piquants. Si cet arrangement vous plaît, je suis à vos ordres, et vous pouvez être sûr de me procurer un amusement très intéressant pour moi.

J'attends la note que vous m'avez promise, pour travailler à la remplir autant qu'il dépendra de moi. L'occupation de travailler à des herbiers remplira très agréablement mes beaux jours d'été. Cependant je ne prévois pas d'être jamais bien riche en plantes étrangères; et, selon moi, le plus grand agrément de la botanique est de pouvoir étudier et connaître la nature autour de soi plutôt qu'aux Indes. J'ai été pourtant assez heureux pour pouvoir insérer, dans le petit recueil que j'ai eu l'honneur de vous envoyer, quelques plantes curieuses, et entre autres le vrai papier, qui jusqu'ici n'était point connu en France, pas même de M. de Jussieu. Il est vrai que je n'ai pu vous en envoyer qu'un brin bien misérable, mais c'en est assez pour distinguer ce rare et précieux souchet. Voilà bien du bavardage; mais la botanique m'entraîne, et j'ai le plaisir d'en parler avec vous : accordez-moi, monsieur, un peu d'indulgence.

Je ne vous envoie que de vieilles mousses; j'en ai vainement cherché de nouvelles dans la campagne. Il n'y en aura guère qu'au mois de février, parce que l'automne a été trop sec; encore faudra-t-il les chercher au loin. On n'en trouve guère autour de Paris que les mêmes répétées.

QUINZE LETTRES

ADRESSÉES

A MADAME LA DUCHESSE DE PORTLAND.

LETTRE PREMIÈRE.

A Wootton, le 20 octobre 1766.

Vous avez raison, madame la duchesse, de commencer la correspondance, que vous me faites l'honneur de me proposer, par m'envoyer des livres pour me mettre en état de la soutenir : mais je crains que ce soit peine perdue ; je ne retiens plus rien de ce je lis ; je n'ai plus de mémoire pour les livres, il ne m'en reste que pour les personnes, pour les bontés qu'on a pour moi ; et j'espère à ce titre profiter plus avec vos lettres qu'avec tous les livres de l'univers. Il en est un, madame, où vous savez si bien lire, et où je voudrais bien apprendre à épeler quelques mots après vous. Heureux qui sait prendre assez de goût à cette intéressante lecture pour n'avoir besoin d'aucune autre, et qui, méprisant les instructions des hommes, qui sont menteurs, s'attache à celles de la nature, qui ne ment point! Vous l'étudiez avec autant de plaisir que de succès ; vous la suivez dans tous ses règnes ; aucune de ses productions ne vous est étrangère ; vous savez assortir les fossiles, les minéraux, les coquillages, cultiver les plantes, apprivoiser les oiseaux : et que n'apprivoiseriez-vous pas? Je connais un animal un peu sauvage qui vivrait avec grand plaisir dans votre ménagerie, en attendant l'honneur d'être admis un jour en momie dans votre cabinet.

J'aurais bien les mêmes goûts, si j'étais en état de les satisfaire ; mais un solitaire et un commençant de mon âge doit rétrécir beaucoup l'univers, s'il veut le connaître ; et moi, qui me perds comme un insecte parmi les herbes d'un pré, je n'ai garde d'aller escalader les palmiers de l'Afrique ni les cèdres du Liban. Le temps presse, et, loin d'aspirer à savoir un jour la botanique, j'ose à peine espérer d'herboriser aussi bien que les moutons qui paissent sous ma fenêtre, et de savoir comme eux trier mon foin.

J'avoue pourtant, comme les hommes ne sont guère conséquents, et que les tentations viennent par la facilité d'y succomber, que le jardin de mon excellent voisin, M. Granville, m'a donné le projet ambitieux d'en connaître les richesses : mais voilà précisément ce qui prouve que, ne sachant rien, je ne suis fait pour rien apprendre. Je vois les plantes, il me les nomme, je les oublie ; je les revois, il me les renomme, je les oublie encore ; et il ne résulte de tout cela que l'épreuve que nous faisons sans cesse, moi de sa complaisance, et lui de mon incapacité. Ainsi, du côté de la botanique, peu d'avantage ; mais un très grand pour le bonheur de la vie, dans celui de cultiver la société d'un voisin bienfaisant, obligeant, aimable, et, pour dire encore plus, s'il est possible, à qui je dois l'honneur d'être connu de vous.

Voyez donc, madame la duchesse, quel ignare correspondant vous vous choisissez, et ce qu'il pourra mettre du sien contre vos lumières. Je suis en conséquence obligé de vous avertir de la mesure des miennes ; après cela, si vous daignez vous en contenter, à la bonne heure ; je n'ai garde de refuser un accord si avantageux pour moi. Je vous rendrai de l'herbe pour vos plantes, des rêveries pour vos observations ; je m'instruirai cependant par vos bontés : et puissé-je un jour, devenu meilleur herboriste, orner de quelques fleurs la couronne que vous doit la botanique, pour l'honneur que vous lui faites de la cultiver !

J'avais apporté de Suisse quelques plantes sèches qui se sont pourries en chemin ; c'est un herbier à recommencer, et je n'ai plus pour cela les mêmes ressources. Je détacherai, toutefois, de ce qui me reste, quelques échantillons des moins gâtés, auxquels j'en joindrai quelques-uns de ce pays en fort petit nombre, selon l'étendue de mon savoir, et je prierai M. Granville de vous les faire passer quand il en aura l'occasion ; mais il faut auparavant les trier, les démoisir, et surtout retrouver les noms à moitié perdus, ce qui n'est pas pour moi une petite affaire. Et, à propos des noms, comment parviendrions-nous, madame, à nous entendre? Je ne connais point les noms anglais ; ceux que je connais sont tous du *Pinax* de Gaspard Bauhin ou du *Species plantarum* de M. Linnæus, et je ne puis en faire la synonymie avec Gérard, qui leur est antérieur à l'un et à l'autre, ni avec le *Synopsis*, qui est antérieur au second, et qui cite rarement le premier; en sorte que mon *Species* me devient inutile pour vous nommer l'espèce de plante que j'y connais, et pour y rapporter celle que vous pouvez me faire connaître. Si, par hasard, madame la duchesse, vous aviez aussi le *Species plantarum* ou le *Pinax*, ce point de réunion nous serait très commode pour nous entendre, sans quoi je ne sais pas trop comment nous ferons.

J'avais écrit à mylord maréchal deux jours avant de recevoir la lettre dont vous m'avez honoré. Je lui en écrirai bientôt une autre pour m'acquitter de votre commission, et pour lui demander ses félicitations sur l'avantage que son nom m'a procuré près de vous. J'ai renoncé à tout commerce de lettres, hors avec lui seul et un autre ami. Vous serez la troisième, madame la duchesse, et vous me ferez chérir toujours plus la botanique, à qui je dois cet honneur. Passé cela, la porte est fermée aux correspondances. Je deviens de jour en jour plus paresseux; il m'en coûte beaucoup d'écrire à cause de mes incommodités ; et, content d'un si bon choix, je m'y borne, bien sûr que, si je l'étendais davantage, le même bonheur ne m'y suivrait pas.

Je vous supplie, madame la duchesse, d'agréer mon profond respect.

LETTRE II.

A Wootton, le 12 février 1767.

Je n'aurais pas, madame la duchesse, tardé un seul instant de calmer, si je l'avais pu, vos inquiétudes sur la santé de mylord maréchal ; mais je craignis de ne faire, en vous écrivant, qu'augmenter ces inquiétudes, qui devinrent pour moi des alarmes. La seule chose qui me rassurât était que j'avais de lui une lettre du 22 novembre ; et je présumais que ce qu'en disaient les papiers publics

ne pouvait guère être plus récent que cela. Je raisonnai là-dessus avec M. Granville, qui devait partir dans peu de jours, et qui se chargea de vous rendre compte de ce que nous avions pensé, en attendant que je pusse, madame, vous marquer quelque chose de plus positif : dans cette lettre du 22 novembre, mylord maréchal me marquait qu'il se sentait vieillir et affaiblir, qu'il n'écrivait plus qu'avec peine, qu'il avait cessé d'écrire à ses parents et amis, et qu'il m'écrirait désormais fort rarement à moi-même. Cette résolution, qui peut-être était déjà l'effet de sa maladie, fait que son silence depuis ce temps-là me surprend moins; mais il me chagrine extrêmement. J'attendais quelque réponse aux lettres que je lui ai écrites; je la demandais incessamment, et j'espérais vous en faire part aussitôt : il n'est rien venu. J'ai aussi écrit à son banquier à Londres, qui ne savait rien non plus, mais qui, ayant fait des informations, m'a marqué qu'en effet mylord maréchal avait été fort malade, mais qu'il était beaucoup mieux. Voilà tout ce que j'en sais, madame la duchesse. Probablement vous en savez davantage à présent vous-même; et, cela supposé, j'oserais vous supplier de vouloir bien me faire écrire un mot pour me tirer du trouble où je suis. A moins que des amis charitables ne m'instruisent de ce qu'il m'importe de savoir, je ne suis pas en position de pouvoir l'apprendre par moi-même.

Je n'ose presque plus vous parler de plantes, depuis que, vous ayant trop annoncé les chiffons que j'avais apportés de Suisse, je n'ai pu encore vous rien envoyer. Il faut, madame, vous avouer toute ma misère : outre que ces débris valaient peu la peine de vous être offerts, j'ai été retardé par la difficulté d'en trouver les noms, qui manquaient à la plupart; et cette difficulté mal vaincue m'a fait sentir que j'avais fait une entreprise trop pénible à mon âge, en voulant m'obstiner à connaître les plantes tout seul. Il faut, en botanique, commencer par être guidé; il faut du moins apprendre empiriquement les noms d'un certain nombre de plantes avant de vouloir les étudier méthodiquement : il faut premièrement être herboriste, et puis devenir botaniste après, si l'on peut. J'ai voulu faire le contraire, je m'en suis mal trouvé. Les livres des botanistes modernes n'instruisent que les botanistes : ils sont inutiles aux ignorants. Il nous manque un livre vraiment élémentaire, avec lequel un homme qui n'aurait jamais vu de plantes pût parvenir à les étudier seul. Voilà le livre qu'il me faudrait au défaut d'instructions verbales; car où les trouver? Il n'y a point autour de ma demeure d'autres herboristes que les moutons. Une difficulté plus grande est que j'ai de très mauvais yeux pour analyser les plantes par les parties de la fructification. Je voudrais étudier les mousses et les gramens qui sont à ma portée; je m'éborgne, et je ne vois rien. Il semble, madame la duchesse, que vous ayez exactement deviné mes besoins en m'envoyant les deux livres qui me sont le plus utiles. Le *Synopsis* comprend des descriptions à ma portée et que je suis en état de suivre sans m'arracher les yeux, et le Petiver m'aide beaucoup par ses figures, qui prêtent à mon imagination autant qu'un objet sans couleur peut y prêter. C'est encore un grand défaut des botanistes modernes de les avoir négligées entièrement. Quand j'ai vu dans mon Linnæus la classe et l'ordre d'une plante qui m'est inconnue, je voudrais me figurer cette plante, savoir si elle est grande ou petite, si la fleur est bleue ou rouge, me représenter son port. Rien. Je lis une description caractéristique, d'après laquelle je ne puis rien me représenter. Cela n'est-il pas désolant?

Cependant, madame la duchesse, je suis assez fou pour m'obstiner, ou plutôt je suis assez sage; car ce goût est pour moi une affaire de raison. J'ai quelquefois besoin d'art pour me conserver dans ce calme précieux au milieu des agitations qui troublent ma vie, pour tenir au loin ces passions haineuses que vous ne connaissez pas, que je n'ai guère connues que dans les autres, et que je ne veux pas laisser approcher de moi. Je ne veux pas, s'il est possible, que de tristes souvenirs viennent troubler la paix de ma solitude. Je veux oublier les hommes et leurs injustices. Je veux m'attendrir chaque jour sur les merveilles de celui qui les fit pour être bons, et dont ils ont si indignement dégradé l'ouvrage. Les végétaux, dans nos bois et dans nos montagnes, sont encore tels qu'ils sortirent originairement

de ses mains, et c'est là que j'aime à étudier la nature; car je vous avoue que je ne sens plus le même charme à herboriser dans un jardin. Je trouve qu'elle n'y est plus la même; elle y a plus d'éclat, mais elle n'y est pas si touchante. Les hommes disent qu'ils l'embellissent, et moi je trouve qu'ils la défigurent. Pardon, madame la duchesse: en parlant des jardins, j'ai peut-être un peu médit du vôtre; mais si j'étais à portée, je lui ferais bien réparation. Que n'y puis-je faire seulement cinq ou six herborisations à votre suite, sous M. le docteur Solander! il me semble que le petit fonds de connaissances que je tâcherais de rapporter de ses instructions et des vôtres suffirait pour ranimer mon courage, souvent prêt à succomber sous le poids de mon ignorance. Je vous annonçais du bavardage et des rêveries; en voilà beaucoup trop. Ce sont des herborisations d'hiver; quand il n'y a plus rien sur la terre, j'herborise dans ma tête, et malheureusement je n'y trouve que de mauvaise herbe. Tout ce que j'ai de bon s'est réfugié dans mon cœur, madame la duchesse, et il est plein des sentiments qui vous sont dus.

Mes chiffons de plantes sont prêts ou à peu près; mais, faute de savoir les occasions pour les envoyer, j'attendrai le retour de M. Granville pour le prier de vous les faire parvenir.

LETTRE III.

Wootton, 28 février 1767.

Madame la duchesse,

Pardonnez mon importunité : je suis trop touché de la bonté que vous avez eue de me tirer de peine sur la santé de mylord maréchal, pour différer à vous en remercier. Je suis peu sensible à mille bons offices où ceux qui veulent me les rendre à toute force consultent plus leur goût que le mien. Mais des soins pareils à celui que vous avez bien voulu prendre en cette occasion m'affectent véritablement, et me trouveront toujours plein de reconnaissance. C'est aussi, madame la duchesse, un sentiment qui sera joint désormais à tous ceux que vous m'avez inspirés.

Pour dire à présent un petit mot de botanique, voici l'échantillon d'une plante que j'ai trouvée attachée à un rocher, et qui peut-être vous est très connue, mais que pour moi je ne connaissais point du tout. Par sa figure et par sa fructification, elle paraît appartenir aux fougères; mais, par sa substance et par sa stature, elle semble être de la famille des mousses. J'ai de trop mauvais yeux, un trop mauvais microscope, et trop peu de savoir pour rien décider là-dessus. Il faut, madame la duchesse, que vous acceptiez les hommages de mon ignorance et de ma bonne volonté; c'est tout ce que je puis mettre de ma part dans notre correspondance, après le tribut de mon respect.

LETTRE IV.

A Wootton, le 29 avril 1767.

Je reçois, madame la duchesse, avec une nouvelle reconnaissance, les nouveaux témoignages de votre souvenir et de vos bontés dans le livre que M. Granville m'a remis de votre part, et dans l'instruction que vous avez bien voulu me donner sur la petite plante qui m'était inconnue. Vous avez trouvé un très bon moyen de ranimer ma mémoire éteinte, et je suis très sûr de n'oublier jamais ce que j'aurai le bonheur d'apprendre de vous. Ce petit *adiantum* n'est pas rare sur nos rochers, et j'en ai même vu plusieurs pieds sur des racines d'arbres, qu'il sera facile d'en détacher pour les transplanter sur vos murs.

Vous aurez occasion, madame, de redresser bien des erreurs dans le petit misérable débris de plantes que M. Granville veut bien se charger de vous faire tenir. J'ai hasardé de donner des noms du *Species* de Linnæus à celles qui n'en avaient point; mais je n'ai eu cette confiance qu'avec celle que vous voudriez bien marquer chaque faute, et prendre la peine de m'en avertir. Dans cet espoir, j'y

ai même joint une petite plante qui me vient de vous, madame la duchesse, par M. Granville, et dont n'ayant pu trouver le nom par moi-même, j'ai pris le parti de le laisser en blanc. Cette plante me paraît approcher de l'ornithogale (*Star of Bethleem*) plus que d'aucune que je connaisse; mais, sa fleur étant close, et sa racine n'étant pas bulbeuse, je ne puis imaginer ce que c'est. Je ne vous envoie cette plante que pour vous supplier de vouloir bien me la nommer.

De toutes les grâces que vous m'avez faites, madame la duchesse, celle à laquelle je suis le plus sensible, et dont je suis le plus tenté d'abuser, est d'avoir bien voulu me donner plusieurs fois des nouvelles de la santé de mylord maréchal. Ne pourrais-je point encore, par votre obligeante entremise, parvenir à savoir si mes lettres lui parviennent? Je fis partir, le 16 de ce mois, la quatrième que je lui ai écrite depuis sa dernière. Je ne demande point qu'il y réponde, je désirerais seulement d'apprendre s'il les reçoit. Je prends bien toutes les précautions qui sont en mon pouvoir pour qu'elles lui parviennent; mais les précautions qui sont en mon pouvoir à cet égard, comme à beaucoup d'autres, sont bien peu de chose dans la situation où je suis.

Je vous supplie, madame la duchesse, d'agréer avec bonté mon profond respect.

LETTRE V.

Ce 10 juillet 1767.

Permettez, madame la duchesse, que, quoique habitant hors de l'Angleterre, je prenne la liberté de me rappeler à votre souvenir. Celui de vos bontés m'a suivi dans mes voyages et contribue à embellir ma retraite. J'y ai apporté le dernier livre que vous m'avez envoyé; et je m'amuse à faire la comparaison des plantes de ce canton avec celles de votre île. Si j'osais me flatter, madame la duchesse, que mes observations pussent avoir pour vous le moindre intérêt, le désir de vous plaire me les rendrait plus importantes; et l'ambition de vous appartenir me fait aspirer au titre de votre herboriste, comme si j'avais les connaissances qui me rendraient digne de le porter. Accordez-moi, madame, je vous en supplie, la permission de joindre ce titre au nouveau nom que je substitue à celui sous lequel j'ai vécu si malheureux. Je dois cesser d'être sous vos auspices; et l'herboriste de madame la duchesse de Portland se consolera sans peine de la mort de J.-J. Rousseau. Au reste, je tâcherai bien que ce ne soit pas là un titre purement honoraire; je souhaite qu'il m'attire aussi l'honneur de vos ordres, et je le mériterai du moins par mon zèle à les remplir.

Je ne signe point ici mon nouveau nom, et je ne date point du lieu de ma retraite (*), n'ayant pu demander encore la permission que j'ai besoin d'obtenir pour cela. S'il vous plaît, en attendant, m'honorer d'une réponse, vous pourrez, madame la duchesse, l'adresser, sous mon ancien nom, à Mess.., qui me la feront parvenir. Je finis par remplir un devoir qui m'est bien précieux, en vous suppliant, madame la duchesse, d'agréer ma très humble reconnaissance et les assurances de mon profond respect.

LETTRE VI.

12 septembre 1767.

Je suis d'autant plus touché, madame la duchesse, des nouveaux témoignages de bonté dont il vous a plu m'honorer, que j'avais quelque crainte que l'éloignement ne m'eût fait oublier de vous. Je tâcherai de mériter toujours par mes sentiments les mêmes grâces, et les mêmes souvenirs par mon assiduité à vous les rappeler. Je suis comblé de la permission que vous voulez bien m'accorder, et très fier de l'honneur de vous appartenir en quelque chose. Pour commencer, madame, à remplir des fonctions que vous me rendez précieuses, je vous envoie

(*) Le château de Trye, que Rousseau habitait alors sous le nom de Renou.

ci-joints deux petits échantillons de plantes que j'ai trouvées à mon voisinage, parmi les bruyères qui bordent un parc, dans un terrain assez humide, où croissent aussi la camomille odorante, le *Sagina procumbens*, l'*Hieracium umbellatum* de Linnæus, et d'autres plantes que je ne puis vous nommer exactement, n'ayant point encore ici mes livres de botanique, excepté la *Flora Britannica*, qui ne m'a pas quitté un seul moment.

De ces deux plantes, l'une, n° 2, me paraît être une petite gentiane, appelée dans le *Synopsis*, *Centaurium palustre luteum minimum nostras*. Flor. Brit. 131.

La camomille.

Pour l'autre, n° 1, je ne saurais dire ce que c'est, à moins que ce ne soit peut-être une *elatine* de Linnæus, appelée par Vaillant *Alsinastrum serpyllifolium*, etc. La phrase s'y rapporte assez bien; mais l'*elatine* doit avoir huit étamines, et je n'en ai jamais pu découvrir que quatre. La fleur est très petite; et mes yeux, déjà faibles naturellement, ont tant pleuré, que je les perds avant le temps : ainsi je ne me fie plus à eux. Dites-moi de grâce ce qu'il en est, madame la duchesse : c'est moi qui devrais, en vertu de mon emploi, vous instruire; et c'est vous qui m'instruisez. Ne dédaignez pas de continuer, je vous en supplie, et permettez que je vous rappelle la plante à fleur jaune que vous envoyâtes l'année dernière à M. Granville, et dont je vous ai renvoyé un exemplaire pour en apprendre le nom.

Et à propos de M. Granville, mon bon voisin, permettez, madame, que je vous

témoigne l'inquiétude que son silence me cause. Je lui ai écrit, et il ne m'a point répondu, lui qui est si exact. Serait-il malade ? J'en suis véritablement en peine.

Mais je le suis plus encore de mylord maréchal, mon ami, mon protecteur, mon père, qui m'a totalement oublié. Non, madame, cela ne saurait être. Quoi qu'on ait pu faire, je puis être dans sa disgrâce, mais je suis sûr qu'il m'aime toujours. Ce qui m'afflige de ma position, c'est qu'elle m'ôte les moyens de lui écrire. J'espère pourtant en avoir dans peu l'occasion, et je n'ai pas besoin de vous dire avec quel empressement je la saisirai. En attendant, j'implore vos

Le lin.

bontés pour avoir de ses nouvelles, et, si j'ose ajouter, pour lui faire dire un mot de moi.

J'ai l'honneur d'être, avec un profond respect,

Madame la duchesse,

Votre très humble et très obéissant serviteur,

HERBORISTE.

P. S. J'avais dit au jardinier de M. Davenport que je lui montrerais les rochers où croissait le petit *adiantum*, pour que vous puissiez, madame, en emporter des plantes. Je ne me pardonne point de l'avoir oublié. Ces rochers sont au midi de la maison et regardent le nord. Il est très aisé d'en détacher des plantes, parce qu'il y en a qui croissent sur des racines d'arbres.

Le long retard, madame, du départ de cette lettre, causé par des difficultés qui tiennent à ma situation, me met à portée de rectifier, avant qu'elle parte, ma balourdise sur la plante ci-jointe n° 1. Car ayant dans l'intervalle reçu mes livres de botanique, j'y ai trouvé, à l'aide des figures, que Michelius avait fait un genre de cette plante sous le nom de *Linocarpon*, et que Linnæus l'avait mise parmi les espèces du lin. Elle est aussi dans le *Synopsis* sous le nom de *Radiola*, et j'en aurais trouvé la figure dans la *Flora Britannica* que j'avais avec moi; mais précisément la planche 15, où est cette figure, se trouve omise dans mon exemplaire et n'est que dans le *Synopsis*, que je n'avais pas. Ce long verbiage a pour but, madame la duchesse, de vous expliquer comment ma bévue tient à mon ignorance, à la vérité, mais non pas à ma négligence. Je n'en mettrai jamais dans la correspondance que vous me permettez d'avoir avec vous, ni dans mes efforts pour mériter un titre dont je m'honore; mais tant que dureront les incommodités de ma position présente, l'exactitude de mes lettres en souffrira, et je prends le parti de fermer celle-ci sans être sûr encore du jour où je la pourrai faire partir.

LETTRE VII.

Ce 4 janvier 1768.

Je n'aurais pas tardé si longtemps, madame la duchesse, à vous faire mes très humbles remerciments pour la peine que vous avez prise d'écrire en ma faveur à mylord maréchal et à M. Granville, si je n'avais été détenu près de trois mois dans la chambre d'un ami qui est tombé malade chez moi, et dont je n'ai pas quitté le chevet durant tout ce temps, sans pouvoir donner un moment à nul autre soin. Enfin la providence a béni mon zèle; je l'ai guéri presque malgré lui. Il est parti hier bien rétabli; et le premier moment que son départ me laisse est employé, madame, à remplir auprès de vous un devoir que je mets au nombre de mes plus grands plaisirs.

Je n'ai reçu aucune nouvelle de mylord maréchal; et, ne pouvant lui écrire directement d'ici, j'ai profité de l'occasion de l'ami qui vient de partir, pour lui faire passer une lettre : puisse-t-elle le trouver dans cet état de santé et de bonheur que les plus tendres vœux de mon cœur demandent au ciel pour lui tous les jours! J'ai reçu de mon excellent voisin, M. Granville, une lettre qui m'a tout réjoui le cœur. Je compte de lui écrire dans peu de jours.

Permettrez-vous, madame la duchesse, que je prenne la liberté de disputer avec vous sur la plante sans nom que vous aviez envoyée à M. Granville, et dont je vous ai renvoyé un exemplaire avec les plantes de Suisse, pour vous supplier de vouloir bien me la nommer? Je ne crois pas que ce soit le *viola lutea*, comme vous me le marquez; ces deux plantes n'ayant rien de commun, ce me semble, que la couleur jaune de la fleur. Celle en question me paraît être de la famille des liliacées; à six pétales, six étamines en plumasseau : si la racine était bulbeuse, je la prendrais pour un ornithogale; ne l'étant pas, elle me paraît ressembler fort à un *anthericum ossifragum* de Linnæus, appelé par Gaspard Bauhin *pseudo-asphodelus anglicus* ou *scoticus*. Je vous avoue, madame, que je serais très aise de m'assurer du vrai nom de cette plante; car je ne peux être indifférent sur rien de ce qui me vient de vous.

Je ne croyais pas qu'on trouvât en Angleterre plusieurs des nouvelles plantes dont vous venez d'orner vos jardins de Bullstrode; mais, pour trouver la nature riche partout, il ne faut que des yeux qui sachent voir ses richesses. Voilà, madame la duchesse, ce que vous avez et ce qui me manque. Si j'avais vos connaissances, en herborisant dans mes environs, je suis sûr que j'en tirerais beaucoup de choses qui pourraient peut-être avoir leur place à Bullstrode. Au retour de la belle saison, je prendrai note des plantes que j'observerai, à mesure que je pourrai les connaître; et, s'il s'en trouvait quelqu'une qui vous convînt, je trouverais les moyens de vous l'envoyer, soit en nature, soit en graines. Si, par

exemple, madame, vous vouliez faire semer le *gentiana filiformis*, j'en recueillerais facilement de la graine l'automne prochain; car j'ai découvert un canton où elle est en abondance. De grâce, madame la duchesse, puisque j'ai l'honneur de vous appartenir, ne laissez pas sans fonction un titre où je mets tant de gloire. Je n'en connais point, je proteste, qui me flatte davantage que celle d'être toute ma vie, avec un profond respect, madame la duchesse, votre très humble et très obéissant serviteur.

<div style="text-align:right">HERBORISTE.</div>

LETTRE VIII.

<div style="text-align:right">A Lyon, le 2 juillet 1768.</div>

S'il était en mon pouvoir, madame la duchesse, de mettre de l'exactitude dans quelque correspondance, ce serait assurément dans celle dont vous m'honorez; mais, outre l'indolence et le découragement qui me subjuguent chaque jour davantage, les tracas secrets dont on me tourmente absorbent malgré moi le peu d'activité qui me reste, et me voilà maintenant embarqué dans un grand voyage, qui seul serait une terrible affaire pour un paresseux tel que moi. Cependant, comme la botanique en est le principal objet, je tâcherai de l'approprier à l'honneur que j'ai de vous appartenir, en vous rendant compte de mes herborisations, au risque de vous ennuyer, madame, de détails triviaux qui n'ont rien de nouveau pour vous. Je pourrais vous en faire d'intéressants sur le jardin de l'École vétérinaire de cette ville, dont les directeurs, naturalistes, botanistes, et de plus très aimables, sont en même temps très communicatifs; mais les richesses exotiques de ce jardin m'accablent, me troublent, par leur multitude; et, à force de voir à la fois trop de choses, je ne discerne et ne retiens rien du tout. J'espère me trouver un peu plus à l'aise dans les montagnes de la grande Chartreuse, où je compte aller herboriser la semaine prochaine avec deux de ces messieurs, qui veulent bien faire cette course, et dont les lumières me la rendront très utile. Si j'eusse été à portée de consulter plus souvent les vôtres, madame la duchesse, je serais plus avancé que je ne suis.

Quelque riche que soit le jardin de l'École vétérinaire, je n'ai cependant pu y trouver le *gentiana campestris* ni le *swertia perennis;* et comme le *gentiana filiformis* n'était pas même encore sorti de terre avant mon départ de Trye, il m'a, par conséquent, été impossible d'en recueillir de la graine, et il se trouve qu'avec le plus grand zèle pour faire les commissions dont vous avez bien voulu m'honorer, je n'ai pu encore en exécuter aucune. J'espère être à l'avenir moins malheureux, et pouvoir porter avec plus de succès un titre dont je me glorifie.

J'ai commencé le catalogue d'un herbier dont on m'a fait présent, et que je compte augmenter dans mes courses. J'ai pensé, madame la duchesse, qu'en vous envoyant ce catalogue, ou du moins celui des plantes que je puis avoir à double, si vous preniez la peine d'y marquer celles qui vous manquent, je pourrais avoir l'honneur de vous les envoyer fraîches ou sèches, selon la manière que vous le voudriez, pour l'augmentation de votre jardin ou de votre herbier. Donnez-moi vos ordres, madame, pour les Alpes, dont je vais parcourir quelques-unes; je vous demande en grâce de pouvoir ajouter au plaisir que je trouve à mes herborisations celui d'en faire quelques-unes pour votre service. Mon adresse fixe, durant mes courses, sera celle-ci :

<div style="text-align:center">*A monsieur Renou, chez Mess...*</div>

J'ose vous supplier, madame la duchesse, de vouloir bien me donner des nouvelles de mylord maréchal, toutes les fois que vous me ferez l'honneur de m'écrire. Je crains bien que tout ce qui se passe à Neuchâtel n'afflige son excellent cœur : car je sais qu'il aime toujours ce pays-là, malgré l'ingratitude de ses

habitants. Je suis affligé aussi de n'avoir plus de nouvelles de M. Granville; je lui serai toute ma vie attaché.

Je vous supplie, madame la duchesse, d'agréer avec bonté mon profond respect.

LETTRE IX.

A Bourgoin en Dauphiné, le 21 août 1769.

Madame la duchesse,

Deux voyages consécutifs, immédiatement après la réception de la lettre dont vous m'avez honoré le 5 juin dernier, m'ont empêché de vous témoigner plus tôt ma joie, tant pour la conservation de votre santé que pour le rétablissement de celle du cher fils dont vous étiez en alarmes, et ma gratitude pour les marques de souvenir qu'il vous a plu m'accorder. Le second de ces voyages a été fait à votre intention; et, voyant passer la saison de l'herborisation que j'avais en vue, j'ai préféré dans cette occasion le plaisir de vous servir à l'honneur de vous répondre. Je suis donc parti, avec quelques amateurs, pour aller sur le mont Pila, à douze ou quinze lieues d'ici, dans l'espoir, madame la duchesse, d'y trouver quelques plantes ou quelques graines qui méritassent de trouver place dans votre herbier ou dans vos jardins : je n'ai pas eu le bonheur de remplir à mon gré mon attente. Il était trop tard pour les fleurs et pour les graines; la pluie et d'autres accidents, nous ayant sans cesse contrariés, m'ont fait faire un voyage aussi peu utile qu'agréable; et je n'ai presque rien rapporté. Voici pourtant, madame la duchesse, une note des débris de ma chétive collecte. C'est une courte liste des plantes dont j'ai pu conserver quelque chose en nature, et j'ai ajouté une étoile à chacune de celles dont j'ai recueilli quelques graines, la plupart en bien petite quantité. Si parmi les plantes ou parmi les graines, il se trouve quelque chose ou le tout qui puisse vous agréer, daignez, madame, m'honorer de vos ordres, et me marquer à qui je pourrais envoyer le paquet, soit à Lyon, soit à Paris, pour vous le faire parvenir. Je tiens prêt le tout pour partir immédiatement après la réception de votre note; mais je crains bien qu'il ne se trouve rien là digne d'y entrer, et que je ne continue d'être à votre égard un serviteur inutile, malgré son zèle.

J'ai la mortification de ne pouvoir, quant à présent, vous envoyer, madame la duchesse, de la graine de *gentiana filiformis* : la plante étant très petite, très fugitive, difficile à remarquer pour les yeux qui ne sont pas botanistes; un curé, à qui j'avais compté m'adresser pour cela, étant mort dans l'intervalle, et ne connaissant personne dans le pays à qui pouvoir donner ma commission.

Une foulure que je me suis faite à la main droite par une chute, ne me permettant d'écrire qu'avec beaucoup de peine, me force à finir cette lettre plus tôt que je n'aurais désiré. Daignez, madame la duchesse, agréer avec bonté le zèle et le profond respect de votre très humble et très obéissant serviteur,

HERBORISTE.

LETTRE X.

A Monquin, le 21 décembre 1769.

C'est, madame la duchesse, avec bien de la honte et du regret que je m'acquitte si tard du petit envoi que j'avais eu l'honneur de vous annoncer, et qui ne valait assurément pas la peine d'être attendu. Enfin, puisque mieux vaut tard que jamais, je fis partir jeudi dernier, pour Lyon, une boîte à l'adresse de M. le chevalier Lambert, contenant les plantes et graines dont je joins ici la note. Je désire extrêmement que le tout vous parvienne en bon état; mais, comme je n'ose espérer que la boîte ne soit pas ouverte en route, et même plusieurs fois,

je crains fort que ces herbes, fragiles et déjà gâtées par l'humidité, ne vous arrivent absolument détruites ou méconnaissables. Les graines au moins pourraient, madame la duchesse, vous dédommager des plantes, si elles étaient plus abondantes; mais vous pardonnerez leur misère aux divers accidents qui ont, là-dessus, contrarié mes soins. Quelques-uns de ces accidents ne laissent pas d'être risibles, quoiqu'ils m'aient donné bien du chagrin. Par exemple, les rats ont mangé sur ma table presque toute la graine de bistorte que j'y avais étendue pour la faire sécher; et, ayant mis d'autres graines sur ma fenêtre pour le même effet, un coup de vent a fait voler dans la chambre tous mes papiers, et j'ai été condamné à la pénitence de Psyché; mais il a fallu la faire moi-même, et les fourmis ne sont point venues m'aider. Toutes ces contrariétés m'ont d'autant plus fâché, que j'aurais bien voulu qu'il pût aller jusqu'à Callwich un peu du superflu de Bullstrode; mais je tâcherai d'être mieux fourni une autre fois; car, quoique les honnêtes gens qui disposent de moi, fâchés de me voir trouver des douceurs dans la botanique, cherchent à me rebuter de cet innocent amusement en y versant le poison de leurs viles âmes, ils ne me forceront jamais à y renoncer volontairement. Ainsi, madame la duchesse, veuillez bien m'honorer de vos ordres et me faire mériter le titre que vous m'avez permis de prendre : je tâcherai de suppléer à mon ignorance, à force de zèle pour exécuter vos commissions.

Vous trouverez, madame, une ombellifère à laquelle j'ai pris la liberté de donner le nom de *seseli Halleri*, faute de savoir la trouver dans le *Species*, au lieu qu'elle est bien décrite dans la dernière édition des *Plantes de Suisse* de M. Haller, n° 762. C'est une très belle plante, qui est plus belle encore en ce pays que dans les contrées plus méridionales, parce que les premières atteintes du froid lavent son vert foncé d'un beau pourpre, et surtout la couronnent de graines, car elle ne fleurit que dans l'arrière-saison, ce qui fait aussi que les graines ont peine à mûrir et qu'il est difficile d'en recueillir. J'ai cependant trouvé le moyen d'en ramasser quelques-uns que vous trouverez, madame la duchesse, avec les autres. Vous aurez la bonté de les recommander à votre jardinier, car, encore un coup, la plante est belle, et si peu commune, qu'elle n'a pas même encore un nom parmi les botanistes. Malheureusement le spécimen que j'ai l'honneur de vous envoyer est mesquin et en fort mauvais état; mais les graines y suppléeront.

Je vous suis extrêmement obligé, madame, de la bonté que vous avez eue de me donner des nouvelles de mon excellent voisin M. Granville, et des témoignages du souvenir de son aimable nièce miss Dewes. J'espère qu'elle se rappelle assez les traits de son vieux berger, pour convenir qu'il ne ressemble guère à la figure de cyclope qu'il a plu à M. Hume de faire graver sous mon nom. Son graveur a peint mon visage comme sa plume a peint mon caractère. Il n'a pas vu que la seule chose que tout cela peint fidèlement est lui-même.

Je vous supplie, madame la duchesse, d'agréer avec bonté mon profond respect.

LETTRE XI.

A Paris, le 17 avril 1772.

J'ai reçu, madame la duchesse, avec bien de la reconnaissance, et la lettre dont vous m'avez honoré le 17 mars, et le nombreux envoi de graines dont vous avez bien voulu enrichir ma petite collection. Cet envoi en fera de toutes manières la plus considérable partie, et reveille déjà mon zèle pour la compléter autant qu'il se peut. Je suis bien sensible aussi à la bonté qu'a M. le docteur Solander d'y vouloir contribuer pour quelque chose; mais comme je n'ai rien trouvé, dans le paquet, qui m'indiquât ce qui pouvait venir de lui, je reste en doute si le petit nombre de graines ou fruits que vous me marquez qu'il m'envoie était joint au

même paquet, ou s'il en a fait un autre à part qui, cela supposé, ne m'est pas encore parvenu.

Je vous remercie aussi, madame la duchesse, de la bonté que vous avez de m'apprendre l'heureux mariage de miss Dewes et de M. Sparrow; je m'en réjouis de tout mon cœur, et pour elle, si bien faite pour rendre un honnête homme heureux et pour l'être, et pour son digne oncle, que l'heureux succès de ce mariage comblera de joie dans ses vieux jours.

Je suis bien sensible au souvenir de mylord Nuncham; j'espère qu'il ne doutera jamais de mes sentiments, comme je ne doute point de ses bontés. Je me serais flatté, durant l'ambassade de mylord Harcourt, du plaisir de le voir à Paris, mais on m'assure qu'il n'y est point venu, et ce n'est pas une mortification pour moi seul.

Avez-vous pu douter un instant, madame la duchesse, que je n'eusse reçu avec autant d'empressement que de respect le livre des jardins anglais que vous avez bien voulu penser à m'envoyer? Quoique son plus grand prix fût venu pour moi de la main dont je l'aurais reçu, je n'ignore pas celui qu'il a par lui-même, puisqu'il est estimé et traduit dans ce pays; et d'ailleurs j'en dois aimer le sujet, ayant été le premier en terre ferme à célébrer et faire connaître ces mêmes jardins. Mais celui de Bullstrode, où toutes les richesses de la nature sont rassemblées et assorties avec autant de savoir que de goût, mériterait bien un chantre particulier.

Pour faire une diversion de mon goût à mes occupations, je me suis proposé de faire des herbiers pour les naturalistes et amateurs qui voudront en acquérir. Le règne végétal, le plus riant des trois, et peut-être le plus riche, est très négligé et presque oublié dans les cabinets d'histoire naturelle, où il devrait briller par préférence. J'ai pensé que de petits herbiers, bien choisis et faits avec soin, pourraient favoriser le goût de la botanique, et je vais travailler cet été à des collections que je mettrai, j'espère, en état d'être distribuées dans un an d'ici. Si par hasard il se trouvait parmi vos connaissances quelqu'un qui voulût acquérir de pareils herbiers, je les servirais de mon mieux, et je continuerai de même s'ils sont contents de mes essais. Mais je souhaiterais particulièrement, madame la duchesse, que vous m'honorassiez quelquefois de vos ordres, et de mériter toujours, par des actes de mon zèle, l'honneur que j'ai de vous appartenir.

LETTRE XII.

A Paris, le 19 mai 1772.

Je dois, madame la duchesse, le principal plaisir que m'ait fait le poème sur les jardins anglais, que vous avez eu la bonté de m'envoyer, à la main dont il me vient. Car mon ignorance dans la langue anglaise, qui m'empêche d'en entendre la poésie, ne me laisse pas partager le plaisir que l'on prend à le lire. Je croyais avoir eu l'honneur de vous marquer, madame, que nous avons cet ouvrage traduit ici; vous avez supposé que je préférerais l'original, et cela serait très vrai si j'étais en état de le lire, mais je n'en comprends tout au plus que les notes, qui ne sont pas, à ce qu'il me semble, la partie la plus intéressante de l'ouvrage. Si mon étourderie m'a fait oublier mon incapacité, j'en suis puni par mes vains efforts pour la surmonter. Ce qui n'empêche pas que cet envoi ne me soit précieux comme un nouveau témoignage de vos bontés et une nouvelle marque de votre souvenir. Je vous supplie, madame la duchesse, d'agréer mon remerciment et mon respect.

Je reçois en ce moment, madame, la lettre que vous me fîtes l'honneur de m'écrire l'année dernière en date du 25 mars 1771. Celui qui me l'envoie de Genève (M. Moulton) ne me dit point les raisons de ce long retard: il me marque seulement qu'il n'y a pas de sa faute; voilà tout ce que j'en sais.

LETTRE XIII.

Paris, le 19 juillet 1772.

C'est, madame la duchesse, par un quiproquo bien inexcusable, mais bien involontaire, que j'ai si tard l'honneur de vous remercier des fruits rares que vous avez eu la bonté de m'envoyer de la part de M. le docteur Solander, et de la lettre du 24 juin, par laquelle vous avez bien voulu me donner avis de cet envoi. Je dois aussi à ce savant naturaliste des remercîments, qui seront accueillis bien plus favorablement, si vous daignez, madame la duchesse, vous en charger comme vous avez fait l'envoi, que venant directement d'un homme qui n'a point l'honneur d'être connu de lui. Pour comble de grâce, vous voulez bien encore me promettre les noms des nouveaux genres lorsqu'il leur en aura donné : ce qui suppose aussi la description du genre, car les noms dépourvus d'idées ne sont que des mots, qui servent moins à orner la mémoire qu'à la charger. A tant de bontés de votre part, je ne puis vous offrir, madame, en signe de reconnaissance, que le plaisir que j'ai de vous être obligé.

Ce n'est point sans un vrai déplaisir que j'apprends que ce grand voyage, sur lequel toute l'Europe savante avait les yeux, n'aura pas lieu. C'est une grande perte pour la cosmographie, pour la navigation et pour l'histoire naturelle en général, et c'est, j'en suis très sûr, un chagrin pour cet homme illustre que le zèle de l'instruction publique rendait insensible aux périls et aux fatigues dont l'expérience l'avait déjà si parfaitement instruit. Mais je vois chaque jour mieux que les hommes sont partout les mêmes, et que le progrès de l'envie et de la jalousie fait plus de mal aux âmes, que celui des lumières, qui en est la cause, ne peut faire de bien aux esprits.

Je n'ai certainement pas oublié, madame la duchesse, que vous aviez désiré de la graine du *gentiana filiformis;* mais ce souvenir n'a fait qu'augmenter mon regret d'avoir perdu cette plante, sans me fournir aucun moyen de la recouvrer. Sur le lieu même où je la trouvai, qui est à Trye, je la cherchai vainement l'année suivante, et soit que je n'eusse pas bien retenu la place où le temps de sa florescence, soit qu'elle n'eût point grené, et qu'elle ne se fût pas renouvelée, il me fut impossible d'en trouver le moindre vestige. J'ai éprouvé souvent la même mortification au sujet d'autres plantes que j'ai trouvées disparues de lieux où auparavant on les rencontrait abondamment; par exemple, le *plantago uniflora*, qui jadis bordait l'étang de Montmorency, et dont j'ai fait en vain l'année dernière la recherche avec de meilleurs botanistes et qui avaient de meilleurs yeux que moi. Je vous proteste, madame la duchesse, que je ferais de tout mon cœur le voyage de Trye pour y cueillir cette petite gentiane et sa graine, et vous faire parvenir l'une et l'autre, si j'avais le moindre espoir de succès. Mais ne l'ayant pas trouvée l'année suivante, étant encore sur les lieux, quelle apparence qu'au bout de plusieurs années, où tous les renseignements qui me restaient encore se sont effacés, je puisse retrouver la trace de cette petite et fugace plante? Elle n'est point ici au Jardin du Roi, ni, que je sache, en aucun autre jardin, et très peu de gens même la connaissent. A l'égard du *carthamus lanatus*, j'en joindrai de la graine aux échantillons d'herbiers que j'espère vous envoyer à la fin de l'hiver.

J'apprends, madame la duchesse, avec une bien douce joie, le rétablissement de mon ancien et bon voisin M. Granville. Je suis très touché de la peine que vous avez prise de m'en instruire, et vous avez par là redoublé le prix d'une si bonne nouvelle.

Je vous supplie, madame la duchesse, d'agréer, avec mon respect, mes vifs et vrais remercîments de toutes vos bontés.

LETTRE XIV.

A Paris, le 22 octobre 1775.

J'ai reçu, dans son temps, la lettre dont m'a honoré madame la duchesse, le 7 octobre; quant à celle dont il est fait mention, écrite quinze jours auparavant, je ne l'ai point reçue : la quantité de sottes lettres qui me venaient de toutes parts par la poste me force à rebuter toutes celles dont l'écriture ne m'est pas connue, et il se peut qu'en mon absence la lettre de madame la duchesse n'ait pas été distinguée des autres. J'irais la réclamer à la poste, si l'expérience ne m'avait appris que mes lettres disparaissaient aussitôt qu'elles sont rendues, et qu'il ne m'est plus possible de les ravoir. C'est ainsi que j'en ai perdu une de M. de Linnæus, que je n'ai jamais pu ravoir, après avoir appris qu'elle était de lui, quoique j'aie employé pour cela le crédit d'une personne qui en a beaucoup dans les postes.

Le témoignage du souvenir de M. Granville, que madame la duchesse a eu la bonté de me transmettre, m'a fait un plaisir auquel rien n'eût manqué, si j'eusse appris en même temps que sa santé était meilleure.

M. de Saint-Paul doit avoir fait passer à madame la duchesse deux échantillons d'herbiers portatifs qui me paraissaient plus commodes et presque aussi utiles que les grands. Si j'avais le bonheur que l'un ou l'autre, ou tous les deux, fussent du goût de madame la duchesse, je me ferais un vrai plaisir de les continuer, et cela me conserverait pour la botanique un reste de goût presque éteint, et que je regrette. J'attends là-dessus les ordres de madame la duchesse, et je la supplie d'agréer mon respect.

LETTRE XV.

A Paris, le 11 juillet 1776.

Le témoignage de souvenir et de bonté dont m'honore madame la duchesse de Portland est un cadeau bien précieux que je reçois avec autant de reconnaissance que de respect. Quant à l'autre cadeau qu'elle m'annonce, je la supplie de permettre que je ne l'accepte pas. Si la magnificence en est digne d'elle, elle n'est proportionnée ni à ma situation ni à mes besoins. Je me suis défait de tous mes livres de botanique : j'en ai quitté l'agréable amusement, devenu trop fatigant pour mon âge. Je n'ai pas un pouce de terre pour y mettre du persil ou des œillets, à plus forte raison des plantes d'Afrique; et, dans ma plus grande passion pour la botanique, content du foin que je trouvais sous mes pas, je n'eus jamais de goût pour les plantes étrangères qu'on ne trouve parmi nous qu'en exil et dénaturées dans les jardins des curieux. Celles que veut bien m'envoyer madame la duchesse seraient donc perdues entre mes mains; il en serait de même, par la même raison, de l'*Herbarium amboïnense*, et cette perte serait regrettable à proportion du prix de ce livre et de l'envoi. Voilà la raison qui m'empêche d'accepter ce superbe cadeau; si toutefois ce n'est pas l'accepter que d'en garder le souvenir et la reconnaissance, en désirant qu'il soit employé plus utilement.

Je supplie très humblement madame la duchesse d'agréer mon profond respect.

On vient de m'envoyer la caisse; et, quoique j'eusse extrêmement désiré d'en retirer la lettre de madame la duchesse, il m'a paru plus convenable, puisque j'avais à la rendre, de la renvoyer sans l'ouvrir.

LETTRE A M. DU PEYROU.

10 octobre 1764.

Traité historique des plantes qui croissent dans la Lorraine et les Trois-Evêchés, par M. P.-J. Buc'hoz, avocat au parlement de Metz, docteur en médecine, etc.

Cet ouvrage, dont deux volumes ont déjà paru, en aura vingt in-8°, avec des planches gravées.

J'en étais ici, monsieur, quand j'ai reçu votre docte lettre; je suis charmé de vos progrès. Je vous exhorte à continuer; vous serez notre maître, et vous aurez tout l'honneur de notre futur savoir. Je vous conseille pourtant de consulter M. Marais sur les noms des plantes, plus que sur leur étymologie; car *asphodelos*, et non pas *asphodeilos*, n'a pour racine aucun mot qui signifie ni *mort* ni *herbe*, mais tout au plus un verbe qui signifie *je tue*, parce que les pétales de l'asphodèle ont quelque ressemblance à des fers de pique. Au reste, j'ai connu des asphodèles qui avaient de longues tiges et des feuilles semblables à celles des lis. Peut-être fallait-il dire correctement *du genre des asphodèles*. La plante aquatique est bien nénuphar, autrement *nymphæa*, comme je disais. Il faut redresser ma faute sur le calament, qui ne s'appelle pas en latin *calamentum*, mais *calamintha*, comme qui dirait belle menthe.

Le temps ni mon état présent ne m'en laissent pas dire davantage. Puisque mon silence doit parler pour moi, vous savez, monsieur, combien j'ai à me taire.

LETTRE A M. LIOTARD, LE NEVEU

HERBORISTE A GRENOBLE.

Bourgoin, le 7 novembre 1768.

J'ai reçu, monsieur, les deux lettres que vous m'avez fait l'amitié de m'écrire. Je n'ai point fait de réponse à la première, parce qu'elle était une réponse elle-même, et qu'elle n'en exigeait pas. Je vous envoie ci-joint le catalogue qui était avec la seconde, et sur lequel j'ai marqué les plantes que je serais bien aise d'avoir. Les dénominations de plusieurs d'entre elles ne sont pas exactes, ou du moins ne sont pas dans mon *Species* de l'édition de 1762. Vous m'obligerez de vouloir bien les y rapporter, avec le secours de M. Clappier, que je remercie, et que je salue. J'accepte l'offre de quelques mousses que vous voulez bien y joindre, pourvu que vous ayez la bonté d'y mettre aussi très exactement les noms; car je serais peut-être fort embarrassé pour les déterminer sans le secours de mon *Dillenius*, que je n'ai plus. A l'égard du prix, je le règlerais de bon cœur si je pouvais n'écouter que la libéralité que j'y voudrais mettre; mais, ma situation me forçant de me borner en toutes choses aux prix communs, je vous prie de vouloir bien régler celui-là de façon que vous y trouviez honnêtement votre compte, sans oublier de joindre à cette note celle des ports, et autres menus frais qui doivent vous être remboursés; et, comme je n'ai aucune correspondance à Grenoble, je vous en enverrai le montant par le courrier, à moins que vous ne m'indiquiez quelque autre voie. L'offre de venir vous-même est obligeante; mais je ne l'accepte pas, attendu que je n'en pourrais profiter, qu'il ne fait plus le temps d'herboriser,

et que je ne suis pas en état de sortir pour cela. Portez-vous bien, mon cher monsieur Liotard; je vous salue de tout mon cœur.

<div style="text-align: right">RENOU.</div>

Pourriez-vous me dire si le *pistacia terebinthus* et l'*osiris alba* croissent auprès de Grenoble? Je crois avoir trouvé l'un et l'autre au-dessus de la Bastille(*), mais je n'en suis pas sûr.

NEUF LETTRES ADRESSÉES A M. DE LA TOURETTE

CONSEILLER EN LA COUR DES MONNAIES DE LYON.

PREMIÈRE LETTRE.

<div style="text-align: right">A Mouquin, le 17/12 1769 (**).</div>

J'ai différé, monsieur, de quelques jours à vous accuser la réception du livre que vous avez eu la bonté de m'envoyer de la part de M. Gouan, et à vous remercier, pour me débarrasser auparavant d'un envoi que j'avais à faire, et me ménager le plaisir de m'entretenir un peu plus longtemps avec vous.

Je ne suis pas surpris que vous soyez revenu d'Italie plus satisfait de la nature que des hommes; c'est ce qui arrive généralement aux bons observateurs, même dans les climats où elle est moins belle. Je sais qu'on trouve peu de penseurs dans ce pays-là; mais je ne conviendrais pas tout-à-fait qu'on n'y trouve à satisfaire que les yeux, j'y voudrais ajouter les oreilles. Au reste, quand j'appris votre voyage, je craignis, monsieur, que les autres parties de l'histoire naturelle ne fissent quelque tort à la botanique, et que vous ne rapportassiez de ce pays-là plus de raretés pour votre cabinet que de plantes pour votre herbier. Je présume, au ton de votre lettre, que je ne me suis pas beaucoup trompé. Ah! monsieur, vous feriez grand tort à la botanique de l'abandonner après lui avoir si bien montré, par le bien que vous lui avez déjà fait, celui que vous pouvez encore lui faire.

Vous me faites bien sentir et déplorer ma misère, en me demandant compte de mon herborisation de Pila. J'y allai dans une mauvaise saison, par un très mauvais temps, comme vous savez, avec de très mauvais yeux, et avec des compagnons de voyage encore plus ignorants que moi, et privé par conséquent de la ressource pour y suppléer que j'avais à la grande Chartreuse. J'ajouterai qu'il n'y a point, selon moi, de comparaison à faire entre les deux herborisations, et que celle de Pila me paraît aussi pauvre que celle de la Chartreuse est abondante et riche. Je n'aperçus pas une *astrantia*, pas une *pirola*, pas une soldanelle, pas

(*) Montagne voisine de Grenoble.
(**) Rousseau a noté d'une manière inusitée, mais précise, la date de ces neuf lettres, en partageant le chiffre de l'année en deux, et insérant au milieu une fraction ayant pour nombre supérieur la date du mois, et pour nombre inférieur le chifre d'ordre de ce mois parmi les douze qui composent l'année. Ainsi il a daté cette première lettre le $17\frac{12}{12}$ 69, ce qui veut dire le 17 décembre 1769. La suivante, de janvier, porte pour chifre in érieur 1 ; puis viennent : 2, qui désigne février ; 5, mars ; 7, juillet ; 9, septembre ; 11, novembre ; 4, avril ; 1, janvier. Nous avons cru devoir éviter en partie la bizarrerie typographique de cette disposition.

une ombellifère, excepté le *meum*; pas une saxifrage, pas une gentiane, pas une légumineuse, pas une belle didyname, excepté la mélisse à grandes fleurs. J'avoue aussi que nous errions sans guides, et sans savoir où chercher les places riches, et je ne suis pas étonné qu'avec tous les avantages qui me manquaient, vous ayez trouvé dans cette triste et vilaine montagne des richesses que je n'y ai pas vues. Quoi qu'il en soit, je vous envoie, monsieur, la courte liste de ce que j'y ai vu, plutôt que de ce que j'en ai rapporté; car la pluie et la maladresse ont fait que presque tout ce que j'avais recueilli s'est trouvé gâté et pourri à mon arrivée ici. Il n'y a dans tout cela que deux ou trois plantes qui m'aient fait un grand plaisir. Je mets à leur tête le *sonchus alpinus*, plante de cinq pieds de haut, dont le feuillage et le port sont admirables, et à qui ses grandes et belles fleurs bleues donnent un éclat qui la rendrait digne d'entrer dans votre jardin. J'aurais voulu, pour tout au monde, en avoir des graines : mais cela ne me fut pas possible, le seul pied que nous trouvâmes étant tout nouvellement en fleurs : et, vu la grandeur de la plante, et qu'elle est extrêmement aqueuse, à peine en ai-je pu conserver quelques débris à demi pourris. Comme j'ai trouvé en route quelques plantes assez jolies, j'en ai ajouté séparément la note, pour ne pas la confondre avec ce que j'ai trouvé sur la montagne. Quant à la désignation particulière des lieux, il m'est impossible de vous la donner; car, outre la difficulté de la faire intelligiblement, je ne m'en souviens pas moi-même; ma mauvaise vue et mon étourderie font que je ne sais presque jamais où je suis; je ne puis venir à bout de m'orienter, et je me perds à chaque instant quand je suis seul, sitôt que je perds mon renseignement de vue.

Vous souvenez-vous, monsieur, d'un petit souchet que nous trouvâmes en assez grande abondance auprès de la grande Chartreuse, et que je crus d'abord être le *cyperus fuscus, Lin.*? Ce n'est point lui et il n'en est fait aucune mention que je sache, ni dans le *Species*, ni dans aucun auteur de botanique, hors le seul *Michelius*, dont voici la phrase : *Cyperus radice repente, odora, locustis unciam longis et lineam latis, Tab. 31. f. 1.* Si vous avez, monsieur, quelque renseignement plus précis ou plus sûr dudit souchet, je vous serais très obligé de vouloir bien m'en faire part.

La botanique devient un tracas si embarrassant et si dispendieux quand on s'en occupe avec autant de passion, que, pour y mettre de la réforme, je suis tenté de me défaire de mes livres de plantes. La nomenclature et la synonymie forment une étude immense et pénible; quand on ne veut qu'observer, s'instruire, et s'amuser entre la nature et soi, l'on n'a pas besoin de tant de livres. Il en faut peut-être pour prendre quelque idée du système végétal, et apprendre à observer; mais, quand une fois on a les yeux ouverts, quelque ignorant d'ailleurs qu'on puisse être, on n'a plus besoin de livres pour voir et admirer sans cesse. Pour moi, du moins, en qui l'opiniâtreté a mal suppléé à la mémoire, et qui n'ai fait que bien peu de progrès, je sens néanmoins qu'avec les gramens d'une cour ou d'un pré j'aurais de quoi m'occuper tout le reste de ma vie sans m'ennuyer un moment. Pardon, monsieur, de tout ce long bavardage. Le sujet fera mon excuse auprès de vous. Agréez, je vous supplie, mes très humbles salutations.

LETTRE II.

Monquin, le 26/1 1770.

> Pauvres aveugles que nous sommes!
> Ciel, démasque les imposteurs,
> Et force leurs barbares cœurs
> A s'ouvrir aux regards des hommes (*)!

C'en est fait, monsieur, pour moi de la botanique; il n'en est plus question quant à présent, et il y a peu d'apparence que je sois dans le cas d'y revenir.

(*) Voyez encore, sur le motif de cette sorte d'épigraphe mise à toutes ces lettres, la *Correspondance*, 9 février 1770.

D'ailleurs je vieillis, je ne suis plus ingambe pour herboriser; et des incommodités qui m'avaient laissé d'assez longs relâches menacent de me faire payer cette trève. C'est bien assez désormais pour mes forces des courses de nécessité; je dois renoncer à celles d'agrément, ou les borner à des promenades qui ne satisfont pas l'avidité d'un botanophile. Mais, en renonçant à une étude charmante, qui pour moi s'était transformée en passion, je ne renonce pas aux avantages qu'elle m'a procurés, et surtout, monsieur, à cultiver votre connaissance et vos bontés, dont j'espère aller dans peu vous remercier en personne. C'est à vous qu'il faut renvoyer toutes les exhortations que vous me faites sur l'entreprise d'un dictionnaire botanique, dont il est étonnant que ceux qui cultivent cette science sentent si peu la nécessité. Votre âge, monsieur, vos talents, vos connaissances, vous donnent les moyens de former, diriger et exécuter supérieurement cette entreprise; et les applaudissements avec lesquels vos essais ont été reçus du public vous sont garants de ceux avec lesquels il accueillerait un travail plus considérable. Pour moi, qui ne suis dans cette étude, ainsi que dans beaucoup d'autres, qu'un écolier radoteur, j'ai songé plutôt, en herborisant, à me distraire et m'amuser qu'à m'instruire, et n'ai point eu, dans mes observations tardives, la sotte idée d'enseigner au public ce que je ne savais pas moi-même. Monsieur, j'ai vécu quarante ans heureux sans faire des livres; je me suis laissé entraîner dans cette carrière tard et malgré moi : j'en suis sorti de bonne heure. Si je ne retrouve pas, après l'avoir quittée, le bonheur dont je jouissais avant d'y entrer, je retrouve au moins assez de bon sens pour sentir que je n'y étais pas propre, et pour perdre à jamais la tentation d'y rentrer.

J'avoue pourtant que les difficultés que j'ai trouvées dans l'étude des plantes m'ont donné quelques idées sur le moyen de la faciliter et de la rendre utile aux autres, en suivant le fil du système végétal par une méthode plus graduelle et moins abstraite que celle de Tournefort et de tous ses successeurs, sans en excepter Linnæus lui-même. Peut-être mon idée est-elle impraticable. Nous en causerons, si vous voulez, quand j'aurai l'honneur de vous voir. Si vous la trouviez digne d'être adoptée, et qu'elle vous tentât d'entreprendre sur ce plan des institutions de botanique, je croirais avoir beaucoup plus fait en vous excitant à ce travail, que si je l'avais entrepris moi-même.

Je vous dois des remercîments, monsieur, pour les plantes que vous avez eu la bonté de m'envoyer dans votre lettre, et bien plus encore pour les éclaircissements dont vous les avez accompagnées. Le *papyrus* m'a fait grand plaisir, et je l'ai mis bien précieusement dans mon herbier. Votre *antirrhinum purpureum* m'a bien prouvé que le mien n'était pas le vrai, quoiqu'il y ressemble beaucoup; je penche à croire avec vous que c'est une variété de l'*arvense*; et je vous avoue que j'en trouve plusieurs dans le *Species*, dont les phrases ne suffisent point pour me donner des différences spécifiques bien claires. Voilà, ce me semble, un défaut que n'aurait jamais la méthode que j'imagine, parce qu'on aurait toujours un objet fixe et réel de comparaison, sur lequel on pourrait aisément assigner les différences.

Parmi les plantes dont je vous ai précédemment envoyé la liste, j'en ai omis une dont Linnæus n'a pas marqué la patrie, et que j'ai trouvée à Pila, c'est le *rubia peregrina*; je ne sais si vous l'avez aussi remarquée : elle n'est pas absolument rare dans la Savoie et dans le Dauphiné.

Je suis ici dans un grand embarras pour le transport de mon bagage, consistant, en grande partie, dans un attirail de botanique. J'ai surtout, dans des papiers épars, un grand nombre de plantes sèches en assez mauvais ordre, et communes pour la plupart, mais dont cependant quelques-unes sont plus curieuses; mais je n'ai ni le temps ni le courage de les trier, puisque ce travail me devient désormais inutile. Avant de jeter au feu tout ce fatras de paperasses, j'ai voulu prendre la liberté de vous en parler à tout hasard; et si vous étiez tenté de parcourir ce foin, qui véritablement n'en vaut pas la peine, j'en pourrais faire une liasse qui vous parviendrait par M. Pasquet; car, pour moi, je ne sais comment emporter tout cela, ni qu'en faire. Je crois me rappeler, par exemple, qu'il s'y

trouve quelques fougères, entre autres le *polypodium fragrans*, que j'ai herborisées en Angleterre, et qui ne sont pas communes partout. Si même la revue de mon herbier et de mes livres de botanique pouvait vous amuser quelques moments, le tout pourrait être déposé chez vous, et vous le visiteriez à votre aise. Je ne doute pas que vous n'ayez la plupart de mes livres. Il peut cependant s'en trouver d'anglais, comme *Parkinson*, et le *Gérard émaculé*, que peut-être n'avez-vous pas. Le *Valerius Cordus* est assez rare; j'avais aussi *Tragus*, mais je l'ai donné à M. Clappier.

Je suis surpris de n'avoir aucune nouvelle de M. Gouan, à qui j'ai envoyé les

La garance (*rubia*).

carex (*) de ce pays qu'il paraissait désirer, et quelques autres petites plantes, le tout à l'adresse de M. de Saint-Priest, qu'il m'avait donnée. Peut-être le paquet ne lui est-il pas parvenu : c'est ce que je ne saurais vérifier, vu que jamais un seul mot de vérité ne pénètre à travers l'édifice de ténèbres qu'on a pris soin d'élever autour de moi. Heureusement les ouvrages des hommes sont périssables comme eux, mais la vérité est éternelle : *post tenebras lux*.

Agréez, monsieur, je vous supplie, mes plus sincères salutations.

(*) Je me souviens d'avoir mis par mégarde un nom pour un autre, *carex vulpina*, pour *carex porina*.

LETTRE III.

Monquin, 22/2 1770.

Pauvres aveugles que nous sommes, etc.

Ne faites, monsieur, aucune attention à la bizarrerie de ma date; c'est une formule générale qui n'a nul trait à celui à qui j'écris, mais seulement aux honnêtes gens qui disposent de moi avec autant d'équité que de bonté. C'est, pour ceux qui se laissent séduire par la puissance et tromper par l'imposture, un avis qui les rendra plus inexcusables si, jugeant sur des choses que tout devrait leur rendre suspectes, ils s'obstinent à se refuser aux moyens que prescrit la justice pour s'assurer de la vérité.

C'est avec regret que je vois reculer, par mon état et par la mauvaise saison, le moment de me rapprocher de vous. J'espère cependant ne pas tarder beaucoup encore. Si j'avais quelques graines qui valussent la peine de vous être présentées, je prendrais le parti de vous les envoyer d'avance, pour ne pas laisser passer le temps de les semer; mais j'avais fort peu de chose, et je le joignis avec des plantes de Pila, dans un envoi que je fis il y a quelques mois à Mme la duchesse de Portland, et qui n'a pas été plus heureux, selon toute apparence, que celui que j'ai fait à M. Gouan, puisque je n'ai aucune nouvelle ni de l'un ni de l'autre. Comme celui de Mme de Portland était plus considérable, et que j'y avais mis plus de soin et de temps, je le regrette davantage; mais il faut bien que j'apprenne à me consoler de tout. J'ai pourtant encore quelques graines d'un fort beau *seseli* de ce pays, que j'appelle *seseli Halleri*, parce que je ne le trouve pas dans *Linnæus*. J'en ai aussi d'une plante d'Amérique, que j'ai fait semer dans ce pays avec d'autres graines qu'on m'avait données, et qui seule a réussi. Elle s'appelle *gombaut* dans les îles, et j'ai trouvé que c'était l'*hibiscus esculentus*; il a bien levé, bien fleuri; et j'en ai tiré d'une capsule quelques graines bien mûres, que je vous porterai avec le *seseli*, si vous ne les avez pas. Comme l'une de ces plantes est des pays chauds, et que l'autre grène fort tard dans nos campagnes, je présume que rien ne presse pour les mettre en terre, sans quoi je prendrais le parti de vous les envoyer.

Votre *galium rotundifolium*, monsieur, est bien lui-même à mon avis, quoiqu'il doive avoir la fleur blanche, et que le vôtre l'ait flave; mais comme il arrive à beaucoup de fleurs blanches de jaunir en séchant, je pense que les siennes sont dans le même cas. Ce n'est point du tout mon *rubia peregrina*, plante beaucoup plus grande, plus rigide, plus âpre, et de la consistance tout au moins de la garance ordinaire, outre que je suis certain d'y avoir vu des baies que n'a pas votre *galium*, et qui sont le caractère générique des *rubia*. Cependant je suis, je vous l'avoue, hors d'état de vous en envoyer un échantillon. Voici, là-dessus, mon histoire.

J'avais souvent vu en Savoie et en Dauphiné la garance sauvage, et j'en avais pris quelques échantillons. L'année dernière, à Pila, j'en vis encore; mais elle me parut différente des autres, et il me semble que j'en mis un spécimen dans mon portefeuille. Depuis mon retour, lisant, par hasard, dans l'article *rubia peregrina*, que sa feuille n'avait point de nervure en dessus, je me rappelai et crus me rappeler que mon *rubia* de Pila n'en avait point non plus; de là, je conclus que c'était le *rubia peregrina*. En m'échauffant sur cette idée, je vins à conclure la même chose des autres garances que j'avais trouvées dans ces pays, parce qu'elles n'avaient d'ordinaire que quatre feuilles; pour que cette conclusion fût raisonnable, il aurait fallu chercher les plantes et vérifier : voilà ce que ma paresse ne me permit point de faire, vu le désordre de mes paperasses, et le temps qu'il aurait fallu mettre à cette recherche. Depuis la réception, monsieur, de votre lettre, j'ai mis plus de huit jours à feuilleter tous mes livres et papiers l'un après l'autre, sans pouvoir retrouver ma plante de Pila, que j'ai peut-être jetée avec tout ce qui est arrivé pourri. J'en ai retrouvé quelques-unes des autres; mais j'ai eu la mortification d'y trouver la nervure bien marquée, qui m'a dés-

abusé, du moins sur celles-là. Cependant ma mémoire, qui me trompe si souvent, me retrace si bien celle de Pila, que j'ai peine encore à en démordre, et je ne désespère pas qu'elle ne se retrouve dans mes papiers ou dans mes livres. Quoi qu'il en soit, figurez-vous, dans l'échantillon ci-joint, les feuilles un peu plus larges et sans nervure; voilà ma plante de Pila.

Quelqu'un de ma connaissance a souhaité d'acquérir mes livres de botanique en entier, et demande même la préférence; ainsi, je ne me prévaudrais point sur cet article de vos obligeantes offres. Quant au fourrage épars dans mes chiffons, puisque vous ne dédaignez pas de le parcourir, je le ferai remettre à M. Pasquet; mais il faut auparavant que je feuillette et vide mes livres dans lesquels j'ai la mauvaise habitude de fourrer, en arrivant, les plantes que j'apporte, parce que cela est plus tôt fait. J'ai trouvé le secret de gâter, de cette façon, presque tous mes livres, et de perdre presque toutes mes plantes, parce qu'elles tombent et se brisent sans que j'y fasse attention, tandis que je feuillette et parcours le livre, uniquement occupé de ce que j'y cherche.

Je vous prie, monsieur, de faire agréer mes remerciements et salutations à monsieur votre frère. Persuadé de ses bontés et des vôtres, je me prévaudrai volontiers de vos offres dans l'occasion. Je finis, sans façon, en vous saluant, monsieur, de tout mon cœur.

LETTRE IV.

Monquin, 10/3 1770.

Pauvres aveugles que nous sommes, etc.

Voici, monsieur, mes misérables herbailles, où j'ai bien peur que vous ne trouviez rien qui mérite d'être ramassé, si ce n'est des plantes que vous m'avez données vous-même, dont j'avais quelques-unes à double, et dont, après en avoir mis plusieurs dans mon herbier, je n'ai pas eu le temps de tirer le même parti des autres. Tout l'usage que je vous conseille d'en faire est de mettre le tout au feu. Cependant, si vous avez la patience de feuilleter ce fatras, vous y trouverez, je crois, quelques plantes qu'un officier obligeant a eu la bonté de m'apporter de Corse, et que je ne connais pas.

Voici aussi quelques graines du *seseli Halleri*. Il y en a peu, et je ne l'ai recueilli qu'avec beaucoup de peine, parce qu'il grène fort tard et mûrit difficilement en ce pays : mais il devient, en revanche, une très belle plante, tant par son beau port que par la teinte de pourpre que les premières atteintes du froid donnent à ses ombelles et à ses tiges. Je hasarde aussi d'y joindre quelques graines de *gombaut*, quoique vous ne m'en ayez rien dit, et que peut-être vous l'ayez ou ne vous en souciiez pas, et quelques graines de l'*heptaphyllon*, qu'on ne s'avise guère de ramasser, et qui peut être ne lève pas dans les jardins, car je ne me souviens pas d'y en avoir jamais vu.

Pardon, monsieur, de la hâte extrême avec laquelle je vous écris ces deux mots, et qui m'a fait presque oublier de vous remercier de l'*asperula taurina*, qui m'a fait bien grand plaisir. Si nos chemins étaient praticables pour les voitures, je serais déjà près de vous. Je vous porterai le catalogue de mes livres : nous y marquerons ceux qui peuvent vous convenir; et si l'acquéreur veut s'en défaire, j'aurai soin de vous les procurer. Je ne demande pas mieux, monsieur, je vous assure, que de cultiver vos bontés; et si jamais j'ai le bonheur d'être un peu mieux connu de vous que de M. ***, qui dit si bien me connaître, j'espère que vous ne m'en trouverez pas indigne. Je vous salue de tout mon cœur.

Avez-vous le *dianthus superbus*? Je vous l'envoie à tout hasard. C'est réellement un bien bel œillet, et d'une odeur bien suave, quoique faible. J'ai pu recueillir de la graine bien aisément, car il croit en abondance dans un pré qui est sous mes fenêtres. Il ne devrait être permis qu'aux chevaux du soleil de se nourrir d'un pareil foin.

LETTRE V.

A Paris, 4/7 1770.

Pauvres aveugles que nous sommes, etc.

Je voulais, monsieur, vous rendre compte de mon voyage en arrivant à Paris; mais il m'a fallu quelques jours pour m'arranger et me remettre au courant avec mes anciennes connaissances. Fatigué d'un voyage de deux jours, j'en séjournai trois ou quatre à Dijon, d'où, par la même raison, j'allai faire un pareil séjour à Auxerre, après avoir eu le plaisir de voir en passant M. de Buffon, qui me fit l'accueil le plus obligeant. Je vis aussi à Montbard M. Daubenton le subdélégué, lequel, après une heure ou deux de promenade ensemble dans le jardin, me dit que j'avais déjà des commencements, et qu'en continuant de travailler je pourrais devenir un peu botaniste. Mais, le lendemain, l'étant allé voir avant mon départ, je parcourus avec lui sa pépinière, malgré la pluie qui nous incommodait fort; et n'y connaissant presque rien, je démentis si bien la bonne opinion qu'il avait eue de moi la veille, qu'il rétracta son éloge et ne me dit plus rien du tout. Malgré ce mauvais succès, je n'ai pas laissé d'herboriser un peu durant ma route, et de me trouver en pays de connaissance dans la campagne et dans les bois. Dans presque toute la Bourgogne, j'ai vu la terre couverte, à droite et à gauche, de cette même gentiane jaune que je n'avais pu trouver à Pila. Les champs, entre Montbard et Chably, sont pleins de *bulbocastanum*, mais la bulbe en est beaucoup plus âcre qu'en Angleterre, et presque immangeable; l'*œnanthe fistulosa* et la coquelourde (*pulsatilla*) y sont aussi en quantité : mais n'ayant traversé la forêt de Fontainebleau que très à la hâte, je n'y ai rien vu du tout de remarquable que le *geranium grandiflorum*, que je trouvai sous mes pieds par hasard une seule fois.

J'allai hier voir M. Daubenton au Jardin-du-Roi, j'y rencontrai, en me promenant, M. Richard, jardinier de Trianon, avec lequel je m'empressai, comme vous jugez bien, de faire connaissance. Il me promit de me faire voir son jardin, qui est beaucoup plus riche que celui du roi à Paris : ainsi, me voilà à portée de faire, dans l'un et dans l'autre, quelque connaissance avec les plantes exotiques, sur lesquelles, comme vous avez pu voir, je suis parfaitement ignorant. Je prendrai, pour voir Trianon plus à mon aise, quelque moment où la cour ne sera pas à Versailles, et je tâcherai de me fournir à double de tout ce qu'on me permettra de prendre, afin de pouvoir vous envoyer ce que vous pourriez ne pas avoir. J'ai aussi vu le jardin de M. Cochin, qui m'a paru fort beau; mais, en l'absence du maître, je n'ai osé toucher à rien. Je suis, depuis mon arrivée, tellement accablé de visites et de dîners, que, si ceci dure, il est impossible que j'y tienne, et malheureusement je manque de force pour me défendre. Cependant, si je ne prends bien vite un autre train de vie, mon estomac et ma botanique sont en grand péril. Tout ceci n'est pas le moyen de reprendre la copie de musique d'une façon bien lucrative; et j'ai peur qu'à force de dîner en ville je ne finisse par mourir de faim chez moi. Mon âme, navrée, avait besoin de quelque dissipation, je le sens; mais je crains de n'en pouvoir ici régler la mesure, et j'aimerais encore mieux être tout en moi que tout hors de moi. Je n'ai point trouvé, monsieur, de société mieux tempérée et qui me convînt mieux que la vôtre; point d'accueil plus selon mon cœur que celui que, sous vos auspices, j'ai reçu de l'adorable Mélanie. S'il m'était donné de me choisir une vie égale et douce, je voudrais, tous les jours de la mienne, passer la matinée au travail, soit à ma copie, soit sur mon herbier; dîner avec vous et Mélanie; nourrir ensuite, une heure ou deux, mon oreille et mon cœur des sons de sa voix et de ceux de sa harpe; puis, me promener tête à tête avec vous le reste de la journée, en herborisant et philosophant selon notre fantaisie. Lyon m'a laissé des regrets qui m'en rapprocheront quelque jour peut-être : si cela m'arrive, vous ne serez pas oublié, monsieur, dans mes projets; puissiez-vous concourir à leur exécution! Je suis fâché

de ne savoir pas ici l'adresse de M. votre frère, s'il y est encore : je n'aurais pas tardé si longtemps à l'aller voir, me rappeler à son souvenir, et le prier de vouloir bien quelquefois me rappeler au vôtre et à celui de M. ***.

Si mon papier ne finissait pas, si la poste n'allait pas partir, je ne saurais pas finir moi-même. Mon bavardage n'est pas mieux ordonné sur le papier que dans la conversation. Veuillez supporter l'un comme vous avez supporté l'autre. *Vale, et me ama.*

Le Géranium des champs.

LETTRE VI.

Paris, 25/9 1770.

Pauvres aveugles que nous sommes, etc.

Je ne voulais, monsieur, m'accuser de mes torts qu'après les avoir réparés ; mais le mauvais temps qu'il fait et la saison qui se gâte me punissent d'avoir négligé le Jardin-du-Roi tandis qu'il faisait beau, et me mettent hors d'état de vous rendre compte, quant à présent, du *plantago uniflora*, et des autres plantes curieuses dont j'aurais pu vous parler si j'avais su mieux profiter des bontés de M. de Jussieu. Je ne désespère pas pourtant de profiter encore de quelque beau jour d'automne pour faire ce pèlerinage et aller recevoir, pour cette année, les adieux de la syngénésie : mais, en attendant ce moment, permettez, monsieur, que je prenne celui-ci pour vous remercier, quoique tard, de la continuation de

vos bontés et de vos lettres, qui me feront toujours le plus vrai plaisir, quoique je sois peu exact à y répondre. J'ai encore à m'accuser de beaucoup d'autres omissions pour lesquelles je n'ai pas moins besoin de pardon. Je voulais aller remercier M. votre frère de l'honneur de son souvenir, et lui rendre sa visite : j'ai tardé d'abord, et puis j'ai oublié son adresse. Je le revis une fois à la comédie italienne; mais nous étions dans des loges éloignées : je ne pus l'aborder, et maintenant j'ignore même s'il est encore à Paris. Autre tort inexcusable : je me suis rappelé de ne vous avoir point remercié de la connaissance de M. Robinet, et de l'accueil obligeant que vous m'avez attiré de lui. Si vous comptez avec votre serviteur, il restera trop insolvable ; mais puisque nous sommes en usage, moi de faillir, vous de pardonner, couvrez encore cette fois mes fautes de votre indulgence, et je tâcherai d'en avoir moins besoin dans la suite, pourvu, toutefois, que vous n'exigiez pas de l'exactitude dans mes réponses; car ce devoir est absolument au-dessus de mes forces, surtout dans ma position actuelle. Adieu, monsieur; souvenez-vous quelquefois, je vous supplie, d'un homme qui vous est bien sincèrement attaché, et qui ne se rappelle jamais sans plaisir et sans regret les promenades charmantes qu'il a eu le bonheur de faire avec vous.

On a représenté *Pygmalion* à Montigny, je n'y étais pas, ainsi je n'en puis parler. Jamais le souvenir de ma première Galatée ne me laissera le désir d'en voir une autre.

LETTRE VII.

A Paris, le 26/11 1770.

Pauvres aveugles que nous sommes, etc.

Je ne sais presque plus, monsieur, comment oser vous écrire, après avoir tardé si longtemps à vous remercier du trésor de plantes sèches que vous avez eu la bonté de m'envoyer en dernier lieu. N'ayant pas encore eu le temps de les placer, je ne les ai pas entièrement examinées; mais je vois à vue de pays qu'elles sont belles et bonnes : je ne doute pas qu'elles ne soient bien dénommées, et que toutes les observations que vous me demandez ne se réduisent à des approbations. Cet envoi me remettra, je l'espère, un peu dans le train de la botanique, que d'autres soins m'ont fait extrêmement négliger depuis mon arrivée ici ; et le désir de vous témoigner ma bien impuissante, mais bien sincère reconnaissance, me fournira peut-être avec le temps quelque chose à vous envoyer. Quant à présent je me présente tout-à-fait à vide, n'ayant des semences dont vous m'envoyez la note que le seul *doronicum pardulianches*, que je crois vous avoir déjà donné, et dont je vous envoie mon misérable reste. Si j'eusse été prévenu quand j'allai à Pila l'année dernière, j'aurais pu apporter aisément un litron de semences du *prenanthes purpurea*, et il y en a quelques autres, comme le *tamus* et la gentiane perfoliée, que vous devez trouver aisément autour de vous. Je n'ai pas oublié le *plantago monanthos*, mais on n'a pu me le donner au Jardin-du-Roi, où il n'y en avait qu'un seul pied sans fleur et sans fruit ; j'en ai depuis recouvré un petit vilain échantillon que je vous enverrai avec autre chose, si je ne trouve pas mieux ; mais comme il croît en abondance autour de l'étang de Montmorency, j'y compte aller herboriser le printemps prochain, et vous envoyer, s'il se peut, plantes et graines. Depuis que je suis à Paris, je n'ai été encore que trois ou quatre fois au Jardin-du-Roi ; quoiqu'on m'y accueille avec la plus grande honnêteté, et qu'on m'y donne volontiers des échantillons de plantes, je vous avoue que je n'ai pu m'enhardir encore à demander des graines. Si j'en viens là, c'est pour vous servir que j'en aurai le courage, mais cela ne peut venir tout d'un coup. J'ai parlé à M. de Jussieu du *papyrus* que vous avez rapporté de Naples; il doute que ce soit le vrai papier *nilotica*. Si vous pouviez lui envoyer, soit plante, soit graines, soit par moi, soit par d'autres, j'ai vu que cela lui ferait grand plaisir, et ce serait peut-être

un excellent moyen d'obtenir de lui beaucoup de choses qu'alors nous aurions bonne grâce à demander, quoique je sache bien par expérience qu'il est charmé d'obliger gratuitement; mais j'ai besoin de quelque chose pour m'enhardir, quand il faut demander.

Je remets avec cette lettre à MM. Boy de La Tour, qui s'en retournent, une boîte contenant une araignée de mer, qui vient de bien loin; car on me l'a envoyée du golfe du Mexique. Comme cependant ce n'est pas une pièce bien rare, et qu'elle a été fort endommagée dans le trajet, j'hésitais à vous l'envoyer; mais on me dit qu'elle peut se raccommoder et trouver place encore dans un cabinet; cela supposé, je vous prie de lui en donner une dans le vôtre, en considération d'un homme qui vous sera toute sa vie bien sincèrement attaché. J'ai mis dans la même boîte les deux ou trois semences de doronic et autres que j'avais sous la main. Je compte l'été prochain me remettre au courant de la botanique pour tâcher de mettre un peu du mien dans une correspondance qui m'est précieuse, et dont j'ai eu jusqu'ici seul tout le profit. Je crains d'avoir poussé l'étourderie au point de ne vous avoir pas remercié de la complaisance de M. Rubinet, et des honnêtetés dont il m'a comblé. J'ai aussi laissé repartir d'ici M. de Fleurieu sans aller lui rendre mes devoirs, comme je le devais et voulais faire. Ma volonté, monsieur, n'aura jamais de tort auprès de vous ni des vôtres; mais ma négligence m'en donne souvent de bien inexcusables, que je vous prie toutefois d'excuser dans votre miséricorde. Ma femme a été très sensible à l'honneur de votre souvenir, et nous vous prions, l'un et l'autre, d'agréer nos très humbles salutations.

LETTRE VIII.

A Paris, le 25/4 1772.

Pauvres aveugles que nous sommes, etc.

J'ai reçu, monsieur, avec grand plaisir, de vos nouvelles, des témoignages de votre souvenir, et des détails de vos intéressantes occupations. Mais vous me parlez d'un envoi de plantes par M. l'abbé Rosier, que je n'ai point reçu. Je me souviens bien d'en avoir reçu un de votre part, et de vous en avoir remercié, quoiqu'un peu tard, avant votre voyage de Paris; mais depuis votre retour à Lyon, votre lettre a été pour moi votre premier signe de vie; et j'en ai été d'autant plus charmé, que j'avais presque cessé de m'y attendre.

En apprenant les changements survenus à Lyon, j'avais si bien préjugé que vous vous regarderiez comme affranchi d'un dur esclavage, et que, dégagé de devoirs, respectables assurément, mais qu'un homme de goût mettra difficilement au nombre de ses plaisirs, vous en goûteriez un très vif à vous livrer tout entier à l'étude de la nature, que j'avais résolu de vous en féliciter. Je suis fort aise de pouvoir du moins exécuter après coup, et sur votre propre témoignage, une résolution que ma paresse ne m'a pas permis d'exécuter d'avance, quoique très sûr que cette félicitation ne viendrait pas mal à propos.

Les détails de vos herborisations et de vos découvertes m'ont fait battre le cœur d'aise. Il me semble que j'étais à votre suite, et que je partageais vos plaisirs; ces plaisirs si purs, si doux, que si peu d'hommes savent goûter, et dont, parmi ce peu-là, moins encore sont dignes, puisque je vois, avec autant de surprise que de chagrin, que la botanique elle-même n'est pas exempte de ces jalousies, de ces haines couvertes et cruelles qui empoisonnent et déshonorent tous les autres genres d'études. Ne me soupçonnez point, monsieur, d'avoir abandonné ce goût délicieux; il jette un charme toujours nouveau sur ma vie solitaire. Je m'y livre pour moi seul, sans succès, sans progrès, presque sans communication, mais chaque jour plus convaincu que les loisirs livrés à la contemplation de la nature sont les moments de la vie où l'on jouit le plus délicieusement de soi. J'avoue pourtant que, depuis votre départ, j'ai joint un petit objet d'amour-propre à celui d'amuser innocemment et agréablement mon oisi-

veté. Quelques fruits étrangers, quelques graines qui me sont par hasard tombées entre les mains, m'ont inspiré la fantaisie de commencer une très petite collection en ce genre. Je dis commencer, car je serais bien fâché de tenter de l'achever, quand la chose me serait possible, n'ignorant pas que, tandis qu'on est pauvre, on ne sent que le plaisir d'acquérir; et que, quand on est riche, au contraire, on ne sent que la privation de ce qui nous manque, et l'inquiétude inséparable du désir de compléter ce qu'on a. Vous devez depuis longtemps en être à cette inquiétude, vous, monsieur, dont la riche collection rassemble en petit presque toutes les productions de la nature, et prouve, par son bel assortiment, combien M. l'abbé Rosier a eu raison de dire qu'elle est l'ouvrage du choix et non du hasard. Pour moi, qui ne vais que tâtonnant dans un petit coin de cet immense labyrinthe, je rassemble fortuitement et précieusement tout ce qui me tombe sous la main, et non-seulement j'accepte avec ardeur et reconnaissance les plantes que vous voulez bien m'offrir; mais, si vous vous trouviez avec cela quelques fruits ou graines surnuméraires et de rebut dont vous voulussiez bien m'enrichir, j'en ferais la gloire de ma petite collection naissante. Je suis confus de ne pouvoir, dans ma misère, rien vous offrir en échange, au moins pour le moment. Car, quoique j'eusse rassemblé quelques plantes depuis mon arrivée à Paris, ma négligence et l'humidité de la chambre que j'ai d'abord habitée ont tout laissé pourrir. Peut-être serai-je plus heureux cette année, ayant résolu d'employer plus de soin dans la dessiccation de mes plantes, et surtout de les coller à mesure qu'elles sont sèches : moyen qui m'a paru le meilleur pour les conserver. J'aurai mauvaise grâce, ayant fait une recherche vaine, de vous faire valoir une herborisation que j'ai faite à Montmorency l'été dernier avec la caterve du Jardin-du-Roi; mais il est certain qu'elle ne fut entreprise de ma part que pour trouver le *plantago monanthos*, que j'eus le chagrin d'y chercher inutilement. M. de Jussieu le jeune, qui vous a vu sans doute à Lyon, aura pu vous dire avec quelle ardeur je priai tous ces messieurs, sitôt que nous approchâmes de la queue de l'étang, de m'aider à la recherche de cette plante, ce qu'ils firent, et entre autres M. Thouin, avec une complaisance et un soin qui méritaient un meilleur succès.

Nous ne trouvâmes rien; et, après deux heures d'une recherche inutile, au fort de la chaleur, et le jour le plus chaud de l'année, nous fûmes respirer et faire la halte sous des arbres qui n'étaient pas loin, concluant unanimement que le *plantago uniflora*, indiqué par Tournefort et M. de Jussieu aux environs de l'étang de Montmorency, en avait absolument disparu. L'herborisation, au surplus, fut assez riche en plantes communes; mais tout ce qui vaut la peine d'être mentionné se réduit à l'*osmonde royale*, le *lythrum hyssopifolia*, le *lysimachia tenella*, le *peplis portula*, le *drosera rotundifolia*, le *cyperus fuscus*, le *schœnus nigricans* et l'*hydrocotyle*, naissantes, avec quelques feuilles petites et rares, sans aucune fleur.

Le papier me manque pour prolonger ma lettre. Je ne vous parle point de moi, parce que je n'ai plus rien de nouveau à vous en dire, et que je ne prends plus aucun intérêt à ce que disent, publient, impriment, inventent, assurent, et prouvent, à ce qu'ils prétendent, mes contemporains, de l'être imaginaire et fantastique auquel il leur a plu de donner mon nom. Je finis donc mon bavardage avec ma feuille, vous priant d'excuser le désordre et le griffonnage d'un homme qui a perdu toute habitude d'écrire, et qui ne la reprend presque que pour vous. Je vous salue, monsieur, de tout mon cœur, et vous prie de ne pas m'oublier auprès de monsieur et madame de Fleurieu.

LETTRE IX.

A Paris, le 7/1 1773.

Pauvres aveugles que nous sommes, etc.

Votre seconde lettre, monsieur, m'a fait sentir bien vivement le tort d'avoir

tardé si longtemps à répondre à la précédente, et à vous remercier des plantes qui l'accompagnaient. Ce n'est pas que je n'aie été bien sensible à votre souvenir et à votre envoi; mais la nécessité d'une vie trop sédentaire et l'inhabitude d'écrire des lettres en augmentent journellement la difficulté, et je sens qu'il faudra renoncer bientôt à tout commerce épistolaire, même avec les personnes qui, comme vous, monsieur, me l'ont toujours rendu instructif et agréable.

Mon occupation principale et la diminution de mes forces ont ralenti mon goût pour la botanique, au point de craindre de le perdre tout-à-fait. Vos lettres et vos envois sont bien propres à le ranimer. Le retour de la belle saison y contribuera peut-être : mais je doute qu'en aucun temps ma paresse s'accommode de longtemps de la fantaisie des collections. Celle de graines qu'a faite M. Thouin avait excité mon émulation, et j'avais tenté de rassembler en petit autant de diverses semences et de fruits, soit indigènes, soit exotiques, qu'il en pourrait tomber sous ma main : j'ai fait bien des courses dans cette intention. J'en suis revenu avec des moissons assez raisonnables; et, beaucoup de personnes obligeantes ayant contribué à les augmenter, je me suis bientôt senti, dans ma pauvreté, de l'embarras des richesses; car, quoique je n'aie pas en tout un millier d'espèces, l'effroi m'a pris en tentant de ranger tout cela; et, la place d'ailleurs me manquant pour y mettre une espèce d'ordre, j'ai presque renoncé à cette entreprise; et j'ai des paquets de graines qui m'ont été envoyés d'Angleterre et d'ailleurs, depuis assez longtemps, sans que j'aie encore été tenté de les ouvrir. Ainsi, à moins que cette fantaisie ne se ranime, elle est, quant à présent, à peu près éteinte.

Ce qui pourra contribuer, avec le goût de la promenade, qui ne me quittera jamais, à me conserver celui d'un peu d'herborisation, c'est l'entreprise des petits herbiers en miniature, que je me suis chargé de faire pour quelques personnes, et qui, quoique uniquement composés de plantes des environs de Paris, me tiendront toujours un peu en haleine pour les ramasser et les dessécher.

Quoi qu'il arrive de ce goût attiédi, il me laissera toujours des souvenirs agréables des promenades champêtres dans lesquelles j'ai eu l'honneur de vous suivre, et dont la botanique a été le sujet; et, s'il me reste de tout cela quelque part dans votre bienveillance, je ne croirai pas avoir cultivé sans fruit la botanique, même quand elle aura perdu pour moi ses attraits. Quant à l'admiration dont vous me parlez, méritée ou non, je ne vous en remercie pas, parce que c'est un sentiment qui n'a jamais flatté mon cœur. J'ai promis à M. de Châteaubourg que je vous remercîrais de m'avoir procuré le plaisir d'apprendre par lui de vos nouvelles, et je m'acquitte avec plaisir de ma promesse. Ma femme est très sensible à l'honneur de votre souvenir, et nous vous prions, monsieur, l'un et l'autre, d'agréer nos remercîments et nos salutations.

MORCEAUX INÉDITS

SUR LA BOTANIQUE.

OBSERVATION SUR LES PIÈCES QUI SUIVENT.

Rousseau tenait de l'obligeance de M. l'abbé de Pramont une collection de planches de botanique gravées et non classées, mais accompagnées d'un texte explicatif pour chaque plante. En rangeant et numérotant 349 de ces planches, il a comparé soigneusement le texte avec la figure et les plantes naturelles qu'il connaissait, et cette comparaison lui a suggéré un grand nombre de corrections qu'il a faites dans le texte et d'observations qu'il a écrites au bas des pages.

Que ce travail soit retourné entre les mains de l'abbé de Pramont et acquis plus tard de sa succession, ou qu'il soit revenu chez Rousseau et resté entre les mains de sa veuve, qui l'aura offert à la nation avec les autres manuscrits : c'est ce qu'il ne nous a pas été possible de savoir au juste ; toujours est-il que ces planches, avec les observations manuscrites, se trouvent aujourd'hui à la bibliothèque du Corps-Législatif. On les a reliées en deux volumes, grand atlas, grossis d'un assez grand nombre de planches non annotées ni numérotées, qui portent le total à plus de six cents. L'ouvrage est intitulé : *La botanique à la portée de tout le monde, par les sieur et dame Regnault*, Paris, 1774.

Grâce à la bienveillance de MM. les questeurs du Corps-Législatif et à l'extrême obligeance de M. Miller, conservateur en chef de cette bibliothèque, nous avons pu obtenir communication de cette précieuse relique littéraire : il nous a même été permis de prendre copie des observations de Rousseau.

Nous avons saisi avec empressement ce moyen de donner, à notre édition des œuvres du philosophe de Genève, un complément qui manque à toutes les autres. Nous reproduisons toutes celles de ses remarques qui ne portent pas sur des détails techniques, nécessairement inintelligibles sans le secours des planches. On y remarquera, comme cachet original, l'esprit minutieux d'observation, le style à la fois net et poétique de notre auteur, sa naïveté et souvent même l'humeur que lui inspirent, en face de la nature vraie, le faux et le convenu de vos habitudes et de nos méthodes.

Après la lettre à M. l'abbé de Pramont, lettre déjà connue, nous reproduisons une observation inédite, puis une exposition du système de Linnée, et enfin les notes. Entre ces deux pièces, nous aurions mis volontiers la table, que Jean-Jacques a dressée avec beaucoup de soin, des plantes examinées par lui et classées selon le système de Linnée ; mais ce n'est qu'une nomenclature aride que l'on peut trouver partout. Elle est de cette petite écriture, imitant l'impression, que Rousseau s'était faite pour sa copie de musique, tandis que les notes sont de cette main facile, mais nette encore, que l'on remarque dans toute sa correspondance : c'est par pure formule de modestie que, dans sa lettre, il qualifie ce travail de barbouillage.

C'est par erreur que M. Petitain dit que la table est terminée par une observation de 18 lignes qu'il cite ; ces lignes font partie de l'exposition que nous reproduisons entière. De même le *specimen* de deux mots que donne le même éditeur se retrouve parmi les 72 numéros que nous imprimons pour la première fois.

LETTRE A M. L'ABBÉ DE PRAMONT.

A Paris, le 13 avril 1778.

Vos planches gravées, monsieur, sont revues et arrangées comme vous l'avez désiré. Vous êtes prié de vouloir bien les faire retirer. Elles pourraient se gâter dans ma chambre, et n'y feraient plus qu'un embarras, parce que la peine que

j'ai eue à les arranger me fait craindre d'y toucher derechef. Je dois vous prévenir, monsieur, qu'il y a quelques feuilles du discours extrêmement barbouillées et presque inlisibles, difficiles même à relier sans rogner de l'écriture que j'ai quelquefois prolongée étourdiment sur la marge. Quoique j'aie assez rarement succombé à la tentation de faire des remarques, l'amour de la botanique et le désir de vous complaire m'ont quelquefois emporté. Je ne puis écrire lisiblement que quand je copie, et j'avoue que je n'ai pas eu le courage de doubler mon travail en faisant des brouillons. Si ce griffonnage vous dégoûtait de votre exemplaire, après l'avoir parcouru, je vous offre, monsieur, le remboursement, avec l'assurance qu'il ne restera pas à ma charge. Agréez, monsieur, mes très humbles salutations.

§ *Obs.* — J'ai pris le parti de couper tout-à-fait les barbouillages presque invisibles dont j'avais parlé dans ma lettre à M. l'abbé, attendu que les corrections, très difficiles à déchiffrer, auraient été presque introuvables, qu'il vaut mieux qu'on n'y trouve rien que d'y trouver des fautes, et que le relieur peut aisément coller sur ces vides des papiers blancs qu'il est facile ensuite de mieux remplir. Que si monsieur l'abbé trouve ces rapiècements trop désagréables, tout ce que j'y puis faire est de lui réitérer l'offre que j'ai déjà eu l'honneur de lui faire. A l'égard des taches et de la malpropreté des titres et de plusieurs feuilles, il voudra bien se rappeler que je lui rends l'exemplaire dans le même état où il me l'a remis.

EXPOSITION DU SYSTÈME DE LINNÆUS

SERVANT D'AVERTISSEMENT POUR LA BOTANIQUE MISE A LA PORTÉE DE TOUT LE MONDE.

Les plantes usuelles rassemblées en ces deux volumes au nombre de... ont été arrangées suivant la méthode textuelle de Linnæus, savant botaniste Suédois.

Le motif qui a fait préférer cette méthode à celle de Tournefort est que les caractères pris des pistils et des étamines sont fort remarquables, et plus précis que ceux qu'a donnés le botaniste français, qui les établit sur la structure des fleurs, des calices et des fruits. Il est plus aisé de compter des étamines et des pistils, d'apercevoir leurs positions respectives, que de distinguer une très petite fleur d'une seule feuille, d'avec celle qui est de plusieurs feuilles, de remarquer les différences d'une fleur en rose, en œillet, en entonnoir : ces formes sont trop aisées à confondre; les figures et consistances des fruits présentent aussi des caractères incertains.

Quant à la méthode de M. Adanson, elle est fort compliquée. Il faut examiner trop de parties en chaque plante, pour trouver l'ordre où elle doit être mise. D'ailleurs, les caractères génériques de son système sont trop incertains, vagues et quelquefois même arbitraires, pour les employer sans crainte de se tromper.

La méthode de Linnæus n'est pas, à la vérité, parfaitement naturelle : il est impossible de réduire en un ordre méthodique, et en même temps vrai et exact, les productions de la nature qui sont si variées et ne se rapprochent que par

des gradations insensibles. Mais un système de botanique n'est point une histoire naturelle : c'est une table, une méthode qui, à l'aide de quelques caractères remarquables et à peu près constants, apprend à rassembler les végétaux connus et à y ramener les nouveaux individus qu'on découvre. Ce moyen est nécessaire pour en faciliter l'étude et fixer la mémoire. Ainsi, aucun système botanique n'est véritablement naturel : le meilleur est celui qui se trouve fondé sur les caractères les plus fixes et les plus aisés à connaître.

Voici maintenant un exposé de la méthode ou du système de Linnæus qui a été suivi dans l'arrangement des plantes contenues dans ces deux volumes.

GENRE DES PLANTES. Les plantes portent des fleurs visibles ou invisibles.

Les fleurs visibles sont ou hermaphrodites, c'est-à-dire garnies chacune d'étamines et de pistils en même temps; ou d'un seul sexe, c'est-à-dire toutes mâles, lorsqu'elles n'ont que des étamines sans pistils, ou toutes femelles, quand elles n'ont que des pistils sans étamines.

Les étamines sont ou détachées les unes des autres, ou unies soit entre elles par quelques-unes de leurs parties, soit avec le pistil.

Les étamines ne gardent entre elles aucune proportion exacte de longueur, ou bien il y en a constamment un certain nombre qui sont plus courtes que le reste.

Les classes, dans la méthode sexuelle, sont établies sur ces principes, et renferment les plantes suivant le nombre, la proportion et la situation des étamines, savoir :

Pour les plantes qui portent des fleurs hermaphrodites :

CLASSE DES PLANTES. 1re classe, *monandria*, une étamine; 2e, *diandria*, deux étamines; 3e, *triandria*, trois étamines; 4e, *tetrandria*, quatre étamines; 5e, *pentandria*, cinq étamines; 6e, *hexandria*, six étamines (égales ou alternativement plus longues et plus courtes); 7e, *heptandria*, sept étamines; 8e, *octandria*, huit étamines; 9e, *enneandria*, neuf étamines; 10e, *decandria*, dix étamines; 11e, *dodecandria*, douze étamines; 12e, *icosandria*, plus de douze étamines attachées aux parois internes du calice et non pas au placenta; 13e,, plus de douze étamines attachées au placenta.

Pour les plantes qui portent des fleurs dans lesquelles il se trouve constamment des étamines plus longues que les autres :

14e, *Didynamia*, deux étamines plus longues; 15e, *tetradynamia*, quatre étamines plus longues.

Pour les plantes dont les étamines sont unies, soit entre elles par quelques-unes de leurs parties, soit avec le pistil :

16e, *Monadelphia*, toutes les étamines réunies par leurs filets en un seul corps; 17e, *diadelphia*, toutes les étamines réunies par leurs filets en deux corps; 18e *polyadelphia*, toutes les étamines réunies par leurs filets en trois ou en plusieurs corps; 19e *syngenesia*, toutes les étamines réunies par leurs sommets en forme de cylindre; 20e.....

Pour les plantes qui ont des fleurs de sexes différents :

21e classe, *Monœcia*, fleurs mâles et fleurs femelles sur le même individu; 22e *diœcia*, fleurs mâles et fleurs femelles, sur des individus séparés; 23e *polygamia*, fleurs hermaphrodites avec des fleurs mâles ou femelles sur le même individu.

Pour les plantes dont les fleurs sont presque invisibles :

24e *Cryptogamia*, fleurs que leurs petitesse empêche d'apercevoir ou qui sont renfermées dans le fruit.

ORDRES DES PLANTES. Les ordres, ou subdivisions des classes et des genres, sont établis sur les pistils comme les classes et les genres le sont sur les étamines.

Le nombre des pistils se prend à la base du stil, et quand il n'y a pas de stil, on compte les stigmates ou ouvertures insensibles, autrement taches, qui se trouvent sur le germe ou la capsule qui contient les embryons des graines.

Les ordres des treize premiers genres sont : 1, *monogynia*, un pistil; 2, *digynia*, deux pistils; 3, *trigynia*, trois pistils; 4, *tetragynia*, quatre pistils; 5, *pentagynia*, cinq pistils; 6, *hexagynia*, six pistils; 7, *heptagynia*, sept pistils; 8, *octogynia*, huit pistils; 9, *enneagynia*, neuf pistils; 10, *decagynia*, dix pistils; 11, *hendecagynia*, onze pistils; 12, *dodecagynia*, douze pistils; 13, *polygynia*, pistils sans nombre.

La quatorzième classe, *didynamia*, se divise en deux ordres : 1, *gymnospermia*, quatre graines à découvert au fond du calice; 2, *angiospermia*, les graines renfermées dans un péricarpe (le péricarpe est le germe grossi, et renferme les graines ou semences).

La 15ᵉ classe, *tetradynamia*, se divise aussi en deux ordres : 1, *siliculosa*, à silicules, péricarpe sous-orbiculaire, garni d'un style à peu près de même longueur; 2, *siliquosa*, à siliques, péricarpe très long avec un style peu apparent.

La 19ᵉ classe, *syngenesia*, se divise en cinq ordres : 1, *polygamia œqualis*, fleur composée de plusieurs fleurons hermaphrodites, tant dans son disque qu'à sa circonférence; 2, *polygamia superflua*, fleur composé de fleurons hermaphrodites dans le disque et de fleurons femelles à la circonférence; 3, *polygamia frustranea*, polygamie fausse, inutile à la formation du fruit ou des graines, fleur composée de fleurons hermaphrodites dans le disque et de fleurons neutres à la circonférence; 4, *polygamia necessaria*, fleur composée de fleurons mâles dans le disque et de fleurons femelles à la circonférence; 5, *monogamia*, fleur qui n'est point composée de fleurons.

La 16ᵉ classe, *monadelphia*; la 17ᵉ, *diadelphia*; la 18ᵉ, *polyadelphia*; la 21ᵉ, *monœcia*; la 22ᵉ, *diœcia*; la 23ᵉ, *polygamia*, établissent leurs ordres de la même manière que les classes ou genres qui les précédent.

Enfin le dernier genre ou la dernière classe, *cryptogamia*, se divise en autant d'ordres qu'il y a de familles qui la composent.

— Suit la table des genres et ordres des plantes contenues dans les deux volumes, table rédigée avec beaucoup de soin selon le système qui vient d'être exposé et contenant 299 numéros.

EXTRAIT DES NOTES DE ROUSSEAU.

3. L'*olivier*. L. 11. On ne trouve en aucune contrée que l'olivier prospère à plus de vingt lieues de la mer.

20. Le *seigle*. L. 124. « La domesticité du seigle est très ancienne, et son origine est oubliée; » Rousseau ajoute : de sorte qu'on ne le trouve, non plus que le froment, indigène et naturel nulle part (*).

22. Le *froment*. L. 126. Il fallait ajouter une chose qui, selon moi, valait bien la peine d'être dite; c'est qu'on ignore encore quelle contrée du monde le produit naturellement. Que s'il n'est naturel à aucune terre, d'où donc nous est-il venu? Je sais que de prétendus naturalistes, très peu instruits, l'estiment un produit de la culture, et croient bonnement que le froment n'est qu'une sorte

(*) Partout où il a été nécessaire de rapporter des fragments du texte de Regnault, pour que la remarque de Rousseau fût comprise, nous avons mis ces fragments entre guillemets.

de chiendent cultivé; mais cette idée est destituée de tout fondement, et il n'y a point de botaniste qui ne sache que le froment a ses caractères propres qui le distinguent de tous les gramens connus, quoiqu'il y en ait quelques-uns qu'on rapporte méthodiquement au même genre, mais sans rapprocher leur espèce de celle-là.

33. Le *chardon à foulon* ou *à bonnetier*. L. 140. Dans celui des champs, dont le cultivé n'est qu'une variété, la pointe épineuse du calice n'est point recourbée, mais droite, ce qui fait qu'on ne s'en sert pas pour draper.

24. La *verge à pasteur*. L. 141. « Cette plante se confond facilement avec le chardon à foulon. » Rousseau ajoute : C'est ce que l'auteur lui-même a fait ici sans s'en douter, dans sa figure et dans sa description, qui appartiennent l'une et l'autre au chardon à foulon sauvage, dont le cultivé n'est qu'une variété. La véritable verge à pasteur, qui n'est point aussi commune qu'il le dit, est beaucoup plus rameuse, a les têtes beaucoup plus petites et les feuilles pétiolées, garnies de deux oreillettes.

26. Le *muguet des bois*. L. 150. Ce nom de muguet des bois est bien mal donné, comme s'il y avait un muguet des jardins ou des prés ! — Les herboristes suisses ont soin d'en bien garnir leur *faltranck*, moins pour sa prétendue qualité vulnéraire, qu'à cause de l'excellent parfum qu'elle y répand.

31. Le *grand plantain* ou *plantain à bouquet*. L. 163. Je croirais que ce qu'on doit appeler *plantain à bouquet* est le *plantago rosea* de Jean Bauhin, variété de celui-ci très commune en Allemagne, mais que je ne me rappelle pas d'avoir jamais vue en France (*sic*).

34. Le *pied de lion*. L. 178. On l'appelle en Suisse *porte-rosée*, à cause qu'à la faveur des plissures de ses feuilles, il s'y ramasse beaucoup de rosée.

38. Le *gremil* ou *l'herbe aux perles*. L. 189. Il se peut que le gremil rampant soit très commun autour de Paris, quoique je ne l'y aie jamais vu, du moins s'il faut entendre par ce nom, comme je le crois, le *lithospermum purpuro-cœruleum* de Linnæus. Mais le gremil le plus commun dans ces environs est celui à semences rudes, appelé par Linnæus *lithospermum arvense*.

46. La *primevère* ou *primerole*. L. 204. Dans quelques provinces, les fleurs de primevère s'appellent des *cocus*, sans doute à cause de leur couleur, mais le nom de *fleur de coucou* appartient au *lychnis des marais*.

54. Le *chèvrefeuille*. L. 247. On a confondu ici deux espèces de chevrefeuil (*sic*) différentes. La figure et la description appartiennent au chevrefeuil de jardin; mais les noms qui sont au titre (*periclymenum non perfoliatum germanicum* et *lonicera periclymenum*) sont ceux du chevrefeuil des bois. Celui qui est ici décrit doit s'appeler : *lonicera caprifolium*. Linn.—*Periclymenum perfoliatum*. G. B. Pin.

56. La *stramoine*. L. 255. C'est une plante d'Amérique qui s'est naturalisée parmi nous.

61. La *belladone*. L. 260. Angl. *Deadly nightshade* (ombre mortelle de la nuit). Ce mot, que les Français écrivent et prononcent mal, doit être écrit avec deux *n* : belladonne.

64. La *pomme de terre*. L. 265. Dans plus de la moitié de l'Angleterre, le paysan, pendant six mois de l'année, ne mange que des pommes de terre cuites à l'eau en place de pain. Je ne parle pas ici d'après des livres ou des ouï-dire; je rapporte ce que j'ai vu.

L'auteur ayant dit : « Un académicien de Rouen a donné un mémoire intéressant sur le pain économique proposé par M. Duhamel, et sur la machine qu'il a imaginée pour réduire les pommes de terre en une bouillie qui puisse s'allier et se pétrir avec de la farine ordinaire, etc. » Rousseau ajoute : Mais pourquoi toutes ces pénibles et inutiles préparations. Toute la préparation que demande la pomme de terre est d'être cuite à l'eau, pelée et mangée. Elle est plus légère, plus nourrissante, et tout aussi agréable ainsi que de toute autre façon.

70. La *bourgène* ou *aulne noir*. L. 280. « On l'a appelée aulne noir par le rapport qu'on a trouvé de ses feuilles avec celles de cet arbre; » Rousseau ajoute:

et parce qu'ils se plaisent l'un et l'autre en lieux ombragés près des eaux ; car, du reste, les feuilles de la bourdeine (sic) ressemblent beaucoup plus à celles du hêtre qu'à celles de l'aulne. — Les botanistes ne s'accordent pas entre eux sur ce qu'on doit appeler calyce (sic) ou corolle dans ce genre d'arbrisseaux.

75. La *vigne*. L. 293. L'auteur ayant dit : « Les pétales forment une espèce de coëffe qui tombe, etc. » Rousseau ajoute : Ce que l'on dit ici des pétales est vrai, mais seulement du calice, et c'est même une conformité qu'a le calice de la vigne avec la coëffe des mousses. A l'égard des pétales, ils sont très petits, ne se réunissent point du tout au sommet, et tombent très promptement, ce qui peut-être a été cause que l'auteur ne les a pas remarqués.

76. La *petite pervenche*. L. 304. L'auteur dit : « Pour en avoir du fruit, on a recours à un artifice qui réussit très bien sur la plupart des plantes qui tracent considérablement dans les pays froids : on la met dans un pot où il y a peu de terre, et la sève, ne pouvant plus se dissiper dans les racines, passe alors dans les tiges et fait gonfler le pistil qui devient le fruit. » Rousseau ajoute : C'est, au contraire, en tarissant une partie du suc nutritif trop abondant qu'on laisse au suc médullaire la force de vaincre la résistance et de faire nouer les fruits. C'est par le même principe que les jardiniers coupent une partie du chevelu des fraisiers et autres légumes (sic) qu'ils transplantent pour les faire fructifier.

83. L'*ambroisie* ou *thé du Mexique*. L. 320. L'auteur parle de la maturité des graines. Rousseau le reprend ainsi : Il faut dire *de la graine* ; car il n'y en a qu'une pour chaque fleur, du moins je le crois ainsi. Si je m'abuse ici moi-même, comme cela pourrait très bien être, c'est alors une exception bien remarquable au genre des chénopodium.

84. La *bette* ou *poirée*. L. 322. Selon l'auteur, cette plante croit naturellement dans quelques endroits au bord de la mer. Il est vrai, dit Rousseau, que Ray ne fait qu'une espèce de la bette maritime et de celle-ci ; mais tous les autres botanistes les distinguent ; et Linnæus est seulement en doute si celle de nos jardins n'est point engendrée par l'autre, comme plusieurs autres plantes qui naissent d'un père et d'une mère, différents d'espèces et même de genres.

86. La *petite centaurée*. L. 322. Les branches de la petite centaurée sont opposées deux à deux comme les feuilles ; mais, dans l'étage qui touche au sommet, l'opposition manque par un côté, et la branche ou la fleur est toujours tronquée. Cette observation mérite d'être faite, parce qu'étant constante, elle fait caractère pour l'espèce.

91. Le *meum*. L. 353. « Cette plante, dit l'auteur, croit naturellement sur les montagnes : on la rencontre communément dans celles de Suisse, dans les Alpes et sur le mont Pila. » Je l'y ai trouvée, en effet, en grande abondance, ajoute Rousseau, dans les prés de l'unique maison qui est presque au sommet (*).

99. La *petite ciguë*. L. 367. Je me souviens d'avoir mangé à Douvres une omelette où l'on avait mis, par mégarde, de la ciguë au lieu de cerfeuil. L'omelette était à moitié mangée quand je m'en aperçus. Ma femme s'arrêta ; je continuai et nous n'en fûmes incommodés ni l'un ni l'autre. Mais quoique les vaches, les chevaux, les brebis et les chèvres broutent cette plante, son goût désagréable et cuivreux nous avertit assez qu'elle n'est pas faite pour entrer dans nos aliments.

108. La *coriandre*. L. 367. Je l'ai trouvée indigène en plusieurs provinces de France, et il n'y a pas trois ans qu'elle était assez abondante sur les hauteurs qui bordent la rivière, au-dessous du palais Bourbon. Les décombres des jardins pouvaient l'y avoir semée, mais on ne s'avise guère de cultiver la coriandre dans les jardins d'ornement.

101. Le *cerfeuil musqué*. L. 368. Je suis sûr de l'avoir trouvé, à Wootton, dans des fonds sauvages, très éloignés de tout jardin et de toute habitation.

(*) Souvenir de cette herborisation dont il a été question dans les *Confessions*, et qui est rappelée dans la Notice.

118. L'*asperge*. L. 448. On pouvait dire ici qu'elle est indigène en plusieurs endroits du royaume, entre autres dans l'île Mognat, à Lyon, où j'en ai cueilli dans la prairie et mangé d'excellentes chez le propriétaire et unique habitant de l'île.

122. L'*aloës succotrin* (pour *socotrin*). L. 558. C'était peut-être ici le lieu de dire un mot des fables qu'on a débitées et que les gazettes propagent encore sur les miraculeuses floraisons de l'aloës. — L'auteur faisant observer qu'il faut laisser la prescription de ce médicament aux gens de l'art et ses préparations

aux pharmaciens, Rousseau ajoute ironiquement : Médecins, et apothicaires, faites la révérence !

125. La *parelle des marais* ou *patience aquatique*. L. 479. Dans cette parelle et dans toutes autres, les pédicules qui portent les fleurs sont tous articulés. Ce caractère générique méritait, ce me semble, d'être observé et ne l'a encore été, que je sache, par aucun botaniste.

126. L'*oseille longue*, mal à propos appelée *ronde*, *rumex scutatus*. L. 480. On s'est ici trompé de titre : l'oseille des jardins, à Paris, est le *rumex acetosa* de Linnæus, *acetosa pratensis*, G. B. *Pin*, 14 (*). L'auteur aurait pu s'aperve-

(*) Gaspard Bauhin, dans son *Pinax*.

voir de l'erreur dans sa description, puisque les fleurs de sa plante sont dioïques et celles du *rumex scutatus* hermaphrodites. Ce qui l'a pu tromper est le nom *hortensis*, donné par G. B. à ce dernier. Mais c'est qu'à Genève et en Suisse, l'oseille cultivée dans les jardins n'est pas, comme à Paris, l'oseille longue, mais l'oseille ronde ou le *rumex scutatus* commun dans nos Alpes.

126. Le *colchique* ou *tue-chien*. L. 485. L'auteur, parlant des savants qui éprouvent sur eux-mêmes les plantes vénéneuses du genre de celles-ci, ajoute : « Il faut au moins autant de courage pour s'y résoudre qu'il en fallut à Alexandre pour boire, sans réflexion, la médecine présentée par Philippe. » Sur cela Jean-Jacques s'écrie : *Sans réflexion?* c'était donc en étourdi ! O modernes, modernes !

128. La *grande capucine*. M^{me} de Linnée a remarqué que ses fleurs rayonnent et jettent une sorte de lueur avant le crépuscule. Ce que je vois de plus sûr dans cette observation, c'est que les dames, dans ce pays-là, se lèvent plus matin que dans celui-ci.

131. La *renouée* ou la *traînasse*. L. 519. » Cette plante est une de celles que la nature semble avoir pris plaisir à semer sous nos pas. » Cela est très bien dit, observe Rousseau, car cette singulière plante ne prospère et ne fructifie jamais mieux que quand elle est bien foulée aux pieds.

Plus loin, l'auteur ayant vanté les propriétés pharmaceutiques de la renouée, Jean-Jacques ajoute cette remarque qui l'intéresse beaucoup plus : Ses graines, pendant l'hiver, sont presque la seule ressource des petits oiseaux.

132. Le *bled-noir* ou *sarrazin*. L. 522. « Le nom de bled de sarrazin, dit l'auteur, nous fait assez connaître qu'il nous a été apporté d'Afrique. » Ce n'est là, tout au plus, qu'une présomption bien légère. On pourrait dire la même chose du bled de Turquie, et l'on se tromperait également : il est très possible qu'il doive ce nom de sarrazin uniquement à sa couleur.

« Les paysans du Tyrol en font une bouillie épaisse, connue sous le nom de *polenta*. » J'ignore ce qui se passe dans le Tyrol ; mais en Italie rien n'est si commun que la *polenta*, et elle se fait avec du bled de Turquie, jamais, que je sache, avec le sarrazin.

« Nous ne devons pas passer sous silence la nourriture abondante que les abeilles vont butiner sur les fleurs du sarrazin : c'est une ressource avantageuse pour ces généreux insectes, dans les pays qui n'abondent point en fleurs : on voit même, dans le Gâtinais, des habitants industrieux, après avoir laissé jouir leurs abeilles des biens que leur offrent de fertiles prairies, leur faire parcourir successivement, par le moyen de voitures banales, le sainfoin, la bruyère, et terminer la saison et leur récolte dans de vastes champs de sarrazin. » A ce joli tableau de Regnault, Jean-Jacques ajoute un trait qu'eût trouvé aussi l'auteur des *Harmonies de la nature :* On aurait pu remarquer à ce sujet, dit-il, que les fleurs de sarrazin répandent une forte odeur de miel.

136. La *fraxinelle*. L. 548. « Chaque capsule renferme deux à trois graines noires et luisantes. » On pouvait ajouter que l'élasticité de ces capsules les fait ouvrir par la grande chaleur et lancer leur graine avec bruit, et bien plus impétueusement que la balsamine. Le buis fait encore la même chose à peu près. Le concombre sauvage fait plus : il vous mouille et vous inonde en même temps d'une eau âcre et mordicante, qui fait cuire les yeux.

340. L'*œillet, dianthus caryophyllus*. L. 587. « L'œillet est originaire des îles Moluques. » Ceci m'a bien l'air d'un quiproquo. Cela est vrai du clou de girofle qui s'appelle aussi *caryophyllus;* mais, quant à notre œillet, quoique Ruellius et Cordus soutiennent qu'il n'a pas été connu des anciens, d'autres savants critiques ne sont pas de leur avis : on sait d'ailleurs que l'œillet simple est indigène en plusieurs lieux de l'Apennin et des Alpes et qu'on le cultivait en Europe, longtemps avant que l'existence des Moluques y fût connue.

157. Le *prunier, petit damas noir*. L. 680. « Le prunier est originaire de Syrie et de Dalmatie : il est naturalisé depuis longtemps dans nos climats. » Il est, sans contredit, indigène dans toute l'Europe. Le *prunus insititia* et le *pru-*

nus domestica sont une seule et même espèce, qui varie uniquement par la greffe et par la culture.

163. La *quinte-feuille*. L. 714. « On l'employait du temps d'Hippocrate pour guérir les fièvres. » Apparemment ce n'est plus la mode.

164. La *tormentille*. L. 716. Ajoutez dans la tormentille le quart en sus de toutes les parties de la fructification; vous aurez la quinte-feuille. Retranchez dans la quinte-feuille la cinquième partie de la fructification; vous aurez la tormentille, sauf toutefois, dans l'espèce, la différence du port et de la foliation, différence bien petite et presque nulle dans le *potentilla verna*.

165. La *benoîte, geum urbanum*. L. 716. Pline n'a point, que je sache, parlé de cette plante, à moins que ce ne soit sous le nom de *geum*, renouvelé par Linnæus; mais quant au nom de *caryophyllata*, il est moderne et ne se trouve dans aucun ancien. Eh! comment s'y trouverait-il? on l'a donné à cette plante parce que sa racine sent le girofle. Or, le girofle n'était pas connu des anciens. J'avoue cependant que Pline, livre XII, parle d'un *caryophyllon* qu'il dit se trouver aux Indes; mais je ne crois pas que personne retrouve notre girofle dans la courte description qu'il en fait.

FIN DES NUMÉROS EXTRAITS DU PREMIER VOLUME.

Tome II, 166. La *chélidoine* ou l'*éclaire*. L. 723. Sans la forme différente du fruit, la chélidoine serait un pavot.

169. Le *pavot noir*. L. 726. Je ne sais comment cela se fait, mais on ne vend chez les épiciers de Paris, sous le nom d'huile d'olive, que de l'huile de pavots. Elle n'est pas aussi agréable au goût que celle dont elle porte le nom; mais elle est aussi saine!

170. Le *pavot blanc*. L. 726. « La propriété enivrante et destructive de l'opium a fait recourir à cette drogue quelques-uns de ces insensés qui brisent volontairement les liens de leur existence..... Ce moyen ne leur a pas réussi. » — Il fallait ajouter que lorsqu'il ne réussit pas, il laisse très souvent l'infortuné qui l'a tenté, pour le reste de sa vie, dans un état pire que la mort.

182. L'*éclairette*. L. 774. « On la pile et on l'applique sur les hémorrhoïdes et les écrouelles. » Elle ne pouvait manquer, ajoute ironiquement Rousseau, de guérir des unes et des autres par vertu *signative*, vu que les tubercules de ses racines en ont la figure.

183. La *renoncule des marais* ou *scélérate*. L. 776. Les chèvres en mangent impunément, mais les brebis ni les vaches n'y touchent point, à moins d'une extrême faim.

190. La *sauge des bois*. L. 789. Par toute l'Europe, hors de France, il n'y a plus qu'une nomenclature et il n'y a pas de plante connue, sur laquelle, avec deux mots seuls, sans phrase, sans synonymie, les botanistes de toutes les contrées ne s'entendent entre eux aujourd'hui. Les Français seuls s'obstinent à conserver l'ancien jargon pharmaceutique, ou du moins les phrases de Tournefort que ce grand botaniste abandonnerait lui-même s'il revenait à présent. Ce qu'il y a de plaisant est que les phrases de Tournefort, étant presque toutes tirées de Gaspard Bauhin, tout l'honneur qu'en cela les Français veulent faire à leur compatriote remonte à un Suisse en toute équité.

202. Le *lierre terrestre*. 807. Il fallait une refonte générale dans la nomenclature devenue absolument barbare, insupportable et inintelligible. Linnæus a entrepris cette refonte qu'il était peut-être seul capable d'exécuter. Il a rendu compte de son travail et de ses raisons au public qui a presque unanimement adopté sa réforme. Elle n'est pas parfaite et sans faute, puisque c'est l'ouvrage d'un homme; mais les grandes lumières qu'elle a déjà jetées dans la botanique

suffisent pour en faire sentir le prix. Elle est établie et généralement reçue : il ne s'agit plus d'y toucher que pour l'établissement des nouveaux genres, à mesure qu'on en découvrira. Une seconde refonte, fût-elle meilleure que la sienne, ne serait jamais aussi universellement adoptée et ne servirait qu'à rejeter la botanique dans ce labyrinthe obscur de nomenclature et de synonymies, dont ce grand homme a eu tant de peine à la tirer.

214. La *mélisse* ou *citronnelle*. L. 827. Chaque auteur la gratifie d'une vertu. C'est comme des fées marraines, dont chacune douait sa filleule de quelque beauté ou qualité particulière.

240. Le *chou rouge*. L. 932. « Toutes les espèces de chou sont propres pour les maladies de poitrine, mais on préfère le chou rouge pour la tisane et les bouillons qu'on prescrit aux pulmoniques. » Quel dommage que les apothicaires nous aient drogué ce bon chou ! il serait le meilleur pour les cuisines, et on le préfère avec raison dans mon pays à tous les autres.

244. Le *radis*. L. 935. En Suisse, en Savoie et dans plusieurs provinces de France, on ne connaît sous le nom de *rave* que le navet rond, et sous celui de *navet* que le navet long; la rave s'appelle *raifort;* le raifort s'appelle *cran* ou *meredic*, du nom allemand. J'ai vu des gens de diverses provinces disputer longtemps sans s'entendre, faute d'être au fait de cette synonymie. C'est à Paris que la première erreur est née : car le nom de *rave* appartient généralement au navet rond. Gaspard et Jean Bauhin le lui donnent, et Linnæus en a fait son nom trivial.

250. La *rose trémière* ou *d'outremer*. L. 966. C'est une question difficile à résoudre entre les savants botanistes, si les malvacées sont monopétales ou polypétales. Tournefort et Ray sont du premier sentiment, mais Morison, Linnæus, Haller, Adanson, sont du second. Les cucurbitacées, ou du moins celles d'entre elles dont la corolle est difficile à détacher du calice, offrent matière au même doute.

251. La *mauve*. L. 969. « Horace, se félicitant de sa vie simple et frugale, dit qu'il est nourri de chicorée et de mauves légères : *Me pascunt cichorea levesque malvæ.* » Il n'est peut-être pas inutile de répéter que cette mauve d'Horace n'est pas la même qu'on décrit ici (sous le nom de *malva sylvestris*). (Voyez plus loin, 279.)

253. La *fumeterre* ou *fiel de terre*. L. 984. « M. Geoffroy, chimiste français, prétend avoir trouvé dans cette plante un sel essentiel ammonical, uni avec un peu de sel de Glauber et beaucoup de soufre. Cartheuser, chimiste allemand, révoque en doute l'existence de ces principes et les traite d'imaginaires. Ce n'est pas à nous de prononcer sur l'objet de cette discussion. *Non nostrum inter vos tantas componere lites.* » Sans doute, ajoute ironiquement Jean-Jacques. Eh! quel téméraire oserait s'interposer dans des débats de cette importance.

« On l'appelle aussi la *coridale*, » dit plus loin l'auteur. La *coridale* est une autre plante, répond Rousseau. C'est la fumeterre jaune dont même Pontedera a fait un genre séparé. Dillenius, à peu près dans le même temps, en a fait aussi un genre et précisément sous le même nom.

256. Le *lupin*. L. 1015. J'ai vu de mes yeux, en Dauphiné, prospérer la culture sans autre engrais que les lupins semés sur la place, et puis enfouis en labourant. Au reste, il y a peu de plantes dont le port soit plus agréable. Si j'avais un jardin, j'en ferais mettre assurément dans les plates-bandes.

259. Le *baguenaudier* ou *faux séné*. L. 1045. « Ses fleurs papilionacées ont dix étamines divisées en deux parties : l'inférieure est composée de huit étamines réunies à leur base par une membrane; la partie supérieure est composée de deux autres étamines. » Cette division par huit et par deux, dit Jean-Jacques, est contredite par la figure qui montre neuf et un, comme la plupart des autres légumineuses. La saison ne me permet pas d'en faire à présent la vérification; mais j'ai souvent disséqué la fructification du baguenaudier sans y faire cette remarque, qui, si elle était fondée, devrait ce me semble avoir été faite au moins par quelque botaniste, comme une bien singulière exception.

266. Le *mélilot* ou *mirlirot*. L. 1078. Les tiges s'élèvent plus ou moins, suivant la qualité des terres. Il s'en trouve de très basses, et on en a vu à la hauteur d'un homme. » On le voit souvent à cette hauteur dans les clairières des bois, où il s'élève et cherche le grand air parmi d'autres plantes qui servent à le soutenir.

275. La *laitue sauvage, lactuca scariola*. L. 1119. « La laitue est adoucissante, calmante, humectante; elle est propre à adoucir l'acreté du sang et des humeurs, à entretenir la liberté du ventre, à procurer le sommeil; elle passe

Mauve.

pour augmenter le lait des nourrices. » Il me semble que, dans l'énumération de toutes ces propriétés, vraies ou fausses, il eût fallu distinguer la laitue avant et après la floraison; car dans ces deux états, elle change extrêmement d'aspect, de saveur et vraisemblablement de vertu.

279. La *chicorée endive*. L. 1142. L'auteur ayant mis ici sa citation d'Horace du n° 251 (*). Jean-Jacques ajoute cette observation : Je ne crois pas que *lævesque malvæ* ait jamais pu signifier *et les mauves légères*; sur quoi il est bon de remarquer que la mauve d'horace n'est point indigène à ce pays. Nos mauves n'ont que la fleur de lisse, mais celle dont il s'agit a la feuille et la tige lisses aussi.

281. Le *chardon hémorrhoïdal*. L. 1149. Pourquoi ne rien dire des tubercules

(*) Il paraît que, dans une ancienne classification du recueil, la *chicorée* venait avant la *mauve*.

qui s'attachent communément à sa racine et qui lui ont fait donner le nom de *chardon hémorrhoïdal?* Car, ces tubercules ayant quelque ressemblance avec les hémorrhoïdes, la plante ne saurait manquer d'être un spécifique pour les guérir.
— N. B. J'ai encore eu tort d'écrire cette note avant d'avoir lu l'article tout entier (*).

282. Le *chardon-marie* ou l'*artichaut sauvage.* L. 1153. « Lemery prétend que sa racine est bonne à manger, mais son amertume ne contribuerait pas à rendre cet aliment agréable. » C'est son calice et son réceptacle qui peuvent se manger à la poivrade, ainsi que ceux de la grande carline, dont nos paysans suisses font souvent leur déjeûner.

284. Le *cartame* ou *safran bâtard.* L. 1162. « Ses fleurs passent pour être utiles dans la jaunisse. » Comment ne le seraient-elles pas? elles sont d'un si beau jaune! — « On les substitue à celles du safran; mais le cartam est beaucoup inférieur à celui-ci pour la vertu. » Aussi le jaune en est-il bien moins foncé.

287. La *tanaisie* ou *herbe aux vers.* L. 1184. « Ses fleurons, hermaphrodites dans le disque, sont portés sur un réceptacle plat et écailleux. » Ici je crois que l'auteur se trompe et que le réceptacle de la tanaisie est nue. Il reste aussi à vérifier s'il est bien sûr que les fleurons du contour ne soient pas hermaphrodites. M. Scopoli prétend qu'ils le sont, auquel cas il faudrait rétablir le *polygamia æqualis* du titre(**); mais je l'ai dû corriger ici, parce que la description de l'auteur le contredit.

288. Le *coq* ou la *menthe-coq.* L. 1184. Cette plante, qui s'appelait aussi *pâté*, s'employait jadis beaucoup dans les cuisines, surtout pour la pièce de four dont elle portait le nom. Mais en France elle a été proscrite, ainsi que le raisin de Corinthe, qui est pourtant un assaisonnement très agréable à tout palais dont la mode ne dirige pas le goût.

292. Le *pas d'âne* ou *tussilage.* L. 1214. « La tige sort de terre au printemps avant les feuilles. » Ce sont les feuilles au contraire qui, sorties de terre l'été précédent, ont prévenu la fleur de plus de huit mois. On trouvera dans mon *species* (de Linnæus), l'observation d'où j'ai conclu ce fait, et dans mon petit herbier, la preuve de l'observation sur la plante même. Il ne faudrait pas, par analogie, conclure la même chose du colchique, car il donne ses fruits avec ses feuilles: preuve invincible que la floraison avait précédé.

293. Le *pétasite* ou *herbe aux teigneux.* L. 1215. « M. de Bomare remarque que les feuilles du pétasite croissent quelquefois à la hauteur d'un homme, de sorte qu'en passant au travers de cette espèce de palissade de verdure, il semble qu'on se promène entre des arbres. »

Ceci, un peu exagéré quant au pétasite, dont les feuilles quoique très grandes ne s'élèvent pas beaucoup, est très vrai pour celles du cacalia, qui leur ressemblent assez, et dans lesquelles je me suis souvent trouvé comme enseveli dans les Alpes.

294. La *jacobée* ou *herbe de Saint-Jacques. Senecio jacobœa.* L. 1219. « Quelques praticiens l'ont regardée comme une espèce de seneçon, par rapport à sa figure et à ses vertus. » Ce ne sont ni les vertus ni la figure de la plante qui ont engagé, non les praticiens, mais les botanistes à la réunir au genre des seneçons; c'est uniquement le caractère de la fructification, qui, ne laissant aucunes limites précises à chacun de ces deux genres dans la gradation des espèces, force ainsi de n'en faire qu'un seul.

295. L'*aster* ou *œil du Christ.* L. 1226. « Dioscoride parle de l'aster dans son livre des *Descriptions des plantes,* qu'il composa sous le règne d'Auguste. » Ceci me paraît dit bien affirmativement. Rien n'est plus douteux, ce me semble,

(*) Nous avons cru devoir reproduire cette note, devenue inutile par l'observation dans laquelle Jean-Jacques se donne un démenti plutôt que d'employer une rature, un grattage, qui eût détérioré le livre qui n'était pas à lui. Il y a quelque chose de touchant dans cette naïveté jointe à un respect si méticuleux du droit d'autrui. Une pareille observation se reproduit fréquemment.

(**) Le titre portait, avant cette correction, *polygamia superflua.*

que le temps où Dioscoride a vécu, et il n'est pas non plus très certain que l'aster dont cet auteur parle soit celui qu'on décrit ici.

« Le P. Rapin ne l'a pas oublié dans son beau poème des *Jardins*, qui n'a d'autre défaut peut-être que d'être écrit dans une langue morte..... Nous ne saurions trop inviter quelques-uns de nos poètes à réparer la disette de notre littérature à cet égard. » Voilà ce que je les défie de faire, tant qu'ils aimeront la campagne, les détails champêtres, et les amusements rustiques, aussi peu qu'ils font aujourd'hui.

297. L'*aunée* ou *énule campane*. L. 1236. « L'aunée croît naturellement en Angleterre. » Et en France aussi. Je l'ai trouvée assez souvent dans la garenne de Trye, aux environs de Gomer-Fontaine.

299. La *paquette* ou *petite marguerite*. L. 1248. Feu M^me de Jars en avait fait semer à Stain, dans un pré où il n'en venait point et où il n'en vint point; elle dédaignait celles que la nature prodiguait dans les prairies voisines.

305. La *mille-feuille* ou *l'herbe aux charpentiers*. L. 1267. « Si nous en croyons quelques historiens, Achille fut le premier à qui le hasard découvrit ses propriétés (hémostatiques). Le nom d'*Achillæa*, sous lequel elle est connue des botanistes, vient à l'appui de cette découverte. »

Ceci n'est pas tout-à-fait exact. Il est vrai que la mille-feuille a été mise récemment dans le genre des *Achillæa*, mais ce n'est pas d'elle que lui en vient le nom, c'est de la plante appelée par Jean Bauhin *Achillæa millefolia odorata*, et par Linnæus *Achillæa nobilis*. Il est encore vrai que Pline, qui se trompait souvent en botanique, a confondu ces deux plantes; mais la preuve qu'il se trompait est que Dioscoride, en décrivant l'achillæa, dit que ses corymbes sont semblables à ceux de la mille-feuille, dont, ajoute-t-il, il a été parlé ci-devant. Tournefort a fait de l'achillæa une mille-feuille et non de la mille-feuille un achillæa. Dodonée est un des premiers parmi les modernes qui ait confondu ces deux noms.

307. Le *bleuet* ou *aubifoin*. *Centaurea cyanus*. L. 1289. « Les deux sortes de fleurons qui distinguent le bleuet de la jacée portent également sur des embryons de graine dont chacun devient une semence aigretée. »

Voilà une observation qu'il importe de bien vérifier; car, si les fleurons neutres sans pistil et sans étamines ne laissent pas de fructifier, adieu tout le système sexuel. Il me semble d'avoir vu toujours les embryons du contour avorter dans le bluet, comme dans toutes les autres centaurées; mais on affirme ici si positivement le contraire, qu'il faut répéter l'observation plus attentivement, pour être en état de prononcer avec certitude. Je destine à cette vérification une promenade dans les champs l'été prochin. *Amicus Plato, sed magis amica veritas*.

315. L'*aristoloche clématite*. L. 1364. « Elle croît naturellement dans les pays chauds. » Pourquoi nous renvoyer si loin chercher une plante qui pullule et infecte les vignes dans tous les environs de Paris?

339. Le *houx frélon*. *Ruscus aculeatus*. L. 1574. En Anglais *Butcher's broom* (balai de boucher). L'auteur se plaint vivement de la multiplicité des noms des plantes; Jean-Jacques ajoute ceci :

En deçà de Vincennes, ils appellent *tonnerre* le *lychnis dioïca*. La plupart des plantes n'ont point de nom français, mais toutes ont un nom anglais; la raison en est que les Anglais étudient et aiment la botanique, et s'en font, à la campagne, une récréation charmante, au lieu que les Français ne la regardent que comme une étude d'apothicaire et ne voient dans l'émail des prairies que des herbes pour les lavements. On voit ici que notre auteur lui-même emploie les trois quarts de ses descriptions à parler de tisanes et d'emplâtres. On prétend que tout cela est fort utile : soit; mais on conviendra que cela n'est pas fort attrayant.

349. La *fougère mâle*. L. 1551. « On a prétendu qu'en coupant sa racine obliquement, elle présentait la figure d'un aigle à deux têtes; nous croyons

qu'ainsi que dans les marbres, dans les vieilles murailles, sur les tisons, dans le marc du café, on y voit tout ce qu'on y veut voir, etc. »

Tous ces adages sont très vrais, réplique Jean-Jacques, mais cela n'empêche pas que la racine d'une des espèces de fougère, coupée en travers, de biais, sur un individu un peu gros, ne présente assez fidèlement, et toute imagination à part, la figure de l'aigle éployé à deux têtes. Mais il est bon d'observer que la fougère qui présente cette figure n'est point celle-ci, mais celle qui porte dans Linnæus le nom de *Pteris aquilina* et que plusieurs appellent *fougère femelle*, différente d'une autre fougère femelle qui est un *polypodium*.

FIN DES OBSERVATIONS ET DES MORCEAUX INÉDITS.

Ici s'arrêtent les observations de Rousseau : les planches du reste du recueil ne portent aucune trace de sa plume. Mais, à la fin de ce deuxième volume, on a collé les tableaux du *Systema naturæ* de Linnée qui ont appartenu au célèbre écrivain, et sur lequel il a fait d'assez nombreuses corrections. Elles sont en latin comme le texte. Du latin de Rousseau, et du latin meilleur que celui d'un homme du nord, voilà certes une rareté ! Malheureusement nous n'en pouvons citer que quelques mots, le reste ne se détachant pas facilement.

Pour indiquer la *phanérogamie*, Linnæus fait cette phrase : Nuptiæ CORAM TOTUM MUNDUM VISIBILEM *aperte celebrantur*.

Rousseau corrige avec assez de bonheur quatre mots fort barbares, et dit : *Nuptiæ* OMNIBUS MANIFESTÆ *aperte celebrantur*.

Aux deux classes de polygamie, il ajoute de son chef : POLYGAMIA SEGREGATA, *ubi thalami plures in eodem thoro* (sic) *locati; i. e. cum flosculi plures, calyce communi comprehensi, propriis perianthiis* ETIAM INSTRUUNTUR.

Après avoir transcrit cette phrase, nous fermons le volume avec un sentiment de religieux respect.
L. B.

FRAGMENTS
POUR
UN DICTIONNAIRE
DES
TERMES D'USAGE EN BOTANIQUE

avec des articles supplémentaires (*).

INTRODUCTION.

Le premier malheur de la botanique est d'avoir été regardée dès sa naissance comme une partie de la médecine. Cela fit qu'on ne s'attacha qu'à trouver ou supposer des vertus aux plantes, et qu'on négligea la connaissance des plantes mêmes; car comment se livrer aux courses immenses et continuelles qu'exige cette recherche, et en même temps aux travaux sédentaires du laboratoire, et aux traitements des malades, par lesquels on parvient à s'assurer de la nature des substances végétales, et de leurs effets dans le corps humain? Cette fausse manière d'envisager la botanique en a longtemps rétréci l'étude, au point de la borner presque aux plantes usuelles; et de réduire la chaîne végétale à un petit nombre de chaînons interrompus; encore ces chaînons mêmes ont-ils été très mal étudiés, parce qu'on y regardait seulement la matière, et non pas l'organisation. Comment se serait-on beaucoup occupé de la structure organique d'une substance, ou plutôt d'une masse ramifiée, qu'on ne songeait qu'à piler dans un mortier? On ne cherchait des plantes que pour trouver des remèdes; on ne cherchait pas des plantes, mais des simples. C'était fort bien fait, dira-t-on; soit : mais il n'en a pas moins résulté que, si l'on connaissait fort bien les remèdes, on ne laissait pas de connaître fort mal les plantes; et c'est tout ce que j'avance ici.

La botanique n'était rien; il n'y avait point d'étude de la botanique, et ceux qui se piquaient le plus de connaître les plantes n'avaient aucune idée, ni de

(*) Il manquait peu de chose à ces fragments pour former un vocabulaire assez complet des termes nécessaires aux personnes qui se font de la botanique un objet d'amusement plutôt que d'étude sérieuse. Ces quelques articles, que le travail de Rousseau laissaient à désirer, ont été extraits du Dictionnaire de Bulliard et Richard. Pour les distinguer de l'œuvre originale, nous avons imprimé en italique les titres des suppléments.

leur structure, ni de l'économie végétale. Chacun connaissait de vue cinq ou six plantes de son canton, auxquelles il donnait des noms au hasard, enrichis de vertus merveilleuses qu'il lui plaisait de leur supposer; et chacune de ces plantes, changée en panacée universelle, suffisait seule pour immortaliser tout le genre humain. Ces plantes, transformées en baume et en emplâtres, disparaissaient promptement, et faisaient bientôt place à d'autres, auxquelles de nouveaux venus, pour se distinguer, attribuaient les mêmes effets. Tantôt c'était une plante nouvelle qu'on décorait d'anciennes vertus; et tantôt d'anciennes plantes, proposées sous de nouveaux noms, suffisaient pour enrichir de nouveaux charlatans. Ces plantes avaient des noms vulgaires, différents dans chaque canton; et ceux qui les indiquaient pour leurs drogues ne leur donnaient que des noms connus tout au plus dans le lieu qu'ils habitaient; et, quand leurs récipés couraient dans d'autres pays, on ne savait plus de quelle plante il y était parlé: chacun en substituait une à sa fantaisie, sans autre soin que de lui donner le même nom. Voilà tout l'art que les Myrepsus, les Hildegarde, les Suardus, les Villanova, et les autres docteurs de ces temps-là, mettaient à l'étude des plantes dont ils ont parlé dans leurs livres; et il serait difficile peut-être au peuple d'en reconnaître une seule sur leurs noms ou sur leurs descriptions.

A la renaissance des lettres, tout disparut pour faire place aux anciens livres: il n'y eut plus rien de bon et de vrai que ce qui était dans Aristote et dans Gallien. Au lieu d'étudier les plantes sur la terre, on ne les étudiait plus que dans Pline et Dioscoride; et il n'y a rien de si fréquent, dans les auteurs de ce temps-là, que d'y voir nier l'existence d'une plante, par l'unique raison que Dioscoride n'en a pas parlé. Mais ces doctes plantes, il fallait pourtant les trouver en nature pour les employer selon les préceptes du maître. Alors on s'évertua, l'on se mit à chercher, à observer, à conjecturer; et chacun ne manqua pas de faire tous ses efforts pour trouver dans la plante qu'il avait choisie les caractères décrits dans son auteur; et, comme les traducteurs, les commentateurs, les praticiens, s'accordaient rarement sur le choix, on donnait vingt noms à la même plante, et à vingt plantes le même nom, chacun soutenant que la sienne était la véritable, et que toutes les autres, n'étant pas celles dont Dioscoride avait parlé, devaient être proscrites de dessus la terre. De ce conflit résultèrent enfin des recherches, à la vérité plus attentives, et quelques bonnes observations qui méritèrent d'être conservées, mais en même temps un tel chaos de nomenclature, que les médecins et les herboristes avaient absolument cessé de s'entendre entre eux. Il ne pouvait plus y avoir communication de lumières, et il n'y avait plus que des disputes de mots et de noms, et même toutes les recherches et descriptions utiles étaient perdues, faute de pouvoir décider de quelle plante chaque auteur avait parlé.

Il commença pourtant à se former de vrais botanistes, tel que Clusius, Cordus, Césalpin, Gesner, et à se faire de bons livres, et instructifs, sur cette matière, dans lesquels même on trouve déjà quelques traces de méthode. Et c'était certainement une perte que ces pièces devinssent inutiles et inintelligibles par la seule discordance des noms. Mais de cela même que les auteurs commençaient à réunir les espèces, et à séparer les genres, chacun selon sa manière d'observer le port et la structure apparente, il résulta de nouveaux inconvénients et une nouvelle obscurité, parce que chaque auteur, réglant sa nomenclature sur sa méthode, créait de nouveaux genres, ou séparait les anciens, selon que le requérait le caractère des siens: de sorte qu'espèces et genres, tout était tellement mêlé, qu'il n'y avait presque pas de plante qui n'eût autant de noms différents qu'il y avait d'auteurs qui l'avaient décrite; ce qui rendait l'étude de la concordance aussi longue et souvent plus difficile que celle des plantes mêmes.

Enfin parurent ces deux illustres frères qui ont plus fait eux seuls pour le progrès de la botanique, que tous les autres ensemble qui les ont précédés et même suivis, jusqu'à Tournefort: hommes rares, dont le savoir immense, et les solides travaux, consacrés à la botanique, les rendent dignes de l'immortalité qu'ils leur ont acquise; car, tant que cette science naturelle ne tombera pas dans

l'oubli, les noms de Jean et de Gaspard Bauhin vivront avec elle dans la mémoire des hommes.

Ces deux hommes entreprirent, chacun de son côté, une histoire universelle des plantes; et, ce qui se rapporte plus immédiatement à cet article, ils entreprirent l'un et l'autre d'y joindre une synonymie, c'est-à-dire une liste exacte des noms que chacune d'elles portait dans tous les auteurs qui les avaient précédés. Ce travail devenait absolument nécessaire pour qu'on pût profiter des observations de chacun d'eux; car, sans cela, il devenait presque impossible de suivre et démêler chaque plante à travers tant de noms différents.

L'aîné a exécuté à peu près cette entreprise dans les trois volumes in-folio qu'on a imprimés après sa mort, et il y a joint une critique si juste, qu'il s'est rarement trompé dans ses synonymies.

Le plan de son frère était encore plus vaste, comme il paraît par le premier volume qu'il en a donné, et qui peut faire juger de l'immensité de tout l'ouvrage, s'il eût eu le temps de l'exécuter; mais, au volume près dont je viens de parler, nous n'avons que les titres du reste dans son *Pinax*; et ce *Pinax*, fruit de quarante ans de travail, est encore aujourd'hui le guide de tous ceux qui veulent travailler sur cette manière, et consulter les anciens auteurs.

Comme la nomenclature des Bauhin n'était formée que des titres de leurs chapitres, et que ces titres comprenaient ordinairement plusieurs mots, de là vient l'habitude de n'employer pour noms des plantes que des phrases louches assez longues, ce qui rendait cette nomenclature non-seulement traînante et embarrassante, mais pédantesque et ridicule. Il y aurait à cela, je l'avoue, quelque avantage, si ces phrases avaient été mieux faites; mais, composées indifféremment des noms des lieux d'où venaient ces plantes, des noms des gens qui les avaient envoyées, et même des noms d'autres plantes avec lesquelles on leur trouvait quelque similitude, ces phrases étaient des sources de nouveaux embarras et de nouveaux doutes, puisque la connaissance d'une seule plante exigeait celle de plusieurs autres, auxquelles sa phrase renvoyait, et dont les noms n'étaient pas plus déterminés que le sien.

Cependant les voyages de long cours enrichissaient incessamment la botanique de nouveaux trésors, et tandis que les anciens noms accablaient déjà la mémoire, il en fallait inventer de nouveaux sans cesse pour les plantes nouvelles qu'on découvrait. Perdus dans ce labyrinthe immense, les botanistes, forcés de chercher un fil pour s'en tirer, s'attachèrent enfin sérieusement à la méthode. Herman, Rivin, Ray, proposèrent chacun la sienne; mais l'immortel Tournefort l'emporta sur eux tous : il rangea le premier, systématiquement, tout le règne végétal; et, réformant en partie la nomenclature, la combina par ses nouveaux genres avec celle de Gaspard Bauhin. Mais loin de débarrasser de ses longues phrases, ou il en ajouta de nouvelles, ou il chargea les anciennes des additions que sa méthode le forçait d'y faire. Alors s'introduisit l'usage barbare de lier les nouveaux noms aux anciens par un *qui quæ quod* contradictoire, qui, d'une plante faisait deux genres tout différents.

Dens leonis qui *pilosella folio minus villoso; Doria* quæ *jacobæa orientalis limoni folio; Titanokeratophyton* quod *lithophyton marinum albicans.*

Ainsi la nomenclature se chargeait; les noms des plantes devenaient non-seulement des phrases, mais des périodes. Je n'en citerai qu'un seul, de Plukenet, qui prouvera que je n'exagère pas : « Gramen *myloicophorum carolinianum, seu gramen altissimum, panicula maxima speciosa, e spicis majoribus compressiusculis utrinque pinnatis blattam molendinariam quodammodo referentibus, composita, foliis convolutum mucronatis pungentibus.* » Almag. 137.

C'en était fait de la botanique si ces pratiques eussent été suivies. Devenue absolument insupportable, la nomenclature ne pouvait plus subsister dans cet état, et il fallait, de toute nécessité, qu'il s'y fît une réforme, ou que la plus riche, la plus aimable, la plus facile des trois parties de l'histoire naturelle fût abandonnée.

Enfin M. Linnæus, plein de son système sexuel, et des vastes idées qu'il lui

avait suggérées, forma le projet d'une refonte générale, dont tout le monde sentait le besoin, mais dont nul n'osait tenter l'entreprise. Il fit plus, il l'exécuta; et, après avoir préparé, dans son *Critica botanica*, les règles sur lesquelles ce travail devait être conduit, il détermina, dans son *Genera plantarum*, les genres des plantes, ensuite les espèces dans son *Species*; de sorte que, gardant tous les anciens noms qui pouvaient s'accorder avec ces nouvelles règles, et refondant tous les autres, il établit enfin une nomenclature éclairée, fondée sur les vrais principes de l'art, qu'il avait lui-même exposés. Il conserva tous ceux des anciens genres qui étaient vraiment naturels; il corrigea, simplifia, réunit ou divisa les autres, selon que le requéraient les vrais caractères; et, dans la confection des noms, il suivait, quelquefois même un peu trop sévèrement, ses propres règles.

A l'égard des espèces, il fallait bien, pour les déterminer, des descriptions et des différences; ainsi les phrases restaient toujours indispensables, mais, s'y bornant à un petit nombre de mots techniques bien choisis et bien adaptés, il s'attacha à faire de bonnes et brèves définitions tirées des vrais caractères de la plante, bannissant rigoureusement tout ce qui lui était étranger. Il fallut pour cela créer, pour ainsi dire, à la botanique une nouvelle langue qui épargnât ce long circuit de paroles qu'on voit dans les anciennes descriptions. On s'est plaint que les mots de cette langue n'étaient pas tous dans Cicéron. Cette plainte aurait un sens raisonnable, si Cicéron eût fait un traité complet de botanique. Ces mots cependant sont tous grecs et latins, expressifs, courts, sonores, et forment même des constructions élégantes par leur extrême précision. C'est dans la pratique journalière de l'art qu'on sent tout l'avantage de cette nouvelle langue, aussi commode et nécessaire aux botanistes qu'est celle de l'algèbre aux géomètres.

Jusque-là M. Linnæus avait déterminé le plus grand nombre des plantes connues, mais il ne les avait pas nommées; car ce n'est pas nommer une chose que de la définir : une phrase ne sera jamais un vrai nom, et n'en saurait avoir l'usage. Il pourvut à ce défaut par l'invention des noms triviaux qu'il joignit à ceux des genres pour distinguer les espèces. De cette manière le nom de chaque plante n'est composé jamais que de deux mots; et ces deux mots seuls, choisis avec discernement et appliqués avec justesse, font souvent mieux connaître la plante que ne faisaient les longues phrases de Micheli et de Plunkenet. Pour la connaître mieux encore et plus régulièrement, on a la phrase, qu'il faut savoir sans doute, mais qu'on n'a plus besoin de répéter à tout propos lorsqu'il ne faut que nommer l'objet.

Rien n'était plus maussade et plus ridicule, lorsqu'une femme ou quelqu'un de ces hommes qui leur ressemblent, vous demandait le nom d'une herbe ou d'une fleur dans un jardin, que la nécessité de cracher en réponse une longue enfilade de mots latins, qui ressemblaient à des évocations magiques; inconvénient suffisant pour rebuter ces personnes frivoles d'une étude charmante offerte avec un appareil aussi pédantesque.

Quelque nécessaire, quelque avantageuse, que fût cette réforme, il ne fallait pas moins que le profond savoir de M. Linnæus pour la faire avec succès, et que la célébrité de ce grand naturaliste pour la faire universellement adopter. Elle a d'abord éprouvé de la résistance, elle en éprouve encore; cela ne saurait être autrement : ses rivaux dans la même carrière regardent cette adoption comme un aveu d'infériorité qu'ils n'ont garde de faire; sa nomenclature paraît tenir tellement à son système qu'on ne s'avise guère de l'en séparer; et les botanistes du premier ordre, qui se croient obligés, par hauteur, de n'adopter le système de personne, et d'avoir chacun le sien, n'iront pas sacrifier leurs prétentions aux progrès d'un art dont l'amour, dans ceux qui le professent, est rarement désintéressé.

Les jalousies nationales s'opposent encore à l'admission d'un système étranger. On se croit obligé de soutenir les illustres de son pays, surtout lorsqu'ils ont

cessé de vivre; car même l'amour-propre, qui faisait souffrir avec peine leur supériorité durant leur vie, s'honore de leur gloire après leur mort.

Malgré tout cela, la grande commodité de cette nouvelle nomenclature, et son utilité, que l'usage a fait connaître, l'ont fait adopter presque universellement dans toute l'Europe, plus tôt ou plus tard à la vérité, mais enfin à peu près partout, et même à Paris. M. de Jussieu vient de l'établir au Jardin-du-Roi, préférant ainsi l'utilité publique à la gloire d'une nouvelle refonte, que semblait demander la méthode des familles nouvelles, dont son illustre oncle est l'auteur. Ce n'est pas que cette nomenclature linnéenne n'ait encore ses défauts, et ne laisse de grandes prises à la critique; mais, en attendant qu'on en trouve une plus parfaite, à qui rien ne manque, il vaut cent fois mieux adopter celle-là que de n'en avoir aucune, ou de retomber dans les phrases de Tournefort et de Gaspard Bauhin. J'ai même peine à croire qu'une meilleure nomenclature pût avoir désormais assez de succès pour proscrire celle-ci, à laquelle les botanistes de l'Europe sont déjà tout accoutumés; et c'est par la double chaîne de l'habitude et de la commodité qu'ils y renonceraient avec plus de peine encore qu'ils n'en eurent à l'adopter. Il faudrait, pour opérer ce changement, un auteur dont le crédit effaçât celui de M. Linnæus, et à l'autorité duquel l'Europe entière voulût se soumettre une seconde fois, ce qui me paraît difficile à espérer; car si son système, quelque excellent qu'il puisse être, n'est adopté que par une seule nation, il jettera la botanique dans un nouveau labyrinthe, et nuira plus qu'il ne servira.

Le travail même de M. Linnæus, bien qu'immense, reste encore imparfait, tant qu'il ne comprend pas toutes les plantes connues, et tant qu'il n'est pas adopté par tous les botanistes sans exception; car les livres de ceux qui ne s'y soumettent pas exigent de la part des lecteurs le même travail pour la concordance auquel ils étaient forcés pour les livres qui ont précédé. On a obligation à M. Crantz, malgré sa passion contre M. Linnæus, d'avoir, en rejetant son système, adopté sa nomenclature. Mais M. Haller, dans son grand et excellent *Traité des plantes alpines*, rejette à la fois l'un et l'autre; et M. Adanson fait encore plus : il prend une nomenclature toute nouvelle, et ne fournit aucun renseignement pour y rapporter celle de M. Linnæus. M. Haller cite toujours les genres et quelquefois les phrases des espèces de M. Linnæus, mais M. Adanson n'en cite jamais ni genre ni phrase. M. Haller s'attache à une synonymie exacte, par laquelle, quand il n'y joint pas la phrase de M. Linnæus, on peut du moins la trouver indirectement par le rapport des synonymes. Mais M. Linnæus et ses livres sont tout-à-fait nuls pour M. Adanson et pour ses lecteurs; il ne laisse aucun renseignement par lequel on s'y puisse reconnaître : ainsi il faut opter entre M. Linnæus et M. Adanson, qui l'exclut sans miséricorde, et jeter tous les livres de l'un ou de l'autre au feu; ou bien il faut entreprendre un nouveau travail, qui ne sera ni court ni facile, pour faire accorder deux nomenclatures qui n'offrent aucun point de réunion.

De plus, M. Linnæus n'a point donné une synonymie complète. Il s'est contenté, pour les plantes anciennes connues, de citer les Bauhin et Clusius, et une figure de chaque plante. Pour les plantes exotiques découvertes récemment, il a cité un ou deux auteurs modernes, et les figures de Rheedi, de Rumphius, et quelques autres, et s'en est tenu là. Son entreprise n'exigeait pas de lui une compilation plus étendue, et c'était assez qu'il donnât un seul renseignement sûr pour chaque plante dont il parlait.

Tel est l'état actuel des choses. Or, sur cet exposé, je demande à tout lecteur sensé comment il est possible de s'attacher à l'étude des plantes en rejetant celle de la nomenclature. C'est comme si l'on voulait se rendre savant dans une langue sans vouloir en apprendre les mots. Il est vrai que les noms sont arbitraires, que la connaissance des plantes ne tient point nécessairement à celle de la nomenclature, et qu'il est aisé de supposer qu'un homme intelligent pourrait être un excellent botaniste, quoiqu'il ne connût pas une seule plante par son nom; mais qu'un homme, seul, sans livre et sans aucun secours des lumières

communiquées, parvienne à devenir de lui-même un très médiocre botaniste, c'est une assertion ridicule à faire, et une entreprise impossible à exécuter. Il s'agit de savoir si trois cents ans d'études et d'observations doivent être perdus pour la botanique, si trois cents volumes de figures et de descriptions doivent être jetés au feu, si les connaissances acquises par tous les savants qui ont consacré leur bourse, leur vie et leurs veilles, à des voyages immenses, coûteux, pénibles et périlleux, doivent être inutiles à leurs successeurs, et si chacun, partant toujours de zéro pour son premier point, pourra parvenir de lui-même aux mêmes connaissances qu'une longue suite de recherches et d'études a répandues dans la masse du genre humain. Si cela n'est pas, et que la troisième et plus aimable partie de l'histoire naturelle mérite l'attention des curieux, qu'on me dise comment on s'y prendra pour faire usage des connaissances ci-devant acquises, si l'on ne commence par apprendre la langue des auteurs, et par savoir à quel objet se rapportent les noms employés par chacun d'eux. Admettre l'étude de la botanique, et rejeter celle de la nomenclature, c'est donc tomber dans la plus absurde contradiction.

Abortif. Qui ne parvient point à sa perfection.

ABREUVOIRS, ou gouttières. Trous qui se forment dans le bois pourri des chicots, et qui, retenant l'eau des pluies, pourrissent enfin le reste du tronc.

ABRUPTE. On donne l'épithète d'*abrupte* aux feuilles pinnées, au sommet desquelles manque la foliole impaire terminale qu'elles ont ordinairement.

ACAULIS, sans tige.

Acotylédone, sans cotylédons. Plante qui ne développe point dans sa germination la feuille primordiale nommée *cotylédon*.

Agamie, au lieu de *Cryptogamie*. Sans étamines ni pistils.

Agrégées. Pédicellées, naissantes plusieurs ensemble d'un même point de la tige.

AIGRETTE. Touffe de filaments simples ou plumeux qui couronnent les semences dans plusieurs genres de composées et d'autres fleurs. L'aigrette est ou sessile, c'est-à-dire immédiatement attachée autour de l'embryon qui la porte, ou pédiculée, c'est-à-dire portée par un pied appelé en latin *stipes*, qui la tient élevée au-dessus de l'embryon. L'aigrette sert d'abord de calice au fleuron, ensuite elle le pousse et le chasse à mesure qu'il se fane, pour qu'il ne reste pas sous la semence et ne l'empêche pas de mûrir; elle garantit cette même semence nue de l'eau de la pluie qui pourrait la pourrir; et lorsque la semence est mûre, elle lui sert d'aile pour être portée et disséminée au loin par les vents.

AILÉE. Une feuille composée de deux folioles opposées sur le même pétiole s'appelle feuille ailée.

AISSELLE. Angle aigu ou droit, formé par une branche sur une autre branche, ou sur la tige, ou par une feuille sur une branche.

Aléné. Fait en alène.

Alternes. Feuilles qui se trouvent sur divers points de la tige à des distances à peu près égales.

AMANDE. Semence enfermée dans un noyau.

Amentacée. Plante dont les fleurs sont disposées en chaton.

Amplexicaule, dont la base embrasse la tige.

Ancipité. Ayant deux bords opposés plus ou moins tranchants.

ANDROGYNE. Qui porte des fleurs mâles et des fleurs femelles sur le même pied. Ces mots *androgyne* et *monoïque* signifient absolument la même chose : excepté que, dans le premier, on fait plus d'attention au différent sexe des fleurs; et dans le second, à leur assemblage sur le même individu.

ANGIOSPERME, à semences enveloppées. Ce terme d'angiosperme convient également aux fruits à capsule et aux fruits à baie.

ANTHÈRE. Capsule ou boîte portée par le filet de l'étamine, et qui, s'ouvrant au moment de la fécondation, répand la poussière prolifique.

Anthèse. Le temps où tous les organes d'une fleur sont dans leur parfait accroissement.

ANTHOLOGIE. Discours sur les fleurs. C'est le titre d'un livre de Pontedera, dans lequel il combat de toute sa force le système sexuel qu'il eût sans doute adopté lui-même, si les écrits de Vaillant et de Linnæus avaient précédé le sien.

APHRODITES. M. Adanson donne ce nom à des animaux dont chaque individu reproduit son semblable par la génération, mais sans aucun acte extérieur de copulation ou de fécondation, tels que quelques pucerons, les conques, la plupart des vers sans sexe, les insectes qui se reproduisent sans génération, mais par la section d'une partie de leur corps. En ce sens, les plantes qui se multiplient par boutures et par caïeux peuvent être appelées aussi aphrodites. Cette irrégularité, si contraire à la marche ordinaire de la nature, offre bien des difficultés à la définition de l'espèce : est-ce qu'à proprement parler, il n'existerait point d'espèces dans la nature, mais seulement des individus? Mais on peut douter, je crois, s'il est des plantes absolument *aphrodites*, c'est-à-dire qui n'ont réellement point de sexe et ne peuvent se multiplier par copulation. Au reste, il y a cette différence entre ces deux mots *aphrodite* et *asexe*, que le premier s'applique aux plantes qui, n'ayant point de sexe, ne laissent pas de multiplier, au lieu que l'autre ne convient qu'à celles qui sont neutres ou stériles, et incapables de reproduire leur semblable.

APHYLLE. On pourrait dire effeuillé; mais *effeuillé* signifie dont on a ôté les feuilles, et *aphylle*, qui n'en a point.

Appendice. Toute partie qui, fixée à un organe quelconque, paraît additionnelle à la structure ordinaire de cet organe.

ARBRE. Plante d'une grandeur considérable, qui n'a qu'un seul et principal tronc divisé en maîtresses branches.

ARBRISSEAU. Plante ligneuse de moindre taille que l'arbre, laquelle se divise ordinairement dès la racine en plusieurs tiges. Les arbres et les arbrisseaux poussent, en automne, des boutons dans les aisselles des feuilles, qui se développent dans le printemps et s'épanouissent en fleurs et en fruits : différence qui les distingue des sous-arbrisseaux.

Arille. Partie charnue qu'on rencontre dans quelques fruits, et qui n'est qu'une expansion du *cordon ombilical*. Voyez ce mot.

ARTICULÉ. Tige, racines, feuilles, siliques : se dit lorsque quelqu'une de ces parties de la plante se trouve coupée par des nœuds distribués de distance en distance.

Aubier. Nouveau bois qui se forme chaque année sur le corps ligneux.

AXILLAIRE. Qui sort d'une aisselle.

Baccifère, dont le fruit est une baie.

BAIE. Fruit charnu ou succulent à une ou plusieurs loges.

BALLE. Calice dans les graminées.

Bifide. Divisé longitudinalement en deux parties, séparées par un angle rentrant aigu.

Bifide diffère de *bilobé*, en ce qu'au lieu d'un angle aigu, celui-ci a un sinus obtus plus ou moins arrondi.

Bigéminées. Au nombre de quatre, deux à deux, sur un pédoncule commun.

Boulon. Groupe de fleurettes amassées en tête.

Bourgeon. Germe des feuilles et des branches.

Bouton. Germe des fleurs.

Bouton. 1° A bois ou à feuilles appelé vulgairement bourgeon, est celui qui ne doit produire que des feuilles et du bois. 2° Bouton à fleur et fruit, produit l'une et l'autre. 3° Mixte, donne des fleurs, des feuilles et du bois. Les boutons à fruit sont plus gros, plus courts, moins unis, moins pointus que les autres, et leurs écailles sont plus velues en dedans.

Bouture. Est une jeune branche que l'on coupe à certains arbres moelleux, tels que le figuier, le saule, le cognassier, laquelle reprend en terre sans racine. La réussite des boutures dépend plutôt de leur facilité à produire des racines, que de l'abondance de la moelle des branches ; car l'oranger, le buis, l'if et la sabine, qui ont peu de moelle, reprennent facilement de bouture.

Bractées ou *Feuilles floriales.* Petites feuilles qui naissent avec les fleurs, et qui diffèrent toujours des feuilles de la plante.

Branches. Bras pliants et élastiques du corps de l'arbre : ce sont elles qui lui donnent la figure ; elles sont ou alternes, ou opposées, ou verticillées. Le bourgeon s'étend peu à peu en branches posées collatéralement et composées des mêmes parties que la tige ; et l'on prétend que l'agitation des branches causées par le vent est aux arbres ce qu'est aux animaux l'impulsion du cœur. On distingue :

1° Les maîtresses branches, qui tiennent immédiatement au tronc, et d'où partent toutes les autres.

2° Les branches à bois, qui, étant les plus grosses et pleines de boutons plats, donnent la forme à un arbre fruitier, et doivent le conserver en partie.

3° Les branches à fruit sont plus faibles et ont des boutons ronds.

4° Les chiffonnes sont courtes et menues.

5° Les gourmandes sont grosses, droites et longues.

6° Les veules sont longues et ne promettent aucune fécondité.

7° La branche aoûtée est celle qui, après le mois d'août, a pris naissance, s'endurcit, et devient noirâtre.

8° Enfin, la branche de faux bois est grosse à l'endroit où elle devrait être menue, et ne donne aucune marque de fécondité.

Bulbe. Est une racine orbiculaire, composée de plusieurs peaux ou tuniques emboîtées les unes dans les autres. Les bulbes sont plutôt des boutons sous terre que des racines : ils en ont eux-mêmes de véritables, généralement presque cylindriques et rameuses.

Calice. Enveloppe extérieure, ou soutien des autres parties de la fleur, etc. Comme il y a des plantes qui n'ont point de calice, il y en a aussi dont le calice se métamorphose peu à peu en feuilles de la plante, et réciproquement il y en a dont les feuilles de la plante se changent en calice : c'est ce qui se voit dans la famille de quelques renoncules, comme l'anémone, la pulsatille, etc.

Calicule. Petites bractées environnant immédiatement la base externe d'un calice.

Campaniforme, ou Campanulée. (V. Cloche.)

Capillaires. On appelle feuilles capillaires, dans la famille des mousses, celles qui sont déliées comme des cheveux. C'est ce qu'on trouve souvent exprimé

dans le *Synopsis* de Ray, et dans l'*Histoire des mousses* de Dillen, par le mot grec de *Trichodes*.

On donne aussi le nom de capillaires à une branche de la famille des fougères, qui porte comme elle sa fructification sur le dos des feuilles, et ne s'en distingue que par la stature des plantes qui la composent, beaucoup plus petites dans les capillaires que dans les fougères.

La fougère.

Caprification. Fécondation des fleurs femelles d'une sorte de figuier dioïque par la poussière des étamines de l'individu mâle appelé caprifiguier. Au moyen de cette opération de la nature, aidée en cela de l'industrie humaine, les figues ainsi fécondées grossissent, mûrissent, et donnent une récolte meilleure et plus abondante qu'on ne l'obtiendrait sans cela.

La merveille de cette opération consiste en ce que, dans le genre du figuier, les fleurs étant écloses dans le fruit, il n'y a que celles qui sont hermaphrodites ou androgynes qui semblent pouvoir être fécondées; car, quand les sexes sont tout-à-fait séparés, on ne voit pas comment la poussière des fleurs mâles pourrait pénétrer sa propre enveloppe et celle du fruit femelle jusqu'aux pistils qu'elle doit féconder. C'est un insecte qui se charge de ce transport : une sorte de moucheron particulière au caprifiguier y pond, y éclot, s'y couvre de la poussière des étamines, la porte par l'œil de la figue, à travers les écailles qui en

garnissent l'entrée, jusque dans l'intérieur du fruit, et là, cette poussière, ne trouvant plus d'obstacle, se dépose sur l'organe destiné à la recevoir.

L'histoire de cette opération a été détaillée en premier lieu par Théophraste, le premier, le plus savant, ou pour mieux dire, l'unique et vrai botaniste de l'antiquité; et, après lui, par Pline chez les anciens; chez les modernes par Jean Bauhin; puis par Tournefort sur les lieux mêmes; après lui, par Pontedera, et par tous les compilateurs de botanique et d'histoire naturelle, qui n'ont fait que transcrire la relation de Tournefort.

CAPSULAIRES. Les plantes capsulaires sont celles dont le fruit est à capsules. Ray a fait de cette division sa dix-neuvième classe, *Herba vasculifera*.

CAPSULE. Péricarpe sec d'un fruit sec; car on ne donne point, par exemple, le nom de capsule à l'écorce de la grenade, quoique aussi sèche et dure que beaucoup d'autres capsules, parce qu'elle enveloppe un fruit mou.

CAPUCHON (*calyptra*). Coiffe pointue qui couvre ordinairement l'urne des mousses. Le capuchon est d'abord adhérent à l'urne, mais ensuite il se détache et tombe quand elle approche de la maturité.

Caractères des plantes. Parties par lesquelles les végétaux se ressemblent ou diffèrent entre eux. Ils sont *classiques*, *génériques* et *spécifiques*, quand ils forment les classes, les genres et les espèces. Linnée a pris dans les étamines les caractères des classes, les pistils pour les ordres, l'examen de toutes les parties des organes reproductifs de la plante pour les genres, et toutes les parties visibles et palpables pour les espèces.

CARYOPHYLLÉE. Fleur caryophyllée ou en œillet.

Casque. Lèvre supérieure des corolles labiées.

Caulinaire. Ce qui naît immédiatement sur la tige.

CAYEUX. Bulbes par lesquelles plusieurs liliacées et autres plantes se reproduisent.

Chancissure. Assemblage de petits filaments produits par du fumier de mauvaise nature, ou par les racines de quelques plantes malades.

CHATON. Assemblage de fleurs mâles ou femelles, spiralement attachées à un axe, ou réceptacle commun, autour duquel ces fleurs prennent la figure d'une queue de chat. Il y a plus d'arbres à chatons mâles qu'il n'y en a qui aient aussi des chatons femelles.

CHAUME (*culmus*). Nom particulier dont on distingue la tige des graminées de celles des autres plantes, et à qui l'on donne pour caractère propre d'être géniculée et fistuleuse, quoique beaucoup d'autres plantes aient ce même caractère, et que les laiches et divers gramens des Indes ne l'aient pas. On ajoute que le chaume n'est jamais rameux, ce qui néanmoins souffre encore exception dans l'*arundo calamagrostis*, et dans d'autres.

Chevauchantes. Feuilles pliées comme une gouttière aiguë, et appliquées les unes sur les autres, disposées de même que dans l'imbrication : elles sont convexes au lieu d'être angulées par le dos.

Chevelue. Racine chargée d'un grand nombre de fibres déliées.

Cime (en). Les pédoncules communs, partant d'un même point, ont leurs dernières divisions naissantes de points différents. Les fleurs sont élevées ordinairement sur un même plan. (Le sureau.)

Cirrhe. Filament au moyen duquel certaines plantes s'attachent à d'autres corps. (La vigne.)

Coiffe. Enveloppe mince et membraneuse qui recouvre l'urne dans laquelle sont renfermés les organes de la fructification des mousses.

CLOCHE. Fleurs en cloche, ou campaniformes.

Collerette ou *involucre*. Enveloppe commune ou partielle des ombellifères, placée à une certaine distance du lieu où sont insérés les pétales des fleurs.

Collet. Petite couronne qui termine intérieurement la gaîne des feuilles des graminées.

COLORÉ. Les calices, les balles, les écailles, les enveloppes, les parties extérieures des plantes, qui sont vertes ou grises communément, sont dites colorées lorsqu'elles ont une couleur plus éclatante et plus vive que leurs semblables; tels sont les calices de la circée, de la moutarde, de la carline, les enveloppes de l'astrantia. La corolle des ornithogales blancs et jaunes est verte en dessous, et colorée en dessus; les écailles du xéranthème sont si colorées qu'on les prendrait pour des pétales; et le calice du polygala, d'abord très coloré, perd sa couleur peu à peu, et prend enfin celle d'un calice ordinaire.

Complète (fleur). Quand elle a calice, corolle, étamines et pistil.

Comprimé. Quand la largeur des côtés excède l'épaisseur.

Congénère. Qui est du même genre.

Conglobées. Feuilles ou fleurs ramassées en boule.

Conifères. Fleurs ou fruits en forme de cône (le pin). Le cône est un assemblage, arrondi ou ovoïdal, d'écailles coriaces ou ligneuses, imbriquées en tout sens d'une manière plus ou moins serrée autour d'un axe commun caché par elles.

Conjuguées. Deux folioles fixées au sommet d'un pétiole commun, ou sur deux points opposés du même pétiole.

Convolutée. Roulée en dedans par un côté; la feuille fait alors l'entonnoir.

CORDON ombilical, dans les capillaires et fougères.

Cordon ombilical. La saillie que forme le réceptacle d'une graine qu'elle porte ou enveloppe en s'y attachant par un point qu'on nomme *hile*.

CORNET. Sorte de nectaire infundibuliforme.

Corolle. Partie de la fleur qui embrasse immédiatement les parties sexuelles de la plante. C'est un organe en lance ou en tube (suivant que la corolle est monopétale ou polypétale), qui, étant placé en dedans du calice, naît immédiatement en dehors du point ou de la ligne d'insertion des étamines, ou bien les porte attachées par leurs bases à sa paroi interne. L'existence d'une corolle exige, suivant plusieurs botanistes, celle d'un calice. La corolle n'est jamais continue au bord même du calice.

Cortical. Qui appartient à l'écorce.

CORYMBE. Disposition de fleur qui tient le milieu entre l'ombelle et la panicule; les pédicules sont gradués le long de la tige comme dans la panicule, et arrivent tous à la même hauteur, formant à leur sommet une surface plane.

Le corymbe diffère de l'ombelle en ce que les pédicules qui le forment, au lieu de partir du même centre, partent, à différentes hauteurs, de divers points sur le même axe.

CORYMBIFÈRES. Ce mot semblerait devoir désigner les plantes à fleurs en corymbe, comme celui d'*ombellifères* désigne les plantes à fleurs en parasol. Mais l'usage n'a pas autorisé cette analogie, l'acceptation dont je vais parler n'est pas même fort usitée; mais comme elle a été employée par Ray et par d'autres botanistes, il la faut connaître pour les entendre.

Les plantes *corymbifères* sont donc, dans la classe des composées et dans la section des discoïdes, celles qui portent leurs semences nues, c'est-à-dire sans aigrettes ni filets qui les couronnent; tels sont les bidens, les armoises, la tanaisie, etc. On observera que les demi-fleuronnées, à semences nues, comme la

lampsane, l'hyoseris, la catananche, etc., ne s'appellent pas cependant corymbifères parce qu'elles ne sont pas du nombre des *discoïdes*.

Cosse. Péricarpe des fruits légumineux. La cosse est composée ordinairement de deux valvules, et quelquefois n'en a qu'une seule.

Cosson. Nouveau sarment qui croît sur la vigne après qu'elle est taillée.

Cotylédon. Foliole, ou partie de l'embryon, dans laquelle s'élaborent et se préparent les sucs nutritifs de la nouvelle plante.

Les cotylédons, autrement appelés feuilles séminales, sont les premières parties de la plante qui paraissent hors de la terre, lorsqu'elle commence à végéter. Ces premières feuilles sont très souvent d'une autre forme que celles qui les suivent, et qui sont les véritables feuilles de la plante. Car, pour l'ordinaire, les cotylédons ne tardent pas à se flétrir et à tomber peu après que la plante est levée, et qu'elle reçoit par d'autres parties une nourriture plus abondante que celle qu'elle tirait par eux de la substance même de la semence.

Il y a des plantes qui n'ont qu'un cotylédon, et qui, pour cela, s'appellent monocotylédones, tels sont les palmiers, les liliacées, les graminées, et d'autres plantes : le plus grand nombre en ont deux, et s'appellent dicotylédones ; si d'autres en ont davantage, elles s'appelleront polycotylédones. Les acotylédones sont celles qui n'ont pas de cotylédons, telles que les fougères, les mousses, les champignons, et toutes les cryptogames.

Ces différences de la germination ont fourni à Ray, à d'autres botanistes, et en dernier lieu à MM. de Jussieu et Haller, la première ou plus grande division naturelle du règne végétal.

Mais, pour classer les plantes suivant cette méthode, il faut les examiner sortant de terre dans leur première germination, et jusque dans la semence même ; ce qui est souvent fort difficile, surtout pour les plantes marines et aquatiques, et pour les arbres et plantes étrangères ou alpines qui refusent de germer et naître dans nos jardins.

Couronné. Fruit qui, provenant d'un ovaire infère, conserve à son sommet une partie ou la totalité du limbe du calice.

Crucifère ou Cruciforme, disposé en forme de croix. On donne spécialement le nom de crucifère à une famille de plantes dont le caractère est d'avoir des fleurs composées de quatre pétales disposées en croix, sur un calice composé d'autant de folioles, et, autour du pistil, six étamines, dont deux, égales entre elles, sont plus courtes que les quatre autres, et les divisent également.

Cryptogame. Dont les organes sexuels sont cachés, douteux ou difficiles à connaître. On ferait mieux d'appeler les plantes de ce genre *agames*, puisqu'elles n'ont ni étamines ni pistils.

Culmifère. Plante dont la tige est un chaume. (Les graminées.)

Cunéiforme. Rétréci de haut en bas en angle aigu.

Cupules. Sortes de p tites calottes ou coupes qui naissent le plus souvent sur plusieurs lichens et algues, et dans le creux desquelles on voit les semences naître et se former, surtout dans le genre appelé jadis hépatique des fontaines, et aujourd'hui marchantia.

Cylindrique. Ce qui est d'une forme allongée, de même grosseur dans sa longueur, et sans angles.

Cyme ou Cymier. Sorte d'ombelle, qui n'a rien de régulier, quoique tous ses rayons partent du même centre ; telles sont les fleurs de l'obier, du chèvrefeuille, etc.

Décourante. Feuille dont les deux bords se prolongent avec saillie sur la tige au-dessous de son point détaché.

Déhiscence. Manière dont une partie close de toutes parts s'ouvre.

Demi-Fleuron C'est le nom donné par Tournefort, dans les fleurs composées, aux fleurons échancrés qui garnissent le disque des lactucées, et à ceux qui forment le contour des radiées. Quoique ces deux sortes de demi-fleurons soient exactement de même figure, et pour cela confondues sous le même nom par les botanistes, ils diffèrent pourtant essentiellement en ce que les premiers ont toujours des étamines, et que les autres n'en ont jamais. Les demi-fleurons, de même que les fleurons, sont toujours supères, et portés par la semence, qui est portée à son tour par le disque, ou réceptacle de la fleur. Le demi-fleuron est formé de deux parties : l'inférieure, qui est un tube ou cylindre très court, et la supérieure qui est plane, taillée en languette, et à qui l'on en donne le nom. (Voyez FLEURON, FLEUR.)

Feuille digitée du marronnier.

Denté. Ce dont les bords offrent de petites et courtes saillies.

Diadelphes. Etamines réunies en deux corps par leurs filets : un de ceux-ci pouvant être solitaire.

Diadelphie, signifie deux frères. *Voyez* la 17e classe du système.

Diécie ou **Dioécie**, habitation séparée. On donne le nom de diécie à une classe de plantes composée de toutes celles qui portent leurs fleurs mâles sur un pied, et leurs fleurs femelles sur un autre pied.

Digité. Une feuille est digitée, lorsque ses folioles partent toutes du sommet de son pétiole comme d'un centre commun. Telle est, par exemple, la feuille du marronnier d'Inde.

Digyne. Fleur ayant deux pistils, ou deux styles, ou deux stigmates sessiles.

Dioïque. Toutes les plantes de la diécie sont dioïques.

Diptère. Ayant deux ailes.

Disperme. Fruit renfermant deux graines, tantôt *opposées* l'une à côté de l'autre, tantôt *surposées* l'une au-dessus de l'autre.

Disque. Corps intermédiaire qui tient la fleur ou quelques-unes de ses parties élevées au-dessus du vrai réceptacle.

Quelquefois on appelle disque le réceptacle même, comme dans les composées; alors on distingue la surface du réceptacle, ou le disque, du contour qui le borde, et qu'on nomme rayon.

Disque est aussi un corps charnu qui se trouve dans quelques genres de plantes au fond du calice, dessous l'embryon; quelquefois les étamines sont attachées autour de ce disque.

Divergents. Pédoncules qui ont un point d'insertion commun et s'écartent ensuite.

Dodécagyne. Fleur ayant douze pistils, styles ou stigmates sessiles.

Dorsifères. Feuilles qui portent sur leur dos les parties de la fructification. (Les fougères.)

Drageons. Branches enracinées qui tiennent au pied d'un arbre, ou au tronc, dont on ne peut les arracher sans l'éclater.

Droupe. Fruit charnu renfermant une seule noix. (Cerise, olive.)

Ecailles ou Paillettes. Petites languettes paléacées, qui, dans plusieurs genres de fleurs composées, implantées sur le réceptacle, distinguent et séparent les fleurons : quand les paillettes sont de simples filets, on les appelle des poils; mais quand elles ont quelque largeur, elles prennent le nom d'écailles.

Il est singulier, dans le xéranthème à fleur double, que les écailles autour du disque s'allongent, se colorent, et prennent l'apparence de vrais demi-fleurons, au point de tromper à l'aspect quiconque n'y regarderait pas de bien près.

On donne très souvent le nom d'écailles aux calices des chatons et des cônes : on le donne aussi aux folioles des calices imbriqués des fleurs en tête, tels que les chardons, les jacées, et à celles des calices de substance sèche et scarieuse du xéranthème et de la catananche.

La tige des plantes, dans quelques espèces, est aussi chargée d'écailles : ce sont des rudiments coriaces de feuilles, qui quelquefois en tiennent lieu, comme dans l'orobanche et le tussilage.

Enfin, on appelle encore écailles les enveloppes imbriquées des balles de plusieurs liliacées, et les balles ou calices aplatis des schœnus, et d'autres graminacées.

Echancré. Dont le sommet a un petit sinus ou angle rentrant.

Ecorce. Vêtement ou partie enveloppante du tronc et des branches d'un arbre. L'écorce est moyenne entre l'épiderme à l'extérieur, et le *liber* à l'intérieur; ces trois enveloppes se réunissent souvent dans l'usage vulgaire, sous le nom commun d'écorce.

Ecusson. Petits tubercules ou petites concavités des lichens, dans le temps de leur fructification.

Edule (*edulis*), bon à manger. Ce mot est du nombre de ceux qu'il est à désirer qu'on fasse passer du latin dans la langue universelle de la botanique.

Embryon. Le jeune fruit qui renferme en petit la plante. Il est ou droit, ou

courbé, ou roulé en spirale. L'une de ses extrémités est formée par la *radicule* (principe d'une racine), l'autre est constitué par le *cotylédon*, dont la base interne donne naissance à la plumule. Nul embryon végétal ne peut exister sans cotyledon.

Enodé. Sans nœuds.

Ensiforme. En forme d'épée.

ENTRE-NOEUDS. Ce sont, dans les chaumes des graminées, les intervalles qui séparent les nœuds d'où naissent les feuilles. Il y a quelques gramens, mais en bien petit nombre, dont le chaume, nu d'un bout à l'autre, est sans nœud, et, par conséquent, sans entre-nœuds, tel, par exemple, que l'*aira cœrulea*.

ENVELOPPE. Espèce de calice qui contient plusieurs fleurs, comme dans le pied-de-veau, le figuier, les fleurs à fleurons. Les fleurs garnies d'une enveloppe ne sont pas pour cela dépourvues de calice.

EPERON. Protubérance, en forme de cône droit ou recourbé, faite dans plusieurs sortes de fleurs par le prolongement du nectaire; tels sont les éperons des orchis, des linaires, des ancolies, des pieds-d'alouette, de plusieurs géraniums et de beaucoup d'autres plantes.

EPI. Forme de bouquet dans laquelle les fleurs sont attachées autour d'un axe, ou réceptacle commun, formé par l'extrémité du chaume ou de la tige unique. Quand les fleurs sont pédiculées, pourvu que tous les pédicules soient simples et attachés immédiatement à l'axe, le bouquet s'appelle toujours épi; mais dans l'épi, rigoureusement pris, les fleurs sont sessiles.

EPIDERME (l') est la peau fine extérieure qui enveloppe les couches corticales; c'est une membrane très fine, transparente, ordinairement sans couleur, élastique et un peu poreuse.

Epigyne. Inséré sur le sommet de l'ovaire, qui est alors infère.

ESPÈCE. Réunion de plusieurs variétés ou individus sous un caractère commun qui les distingue de toutes les autres plantes du même genre.

ETAMINES. Agents masculins de la fécondation : leur forme est ordinairement celle d'un filet qui supporte une tête appelée anthère ou sommet. Cette anthère est une espèce de capsule qui contient la poussière prolifique : cette poussière s'échappe, soit par explosion, soit par dilatation, et va s'introduire dans le stigmate pour être portée jusqu'aux ovaires qu'elle féconde. Les étamines varient par la forme et par le nombre.

ETENDARD. Pétale supérieur des fleurs légumineuses.

Etiolée. Branche qui s'élève à une hauteur extraordinaire, sans prendre de couleur ni de grosseur. L'étiolement est une maladie des plantes, causée par la privation de la lumière et de l'air; elles périssent avant de donner des fruits.

Excrétion des plantes. Dissipation de liqueurs superflues faite à l'aide de certains vaisseaux que l'on nomme *conduits excréteurs* ou *vaisseaux excrétoires*.

Exert. Saillant au dehors de la partie contenante.

Exotique. Plante étrangère au climat qu'elle habite.

Extraxillaire. Qui ne naît pas dans l'aisselle même des fleurs.

Famille. Linnée a divisé tous les végétaux en sept familles : 1° les champignons; 2° les algues; 3° les mousses; 4° les fougères; 5° les graminées; 6° les palmiers; 7° les plantes. Une famille est une série de genres dont l'affinité réside dans l'ensemble des rapports tirés de toutes leurs parties, notamment de celles de leur fructification.

FANE. La fane d'une plante est l'assemblage des feuilles d'en-bas.

Fasciculées. Feuilles ramassées comme en paquet par le raccourcissement du ramoncule qui les porte.

Fastigiés. (Rameaux ou fleurs), terminés à la même hauteur.

FÉCONDATION. Opération naturelle par laquelle les étamines portent, au moyen du pistil, jusqu'à l'ovaire le principe de vie nécessaire à la maturation des semences et à leur germination.

FEUILLES. Sont des organes nécessaires aux plantes pour pomper l'humidité de l'air pendant la nuit et faciliter la transpiration durant le jour : elles suppléent encore dans les végétaux au mouvement progressif et spontané des animaux, en donnant prise au vent pour agiter les plantes et les rendre plus robustes. Les plantes alpines, sans cesse battues du vent et des ouragans, sont toutes fortes et vigoureuses : au contraire, celles qu'on élève dans un jardin ont un air trop calme, y prospèrent moins, et souvent languissent et dégénèrent.

Fibreux. Dont la chair ou le péricarpe est rempli de filaments plus ou moins tenaces.

FILET. Pédicule qui soutient l'étamine. On donne aussi le nom de filet aux poils qu'on voit sur la surface des tiges, des feuilles, et même des fleurs de plusieurs plantes.

Filipendule. Qui pend comme un fil.

Fistuleux. Allongé, cylindrique et creux, mais clos par les deux bouts.

FLEUR. Si je livrais mon imagination aux douces sensations que ce mot semble appeler, je pourrais faire un article agréable peut-être aux bergers, mais fort mauvais pour les botanistes : écartons donc un moment les vives couleurs, les odeurs suaves, les formes élégantes, pour chercher premièrement à bien connaître l'être organisé qui les rassemble. Rien ne paraît d'abord plus facile : qui est-ce qui croit avoir besoin qu'on lui apprenne ce que c'est qu'une fleur ? « Quand on ne me demande pas ce que c'est que le temps, disait saint Augustin, je le sais fort bien ; je ne le sais plus quand on me le demande. » On en pourrait dire autant de la fleur et peut-être de la beauté même, qui, comme elle, est la rapide proie du temps. En effet, tous les botanistes qui ont voulu donner jusqu'ici des définitions de la fleur ont échoué dans cette entreprise, et les plus illustres, tels que MM. Linnæus, Haller, Adanson, qui sentaient mieux la difficulté que les autres, n'ont pas même tenté de la surmonter, et ont laissé la fleur à définir. Le premier a bien donné, dans sa *Philosophie botanique*, les définitions de Jungius, de Ray, de Tournefort, de Pontedera, de Ludwig, mais sans en adopter aucune et sans en proposer de son chef.

Avant lui, Pontedera avait bien senti et bien exposé cette difficulté ; mais il ne put résister à la tentation de la vaincre. Le lecteur pourra bientôt juger du succès. Disons maintenant en quoi cette difficulté consiste, sans néanmoins compter, si je tente à mon tour de lutter contre elle, de réussir mieux qu'on n'a fait jusqu'ici.

On me présente une rose, et l'on me dit : Voilà une fleur. C'est me la montrer, je l'avoue, mais ce n'est pas la définir, et cette inspection ne me suffira pas pour décider, sur toute autre plante, si ce que je vois est ou n'est pas la fleur ; car il y a une multitude de végétaux qui n'ont, dans aucune de leurs parties, la couleur apparente que Ray, Tournefort, Jungius, font entrer dans la définition de la fleur, et qui pourtant portent des fleurs non moins réelles que celles du rosier, quoique bien moins apparentes.

On prend généralement pour la fleur la partie colorée de la fleur qui est la corolle, mais on s'y trompe aisément : il y a des bractées et d'autres organes autant et plus colorés que la fleur même et qui n'en font point partie, comme on le voit dans l'ormin, dans le blé-de-vache, dans plusieurs amaranthes et chenopodium ; il y a des multitudes de fleurs qui n'ont point du tout de corolle, d'autres qui l'ont sans couleur, si petite et si peu apparente, qu'il n'y a qu'une

recherche bien soigneuse qui puisse l'y faire trouver. Lorsque les blés sont en fleur, y voit-on des pétales colorés? en voit-on dans les mousses, dans les graminées? en voit-on dans les chatons du noyer, du hêtre et du chêne, dans l'aune, dans le noisetier, dans le pin, et dans ces multitudes d'arbres et d'herbes qui n'ont que des fleurs à étamines? Ces fleurs néanmoins n'en portent pas moins le nom de fleur : l'essence de la fleur n'est donc pas dans la corolle.

Elle n'est pas non plus séparément dans aucune des autres parties constituantes de la fleur, puisqu'il n'y a aucune de ces parties qui ne manque à quel-

Fleur.

ques espèces de fleurs : le calice manque, par exemple, à presque toute la famille des liliacées, et l'on ne dira pas qu'une tulipe ou un lis ne sont pas une fleur. S'il y a quelques parties plus essentielles que d'autres à une fleur, ce sont certainement le pistil et les étamines : or, dans toute la famille des cucurbitacées, et même dans toute la classe des monoïques, la moitié des fleurs sont sans pistil, l'autre moitié sans étamines, et cette privation n'empêche pas qu'on ne les nomme et qu'elles ne soient les unes et les autres de véritables fleurs. L'essence de la fleur ne consiste donc, ni séparément dans quelques-unes de ses parties dites constituantes, ni même dans l'assemblage de toutes ces parties. En quoi donc consiste proprement cette essence? Voilà la question, voilà la difficulté, et voici la solution par laquelle Pontedera a tâché de s'en tirer.

La fleur, dit-il, est une partie de la plante, différente des autres par sa nature et par sa forme, toujours adhérente et utile à l'embryon, si la fleur a un pistil, et, si le pistil manque, ne tenant à nul embryon.

Cette définition pèche, ce me semble, en ce qu'elle embrasse trop; car, lorsque le pistil manque, la fleur n'ayant plus d'autres caractères que de différer des autres parties de la plante par sa nature et par sa forme, on pourra donner ce nom aux bractées, aux stipules, aux nectarium, aux épines, et à tout ce qui n'est ni feuilles ni branches; et quand la corolle est tombée et que le fruit approche de sa maturité, on pourrait encore donner le nom de fleur au calice et au réceptacle, quoique réellement il n'y ait alors plus de fleur. Si donc cette définition convient *omni*, elle ne convient pas *soli*, et manque par là d'une des deux principales conditions requises : elle laisse d'ailleurs un vide dans l'esprit, qui est le plus grand défaut qu'une définition puisse avoir; car, après avoir assigné l'usage de la fleur au profit de l'embryon quand elle y adhère, elle fait supposer totalement inutile celle qui n'y adhère pas, et cela remplit mal l'idée que le botaniste doit avoir du concours des parties et de leur emploi dans le jeu de la machine organique.

Je crois que le défaut général vient ici d'avoir considéré la fleur comme une substance absolue, tandis qu'elle n'est, ce me semble, qu'un être collectif et relatif; et d'avoir trop raffiné sur les idées, tandis qu'il fallait se borner à celle qui se présentait naturellement. Selon cette idée, la fleur ne me paraît être que l'état passager des parties de la fructification durant la fécondation du germe : de là suit que, quand toutes les parties de la fructification seront réunies, il n'y aura qu'une fleur; quand elles seront séparées, il y en aura autant qu'il y a de parties essentielles à la fécondation; et, comme ces parties essentielles ne sont qu'au nombre de deux, savoir, le pistil et les étamines, il n'y aura, par conséquent, que deux fleurs, l'une mâle et l'autre femelle, qui soient nécessaires à la fructification. On en peut cependant supposer une troisième qui réunirait les sexes séparés dans les deux autres; mais alors, si toutes ces fleurs étaient également fertiles, la troisième rendrait les deux autres superflues et pourrait seule suffire à l'œuvre, ou bien il y aurait réellement deux fécondations, et nous n'examinons ici la fleur que dans une.

La fleur n'est donc que le foyer et l'instrument de la fécondation : une seule suffit quand elle est hermaphrodite; quand elle n'est que mâle ou femelle, il en faut deux : savoir, une de chaque sexe; et si l'on fait entrer d'autres parties, comme le calice et la corolle, dans la composition de la fleur, ce ne peut être comme essentielles, mais seulement comme nutritives et conservatrices de celles qui le sont. Il y a des fleurs sans calice; il y en a sans corolle; il y en a même sans l'un et sans l'autre : mais il n'y en a point, et il n'y en saurait avoir qui soient en même temps sans pistil et sans étamines.

La fleur est une partie locale et passagère de la plante qui précède la fécondation du germe, et dans laquelle ou par laquelle elle s'opère.

Je ne m'étendrai pas à justifier ici tous les termes de cette définition qui peut-être n'en vaut pas la peine; je dirai seulement que le mot *précède* m'y paraît essentiel, parce que le plus souvent la corolle s'ouvre et s'épanouit avant que les anthères s'ouvrent à leur tour; et, dans ce cas, il est incontestable que la fleur préexiste à l'œuvre de la fécondation. J'ajoute que cette fécondation s'opère *dans elle* ou *par elle*, parce que, dans les fleurs mâles des plantes androgynes et dioïques, il ne s'opère aucune fructification, et qu'elles n'en sont pas moins des fleurs pour cela.

Voilà, ce me semble, la notion la plus juste qu'on puisse se faire de la fleur, et la seule qui ne laisse aucune prise aux objections qui renversent toutes les autres définitions qu'on a tenté d'en donner jusqu'ici : il faut seulement ne pas prendre trop strictement le mot *durant*, que j'ai employé dans la mienne; car, même avant que la fécondation du germe soit commencée, on peut dire que la fleur existe aussitôt que les organes sexuels sont en évidence; c'est-à-dire aussitôt que la corolle est épanouie; et d'ordinaire les anthères ne s'ouvrent pas à

la poussière séminale, dès l'instant que la corolle s'ouvre aux anthères. Cependant la fécondation ne peut commencer avant que les anthères soient ouvertes: de même l'œuvre de la fécondation s'achève souvent avant que la corolle se flétrisse et tombe; or, jusqu'à cette chute, on peut dire que la fleur existe encore. Il faut donc donner nécessairement un peu d'extension au mot *durant*, pour pouvoir dire que la fleur et l'œuvre de la fécondation commencent et finissent ensemble.

Comme généralement la fleur se fait remarquer par sa corolle, partie bien plus apparente que les autres par la vivacité de ses couleurs, c'est dans cette corolle aussi qu'on fait machinalement consister l'essence de la fleur; et les botanistes eux-mêmes ne sont pas toujours exempts de cette petite illusion, car souvent ils emploient le mot de fleur pour celui de corolle; mais ces petites impropriétés d'inadvertance importent peu quand elles ne changent rien aux idées qu'on a des choses quand on y pense. De là ces mots de fleurs monopétales, polypétales, de fleurs labiées, personnées, de fleurs régulières, irrégulières, etc., qu'on trouve fréquemment dans les livres même d'instruction. Cette petite impropriété était non-seulement pardonnable, mais presque forcée à Tournefort et à ses contemporains, qui n'avaient pas encore le mot de corolle, et l'usage s'en est conservé depuis eux par l'habitude, sans grand inconvénient; mais il ne serait pas permis à moi qui remarque cette incorrection de l'imiter ici : ainsi je renvoie au mot COROLLE à parler de ses formes diverses et de ses divisions.

Mais je dois parler ici des fleurs composées et simples, parce que c'est la fleur même et non la corolle qui se compose, comme on le va voir après l'exposition des parties de la fleur simple.

On divise cette fleur en complète et incomplète. La fleur complète est celle qui contient toutes les parties essentielles et concourantes à la fructification, et ces parties sont au nombre de quatre : deux essentielles, savoir, le pistil et l'étamine, ou les étamines; et deux accessoires ou concourantes, savoir, la corolle et le calice; à quoi l'on doit ajouter le disque ou réceptacle qui porte le tout.

La fleur est complète quand elle est composée de toutes ses parties; quand il lui en manque quelqu'une, elle est incomplète. Or, la fleur incomplète peut manquer non-seulement de corolle et de calice, mais même de pistil ou d'étamines; et, dans ce dernier cas, il y a toujours une autre fleur, soit sur le même individu, soit sur un différent, qui porte l'autre partie essentielle qui manque à celle-ci; de là, la division en fleurs hermaphrodites, qui peuvent être complètes ou ne l'être pas, et en fleurs purement mâles ou femelles, qui sont toujours incomplètes.

La fleur hermaphrodite incomplète n'en est pas moins parfaite pour cela, puisqu'elle se suffit à elle-même pour opérer la fécondation; mais elle ne peut être appelée complète, puisqu'elle manque de quelqu'une des parties de celles qu'on appelle ainsi. Une rose, un œillet, sont, par exemple, des fleurs parfaites et complètes, parce qu'elles sont pourvues de toutes ces parties. Mais une tulipe, un lis, ne sont point des fleurs complètes, quoique parfaites, parce qu'elles n'ont point de calice. De même la jolie petite fleur appelée paronychia est parfaite comme hermaphrodite; mais elle est incomplète, parce que, malgré sa riante couleur, il lui manque une corolle.

Je pourrais, sans sortir encore de la section des fleurs simples, parler ici des fleurs régulières, et des fleurs appelées irrégulières. Mais, comme ceci se rapporte principalement à la corolle, il vaut mieux sur cet article renvoyer le lecteur à ce mot. Reste donc à parler des oppositions que peut souffrir ce nom de fleur simple.

Toute fleur d'où résulte une seule fructification est une fleur simple. Mais si d'une seule fleur résultent plusieurs fruits, cette fleur s'appellera composée, et cette pluralité n'a jamais lieu dans les fleurs qui n'ont qu'une corolle. Ainsi toute fleur composée a nécessairement non-seulement plusieurs pétales, mais plusieurs corolles; et, pour que la fleur soit réellement composée, et non pas

une seule agrégation de plusieurs fleurs simples, il faut que quelqu'une des parties de la fructification soit commune à tous les fleurons composants, et manque à chacun d'eux en particulier.

Je prends, par exemple, une fleur de laiteron, et la voyant remplie de plusieurs petites fleurettes, je me demande si c'est une fleur composée. Pour savoir cela, j'examine toutes les parties de la fructification l'une après l'autre, et je trouve que chaque fleurette a des étamines, un pistil, une corolle, mais qu'il n'y a qu'un seul réceptacle en forme de disque qui les reçoit toutes, et qu'il n'y a qu'un seul grand calice qui les environne; d'où je conclus que la fleur est composée, puisque deux parties de la fructification, savoir, le calice et le réceptacle, sont communes à toutes et manquent à chacune en particulier.

Je prends ensuite une fleur de scabieuse où je distingue aussi plusieurs fleurettes; je l'examine de même, et je trouve que chacune d'elles est pourvue en son particulier de toutes les parties de la fructification, sans en excepter le calice et même le réceptacle, puisqu'on peut regarder comme tel le second calice qui sert de base à la semence. Je conclus donc que la scabieuse n'est point une fleur composée, quoiqu'elle rassemble comme elles plusieurs fleurettes sur un même disque et dans un même calice.

Comme ceci pourtant est sujet à dispute, surtout à cause du réceptacle, on tire des fleurettes mêmes un caractère plus sûr, qui convient à toutes celles qui constituent proprement une fleur composée et qui ne convient qu'à elles; c'est d'avoir cinq étamines réunies en tube ou cylindre par leurs anthères autour du style, et divisées par leurs cinq filets au bas de la corolle; toute fleur dont les fleurettes ont leurs anthères ainsi disposées est donc une fleur composée, et toute fleur où l'on ne voit aucune fleurette de cette espèce n'est point une fleur composée, et ne porte même au singulier qu'improprement le nom de fleur, puisqu'elle est réellement une agrégation de plusieurs fleurs.

Ces fleurettes partielles qui ont ainsi leurs anthères réunies, et dont l'assemblage forme une fleur véritablement composée, sont de deux espèces : les unes, qui sont régulières et tubulées, s'appellent proprement fleurons; les autres, qui sont échancrées et ne présentent par le haut qu'une languette plane et le plus souvent dentelées, s'appellent demi-fleurons; et des combinaisons de ces deux espèces dans la fleur totale résultent trois sortes principales de fleurs composées, savoir, celles qui ne sont garnies que de fleurons, celles qui ne sont garnies que de demi-fleurons, et celles qui sont mêlées des uns et des autres.

Les fleurs à fleurons ou fleurs fleuronnées se divisent encore en deux espèces, relativement à leur forme extérieure. Celles qui présentent une figure arrondie en manière de tête, et dont le calice approche de la forme hémisphérique, s'appellent fleurs en tête, *capitati* : tels sont, par exemple, les *chardons*, les *artichauts*, la *chaussetrape*.

Celles dont le réceptacle est plus aplati, en sorte que leurs fleurons forment avec le calice une figure à peu près cylindrique, s'appellent fleurs en disque, *discoïdei* : la *santoline*, par exemple, et *l'eupatoire*, offrent des fleurs en disque ou discoïdes.

Les fleurs à demi-fleurons s'appellent demi-fleuronnées, et leur figure extérieure ne varie pas assez régulièrement pour offrir une division semblable à la précédente. Le *salsifis*, la *scorsonère*, le *pissenlit*, la *chicorée*, ont des fleurs demi-fleuronnées.

A l'égard des fleurs mixtes, les demi-fleurons ne s'y mêlent pas parmi les fleurons, en confusion, sans ordre; mais les fleurons occupent le centre du disque, les demi-fleurons en garnissent la circonférence et forment une couronne à la fleur, et ces fleurs ainsi couronnées portent le nom de *fleurs radiées*. Les *reines-marguerites* et tous les *asters*, le *souci*, les *soleils*, la *poire-de-terre*, portent tous des fleurs radiées.

Toutes ces sections forment encore, dans les fleurs composées, relativement au sexe des fleurons, d'autres divisions dont il sera parlé dans l'article *Fleuron*.

Les fleurs simples ont une autre sorte d'opposition dans celles qu'on appelle fleurs doubles ou pleines.

La fleur double est celle dont quelqu'une des parties est multipliée au delà de son nombre naturel, mais sans que cette multiplication nuise à la fécondation du germe.

Les fleurs se doublent rarement par le calice, presque jamais par les étamines. Leur multiplication la plus commune se fait par la corolle. Les exemples es plus fréquents en sont dans les fleurs polypétales, comme œillets, anémones, renoncules; les fleurs monopétales se doublent moins communément. Cependant on voit assez souvent des campanules, des primevères, des auricules, et surtout des jacinthes à fleur double.

Ce nom de fleur double ne marque pas dans le nombre des pétales une simple duplication, mais une multiplication quelconque. Soit que le nombre des pétales devienne double, triple, quadruple, etc., tant qu'ils ne multiplient pas au point d'étouffer la fructification, la fleur garde toujours le nom de fleur double; mais, lorsque les pétales trop multipliés font disparaître les étamines et avorter le germe, alors la fleur perd le nom de fleur double et prend celui de fleur pleine.

On voit par là que la fleur double est encore dans l'ombre de la nature, mais que la fleur pleine n'y est plus, et n'est qu'un véritable monstre.

Quoique la plus commune plénitude des fleurs se fasse par les pétales, il y en a néanmoins qui se remplissent par le calice, et nous en avons un exemple bien remarquable dans l'*immortelle*, appelée *xéranthème*. Cette fleur, qui paraît radiée et qui réellement est discoïde, porte, ainsi que la *carline*, un calice imbriqué, dont le rang intérieur a ses folioles longues et colorées; et cette fleur, quoique composée, double et multiplie tellement par ses brillantes folioles, qu'on les prendrait, garnissant la plus grande partie du disque, pour autant de demi-fleurons.

Ces fausses apparences abusent souvent les yeux de ceux qui ne sont pas botanistes; mais quiconque est initié dans l'intime structure des fleurs ne peut s'y tromper un moment. Une fleur demi-fleuronnée ressemble extérieurement à une fleur polypétale pleine; mais il y a toujours cette différence essentielle, que, dans la première, chaque demi-fleuron est une fleur parfaite qui a son embryon, son pistil et ses étamines; au lieu que, dans la fleur pleine, chaque pétale multiplié n'est toujours qu'un pétale qui ne porte aucune des parties essentielles à la fructification. Prenez l'un après l'autre les pétales d'une renoncule simple, ou double, ou pleine, vous ne trouverez dans aucun nulle autre chose que le pétale même; mais, dans le pissenlit, chaque demi-fleuron garni d'un style entouré d'étamines n'est pas un simple pétale, mais une véritable fleur.

On me présente une fleur de nymphéa jaune, et l'on me demande si c'est une composée ou une fleur double. Je réponds que ce n'est ni l'un ni l'autre. Ce n'est pas une composée, puisque les folioles qui l'entourent ne sont pas des demi-fleurons; et ce n'est pas une fleur double, parce que la duplication n'est l'état naturel d'aucune fleur, et que l'état naturel de la fleur de nymphéa jaune est d'avoir plusieurs enceintes de pétales autour de son embryon. Ainsi cette multiplicité n'empêche pas le nymphéa jaune d'être une fleur simple.

La constitution commune au plus grand nombre des fleurs est d'être hermaphrodites; et cette constitution paraît en effet la plus convenable au règne végétal, où les individus dépourvus de tout mouvement progressif et spontané ne peuvent s'aller chercher l'un l'autre quand les sexes sont séparés. Dans les arbres et les plantes où ils le sont, la nature, qui sait varier ses moyens, a pourvu à cet obstacle : mais il n'en est pas moins vrai généralement que des êtres immobiles doivent, pour perpétuer leur espèce, avoir en eux-mêmes tous les instruments propres à cette fin.

Fleur mutilée. Est celle qui, pour l'ordinaire, par défaut de chaleur, perd ou ne produit point la corolle qu'elle devrait naturellement avoir. Quoique cette mutilation ne doive point faire espèce, les plantes où elle a lieu se distinguent néanmoins, dans la nomenclature, de celles de même espèce qui sont complètes,

comme on peut le voir dans plusieurs espèces de *quamoclits*, de *cucubales*, de *tussilages*, de *campanules*, etc.

Fleurette. Petite fleur complète qui entre dans la structure d'une fleur agrégée.

Fleuron. Petite fleur incomplète qui entre dans la structure d'une fleur composée. (Voyez Fleur.)

Voici quelle est la structure naturelle des fleurons composants :

1. Corolle monopétale tubulée à cinq dents, supère.
2. Pistil allongé, terminé par deux stigmates réfléchis.
3. Cinq étamines, dont les filets sont séparés par le bas, mais formant, par l'adhérence de leurs anthères, un tube autour du pistil.
4. Semence nue, allongée, ayant pour base le réceptacle commun, et servant elle-même par son sommet, de réceptacle à la corolle.
5. Aigrette de poils ou d'écailles couronnant la semence, et figurant un calice à la base de la corolle. Cette aigrette pousse de bas en haut la corolle, la détache, et la fait tomber lorsqu'elle est flétrie, et que la semence accrue approche de sa maturité.

Cette structure commune et générale des fleurons souffre des exceptions dans plusieurs genres de composées, et ces différences constituent même des sections qui forment autant de branches dans cette nombreuse famille.

Celles de ces différences qui tiennent à la structure même des fleurons ont été ci-devant expliquées au mot *fleur*. J'ai maintenant à parler de celles qui ont rapport à la fécondation.

L'ordre commun des fleurons dont je viens de parler est d'être hermaphrodites, et ils se fécondent par eux-mêmes. Mais il y en a d'autres qui, ayant des étamines et n'ayant point de germe, portent le nom de mâles; d'autres qui ont un germe et n'ont point d'étamines s'appellent fleurons femelles; d'autres qui n'ont ni germe ni étamines, ou dont le germe imparfait avorte toujours, portent le nom de neutres.

Ces diverses espèces de fleurons ne sont pas indifféremment entremêlées dans les fleurs composées; mais leurs combinaisons méthodiques et régulières sont toujours relatives ou à la plus sûre fécondation, ou à la plus abondante fructification, ou à la plus pleine maturation des graines.

Foliole. Feuille partielle de la feuille composée. Chaque pièce d'un calice polyphylle est nommée foliole.

Follicule. Fruit géminé, provenant d'un seul pistil bipartible jusqu'à la base. Il n'appartient qu'aux *apocynées*.

Frangé. Ayant à ses bords des découpures très fines.

Fructification. Ce mot se prend toujours dans un sens collectif, et comprend non-seulement l'œuvre de la fécondation du germe et de la maturation du fruit, mais l'assemblage de tous les instruments naturels destinés à cette opération.

Fruit. Dernier produit de la végétation dans l'individu, contenant les semences qui doivent la renouveler par d'autres individus. La semence n'est ce dernier produit que quand elle est seule et nue. Quand elle ne l'est pas, elle n'est que partie du fruit.

Fruit. Ce mot a, dans la botanique, un sens beaucoup plus étendu que dans l'usage ordinaire. Dans les arbres, et même dans d'autres plantes, toutes les semences, ou leurs enveloppes bonnes à manger, portent en général le nom de fruit. Mais, en botanique, ce même nom s'applique plus généralement encore à tout ce qui résulte, après la fleur, de la fécondation du germe. Ainsi le fruit n'est proprement autre chose que l'ovaire fécondé, et cela, soit qu'il se mange ou ne se mange pas, soit que la semence soit déjà mûre ou qu'elle ne le soit pas encore.

Fusiforme. En forme de fuseau.

Gaine. Expansion de la partie inférieure d'une feuille, par laquelle celle-ci enveloppe la tige.

Gélatineux. De la consistance d'une gelée.

Géminées. Naissant deux ensemble du même lieu, ou rapprochées deux à deux.

Gemmation. Tout ce qui concerne le bourgeonnement des plantes vivaces et ligneuses

GENRE. Réunion de plusieurs espèces sous un caractère commun qui les distingue de toutes les autres plantes.

GERME, embryon, ovaire, fruit. Ces termes sont si près d'être synonymes, qu'avant d'en parler séparément dans leurs articles, je crois devoir les unir ici.

Le germe est le premier rudiment de la nouvelle plante; il devient embryon ou ovaire au moment de la fécondation, et ce même embryon devient fruit en mûrissant : voilà les différences exactes. Mais on n'y fait pas toujours attention dans l'usage, et l'on prend souvent ces mots l'un pour l'autre indifféremment.

Il y a deux sortes de germes bien distincts : l'un contenu dans la semence, lequel en se développant devient plante, et l'autre contenu dans la fleur, lequel par la fécondation devient fruit. On voit par quelle alternative perpétuelle chacun de ces deux germes se produit, et est produit.

On peut encore donner le nom de germe aux rudiments des feuilles enfermés dans les bourgeons, et à ceux des fleurs enfermés dans les boutons.

GERMINATION. Premier développement des parties de la plante contenue en petit dans le germe.

Quand on examine ce que devient une graine après qu'elle a été semée, on la voit se gonfler, augmenter de volume : sa tunique propre se déchire, ses lobes ou cotylédons sortent de leur berceau, s'écartent, livrent passage à la plantule, et l'on dit alors que la plante est dans l'état de *germination*. Le premier degré s'annonce ordinairement par l'apparition d'une espèce de petit bec nommé *radicule*. Ce petit bec se tourne vers la terre, produit de droite et de gauche des fibrilles latérales destinées à former le chevelu ou les ramifications de la racine dont la radicule est toujours le pivot. Après le développement de la radicule, on voit paraître la plumule, qui tient aux lobes de la semence jusqu'à ce qu'elle puisse recevoir des sucs par le moyen de ses racines. La plumule s'élève, quitte ses cotylédons, ou ne les conserve que sous la forme de feuilles séminales; et l'on voit toutes les parties de la plantule augmenter en hauteur par l'allongement des lames qui les composent, acquérir tous les jours un diamètre plus grand par l'épaississement de ces mêmes lames, et toutes ces parties prendre successivement la forme et la direction qui leur conviennent.

Si de la graine que vous avez sous les yeux il doit naître une herbe, vous ne verrez point de boutons aux aisselles des feuilles : s'il doit naître un arbre ou arbrisseau, la plumule deviendra une tige dont la consistance sera ligneuse.

Glabre. Lisse, sans duvet ni poils.

GLANDES. Organes qui servent à la sécrétion des sucs de la plante.

Gloume. Elle est formée par les écailles ou paillettes qui environnent les organes sexuels des graminées.

Gomme. Excrétions qui suintent naturellement par des filtres destinés à cet usage.

GOUSSE. Fruit d'une plante légumineuse. La gousse, qui s'appelle aussi légume, est ordinairement composée de deux panneaux nommés cosses, aplatis ou convexes, collés l'un sur l'autre par deux sutures longitudinales, et qui renferment des semences attachées alternativement par la suture aux deux cosses, lesquelles se séparent par la maturité.

Graine. Partie du fruit renfermant l'embryon d'une nouvelle plante. La graine est regardée comme l'*œuf végétal.*

GRAPPE, *racemus.* Sorte d'épi dans lequel les fleurs ne sont ni sessiles ni toutes attachées à la râpe, mais à des pédicules partiels dans lesquels les pédicules principaux se divisent. La grappe n'est autre chose qu'une panicule dont les rameaux sont plus serrés, plus courts, et souvent plus gros que dans la panicule proprement dite.

Lorsque l'axe d'une panicule ou d'un épi pend en bas au lieu de s'élever vers le ciel, on lui donne alors le nom de grappe; tel est l'épi du groseiller, telle est la grappe de la vigne.

GREFFE. Opération par laquelle on force les sucs d'un arbre à passer par les couloirs d'un autre arbre; d'où il résulte que les couloirs de ces deux plantes n'étant pas de même figure et dimension, ni placées exactement les uns vis-à-vis des autres, les sucs forcés de se subtiliser, en se divisant, donnent ensuite des fruits meilleurs et plus savoureux.

GREFFER. Est engager l'œil ou le bourgeon d'une saine branche d'arbre dans l'écorce d'un autre arbre, avec les précautions nécessaires et dans la saison favorable, en sorte que ce bourgeon reçoive le suc du second arbre, et s'en nourrisse comme il aurait fait de celui dont il a été détaché. On donne le nom de *greffe* à la portion qui s'unit, et de *sujet* à l'arbre auquel il s'unit.

Il y a diverses manières de greffer. La greffe par approche, en fente, en couronne, en flûte, en écusson.

GYMNOSPERME. A semences nues.

HAMPE. Tige sans feuilles, destinée uniquement à tenir la fructification élevée au-dessus de la racine.

Héliotrope. Qui tourne le disque de sa fleur vers le soleil et le suit dans son cours.

Herbes. Plantes qui perdent leurs tiges tous les hivers.

Hétérophylle. Qui porte des feuilles dissemblables les unes des autres.

Hexagynie. Six pistils.

Hexaptère. A six ailes.

Hile. Point par lequel une graine tient à la cavité du péricarpe.

Hirsute. Garni de poils durs.

Homomalles. Dirigées d'un même côté.

Humifuse. Etalée en tous sens sur la terre.

Hybride. Plante qui doit son origine à deux plantes différentes.

Hypocratériforme. En forme de coupe.

Imbriqué. Chargé de parties appliquées en recouvrement les unes sur les autres comme les tuiles d'un toit.

Incise. A bord découpé par des incisions aiguës.

Indéhiscence. Privation de la faculté de s'ouvrir.

Indigène. Qui croît naturellement dans le pays.

INFÈRE, SUPÈRE. Quoique ces mots soient purement latins, on est obligé de les employer en français dans le langage de la botanique, sous peine d'être diffus, lâche et louche, pour vouloir parler purement. La même nécessité doit être supposée, et la même excuse répétée dans tous les mots latins que je serai forcé de franciser; car c'est ce que je ne ferai jamais que pour dire ce que je ne pourrais aussi bien faire entendre dans un français plus correct

Il y a dans les fleurs deux dispositions différentes du calice et de la corolle, par rapport au germe, dont l'expression revient si souvent, qu'il faut absolument créer un mot pour elle. Quand le calice et la corolle portent sur le germe, la fleur est dite *supère*. Quand le germe porte sur le calice et la corolle, la fleur est dite *infère*. Quand de la corolle on transporte le mot au germe, il faut prendre toujours l'opposé. Si la corolle est infère, le germe est supère ; si la corolle est supère, le germe est infère : ainsi l'on a le choix de ces deux manières d'exprimer la même chose.

Héliotrope.

Comme il y a beaucoup plus de plantes où la fleur est infère que de celles où elle est supère, quand cette disposition n'est point exprimée, on doit toujours sous-entendre le premier cas, parce qu'il est le plus ordinaire; et si la description ne parle point de la disposition relative de la corolle et du germe, il faut supposer la corolle *infère* : car si elle était *supère*, l'auteur de la description l'aurait expressément dit.

Infundibuliforme. En entonnoir.

Labié. Dont le limbe a deux incisions latérales principales qui le partagent en deux lames opposées, inégales, l'une supérieure et l'autre inférieure.

Lacinié. Découpé inégalement en lanières allongées.

Lacustral. Qui croit autour des lacs.

Lame. Partie supérieure d'un pétale onguiculé.

Lancéolé. En fer de lance.

LÉGUME. Sorte de péricarpe composé de deux panneaux, dont les bords sont réunis par deux sutures longitudinales. Les semences sont attachées alternativement à ces deux valves par la suture supérieure, l'inférieure est nue. L'on appelle de ce nom, en général, le fruit des plantes légumineuses.

LÉGUMINEUSES. (Voyez FLEURS, PLANTES.)

Légumineuses. Plantes qui ont pour fruit une gousse.

LIBER (le) est composé de pellicules qui représentent les feuilles d'un livre; elles touchent immédiatement au bois. Le liber se détache tous les ans des deux autres parties de l'écorce, et, s'unissant avec l'aubier, il produit sur la circonférence de l'arbre une nouvelle couche qui en augmente le diamètre.

LIGNEUX. Qui a la consistance de bois.

LILIACÉES. Fleurs qui portent le caractère du lis.

LIMBE. Quand une corolle monopétale régulière s'évase et s'élargit par le haut, la partie qui forme cet évasement s'appelle le limbe, et se découpe ordinairement en quatre, cinq ou plusieurs segments. Diverses *campanules*, *primevères*, *liserons*, et autres fleurs monopétales, offrent des exemples de ce limbe, qui est, à l'égard de la corolle, à peu près ce qu'est, à l'égard d'une cloche, la partie qu'on nomme le pavillon : le différent degré de l'angle, que forme le limbe avec le tube, est ce qui fait donner à la corolle le nom d'infundibuliforme, de campaniforme, ou d'hypocratériforme.

LOBES des semences sont deux corps réunis, aplatis d'un côté, convexes de l'autre : ils sont distincts dans les semences.

LOBES des feuilles.

LOGE. Cavité intérieure du fruit : il est à plusieurs loges quand il est partagé par des cloisons.

Lunulé. En forme de croissant.

MAILLET. Branche de l'année, à laquelle on laisse, pour la replanter, deux chicots du vieux bois saillants des deux côtés. Cette sorte de bouture se pratique seulement sur la vigne et même assez rarement.

MASQUE. Fleur en masque est une fleur monopétale irrégulière.

Les fleurs en masque imitent un mufle à deux lèvres.

MONÉCIE ou MONOECIE. Habitation commune aux deux sexes. On donne le nom de monœcie à une classe de plantes composée de toutes celles qui portent des fleurs mâles et des fleurs femelles sur le même pied.

MONOÏQUES. Toutes les plantes de la monœcie sont monoïques. On appelle plantes monoïques celles dont les fleurs ne sont pas hermaphrodites, mais séparément mâles et femelles sur le même individu : ce mot, formé de celui de monœcie, vient du grec et signifie ici que les deux sexes occupent bien le même logis, mais sans habiter la même chambre. Le concombre, le melon et toutes les cucurbitacées sont des plantes monoïques.

MUFLE (fleur en). (Voyez MASQUE.)

Nectaire. Suivant Linnée, c'est une particule accessoire ou comme ajoutée, adnée à un des quatre principaux organes floraux; c'est un appendice de la corolle.

Nervures. Elévations filamenteuses qu'on rencontre sur les feuilles et les pétales.

Neutre. Sans étamines et sans pistils.

Noeuds. Sont les articulations des tiges et des racines.

Noix. Enveloppe ligneuse ou osseuse de graines revêtues de leur tégument propre.

Nomenclature. Art de joindre aux noms qu'on impose aux plantes l'idée de leur structure et de leur classification.

Noyau. Semence osseuse qui renferme une amande.

Nu. Dépourvu des vêtements ordinaires à ses semblables.

On appelle graines nues, celles qui n'ont point de péricarpe; ombelles nues, celles qui n'ont point d'involucre; tiges nues, celles qui ne sont point garnies de feuilles, etc.

Nuits de fer. *Noctes ferreæ.* Ce sont, en Suède, celles dont la froide température, arrêtant la végétation de plusieurs plantes, produit leur dépérissement insensible, leur pourriture, et enfin leur mort. Leurs premières atteintes avertissent de rentrer dans les serres les plantes étrangères qui périraient par ces sortes de froids.

(C'est aux premiers gels, assez communs au mois d'août dans les pays froids, qu'on donne ce nom, qui, dans des climats tempérés, ne peut pas être employé pour les mêmes jours.)

Obclavé. En massue renversée.

Obovale. En ovale renversé.

OEil. (Voyez Ombilic.) Petite cavité qui se trouve en certains fruits à l'extrémité opposée au pédicule : dans les fruits infères, ce sont les divisions du calice qui forment l'ombilic, comme le coing, la poire, la pomme, etc.; dans ceux qui sont supères, l'ombilic est la cicatrice laissée par l'insertion du pistil.

OEilletons. Bourgeons qui sont à côté des racines des artichauts et d'autres plantes, et qu'on détache afin de multiplier ces plantes.

Officinal. Qui se vend dans les boutiques comme étant d'usage dans les arts.

Ombelle. Assemblage de rayons qui, partant d'un même centre, divergent comme ceux d'un parasol. L'ombelle universelle porte sur la tige ou sur une branche; l'ombelle partielle sort d'un rayon de l'ombelle universelle.

Ombilic. C'est, dans les baies et autres fruits mous infères, le réceptacle de la fleur dont, après qu'elle est tombée, la cicatrice reste sur le fruit, comme on peut le voir dans les *airelles.* Souvent le calice reste et couronne l'ombilic, qui s'appelle alors vulgairement œil : ainsi l'œil des poires et des pommes n'est autre chose que l'ombilic autour duquel le calice persistant s'est desséché.

Ongle. Sorte de tache sur les pétales ou sur les feuilles, qui a souvent la figure d'un ongle, et d'autres figures différentes, comme on peut le voir aux fleurs des pavots, des roses, des anémones, des cistes, et aux feuilles des renoncules, des persicaires, etc.

Onglet. Espèce de pointe crochue par laquelle le pétale de quelques corolles est fixé sur le calice ou sur le réceptacle; l'onglet des œillets est plus long que celui des roses.

Opercule. Petit couvercle qui ferme les urnes de quelques espèces de mousses.

Opposées. Les feuilles opposées sont juste au nombre de deux, placées, l'une vis-à-vis de l'autre, des deux côtés de la tige ou des branches. Les feuilles opposées peuvent être pédiculées ou sessiles; s'il y avait plus de deux feuilles attachées à la même hauteur autour de la tige, alors cette pluralité dénaturerait

l'opposition, et cette disposition des fleurs prendrait un nom différent. (Voyez Verticillé.)

Ovaire. C'est le nom qu'on donne à l'embryon du fruit, ou c'est le fruit même avant la fécondation. Après la fécondation, l'ovaire perd ce nom, et s'appelle simplement fruit, ou en particulier péricarpe, si la plante est angiosperme ; semence ou graine, si la plante est gymnosperme.

Paillette. Ecaille membraneuse, sèche, dressée, pressant la base d'une fleur qu'elle enveloppe ou recouvre, comme dans les graminées.

Paléacé. Garni de paillettes, ou de la nature de la gloume.

Palmé. Ressemblant à une main ouverte.

Palmée. Une feuille est palmée, lorsqu'au lieu d'être composée de plusieurs folioles, comme la feuille digitée, elle est seulement découpée en plusieurs lobes dirigés en rayons vers le sommet du pétiole, mais se réunissant avant d'y arriver.

Panicule. Epi rameux et pyramidal. Cette figure lui vient de ce que les rameaux du bas, étant les plus *larges*, forment entre eux un plus large espace, qui se rétrécit en montant, à mesure que ces rameaux deviennent plus *courts*, moins nombreux ; en sorte qu'une panicule parfaitement régulière se terminerait enfin par une fleur sessile.

Papilionacée. Corolle irrégulière à cinq pétales. Le supérieur, plus grand, s'appelle *étendard* : les deux latéraux *ailes* ; les deux inférieurs forment une petite nacelle qu'on appelle *carène*. (Voyez la troisième des *Lettres élémentaires* où Rousseau décrit d'une manière précise les fleurs de ce genre.)

Papyracé. Mince et sec comme du papier.

Parasites. Plantes qui naissent ou croissent sur d'autres plantes, et se nourrissent de leur substance. La cuscute, le gui, plusieurs mousses et lichens, sont des plantes parasites.

Parenchyme. Substance pulpeuse, ou tissu cellulaire, qui forme le corps de la feuille ou du pétale : il est couvert dans l'une et dans l'autre d'un épiderme.

Partielle. (Voyez Ombelle.)

Parties de la fructification. (Voyez Etamines, Pistil.)

Pauciradiée. Fleur ayant peu de rayons.

Pédicelle. Petit pédoncule propre de chaque fleur.

Pavillon. Synonyme d'étendard.

Pédicule. Base allongée, qui porte le fruit. On dit *pedunculus* en latin, mais je crois qu'il faut dire *pédicule* en français : c'est l'ancien usage, et il n'y a aucune bonne raison pour le changer. *Pedunculus* sonne mieux en latin, et il évite l'équivoque du nom *pediculus* (pou) ; mais le mot *pédicule* est net, et plus doux en français ; et, dans le choix des mots, il convient de consulter l'oreille, et d'avoir égard à l'accent de la langue.

L'adjectif *pédiculé* me paraît nécessaire, par opposition à l'autre adjectif *sessile*. La botanique est si embarrassée de termes, qu'on ne saurait trop s'attacher à rendre clairs et courts ceux qui lui sont spécialement consacrés.

Le pédicule est le lien qui attache la fleur ou le fruit à la branche ou à la tige. Sa substance est d'ordinaire plus solide que celle du fruit qu'il porte par un de ses bouts, et moins que celle du bois auquel il est attaché par l'autre. Pour l'ordinaire, quand le fruit est mûr, il se détache et tombe avec son pédicule. Mais quelquefois, et surtout dans les plantes herbacées, le fruit tombe et le pédicule reste, comme on peut le voir dans le genre des *rumex*. On y peut remarquer encore une autre particularité : c'est que les pédicules, qui tous sont verticillés autour de la tige, sont aussi tous articulés vers leur milieu. Il semble qu'en ce

cas le fruit devrait se détacher à l'articulation, tomber avec une moitié du pédicule, et laisser l'autre moitié seulement attachée à la plante. Voilà néanmoins ce qui n'arrive pas. Le fruit se détache, et tombe seul. Le pédicule tout entier reste, et il faut une action expresse pour le diviser en deux au point de l'articulation.

Pénicillé. Glandes *pénicillées*, déliées, rapprochées à peu près comme les crins d'un pinceau.

Pentaptère. A cinq ailes.

Le Gui.

Pentasperme. A cinq graines.

Pepin. Semence couverte d'une tunique épaisse et coriacée qui se trouve au centre de certains fruits.

Perfoliée. La feuille perfoliée est celle que la branche enfile, et qui entoure celle-ci de tous côtés.

Périanthe. Sorte de calice qui touche immédiatement la fleur ou le fruit.

Péricarpe. Partie du fruit. Tout fruit parfait est essentiellement composé de deux parties, le *péricarpe* et sa *graine*. Tout ce qui n'est pas partie intégrante de celle-ci appartient à celle-là.

PERRUQUE. Nom donné par Vaillant aux racines garnies d'un chevelu touffu de fibrilles entrelacées comme des cheveux emmêlés.

PÉTALE. On donne le nom de pétale à chaque pièce entière de la corolle. Quand la corolle n'est que d'une seule pièce, il n'y a aussi qu'un pétale; le pétale et la corolle ne font alors qu'une seule et même chose, et cette sorte de corolle se désigne par l'épithète de monopétale. Quand la corolle est de plusieurs pièces, ces pièces sont autant de pétales, et la corolle qu'elles composent se désigne par leur nombre tiré du grec, parce que le mot de pétale en vient aussi, et qu'il convient, quand on veut composer un mot, de tirer les deux racines de la même langue. Ainsi, les mots de monopétale, de dipétale, de tripétale, de tétrapétale, de pentapétale, et enfin de polypétale, indiquent une corolle d'une seule pièce, ou de deux, de trois, de quatre, de cinq, etc.; enfin, d'une multitude indéterminée de pièces.

PÉTALOÏDE. Qui a des pétales. Ainsi la fleur *pétaloïde* est l'opposé de la fleur *apétale*.

Quelquefois ce mot entre comme seconde racine dans la composition d'un autre mot, dont la première racine est un nom de nombre : alors il signifie une corolle monopétale profondément divisée en autant de sections qu'en indique la première racine. Ainsi la corolle tripétaloïde est divisée en trois segments ou demi-pétales, la pentapétaloïde en cinq, etc.

PÉTIOLE. Base allongée qui porte la feuille. Le mot *pétiolé* est opposé à *sessile*, à l'égard des feuilles, comme le mot *pédiculé* l'est à l'égard des fleurs et des fruits. (Voyez PÉDICULE, SESSILE.)

Pinnatifide. Dont les côtés sont divisés en plusieurs lanières ou lobes par des incisions profondes qui n'atteignent point le milieu longitudinal, ou la nervure médiaire.

PINNÉE. Une feuille ailée à plusieurs rangs s'appelle feuille pinnée.

PISTIL. Organe femelle de la fleur qui surmonte le germe, et par lequel celui-ci reçoit l'intromission fécondante de la poussière des anthères : le pistil se prolonge ordinairement par un ou plusieurs styles, quelquefois aussi il est couronné immédiatement par un ou plusieurs stigmates, sans aucun style intermédiaire. Le stigmate reçoit la poussière prolifique du sommet des étamines, et la transmet par le pistil dans l'intérieur du germe, pour féconder l'ovaire. Suivant le système sexuel, la fécondation des plantes ne peut s'opérer que par le concours des deux sexes; et l'acte de la fructification n'est plus que celui de la génération. Les filets des étamines sont les vaisseaux spermatiques, les anthères sont les testicules, la poussière qu'elles répandent est la liqueur séminale, le stigmate devient la vulve, le style est la trompe ou le vagin, et le germe fait l'office d'utérus ou de matrice.

Pivotante. Racine qui a un tronc principal enfoncé perpendiculairement dans la terre.

PLACENTA. Réceptacle des semences. C'est le corps auquel elles sont immédiatement attachées. M. Linnæus n'admet point ce nom de *Placenta*, et emploie toujours celui de réceptacle. Ces mots rendent pourtant des idées fort différentes. Le réceptacle est la partie par où le fruit tient à la plante : le placenta est la partie par où les semences tiennent au péricarpe. Il est vrai que quand les semences sont nues, il n'y a point d'autre placenta que le réceptacle : mais toutes les fois que le fruit est angiosperme, le réceptacle et le placenta sont différents.

Les cloisons (*dissepimenta*) de toutes les capsules à plusieurs loges sont de véritables placentas; et dans des capsules uniloges, il ne laisse pas d'y avoir souvent des placentas autres que le péricarpe.

PLANTE. Production végétale composée de deux parties principales, savoir :

la racine par laquelle est attachée à la terre ou à un autre corps dont elle tire sa nourriture, et l'herbe par laquelle elle inspire et respire l'élément dans lequel elle vit. De tous les végétaux connus, la truffe est presque le seul qu'on puisse dire n'être pas plante.

PLANTES. Végétaux disséminés sur la surface de la terre, pour la vêtir et la parer. Il n'y a point d'aspect aussi triste que celui de la terre nue; il n'y en a point d'aussi riant que celui des montagnes couronnées d'arbres, des rivières bordées de bocages, des plaines tapissées de verdure, et des vallons émaillés de fleurs.

On ne peut disconvenir que les plantes ne soient des corps organisés et vivants, qui se nourrissent et croissent par intus-susception, et dont chaque partie possède en elle-même une vitalité isolée et indépendante des autres, puisqu'elles ont la faculté de se reproduire (*).

POILS OU SOIES. Filets plus ou moins solides et fermes qui naissent sur certaines parties des plantes; ils sont carrés ou cylindriques, droits ou couchés, fourchés ou simples, subulés ou en hameçons; et ces diverses figures sont des caractères assez constants pour pouvoir servir à classer ces plantes. Voyez l'ouvrage de M. Guettard, intitulé *Observations sur les Plantes*.

Pollen. Voyez POUSSIÈRE.

POLYGAMIE. Pluralité d'habitation. Une classe de plantes porte le nom de Polygamie, et renferme toutes celles qui ont des fleurs hermaphrodites sur un pied, et des fleurs d'un seul sexe, mâles ou femelles, sur un autre pied.

Ce mot de polygamie s'applique encore à plusieurs ordres de la classe des fleurs composées; et alors on y attache une idée un peu différente.

Les fleurs composées peuvent toutes être regardées comme polygames, puisqu'elles renferment toutes plusieurs fleurons qui fructifient séparément, et qui par conséquent ont chacun sa propre habitation, et pour ainsi dire sa propre lignée. Toutes ces habitations séparées se conjoignent de différentes manières, et par là forment plusieurs sortes de combinaisons.

Quand tous les fleurons d'une fleur composée sont hermaphrodites, l'ordre qu'ils forment porte le nom de polygamie égale.

Quand tous ces fleurons composants ne sont pas hermaphrodites, ils forment entre eux pour ainsi dire, une polygamie bâtarde, et cela de plusieurs façons.

1° *Polygamie superflue*, lorsque les fleurons du disque étant tous hermaphrodites fructifient, et que les fleurons du contour étant femelles fructifient aussi.

2° *Polygamie inutile*, quand les fleurons du disque étant tous hermaphrodites fructifient, et que ceux du contour sont neutres et ne fructifient point.

3° *Polygamie nécessaire*, quand les fleurons du disque étant mâles, et ceux du contour étant femelles, ils ont besoin les uns des autres pour fructifier.

4° *Polygamie séparée*, lorsque les fleurons composants sont divisés entre eux, soit un à un, soit plusieurs ensemble, par autant de calices partiels renfermés dans celui de toute la fleur.

On pourrait imaginer encore de nouvelles combinaisons, en supposant, par exemple, des fleurons mâles au contour, et des fleurons hermaphrodites ou femelles au disque; mais cela n'arrive point.

POLYSPERME. Renfermant plusieurs graines.

POUSSIÈRE PROLIFIQUE. C'est une multitude de petits corps sphériques enfermés dans chaque anthère, et qui, lorsque celle-ci s'ouvre et les verse dans le stigmate, s'ouvrent à leur tour, et imbibent ce même stigmate d'une humeur qui, pénétrant à travers le pistil, va féconder l'embryon du fruit.

(*) Cet article ne paraît pas achevé, non plus que beaucoup d'autres, quoiqu'on ait rassemblé dans les trois paragraphes ci-dessus, trois morceaux de l'auteur.

Prolifère. Du disque de laquelle naissent une ou plusieurs fleurs. Si c'est un rameau feuillu, la fleur est dite *frondipare.*

PROVIN. Branche de vigne coudée et couchée en terre. Elle pousse des chevelus par les nœuds qui se trouvent enterrés. On coupe ensuite le bois qui tient au cep, et le bout opposé qui sort de terre devient un nouveau cep.

Pubescence. Existence de poils.

PULPE. Substance molle et charnue de plusieurs fruits et racines.

RACINE. Partie de la plante par laquelle elle tient à la terre ou au corps qui la nourrit. Les plantes ainsi attachées par la racine à leur matrice ne peuvent avoir de mouvement local; le sentiment leur serait inutile, puisqu'elles ne peuvent chercher ce qui leur convient, ni fuir ce qui leur nuit : or la nature ne fait rien en vain.

RADICALES. Se dit des feuilles qui sont les plus près de la racine. Ce mot s'étend aussi aux tiges dans le même sens.

RADICULE. Racine naissante.

RADIÉE. (Voyez FLEUR.)

RÉCEPTACLE. Celle des parties de la fleur et du fruit qui sert de siége à toutes les autres, et par où leur sont transmis de la plante les sucs nutritifs qu'elles en doivent tirer.

Il se divise le plus généralement en réceptacle propre, qui ne soutient qu'une seule fleur et un seul fruit, et qui par conséquent n'appartient qu'aux plus simples, et en réceptacle commun, qui porte et reçoit plusieurs fleurs.

Quand la fleur est infère, c'est le même réceptacle qui porte toute la fructification. Mais quand la fleur est supère, le réceptacle propre est double; et celui qui porte la fleur n'est pas le même que celui qui porte le fruit. Ceci s'entend de la construction la plus commune; mais on peut proposer à ce sujet le problème suivant, dans la solution duquel la nature a mis une de ses plus ingénieuses inventions.

Quand la fleur est sur le fruit, comment se peut-il faire que la fleur et le fruit n'aient cependant qu'un seul et même réceptacle?

Le réceptacle commun n'appartient proprement qu'aux fleurs composées, dont il porte et unit tous les fleurons en une fleur régulière; en sorte que le retranchement de quelques-uns causerait l'irrégularité de tous; mais, outre les fleurs agrégées, dont on peut dire à peu près la même chose, il y a d'autres sortes de réceptacles communs qui méritent encore le même nom, comme ayant le même usage : tels sont *l'ombelle,* *l'épi,* la *panicule,* le *thyrse,* la *cyme,* le *spadix,* dont on trouvera les articles chacun à sa place.

Recomposée. Feuille composée deux fois : elle a : 1° un pétiole commun; 2° des pétioles immédiats; 3° des pétioles propres.

RÉGULIÈRES (Fleurs). Elles sont symétriques dans toutes leurs parties, comme les *crucifères,* les *liliacées,* etc.

RÉNIFORME. De la figure d'un rein.

Résines. Excrétions épaisses, visqueuses, inflammables, qui suintent par des filtres destinés à cet usage. Les gommes ne sont pas susceptibles de s'enflammer.

Réticulé. Marqué de nervures en réseau.

ROSACÉE. Polypétale régulière comme est la rose.

ROSETTE. Fleur en rosette est une fleur monopétale dont le tube est nul ou très court, et le limbe très aplati.

Sagitté. En fer de flèche.

Saxatile. Qui croît sur les pierres à nu.

Semence. Germe ou rudiment simple d'une nouvelle plante, uni à une substance propre à sa conservation avant qu'elle germe, et qui la nourrit durant la première germination jusqu'à ce qu'elle puisse tirer son aliment immédiatement de la terre.

Sessile. Cet adjectif marque privation de réceptacle. Il indique que la feuille, la fleur ou le fruit auxquels on l'applique tiennent immédiatement à la plante, sans l'entremise d'aucun pétiole ou pédicule.

Sève. Liqueur limpide, sans couleur, sans saveur, sans odeur, qui ne sert qu'à l'accroissement du végétal.

Groseillier.

Sexe. Ce mot a été étendu au règne végétal, et y est devenu familier depuis l'établissement du système sexuel.

Silique. Fruit composé de deux panneaux retenus par deux sutures longitudinales auxquelles les graines sont attachées des deux côtés.

La silique est ordinairement biloculaire, et partagée par une cloison à laquelle est attachée une partie des graines. Cependant cette cloison, ne lui étant pas essentielle, ne doit pas entrer dans sa définition, comme on peut le voir dans le *cléome*, dans la *chélidoine*, etc.

Sinué. Qui a un sinus ou une échancrure arrondie.

SOLITAIRE. Une fleur solitaire est seule sur son pédicule.

SOUS-ARBRISSEAU. Plante ligneuse, ou petit buisson moindre que l'arbrisseau, mais qui ne pousse point en automne de boutons à fleurs ou à fruit : tels sont le *thym*, le *romarin*, le *groseiller*, les *bruyères*, etc.

SOIES. (Voyez POILS.)

SPADIX, ou RÉGIME. C'est le rameau floral dans la famille des palmiers; il est le vrai réceptacle de la fructification, entouré d'un spathe qui lui sert de voile.

SPATHE. Sorte de calice membraneux, qui sert d'enveloppe aux fleurs avant leur épanouissement, et se déchire pour leur ouvrir le passage aux approches de la fécondation.

Le spathe est caractéristique dans la famille des palmiers et dans celle des liliacées.

SPIRALE. Ligne qui fait plusieurs tours en s'écartant du centre, ou en s'en approchant.

Stamineux. Dont les étamines sont très longues.

STIGMATE. Sommet du pistil, qui s'humecte au moment de la fécondation, pour que la poussière prolifique s'y attache.

STIPULE. Sorte de foliole ou d'écaille, qui naît à la base du pétiole, du pédicule, ou de la branche. Les stipules sont ordinairement extérieures à la partie qu'elles accompagnent, et leur servent en quelque manière de console : mais quelquefois aussi elles naissent à côté, vis-à-vis, ou au-dedans même de l'angle d'insertion.

M. Adanson dit qu'il n'y a de vraies stipules que celles qui sont attachées aux tiges, comme dans les airelles, les apoyens, les jujubiers, les tithymales, les châtaigniers, les tilleuls, les mauves, les câpriers : elles tiennent lieu de feuilles dans les plantes qui ne les ont pas verticillées. Dans les plantes légumineuses, la situation des stipules varie. Les rosiers n'en ont pas de vraies, mais seulement un prolongement en appendice de feuille, ou une extension du pétiole. Il y a aussi des stipules membraneuses comme dans l'espargoutte.

Stolonifère. Dont la tige pousse du pied comme de petites tiges latérales, grêles et stériles.

STYLE. Partie du pistil qui tient le stigmate élevé au-dessus du germe.

Subulé. En alène.

SUC NOURRICIER. Partie de la sève qui est propre à nourrir la plante.

SUPÈRE. (Voyez INFÈRE.)

SUPPORTS. *Fulcra.* Dix espèces, savoir, la stipule, la bractée, la vrille, l'épine, l'aiguillon, le pédicule, le pétiole, la hampe, la glande et l'écaille.

SURGEON. *Surculus.* Nom donné aux jeunes branches de l'œillet, etc., auxquelles on fait prendre racine en les buttant en terre lorsqu'elles tiennent encore à la tige : cette opération est une espèce de *marcotte*.

Sympétaliques. Étamine qui réunissent les pétales de manière à donner à une corolle polypétale l'apparence de la monopétalité, comme dans les malvacées.

SYNONYMIE. Concordance de divers noms donnés par différents auteurs aux mêmes plantes.

La synonymie n'est point une étude oiseuse et inutile.

TALON. Oreillette qui se trouve à la base des feuilles d'orangers. C'est aussi l'endroit où tient l'œilleton qu'on détache d'un pied d'artichaut, et cet endroit a un peu de racines.

TERMINAL. Fleur terminale est celle qui vient au sommet de la tige, ou d'une branche.

TERNÉE. Une feuille ternée est composée de trois folioles attachées au même pétiole.

TÊTE. Fleur en tête ou capitée est une fleur agrégée ou composée, dont les fleurons sont disposés sphériquement ou à peu près.

THYRSE. Épi rameux et cylindrique; ce terme n'est pas extrêmement usité, parce que les exemples n'en sont pas fréquents.

TIGE. Tronc de la plante d'où sortent toutes ses autres parties qui sont hors de terre; elle a du rapport avec la côte, en ce que celle-ci est quelquefois unique, et se ramifie comme elle; par exemple, dans la fougère : elle s'en distingue aussi, en ce qu'uniforme dans son contour, elle n'a ni face, ni dos, ni côté déterminés, au lieu que tout cela se trouve dans la côte.

Plusieurs plantes n'ont point de tige, d'autres n'ont qu'une tige nue et sans feuilles, qui pour cela change de nom. (Voyez HAMPE.)

La tige se ramifie en branches de différentes manières.

TOQUE. Figure de bonnet cylindrique avec une marge relevée en manière de chapeau. Le fruit du paliurus a la forme d'une toque.

TRACER. Courir horizontalement entre deux terres, comme fait le chiendent. Ainsi le mot *tracer* ne convient qu'aux racines. Quand on dit donc que le fraisier trace, on dit mal : il rampe, et c'est autre chose.

TRACHÉES DES PLANTES. Sont, selon Malpighi, certains vaisseaux formés par les contours spiraux d'une lame mince, plate, et assez large, qui, se roulant et contournant ainsi en tire-bourre, forme un tuyau étranglé, et comme divisé en sa longueur en plusieurs cellules, etc.

TRAINASSE, ou TRAINÉE. Longs filets qui, dans certaines plantes, rampent sur la terre, et qui, d'espace en espace, ont des articulations par lesquelles elles jettent en terre des radicules qui produisent de nouvelles plantes.

Tréflée. Feuille composée de trois folioles.

Truffe. Genre de plantes qui naissent, vivent, se reproduisent et meurent sous terre. Quelques botanistes voudraient qu'on fît de ce mot le substantif de ce qu'on appelle *racine tubéreuse*.

Tubercule. Excroissance en forme de bosse ou de grains de chapelet, qu'on trouve sur les feuilles, les tiges et les racines.

Tubéreuse. Racine manifestement renflée et plus ou moins charnue.

TUNIQUES. Ce sont les peaux ou enveloppes concentriques des ognons.

Turion. Bourgeon radical des plantes vivaces. L'asperge que l'on mange est le *turion* de la plante.

Uligineux. Marécageux, spongieux.

Urcéolé. Renflé comme une petite outre.

Urne ou *Pyxidule*. Petite capsule des mousses.

Valve. Segment d'un péricarpe déhiscent.

Variété. Plante qui ne diffère de l'espèce que par certaines notes variables.

VÉGÉTAL. Corps organisé, doué de vie et privé de sentiment.

On ne me passera pas cette définition, je le sais. On veut que les minéraux vivent, que les végétaux sentent, et que la matière même informe soit douée de sentiment. Quoi qu'il en soit de cette nouvelle physique, jamais je n'ai pu, je ne pourrai jamais parler d'après les idées d'autrui, quand ces idées ne sont pas les miennes. J'ai souvent vu mort un arbre que je voyais auparavant plein

de vie; mais la mort d'une pierre est une idée qui ne saurait m'entrer dans l'esprit. Je vois un sentiment exquis dans mon chien, mais je n'en aperçois aucun dans un chou. Les paradoxes de Jean-Jacques sont fort célèbres. J'ose demander s'il en avança jamais d'aussi fou que celui que j'aurais à combattre si j'entrais ici dans cette discussion, et qui pourtant ne choque personne. Mais je m'arrête, et rentre dans mon sujet.

Puisque les végétaux naissent et vivent, ils se détruisent et meurent; c'est l'irrévocable loi à laquelle tout corps est soumis : par conséquent ils se reproduisent; mais comment se fait cette reproduction? En tout ce qui est soumis à nos sens dans le règne végétal, nous le voyons se faire par la voie de la fructification; et l'on peut présumer que cette loi de la nature est également suivie dans les parties du même règne, dont l'organisation échappe à nos yeux. Je ne vois ni fleurs ni fruits dans les *byssus*, dans les *conferva*, dans les *truffes*; mais je vois ces végétaux se perpétuer, et l'analogie sur laquelle je me fonde pour leur attribuer les mêmes moyens qu'aux autres de tendre à la même fin, cette analogie, dis-je, me paraît si sûre, que je ne puis lui refuser mon assentiment.

Il est vrai que la plupart des plantes ont d'autres manières de se reproduire, comme par caïeux, par boutures, par drageons enracinés. Mais ces moyens sont bien plutôt des suppléments que des principes d'institution : ils ne sont point communs à toutes; il n'y a que la fructification qui le soit, et qui, ne souffrant aucune exception dans celles qui nous sont bien connues, n'en laisse point supposer dans les autres substances végétales qui le sont moins.

Velu. Surface tapissée de poils.

Verticillé. Attaché circulairement sur le même plan, et en nombre de plus de deux autour d'un axe commun.

Vivace. Qui vit plusieurs années : les arbres, les arbrisseaux, les sous-arbrisseaux, sont tous vivaces. Plusieurs herbes même le sont, mais seulement par leurs racines. Ainsi le chèvrefeuille et le houblon, tous deux vivaces, le sont différemment. Le premier conserve pendant l'hiver ses tiges, en sorte qu'elles bourgeonnent et fleurissent le printemps suivant; mais le houblon perd les siennes à la fin de chaque automne, et recommence toujours chaque année à en pousser de son pied de nouvelles.

Les plantes transportées hors de leur climat sont sujettes à varier sur cet article. Plusieurs plantes vivaces dans les pays chauds deviennent parmi nous annuelles, et ce n'est pas la seule altération qu'elles subissent dans nos jardins.

De sorte que la botanique exotique étudiée en Europe donne souvent de bien fausses observations.

Volve. Enveloppe radicale de toutes les espèces de champignons.

Vrilles ou Mains. Espèce de filets qui terminent les branches dans certaines plantes, et leur fournissent les moyens de s'attacher à d'autres corps. Les vrilles sont simples ou rameuses; elles prennent, étant libres, toutes sortes de directions, et lorsqu'elles s'accrochent à un corps étranger, elles l'embrassent en spirale.

Vulgaire. On désigne ordinairement ainsi l'espèce principale de chaque genre la plus anciennement connue dont il a tiré son nom, et qu'on regardait d'abord comme une espèce unique.

Urne. Boîte ou capsule remplie de poussière, que portent la plupart des mousses en fleur. La construction la plus commune de ces urnes est d'être élevées au-dessus de la plante par un pédicule plus ou moins long, de porter à leur sommet une espèce de coiffe ou de capuchon pointu qui les couvre, adhérent d'abord à l'urne, mais qui s'en détache ensuite, et tombe lorsqu'elle est prête à s'ouvrir; de s'ouvrir ensuite aux deux tiers de leur hauteur, comme une boîte à savonnette, par un couvercle qui s'en détache et tombe à son tour après la chute de la coiffe; d'être doublement ciliée autour de sa jointure, afin que

l'humidité ne puisse pénétrer dans l'intérieur de l'urne tant qu'elle est ouverte; enfin, de pencher et se courber en en-bas aux approches de la maturité, pour verser à terre la poussière qu'elle contient.

L'opinion générale des botanistes sur cet article est que cette urne avec son pédicule est une étamine dont le pédicule est le filet, dont l'urne est l'anthère, et dont la poudre qu'elle contient et qu'elle verse est la poussière fécondante qui va fertiliser la fleur femelle : en conséquence de ce système, on donne communément le nom d'anthère à la capsule dont nous parlons. Cependant, comme la fructification des mousses n'est pas jusqu'ici parfaitement connue, et qu'il n'est pas d'une certitude invincible que l'anthère dont nous parlons soit véritablement une anthère, je crois qu'en attendant une plus grande évidence, sans se presser d'adopter un nom si décisif, que de plus grandes lumières pourraient forcer ensuite d'abandonner, il vaut mieux conserver celui d'urne donné par Vaillant, et qui, quelque système qu'on adopte, peut subsister sans inconvénient.

UTRICULES. Sortes de petites outres, percées par les deux bouts, et communiquant successivement de l'une à l'autre par leurs ouvertures, comme les aludels d'un alambic. Ces vaisseaux sont ordinairement pleins de sève. Ils occupent les espaces ou mailles ouvertes qui se trouvent entre les fibres longitudinales et le bois.

FIN DU DEUXIÈME VOLUME.

TABLE DU DEUXIÈME VOLUME.

CONFESSIONS. — SUITE DE LA DEUXIÈME PARTIE.

Livre X (1758).	1
Livre XI (1760).	34
Livre XII (1762-1765).	61

LES RÊVERIES DU PROMENEUR SOLITAIRE.

Première promenade.	103
Deuxième promenade.	108
Troisième promenade.	112
Quatrième promenade.	120
Cinquième promenade.	130
Sixième promenade.	135
Septième promenade.	140
Huitième promenade.	149
Neuvième promenade.	155
Dixième promenade.	163
Déclaration de Jean-Jacques Rousseau relative à M. le pasteur Vernes.	165
Première lettre de M. Vernes.	166
Réponse.	166
Deuxième lettre de M. Vernes.	166
Réponse.	167
Troisième lettre de M. Vernes.	167
Réponse.	167
Quatrième lettre de M. Vernes.	168

QUATRE LETTRES A M. LE PRÉSIDENT DE MALESHERBES.

Première lettre.	181
Deuxième lettre.	183
Troisième lettre.	186
Quatrième lettre.	188

ÉCRITS EN FORME DE CIRCULAIRE.

I. Déclaration de Jean-Jacques Rousseau.	192
II. A tout Français.	193
III. Mémoire.	194
IV. Fragment.	195

OUVRAGES SUR LA BOTANIQUE.

LETTRES SUR LA BOTANIQUE, A MADAME DELESSERT.

Première lettre.	196
Lettre II.	199
Lettre III.	201
Lettre IV.	203
Lettre V.	206
Lettre VI.	212
Lettre VII, sur les arbres fruitiers.	216
Lettre VIII, sur les herbiers.	218

DEUX LETTRES A M. DE MALESHERBES.

Première lettre, sur la formation des herbiers et sur la synonymie.	223
Lettre II.	225

QUINZE LETTRES ADRESSÉES A MADAME LA DUCHESSE DE PORTLAND.

Lettre première.	227
Lettre II.	228
Lettre III.	230
Lettre IV.	230
Lettre V.	231
Lettre VI.	231
Lettre VII.	234
Lettre VIII.	235
Lettre IX.	236
Lettre X.	236
Lettre XI.	237
Lettre XII.	238
Lettre XIII.	239
Lettre XIV.	240
Lettre XV.	240
Lettre à M. Du Peyrou.	241
Lettre à M. Liotard.	241

NEUF LETTRES ADRESSÉES A M. DE LA TOURETTE.

Première lettre.	242
Lettre II.	243
Lettre III.	246
Lettre IV.	247
Lettre V.	248
Lettre VI.	249
Lettre VII.	250
Lettre VIII.	251
Lettre IX.	252

MORCEAUX INÉDITS SUR LA BOTANIQUE.

Observation.	254
Lettre à M. l'abbé de Ramont.	254
Exposition du système de Linnæus.	255
Extrait des notes de Rousseau, tome I.	258
Extrait des notes, tome II.	262
Note.	267

FRAGMENTS D'UN DICTIONNAIRE DE BOTANIQUE.

Introduction.	268
Dictionnaire.	273

FIN DE LA TABLE.

Typ. GAITTET et Cie, rue Gle-le-Cœur, 7, à Paris.

Paris. — Typographie de Gaittet et Cie, rue Git-le-Cœur, 7

www.ingramcontent.com/pod-product-compliance
Lightning Source LLC
Chambersburg PA
CBHW060357170426
43199CB00013B/1897